Volume I

THE Bb JAZZ STANDARDS PROGRESSIONS BOOK

2nd Edition

by Ariel J. Ramos & Mario Cerra

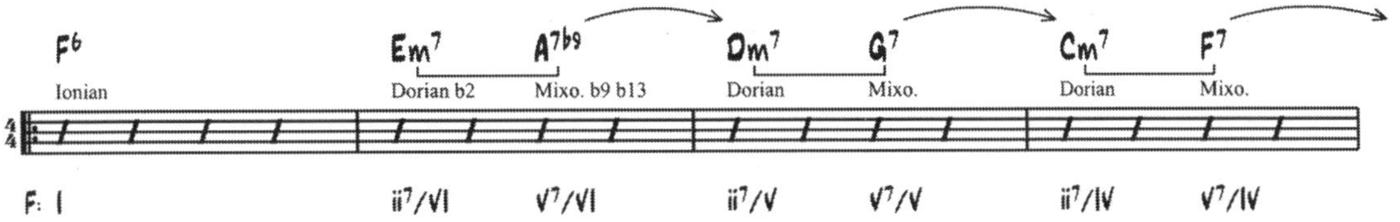

CHORD CHANGES W/FULL HARMONIC ANALYSIS
CHORD-SCALES & ARROWS AND BRACKETS

mDecks Music

This page intentionally left blank

Table of Contents

Introductory Chapters 4

Song Index 21

Glossary of Scales 25

Songs 26

More Books & Apps by mDecks Music 375

Introductory Chapters

Preface

Notes about the 2nd Edition

Chord/Chord-scale Pairings

Symbolism in this Book

Harmonic Considerations

Chord-scales

Tips on using the PDF version of this book

Preface

So far, jazz fake books have offered musical contents expressed as melodies and chord changes; none of them show neither harmonic analysis nor chord scales.
This series of books is a collection of well-known jazz standards. No melodies are included, as the purpose of this project is to provide something that has been overlooked until now: analysis and harmonic interpretation of the chord progressions.

All analyses in these books have been handmade by well-versed jazz musicians and edited using **Mapping Tonal Harmony Pro by mDecks Music, LLC**. Mapping Tonal Harmony Pro is an application that visually represents tonal harmony progressions in an interactive map. Each harmonic function occupies a specific spot in the map, relative to other harmonic functions. **Mapping Tonal Harmony Pro** includes arrows and brackets showing expected paths of resolution between harmonic functions and many features that have proved to be an invaluable tool for the study of jazz and traditional harmony.

The scale glossary was extracted from the **Universal Encyclopedia of Scales** also created by mDecks Music. The Universal Encyclopedia of Scales contains all possible scales in music and includes all scale properties such as: related modes, intervallic formula, degree formula, dissonance chart, etc.

The **Jazz Standard Progressions Book** focuses on tonal jazz standards.
Each song is represented as a harmonic progression with full harmonic analysis, symbols known as arrows and brackets and chord scales thoughtfully selected.
Parallel to this series, we have prepared a re-harmonized version in which every jazz standard progression is re-harmonized using most often-used jazz re-harmonization techniques.

In the **Reharmonized** version every Jazz Standard Progression has been reharmonized using effective reharmonization techniques, such as: interpolation, modal interchange, subV substitutions and secondary dominants.

Notes about the 2nd Edition

We are proud to say that the The Jazz Standards Progression Book 1st Edition has been greatly improved in this new edition not only in the accuracy of the harmonic analyses, but also in quality, interactivity (in the PDF version) and quantity.

Quantity

- *Volume 4 (new)*
  The 2nd edition includes an entire new volume: Volume 4; containing 300+ additional Jazz Standards Progressions which takes the total number of songs in the collection to above 1300.
- *Glossary of Scales (updated)*
  An updated glossary of scales, showing all the scales found across the book, is now presented as shown in The Universal Encyclopedia of Scales. Each scale is shown in all keys, as musical notation, on a piano keyboard and guitar fretboard. Intervallic formulas, degree formulas, circle of fifths graphs and many more properties of each scale are also included.
- *Glossary of Harmonic Functions (PDF Version only)*
  The PDF version now includes a complete glossary of harmonic functions. Each function has a dedicated page showing the function's location in a harmonic map showing all the function's properties, such as: functionality, default chord and chord-scale. The function is also shown as a chord symbol with the its root in every key.

Quality

Thanks to the new updated version of Mapping Tonal Harmony Pro, we were able to create the charts using vectorized objects which gives infinity quality in the PDF version, allowing the user to zoom in as much as needed without losing any image definition. The auto-spacing algorithm has been greatly improved to offer the best quality possible notation of the analysis. This is reflected in the now superb quality of the charts in the paperback version as well.

Interactivity (PDF version)

The interactivity in the PDF version has also improved greatly. Every chord-scale and function in each progression is now a link that takes you to its respective scale or function page when you click on it.

An XML file compatible with Mapping Tonal Harmony Pro is included in your download package with all the Jazz Standards in the book. This allows you to have the entire book analyzed and fully interactive. Transpose progressions to any key, use the play-along to practice, reharmonize an entire song using different reharmonization techniques, include upper structures triads and quartals on top of every chord in the progression, convert any song into a Target-Notes workout, or just edit it as you wish.

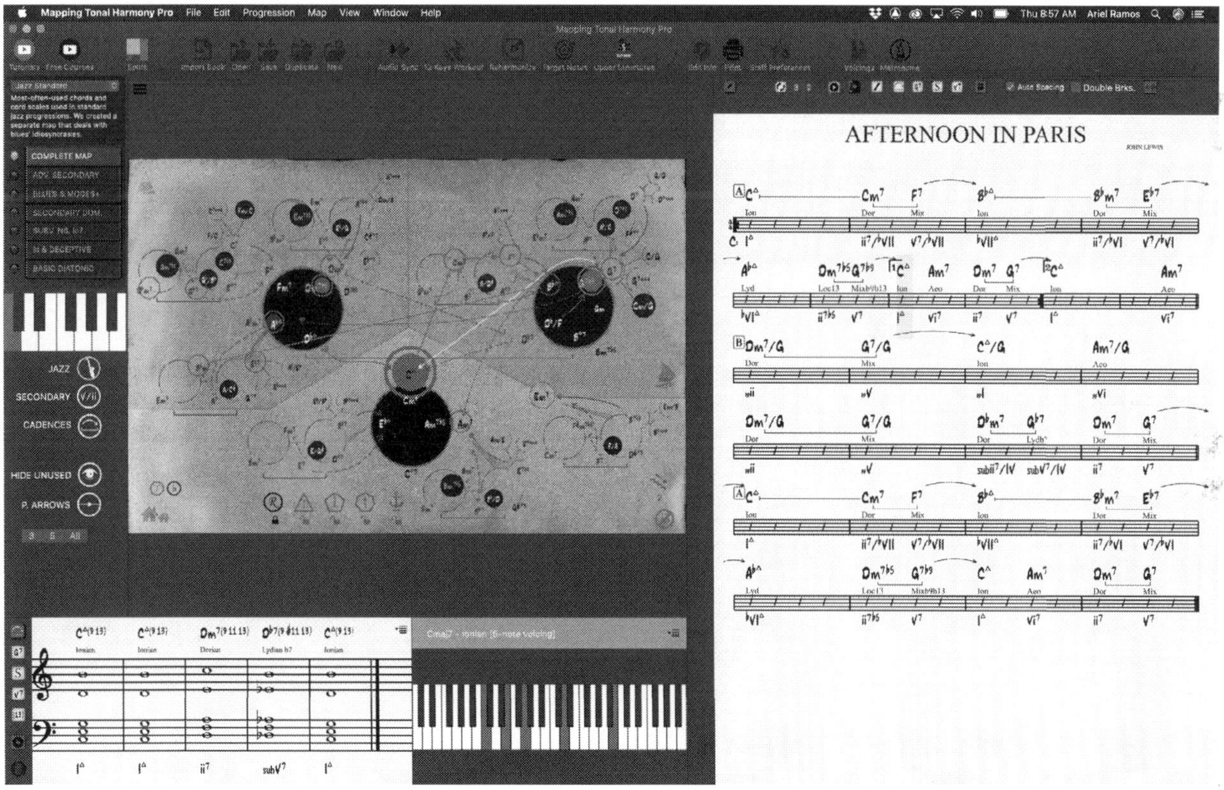

Accuracy, Revisions and Harmonic Considerations.

Every analysis in the first edition has been carefully revised, chord by chord, and corrected/reinterpreted if needed. Also, new chord/chord-scales pairings and harmonic considerations were added to arrive to the final analyses of many songs.

Chord/Chord-scale Pairings

Simply put, a chord and a scale is a chord/chord-scale pairing if the **chord is contained in the scale and they both share the same root.**

For example Cmaj7 and C Ionian (C major scale) is a **chord/chord-scale pairing** because Cmaj7 is contained in the C Ionian scale and they both have the note C as their root note.

Another possible chord/chord-scale pairing is Cmaj7 with the C lydian scale.

If a chord in a progression is playing the role of a specific harmonic function then there is a *"best chord-scale"* to pair it with.

If a Cmaj7 is the I then the best chord-scale for it is Ionian. If Cmaj7 is the IV then Lydian would be a better option. Otherwise any chord/chord-scale pair is fair game when one is creating voicings.

A chord/chord-scale pair will yield a bigger set of notes than a regular chord.
Cmaj7 is four notes C E G B
C Ionian is 7 notes C D E F G A B

Notes Classification using Chord/Chord-scale Pairings

A chord/chord-scale pair allows any note in the chromatic scale to be thoroughly classified:

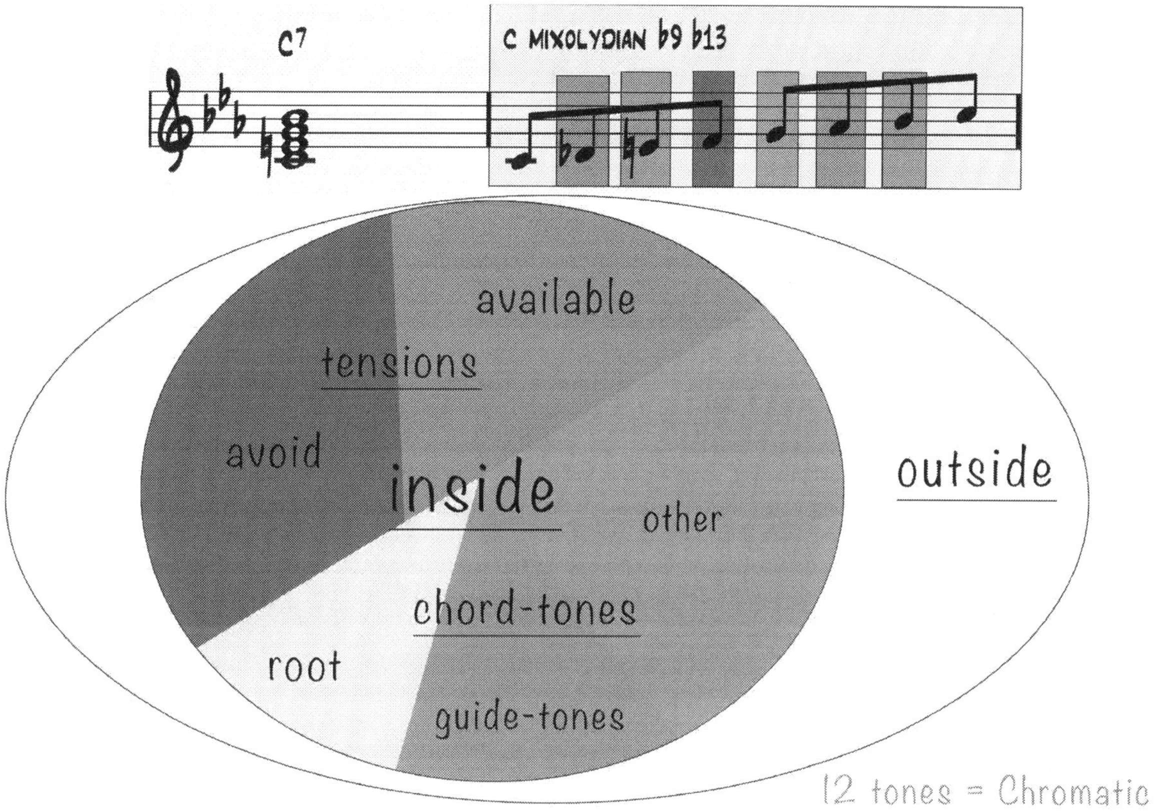

- **Outside notes:** notes outside the chord-scale
- **Inside Notes:** notes in the chord-scale)
  - **Chord-Tones:** notes in the chord
    - **Root**: the root of the chord
    - **Guide Tones:** the notes that contain the essence of the sound, 3rd and 7th & altered 5ths
    - **Tensions:** notes in the chord-scale but not in the chord
      - **Avoids:** they create too much tension in the voicing and usually destroy the overall sound of the chord, usually avoids are a b9 above a guide-tone
      - **non-Avoids/Available:** they add color without destroying the chord's overall sound
  - **Other chord-tones:** non-root & non-guide-tones they don't add much to the basic sound

So, now when you see a chord symbol, don't just think of the notes in it. Think first of the chord-scale you want to pair this chord with.

For example, let's look at the C7 chord in the second measure of **When I Fall in Love**.

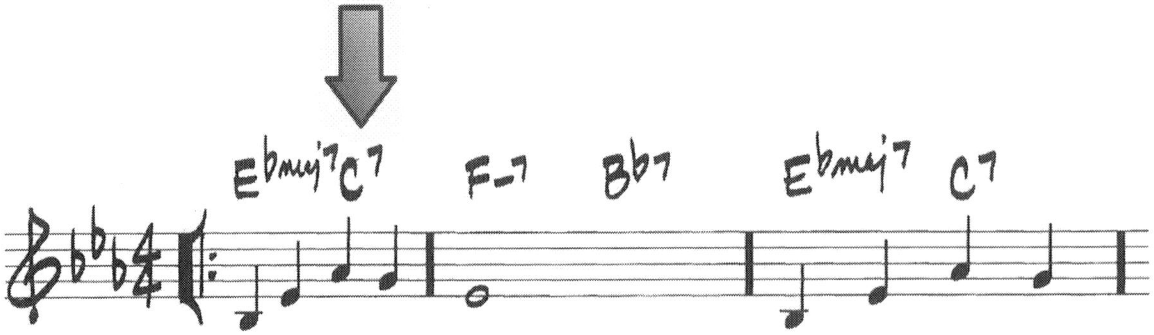

That C7 is the V7/ii and the default chord-scale to pair it with would be Mixolydian b9 b13.

All the notes from the Mixo b9 b13 are inside notes

The chord-tones are C E G and Bb
The root is C
The guide-tones are: E and Bb
The tensions are: Db F and Ab
F is an avoid tension because it creates a b9 interval with one of the guide-tones
Db and Ab are allowed tensions.

Symbolism in this book

Most of the symbols are based on the classical and/or jazz standard notation. Harmonic analysis has evolved and is constantly evolving, and there are many schools of thought in Jazz. There is a subset of symbols shared by all jazz players but also a wide variety of ways to notate certain attributes in the music; from chord symbols to chord-scale names to functional analysis.

We have used a combination of jazz and classical notation in order to use most of the subset of shared symbols among jazz musicians.

This book uses a four-layered analysis format as follows:

1. **Arrows & Brackets Analysis**
2. **Chord Symbols**
3. **Chord-Scales**
4. **Functional Analysis (Roman Numerals)**

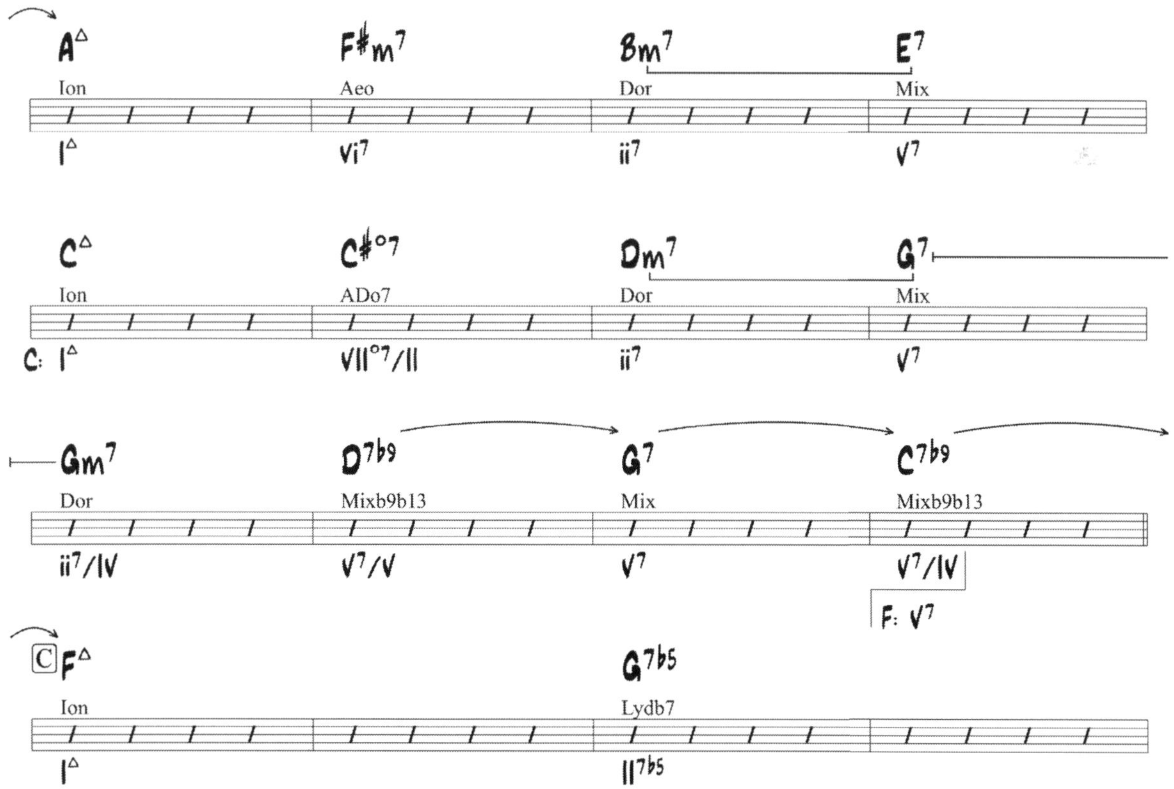

Arrows & Brackets Analysis

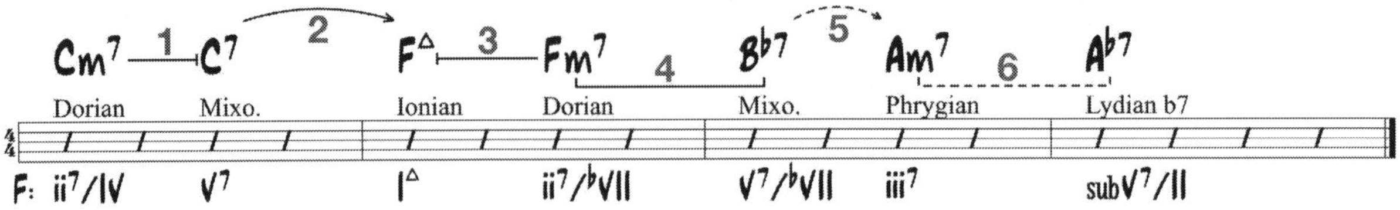

1. A backward headless arrow indicates a "to-dominant" movement where a minor chord turns into a dominant chord with the same root.

2. A *solid arrow* indicates a root movement a perfect 5th down from a dominant chord to any other chord.

3. A *forward headless arrow* indicates a "to-minor" movement where a major or dominant chord turns into a minor with the same root.

4. A *solid bracket* indicates a minor to dominant where the root movement is a prefect fifth down; such as in a II - V progression.

5. A *dotted arrow* indicates a movement of a half step down on the bass from a dominant chord; such as subV to I.

6. A *dotted bracke*t indicates a minor-to-dominant where the root movement is descending a half step; such as a II - SubV or a SubII to V progression.

Functional Analysis (Roman Numerals)

Roman numerals refer to the degree of the scale. An uppercased Roman numeral indicates a Major triad and a lowercased a minor triad.

Secondary functions are shown using a forward slash (/) symbol which means "of" (i.e. V7/V is the V7 of V).

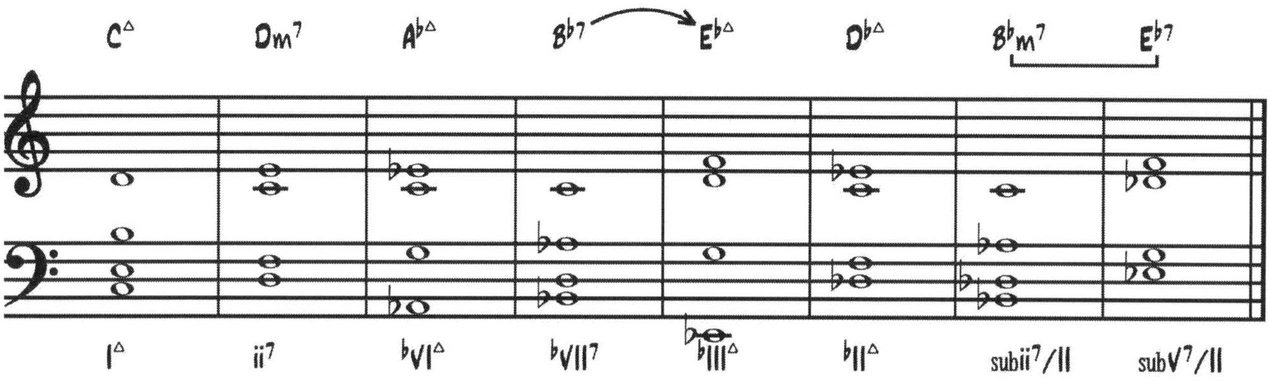

In classical music the Ab major in C minor is the major triad on the minor 6th degree, notated as a VI without the flat symbol (since the flat is implied because the regular sixth chord is a minor triad and only used on a major key). In this book you will find it as bVI since, although redundant, it better represents the interval above the tonic and it's become a more often-used way of representing the function. Same goes for the bVII, or the bII. Major-seventh chords are shown using a triangle. The only non-standard symbol used in the map is the subii7 which merely represents the related 2 of a subV7.

Inversions

Inversions are represented functionally based on the classical notation.

6 or 65 (7th chords) meaning first inversion, 64 or 43 (7th chords) second and 42 (7th chords) third inversion. Pedal points are represented by the initials *p.p.*

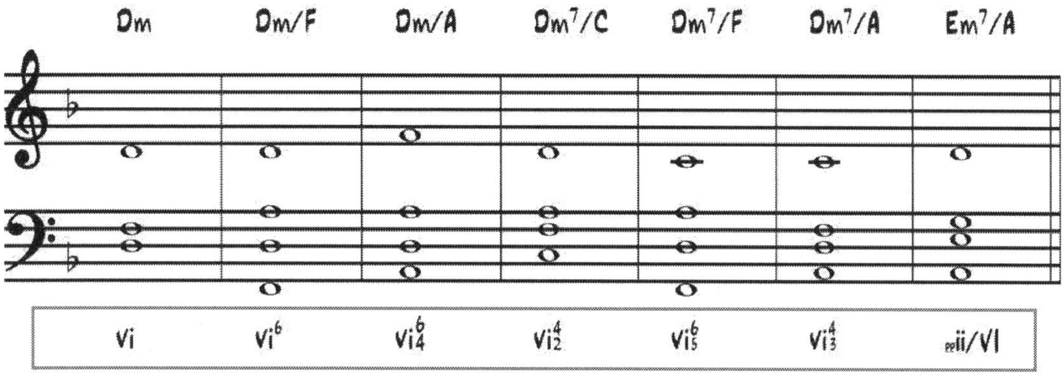

Modulations

Modulations are shown using the standard functional analysis notation. Direct and pivot-chord modulations are also accompanied by the interval shift from the previous key to the new key.

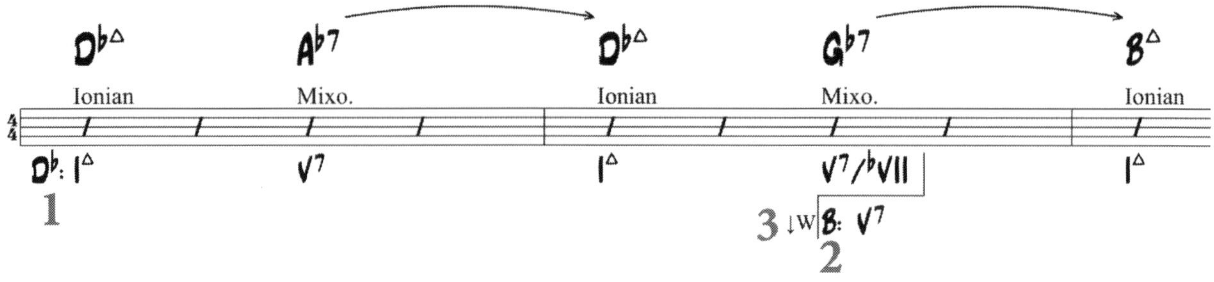

The new key is indicated by the new key followed by a colon (1.Db: 2.B:). Uppercased letters are used for major keys and lowercased for minor keys.

Modulations also include the **interval shift** (3.↓W) used to modulate from the current key to the new key. The arrow indicates the direction of the interval shift. The intervals were carefully chosen to offer the best musical value:

↑H or ↓H : modulation a half step up or down
↑W or ↓W : modulation a whole step up or down
↑m3 or ↓m3 : modulation a minor third up or down
↑M3 or ↓M3 : modulation a major third up or down
↕TT : modulation a tritone away
↓P5 : modulation to the subdominant (a perfect fifth down)
↑P5 : modulation to the dominant (a perfect fifth up)

Pivot-Chord Modulations (common chord or common root) also use the classical notation with the bracket indicating the function's roman numeral on the previous key on the top and the new functional interpretation in the new key on the bottom (2. Gb7 is the V7/bVII in Db and it becomes the V7 in the key of B).

Note: In the "Harmonic Considerations" chapter we have discussed the use of pivot chord modulations extensively, describing special cases in which we have designated as pivot the related ii instead of a V7 in a secondary ii V progression.

Harmonic Considerations

Analyzing jazz standards is a work of art. In many occasions there isn't a clear cut solution to the analysis of a song. In fact, it very much involves, not only knowledge of the style you are analyzing, but also creativity.

The final analyses presented in this book show what we have considered to be the best solutions in the set of all possible "acceptable" solutions. Each analyses was handmade and greatly discussed before committing to it.

A few harmonic considerations were taken that might differ from "main stream" ideas used in tonal harmony analysis. Following, are some important harmonic considerations we wish to clarify so you can get the most out of each analysis:

Pivot Chord Modulations on a ii-V

Pivot chord analysis is usually assigned to the last chord in the progression that belongs to the previous key before the modulation, which is usually a secondary dominant, a V7. In Jazz, this chord is very often preceded its related ii7 chord.

There are many occasions in which this related ii7 chord is just an interpolated ii7, displacing the V7 a few beats. In such cases, we show the ii as the pivot chord instead of the V7. *Note: Ideally, the couple ii - V would be better shown as a pair of pivot chords, both playing a role in either key.*

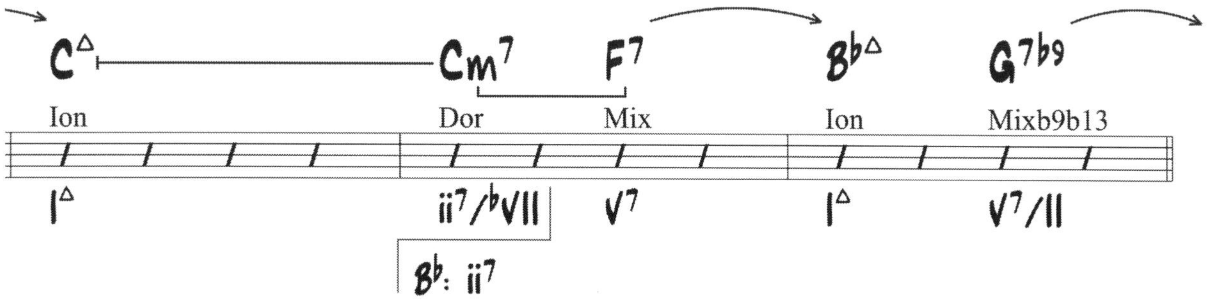

In "YOU'RE MINE YOU" the harmonic progression modulates from the key of C major to the key of Bb major via a "ii - V" of bVII. The standard harmonic analysis would be showing the F7 (V7/bVII) as the pivot chord but, in this case we decided to show Cm (ii7/bVII) as the pivot chord.

Uncommon Chord / Chord-scales Pairings

It would not be an understatement to say that chord symbols in lead sheets are somewhat ambiguous, not to mention inconsistent at times. In many fake-books chord-symbols such us C^{13} or C^{9}, or even $C^{7(13)}$ are frequently found instead of C^{7}. Chord-tones and tensions are treated very loosely across the board.

Using our chord/chord-scale pairing approach, notated tensions become somewhat irrelevant since, for example, a C^{7} paired with the Mixolydian scale immediately turns it into a $C^{7(9\ 13)}$. The degrees 1,3,5,7 are chord-tones and the 9th and the 13th are available tensions. The 11th is an avoid tension.

This approach yields some uncommon chord/chord-scales pairings which are not-often-found in the jazz vernacular. For example, the $C^{7\flat5}$ paired with the Lydian b7 scale turns the $C^{7\flat5}$ into a $C^{7\flat5(9\ 13)}$. Remember, the degrees 1,3,b5,b7 are chord-tones and the 9th and the 13th are available tensions. In this case the 5 is an avoid tension.

We are reinterpreting the #4 in the Lydian b7 scale as the b5 in the C7b5. Then the 5th degree turns into a tension of the $C^{7\flat5}$ chord, which is not available since it is a half-step above one of the chord-tones (the b5).

Another example would be the C7#5 paired with a Mixolydian b9 b13 scale.

Although subtle, this use of the chord/chord-scale pairings has allowed us to find scales that best-fit the chord symbols shown in lead sheets based on their harmonic function.

Modulations vs. Strong Tonicizations

In order to grant a modulation we must have a clear shift of the tonic. This new tonal center must not only be established by a strong cadence but also last long enough in order to be perceived as the tonic. The boundaries that separate a modulation from a tonicization are not well-defined, and subjective at times. Sadly, there's no way of representing this fuzziness in functional analysis notation; we can either show a modulation or not.

Fortunately, having paired each function with its current chord-scale has given us the ability to add another level of detail to tonicization. A classic example is the tonicization of the IV chord.

In "GLAD TO BE UNHAPPY" the IV is tonicized by the V7/IV but it preserves is IV quality intact which is reflected by being paired with its default chord-scale: Lydian.

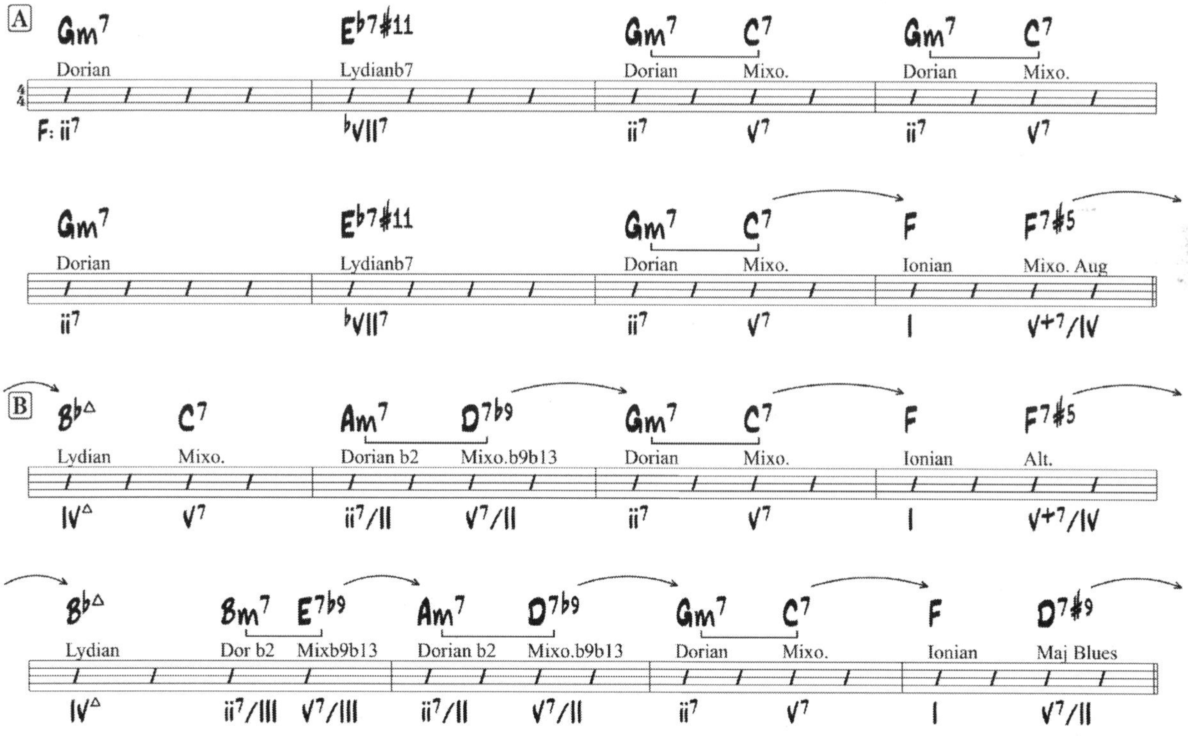

In “HELLO, YOUNG LOVERS” the song clearly modulates to the key of the IV shown by the functional analysis.

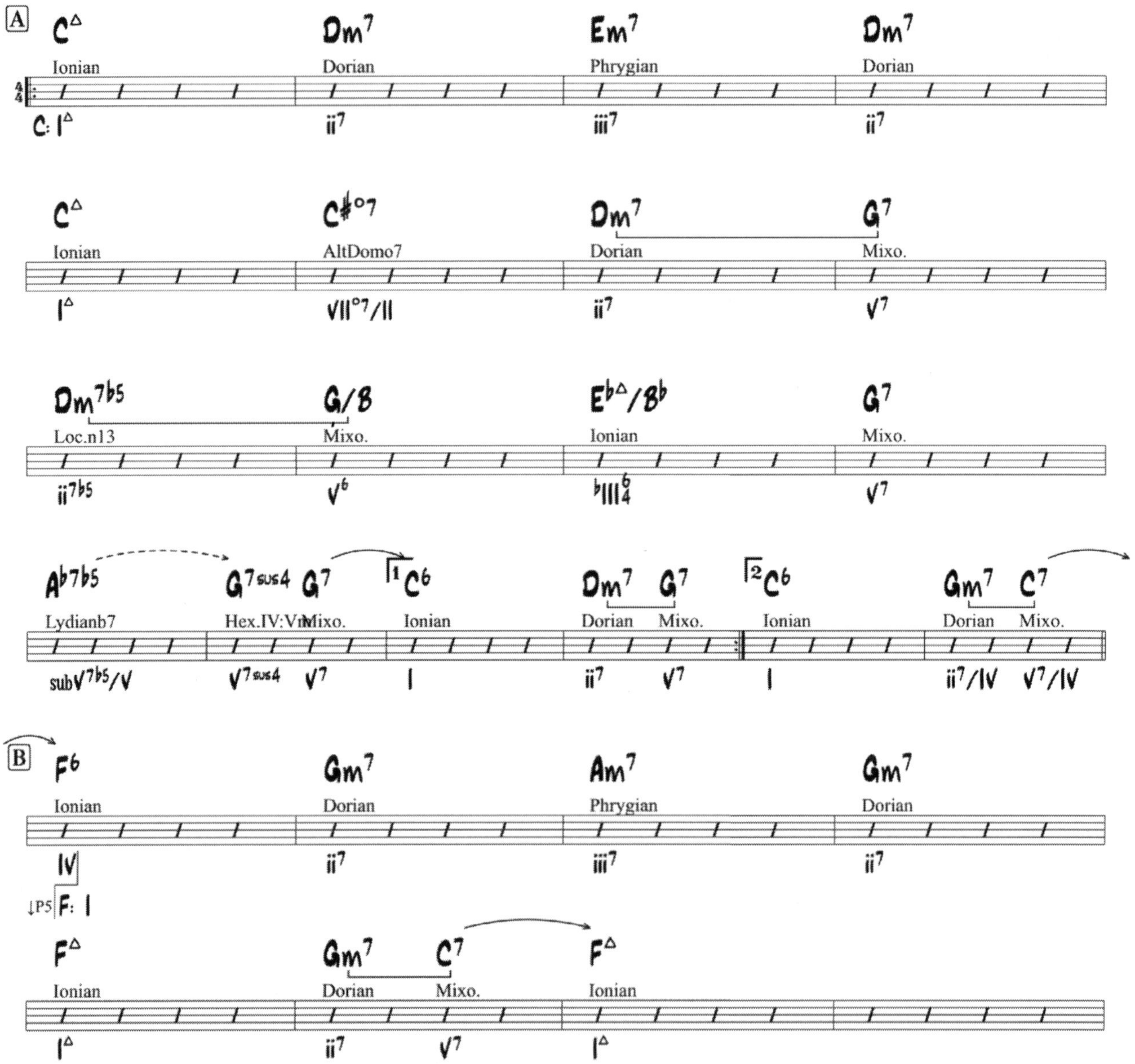

Lastly, in “HEAT WAVE”, the IV is strongly tonicized lasting several bars and being used in different forms to create a line-cliché, but the rest of the harmonic progression does not grant introducing a modulation to a new key. In fact, analyzing the entire progression without any modulations creates a much better analysis of the song. What’s happening here is that the IV chord is so strongly tonicized that it is momentarily borrowing the Ionian mode from its own key. So, the IV chord is still a IV but as you can see in the chart, is being paired with the Ionian scale instead of the default Lydian scale.

Scales

The scales that appear in this book are the most-often used scales in Jazz Standards. They are presented as shown in The Universal Encyclopedia of Scales by mDecks Music. Although every function has a default chord-scale, there are many cases in which the default chord-scale is not the "best" chord-scale we could assign to that function at a certain moment. We have carefully assigned alternative chord-scales (replacing the default ones) when necessary.

Note: Not all scales in this book are 7-notes scales. (i.e. Blues, Hexatonics, etc.) Scale names are simplified to optimize note spacing. Sometimes they are abbreviated. Please see the Glossary of Scales (paperback) or use the interactive links (PDF version)

Tips on using the PDF version

The PDF version is fully interactive. We recommend using **Adobe Acrobat Reader** (free on any device) since the PDF was created to make use of the features in this app.

Tip 1. All lists and indexes (such as the one in the "Table of Contents" or in the "Introductory Chapters", and of course in the "Song Index") are clickable. Click on any item in a list to go to the respective page.

Tip 2. You can search for any text string in the entire book. Song names, scale names, etc. are all searchable. To search for any text in Adobe Acrobat use the **⌘ + F** on Mac or **Control + F** on Windows shortcut which will open the search box.

Tip 3. Every scale and function in a song is clickable. If you want to see how to play a scale just click on the scale's name in the song's chart. Same goes for the roman numerals in the functional analysis.

Tip 4. After clicking on any item you can go back to the page you were previously looking at by using **⌘ + ←** on Mac or **Control + ←** on Windows. To go to the previous page just use **⌘ + ↑** on Mac or **Control + ↑** on Windows.

Tip 5. To resize to full page view use **⌘ + 0** on Mac or **Control + 0** on Windows.

SONG INDEX

AFRO BLUE	26
AFTERNOON IN PARIS	27
AGUA DE BEBER (WATER TO DRINK)	28
AIREGIN	30
ALFIE	31
ALICE IN WONDERLAND	32
ALL BLUES	34
ALL BY MYSELF	35
ALL OF ME	36
ALL OF YOU	37
ALL THE THINGS YOU ARE	38
ALWAYS	39
ANGEL EYES	40
ANTHROPOLOGY	41
APPLE HONEY	42
APRIL IN PARIS	44
AU PRIVAVE	45
AUTUMN IN NEW YORK	46
AUTUMN LEAVES	47
BEAUTIFUL LOVE	48
BESSIE'S BLUES	49
BEWITCHED	50
BIG NICK	51
BLACK COFFEE	52
BLACK NILE	54
BLACK ORPHEUS	56
BLUE BOSSA	57
BLUE IN GREEN	58
BLUE MONK	59
THE BLUE ROOM	60
BLUE TRANE	61
BLUES FOR ALICE	62
BLUESETTE	63
BODY AND SOUL	64
BOPLICITY	65
BROADWAY	66
BUT BEAUTIFUL	67
CALL ME	68
CALL ME IRRESPONSIBLE	70
CAN'T HELP LOVIN' DAT MAN	71
CAPTAIN MARVEL	72
CENTRAL PARK WEST	74
CEORA	75
C'EST SI BON (IT'S SO GOOD)	76
CHEGA DE SAUDADE (NO MORE...LUES)	78
CHELSEA BRIDGE	80
CHEROKEE	82
CHERRY PINK AND APPLE BLO...WHITE	84
A CHILD IS BORN	85
COME SUNDAY	86
CON ALMA	87
CONCEPTION	88
CONFIRMATION	89
CONTEMPLATION	90
CORAL	91
COTTON TAIL	92
COULD IT BE YOU	93
COUNTDOWN	94
CRESCENT	95
DAAHOUD	96
DANCING ON THE CEILING	97
DARN THAT DREAM	98
DAYS AND NIGHTS WAITING	99
DEAR OLD STOCKHOLM	100
DEARLY BELOVED	101
DEDICATED TO YOU	102
DESAFINADO	104
DETOUR AHEAD	106
DEXTERITY	107
DIZZY ATMOSPHERE	108
DJANGO (M.)	109
DJANGO (S.)	110
DONNA LEE	111
DON'T BLAME ME	112
DON'T GET AROUND MUCH ANYMORE	113
DREAM A LITTLE DREAM OF ME	114
DREAMSVILLE	115
EASTER PARADE	116
EASY LIVING	117
EASY TO LOVE	118
EQUINOX	119
FALLING GRACE	120

SONG INDEX (continues)

FALLING IN LOVE WITH LOVE 122
A FINE ROMANCE 124
FOOTPRINTS 125
FOR ALL WE KNOW 126
FOR HEAVEN'S SAKE 127
FOR SENTIMENTAL REASONS 128
FOUR 129
FOUR ON SIX (M.) 130
FOUR ON SIX (S.) 131
FREDDIE FREELOADER 132
FULL HOUSE 134
GEE BABY, AIN'T I GOOD TO YOU 136
GIANT STEPS 137
THE GIRL FROM IPANEMA 138
GOD BLESS' THE CHILD 139
GRAND CENTRAL 140
GROOVIN' HIGH 141
GUILTY 142
GYPSY IN MY SOUL 143
HALF NELSON 144
HAVE YOU MET MISS JONES? 145
HEAVEN 146
HEEBIE JEEBIES 147
HELLO, YOUNG LOVERS 148
HERE'S THAT RAINY DAY 150
HOT TODDY 151
HOW HIGH THE MOON 152
HOW INSENSITIVE 153
I CAN'T GET STARTED WITH YOU 154
I CAN'T GIVE YOU ANYTHING... LOVE 155
I COULD WRITE A BOOK 156
I GOT IT BAD AND THAT AIN... GOOD 157
I LET A SONG GO OUT OF MY...HEART 158
I LOVE PARIS 159
I LOVE YOU 160
I MEAN YOU 161
I REMEMBER CLIFFORD 162
I SHOULD CARE 164
I WISH I KNEW HOW IT WOUL... FREE 165
IF YOU NEVER COME TO ME 166
I'LL NEVER SMILE AGAIN 167
I'LL REMEMBER APRIL 168
I'M ALL SMILES 170
I'M BEGINNING TO SEE THE LIGHT 172
IN A MELLOW TONE 173
IN A SENTIMENTAL MOOD 174
IN THE WEE SMALL HOURS OF...RNING 175
IN YOUR QUIET PLACE 176
THE INCH WORM 177
INTERPLAY 178
INVITATION 180
ISN'T IT ROMANTIC 182
ISOTOPE 183
ISRAEL 184
IT DON'T MEAN A THING 185
IT'S EASY TO REMEMBER 186
JELLY ROLL 187
JORDU 188
JOURNEY TO RECIFE 189
JOY SPRING 190
JUMP MONK 192
JUNE IN JANUARY 194
JUST ONE MORE CHANCE 195
KELO 196
LADY BIRD 197
LADY SINGS THE BLUES 198
LAMENT 199
LAS VEGAS TANGO 200
LAZY BIRD 201
LAZY RIVER 202
LIKE SOMEONE IN LOVE 203
LIMEHOUSE BLUES 204
LITTLE BOAT 205
LITTLE WALTZ 206
LONG AGO (AND FAR AWAY) 207
LONNIE'S LAMENT 208
LOOK TO THE SKY 209
LOVE IS THE SWEETEST THING 210
LUCKY SOUTHERN 211
LULLABY OF BIRDLAND 212
LUSH LIFE 214
MAHJONG 216

SONG INDEX (continues)

MEDITATION 218
MEMORIES OF TOMORROW 220
MIDNIGHT MOOD 221
MILANO 222
MINORITY 223
MISTY 224
MISTY (ERROL GARNER'S ORI...SION) 225
MIYAKO 226
MOMENT'S NOTICE 227
MOOD INDIGO 228
THE MOST BEAUTIFUL GIRL I...WORLD 230
MR. P.C. 232
MY BUDDY 233
MY FAVORITE THINGS 234
MY FOOLISH HEART 236
MY FUNNY VALENTINE 237
MY ONE AND ONLY LOVE 238
MY ROMANCE 239
MY SHINING HOUR 240
MY SHIP 241
MY WAY 242
NARDIS 243
NEVER WILL I MARRY 244
NICA'S DREAM 246
NIGHT DREAMER 248
THE NIGHT HAS A THOUSAND EYES 249
A NIGHT IN TUNISIA (M.) 250
A NIGHT IN TUNISIA (S.) 252
NOBODY KNOWS YOU WHEN YOU...D OUT 253
NOSTALGIA IN TIMES SQUARE 254
NUAGES 255
(OLD MAN FROM) THE OLD COUNTRY 256
OLEO 257
ONCE I LOVED 258
ONCE IN LOVE WITH AMY 259
ONE NOTE SAMBA 260
ONLY TRUST YOUR HEART 262
ORNITHOLOGY 263
OUT OF NOWHERE 264
P.S. I LOVE YOU 265
PAPER DOLL 266
PASSION FLOWER 267
PEACE 268
PEGGY'S BLUE SKYLIGHT 269
PENT UP HOUSE 270
PENTHOUSE SERENADE 271
PERI'S SCOPE 272
PFRANCING (NO BLUES) 273
PITHECANTHROPUS ERECTUS 274
PRELUDE TO A KISS 275
PUSSY CAT DUES 276
QUIET NIGHTS OF QUIET STA...VADO) 277
QUIET NOW 278
RECORDA-ME 280
REFLECTIONS 281
RING DEM BELLS 282
ROAD SONG 283
'ROUND MIDNIGHT 284
THE SAGA OF HARRISON CRAB...THERS 285
SATIN DOLL 286
SCOTCH AND SODA 287
SCRAPPLE FROM THE APPLE 288
SEA JOURNEY 290
SEVEN COME ELEVEN 292
SEVEN STEPS TO HEAVEN (S.) 293
SKATING IN CENTRAL PARK (...I.S.) 294
SKATING IN CENTRAL PARK (... OUT) 296
SO NICE (SUMMER SAMBA) 298
SOLAR 299
SOLITUDE 300
SOME DAY MY PRINCE WILL COME 301
SOME OTHER SPRING 302
SOMEBODY LOVES ME 304
SOMETIME AGO 305
SONG FOR MY FATHER 306
THE SONG IS YOU 308
SOPHISTICATED LADY 310
SPEAK NO EVIL 311
STANDING ON THE CORNER 312
THE STAR-CROSSED LOVERS 314
STELLA BY STARLIGHT 315
STOLEN MOMENTS 316

SONG INDEX (continues)

STOMPIN' AT THE SAVOY	317
STRAIGHT NO CHASER	318
SUGAR	319
A SUNDAY KIND OF LOVE	320
THE SURREY WITH THE FRING...N TOP	321
SWEET GEORGIA BRIGHT	322
TAKE THE A TRAIN	323
THANKS FOR THE MEMORY	324
THERE IS NO GREATER LOVE	325
THERE WILL NEVER BE ANOTH...R YOU	326
THERE'LL BE SOME CHANGES MADE	327
THEY DIDN'T BELIEVE ME	328
THOU SWELL	329
TIME REMEMBERED	330
TOPSY	331
TOUR DE FORCE	332
TRISTE	333
TUNE UP	334
TURN OUT THE STARS	336
TWISTED BLUES	338
UP JUMPED SPRING	340
UPPER MANHATTAN MEDICAL GROUP	342
VALSE HOT	343
VERY EARLY (M.I.S.)	344
VERY EARLY (M. OUT)	345
WAIT TILL YOU SEE HER	346
WALTZ FOR DEBBY (M.I.S.)	348
WALTZ FOR DEBBY (M. OUT)	350
WAVE	352
WE'LL BE TOGETHER AGAIN	353
WELL YOU NEEDN'T	354
WEST COAST BLUES	355
WHAT AM I HERE FOR?	356
WHEN I FALL IN LOVE	357
WHEN SUNNY GETS BLUE	358
WHEN YOU WISH UPON A STAR	359
WHISPERING	360
WITCH HUNT	361
WIVES AND LOVERS	362
WOODYN' YOU	364
THE WORLD IS WAITING FOR ...NRISE	365
YES AND NO	366
YESTERDAYS	368
YOU ARE TOO BEAUTIFUL	369
YOU BROUGHT A NEW KIND OF...TO ME	370
YOU DON'T KNOW WHAT LOVE IS	371
YOU TOOK ADVANTAGE OF ME	372
YOUNG AT HEART	373
YOU'RE NOBODY UNTIL SOMEB...S YOU	374

List of scales you will find in this book

Name	Long Name	Short Name	Intervallic Formula	Degrees Formula
Aeolian	Aeolian	Aeo	W H W W H W W	1 2 b3 4 5 b6 b7
Altered	Alt.	Alt	H W H W W W W	1 b2 #2 3 b5 b6 b7
Altered Dominant dim7	AltDomo7	ADo7	H W H W W H m3	1 b2 #2 3 #4 #5 bb7
Blues Scale	Blues	Blues	m3 W H H m3 W	1 b3 4 #4 5 b7
Diminished	Dim.	Dim	W H W H W H W H	1 2 b3 4 b5 b6 bb7 7
Dorian	Dorian	Dor	W H W W W H W	1 2 b3 4 5 6 b7
Dorian b2	Dor.b2	Dorb2	H W W W W H W	1 b2 b3 4 5 6 b7
Half Diminished	Half Dim.	Half Dim	H W H W H W H W	1 b2 #2 3 #4 5 6 b7
Harmonic Minor	Har. min	Har min	W H W W H m3 H	1 2 b3 4 5 b6 7
HexaTonic IV:Vm	Hex.IV:Vm	HexIV:Vm	W m3 W W H W	1 2 4 5 6 b7
HexaTonic IV:Vo	Hex.IV:Vo	HexIV:Vo	H M3 W W H W	1 b2 4 5 6 b7
HexaTonic IVm:Vo	Hex.IVm:Vo	HexIVm:Vo	H M3 W H W W	1 b2 4 5 b6 b7
Ionian	Ionian	Ion	W W H W W W H	1 2 3 4 5 6 7
Ionian #5	Ionian #5	Ion #5	W W H m3 H W H	1 2 3 4 #5 6 7
Locrian	Locrian	Loc	H W W H W W W	1 b2 b3 4 b5 b6 b7
Locrian bb7	Locrian bb7	Loc bb7	H W W H W H m3	1 b2 b3 4 #4 #5 bb7
Locrian n13	Loc.n13	Loc13	H W W H m3 H W	1 b2 b3 4 b5 6 b7
Locrian n9	Loc.n9	Loc9	W H W H W W W	1 2 b3 4 b5 b6 b7
Lydian	Lydian	Lyd	W W W H W W H	1 2 3 #4 5 6 7
Lydian #5	Lydian #5	Lyd #5	W W W W H W H	1 2 3 b5 b6 6 7
Lydian b7	Lydianb7	Lydb7	W W W H W H W	1 2 3 #4 5 6 b7
Major Blues Scale	Maj Blues	Maj Blues	m3 H H H H m3 W	1 #2 3 4 #4 5 b7
Melodic Minor	Mel. min	Mel min	W H W W W W H	1 2 b3 4 5 6 7
Mixolydian	Mixo.	Mix	W W H W W H W	1 2 3 4 5 6 b7
Mixolydian Augmented	Mixo. Aug	Mix Aug	W W H m3 H H W	1 2 3 4 #5 6 b7
Mixolydian b13	Mixo. b13	Mix b13	W W H W H W W	1 2 3 4 5 b6 b7
Mixolydian b9	Mixo. b9	Mix b9	H m3 H W W H W	1 b2 3 4 5 6 b7
Mixolydian b9 b13	Mixo.b9b13	Mixb9b13	H m3 H W H W W	1 b2 3 4 5 b6 b7
Phrygian	Phrygian	Phr	H W W W H W W	1 b2 b3 4 5 b6 b7
Whole Tone Scale	W.T.	WT	W W W W W W	1 2 3 b5 b6 b7

AFRO BLUE

Gm7 Eb7#9 D7#9 Gm7
Dorian Maj Blues Maj Blues Dorian
3/4
g: i7 subV7/V V7 i7
Gm7 Eb7#9 D7#9 Gm7
Dorian Maj Blues Maj Blues Dorian
i7 subV7/V V7 i7
F Eb F Gm7
Lydianb7 Lydian Lydb7 Dorian
bVII bVI bVII i7
F Eb F Gm7
Lydianb7 Lydian Lydb7 Dorian
bVII bVI bVII i7

AFTERNOON IN PARIS

AGUA DE BEBER (WATER TO DRINK)

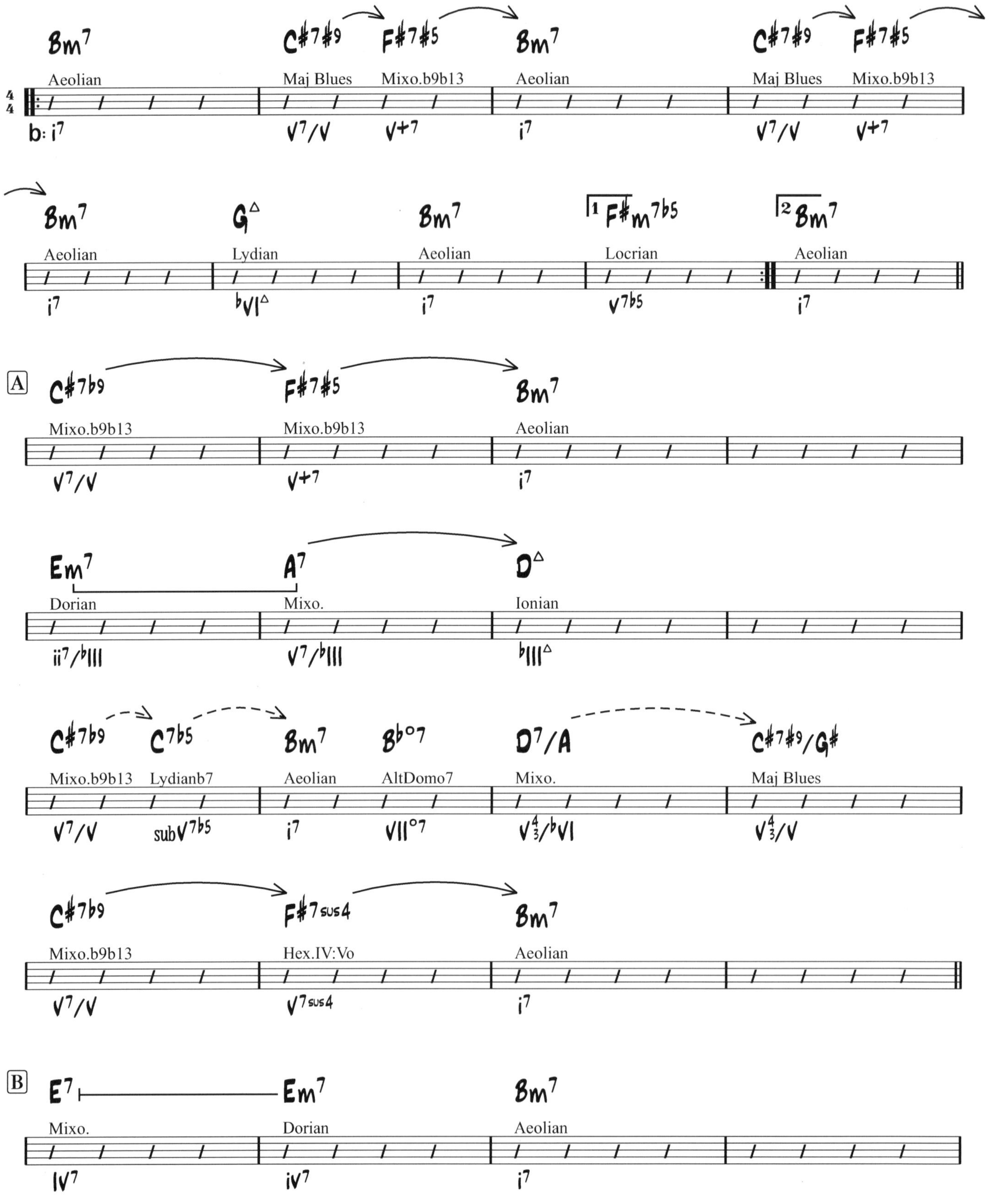

AGUA DE BEBER (WATER TO DRINK) - Page 2

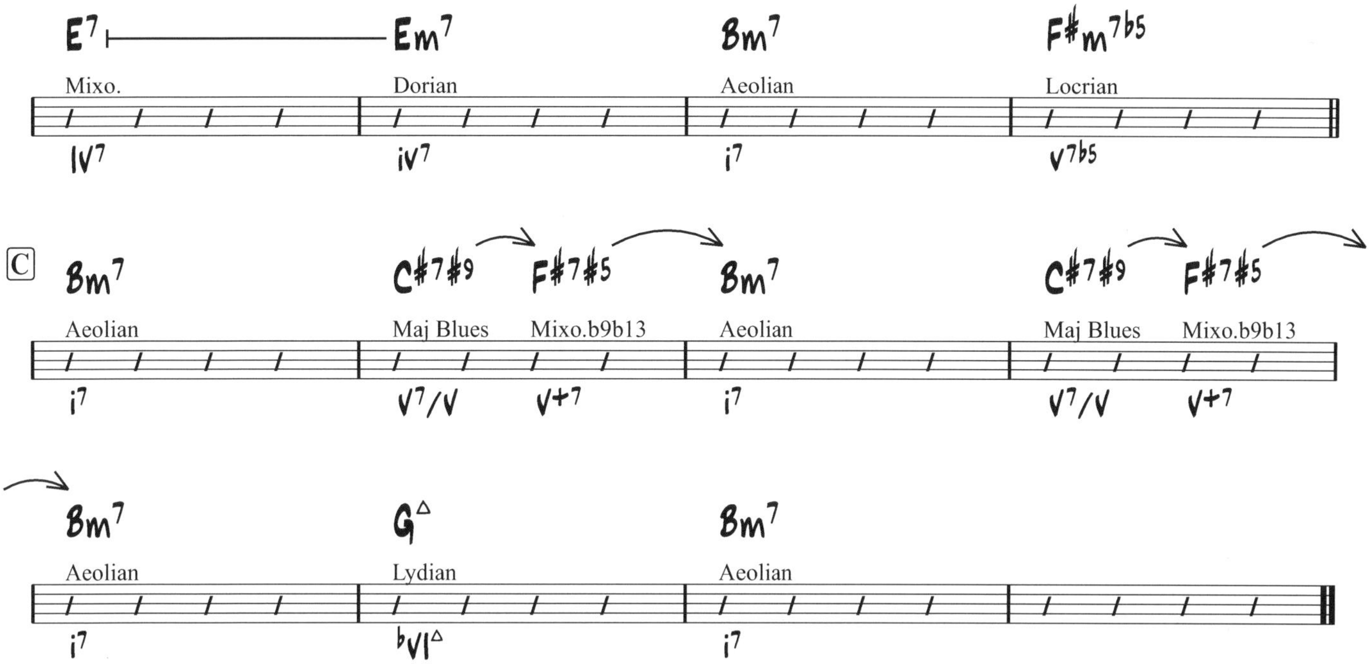

AIREGIN

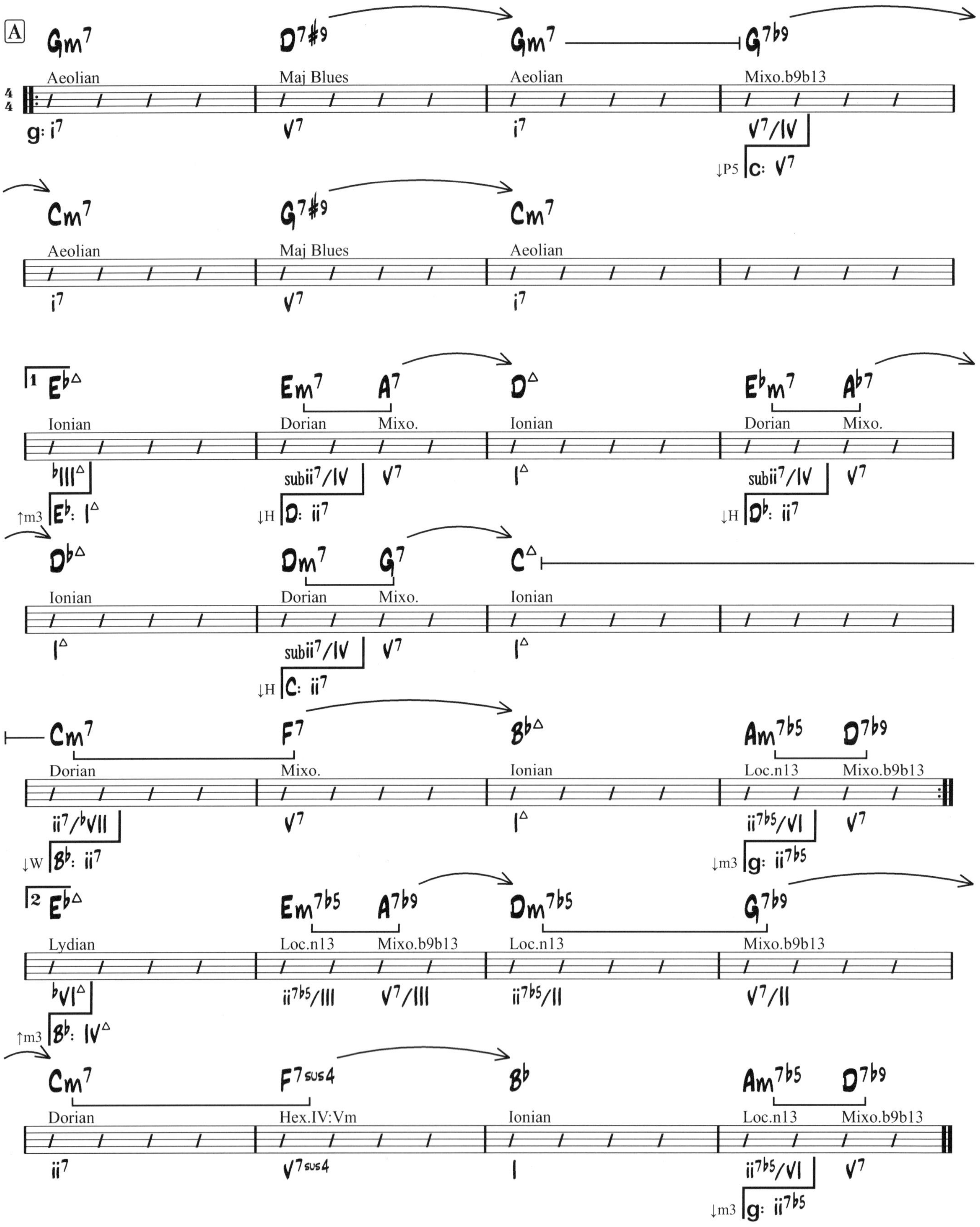
A
Gm7 D7#9 Gm7 G7b9
Aeolian Maj Blues Aeolian Mixo.b9b13
g: i7 V7 i7 V7/IV
↓P5 C: V7
Cm7 G7#9 Cm7
Aeolian Maj Blues Aeolian
i7 V7 i7
1 Eb△ Em7 A7 D△ Ebm7 Ab7
Ionian Dorian Mixo. Ionian Dorian Mixo.
bIII△ subii7/IV V7 I△ subii7/IV V7
↑m3 Eb: I△ ↓H D: ii7 ↓H Db: ii7
Db△ Dm7 G7 C△
Ionian Dorian Mixo. Ionian
I△ subii7/IV V7 I△
↓H C: ii7
Cm7 F7 Bb△ Am7b5 D7b9
Dorian Mixo. Ionian Loc.n13 Mixo.b9b13
ii7/bVII V7 I△ ii7b5/VI V7
↓W Bb: ii7 ↓m3 g: ii7b5
2 Eb△ Em7b5 A7b9 Dm7b5 G7b9
Lydian Loc.n13 Mixo.b9b13 Loc.n13 Mixo.b9b13
bVI△ ii7b5/III V7/III ii7b5/II V7/II
↑m3 Bb: IV△
Cm7 F7sus4 Bb Am7b5 D7b9
Dorian Hex.IV:Vm Ionian Loc.n13 Mixo.b9b13
ii7 V7sus4 I ii7b5/VI V7
↓m3 g: ii7b5

ALFIE

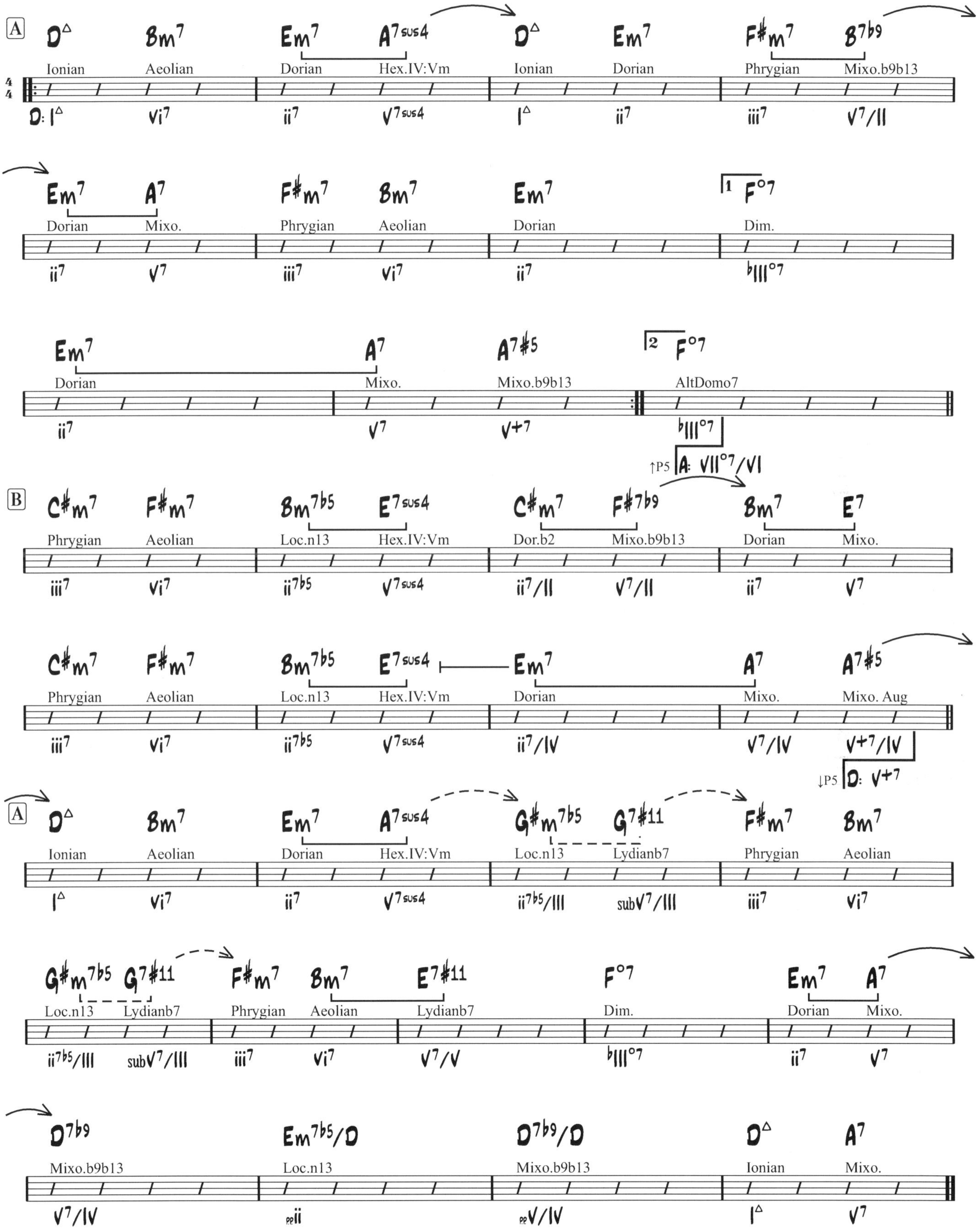
A
D△ Bm7 Em7 A7sus4 D△ Em7 F#m7 B7b9
Ionian Aeolian Dorian Hex.IV:Vm Ionian Dorian Phrygian Mixo.b9b13
4/4
D: I△ vi7 ii7 V7sus4 I△ ii7 iii7 V7/II
Em7 A7 F#m7 Bm7 Em7 1 F°7
Dorian Mixo. Phrygian Aeolian Dorian Dim.
ii7 V7 iii7 vi7 ii7 bIII°7
Em7 A7 A7#5 2 F°7
Dorian Mixo. Mixo.b9b13 AltDomo7
ii7 V7 V+7 bIII°7
↑P5 A: VII°7/VI
B
C#m7 F#m7 Bm7b5 E7sus4 C#m7 F#7b9 Bm7 E7
Phrygian Aeolian Loc.n13 Hex.IV:Vm Dor.b2 Mixo.b9b13 Dorian Mixo.
iii7 vi7 ii7b5 V7sus4 ii7/II V7/II ii7 V7
C#m7 F#m7 Bm7b5 E7sus4 Em7 A7 A7#5
Phrygian Aeolian Loc.n13 Hex.IV:Vm Dorian Mixo. Mixo. Aug
iii7 vi7 ii7b5 V7sus4 ii7/IV V7/IV V+7/IV
↓P5 D: V+7
A
D△ Bm7 Em7 A7sus4 G#m7b5 G7#11 F#m7 Bm7
Ionian Aeolian Dorian Hex.IV:Vm Loc.n13 Lydianb7 Phrygian Aeolian
I△ vi7 ii7 V7sus4 ii7b5/III subV7/III iii7 vi7
G#m7b5 G7#11 F#m7 Bm7 E7#11 F°7 Em7 A7
Loc.n13 Lydianb7 Phrygian Aeolian Lydianb7 Dim. Dorian Mixo.
ii7b5/III subV7/III iii7 vi7 V7/V bIII°7 ii7 V7
D7b9 Em7b5/D D7b9/D D△ A7
Mixo.b9b13 Loc.n13 Mixo.b9b13 Ionian Mixo.
V7/IV PPii PPV/IV I△ V7

ALICE IN WONDERLAND

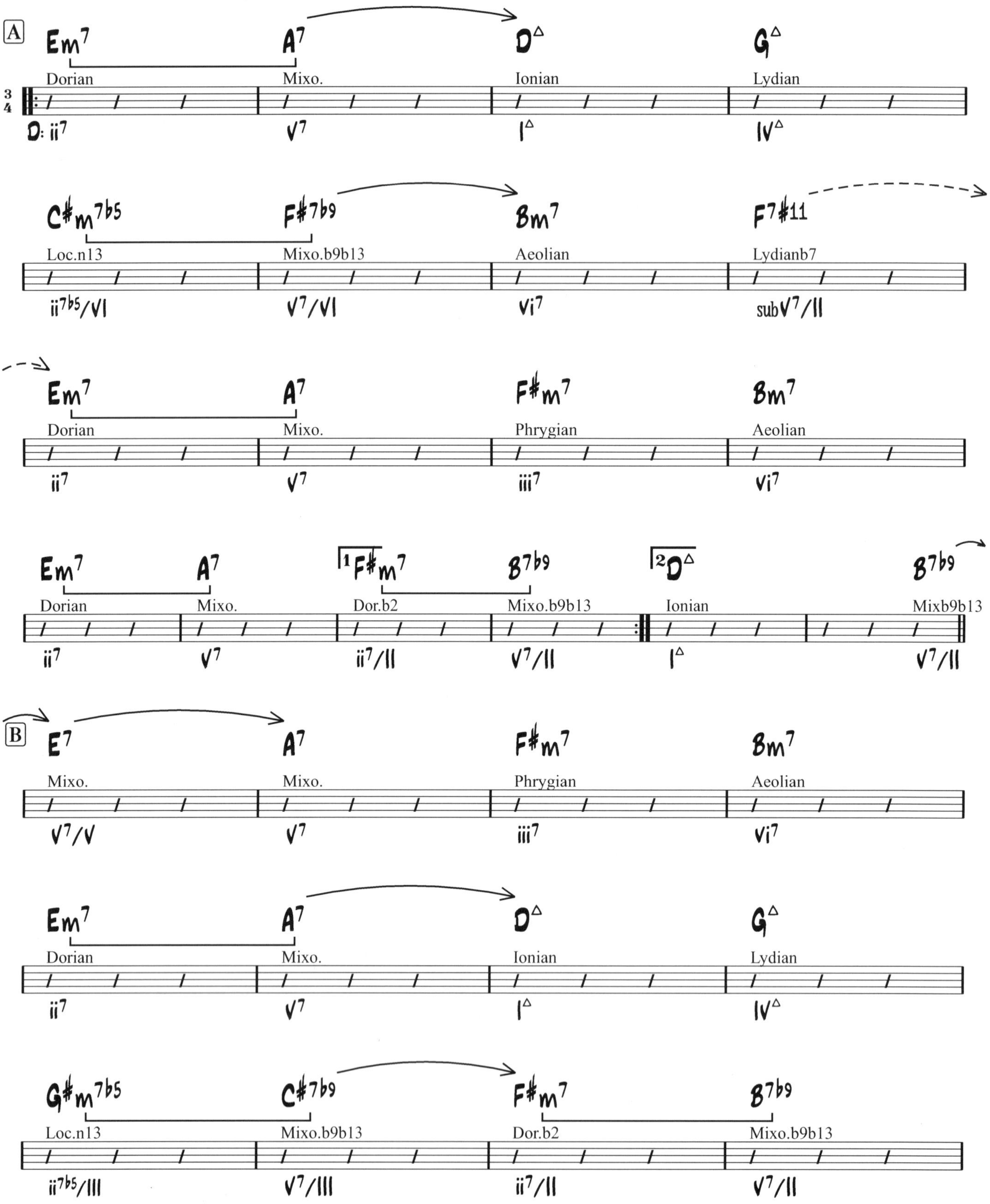

ALICE IN WONDERLAND - Page 2

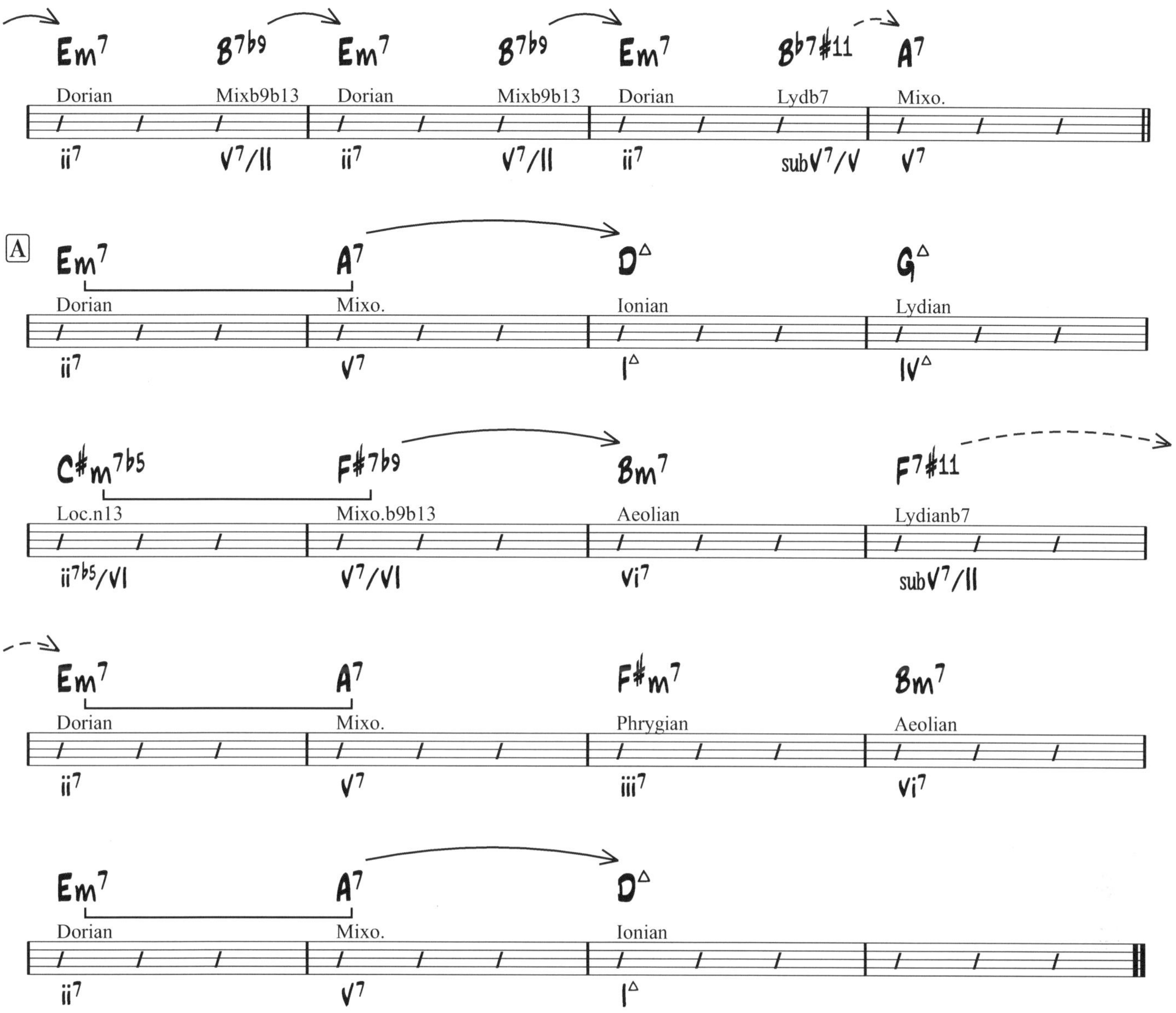

ALL BLUES

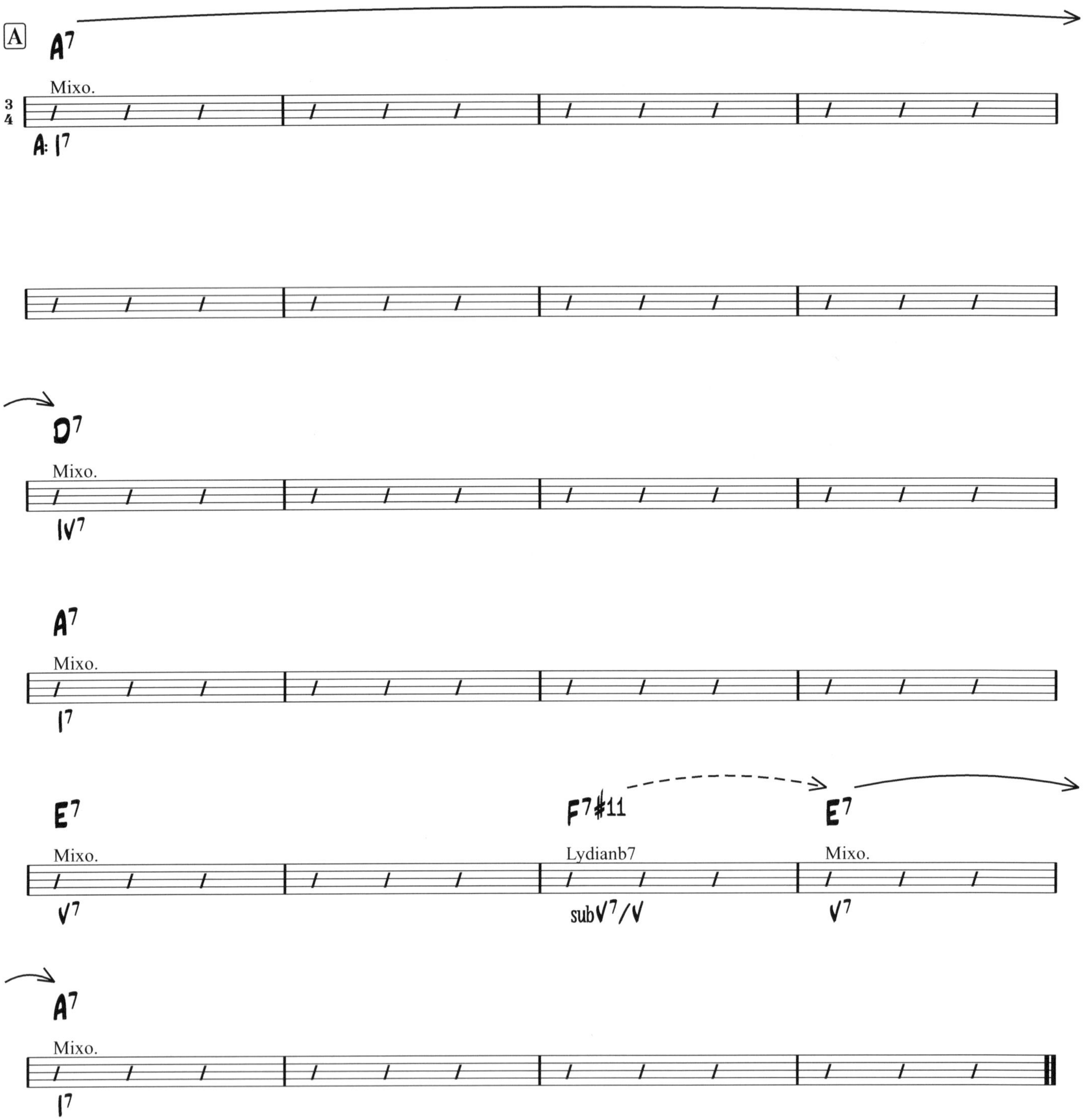
A
A7
Mixo.
3
4
A: I7
D7
Mixo.
IV7
A7
Mixo.
I7
E7
Mixo.
V7
F7#11
Lydianb7
subV7/V
E7
Mixo.
V7
A7
Mixo.
I7

ALL BY MYSELF

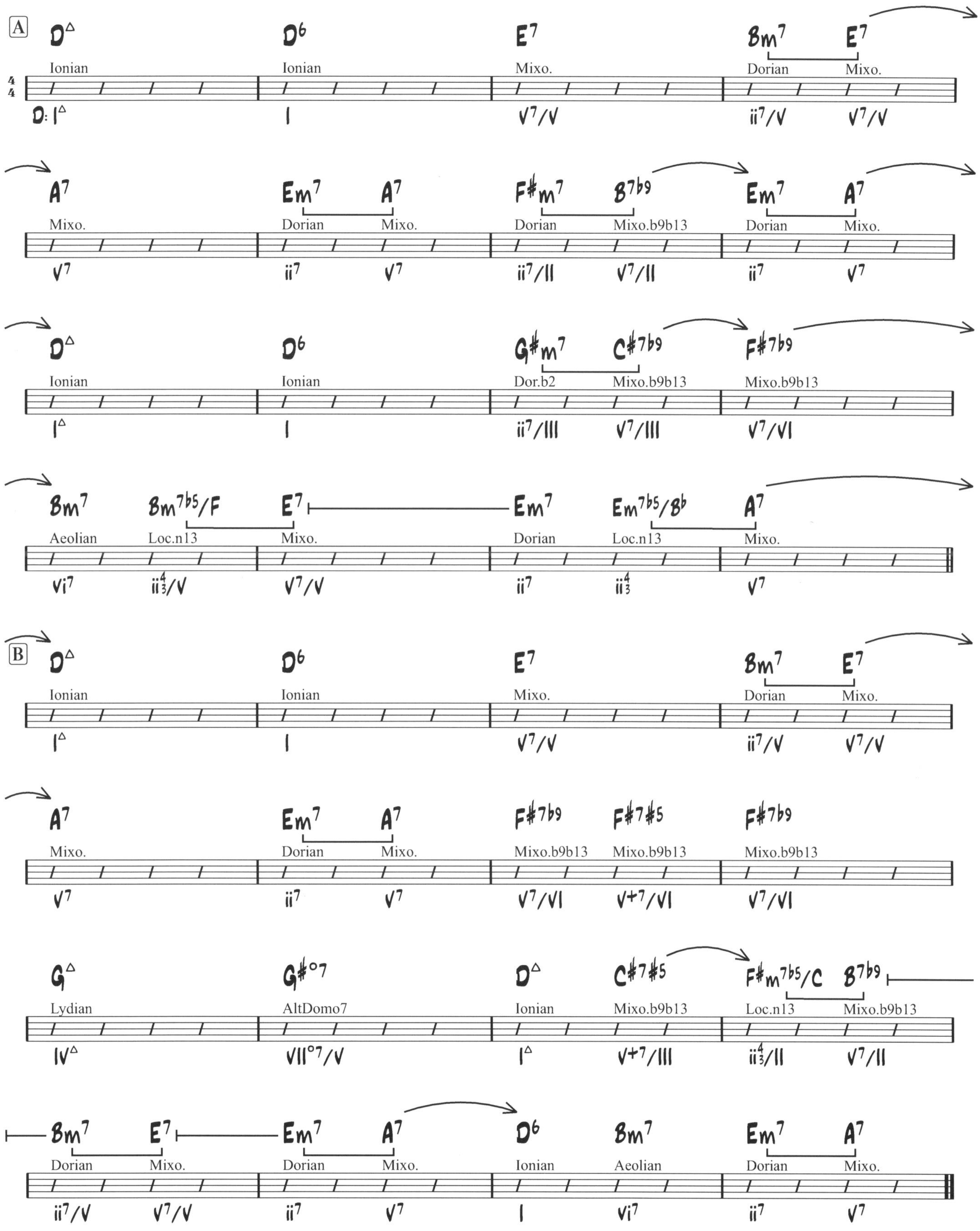

ALL OF ME

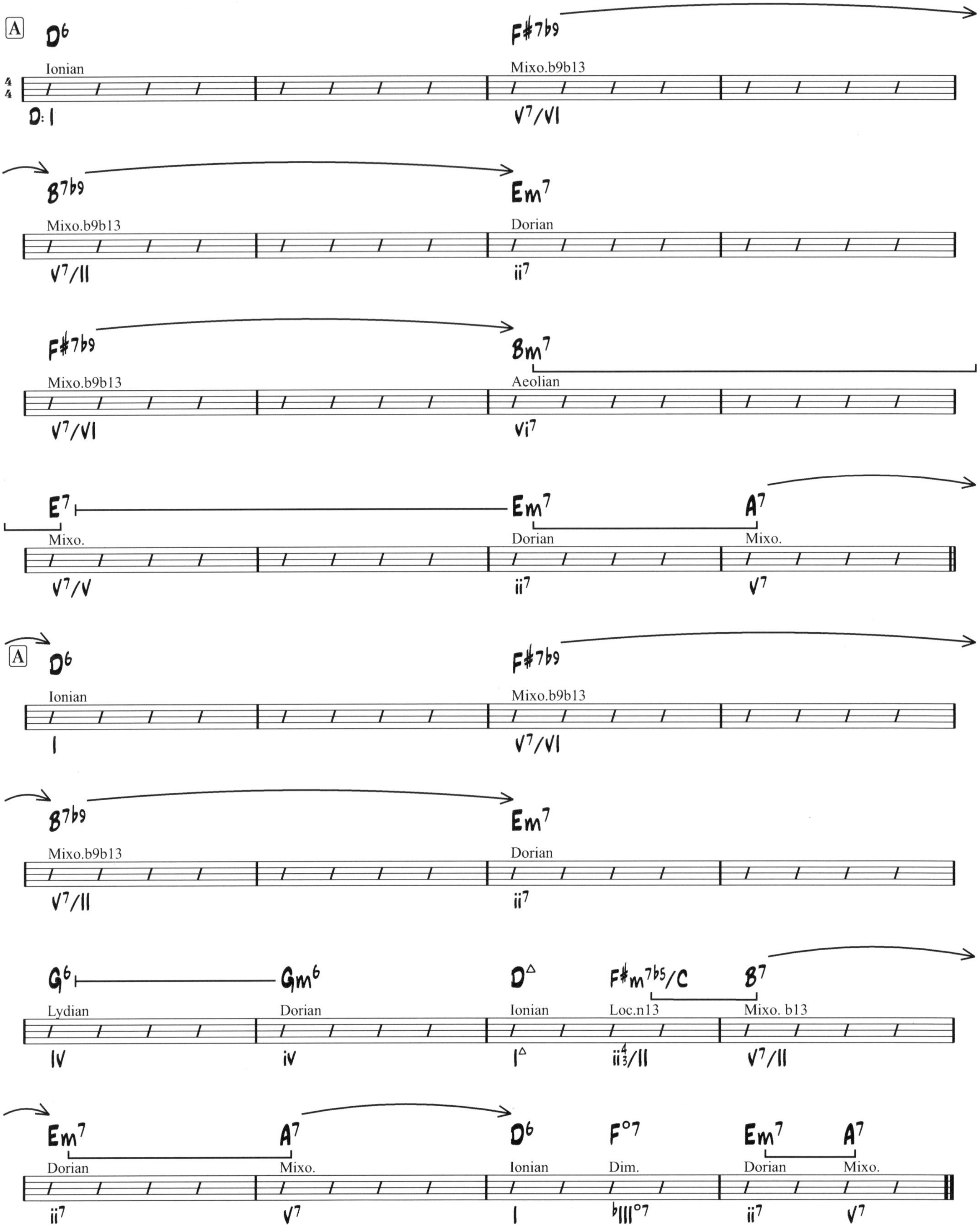
A
D6
Ionian
D: I
F#7b9
Mixo.b9b13
V7/VI
B7b9
Mixo.b9b13
V7/II
Em7
Dorian
ii7
F#7b9
Mixo.b9b13
V7/VI
Bm7
Aeolian
vi7
E7
Mixo.
V7/V
Em7
Dorian
ii7
A7
Mixo.
V7
A
D6
Ionian
I
F#7b9
Mixo.b9b13
V7/VI
B7b9
Mixo.b9b13
V7/II
Em7
Dorian
ii7
G6
Lydian
IV
Gm6
Dorian
iv
D△
Ionian
I△
F#m7b5/C
Loc.n13
ii4 3/II
B7
Mixo. b13
V7/II
Em7
Dorian
ii7
A7
Mixo.
V7
D6
Ionian
I
F°7
Dim.
bIII°7
Em7
Dorian
ii7
A7
Mixo.
V7

ALL OF YOU

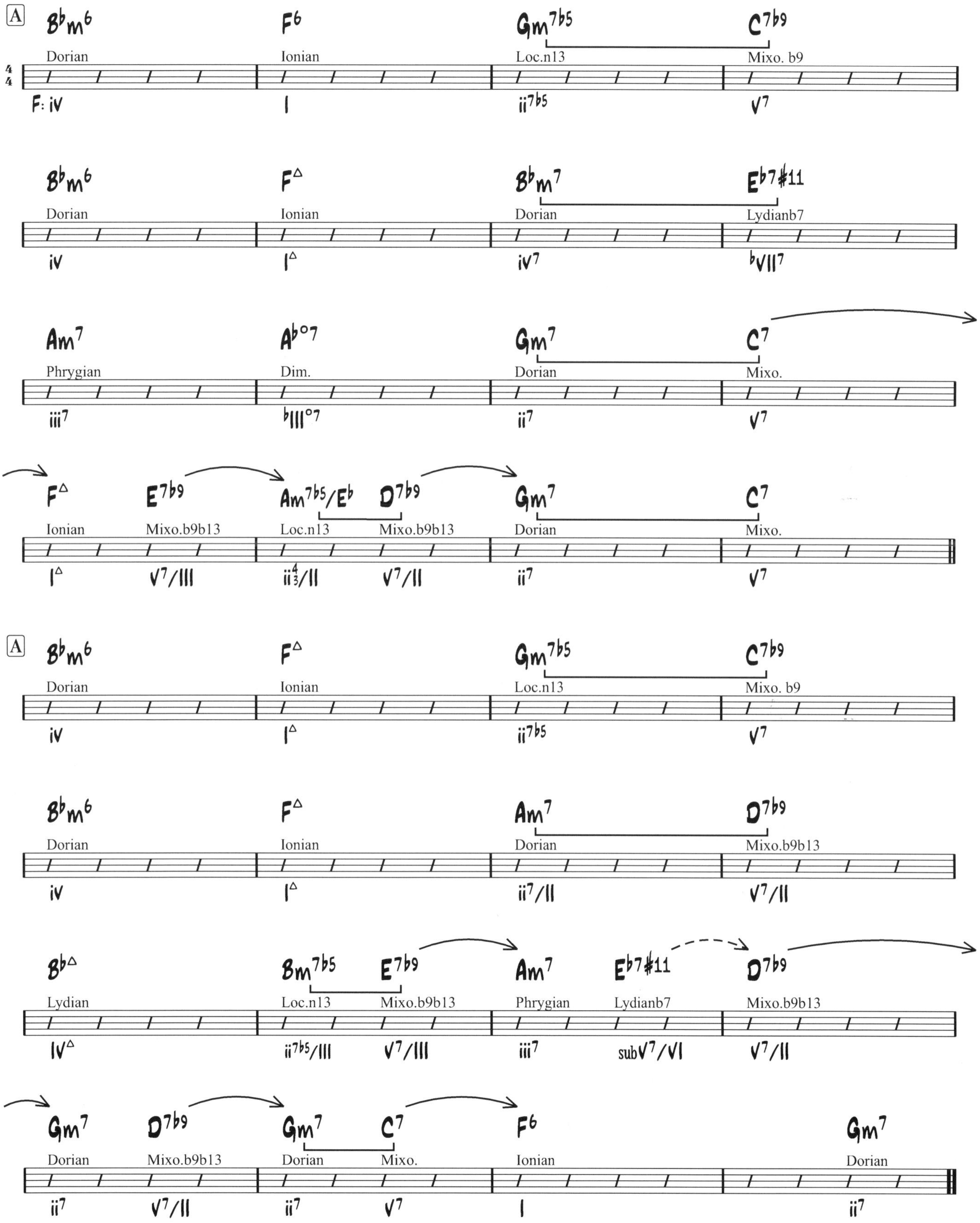
A
Bbm6 Dorian F: iv
F6 Ionian I
Gm7b5 Loc.n13 ii7b5
C7b9 Mixo. b9 V7
Bbm6 Dorian iv
F△ Ionian I△
Bbm7 Dorian iv7
Eb7#11 Lydianb7 bVII7
Am7 Phrygian iii7
Ab°7 Dim. bIII°7
Gm7 Dorian ii7
C7 Mixo. V7
F△ Ionian I△
E7b9 Mixo.b9b13 V7/III
Am7b5/Eb Loc.n13 ii4/3/II
D7b9 Mixo.b9b13 V7/II
Gm7 Dorian ii7
C7 Mixo. V7
A
Bbm6 Dorian iv
F△ Ionian I△
Gm7b5 Loc.n13 ii7b5
C7b9 Mixo. b9 V7
Bbm6 Dorian iv
F△ Ionian I△
Am7 Dorian ii7/II
D7b9 Mixo.b9b13 V7/II
Bb△ Lydian IV△
Bm7b5 Loc.n13 ii7b5/III
E7b9 Mixo.b9b13 V7/III
Am7 Phrygian iii7
Eb7#11 Lydianb7 subV7/VI
D7b9 Mixo.b9b13 V7/II
Gm7 Dorian ii7
D7b9 Mixo.b9b13 V7/II
Gm7 Dorian ii7
C7 Mixo. V7
F6 Ionian I
Gm7 Dorian ii7

ALL THE THINGS YOU ARE

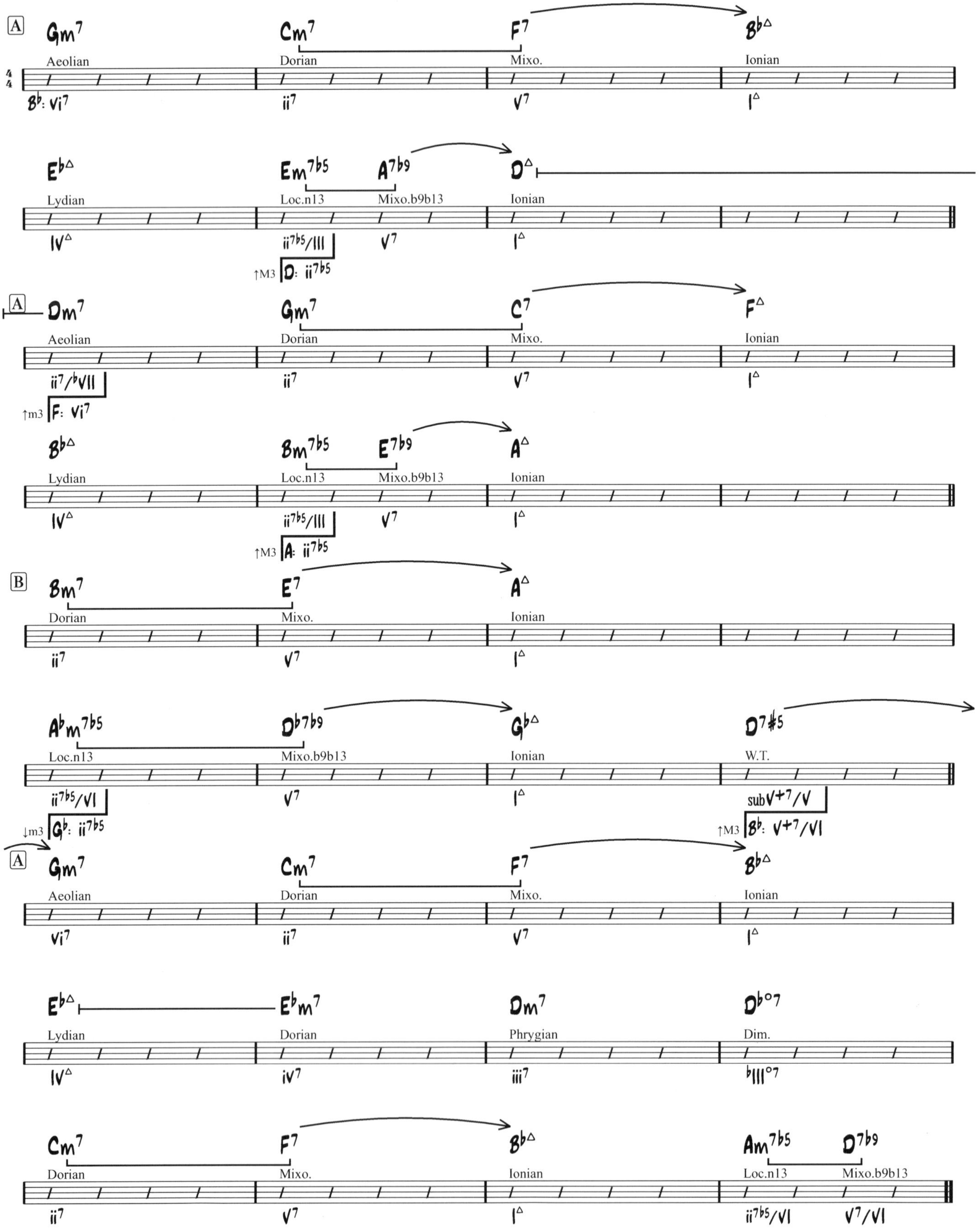

ALWAYS

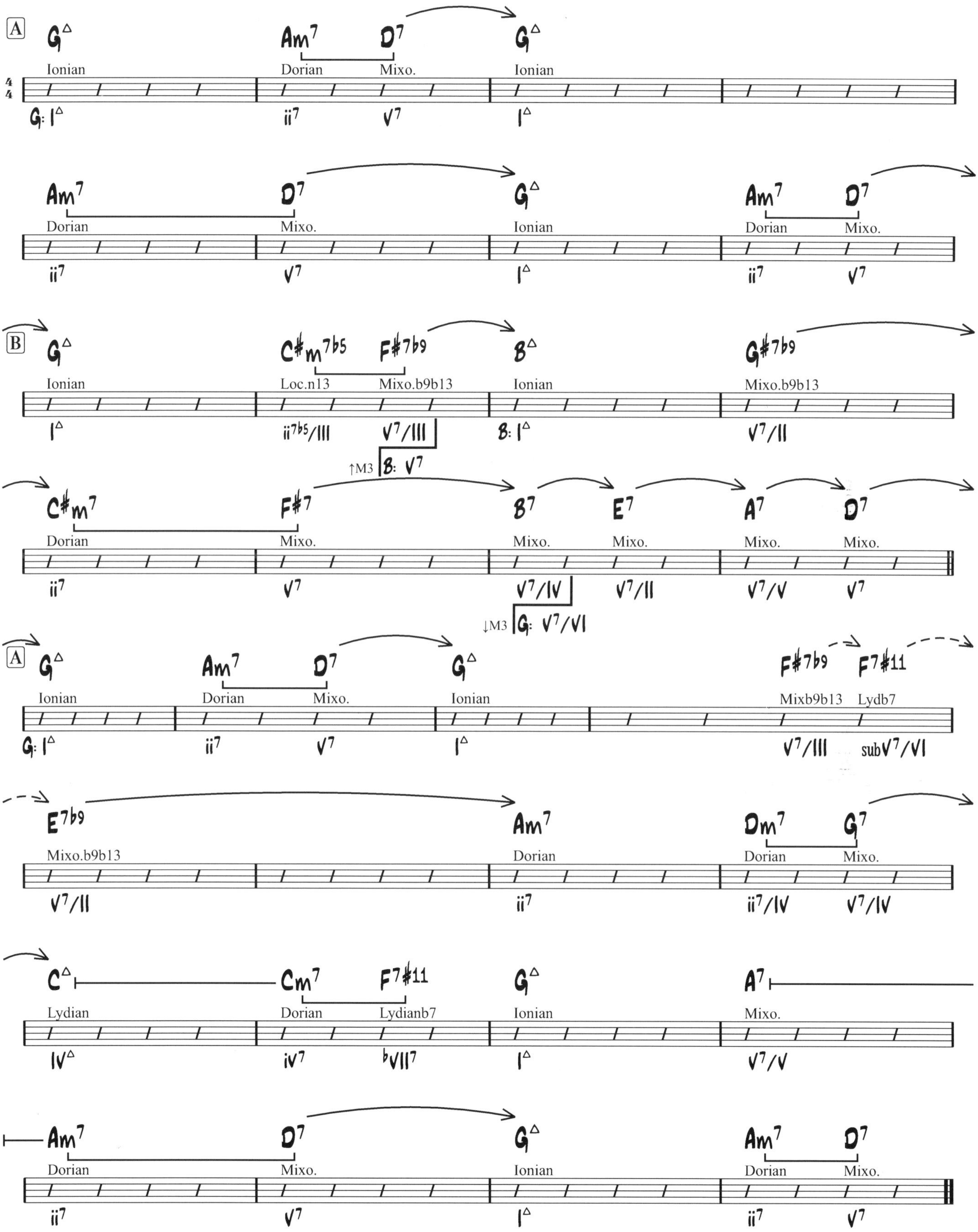
A
G△ | Am7 D7 | G△ |
Ionian | Dorian Mixo. | Ionian
G: I△ | ii7 V7 | I△
Am7 | D7 | G△ | Am7 D7
Dorian | Mixo. | Ionian | Dorian Mixo.
ii7 | V7 | I△ | ii7 V7
B
G△ | C#m7b5 F#7b9 | B△ | G#7b9
Ionian | Loc.n13 Mixo.b9b13 | Ionian | Mixo.b9b13
I△ | ii7b5/III V7/III | B: I△ | V7/II
↑M3 B: V7
C#m7 | F#7 | B7 E7 | A7 D7
Dorian | Mixo. | Mixo. Mixo. | Mixo. Mixo.
ii7 | V7 | V7/IV V7/II | V7/V V7
↓M3 G: V7/VI
A
G△ | Am7 D7 | G△ | F#7b9 F7#11
Ionian | Dorian Mixo. | Ionian | Mixb9b13 Lydb7
G: I△ | ii7 V7 | I△ | V7/III subV7/VI
E7b9 | | Am7 | Dm7 G7
Mixo.b9b13 | | Dorian | Dorian Mixo.
V7/II | | ii7 | ii7/IV V7/IV
C△ | Cm7 F7#11 | G△ | A7
Lydian | Dorian Lydianb7 | Ionian | Mixo.
IV△ | iv7 bVII7 | I△ | V7/V
Am7 | D7 | G△ | Am7 D7
Dorian | Mixo. | Ionian | Dorian Mixo.
ii7 | V7 | I△ | ii7 V7

ANGEL EYES

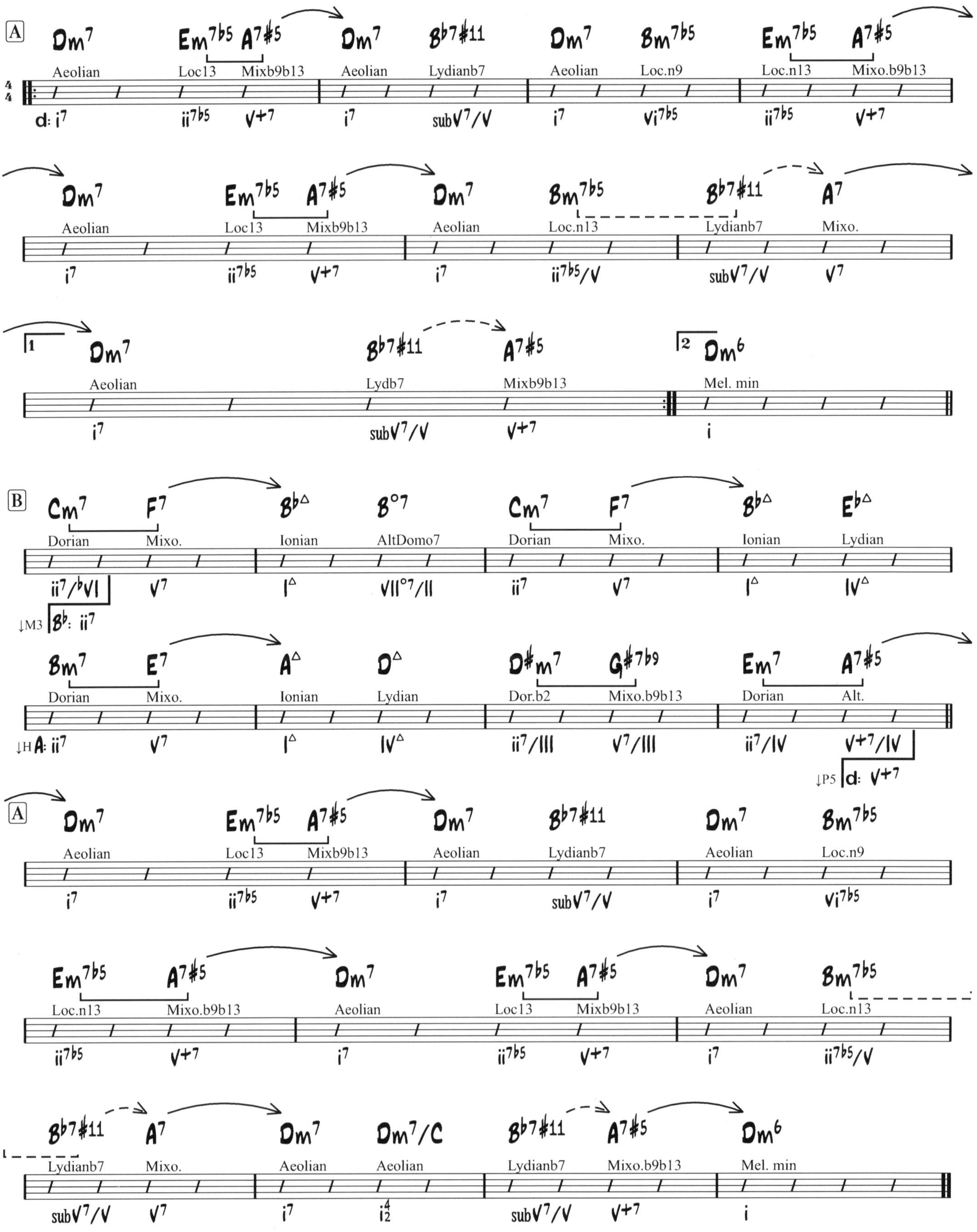
A
Dm7 Em7b5 A7#5 Dm7 Bb7#11 Dm7 Bm7b5 Em7b5 A7#5
Aeolian Loc13 Mixb9b13 Aeolian Lydianb7 Aeolian Loc.n9 Loc.n13 Mixo.b9b13
4/4
d: i7 ii7b5 V+7 i7 subV7/V i7 vi7b5 ii7b5 V+7
Dm7 Em7b5 A7#5 Dm7 Bm7b5 Bb7#11 A7
Aeolian Loc13 Mixb9b13 Aeolian Loc.n13 Lydianb7 Mixo.
i7 ii7b5 V+7 i7 ii7b5/V subV7/V V7
1 Dm7 Bb7#11 A7#5
Aeolian Lydb7 Mixb9b13
i7 subV7/V V+7
2 Dm6
Mel. min
i
B
Cm7 F7 Bb△ B°7 Cm7 F7 Bb△ Eb△
Dorian Mixo. Ionian AltDomo7 Dorian Mixo. Ionian Lydian
ii7/bVI V7 I△ VII°7/II ii7 V7 I△ IV△
↓M3 Bb: ii7
Bm7 E7 A△ D△ D#m7 G#7b9 Em7 A7#5
Dorian Mixo. Ionian Lydian Dor.b2 Mixo.b9b13 Dorian Alt.
↓H A: ii7 V7 I△ IV△ ii7/III V7/III ii7/IV V+7/IV
↓P5 d: V+7
A
Dm7 Em7b5 A7#5 Dm7 Bb7#11 Dm7 Bm7b5
Aeolian Loc13 Mixb9b13 Aeolian Lydianb7 Aeolian Loc.n9
i7 ii7b5 V+7 i7 subV7/V i7 vi7b5
Em7b5 A7#5 Dm7 Em7b5 A7#5 Dm7 Bm7b5
Loc.n13 Mixo.b9b13 Aeolian Loc13 Mixb9b13 Aeolian Loc.n13
ii7b5 V+7 i7 ii7b5 V+7 i7 ii7b5/V
Bb7#11 A7 Dm7 Dm7/C Bb7#11 A7#5 Dm6
Lydianb7 Mixo. Aeolian Aeolian Lydianb7 Mixo.b9b13 Mel. min
subV7/V V7 i7 i4/2 subV7/V V+7 i

ANTHROPOLOGY

A
C6 Dm7 G7 C6 Am7 Dm7 G7
Ionian Dorian Mixo. Ionian Aeolian Dorian Mixo.
4/4
C: I ii7 V7 I vi7 ii7 V7
Gm7 C7 F7#11 Bb7#11 Em7 A7b9 Dm7 G7
Dorian Mixo. Lydianb7 Lydianb7 Dor.b2 Mixo.b9b13 Dorian Mixo.
ii7/IV V7/IV subV7/III bVII7 ii7/II V7/II ii7 V7
1
2
Dm7 G7 C6
Dorian Mixo. Ionian
ii7 V7 I
B
E7 A7
Mixo. Mixo.
V7/VI V7/II
D7 G7
Mixo. Mixo.
V7/V V7
A
C6 Dm7 G7 C6 Am7 Dm7 G7
Ionian Dorian Mixo. Ionian Aeolian Dorian Mixo.
I ii7 V7 I vi7 ii7 V7
Gm7 C7 F7 Bb7#11 Dm7 G7 C6
Dorian Mixo. Mixo. Lydianb7 Dorian Mixo. Ionian
ii7/IV V7/IV V7/bVII bVII7 ii7 V7 I

APPLE HONEY

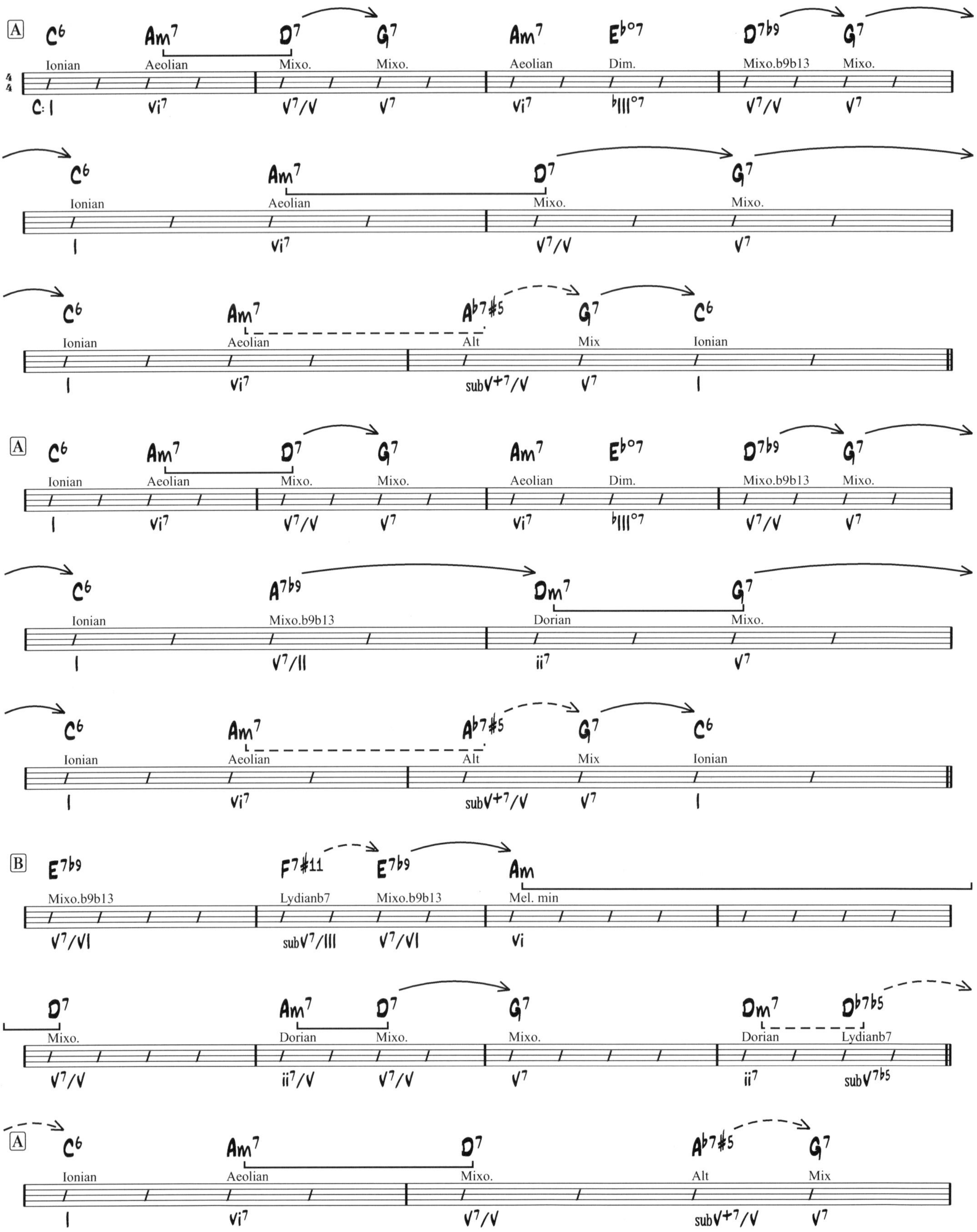
A
C6 Am7 D7 G7 Am7 Eb°7 D7b9 G7
Ionian Aeolian Mixo. Mixo. Aeolian Dim. Mixo.b9b13 Mixo.
4/4
C: I vi7 V7/V V7 vi7 bIII°7 V7/V V7
C6 Am7 D7 G7
Ionian Aeolian Mixo. Mixo.
I vi7 V7/V V7
C6 Am7 Ab7#5 G7 C6
Ionian Aeolian Alt Mix Ionian
I vi7 subV+7/V V7 I
A
C6 Am7 D7 G7 Am7 Eb°7 D7b9 G7
Ionian Aeolian Mixo. Mixo. Aeolian Dim. Mixo.b9b13 Mixo.
I vi7 V7/V V7 vi7 bIII°7 V7/V V7
C6 A7b9 Dm7 G7
Ionian Mixo.b9b13 Dorian Mixo.
I V7/II ii7 V7
C6 Am7 Ab7#5 G7 C6
Ionian Aeolian Alt Mix Ionian
I vi7 subV+7/V V7 I
B
E7b9 F7#11 E7b9 Am
Mixo.b9b13 Lydianb7 Mixo.b9b13 Mel. min
V7/VI subV7/III V7/VI vi
D7 Am7 D7 G7 Dm7 Db7b5
Mixo. Dorian Mixo. Mixo. Dorian Lydianb7
V7/V ii7/V V7/V V7 ii7 subV7b5
A
C6 Am7 D7 Ab7#5 G7
Ionian Aeolian Mixo. Alt Mix
I vi7 V7/V subV+7/V V7

APPLE HONEY - Page 2

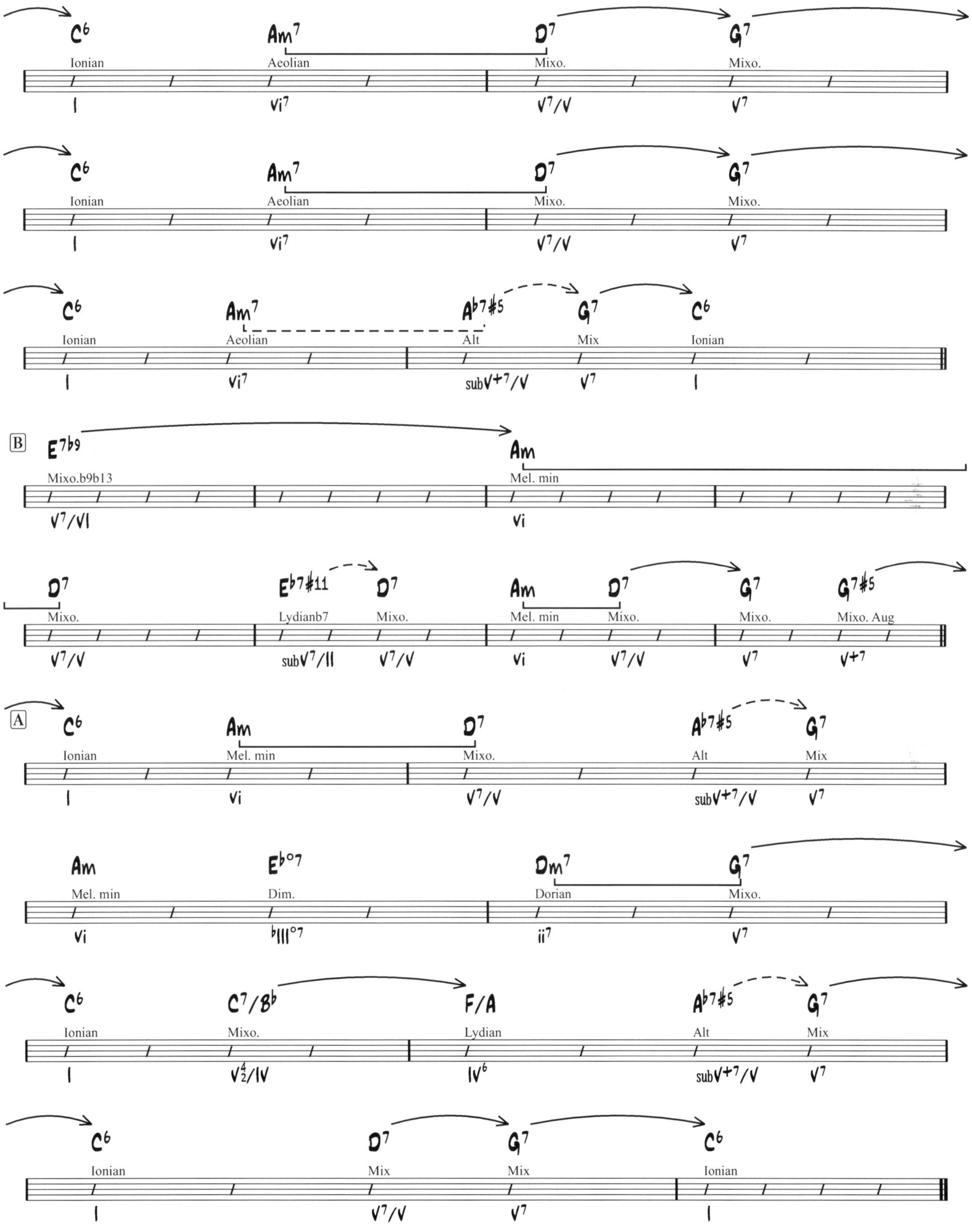

APRIL IN PARIS

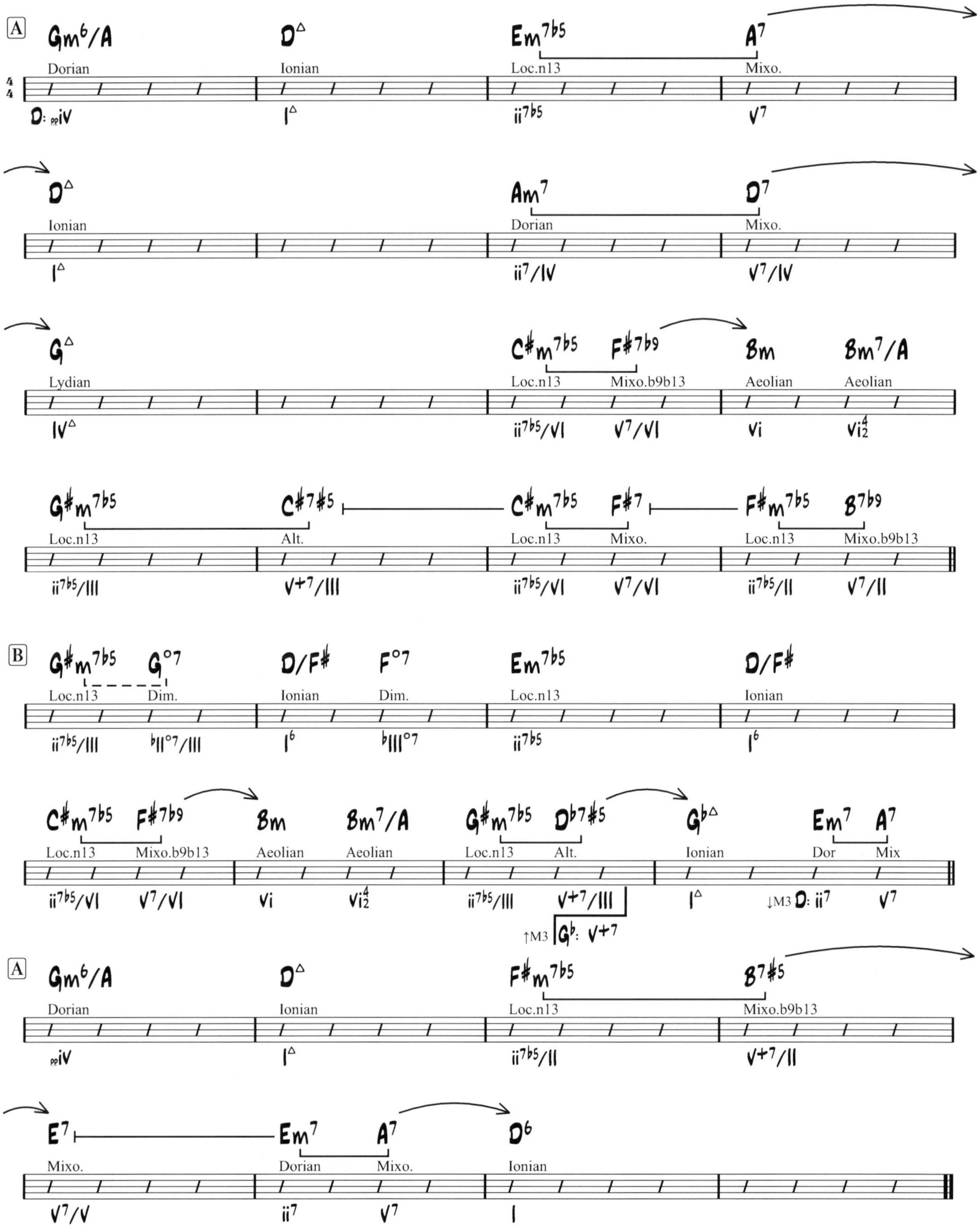

AU PRIVAVE

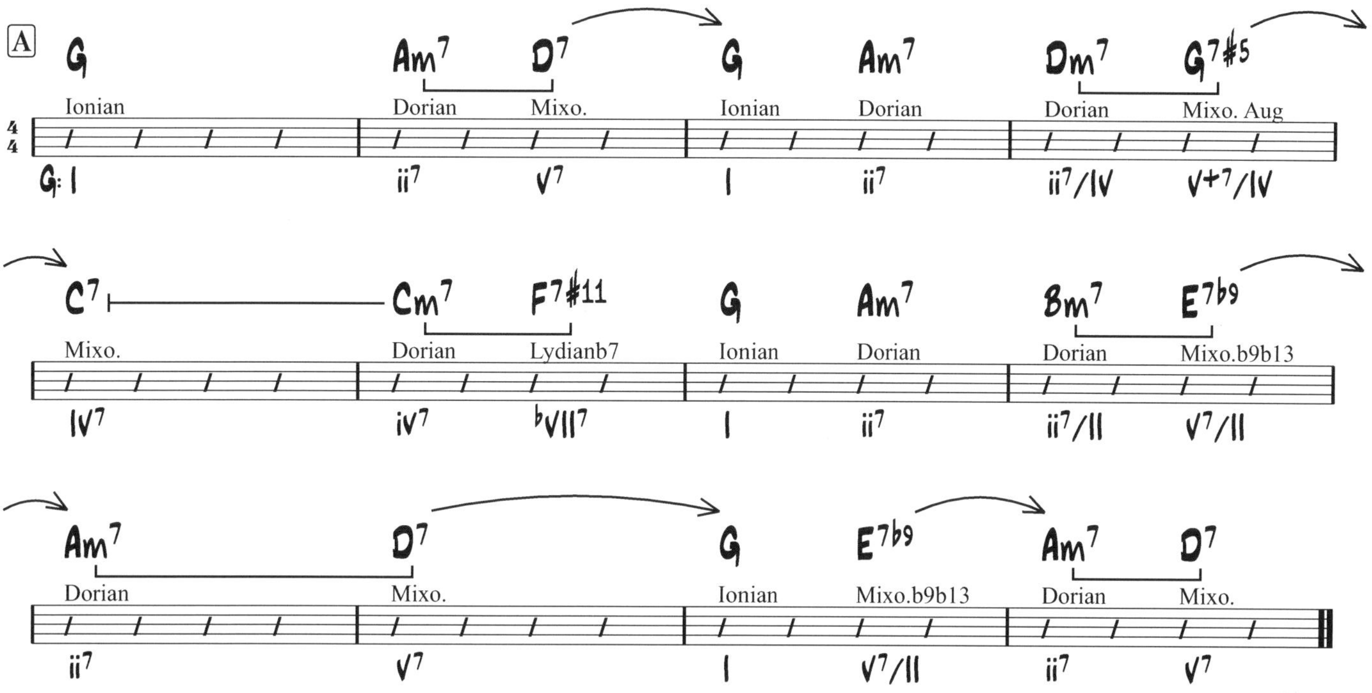
A
G Am7 D7 G Am7 Dm7 G7#5
Ionian Dorian Mixo. Ionian Dorian Dorian Mixo. Aug
G: I ii7 V7 I ii7 ii7/IV V+7/IV
C7 Cm7 F7#11 G Am7 Bm7 E7b9
Mixo. Dorian Lydianb7 Ionian Dorian Dorian Mixo.b9b13
IV7 iv7 bVII7 I ii7 ii7/II V7/II
Am7 D7 G E7b9 Am7 D7
Dorian Mixo. Ionian Mixo.b9b13 Dorian Mixo.
ii7 V7 I V7/II ii7 V7

AUTUMN IN NEW YORK

AUTUMN LEAVES

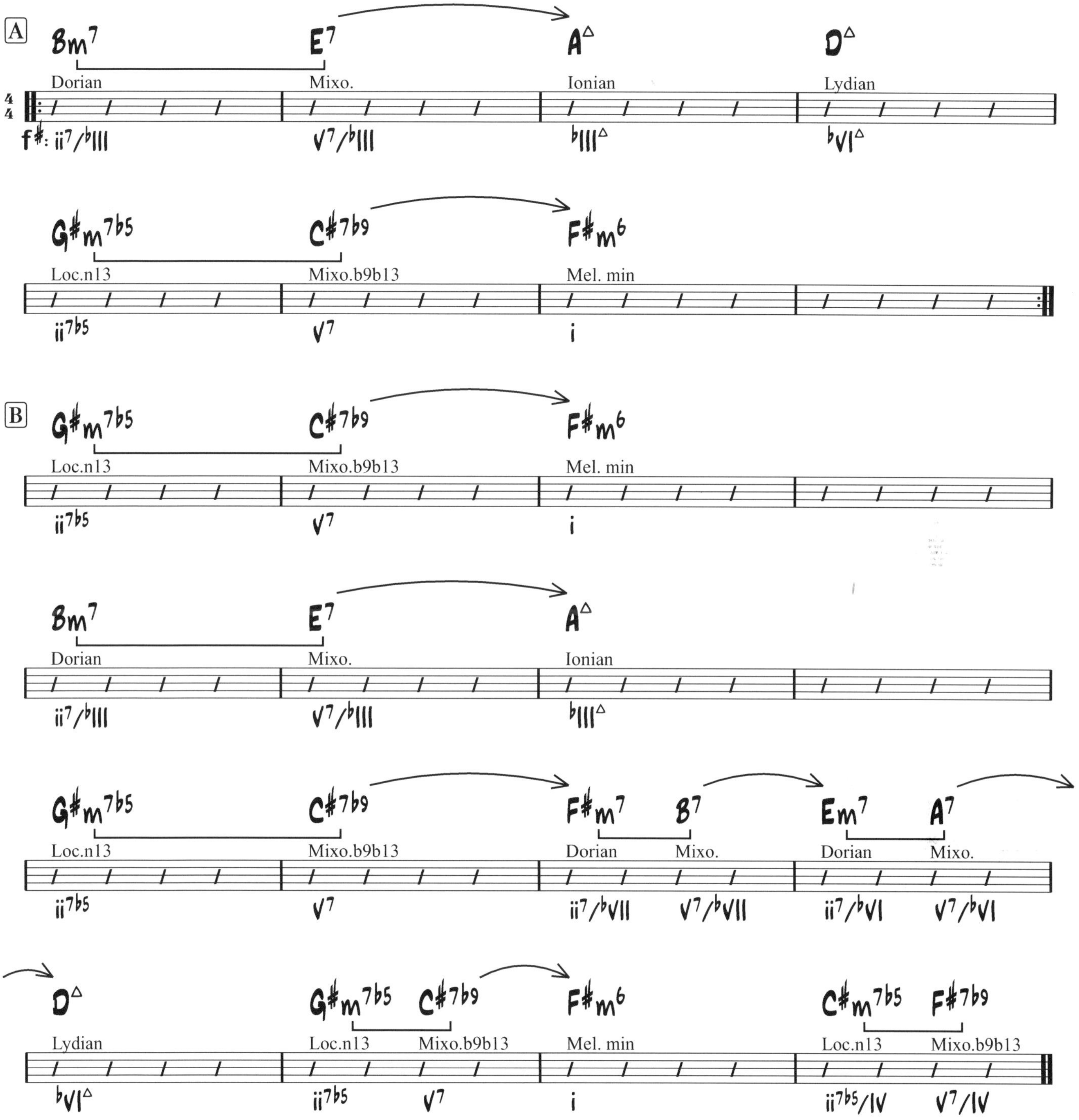
A
Bm7 E7 A△ D△
Dorian Mixo. Ionian Lydian
f#: ii7/bIII V7/bIII bIII△ bVI△
G#m7b5 C#7b9 F#m6
Loc.n13 Mixo.b9b13 Mel. min
ii7b5 V7 i
B
G#m7b5 C#7b9 F#m6
Loc.n13 Mixo.b9b13 Mel. min
ii7b5 V7 i
Bm7 E7 A△
Dorian Mixo. Ionian
ii7/bIII V7/bIII bIII△
G#m7b5 C#7b9 F#m7 B7 Em7 A7
Loc.n13 Mixo.b9b13 Dorian Mixo. Dorian Mixo.
ii7b5 V7 ii7/bVII V7/bVII ii7/bVI V7/bVI
D△ G#m7b5 C#7b9 F#m6 C#m7b5 F#7b9
Lydian Loc.n13 Mixo.b9b13 Mel. min Loc.n13 Mixo.b9b13
bVI△ ii7b5 V7 i ii7b5/IV V7/IV

BEAUTIFUL LOVE

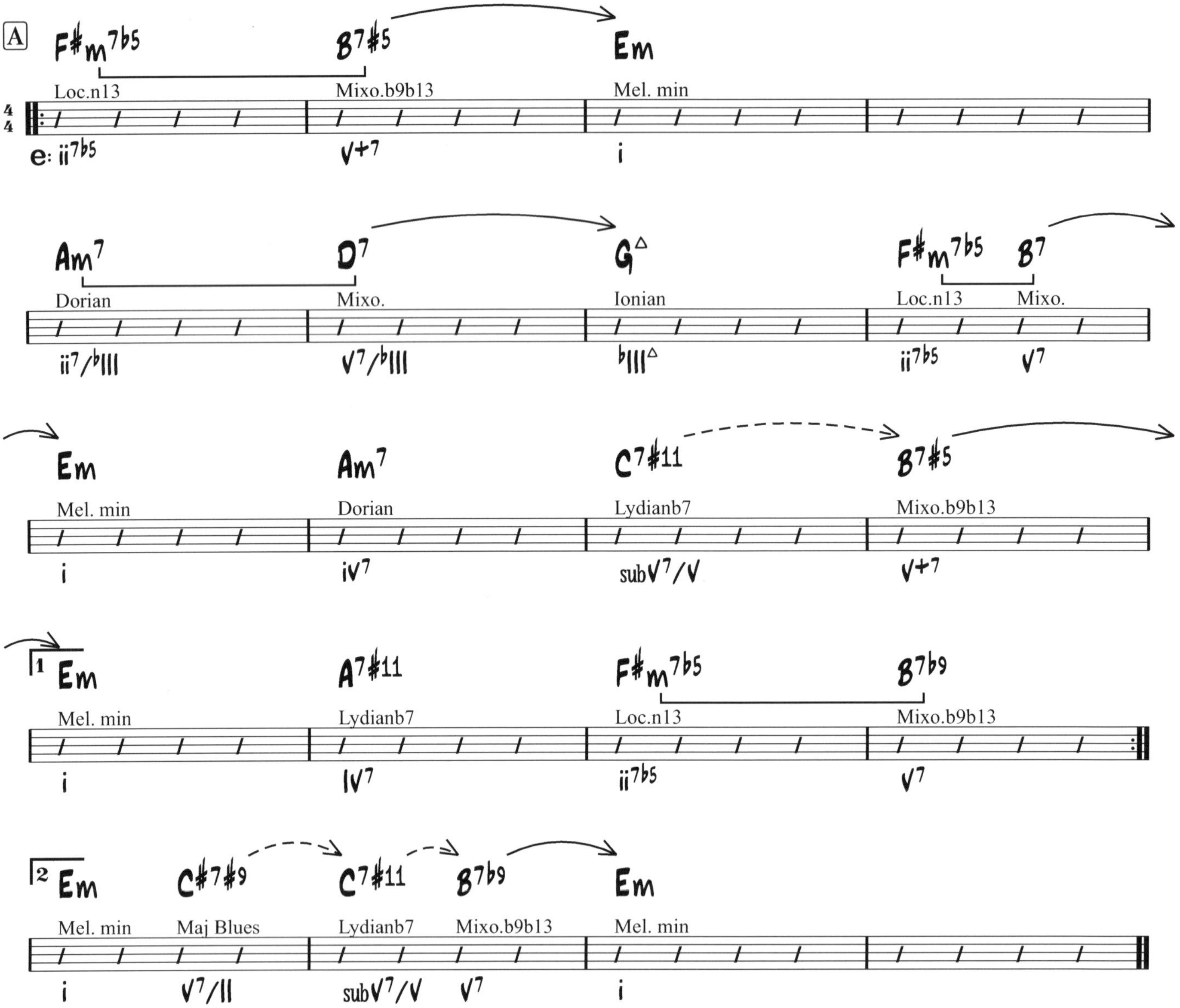
A
F#m7b5 B7#5 Em
Loc.n13 Mixo.b9b13 Mel. min
4/4
e: ii7b5 V+7 i
Am7 D7 G△ F#m7b5 B7
Dorian Mixo. Ionian Loc.n13 Mixo.
ii7/bIII V7/bIII bIII△ ii7b5 V7
Em Am7 C7#11 B7#5
Mel. min Dorian Lydianb7 Mixo.b9b13
i iv7 subV7/V V+7
1 Em A7#11 F#m7b5 B7b9
Mel. min Lydianb7 Loc.n13 Mixo.b9b13
i IV7 ii7b5 V7
2 Em C#7#9 C7#11 B7b9 Em
Mel. min Maj Blues Lydianb7 Mixo.b9b13 Mel. min
i V7/II subV7/V V7 i

BESSIE'S BLUES

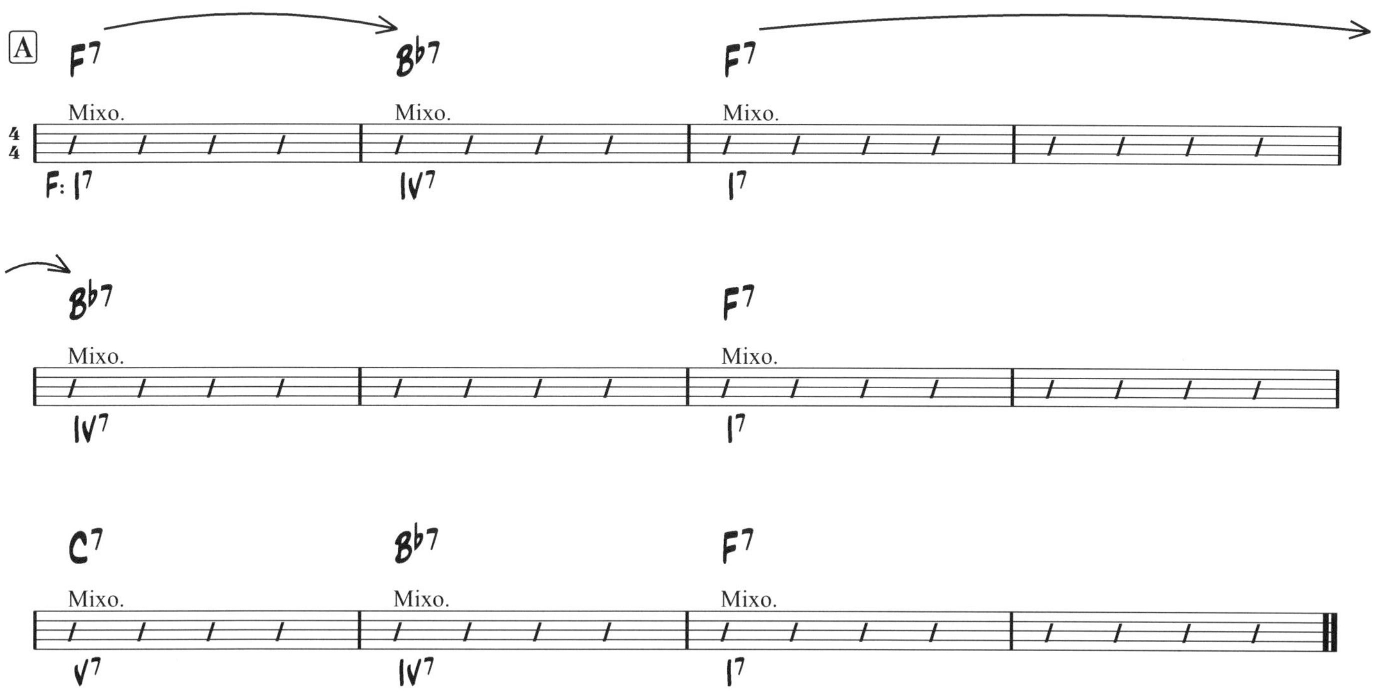
A
F7
B♭7
F7
Mixo.
Mixo.
Mixo.
4
4
F: I7
IV7
I7
B♭7
F7
Mixo.
Mixo.
IV7
I7
C7
B♭7
F7
Mixo.
Mixo.
Mixo.
V7
IV7
I7

BEWITCHED

A
D△ D#°7 Em7 F°7 D/F# F#7b9 G△ G#°7
Ionian AltDomo7 Dorian AltDomo7 Ionian Mixo.b9b13 Lydian AltDomo7
4/4
D: I△ VII°7/II ii7 VII°7/III I6 V7/VI IV△ VII°7/V
D/A F°7 1 Em7 A7 B7b9 Em7 A7
Ionian Dim. Dorian Mix Mixb9b13 Dorian Mixo.
I6/4 bIII°7 ii7 V7 V7/II ii7 V7
2 Em7 Am7 D7 G△ F#m7b5 B7b9
Dorian Dor Mix Lydian Loc.n13 Mixo.b9b13
ii7 ii7/IV V7/IV IV△ ii7b5/II V7/II
B
Em Em△ Em7 Em6 Bm Bm△ Bm7 Bm6
Mel. min Mel. min Dorian Mel. min Mel. min Mel. min Dorian Mel. min
ii ii△ ii7 ii vi vi△ vi7 vi
Em7 A7 Em7 A7 F#m7 F°7 Em7 A7
Dorian Mixo. Dorian Mixo. Phrygian Dim. Dorian Mixo.
ii7 V7 ii7 V7 iii7 bIII°7 ii7 V7
A
D△ D#°7 Em7 F°7 D/F# F#7b9 G△ G#°7
Ionian AltDomo7 Dorian AltDomo7 Ionian Mixo.b9b13 Lydian AltDomo7
I△ VII°7/II ii7 VII°7/III I6 V7/VI IV△ VII°7/V
D/A F°7 Em7 A7 D Bm7 Em7 A7
Ionian Dim. Dorian Mixo. Ionian Aeolian Dorian Mixo.
I6/4 bIII°7 ii7 V7 I vi7 ii7 V7

BIG NICK

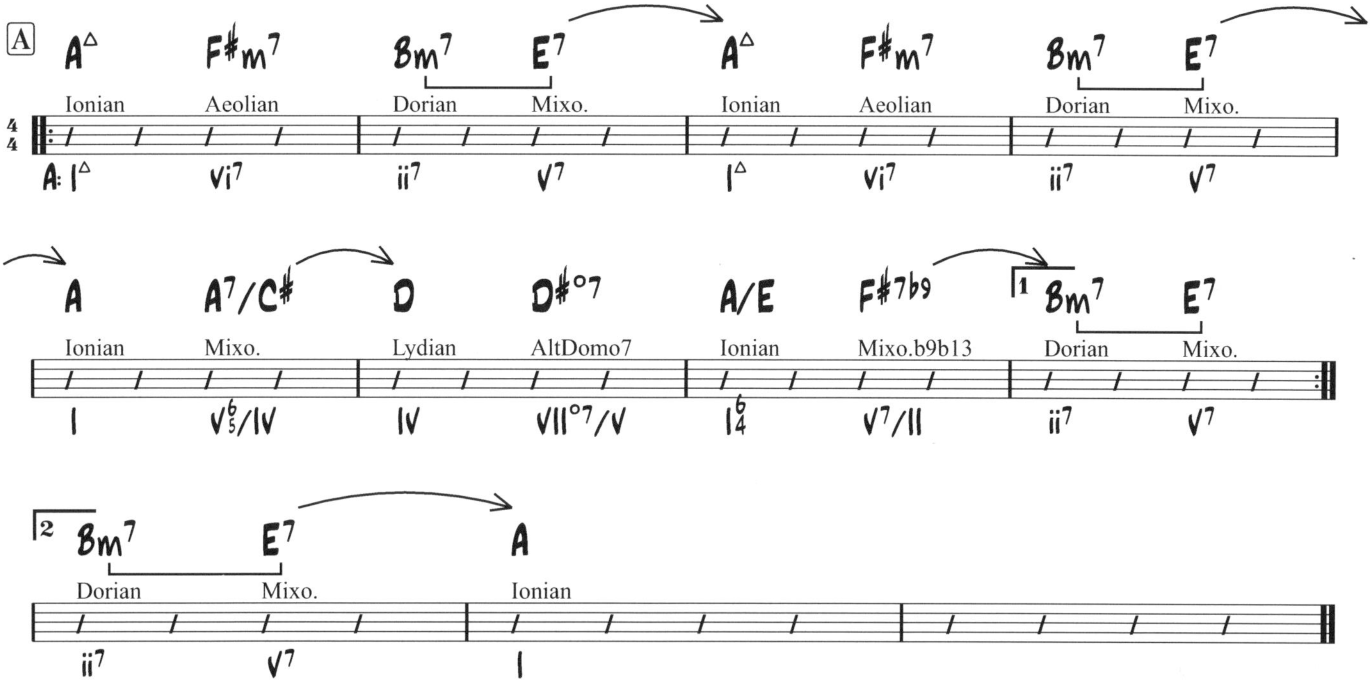
A
A△ F#m7 Bm7 E7 A△ F#m7 Bm7 E7
Ionian Aeolian Dorian Mixo. Ionian Aeolian Dorian Mixo.
A: I△ vi7 ii7 V7 I△ vi7 ii7 V7
A A7/C# D D#°7 A/E F#7b9 1 Bm7 E7
Ionian Mixo. Lydian AltDomo7 Ionian Mixo.b9b13 Dorian Mixo.
I V6/5/IV IV VII°7/V I6/4 V7/II ii7 V7
2 Bm7 E7 A
Dorian Mixo. Ionian
ii7 V7 I

BLACK COFFEE

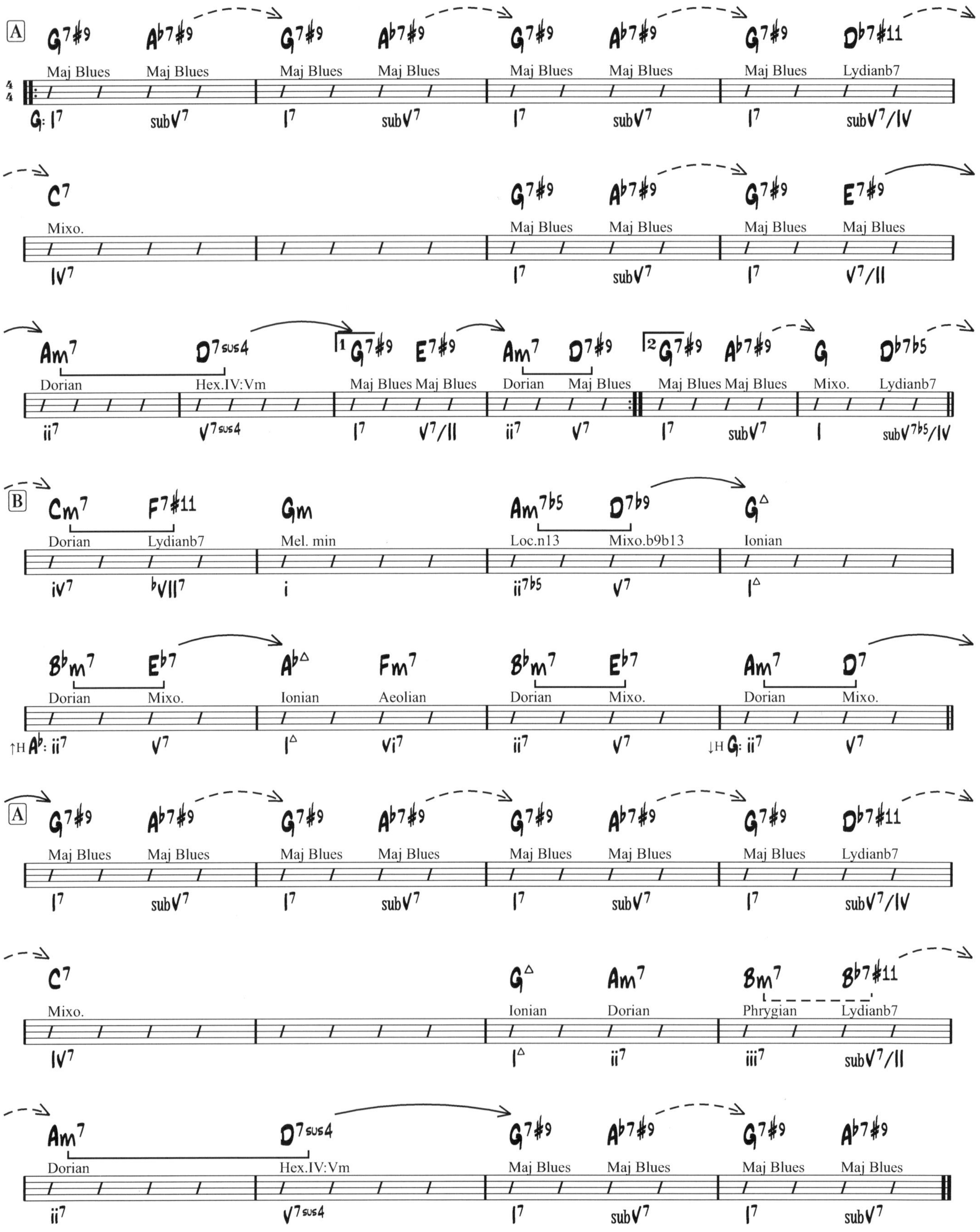

Books & Apps for musicians by musicians

mDecks.com

COMPLETE
THE JAZZ STANDARDS PROGRESSIONS BOOK
THE ULTIMATE JAZZ HARMONY WORKBOOK
Jazz Standards 1000+

50 ESSENTIAL JAZZ STANDARDS PROGRESSIONS IN 12 KEYS
THE BIRD BEBOP PROGRESSIONS BOOK
The Universal Encyclopedia of Scales
TESSITURA PRO
MAPPING TONAL HARMONY
The Composer's Guide to Tonality
MAPPING TONAL HARMONY PRO
TARGET NOTES
UPPER STRUCTURES
See Music Pro
Politonus
Politonus II
EAR TRAINING
Politonus III
UPPER STRUCTURES
ADVANCED
TRIADS
QUARTALS
TONE LINES
CHORD TONES
TENSIONS
UST Jazz Piano Chord Voicings Vol. 1

BLACK NILE

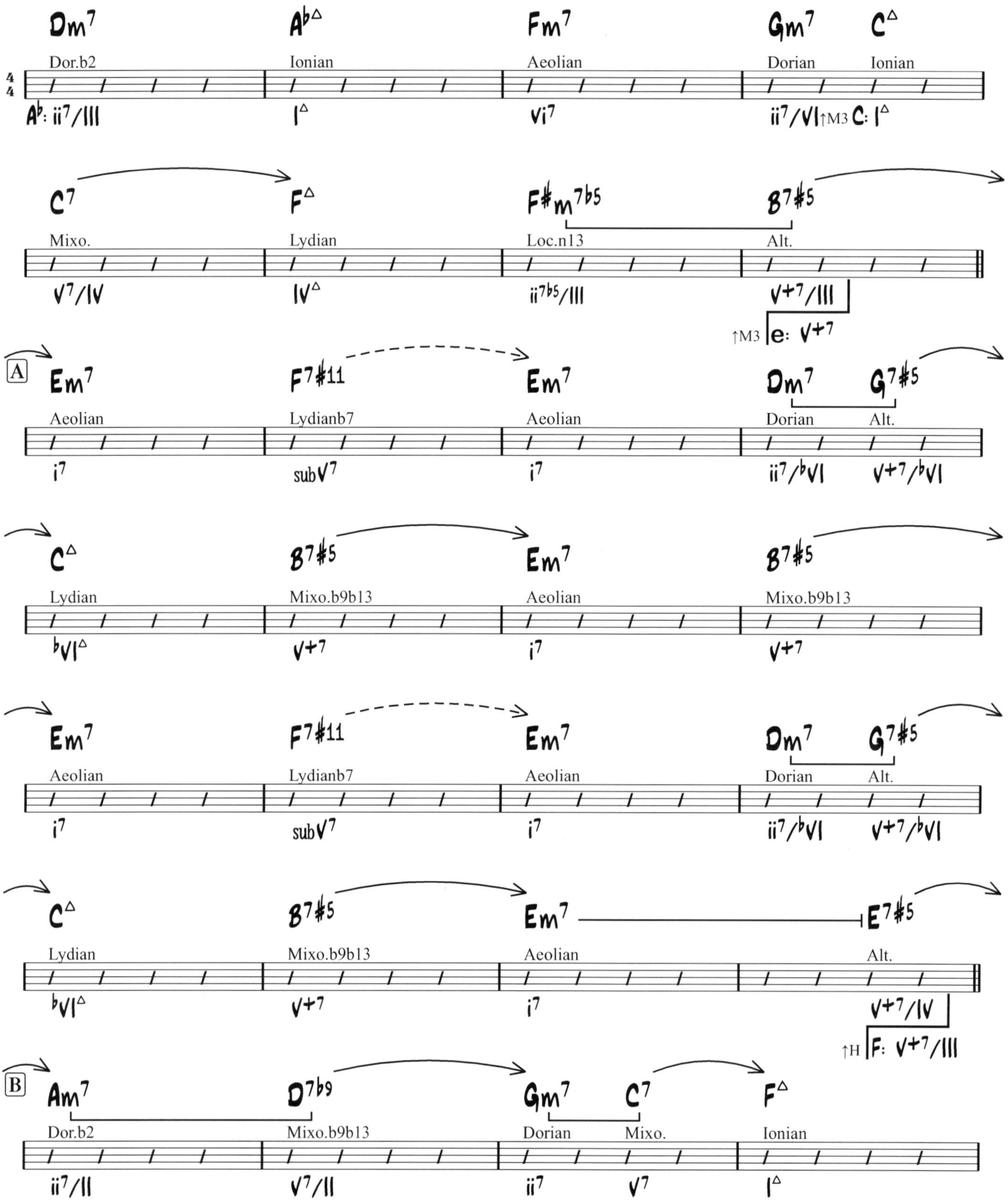
Dm7 | Ab△ | Fm7 | Gm7 C△
Dor.b2 | Ionian | Aeolian | Dorian Ionian
4/4
Ab: ii7/III | I△ | vi7 | ii7/VI ↑M3 C: I△
C7 | F△ | F#m7b5 | B7#5
Mixo. | Lydian | Loc.n13 | Alt.
V7/IV | IV△ | ii7b5/III | V+7/III
↑M3 e: V+7
A
Em7 | F7#11 | Em7 | Dm7 G7#5
Aeolian | Lydianb7 | Aeolian | Dorian Alt.
i7 | subV7 | i7 | ii7/bVI V+7/bVI
C△ | B7#5 | Em7 | B7#5
Lydian | Mixo.b9b13 | Aeolian | Mixo.b9b13
bVI△ | V+7 | i7 | V+7
Em7 | F7#11 | Em7 | Dm7 G7#5
Aeolian | Lydianb7 | Aeolian | Dorian Alt.
i7 | subV7 | i7 | ii7/bVI V+7/bVI
C△ | B7#5 | Em7 | E7#5
Lydian | Mixo.b9b13 | Aeolian | Alt.
bVI△ | V+7 | i7 | V+7/IV
↑H F: V+7/III
B
Am7 | D7b9 | Gm7 C7 | F△
Dor.b2 | Mixo.b9b13 | Dorian Mixo. | Ionian
ii7/II | V7/II | ii7 V7 | I△

BLACK NILE - Page 2

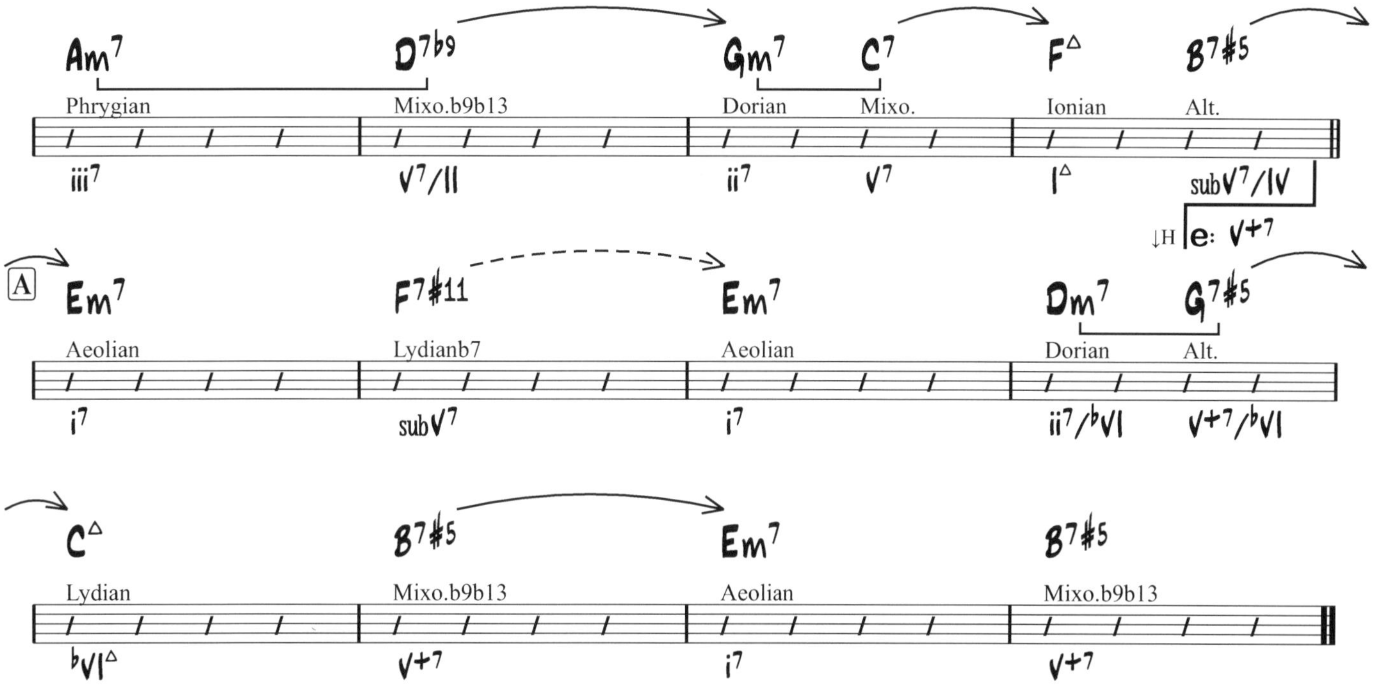

BLACK ORPHEUS

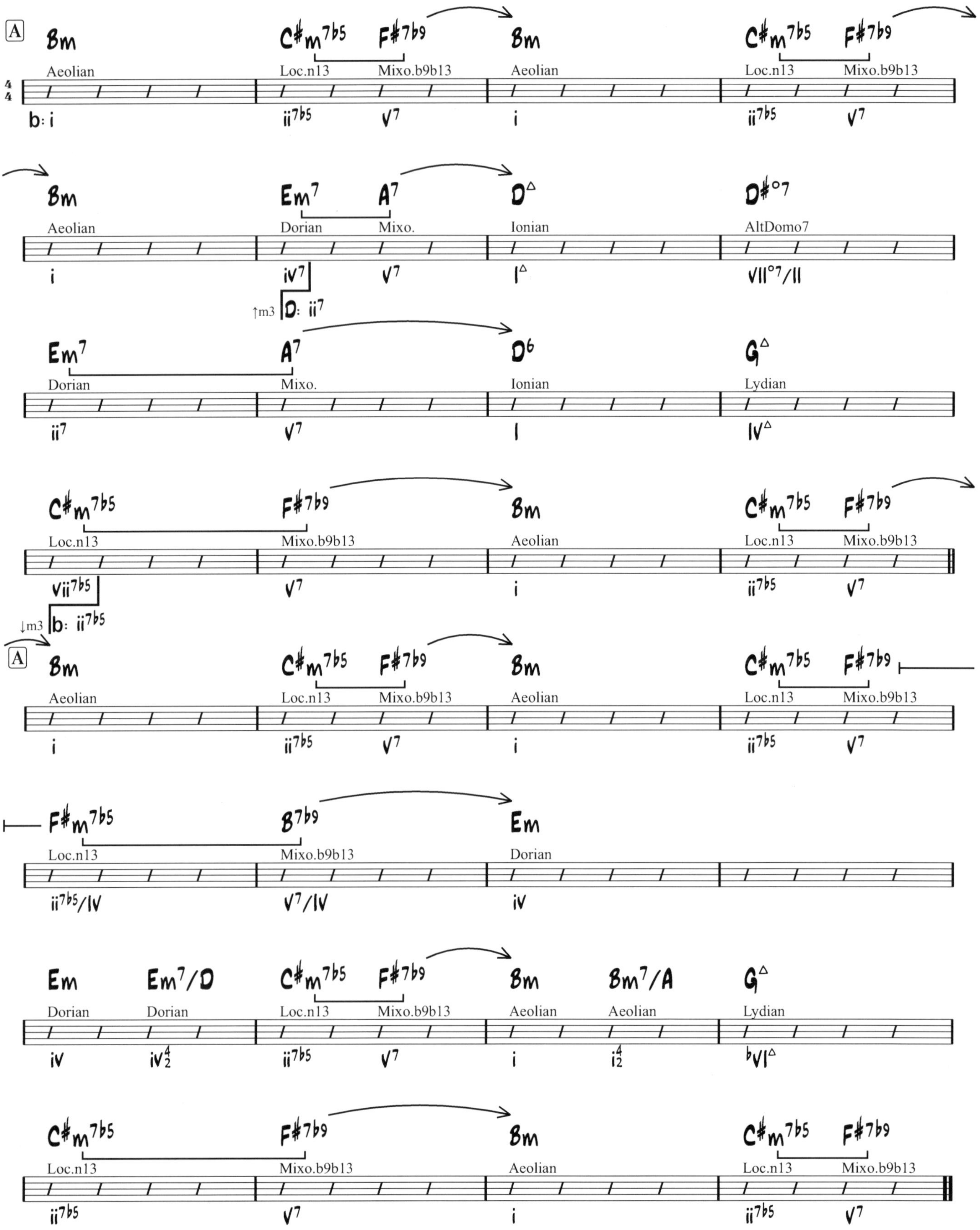

BLUE BOSSA

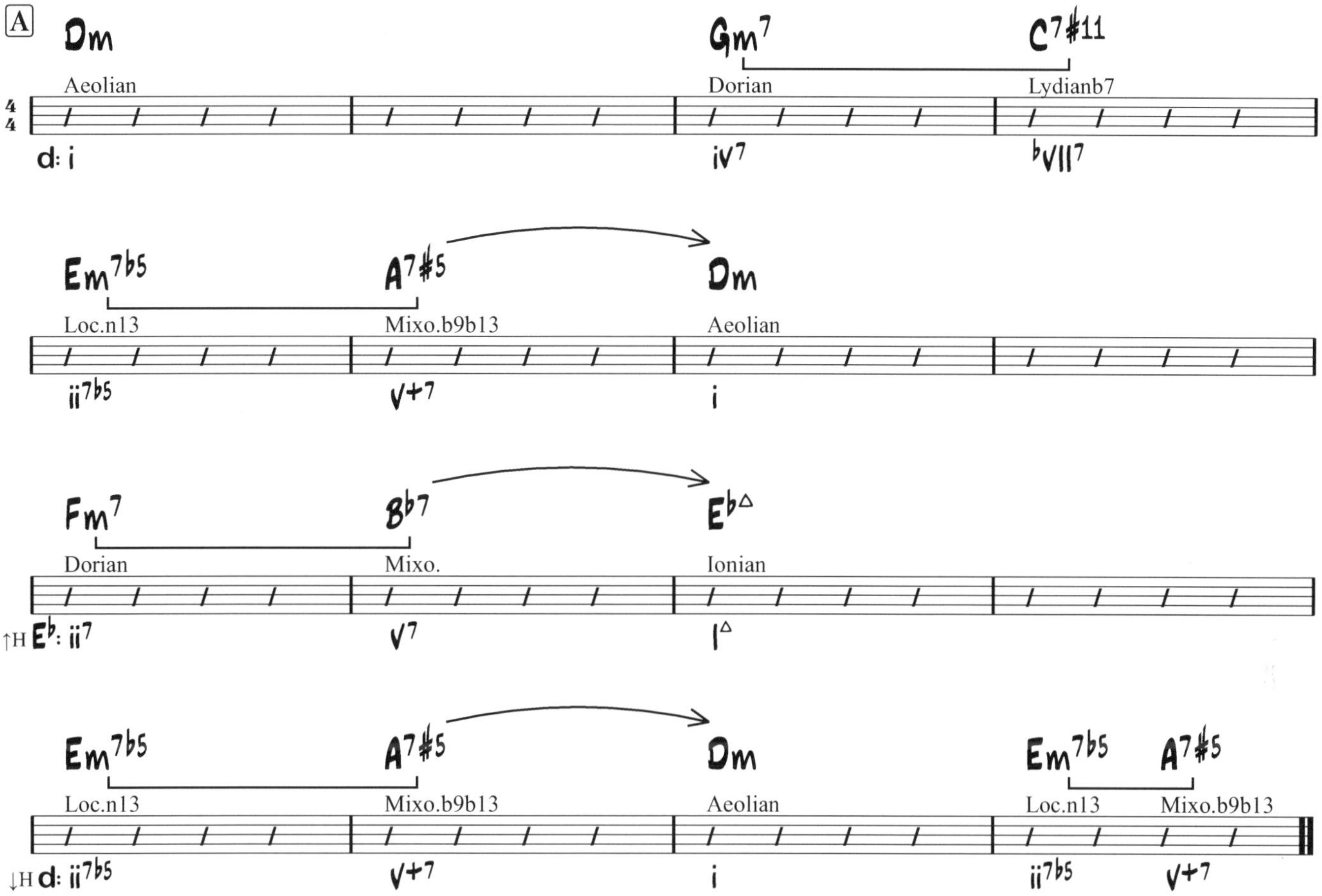
A
Dm
Aeolian
d: i
Gm7
Dorian
iv7
C7#11
Lydianb7
bVII7
Em7b5
Loc.n13
ii7b5
A7#5
Mixo.b9b13
V+7
Dm
Aeolian
i
Fm7
Dorian
↑H Eb: ii7
Bb7
Mixo.
V7
Eb△
Ionian
I△
Em7b5
Loc.n13
↓H d: ii7b5
A7#5
Mixo.b9b13
V+7
Dm
Aeolian
i
Em7b5
Loc.n13
ii7b5
A7#5
Mixo.b9b13
V+7

BLUE IN GREEN

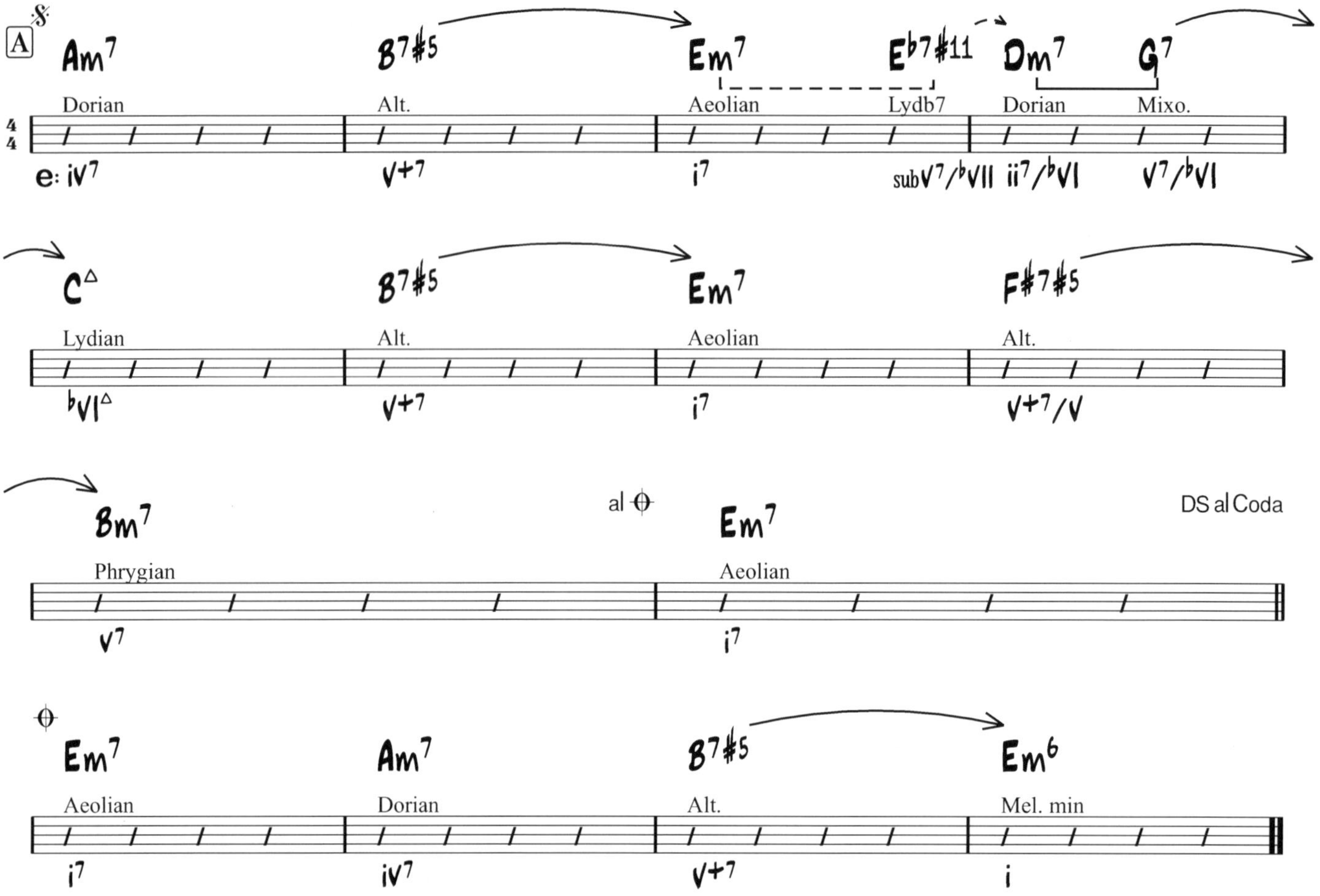

BLUE MONK

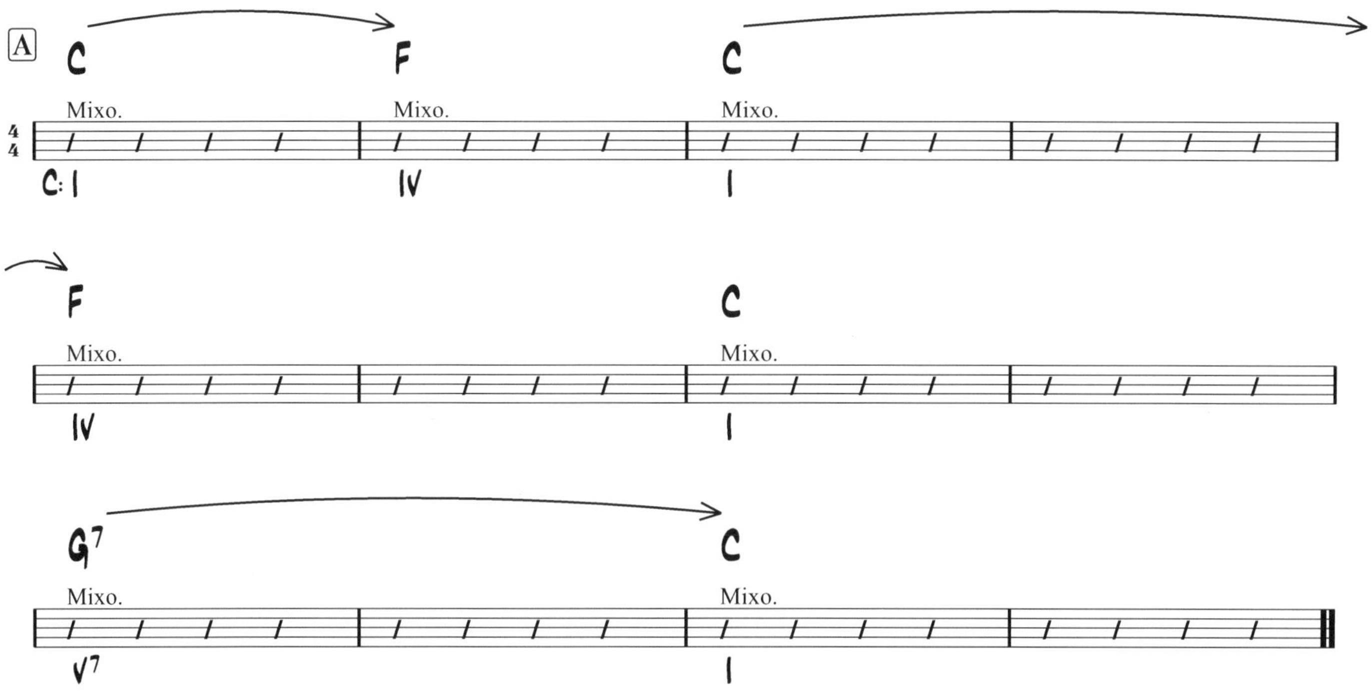
A
C
Mixo.
C: I
F
Mixo.
IV
C
Mixo.
I
F
Mixo.
IV
C
Mixo.
I
G7
Mixo.
V7
C
Mixo.
I

Created using Mapping Tonal Harmony Pro by mDecks Music • mDecks.com

THE BLUE ROOM

BLUE TRANE

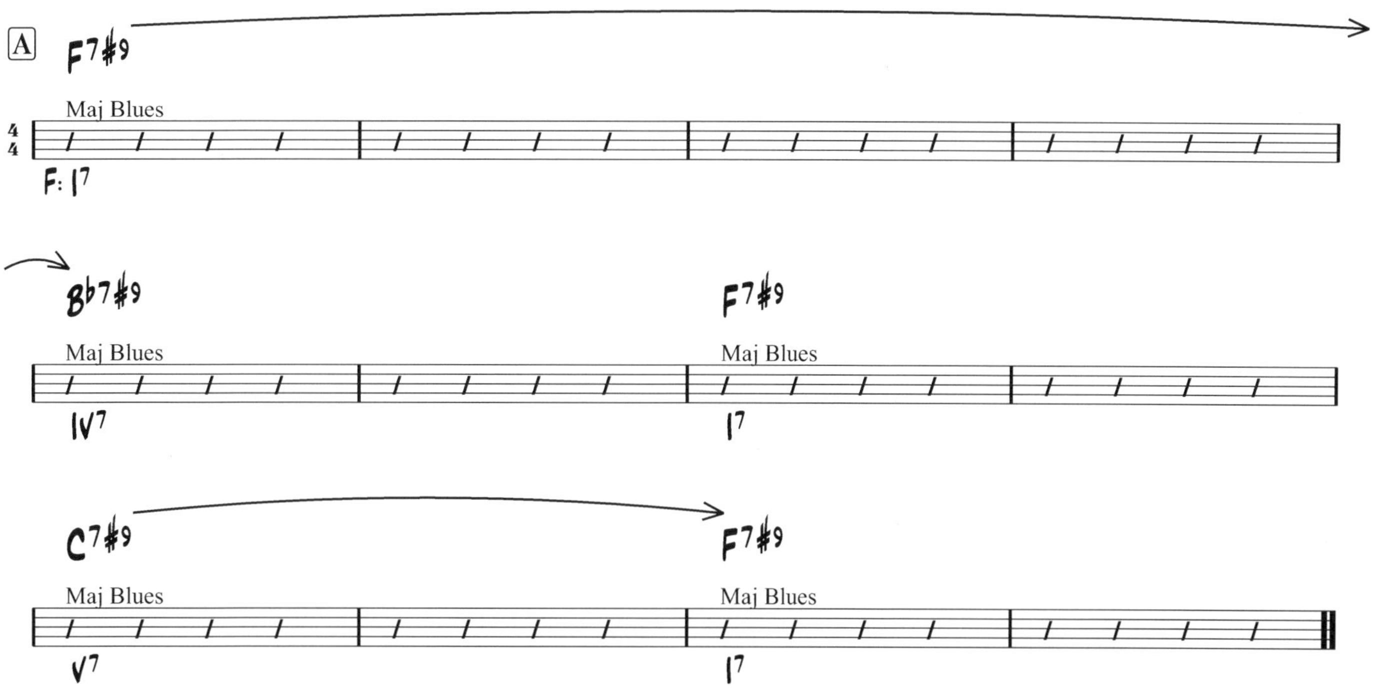
A
F7#9
Maj Blues
4
4
F: I7
Bb7#9
Maj Blues
IV7
F7#9
Maj Blues
I7
C7#9
Maj Blues
V7
F7#9
Maj Blues
I7

BLUES FOR ALICE

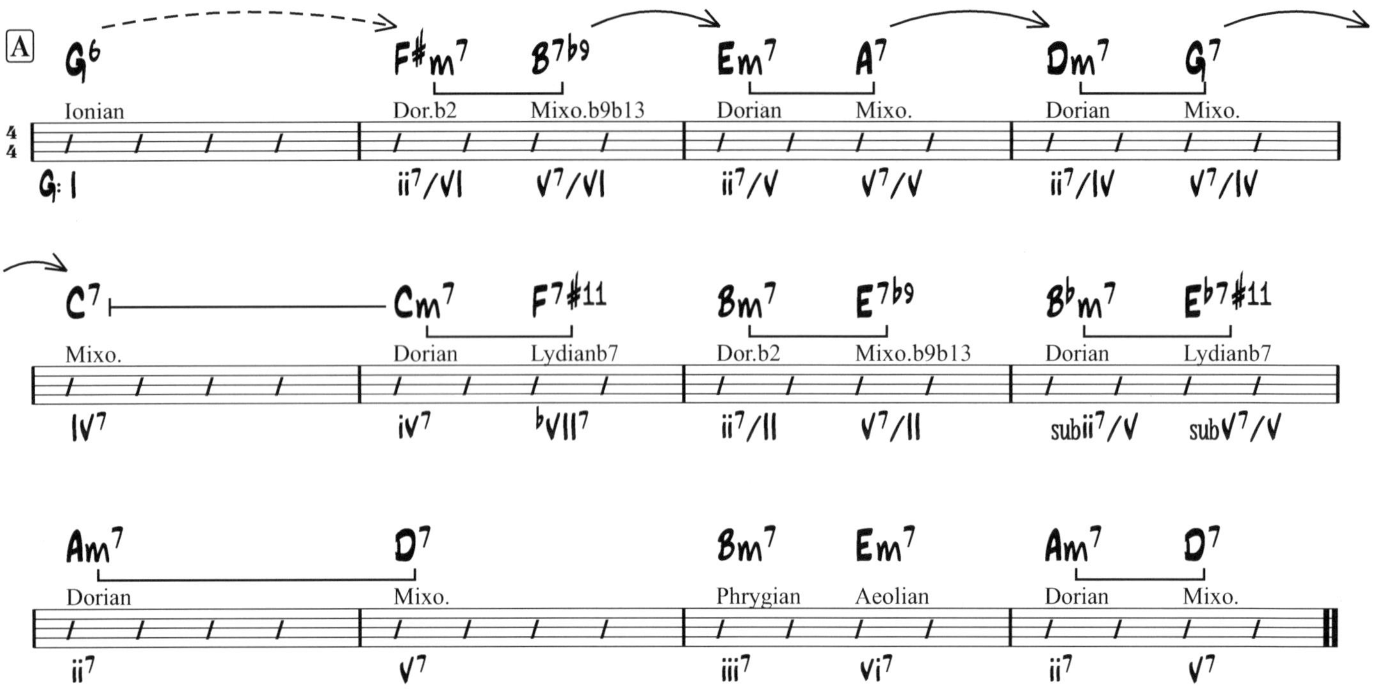
A
G6 | F#m7 B7b9 | Em7 A7 | Dm7 G7
Ionian | Dor.b2 Mixo.b9b13 | Dorian Mixo. | Dorian Mixo.
4/4
G: I | ii7/VI V7/VI | ii7/V V7/V | ii7/IV V7/IV
C7 | Cm7 F7#11 | Bm7 E7b9 | Bbm7 Eb7#11
Mixo. | Dorian Lydianb7 | Dor.b2 Mixo.b9b13 | Dorian Lydianb7
IV7 | iv7 bVII7 | ii7/II V7/II | subii7/V subV7/V
Am7 | D7 | Bm7 Em7 | Am7 D7
Dorian | Mixo. | Phrygian Aeolian | Dorian Mixo.
ii7 | V7 | iii7 vi7 | ii7 V7

BLUESETTE

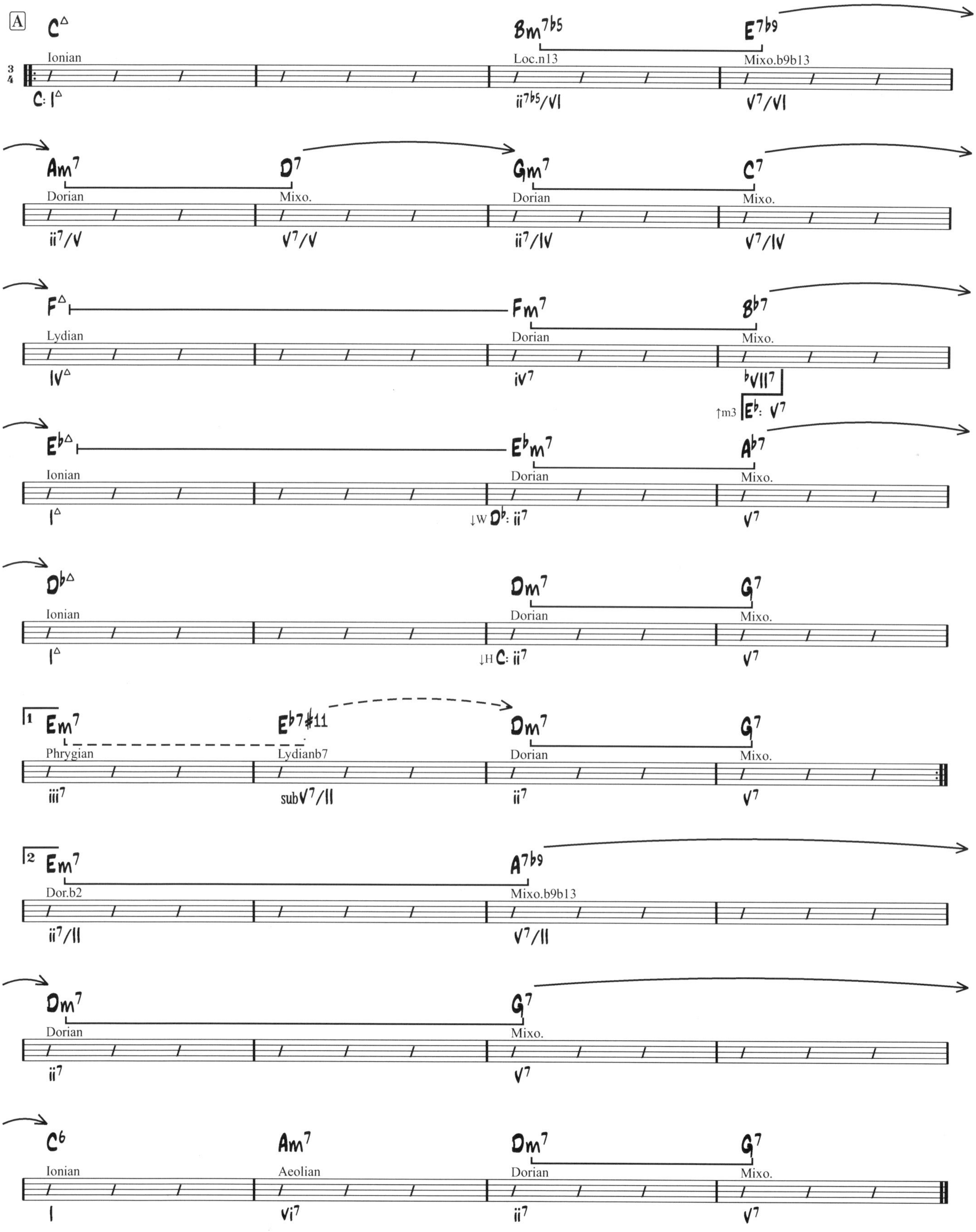
A
C△ Ionian C: I△
Bm7b5 Loc.n13 ii7b5/VI
E7b9 Mixo.b9b13 V7/VI
Am7 Dorian ii7/V
D7 Mixo. V7/V
Gm7 Dorian ii7/IV
C7 Mixo. V7/IV
F△ Lydian IV△
Fm7 Dorian iv7
Bb7 Mixo. bVII7
↑m3 Eb: V7
Eb△ Ionian I△
Ebm7 Dorian ↓W Db: ii7
Ab7 Mixo. V7
Db△ Ionian I△
Dm7 Dorian ↓H C: ii7
G7 Mixo. V7
1 Em7 Phrygian iii7
Eb7#11 Lydianb7 subV7/II
Dm7 Dorian ii7
G7 Mixo. V7
2 Em7 Dor.b2 ii7/II
A7b9 Mixo.b9b13 V7/II
Dm7 Dorian ii7
G7 Mixo. V7
C6 Ionian I
Am7 Aeolian vi7
Dm7 Dorian ii7
G7 Mixo. V7

BODY AND SOUL

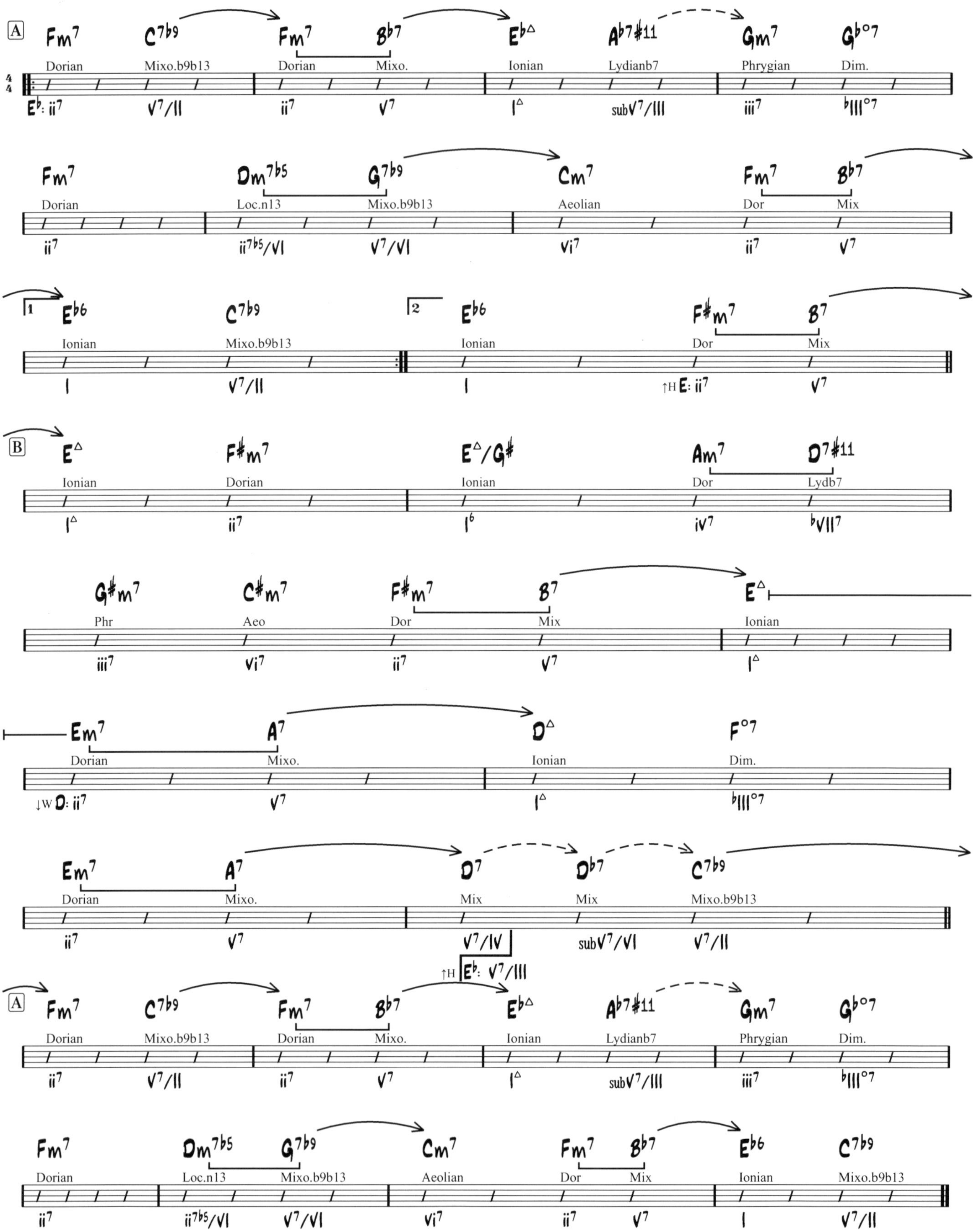

BOPLICITY

A
Am7 G△ Am7 D7 G△ Dm7 G7#5
Dorian Ionian Dorian Mixo. Ionian Dorian Mixo. Aug
4/4
G: ii7 I△ ii7 V7 I△ ii7/IV V+7/IV
C△ D7sus4 Am7 D7sus4
Lydian Hex.IV:Vm Dorian Hex.IV:Vm
IV△ V7sus4 ii7 V7sus4
1 G△#11 2 G△#11
Lydian Lydian
I△ I△
B
Dm7 G7#5 Dm7 Db7#11 C△
Dorian Alt. Dorian Lydianb7 Ionian
ii7/IV V+7/IV ii7/IV subV7/IV IV△
Cm7 F7#5 Cm7 B7#11 Bb△ Bbm7 Am7 D7
Dorian Alt. Dorian Lydianb7 Ionian Dorian Dorian Mixo.
ii7/bIII V+7/bIII ii7/bIII subV7/bIII bIII△ bii7/II ii7 V7
A
Am7 G△#11 Am7 D7 G△#11 Dm7 G7#5
Dorian Lydian Dorian Mixo. Lydian Dorian Mixo. Aug
ii7 I△ ii7 V7 I△ ii7/IV V+7/IV
C△ D7sus4 Am7 D7sus4 G△#11
Ionian Hex.IV:Vm Dorian Hex.IV:Vm Lydian
IV△ V7sus4 ii7 V7sus4 I△

BROADWAY

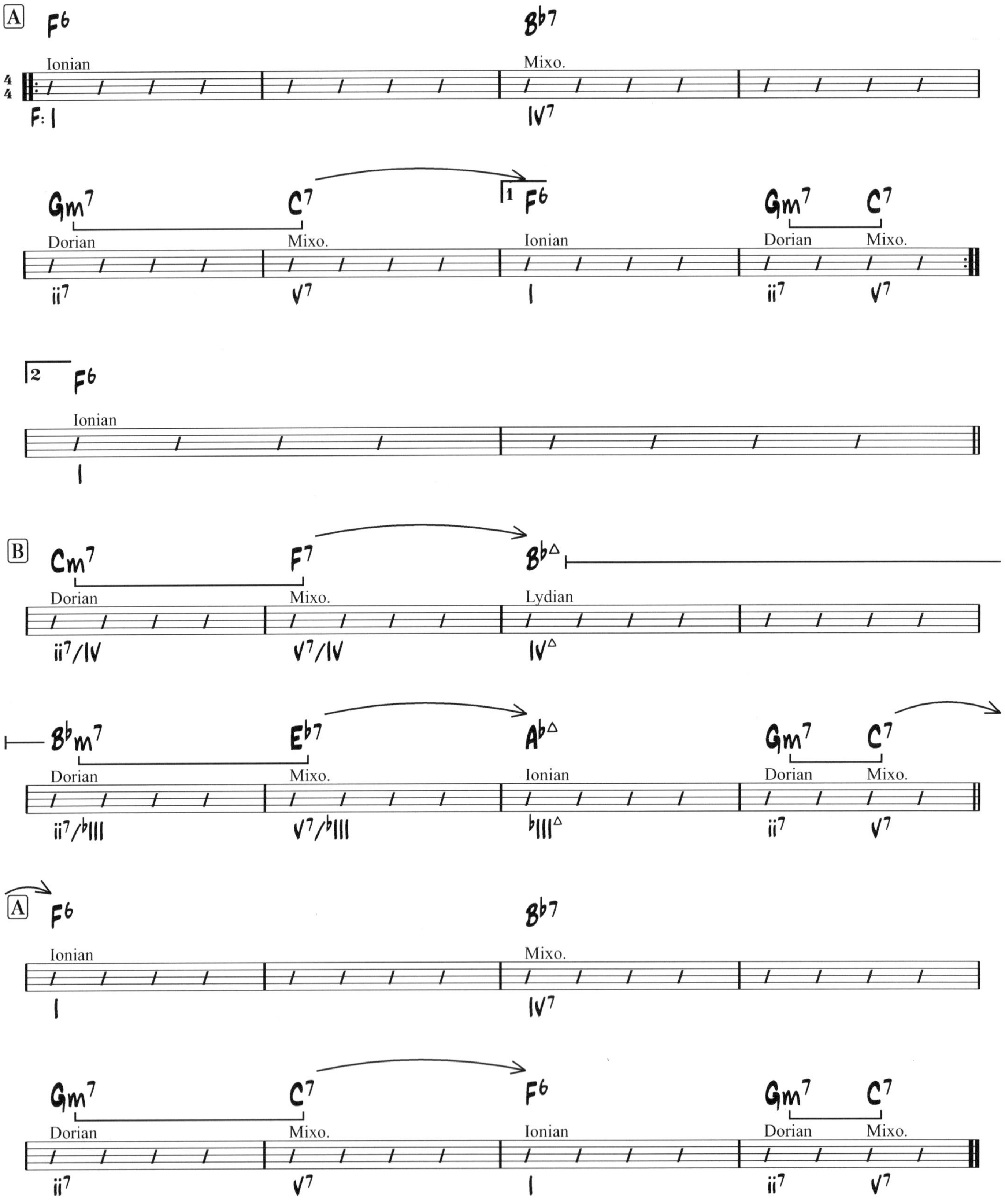
A
F6
Bb7
Ionian
Mixo.
4/4
F: I
IV7
Gm7
C7
1 F6
Gm7
C7
Dorian
Mixo.
Ionian
Dorian
Mixo.
ii7
V7
I
ii7
V7
2 F6
Ionian
I
B
Cm7
F7
Bb△
Dorian
Mixo.
Lydian
ii7/IV
V7/IV
IV△
Bbm7
Eb7
Ab△
Gm7
C7
Dorian
Mixo.
Ionian
Dorian
Mixo.
ii7/bIII
V7/bIII
bIII△
ii7
V7
A
F6
Bb7
Ionian
Mixo.
I
IV7
Gm7
C7
F6
Gm7
C7
Dorian
Mixo.
Ionian
Dorian
Mixo.
ii7
V7
I
ii7
V7

BUT BEAUTIFUL

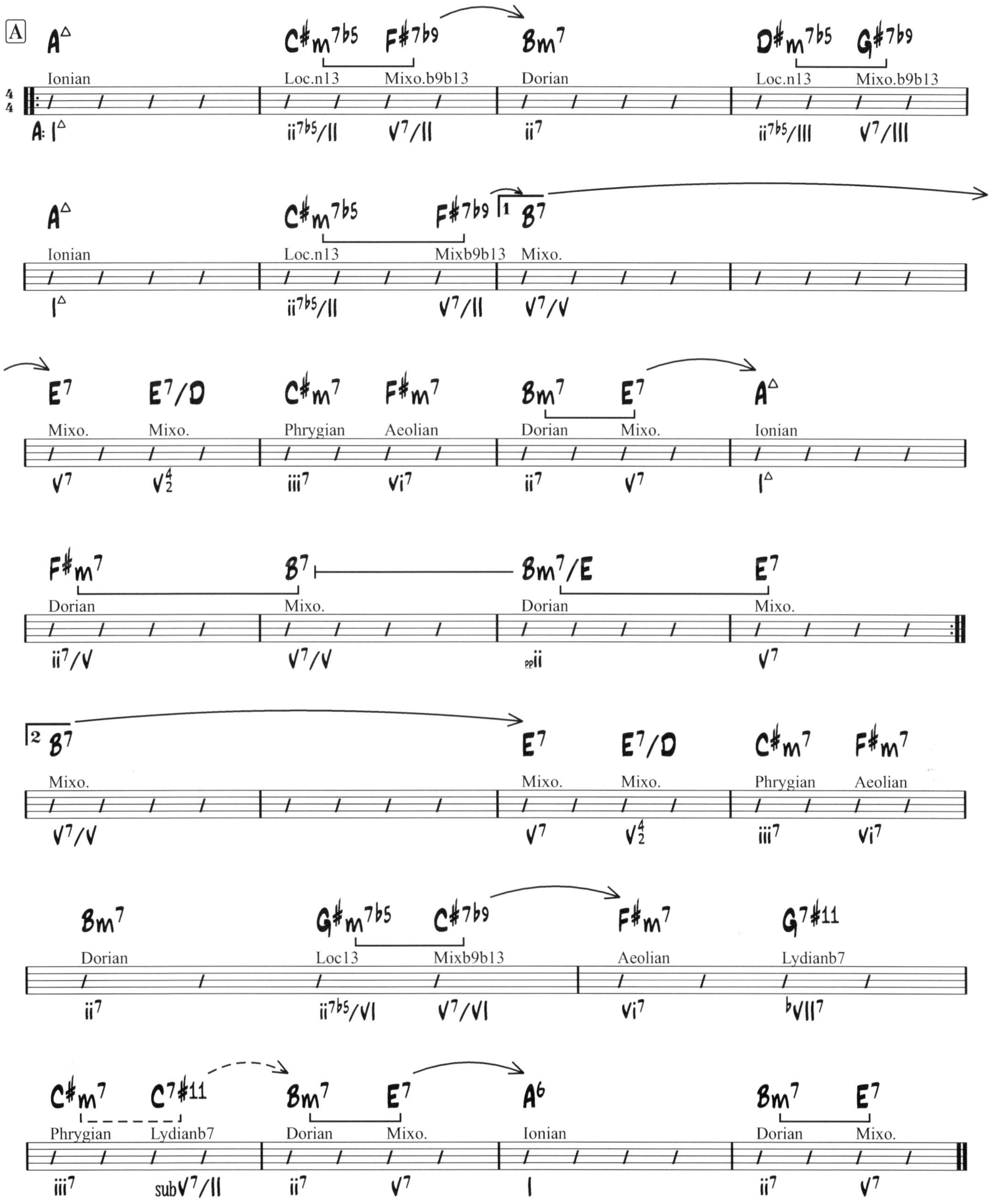
A
A△ C#m7b5 F#7b9 Bm7 D#m7b5 G#7b9
Ionian Loc.n13 Mixo.b9b13 Dorian Loc.n13 Mixo.b9b13
4/4
A: I△ ii7b5/II V7/II ii7 ii7b5/III V7/III
A△ C#m7b5 F#7b9 1 B7
Ionian Loc.n13 Mixb9b13 Mixo.
I△ ii7b5/II V7/II V7/V
E7 E7/D C#m7 F#m7 Bm7 E7 A△
Mixo. Mixo. Phrygian Aeolian Dorian Mixo. Ionian
V7 V4/2 iii7 vi7 ii7 V7 I△
F#m7 B7 Bm7/E E7
Dorian Mixo. Dorian Mixo.
ii7/V V7/V ppii V7
2 B7 E7 E7/D C#m7 F#m7
Mixo. Mixo. Mixo. Phrygian Aeolian
V7/V V7 V4/2 iii7 vi7
Bm7 G#m7b5 C#7b9 F#m7 G7#11
Dorian Loc13 Mixb9b13 Aeolian Lydianb7
ii7 ii7b5/VI V7/VI vi7 bVII7
C#m7 C7#11 Bm7 E7 A6 Bm7 E7
Phrygian Lydianb7 Dorian Mixo. Ionian Dorian Mixo.
iii7 subV7/II ii7 V7 I ii7 V7

CALL ME

A
D△ Dm7 G7
Ionian Dorian Mixo.
4/4
D: I△ ii7/bVII V7/bVII
C△ Cm7 F7
Ionian Dorian Mixo.
bVII△ ii7/bVI V7/bVI
Bb△ Gm7 Bb△ Gm7
Lydian Dorian Lydian Dorian
bVI△ iv7 bVI△ iv7
Bb△ Gm7 D△ 1 Em7 A7 2 F#m7 B7b9
Lydian Dorian Ionian Dorian Mixo. Dorian Mixo.b9b13
bVI△ iv7 I△ ii7 V7 ii7/II V7/II
B
Em7 A7 Em7 A7 D△ F#m7 B7b9
Dorian Mixo. Dorian Mixo. Ionian Dorian Mixo.b9b13
ii7 V7 ii7 V7 I△ ii7/II V7/II
Em7 A7 Em7 A7 D△ Em7 A7
Dorian Mixo. Dorian Mixo. Ionian Dorian Mixo.
ii7 V7 ii7 V7 I△ ii7 V7
A
D△ Dm7 G7
Ionian Dorian Mixo.
I△ ii7/bVII V7/bVII

CALL ME - Page 2

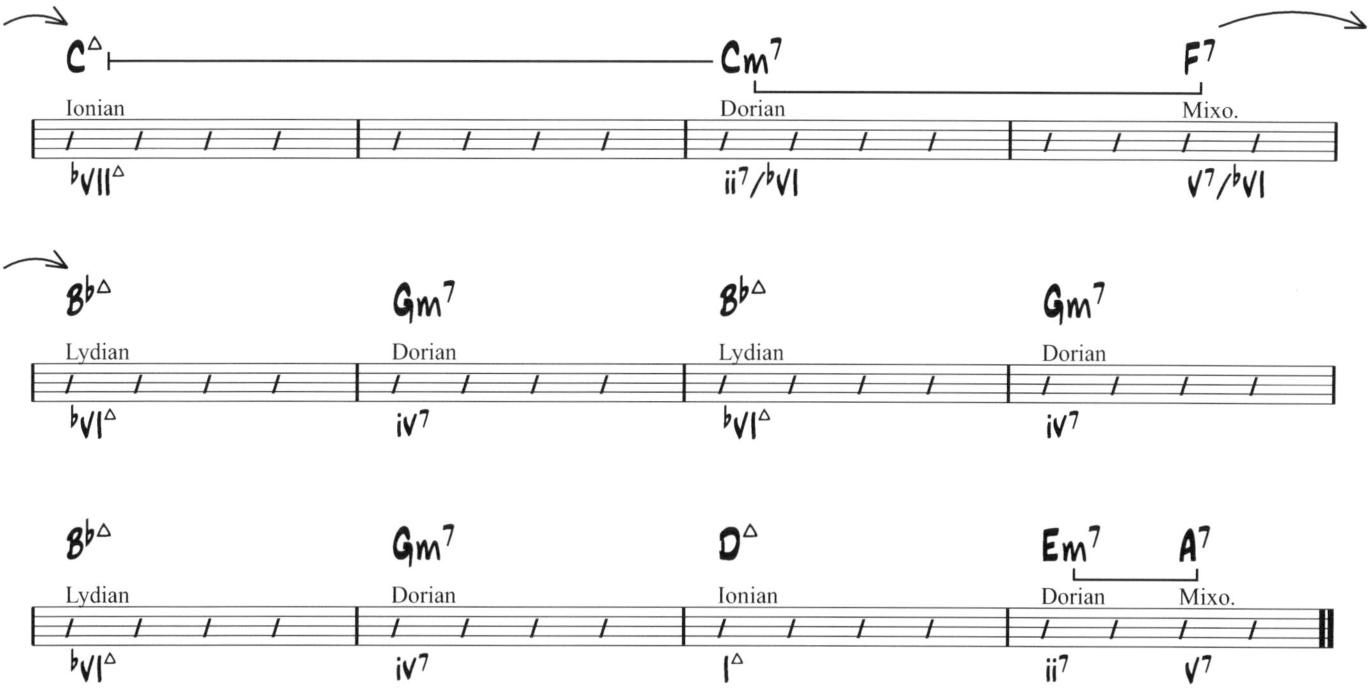
C△
Cm7
F7
Ionian
Dorian
Mixo.
♭VII△
ii7/♭VI
V7/♭VI
B♭△
Gm7
B♭△
Gm7
Lydian
Dorian
Lydian
Dorian
♭VI△
iv7
♭VI△
iv7
B♭△
Gm7
D△
Em7
A7
Lydian
Dorian
Ionian
Dorian
Mixo.
♭VI△
iv7
I△
ii7
V7

CALL ME IRRESPONSIBLE

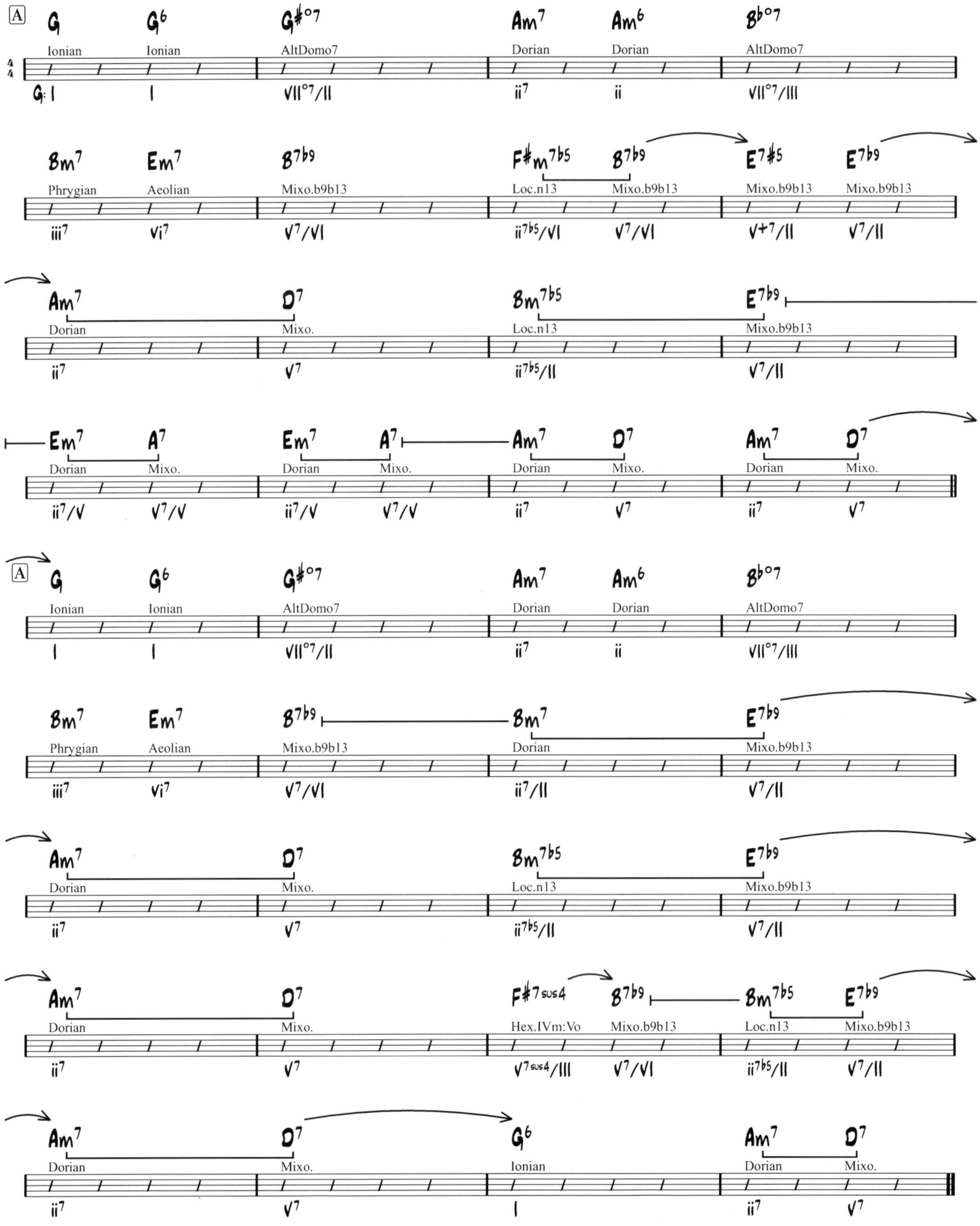
A
G G6 G#o7 Am7 Am6 Bbo7
Ionian Ionian AltDomo7 Dorian Dorian AltDomo7
4/4
G: I I VII°7/II ii7 ii VII°7/III
Bm7 Em7 B7b9 F#m7b5 B7b9 E7#5 E7b9
Phrygian Aeolian Mixo.b9b13 Loc.n13 Mixo.b9b13 Mixo.b9b13 Mixo.b9b13
iii7 vi7 V7/VI ii7b5/VI V7/VI V+7/II V7/II
Am7 D7 Bm7b5 E7b9
Dorian Mixo. Loc.n13 Mixo.b9b13
ii7 V7 ii7b5/II V7/II
Em7 A7 Em7 A7 Am7 D7 Am7 D7
Dorian Mixo. Dorian Mixo. Dorian Mixo. Dorian Mixo.
ii7/V V7/V ii7/V V7/V ii7 V7 ii7 V7
A
G G6 G#o7 Am7 Am6 Bbo7
Ionian Ionian AltDomo7 Dorian Dorian AltDomo7
I I VII°7/II ii7 ii VII°7/III
Bm7 Em7 B7b9 Bm7 E7b9
Phrygian Aeolian Mixo.b9b13 Dorian Mixo.b9b13
iii7 vi7 V7/VI ii7/II V7/II
Am7 D7 Bm7b5 E7b9
Dorian Mixo. Loc.n13 Mixo.b9b13
ii7 V7 ii7b5/II V7/II
Am7 D7 F#7sus4 B7b9 Bm7b5 E7b9
Dorian Mixo. Hex.IVm:Vo Mixo.b9b13 Loc.n13 Mixo.b9b13
ii7 V7 V7sus4/III V7/VI ii7b5/II V7/II
Am7 D7 G6 Am7 D7
Dorian Mixo. Ionian Dorian Mixo.
ii7 V7 I ii7 V7

CAN'T HELP LOVIN' DAT MAN

CAPTAIN MARVEL

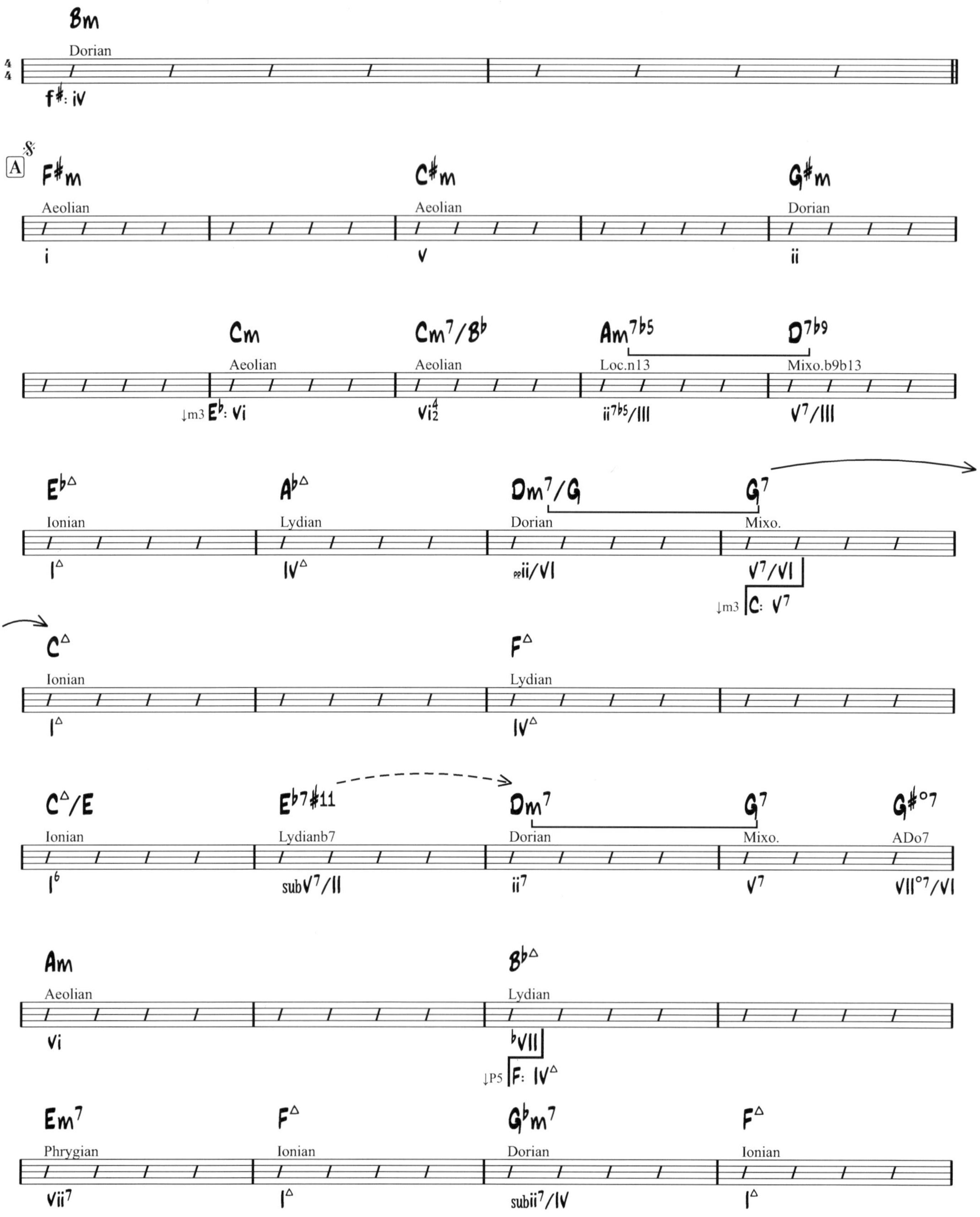
Bm
Dorian
4/4
f♯: iv
A
F♯m
Aeolian
i
C♯m
Aeolian
v
G♯m
Dorian
ii
Cm
Aeolian
↓m3 E♭: vi
Cm7/B♭
Aeolian
vi4/2
Am7♭5
Loc.n13
ii7♭5/III
D7♭9
Mixo.b9b13
V7/III
E♭△
Ionian
I△
A♭△
Lydian
IV△
Dm7/G
Dorian
ii/VI
G7
Mixo.
V7/VI
↓m3 C: V7
C△
Ionian
I△
F△
Lydian
IV△
C△/E
Ionian
I6
E♭7♯11
Lydianb7
subV7/II
Dm7
Dorian
ii7
G7
Mixo.
V7
G♯°7
ADo7
VII°7/VI
Am
Aeolian
vi
B♭△
Lydian
♭VII
↓P5 F: IV△
Em7
Phrygian
vii7
F△
Ionian
I△
G♭m7
Dorian
subii7/IV
F△
Ionian
I△

Created using Mapping Tonal Harmony Pro by mDecks Music • mDecks.com

CAPTAIN MARVEL - Page 2

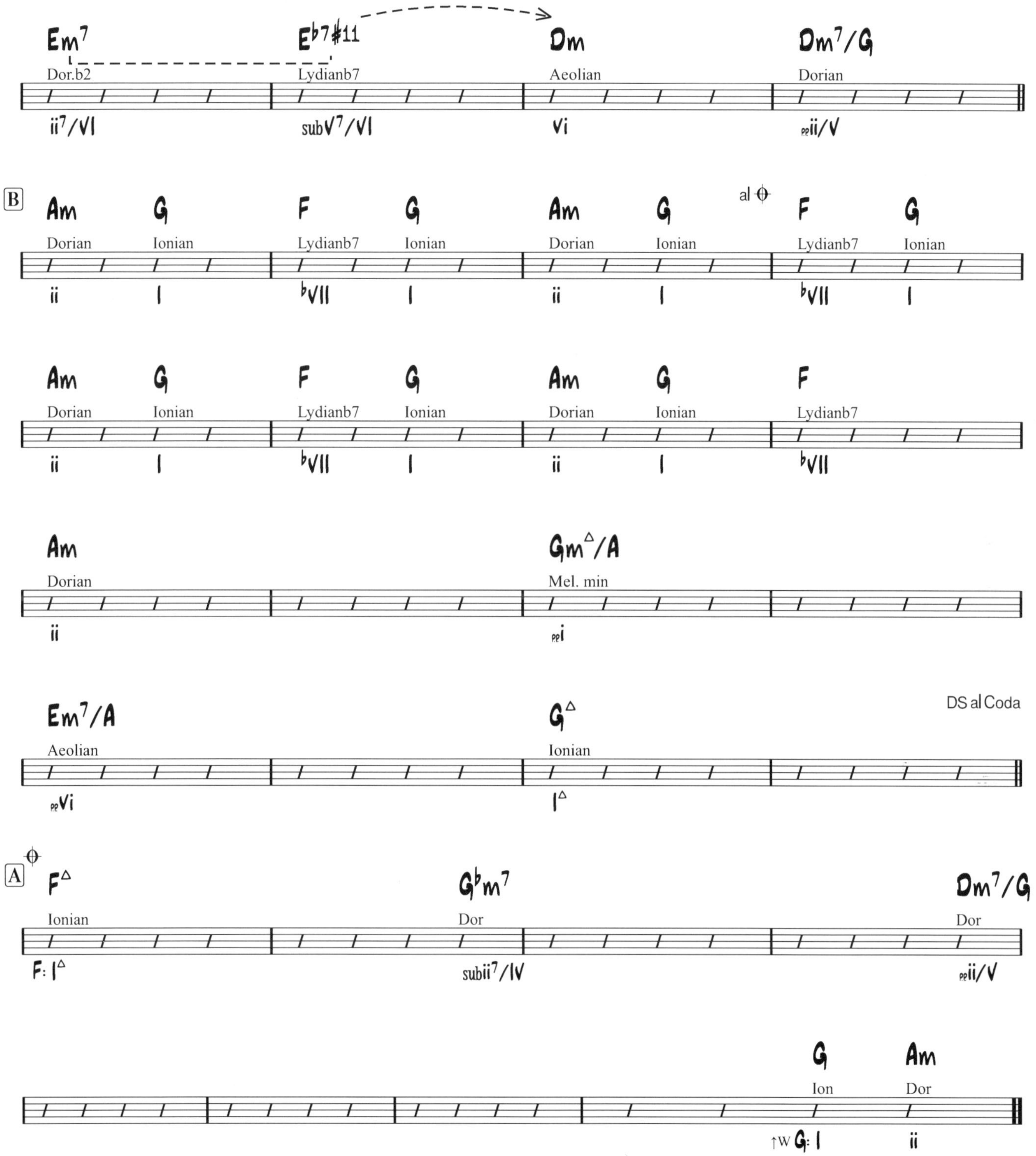
Em7 Eb7#11 Dm Dm7/G
Dor.b2 Lydianb7 Aeolian Dorian
ii7/VI subV7/VI vi ppii/V
B
Am G F G Am G al Φ F G
Dorian Ionian Lydianb7 Ionian Dorian Ionian Lydianb7 Ionian
ii I bVII I ii I bVII I
Am G F G Am G F
Dorian Ionian Lydianb7 Ionian Dorian Ionian Lydianb7
ii I bVII I ii I bVII
Am Gm△/A
Dorian Mel. min
ii ppi
Em7/A G△ DS al Coda
Aeolian Ionian
ppvi I△
Φ
A
F△ Gbm7 Dm7/G
Ionian Dor Dor
F: I△ subii7/IV ppii/V
G Am
Ion Dor
↑W G: I ii

CENTRAL PARK WEST

Db△ F#m7 B7 E△ Cm7 F7
Ionian Dor Mix Ionian Dor Mix
4/4
Db: I△ ↑m3 E: ii7 V7 I△ ↕TT Bb: ii7 V7
Bb△ Am7 D7 G△ Ebm7 Ab7
Ionian Dor Mix Ionian Dor Mix
I△ ↓m3 G: ii7 V7 I△ ↕TT Db: ii7 V7
Db△ F#m7 B7 E△ Ebm7 Ab7
Ionian Dor Mix Ionian Dor Mix
I△ ↑m3 E: ii7 V7 I△ ↓m3 Db: ii7 V7
Db△ Ebm7/Db
Ionian Dorian
I△ ii4/2
Db△ Ebm7/Db Ebm7 Ab7
Ionian Dorian Dor Mix
I△ ii4/2 ii7 V7

CEORA

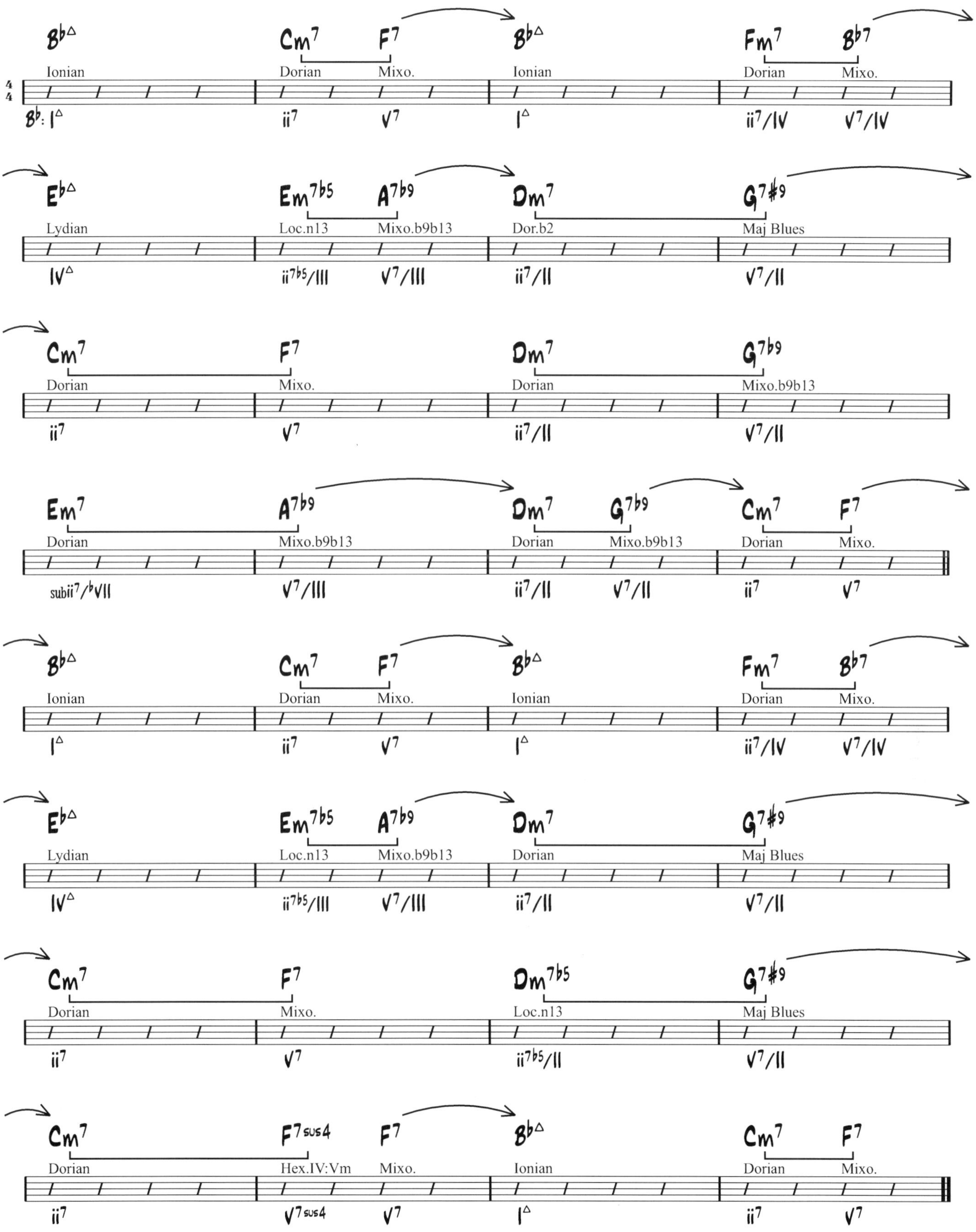
Bb△ Cm7 F7 Bb△ Fm7 Bb7
Ionian Dorian Mixo. Ionian Dorian Mixo.
4/4
Bb: I△ ii7 V7 I△ ii7/IV V7/IV
Eb△ Em7b5 A7b9 Dm7 G7#9
Lydian Loc.n13 Mixo.b9b13 Dor.b2 Maj Blues
IV△ ii7b5/III V7/III ii7/II V7/II
Cm7 F7 Dm7 G7b9
Dorian Mixo. Dorian Mixo.b9b13
ii7 V7 ii7/II V7/II
Em7 A7b9 Dm7 G7b9 Cm7 F7
Dorian Mixo.b9b13 Dorian Mixo.b9b13 Dorian Mixo.
subii7/bVII V7/III ii7/II V7/II ii7 V7
Bb△ Cm7 F7 Bb△ Fm7 Bb7
Ionian Dorian Mixo. Ionian Dorian Mixo.
I△ ii7 V7 I△ ii7/IV V7/IV
Eb△ Em7b5 A7b9 Dm7 G7#9
Lydian Loc.n13 Mixo.b9b13 Dorian Maj Blues
IV△ ii7b5/III V7/III ii7/II V7/II
Cm7 F7 Dm7b5 G7#9
Dorian Mixo. Loc.n13 Maj Blues
ii7 V7 ii7b5/II V7/II
Cm7 F7sus4 F7 Bb△ Cm7 F7
Dorian Hex.IV:Vm Mixo. Ionian Dorian Mixo.
ii7 V7sus4 V7 I△ ii7 V7

C'EST SI BON (IT'S SO GOOD)

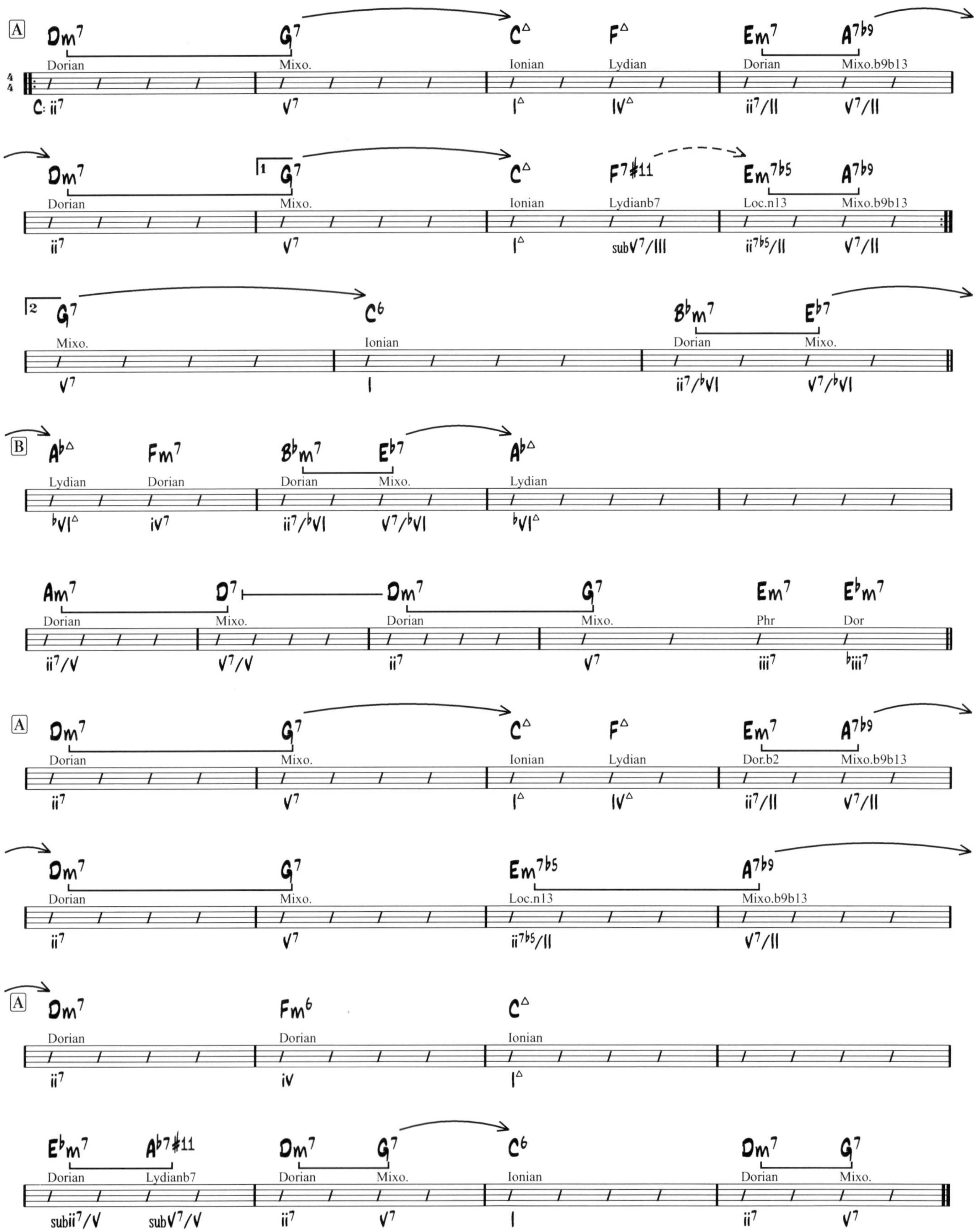

CHEGA DE SAUDADE (NO MORE BLUES)

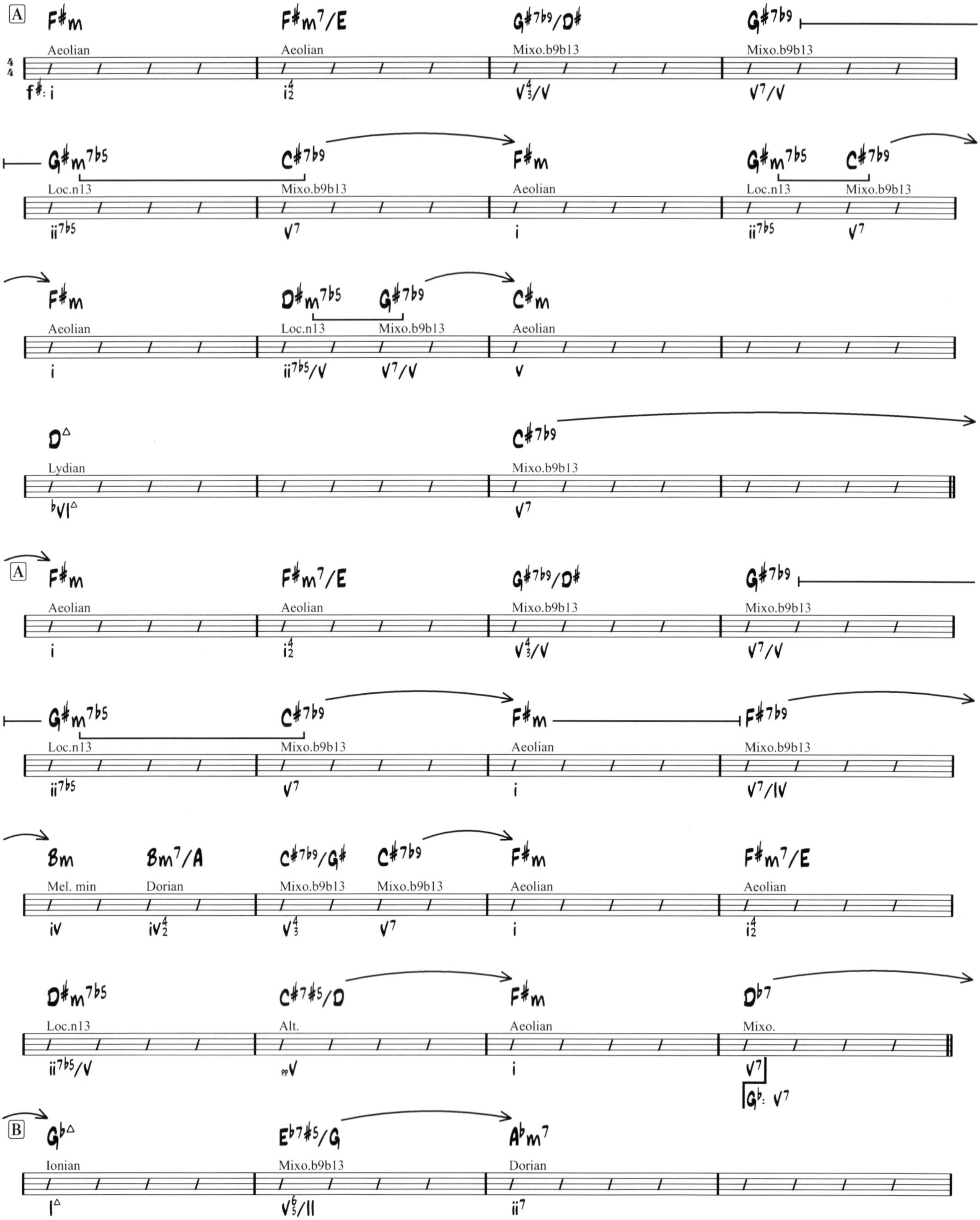

CHEGA DE SAUDADE (NO MORE BLUES) - Page 2

CHELSEA BRIDGE

CHEROKEE

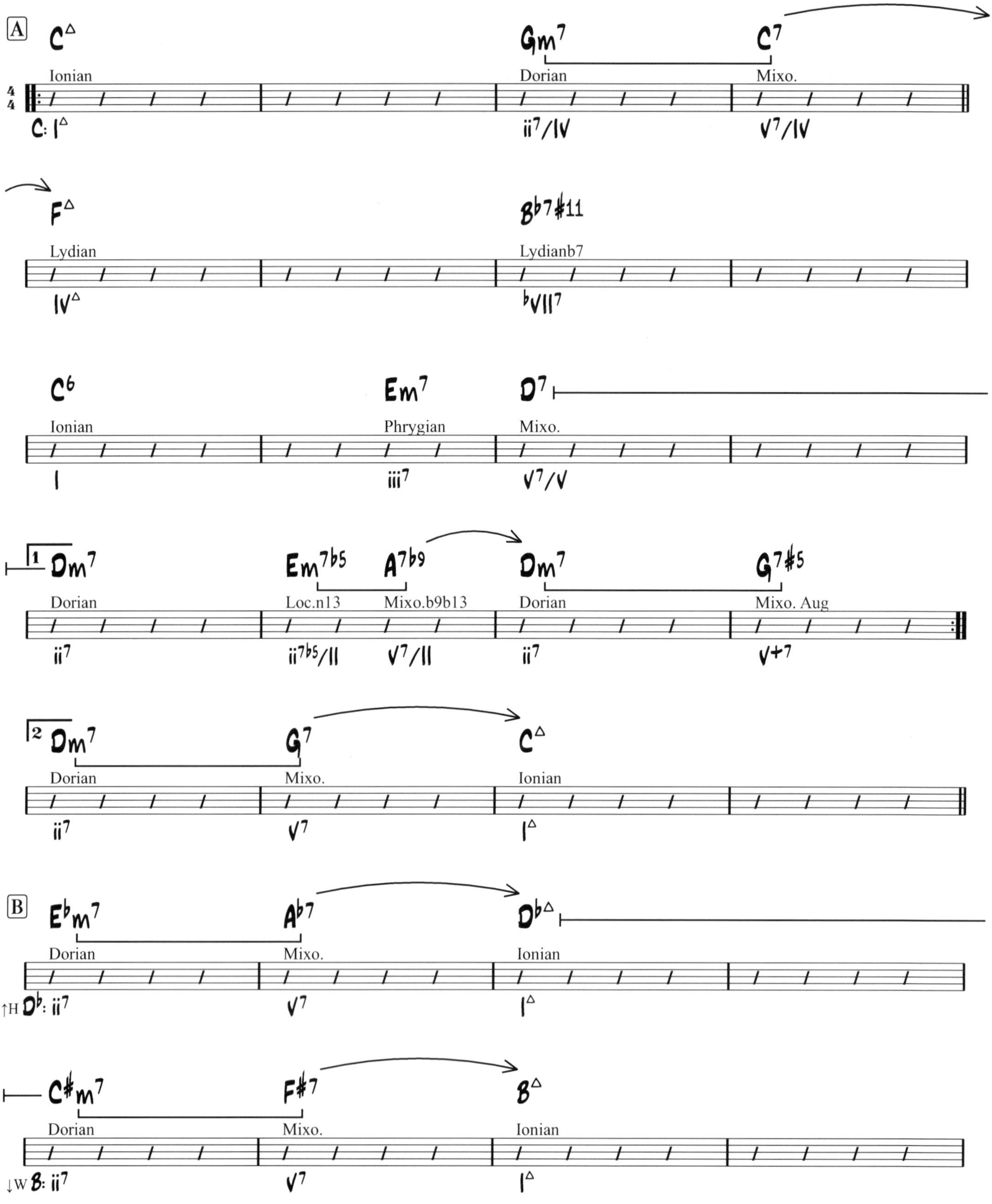
A
C△ Gm7 C7
Ionian Dorian Mixo.
C: I△ ii7/IV V7/IV
F△ Bb7#11
Lydian Lydianb7
IV△ bVII7
C6 Em7 D7
Ionian Phrygian Mixo.
I iii7 V7/V
1 Dm7 Em7b5 A7b9 Dm7 G7#5
Dorian Loc.n13 Mixo.b9b13 Dorian Mixo. Aug
ii7 ii7b5/II V7/II ii7 V+7
2 Dm7 G7 C△
Dorian Mixo. Ionian
ii7 V7 I△
B
Ebm7 Ab7 Db△
Dorian Mixo. Ionian
↑H Db: ii7 V7 I△
C#m7 F#7 B△
Dorian Mixo. Ionian
↓W B: ii7 V7 I△

CHEROKEE - Page 2

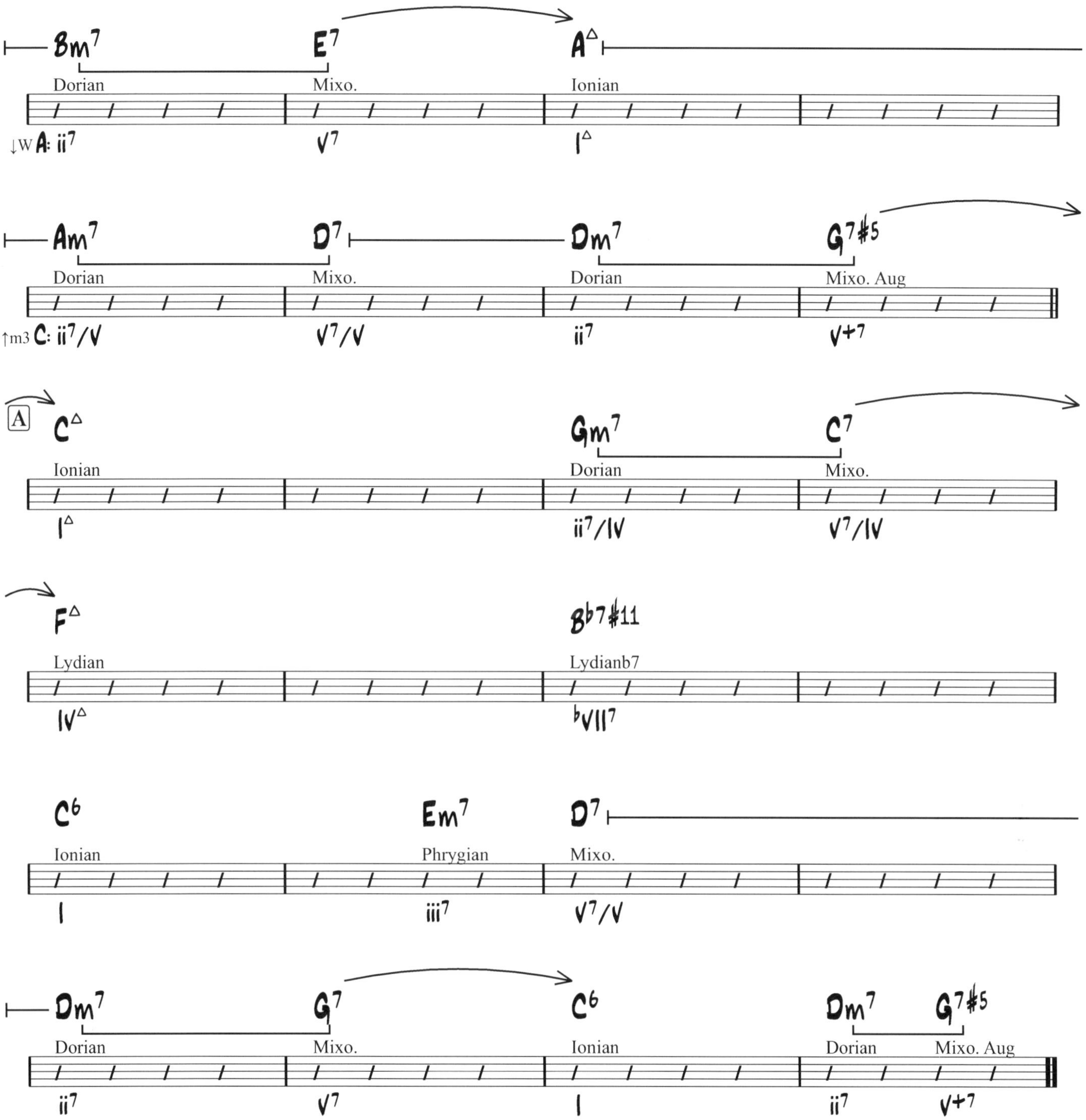
Bm7 E7 A△
Dorian Mixo. Ionian
↓W A: ii7 V7 I△
Am7 D7 Dm7 G7#5
Dorian Mixo. Dorian Mixo. Aug
↑m3 C: ii7/V V7/V ii7 V+7
A
C△ Gm7 C7
Ionian Dorian Mixo.
I△ ii7/IV V7/IV
F△ Bb7#11
Lydian Lydianb7
IV△ bVII7
C6 Em7 D7
Ionian Phrygian Mixo.
I iii7 V7/V
Dm7 G7 C6 Dm7 G7#5
Dorian Mixo. Ionian Dorian Mixo. Aug
ii7 V7 I ii7 V+7

CHERRY PINK AND APPLE BLOSSOM WHITE

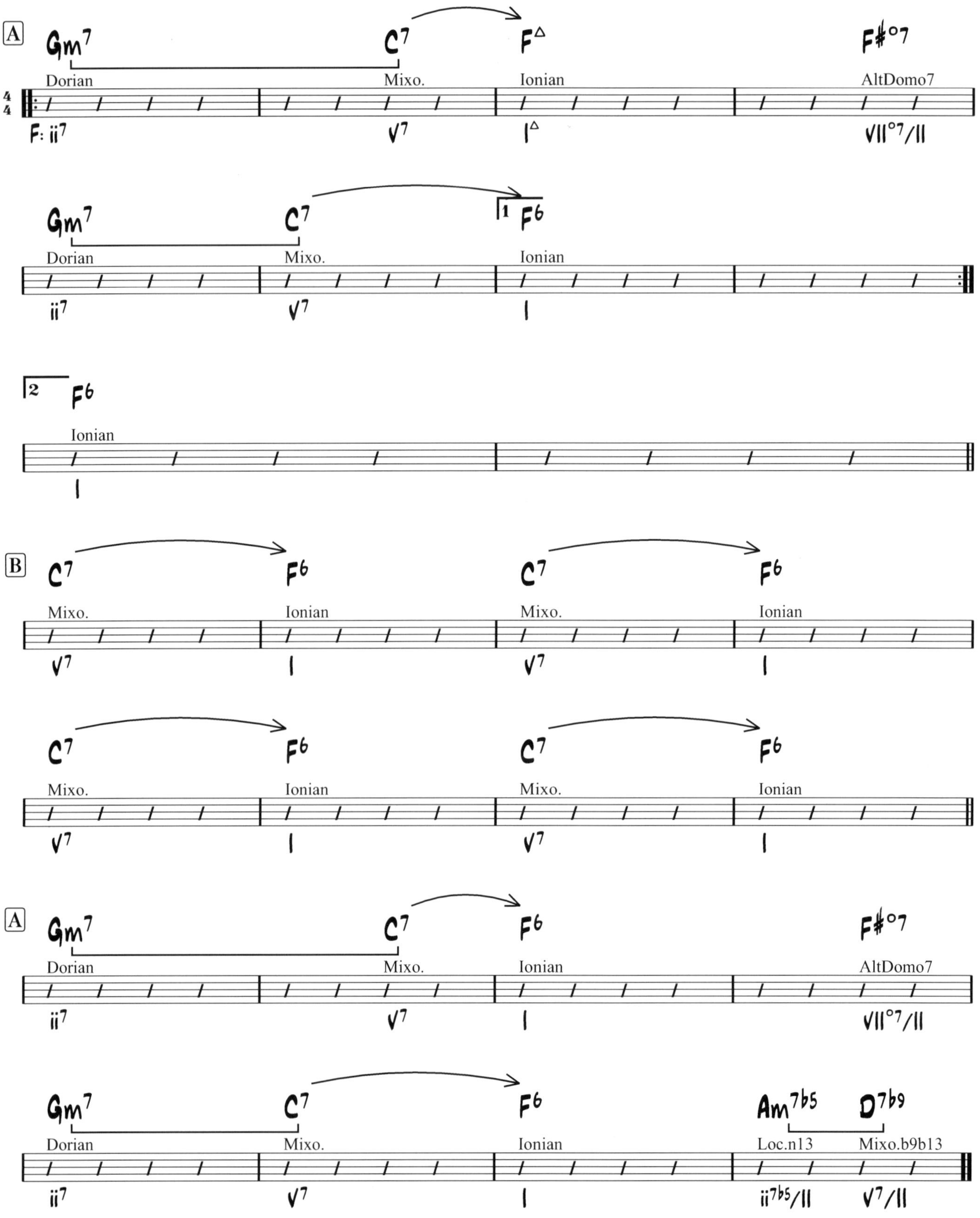
A
Gm7 C7 FΔ F#°7
Dorian Mixo. Ionian AltDomo7
4/4
F: ii7 V7 IΔ VII°7/II
Gm7 C7 1 F6
Dorian Mixo. Ionian
ii7 V7 I
2 F6
Ionian
I
B
C7 F6 C7 F6
Mixo. Ionian Mixo. Ionian
V7 I V7 I
C7 F6 C7 F6
Mixo. Ionian Mixo. Ionian
V7 I V7 I
A
Gm7 C7 F6 F#°7
Dorian Mixo. Ionian AltDomo7
ii7 V7 I VII°7/II
Gm7 C7 F6 Am7b5 D7b9
Dorian Mixo. Ionian Loc.n13 Mixo.b9b13
ii7 V7 I ii7b5/II V7/II

A CHILD IS BORN

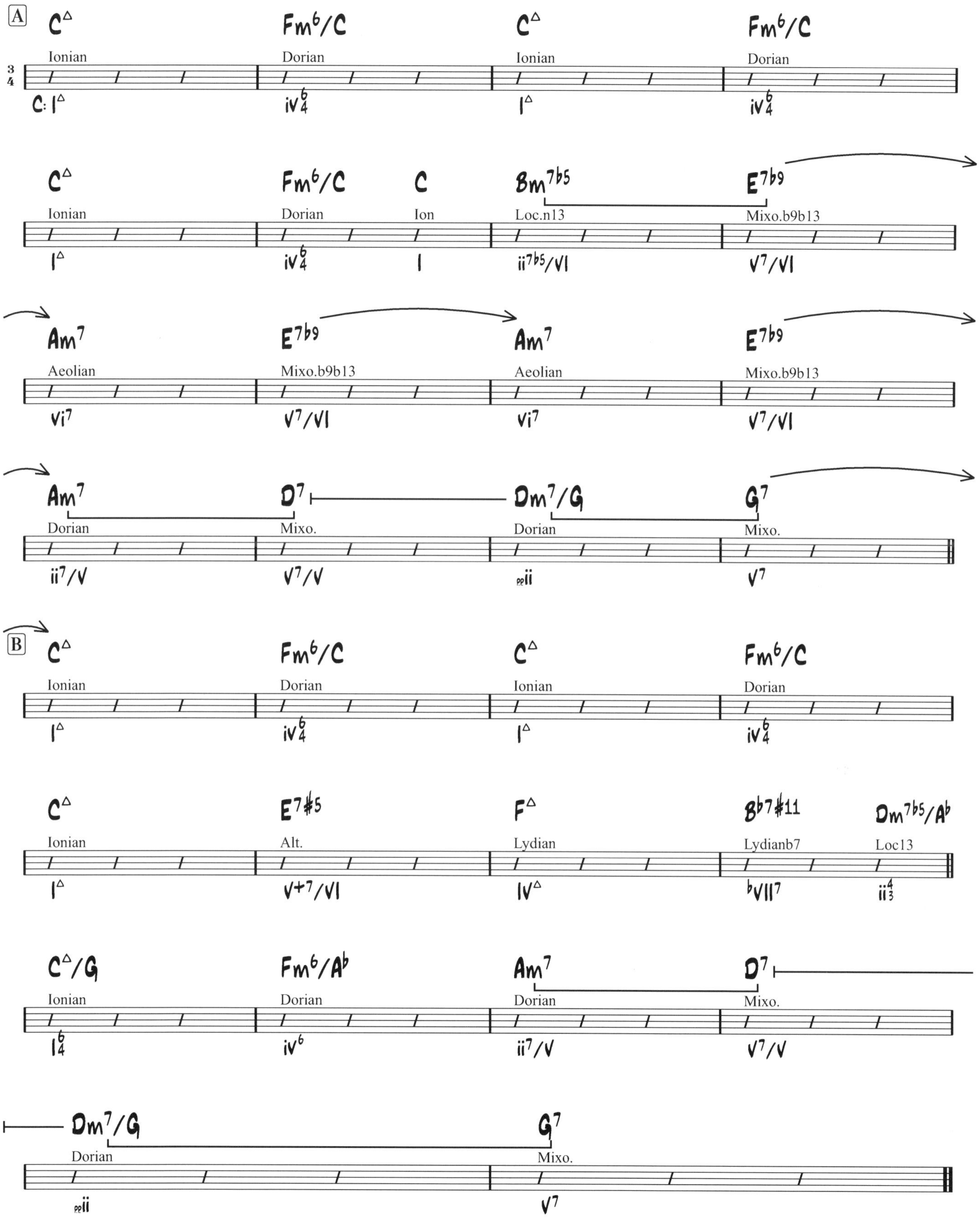

COME SUNDAY

A
G7 F7 G7 E7#5 A7b9
Mixo. Mixo. Mixo. Mixb9b13 Mixo.b9b13
4/4
C: V7 IV7 V7 V+7/VI V7/II
Dm7 G7 C F/C C△ C6
Dorian Mixo. Ionian Lydian Ionian Ionian
ii7 V7 I IV6/4 I△ I
B
E7b9 F7#11 E7b9 Am7 D7
Mixo.b9b13 Lydianb7 Mixo.b9b13 Dorian Mixo.
V7/VI subV7/III V7/VI ii7/V V7/V
G7 Dm7 G7 Bb7#11 A7#5 D7 G7#5
Mixo. Dorian Mixo. Lydb7 Mixb9b13 Mixo. W.T.
V7 ii7 V7 subV7/VI V+7/II V7/V V+7
A
G7 F7 G7 E7#5 A7b9
Mixo. Mixo. Mixo. Mixb9b13 Mixo.b9b13
V7 IV7 V7 V+7/VI V7/II
Dm7 G7 C F/C C°7 C6
Dorian Mixo. Ionian Lydian Dim. Ionian
ii7 V7 I IV6/4 I°7 I

CON ALMA

A
Gb△ Bbm7/F Ebm7 Db7#11 C7 Gb7b5 F△ Fm7 Bb7
Ionian Phrygian Aeolian Lydianb7 Mixo. Lydianb7 Ionian Dor Mix
Gb: I△ iii4/3 vi7 V7 V7 subV7b5 I△ ↓W Eb: ii7 V7
↓H F: subV7/V
Eb△ Gm7/D Cm7 Bb7#11 A7 Eb7b5 D△
Ionian Phrygian Aeolian Lydianb7 Mixo. Lydianb7 Ionian
I△ iii4/3 vi7 V7 V7 subV7b5 I△
↓H D: subV7/V
B
Dm7b5 G7b9 Abm7b5 Db7b9
Loc.n13 Mixo.b9b13 Loc.n13 Mixo.b9b13
↓W C: ii7b5 V7 ↕TT Gb: ii7b5 V7
Gb△ Gm7 C7#11 Db7
Ionian Dorian Lydianb7 Mix
I△ subii7/IV subV7/IV V7
A
Gb△ Bbm7/F Ebm7 Db7#11 C7 Gb7b5 F△ Fm7 Bb7
Ionian Phrygian Aeolian Lydianb7 Mixo. Lydianb7 Ionian Dor Mix
I△ iii4/3 vi7 V7 V7 subV7b5 I△ ↓W Eb: ii7 V7
↓H F: subV7/V
Eb△ Gm7/D Cm7 Bb7#11 A7 Eb7b5 D△
Ionian Phrygian Aeolian Lydianb7 Mixo. Lydianb7 Ionian
I△ iii4/3 vi7 V7 V7 subV7b5 I△
↓H D: subV7/V
C
D7b9 Ab
Mixo.b9b13 Lydianb7
↓P5 g: V7 subV
Gm△ D7
Mel. min Mixo.
i△ V7

CONCEPTION

A
Fm7b5 Bb7#5 Eb△ C#m7 B△ Gm7/Bb Bbm7
Loc.n13 Mixo.b9b13 Ionian Dorian Lydian Phr Dor
Eb: ii7b5 V+7 I△ ii7/bVI bVI△ iii6 5 ii7/IV
Eb7 Ab7#11 G7b9 C7b9 B7#11 Bb7 A7#11
Mixo. Lydianb7 Mixo.b9b13 Mixo.b9b13 Lydianb7 Mixo. Lydianb7
V7/IV subV7/III V7/VI V7/II subV7/V V7 subV7/IV
Abm7 Db7 Gb△ B△ Fm7 Bb7 1 Eb△ 2 Eb6
Dorian Mixo. Ionian Lydian Dorian Mixo. Ionian Ionian
ii7/bIII V7/bIII bIII△ bVI△ ii7 V7 I△ I
B
Abm7 Db7#5 Gb△ Abm7 Bbm7 Eb7b9
Dorian Alt. Ionian Dorian Dorian Mixo.b9b13
iv7 V+7 I△ ii7 ii7/II V7/II
↑m3 Gb: ii7
Am7 D7#11 Abm7 Db7 Gbm7 B7#11
Dorian Lydianb7 Dorian Mixo. Dorian Lydianb7
subii7/V subV7/V ii7 V7 subii7/III subV7/III
A
Fm7b5 Bb7#5 Eb△ C#m7 B△ Gm7/Bb Bbm7
Loc.n13 Mixo.b9b13 Ionian Dorian Lydian Phr Dor
↓m3 Eb: ii7b5 V+7 I△ ii7/bVI bVI△ iii6 5 ii7/IV
Eb7 Ab7#11 G7b9 C7b9 B7#11 Bb7 A7#11
Mixo. Lydianb7 Mixo.b9b13 Mixo.b9b13 Lydianb7 Mixo. Lydianb7
V7/IV subV7/III V7/VI V7/II subV7/V V7 subV7/IV
Abm7 Db7 Gb△ B△ Fm7 Bb7 Eb6
Dorian Mixo. Ionian Lydian Dorian Mixo. Ionian
ii7/bIII V7/bIII bIII△ bVI△ ii7 V7 I

CONFIRMATION

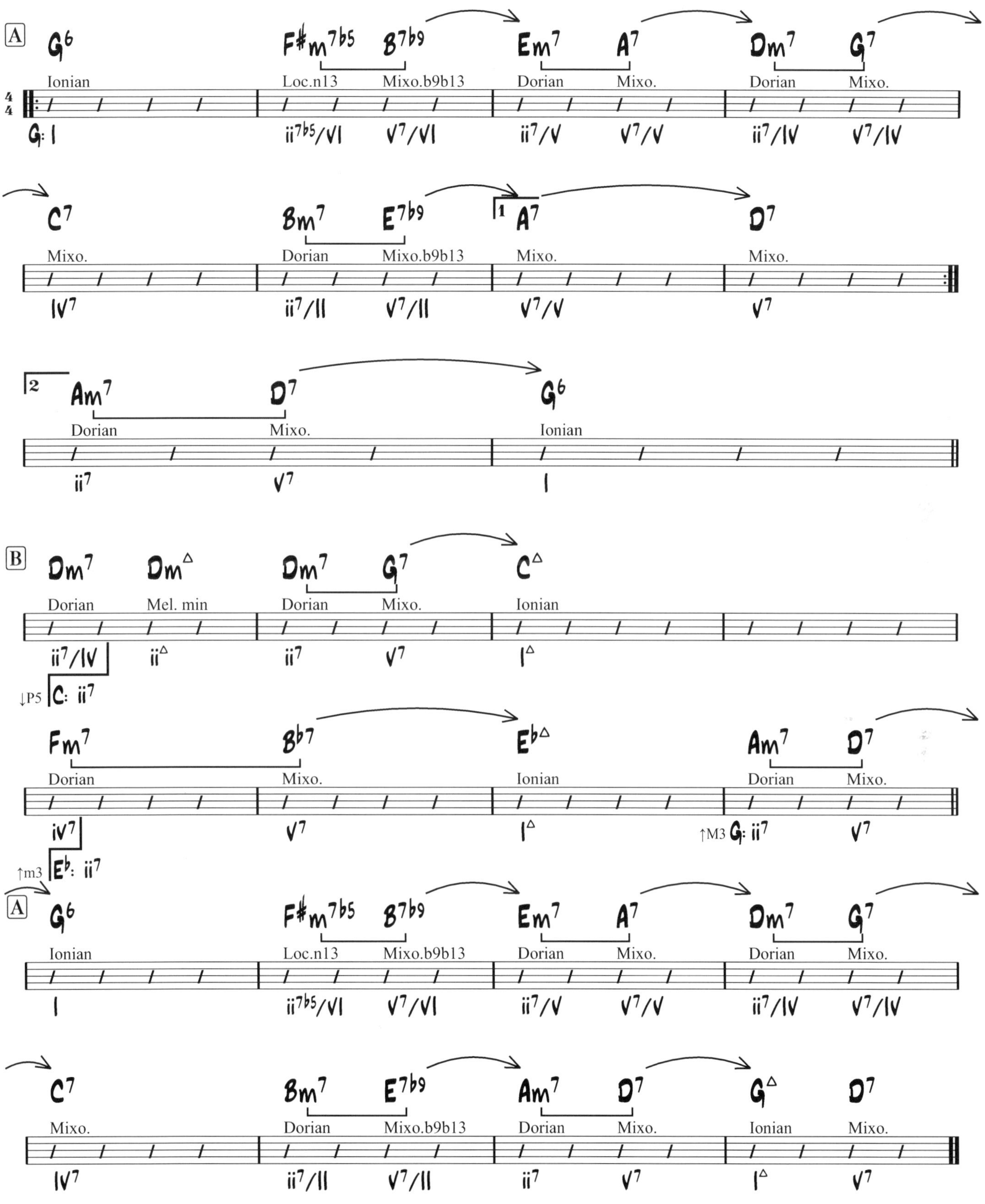

CONTEMPLATION

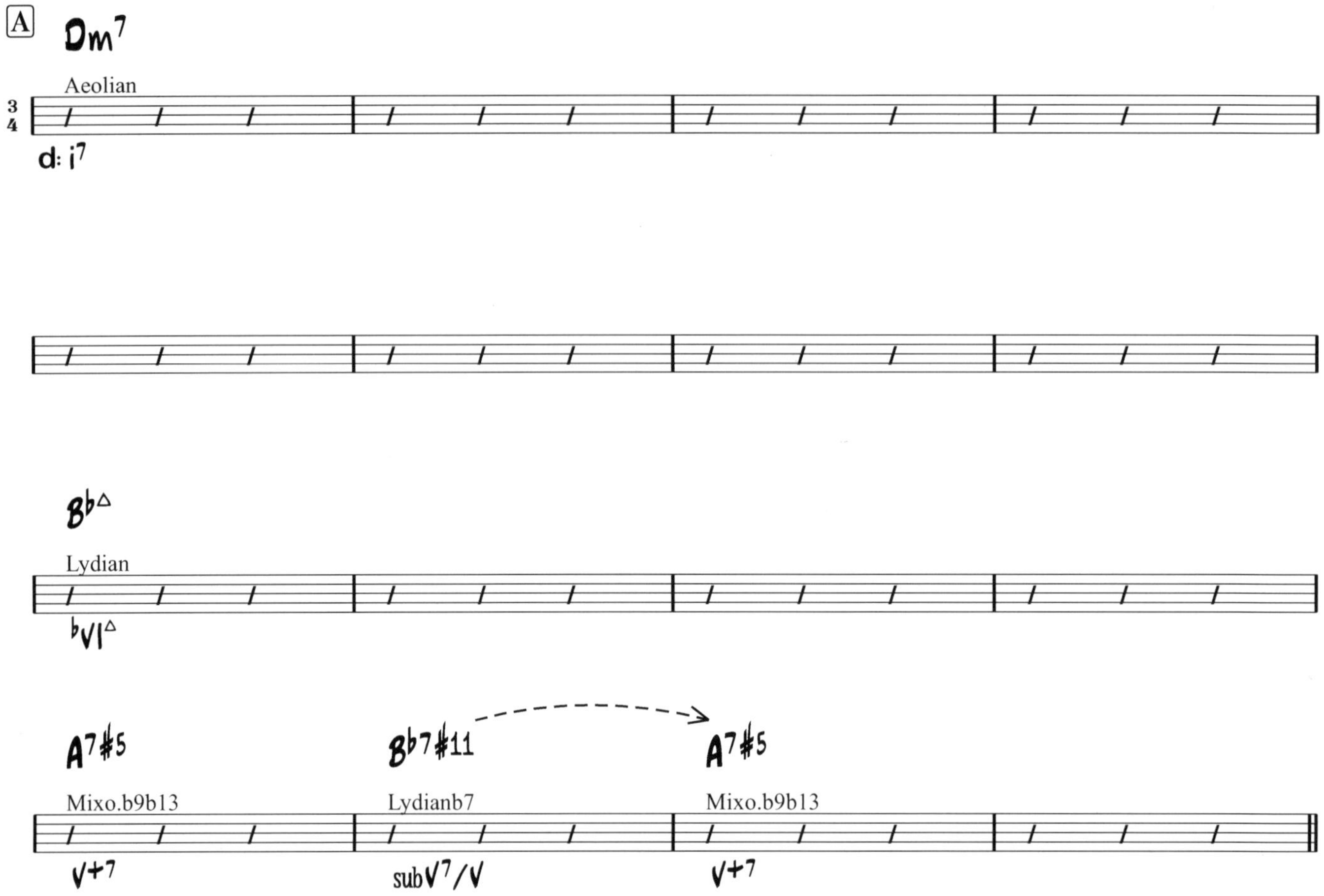
A
Dm7
Aeolian
3
4
d: i7
Bb△
Lydian
bVI△
A7#5
Mixo.b9b13
V+7
Bb7#11
Lydianb7
subV7/V
A7#5
Mixo.b9b13
V+7

CORAL

Dm7 G7 E/C C△
Dorian Mixo. Mixo.b9b13 Ionian
4/4
C: ii7 V7 ppV/VI I△
Bm7b5 E7b9 Am7 D7
Loc.n13 Mixo.b9b13 Dorian Mixo.
ii7b5/VI V7/VI ii7/V V7/V
Db△ Ab△/C Bbm7 Db△/Ab
Lydian Lydian Dorian Lydian
bII△ bVI6 ii7/bVI bII6/4
Ab Bb7#11/Ab Ebm7/Ab Gm7 Em7b5 A7b9
Lyd Lydb7 Dorian Dorian Loc13 Mixb9b13
bVI bVII4/2 ppsubii/V ii7/IV ii7b5/II V7/II

COTTON TAIL

A
C△ Am7 Dm7 G7 Em7 Am7 Dm7 G7
Ionian Aeolian Dorian Mixo. Phrygian Aeolian Dorian Mixo.
4/4
C: I△ vi7 ii7 V7 iii7 vi7 ii7 V7
C7 F6 F#°7 C/G Am7
Mixo. Lydian AltDomo7 Ionian Aeolian
V7/IV IV VII°7/V I6/4 vi7
1 Dm7 G7
Dorian Mixo.
ii7 V7
2 Dm7 G7 C6
Dor Mix Ionian
ii7 V7 I
B
E7 A7
Mixo. Mixo.
V7/VI V7/II
D7 G7
Mixo. Mixo.
V7/V V7
B
C△ Am7 Dm7 G7 Em7 Am7 Dm7 G7
Ionian Aeolian Dorian Mixo. Phrygian Aeolian Dorian Mixo.
I△ vi7 ii7 V7 iii7 vi7 ii7 V7
C7 F6 F#°7 C/G Am7 Dm7 G7 C6
Mixo. Lydian AltDomo7 Ionian Aeolian Dor Mix Ionian
V7/IV IV VII°7/V I6/4 vi7 ii7 V7 I

COULD IT BE YOU

COUNTDOWN

A
F#m7 G7 C△ Eb7 Ab△ B7#5 E△
Dorian Mixo. Ionian Mixo. Ionian Alt. Ionian
C: ii7/III V7 I△ V7/bVI I△ V7/bVI I△
↓M3 Ab: V7
↓M3 E: V+7
Em7 F7 Bb△ Db7 Gb△ A7 D△
Dorian Mixo. Ionian Mixo. Ionian Mixo. Ionian
i7 V7 I△ V7/bVI I△ V7/bVI I△
↕TT Bb: ii7/III
↓M3 Gb: V7
↓M3 D: V7
Dm7 Eb7 Ab△ B7 E△ G7 C△
Dorian Mixo. Ionian Mixo. Ionian Mixo. Ionian
i7 V7 I△ V7/bVI I△ V7/bVI I△
↕TT Ab: ii7/III
↓M3 E: V7
↓M3 C: V7
F#m7 G7 C△ F7#11
al
Dorian Mixo. Ionian Lydianb7
ii7/III V7 I△ subV7/III
F#m7 G7 C△ Eb7 Ab△ G7 C△ B7
Dorian Mixo. Ionian Mixo. Ionian Mixo. Ionian Mixo.
ii7/III V7 I△ V7/bVI I△ V7/III I△ V7/III
↓M3 Ab: V7
↑M3 C: V7
↑M3 E: V7
E△ C△ Ab△
Ionian Ionian Ionian
I△ bVI△ bVI△
↓M3 C: I△
↓M3 Ab: I△
E△ C△ Ab△
Ionian Ionian Ionian
bVI△ bVI△ bVI△
↓M3 E: I△
↓M3 C: I△
↓M3 Ab: I△
E△
Ionian
bVI△
↓M3 E: I△

CRESCENT

A
F#m7b5 B7#5 Em7 Em7b5/A A7#5 Dm7
Loc.n13 Mixo.b9b13 Dorian Loc.n13 Mixo.b9b13 Aeolian
d: ii7b5/II V+7/II ii7 ppii V+7 i7
Gm7 C7#5 Fm7 C7#5 F#m7b5 B7#5 E7sus4
Dorian Mixo.b9b13 Aeolian Mixo.b9b13 Loc.n13 Mixo.b9b13 Hex.IVm:Vo
ii7/bIII V+7 i7 V+7 ↓m3 d: ii7b5/II V+7/II V7sus4/V
↑m3 f: ii7
F#m7b5 B7#5 Em7 Em7b5/A A7#5 Dm7
Loc.n13 Mixo.b9b13 Dorian Loc.n13 Mixo.b9b13 Aeolian
ii7b5/II V+7/II ii7 ppii V+7 i7
Gm7 C7#11 F△ B7b9 E7sus4 A7b9 Dm7
Dorian Lydianb7 Ionian Mixo.b9b13 Hex.IVm:Vo Mixo.b9b13 Aeolian
iv7 bVII7 bIII△ V7/II V7sus4/V V7 i7

DAAHOUD

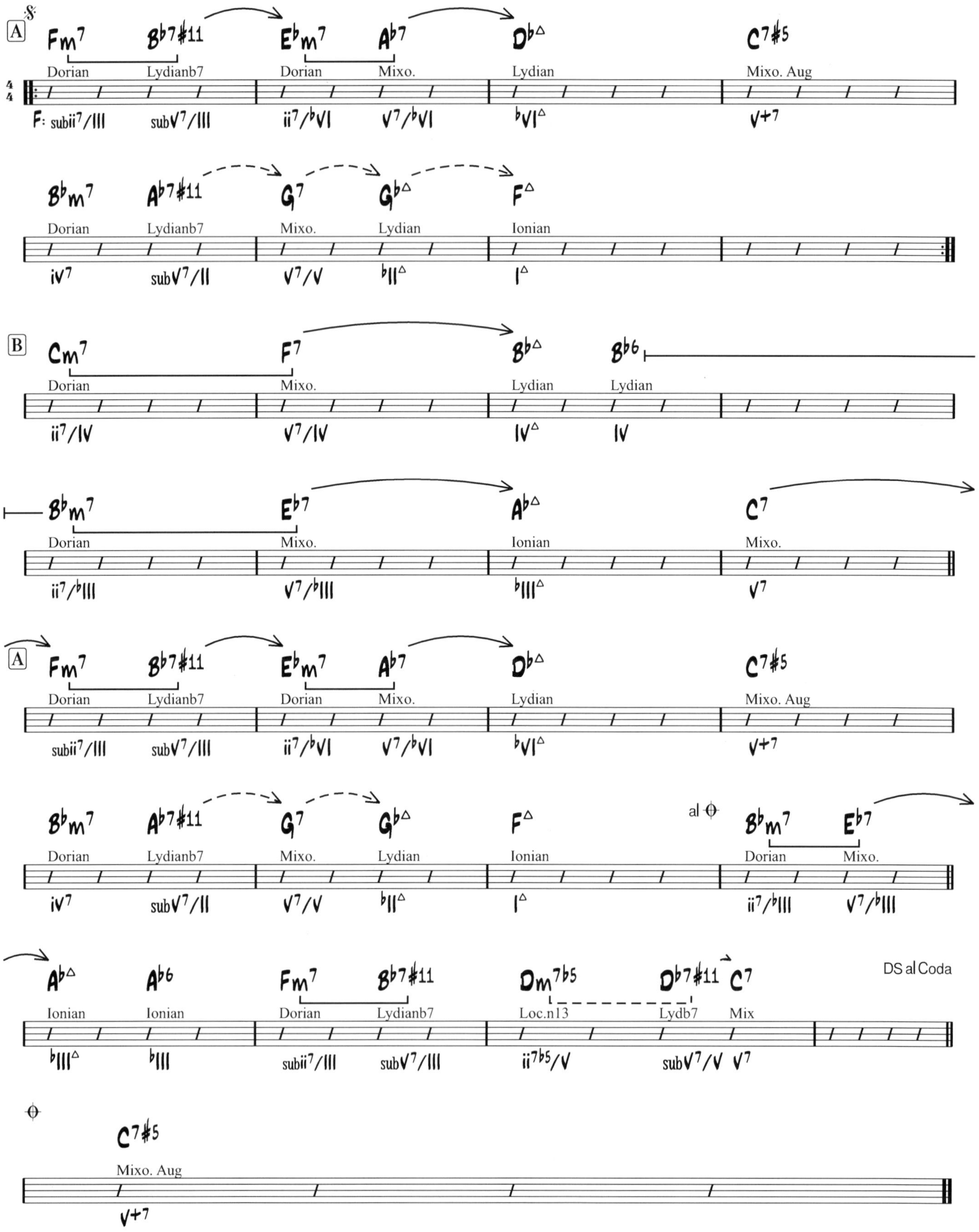
A
Fm7 Bb7#11 Ebm7 Ab7 Db△ C7#5
Dorian Lydianb7 Dorian Mixo. Lydian Mixo. Aug
F: subii7/III subV7/III ii7/bVI V7/bVI bVI△ V+7
Bbm7 Ab7#11 G7 Gb△ F△
Dorian Lydianb7 Mixo. Lydian Ionian
iv7 subV7/II V7/V bII△ I△
B
Cm7 F7 Bb△ Bb6
Dorian Mixo. Lydian Lydian
ii7/IV V7/IV IV△ IV
Bbm7 Eb7 Ab△ C7
Dorian Mixo. Ionian Mixo.
ii7/bIII V7/bIII bIII△ V7
A
Fm7 Bb7#11 Ebm7 Ab7 Db△ C7#5
Dorian Lydianb7 Dorian Mixo. Lydian Mixo. Aug
subii7/III subV7/III ii7/bVI V7/bVI bVI△ V+7
Bbm7 Ab7#11 G7 Gb△ F△ al Φ Bbm7 Eb7
Dorian Lydianb7 Mixo. Lydian Ionian Dorian Mixo.
iv7 subV7/II V7/V bII△ I△ ii7/bIII V7/bIII
Ab△ Ab6 Fm7 Bb7#11 Dm7b5 Db7#11 C7 DS al Coda
Ionian Ionian Dorian Lydianb7 Loc.n13 Lydb7 Mix
bIII△ bIII subii7/III subV7/III ii7b5/V subV7/V V7
Φ
C7#5
Mixo. Aug
V+7

DANCING ON THE CEILING

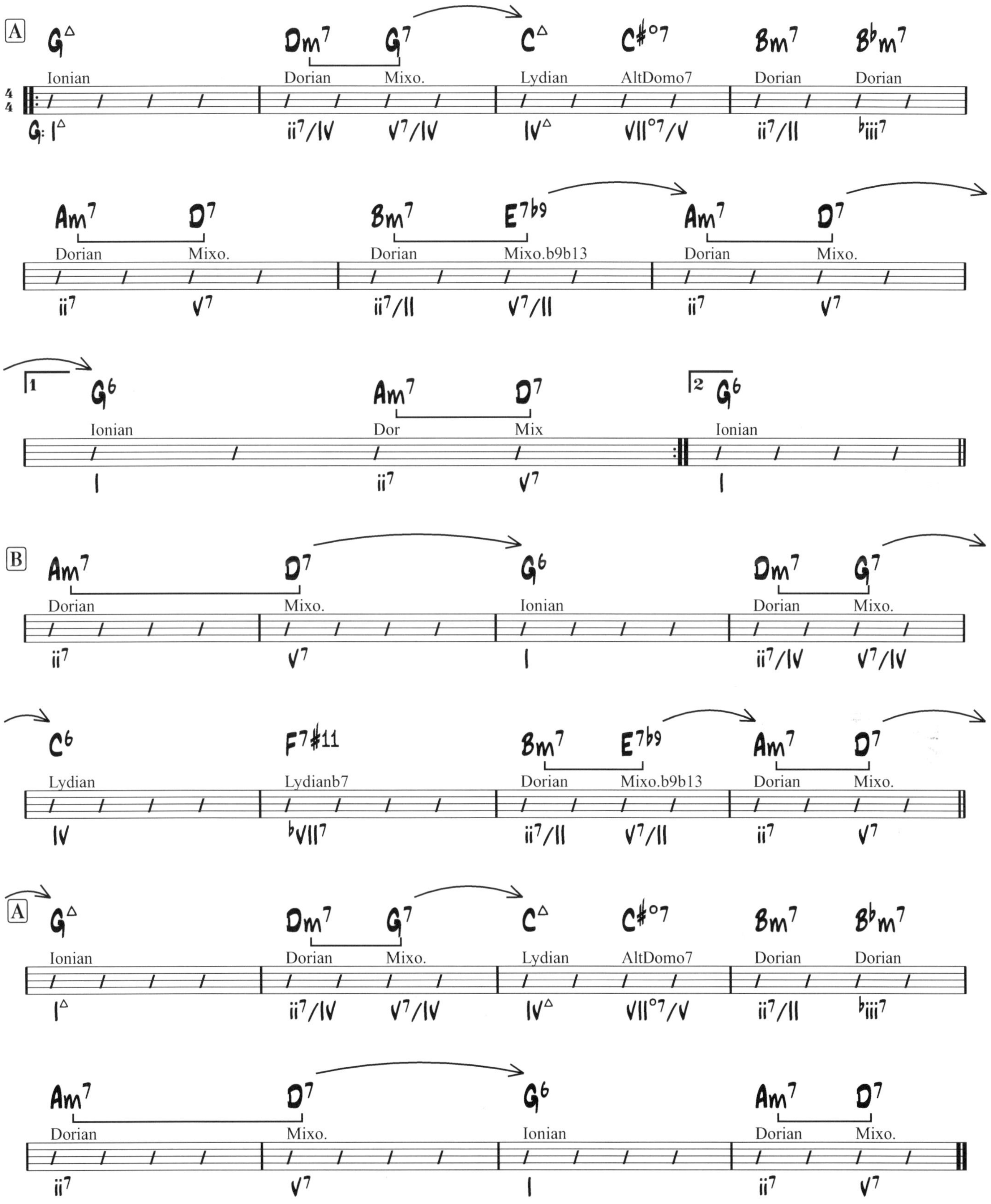
A
G△ Dm7 G7 C△ C#°7 Bm7 B♭m7
Ionian Dorian Mixo. Lydian AltDomo7 Dorian Dorian
4/4
G: I△ ii7/IV V7/IV IV△ VII°7/V ii7/II ♭iii7
Am7 D7 Bm7 E7♭9 Am7 D7
Dorian Mixo. Dorian Mixo.b9b13 Dorian Mixo.
ii7 V7 ii7/II V7/II ii7 V7
1 G6 Am7 D7 2 G6
Ionian Dor Mix Ionian
I ii7 V7 I
B
Am7 D7 G6 Dm7 G7
Dorian Mixo. Ionian Dorian Mixo.
ii7 V7 I ii7/IV V7/IV
C6 F7#11 Bm7 E7♭9 Am7 D7
Lydian Lydianb7 Dorian Mixo.b9b13 Dorian Mixo.
IV ♭VII7 ii7/II V7/II ii7 V7
A
G△ Dm7 G7 C△ C#°7 Bm7 B♭m7
Ionian Dorian Mixo. Lydian AltDomo7 Dorian Dorian
I△ ii7/IV V7/IV IV△ VII°7/V ii7/II ♭iii7
Am7 D7 G6 Am7 D7
Dorian Mixo. Ionian Dorian Mixo.
ii7 V7 I ii7 V7

DARN THAT DREAM

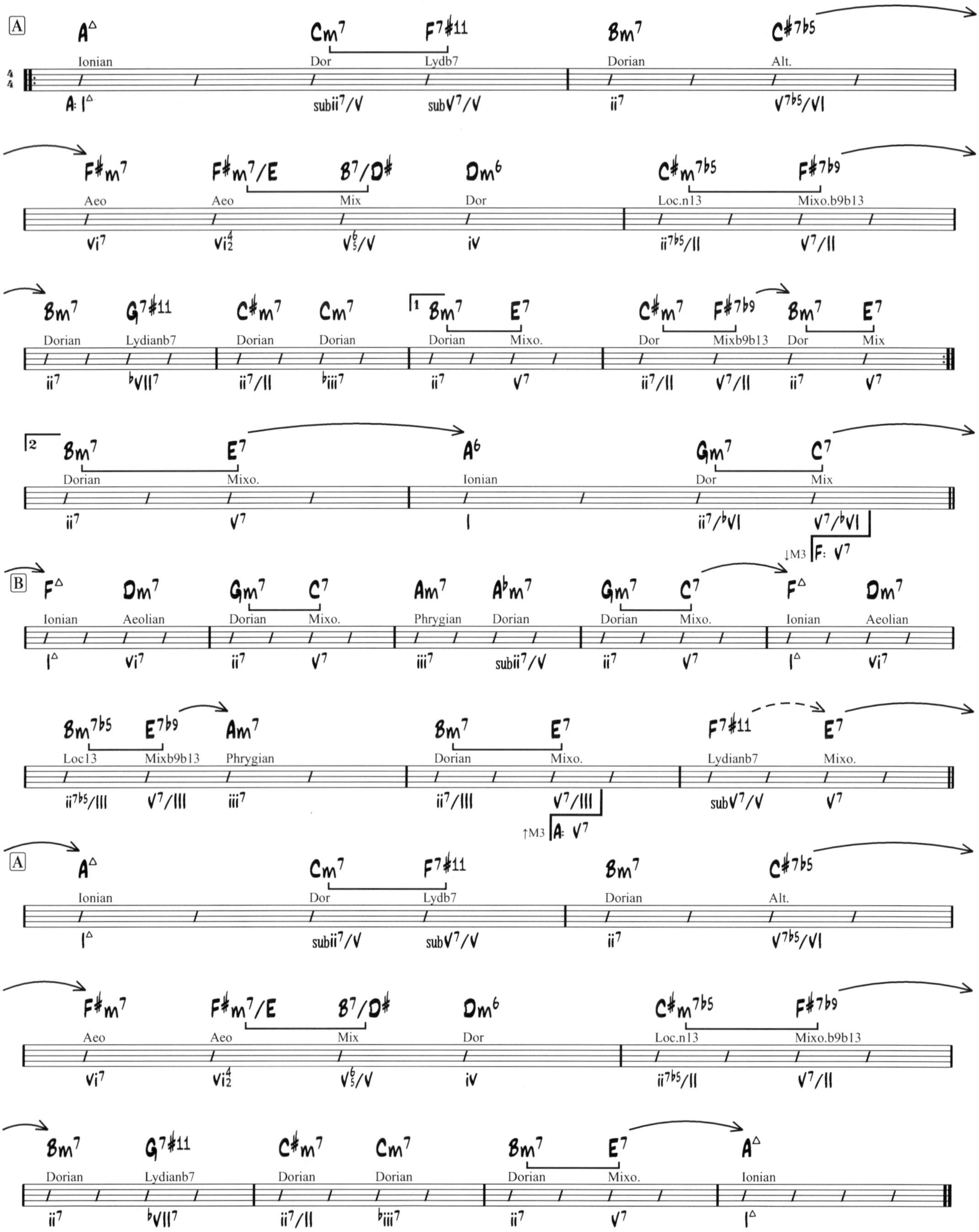

DAYS AND NIGHTS WAITING

A
Dm7 G7 C△ B7
Dorian Mixo. Lydian Mixo.
E: ii7/♭VI V7/♭VI ♭VI△ V7
G#m7 C#m7 F#m7 B7 E△
Phrygian Aeolian Dorian Mixo. Ionian
iii7 vi7 ii7 V7 I△
B
Dm7 G7 Fm7 B♭7#11
Dorian Mixo. Dorian Lydianb7
ii7/♭VI V7/♭VI subii7/IV subV7/IV
Dm7 G7 Em7 A7#11 D#m7 G#7b9
Dorian Mixo. Dorian Lydianb7 Dor.b2 Mixo.b9b13
ii7/♭VI V7/♭VI subii7/III subV7/III ii7/VI V7/VI
A
Dm7 G7 C△ B7
Dorian Mixo. Lydian Mixo.
ii7/♭VI V7/♭VI ♭VI△ V7
G#m7 C#m7 F#m7 B7 E△
Phrygian Aeolian Dorian Mixo. Ionian
iii7 vi7 ii7 V7 I△

DEAR OLD STOCKHOLM

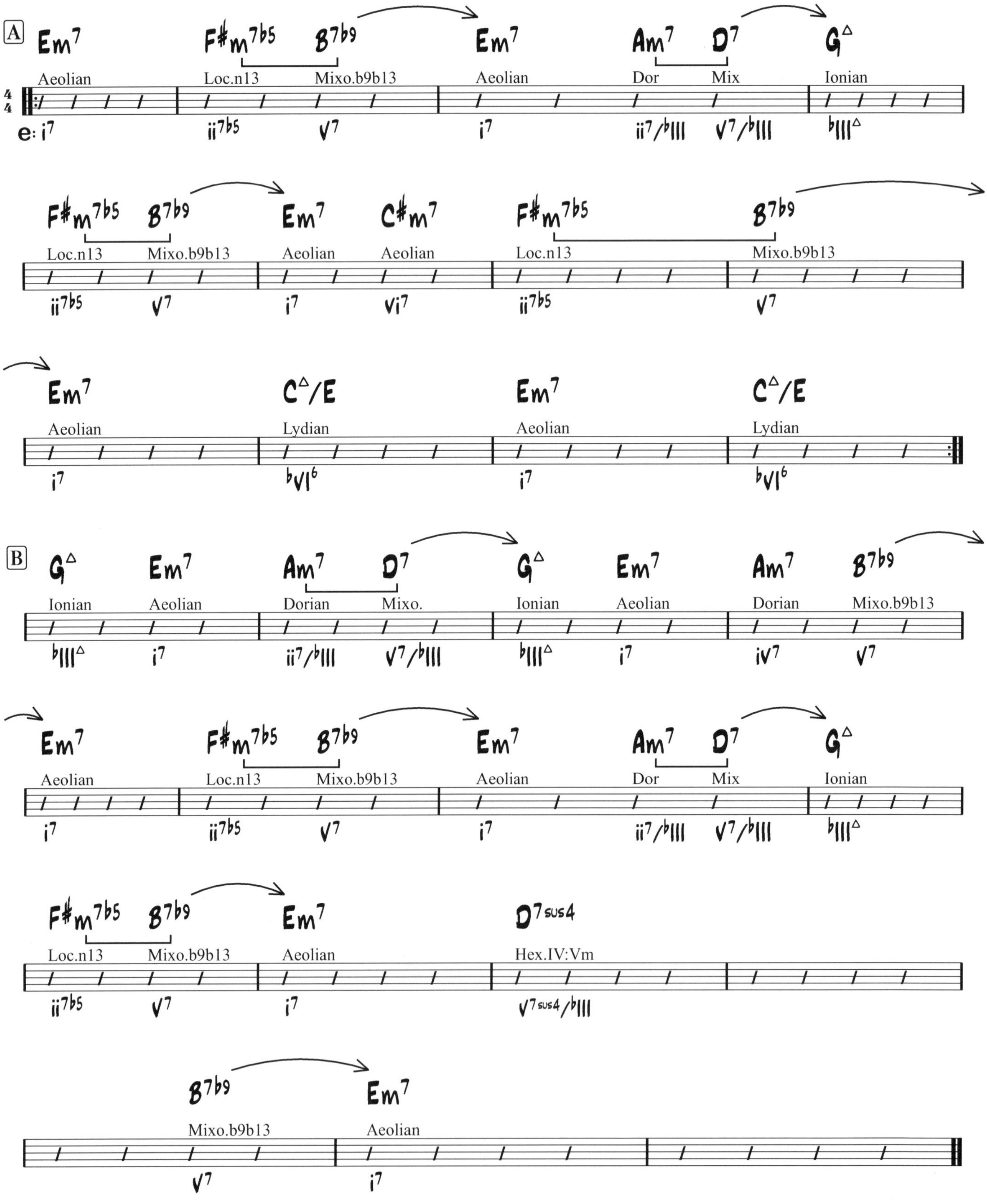

DEARLY BELOVED

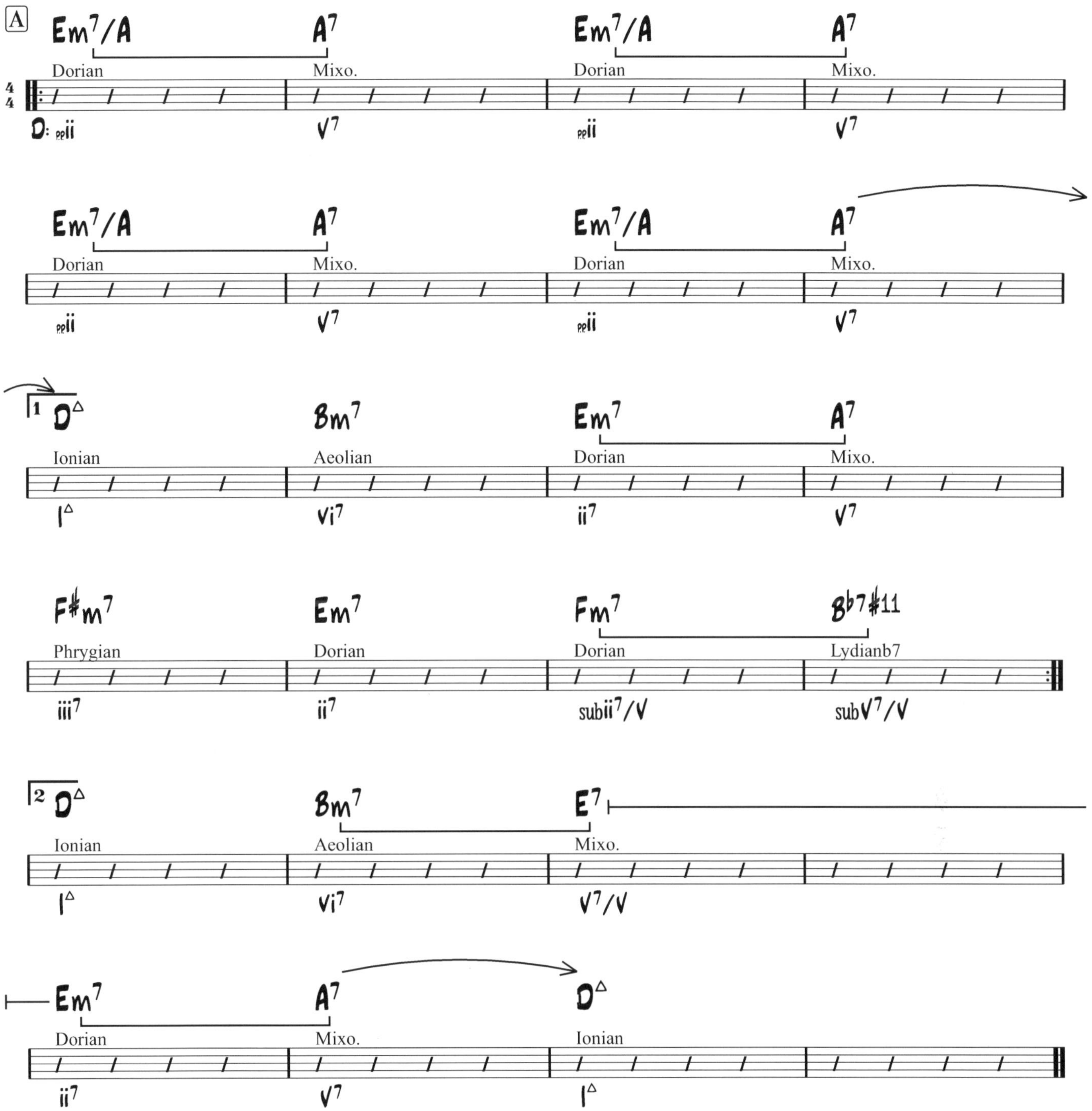
A
Em7/A A7 Em7/A A7
Dorian Mixo. Dorian Mixo.
D: ppii V7 ppii V7
Em7/A A7 Em7/A A7
Dorian Mixo. Dorian Mixo.
ppii V7 ppii V7
1 D△ Bm7 Em7 A7
Ionian Aeolian Dorian Mixo.
I△ vi7 ii7 V7
F#m7 Em7 Fm7 Bb7#11
Phrygian Dorian Dorian Lydianb7
iii7 ii7 subii7/V subV7/V
2 D△ Bm7 E7
Ionian Aeolian Mixo.
I△ vi7 V7/V
Em7 A7 D△
Dorian Mixo. Ionian
ii7 V7 I△

DEDICATED TO YOU

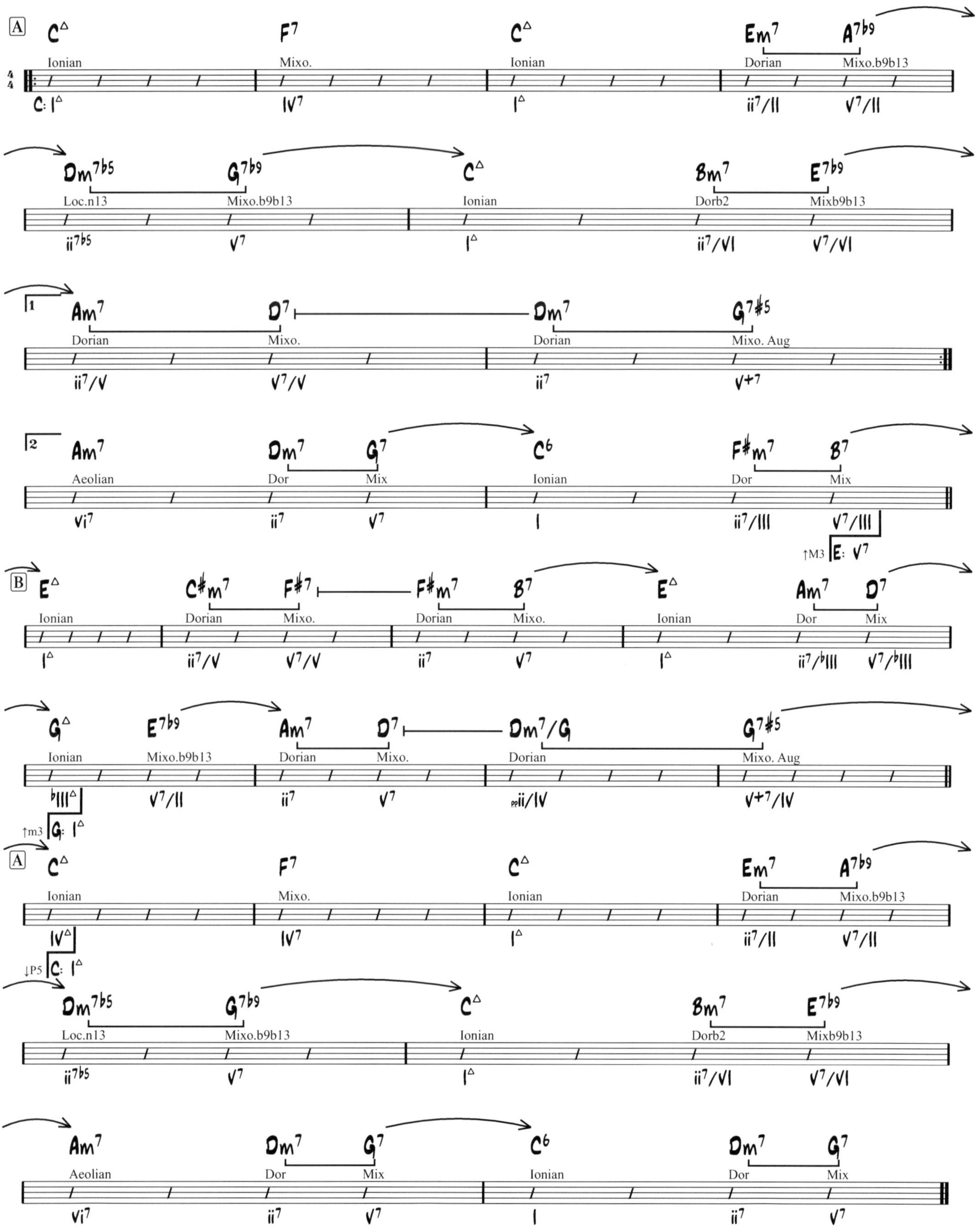
A
C△ F7 C△ Em7 A7b9
Ionian Mixo. Ionian Dorian Mixo.b9b13
C: I△ IV7 I△ ii7/II V7/II
Dm7b5 G7b9 C△ Bm7 E7b9
Loc.n13 Mixo.b9b13 Ionian Dorb2 Mixb9b13
ii7b5 V7 I△ ii7/VI V7/VI
1
Am7 D7 Dm7 G7#5
Dorian Mixo. Dorian Mixo. Aug
ii7/V V7/V ii7 V+7
2
Am7 Dm7 G7 C6 F#m7 B7
Aeolian Dor Mix Ionian Dor Mix
vi7 ii7 V7 I ii7/III V7/III
↑M3 E: V7
B
E△ C#m7 F#7 F#m7 B7 E△ Am7 D7
Ionian Dorian Mixo. Dorian Mixo. Ionian Dor Mix
I△ ii7/V V7/V ii7 V7 I△ ii7/bIII V7/bIII
G△ E7b9 Am7 D7 Dm7/G G7#5
Ionian Mixo.b9b13 Dorian Mixo. Dorian Mixo. Aug
bIII△ V7/II ii7 V7 ppii/IV V+7/IV
↑m3 G: I△
A
C△ F7 C△ Em7 A7b9
Ionian Mixo. Ionian Dorian Mixo.b9b13
IV△ IV7 I△ ii7/II V7/II
↓P5 C: I△
Dm7b5 G7b9 C△ Bm7 E7b9
Loc.n13 Mixo.b9b13 Ionian Dorb2 Mixb9b13
ii7b5 V7 I△ ii7/VI V7/VI
Am7 Dm7 G7 C6 Dm7 G7
Aeolian Dor Mix Ionian Dor Mix
vi7 ii7 V7 I ii7 V7

DESAFINADO

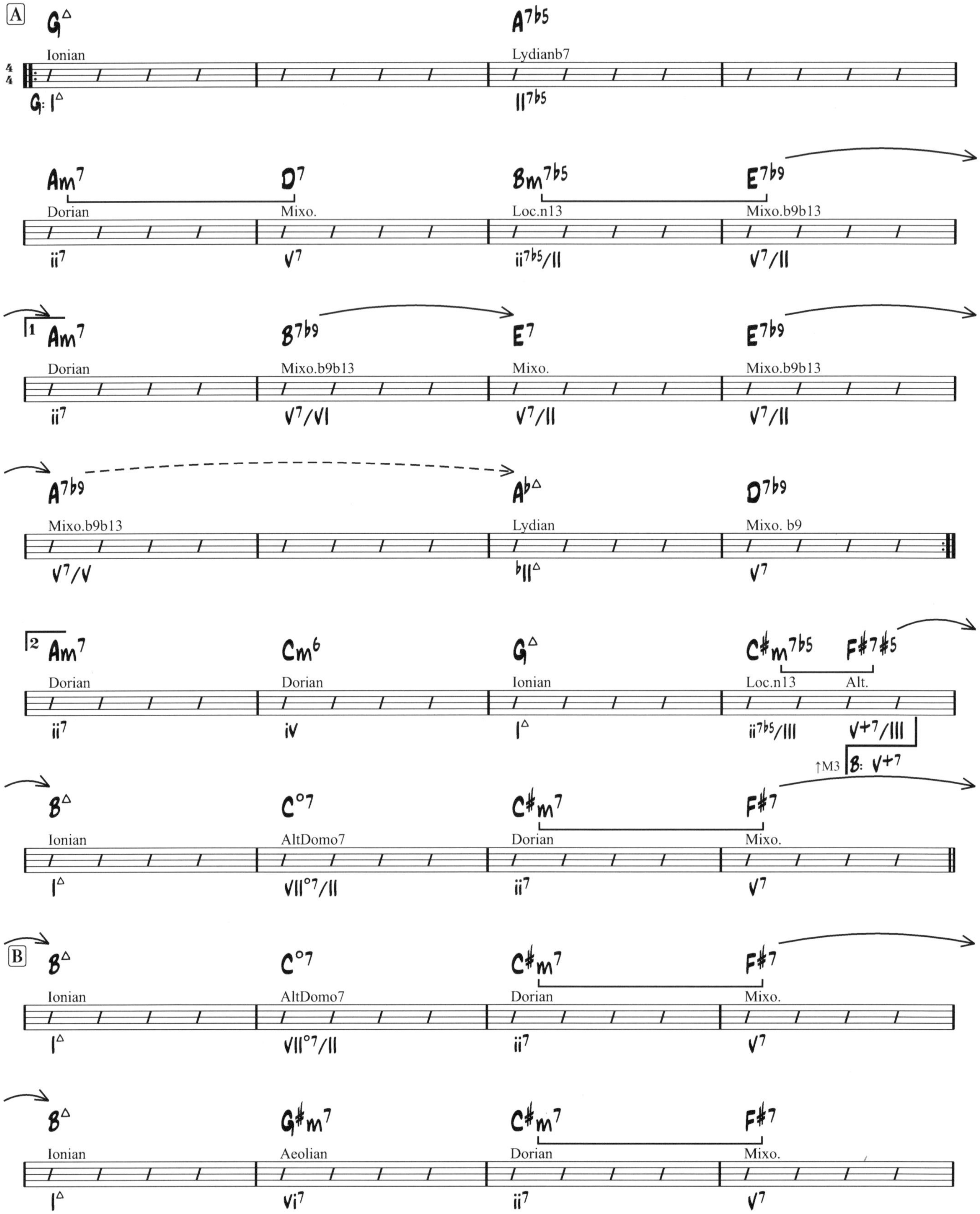
A
G△ A7b5
Ionian Lydianb7
4/4
G: I△ II7b5
Am7 D7 Bm7b5 E7b9
Dorian Mixo. Loc.n13 Mixo.b9b13
ii7 V7 ii7b5/II V7/II
1 Am7 B7b9 E7 E7b9
Dorian Mixo.b9b13 Mixo. Mixo.b9b13
ii7 V7/VI V7/II V7/II
A7b9 Ab△ D7b9
Mixo.b9b13 Lydian Mixo. b9
V7/V bII△ V7
2 Am7 Cm6 G△ C#m7b5 F#7#5
Dorian Dorian Ionian Loc.n13 Alt.
ii7 iV I△ ii7b5/III V+7/III
↑M3 B: V+7
B△ C°7 C#m7 F#7
Ionian AltDomo7 Dorian Mixo.
I△ VII°7/II ii7 V7
B
B△ C°7 C#m7 F#7
Ionian AltDomo7 Dorian Mixo.
I△ VII°7/II ii7 V7
B△ G#m7 C#m7 F#7
Ionian Aeolian Dorian Mixo.
I△ Vi7 ii7 V7

DESAFINADO - Page 2

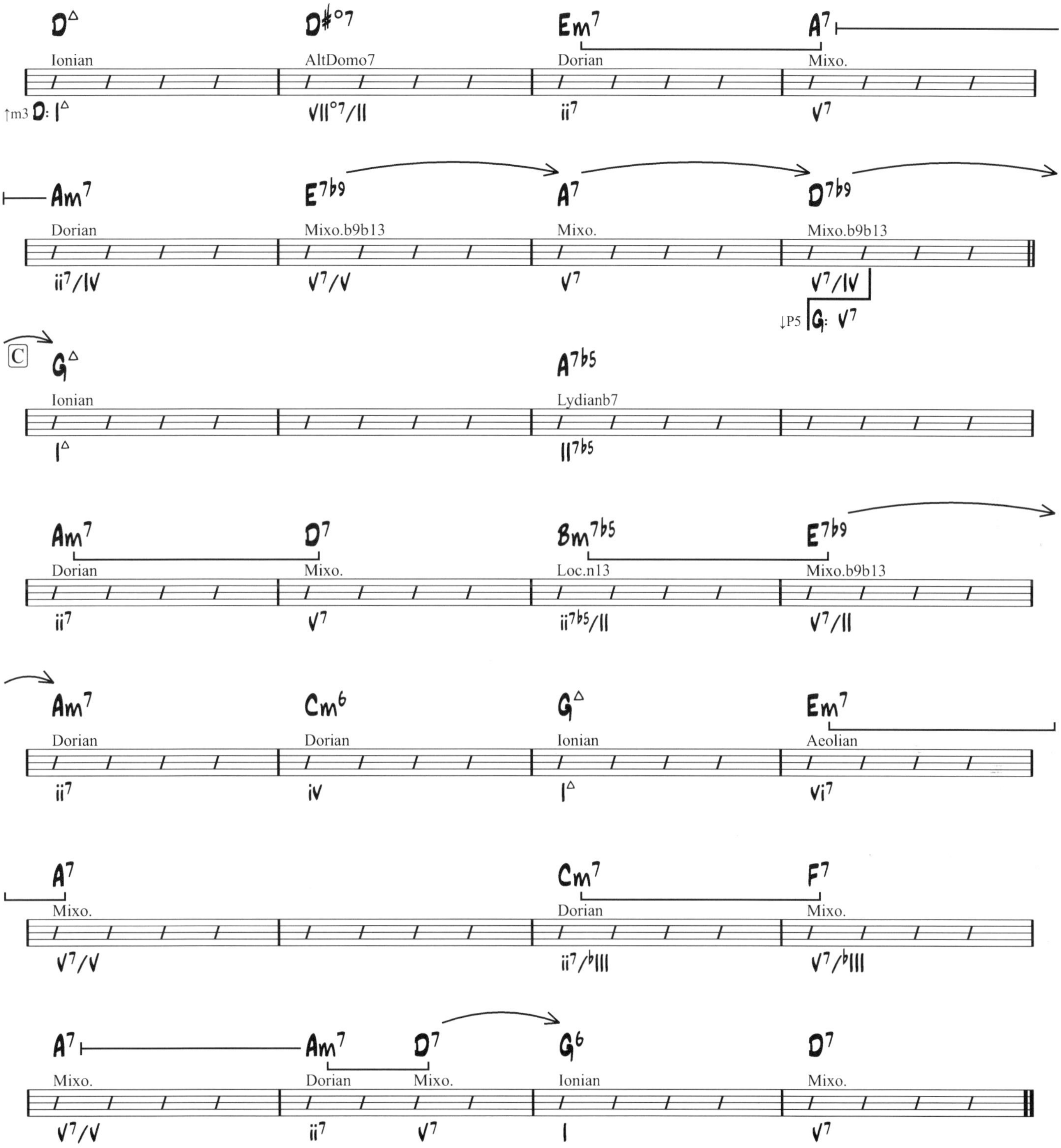

DETOUR AHEAD

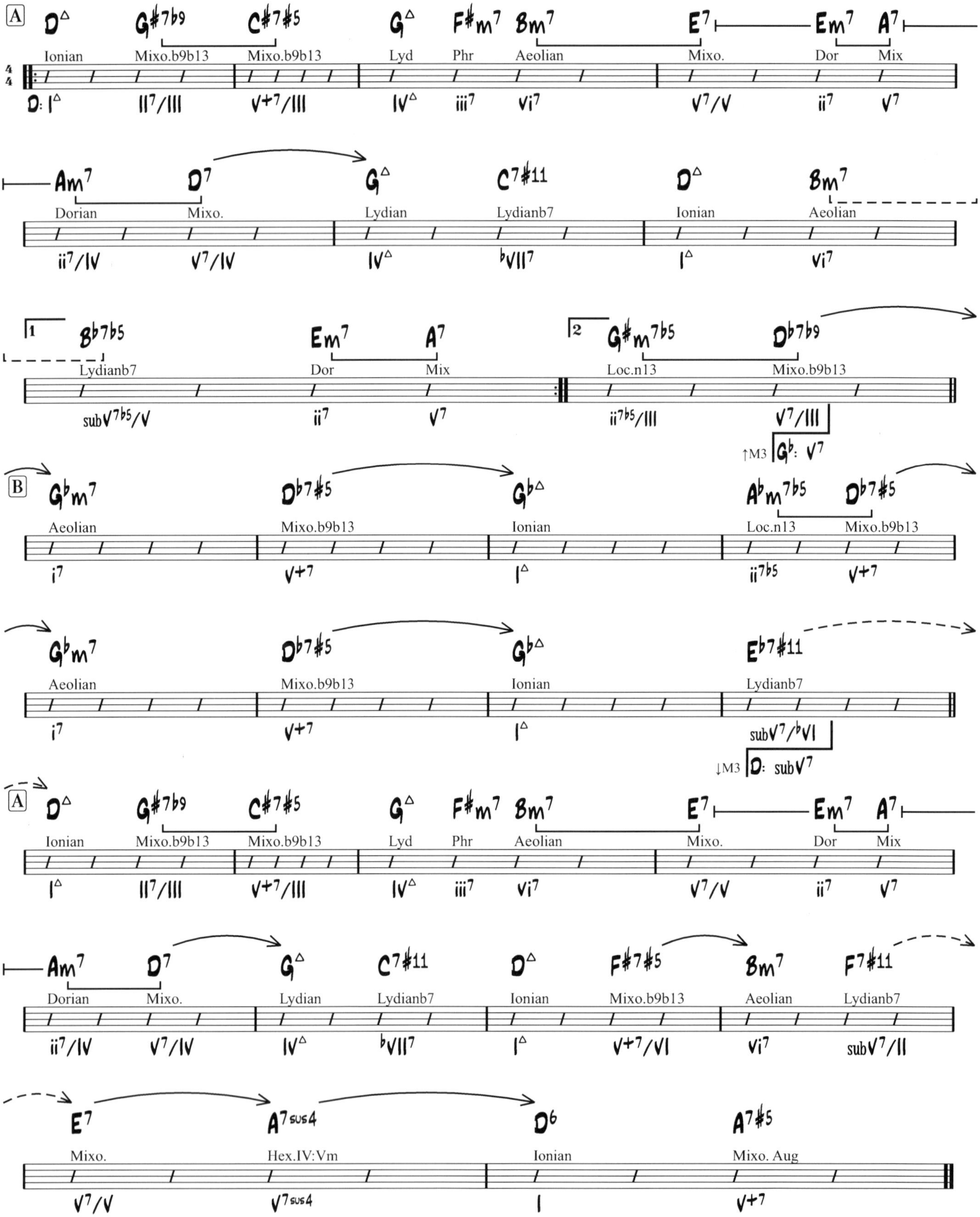

DEXTERITY

A
C△ | Dm7 G7b9 | C△ A7b9 | Dm7 G7
Ionian | Dorian Mixo.b9b13 | Ionian Mixo.b9b13 | Dorian Mixo.
C: I△ | ii7 V7 | I△ V7/II | ii7 V7
C C7 | F△ Bb7#11 | 1 Em7 Eb7#11 | Dm7 G7
Ionian Mixo. | Lydian Lydianb7 | Dorian Lydianb7 | Dorian Mixo.
I V7/IV | IV△ bVII7 | ii7/II subV7/II | ii7 V7
2 Dm7 G7 | C
Dorian Mixo. | Ionian
ii7 V7 | I
B
Bm7 E7 | Bm7 E7 | Em7 A7 | Em7 A7
Dorian Mixo. | Dorian Mixo. | Dorian Mixo. | Dorian Mixo.
ii7/VI V7/VI | ii7/VI V7/VI | ii7/II V7/II | ii7/II V7/II
Am7 | D7 | Dm7 | G7
Dorian | Mixo. | Dorian | Mixo.
ii7/V | V7/V | ii7 | V7
A
C | Dm7 G7b9 | C A7 | D7 G7
Ionian | Dorian Mixo.b9b13 | Ionian Mixo. | Mixo. Mixo.
I | ii7 V7 | I V7/II | V7/V V7
C C7 | F△ Bb7#11 | Dm7 G7 | C
Ionian Mixo. | Lydian Lydianb7 | Dorian Mixo. | Ionian
I V7/IV | IV△ bVII7 | ii7 V7 | I

DIZZY ATMOSPHERE

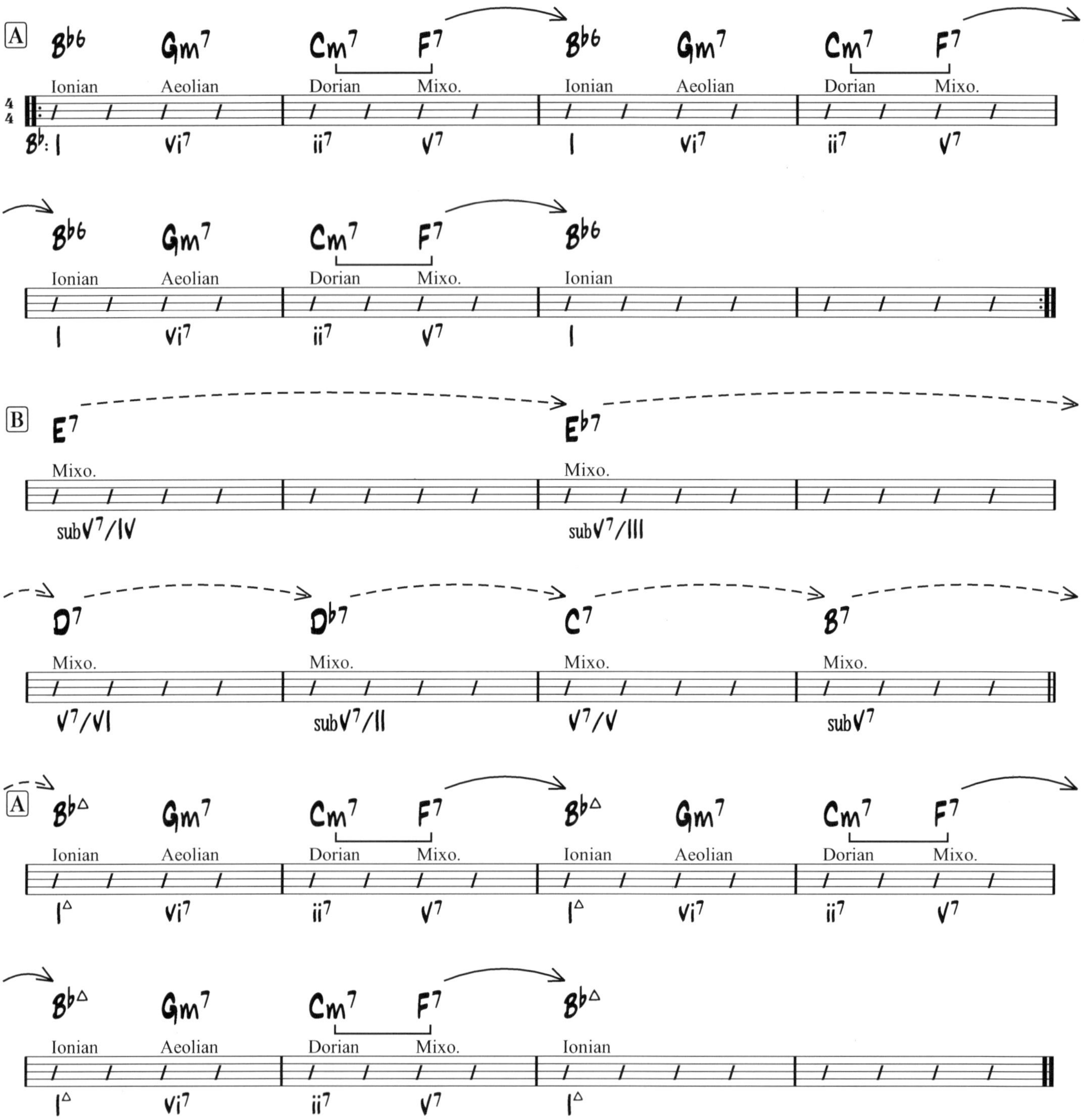
A
B♭6 Gm7 Cm7 F7 B♭6 Gm7 Cm7 F7
Ionian Aeolian Dorian Mixo. Ionian Aeolian Dorian Mixo.
B♭: I vi7 ii7 V7 I vi7 ii7 V7
B♭6 Gm7 Cm7 F7 B♭6
Ionian Aeolian Dorian Mixo. Ionian
I vi7 ii7 V7 I
B
E7 E♭7
Mixo. Mixo.
subV7/IV subV7/III
D7 D♭7 C7 B7
Mixo. Mixo. Mixo. Mixo.
V7/VI subV7/II V7/V subV7
A
B♭△ Gm7 Cm7 F7 B♭△ Gm7 Cm7 F7
Ionian Aeolian Dorian Mixo. Ionian Aeolian Dorian Mixo.
I△ vi7 ii7 V7 I△ vi7 ii7 V7
B♭△ Gm7 Cm7 F7 B♭△
Ionian Aeolian Dorian Mixo. Ionian
I△ vi7 ii7 V7 I△

DJANGO (MELODY)

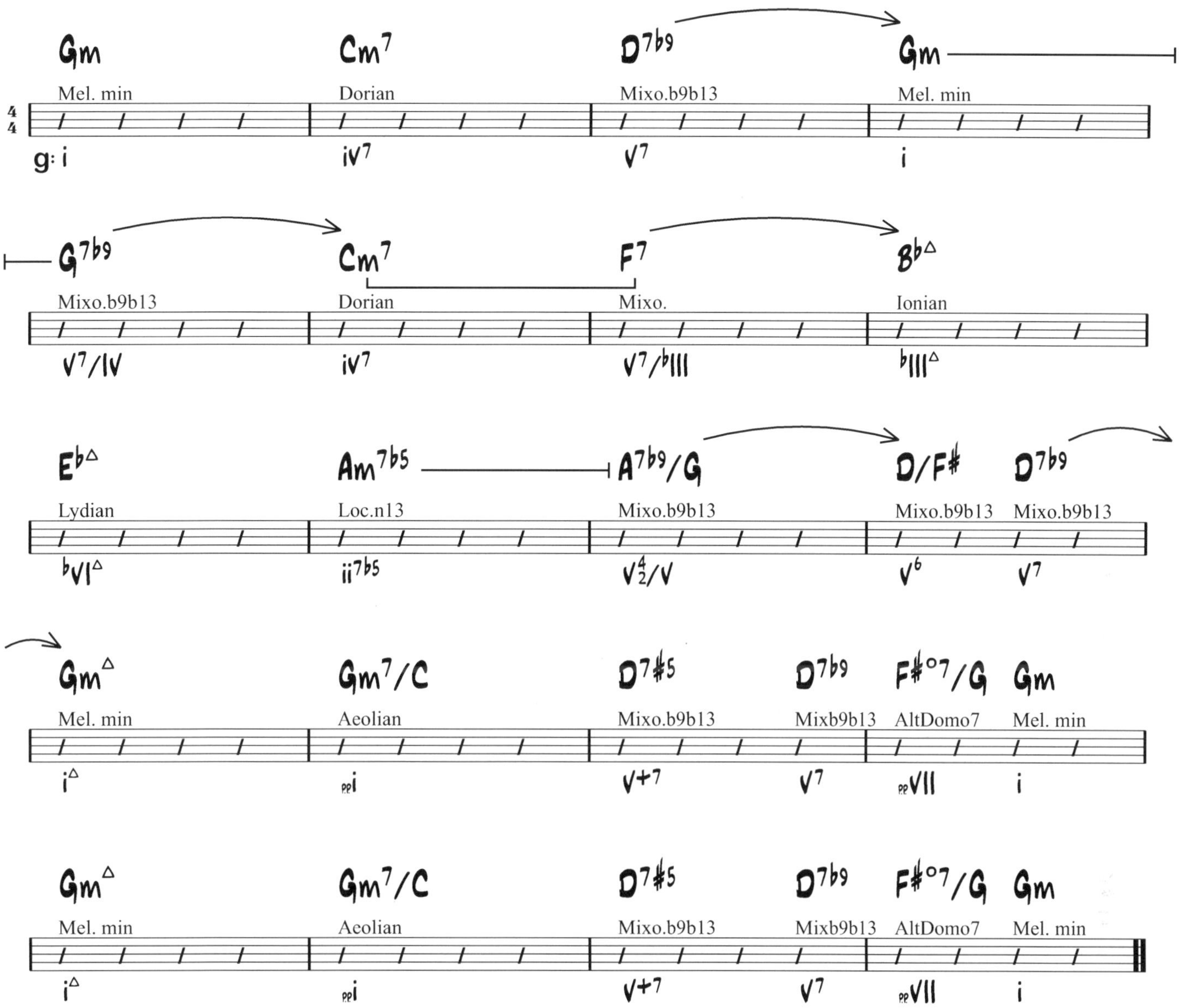

DJANGO (SOLOS)

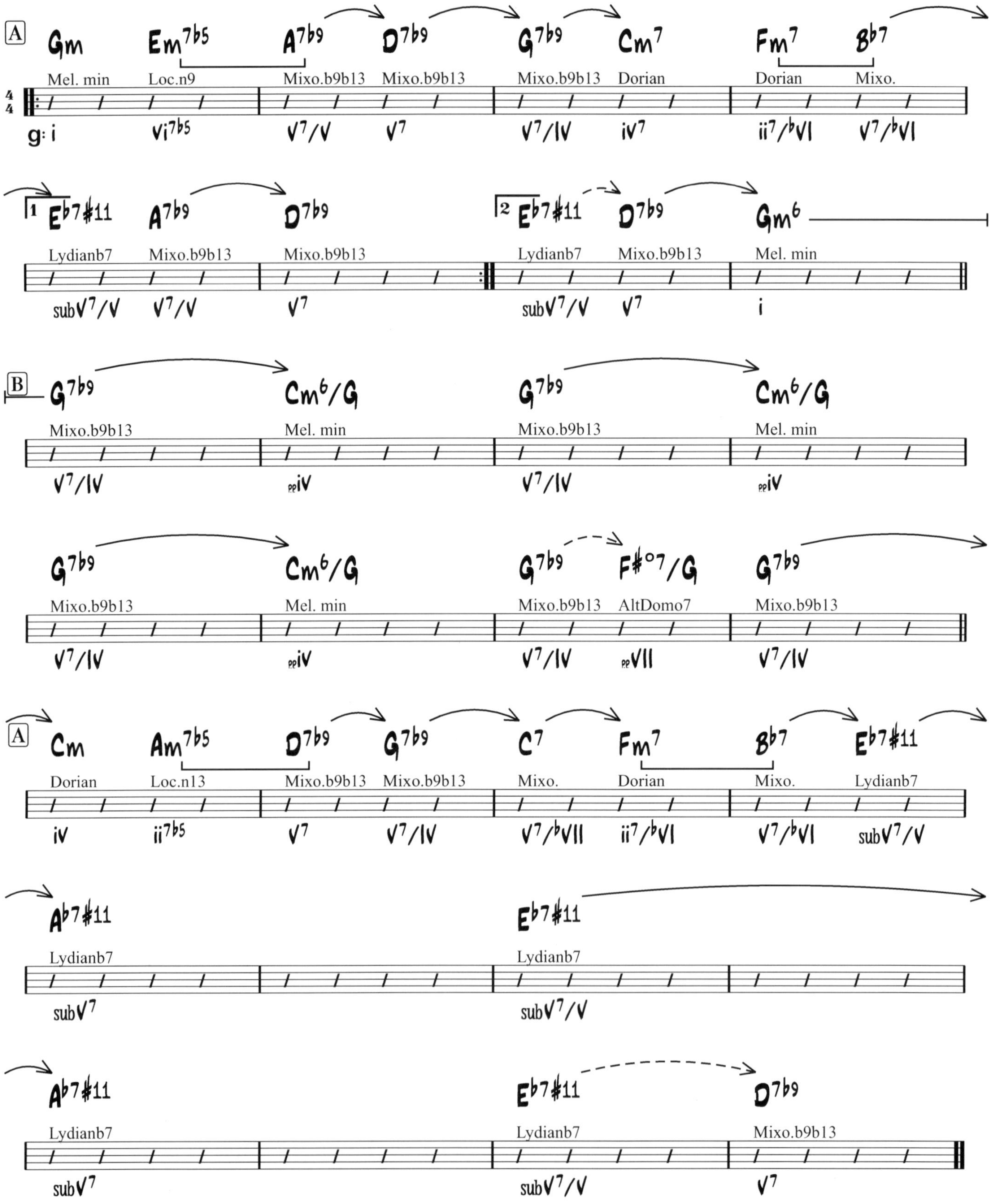

DONNA LEE

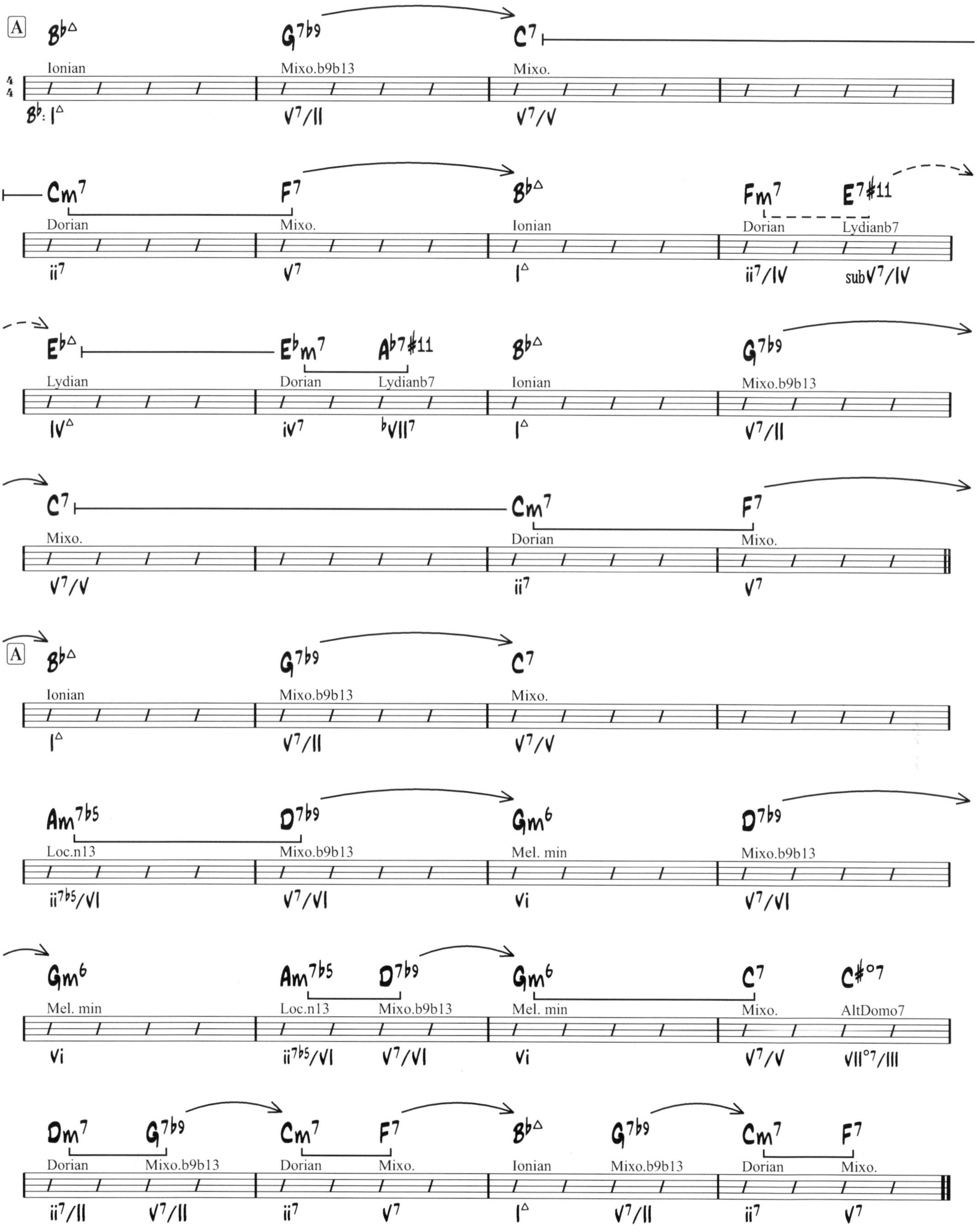
A
Bb△ G7b9 C7
Ionian Mixo.b9b13 Mixo.
4/4
Bb: I△ V7/II V7/V
Cm7 F7 Bb△ Fm7 E7#11
Dorian Mixo. Ionian Dorian Lydianb7
ii7 V7 I△ ii7/IV subV7/IV
Eb△ Ebm7 Ab7#11 Bb△ G7b9
Lydian Dorian Lydianb7 Ionian Mixo.b9b13
IV△ iv7 bVII7 I△ V7/II
C7 Cm7 F7
Mixo. Dorian Mixo.
V7/V ii7 V7
A
Bb△ G7b9 C7
Ionian Mixo.b9b13 Mixo.
I△ V7/II V7/V
Am7b5 D7b9 Gm6 D7b9
Loc.n13 Mixo.b9b13 Mel. min Mixo.b9b13
ii7b5/VI V7/VI vi V7/VI
Gm6 Am7b5 D7b9 Gm6 C7 C#°7
Mel. min Loc.n13 Mixo.b9b13 Mel. min Mixo. AltDomo7
vi ii7b5/VI V7/VI vi V7/V vII°7/III
Dm7 G7b9 Cm7 F7 Bb△ G7b9 Cm7 F7
Dorian Mixo.b9b13 Dorian Mixo. Ionian Mixo.b9b13 Dorian Mixo.
ii7/II V7/II ii7 V7 I△ V7/II ii7 V7

DON'T BLAME ME

A
D△ F#m7b5 B7#5 B7b9 Em7b5 A7 D△ Bm7
Ionian Loc.n13 Mixo.b9b13 Mixo.b9b13 Loc.n13 Mixo. Ionian Aeolian
4/4
D: I△ ii7b5/II V+7/II V7/II ii7b5 V7 I△ vi7
Em7b5 A7 F#m7b5 B7b9 1 Em7 A7#5 D△ Em7 A7
Loc.n13 Mixo. Loc.n13 Mixo.b9b13 Dorian Mixo. Aug Ionian Dor Mix
ii7b5 V7 ii7b5/II V7/II ii7 V+7 I△ ii7 V7
2 Em7 A7 D6 Am7 D7
Dorian Mixo. Ionian Dor Mix
ii7 V7 I ii7/IV V7/IV
B
G6 F#7b9 Bm7
Lydian Mixo.b9b13 Aeolian
IV V7/VI vi7
E7 Em7 Bb7#11 A7
Mixo. Dorian Lydianb7 Mixo.
V7/V ii7 subV7/V V7
A
D△ F#m7b5 B7#5 B7b9 Em7b5 A7 D△ Bm7
Ionian Loc.n13 Mixo.b9b13 Mixo.b9b13 Loc.n13 Mixo. Ionian Aeolian
I△ ii7b5/II V+7/II V7/II ii7b5 V7 I△ vi7
Em7b5 A7 F#m7b5 B7b9 Em7 A7 D6
Loc.n13 Mixo. Loc.n13 Mixo.b9b13 Dorian Mixo. Ionian
ii7b5 V7 ii7b5/II V7/II ii7 V7 I

DON'T GET AROUND MUCH ANYMORE

A
D△ Em7 F°7 D/F# D7 C#7 C7 B7
Ionian Dor ADo7 Ionian Mixo. Mix Mix Mixo.
D: I△ ii7 VII°7/III I6 V7/IV V7/III subV7/VI V7/II
E7 A7 1 D6 A7
Mixo. Mixo. Ionian Mixo.
V7/V V7 I V7
2 D6 Am7 D7
Ionian Dorian Mixo.
I ii7/IV V7/IV
B
G6 G#°7 D△ D7
Lydian AltDomo7 Ionian Mixo.
IV VII°7/V I△ V7/IV
G6 G#m7b5 C#7b9 F#m7 F°7 Em7
Lydian Loc.n13 Mixo.b9b13 Phrygian Dim. Dorian
IV ii7b5/III V7/III iii7 bIII°7 ii7
A
D△ Em7 F°7 D/F# D7 C#7 C7 B7
Ionian Dor ADo7 Ionian Mixo. Mix Mix Mixo.
I△ ii7 VII°7/III I6 V7/IV V7/III subV7/VI V7/II
E7 A7 D6 F7#11 Em7 A7
Mixo. Mixo. Ionian Lydianb7 Dorian Mixo.
V7/V V7 I subV7/II ii7 V7

DREAM A LITTLE DREAM OF ME

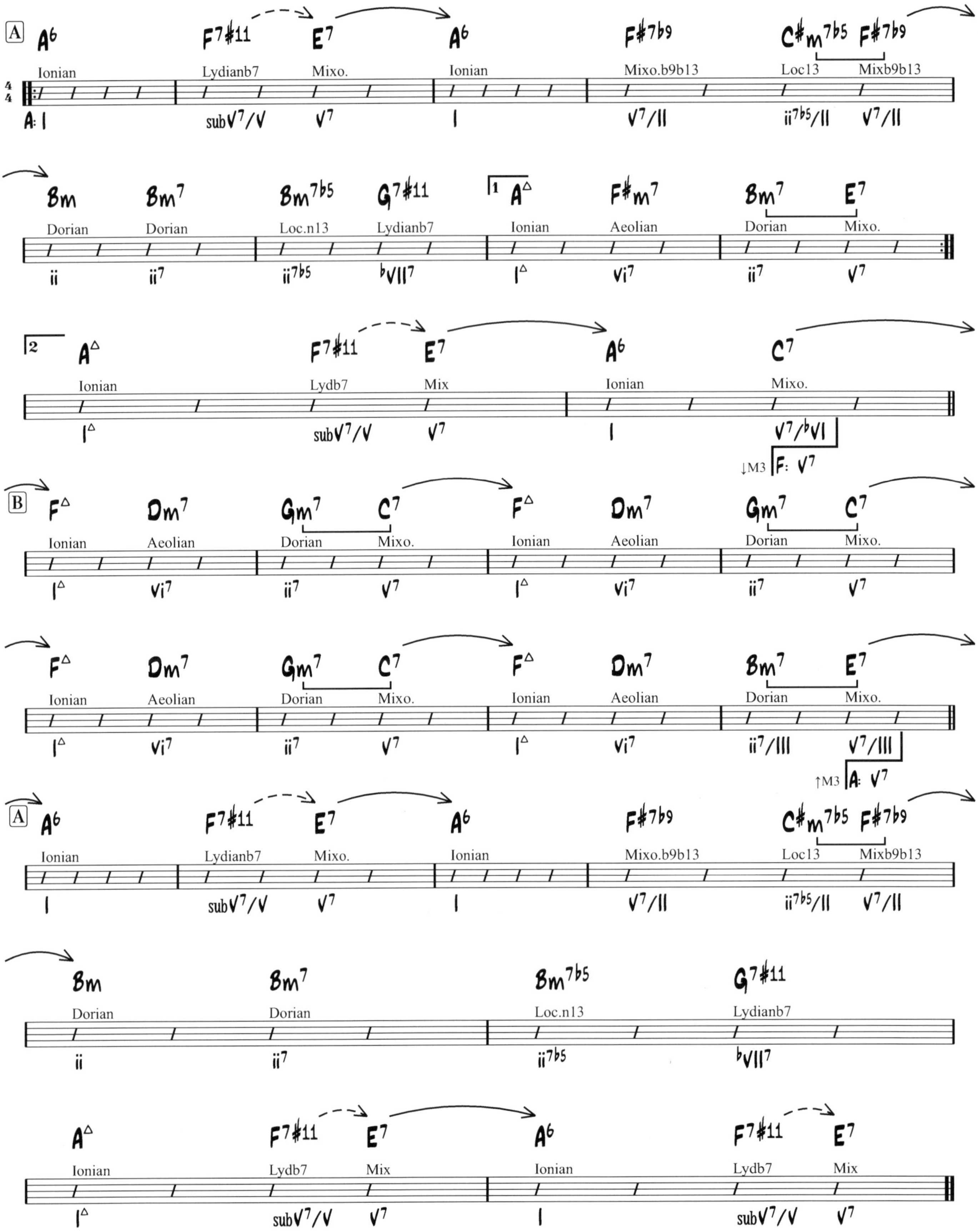

DREAMSVILLE

D△ Am7/D D△ Am7 Ab7#11
Ionian Dorian Ionian Dorian Lydb7
D: I△ ppii/IV I△ ii7/IV subV7/IV
G7sus4 G7 Em7 Fm7 1 F#m7 B7 Em7 A7
Hex.IV:Vm Mixo. Dorian Dorian Dor.b2 Mixo. b13 Dorian Mixo.
V7sus4/bVII V7/bVII ii7 vii7/III ii7/II V7/II ii7 V7
2 Em7 Eb7#11 D△
Dorian Lydb7 Ionian
ii7 subV7 I△
G#m7b5 C#7#5 F#m7 B7 G#m7 C#m7 Dm7 G7#11
Loc.n13 Mixo.b9b13 Dorian Mixo. Phrygian Aeolian Dorian Lydianb7
ii7b5/III V+7/III ii7/II V7 iii7 vi7 subii7/II subV7/II
↑W E: ii7
Bbm7b5 D#7b9 G#m7b5 C#7 F#m7b5 B7b9 Em7 A7
Loc.n13 Mixo.b9b13 Loc.n13 Mixo. b13 Loc.n13 Mixo.b9b13 Dorian Mixo.
ii7b5/III V7/III ii7b5/II V7/II ii7b5 V7 ii7 V7
↓W D: V7/II
D△ D7sus4 D△ Am7 Ab7#11
Ionian Hex.IV:Vm Ionian Dorian Lydb7
I△ V7sus4/IV I△ ii7/IV subV7/IV
G7sus4 G7 Em7 Fm7 Em7 Eb7#11 D△
Hex.IV:Vm Mixo. Dorian Dorian Dorian Lydb7 Ionian
V7sus4/bVII V7/bVII ii7 biii7 ii7 subV7 I△

EASTER PARADE

EASY LIVING

A
G△ G#°7 Am7 Bb°7 G△/B Dm7 G7 C△ F7#11
Ionian AltDomo7 Dorian AltDomo7 Ionian Dor Mix Lydian Lydianb7
G: I△ VII°7/II ii7 VII°7/III I6 ii7/IV V7/IV IV△ bVII7
G△ Em7 1 Am7 D7 B7b9 E7b9 Am7 D7
Ionian Aeolian Dorian Mixo. Mixo.b9b13 Mixo.b9b13 Dorian Mixo.
I△ vi7 ii7 V7 V7/VI V7/II ii7 V7
2 Am7 D7 G6 C7#11 Fm7 Bb7
Dorian Mixo. Ionian Lydianb7 Dorian Mixo.
ii7 V7 I subV7/III ii7/bVI V7/bVI
B
Eb△ Cm7 Fm7 Bb7 Gm7 C7b9 Fm7 Bb7
Ionian Aeolian Dorian Mixo. Dor.b2 Mixo.b9b13 Dorian Mixo.
bVI△ vi7 ii7 V7 ii7/II V7/II ii7 V7
↓M3 Eb: I△
Eb△ Eb△/D Cm7 Cm7/Bb Am7 D7 D7#5
Ionian Ionian Aeolian Aeolian Dorian Mixo. Mixo. Aug
I△ I4/2 vi7 vi4/2 ii7/III V7 V+7
↑M3 G: ii7
A
G△ G#°7 Am7 Bb°7 G△/B Dm7 G7 C△ F7#11
Ionian AltDomo7 Dorian AltDomo7 Ionian Dor Mix Lydian Lydianb7
I△ VII°7/II ii7 VII°7/III I6 ii7/IV V7/IV IV△ bVII7
G△ Em7 Am7 D7 G6 Bb7 Eb△ D7
Ionian Aeolian Dorian Mixo. Ionian Mixo. Lydian Mixo.
I△ vi7 ii7 V7 I V7/bVI bVI△ V7

EASY TO LOVE

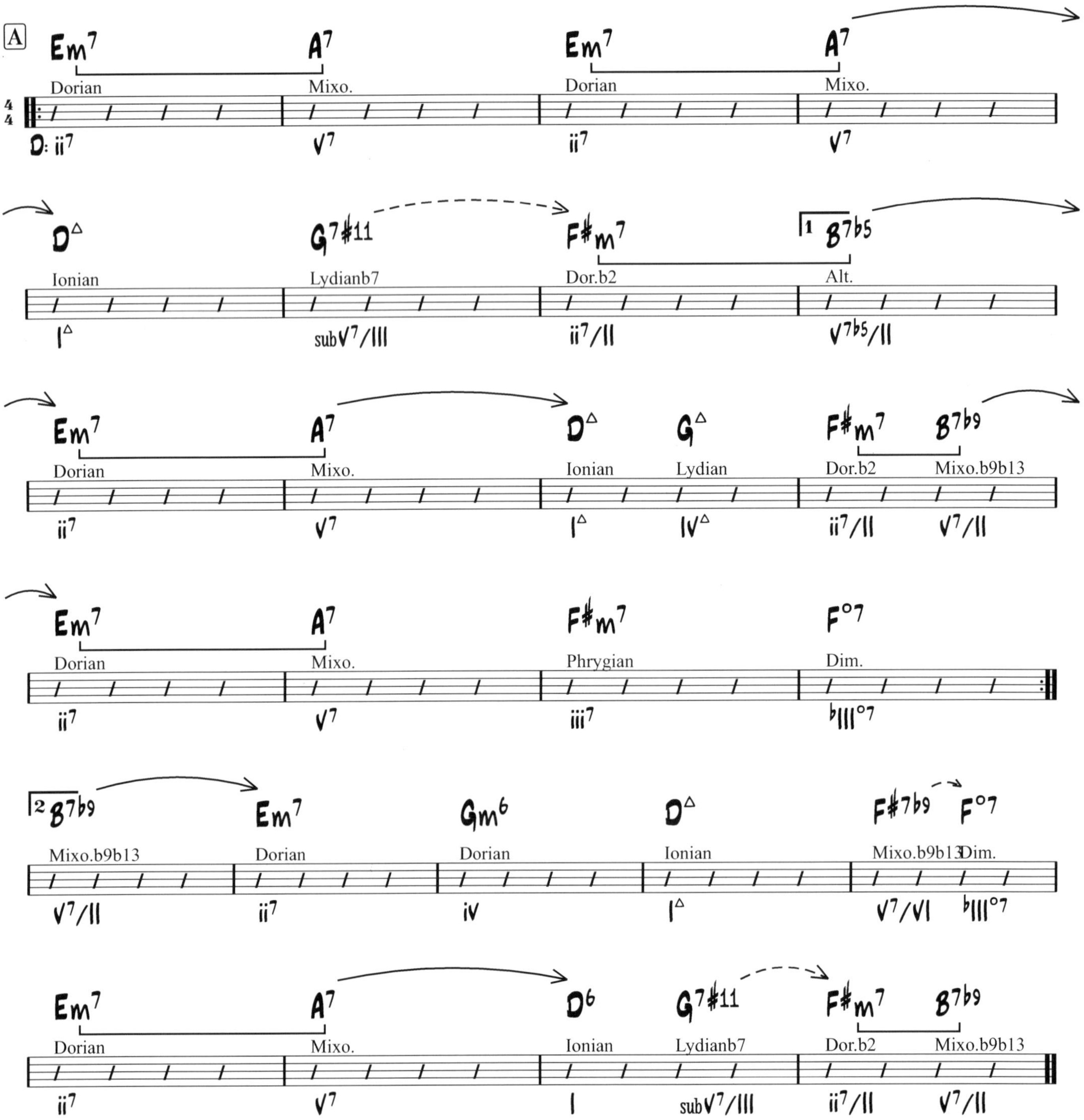
A
Em7 A7 Em7 A7
Dorian Mixo. Dorian Mixo.
D: ii7 V7 ii7 V7
D△ G7#11 F#m7 1 B7b5
Ionian Lydianb7 Dor.b2 Alt.
I△ subV7/III ii7/II V7b5/II
Em7 A7 D△ G△ F#m7 B7b9
Dorian Mixo. Ionian Lydian Dor.b2 Mixo.b9b13
ii7 V7 I△ IV△ ii7/II V7/II
Em7 A7 F#m7 F°7
Dorian Mixo. Phrygian Dim.
ii7 V7 iii7 bIII°7
2 B7b9 Em7 Gm6 D△ F#7b9 F°7
Mixo.b9b13 Dorian Dorian Ionian Mixo.b9b13 Dim.
V7/II ii7 iv I△ V7/VI bIII°7
Em7 A7 D6 G7#11 F#m7 B7b9
Dorian Mixo. Ionian Lydianb7 Dor.b2 Mixo.b9b13
ii7 V7 I subV7/III ii7/II V7/II

EQUINOX

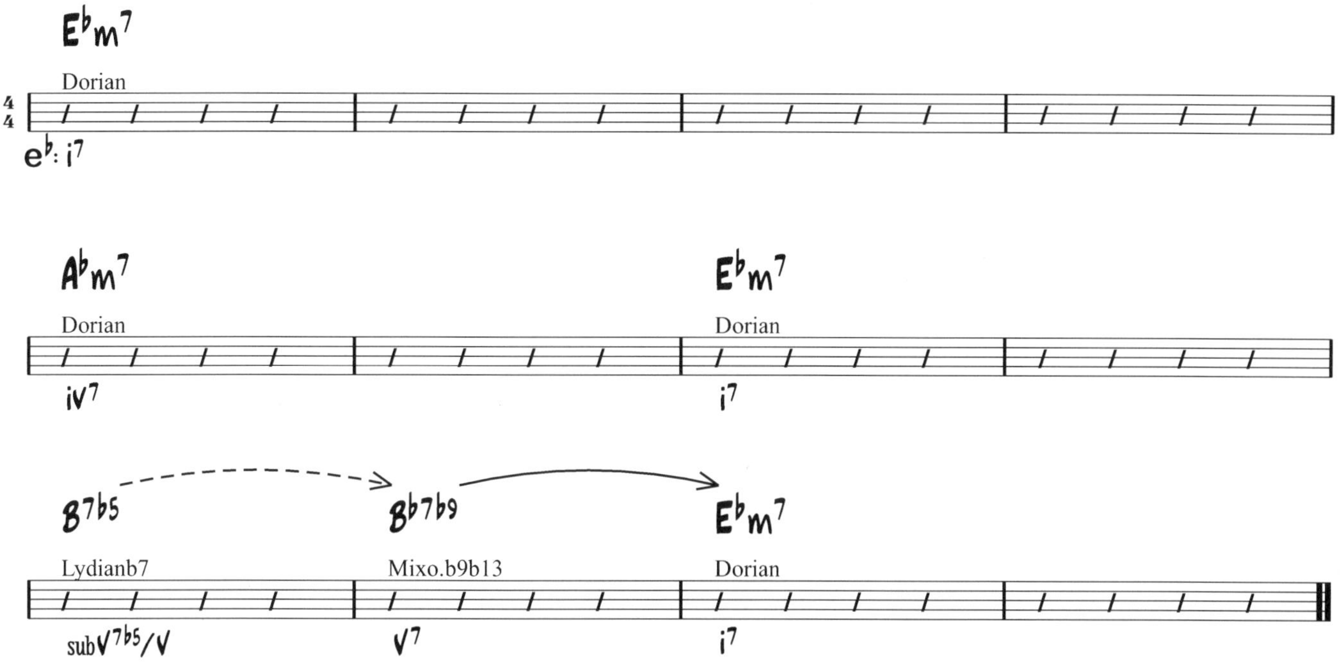
E♭m7
Dorian
4
4
e♭: i7
A♭m7
Dorian
iv7
E♭m7
Dorian
i7
B7♭5
Lydianb7
subV7♭5/V
B♭7♭9
Mixo.b9b13
V7
E♭m7
Dorian
i7

FALLING GRACE

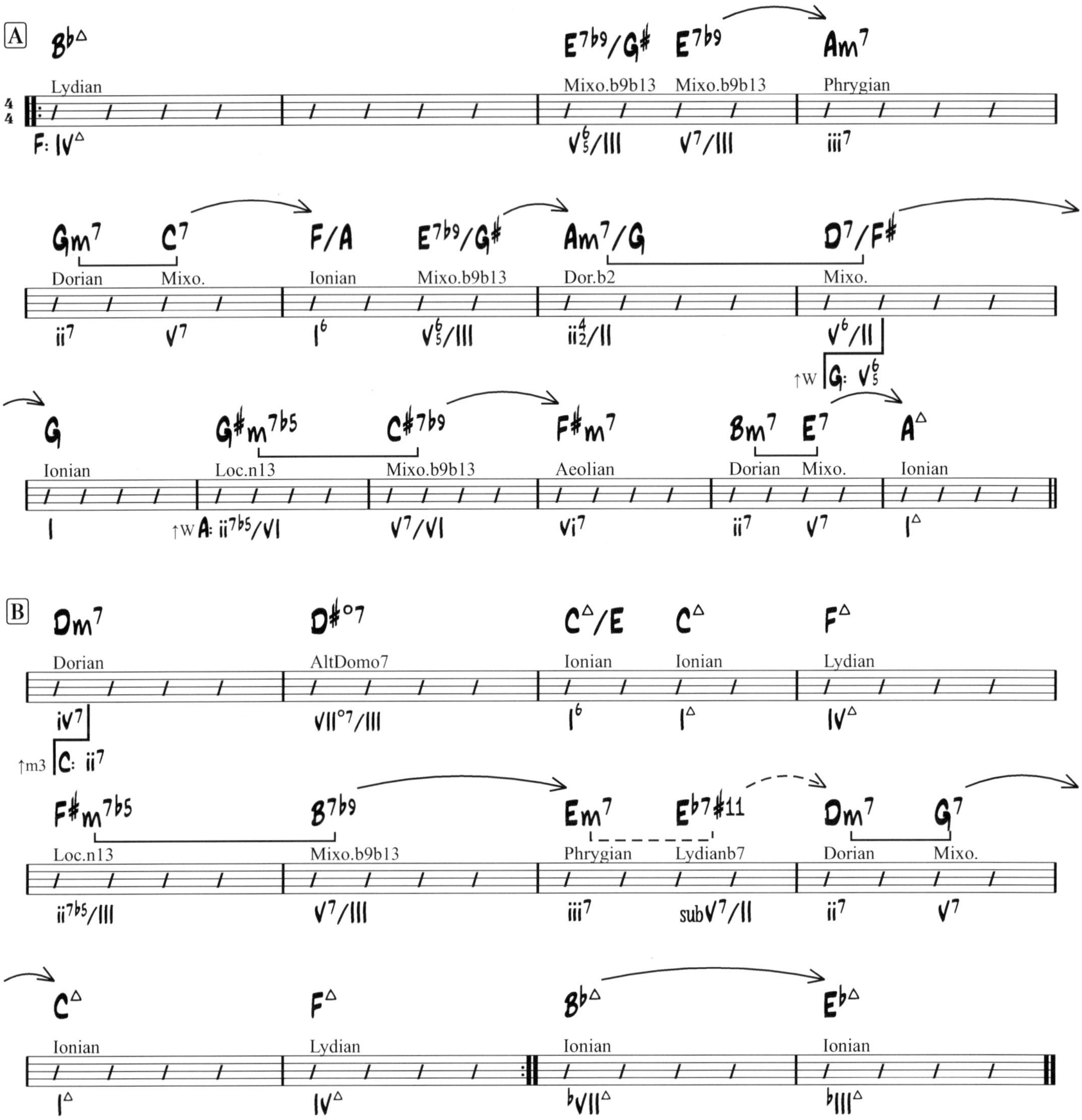
A
Bb△ | | E7b9/G# E7b9 | Am7
Lydian | | Mixo.b9b13 Mixo.b9b13 | Phrygian
F: IV△ | | V6/5/III V7/III | iii7
Gm7 C7 | F/A E7b9/G# | Am7/G | D7/F#
Dorian Mixo. | Ionian Mixo.b9b13 | Dor.b2 | Mixo.
ii7 V7 | I6 V6/5/III | ii4/2/II | V6/II
↑W G: V6/5
G | G#m7b5 | C#7b9 | F#m7 | Bm7 E7 | A△
Ionian | Loc.n13 | Mixo.b9b13 | Aeolian | Dorian Mixo. | Ionian
I | ↑W A: ii7b5/VI | V7/VI | vi7 | ii7 V7 | I△
B
Dm7 | D#°7 | C△/E C△ | F△
Dorian | AltDomo7 | Ionian Ionian | Lydian
iv7 | VII°7/III | I6 I△ | IV△
↑m3 C: ii7
F#m7b5 | B7b9 | Em7 Eb7#11 | Dm7 G7
Loc.n13 | Mixo.b9b13 | Phrygian Lydianb7 | Dorian Mixo.
ii7b5/III | V7/III | iii7 subV7/II | ii7 V7
C△ | F△ | Bb△ | Eb△
Ionian | Lydian | Ionian | Ionian
I△ | IV△ | bVII△ | bIII△

FALLING IN LOVE WITH LOVE

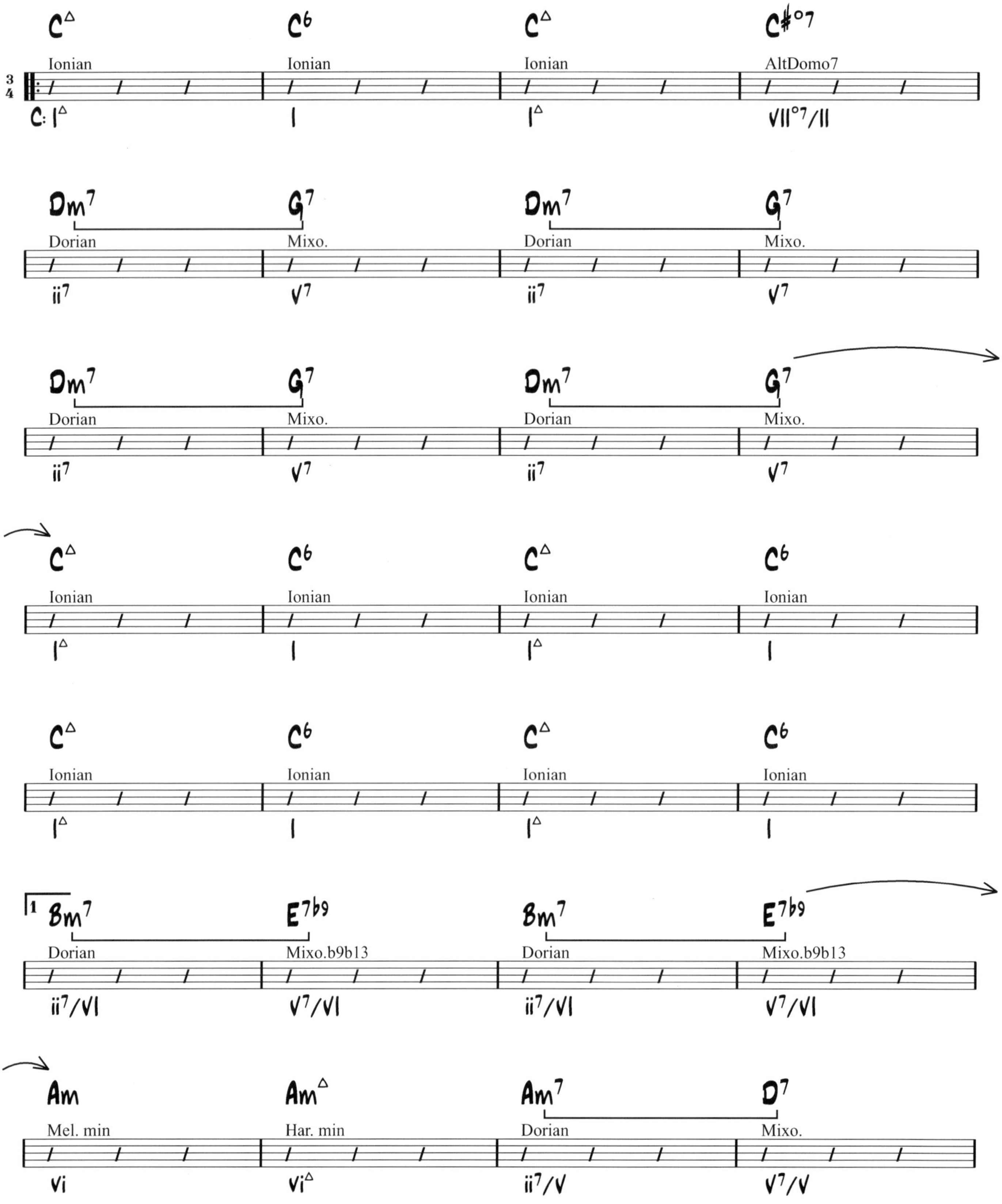

FALLING IN LOVE WITH LOVE - Page 2

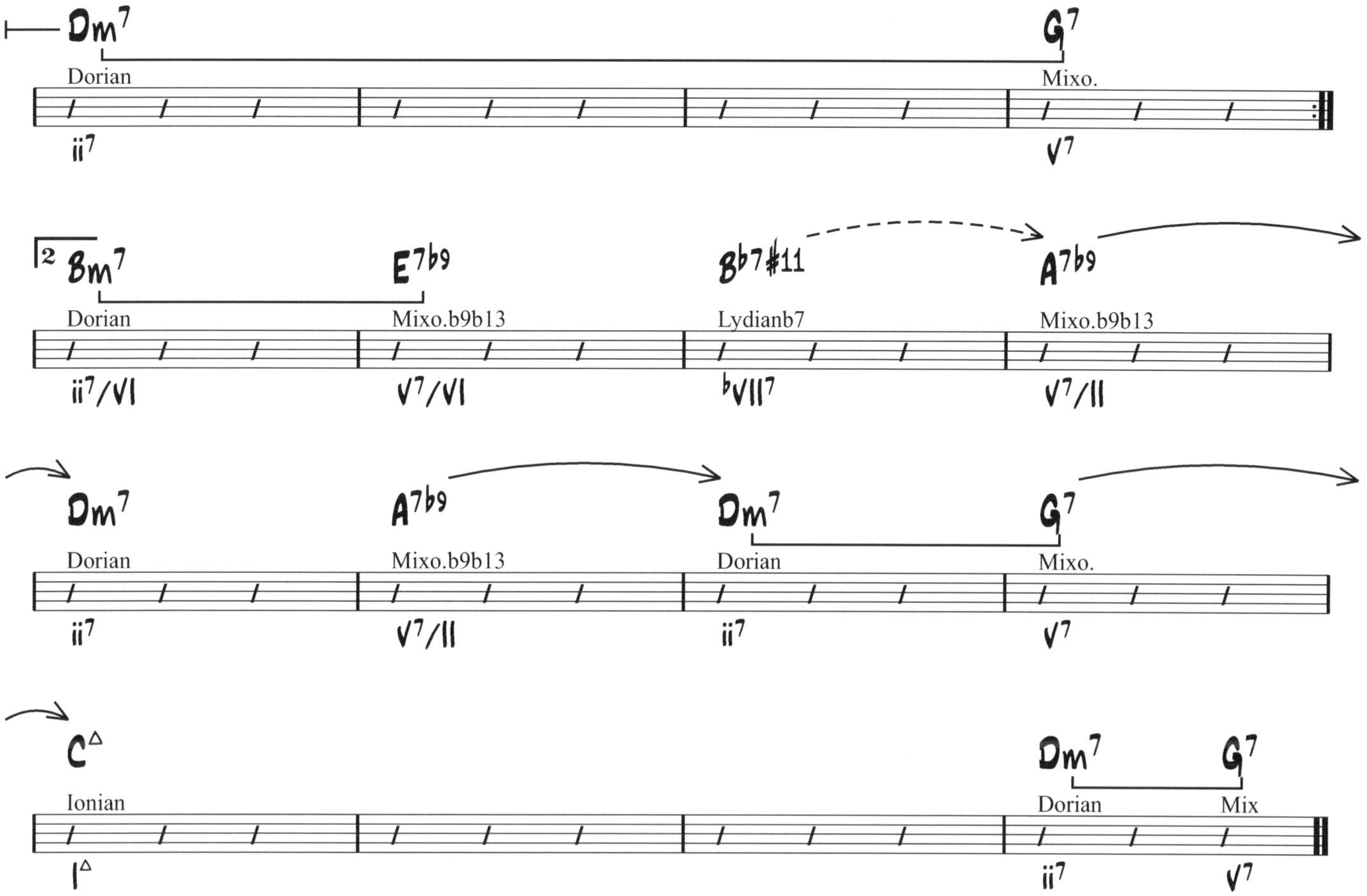
Dm7
G7
Dorian
Mixo.
ii7
V7
2
Bm7
E7b9
Bb7#11
A7b9
Dorian
Mixo.b9b13
Lydianb7
Mixo.b9b13
ii7/VI
V7/VI
bVII7
V7/II
Dm7
A7b9
Dm7
G7
Dorian
Mixo.b9b13
Dorian
Mixo.
ii7
V7/II
ii7
V7
C△
Dm7
G7
Ionian
Dorian
Mix
I△
ii7
V7

A FINE ROMANCE

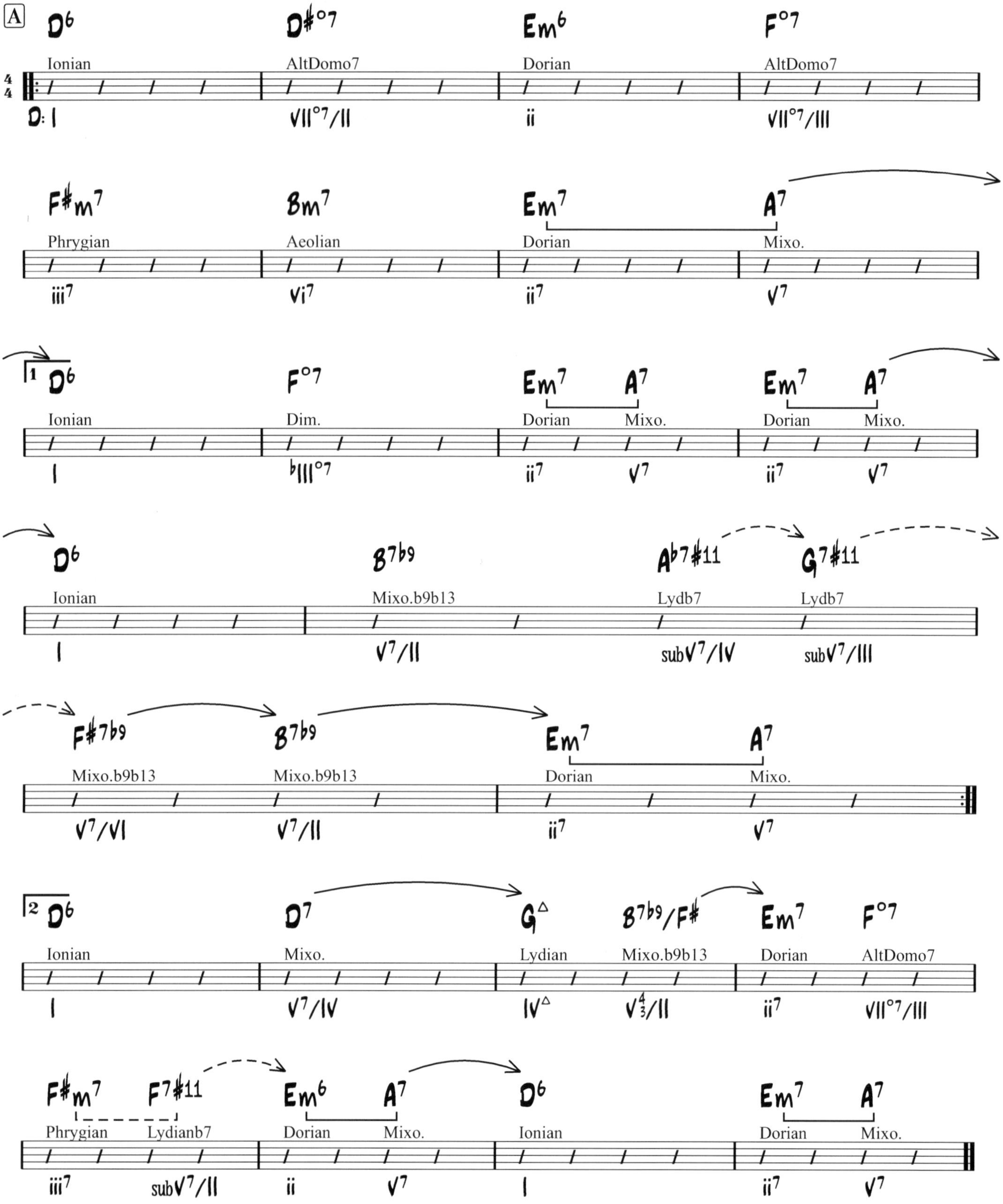
A
D6 D#°7 Em6 F°7
Ionian AltDomo7 Dorian AltDomo7
4/4
D: I VII°7/II ii VII°7/III
F#m7 Bm7 Em7 A7
Phrygian Aeolian Dorian Mixo.
iii7 vi7 ii7 V7
1. D6 F°7 Em7 A7 Em7 A7
Ionian Dim. Dorian Mixo. Dorian Mixo.
I bIII°7 ii7 V7 ii7 V7
D6 B7b9 Ab7#11 G7#11
Ionian Mixo.b9b13 Lydb7 Lydb7
I V7/II subV7/IV subV7/III
F#7b9 B7b9 Em7 A7
Mixo.b9b13 Mixo.b9b13 Dorian Mixo.
V7/VI V7/II ii7 V7
2. D6 D7 G△ B7b9/F# Em7 F°7
Ionian Mixo. Lydian Mixo.b9b13 Dorian AltDomo7
I V7/IV IV△ V4/3/II ii7 VII°7/III
F#m7 F7#11 Em6 A7 D6 Em7 A7
Phrygian Lydianb7 Dorian Mixo. Ionian Dorian Mixo.
iii7 subV7/II ii V7 I ii7 V7

FOOTPRINTS

A
Dm7
Dorian
3 4
d: i7
Gm7
Dorian
iv7
Dm7
Dorian
i7
G#m7b5
G7#11
F#7b5
B7b5
Loc.n13
Lydianb7
Alt.
Alt.
ii7b5/III
subV7/III
V7b5/VI
V7b5/II
Dm6
Mel. min
i

FOR ALL WE KNOW

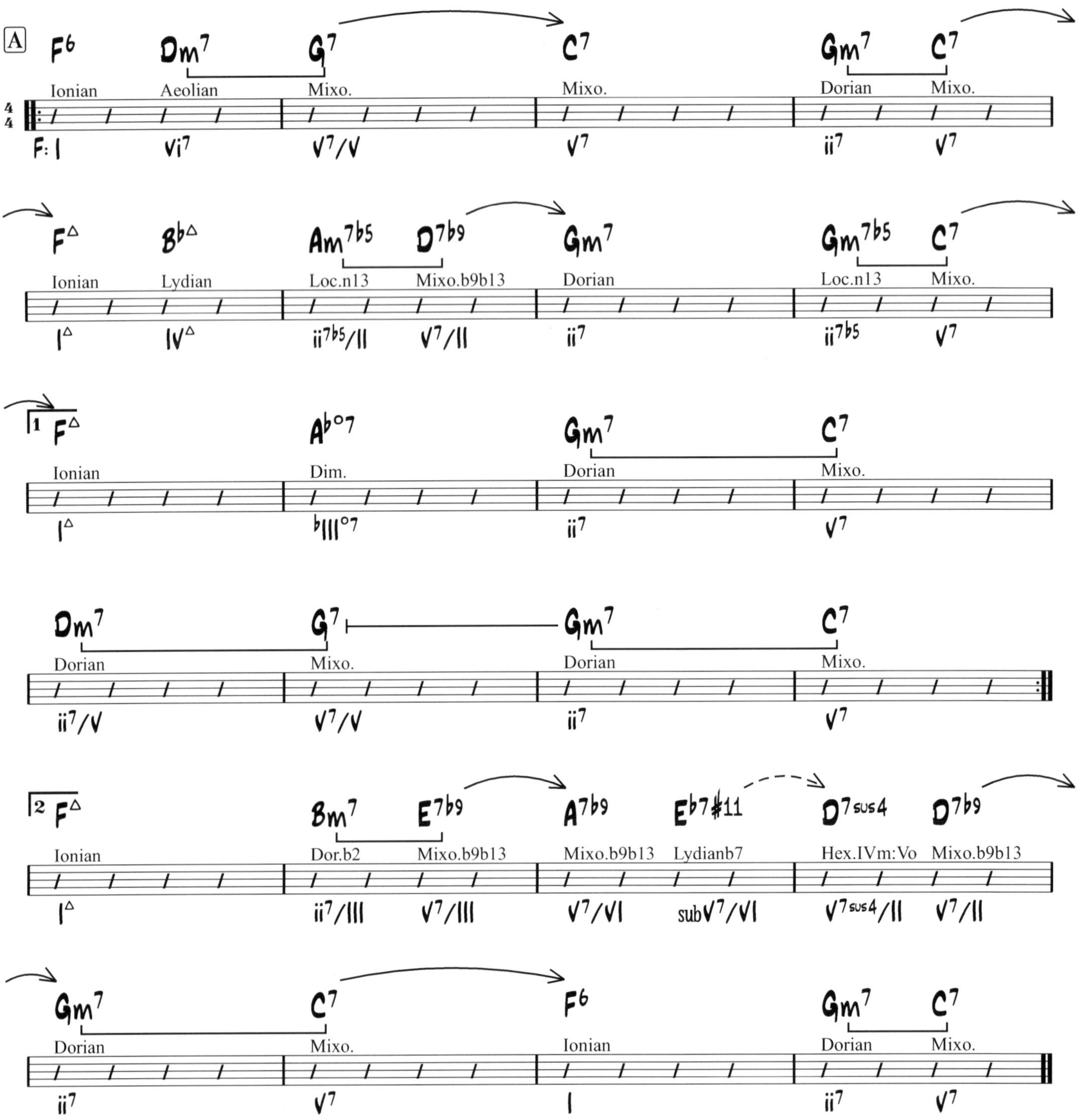
A
F6 Dm7 G7 C7 Gm7 C7
Ionian Aeolian Mixo. Mixo. Dorian Mixo.
4/4
F: I vi7 V7/V V7 ii7 V7
F△ B♭△ Am7♭5 D7♭9 Gm7 Gm7♭5 C7
Ionian Lydian Loc.n13 Mixo.b9b13 Dorian Loc.n13 Mixo.
I△ IV△ ii7♭5/II V7/II ii7 ii7♭5 V7
1 F△ A♭°7 Gm7 C7
Ionian Dim. Dorian Mixo.
I△ ♭III°7 ii7 V7
Dm7 G7 Gm7 C7
Dorian Mixo. Dorian Mixo.
ii7/V V7/V ii7 V7
2 F△ Bm7 E7♭9 A7♭9 E♭7♯11 D7sus4 D7♭9
Ionian Dor.b2 Mixo.b9b13 Mixo.b9b13 Lydianb7 Hex.IVm:Vo Mixo.b9b13
I△ ii7/III V7/III V7/VI subV7/VI V7sus4/II V7/II
Gm7 C7 F6 Gm7 C7
Dorian Mixo. Ionian Dorian Mixo.
ii7 V7 I ii7 V7

FOR HEAVEN'S SAKE

A
Am7b5 D7b9 G△ E7b9 Am7b5 D7b9 G△ G7
Loc.n13 Mixo.b9b13 Ionian Mixo.b9b13 Loc.n13 Mixo.b9b13 Ionian Mixo.
G: ii7b5 V7 I△ V7/II ii7b5 V7 I△ V7/IV
Cm7 Bm7 Bb°7 Am7 D7 G6
Dorian Phrygian Dim. Dorian Mixo. Ionian
iv7 iii7 bIII°7 ii7 V7 I
Am7 D7 G6
Dorian Mixo. Ionian
ii7 V7 I
B
Fm7 Bb7 Eb△ E°7 Fm7 Bb7 Eb△
Dorian Mixo. Ionian AltDomo7 Dorian Mixo. Ionian
ii7/bVI V7/bVI bVI△ VII°7/II ii7 V7 I△
↓M3 Eb: I△
Gm Eb△/G Gm6 Gm7 Cm7 F7#11 Am7 D7
Aeolian Lydian Dorian Dorian Dorian Lydianb7 Dorian Mixo.
iii bVI6 i i7 iv7 bVII7 ii7 V7
↑M3 G: i
A
Am7b5 D7b9 G△ E7b9 Am7b5 D7b9 G△ G7
Loc.n13 Mixo.b9b13 Ionian Mixo.b9b13 Loc.n13 Mixo.b9b13 Ionian Mixo.
ii7b5 V7 I△ V7/II ii7b5 V7 I△ V7/IV
Cm7 Bm Bb°7 Am7 D7 G6
Dorian Phrygian Dim. Dorian Mixo. Ionian
iv7 iii bIII°7 ii7 V7 I

FOR SENTIMENTAL REASONS

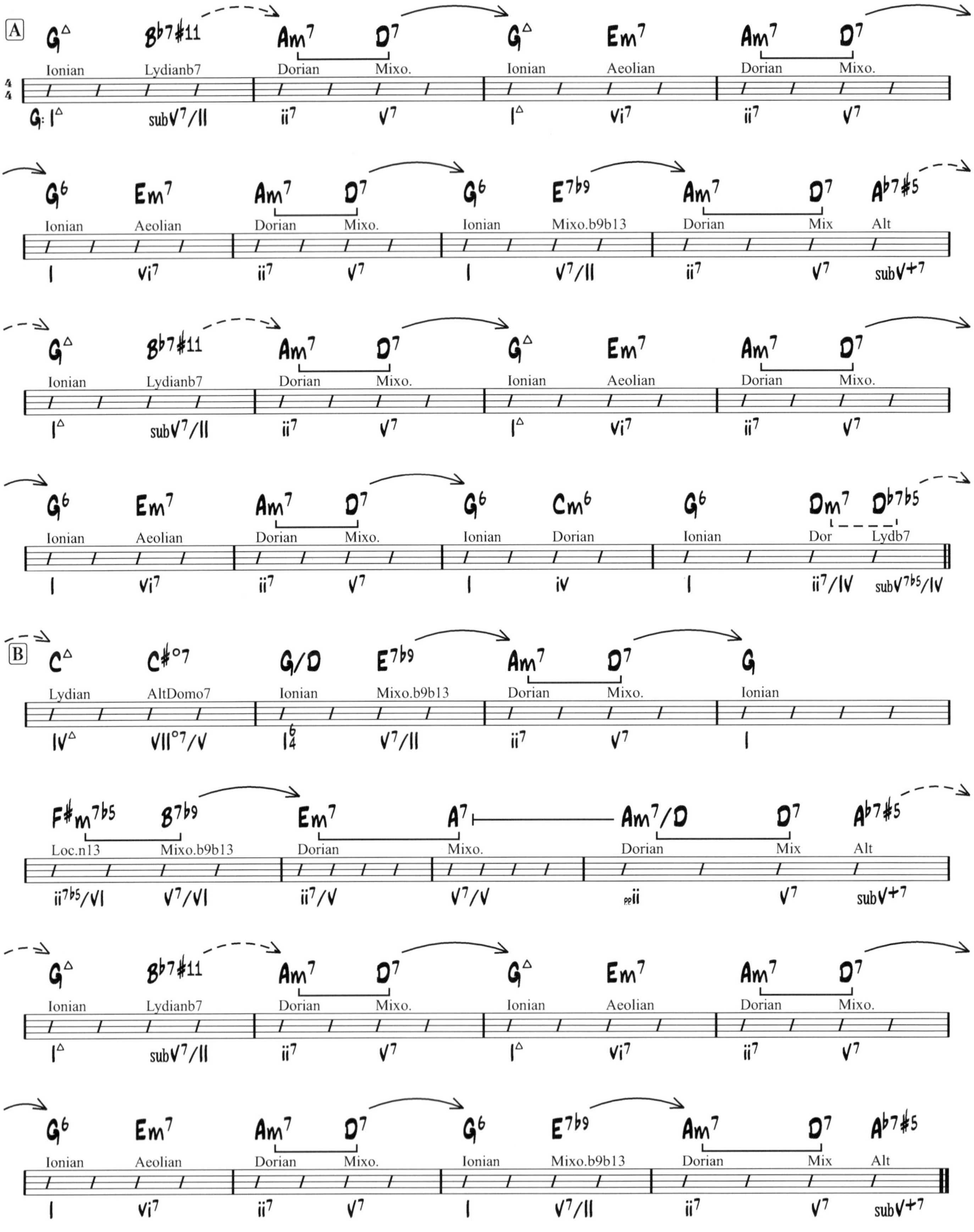
A
G△ Bb7#11 Am7 D7 G△ Em7 Am7 D7
Ionian Lydianb7 Dorian Mixo. Ionian Aeolian Dorian Mixo.
G: I△ subV7/II ii7 V7 I△ vi7 ii7 V7
G6 Em7 Am7 D7 G6 E7b9 Am7 D7 Ab7#5
Ionian Aeolian Dorian Mixo. Ionian Mixo.b9b13 Dorian Mix Alt
I vi7 ii7 V7 I V7/II ii7 V7 subV+7
G△ Bb7#11 Am7 D7 G△ Em7 Am7 D7
Ionian Lydianb7 Dorian Mixo. Ionian Aeolian Dorian Mixo.
I△ subV7/II ii7 V7 I△ vi7 ii7 V7
G6 Em7 Am7 D7 G6 Cm6 G6 Dm7 Db7b5
Ionian Aeolian Dorian Mixo. Ionian Dorian Ionian Dor Lydb7
I vi7 ii7 V7 I iv I ii7/IV subV7b5/IV
B
C△ C#°7 G/D E7b9 Am7 D7 G
Lydian AltDomo7 Ionian Mixo.b9b13 Dorian Mixo. Ionian
IV△ VII°7/V I6/4 V7/II ii7 V7 I
F#m7b5 B7b9 Em7 A7 Am7/D D7 Ab7#5
Loc.n13 Mixo.b9b13 Dorian Mixo. Dorian Mix Alt
ii7b5/VI V7/VI ii7/V V7/V ppii V7 subV+7
G△ Bb7#11 Am7 D7 G△ Em7 Am7 D7
Ionian Lydianb7 Dorian Mixo. Ionian Aeolian Dorian Mixo.
I△ subV7/II ii7 V7 I△ vi7 ii7 V7
G6 Em7 Am7 D7 G6 E7b9 Am7 D7 Ab7#5
Ionian Aeolian Dorian Mixo. Ionian Mixo.b9b13 Dorian Mix Alt
I vi7 ii7 V7 I V7/II ii7 V7 subV+7

FOUR

A
F△ Fm7 Bb7#11
Ionian Dorian Lydianb7
4
4
F: I△ subii7/III subV7/III
Gm7 Bbm7 Eb7#11
Dorian Dorian Lydianb7
ii7 subii7/VI subV7/VI
Am7 Abm7 Db7#11 Gm7 C7
Phrygian Dorian Lydianb7 Dorian Mixo.
iii7 subii7/V subV7/V ii7 V7
1 Am7 Abm7 Db7#11 Gm7 C7
Phrygian Dorian Lydianb7 Dorian Mixo.
iii7 subii7/V subV7/V ii7 V7
2 Am7 Abm7 Gm7 C7 F△ Gm7 C7
Phrygian Dorian Dorian Mixo. Ionian Dorian Mixo.
iii7 biii7 ii7 V7 I△ ii7 V7

FOUR ON SIX (MELODY)

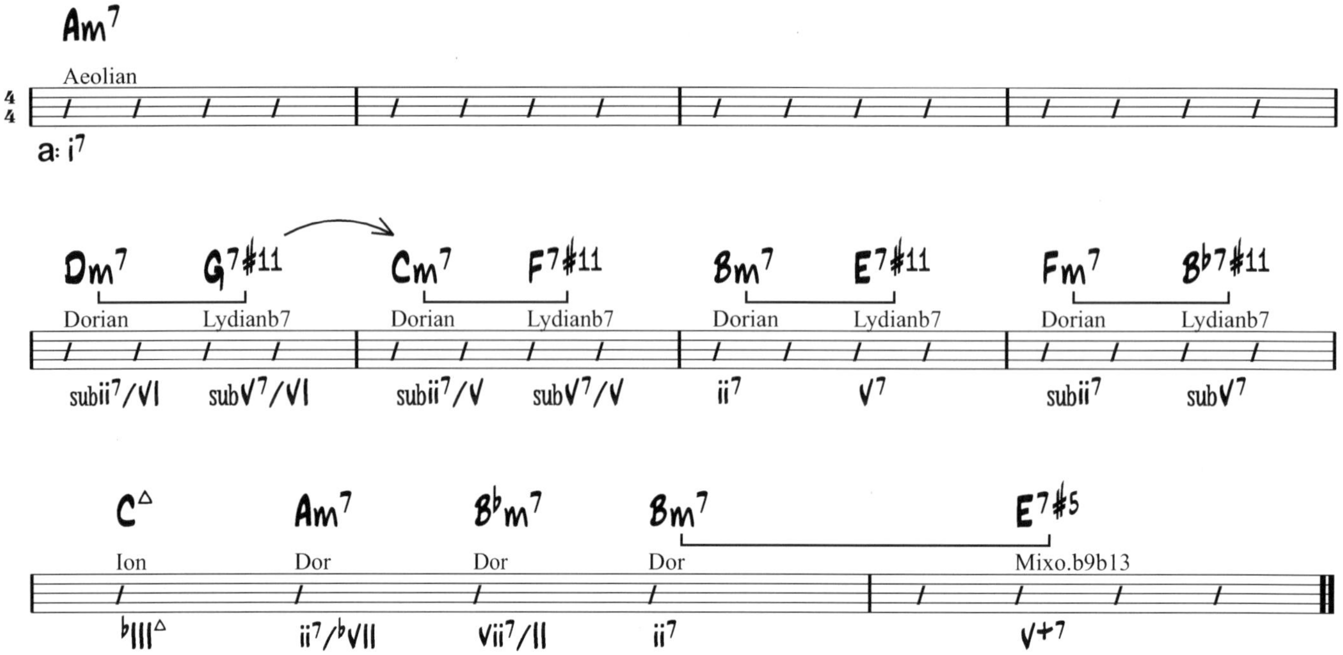
Am7
Aeolian
a: i7
Dm7 G7#11 Cm7 F7#11 Bm7 E7#11 Fm7 Bb7#11
Dorian Lydianb7 Dorian Lydianb7 Dorian Lydianb7 Dorian Lydianb7
subii7/VI subV7/VI subii7/V subV7/V ii7 V7 subii7 subV7
C△ Am7 Bbm7 Bm7 E7#5
Ion Dor Dor Dor Mixo.b9b13
bIII△ ii7/bVII vii7/II ii7 V+7

FOUR ON SIX (SOLOS)

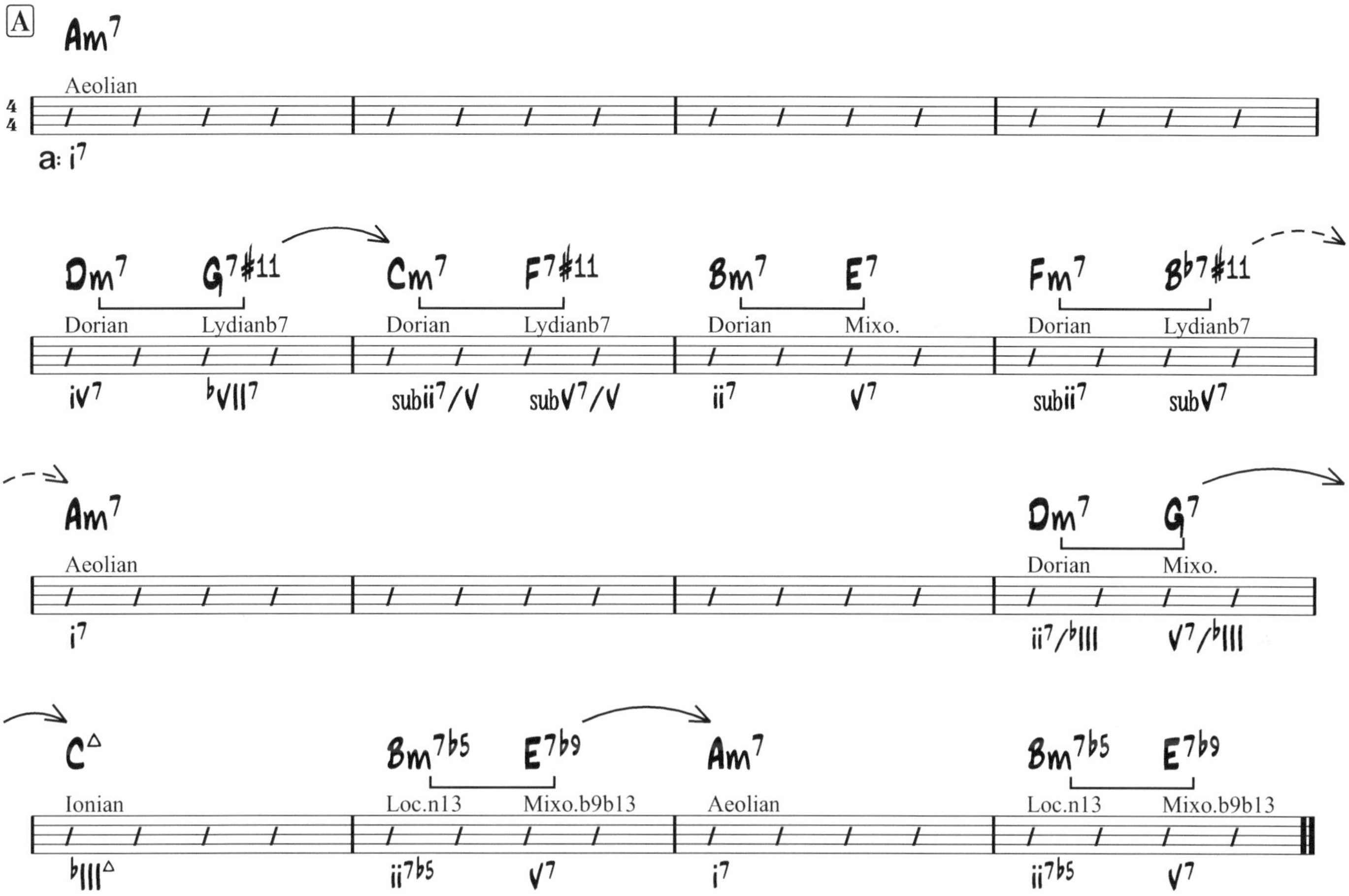
A
Am7
Aeolian
a: i7
Dm7 G7#11 Cm7 F7#11 Bm7 E7 Fm7 Bb7#11
Dorian Lydianb7 Dorian Lydianb7 Dorian Mixo. Dorian Lydianb7
iv7 bVII7 subii7/V subV7/V ii7 V7 subii7 subV7
Am7 Dm7 G7
Aeolian Dorian Mixo.
i7 ii7/bIII V7/bIII
C△ Bm7b5 E7b9 Am7 Bm7b5 E7b9
Ionian Loc.n13 Mixo.b9b13 Aeolian Loc.n13 Mixo.b9b13
bIII△ ii7b5 V7 i7 ii7b5 V7

FREDDIE FREELOADER

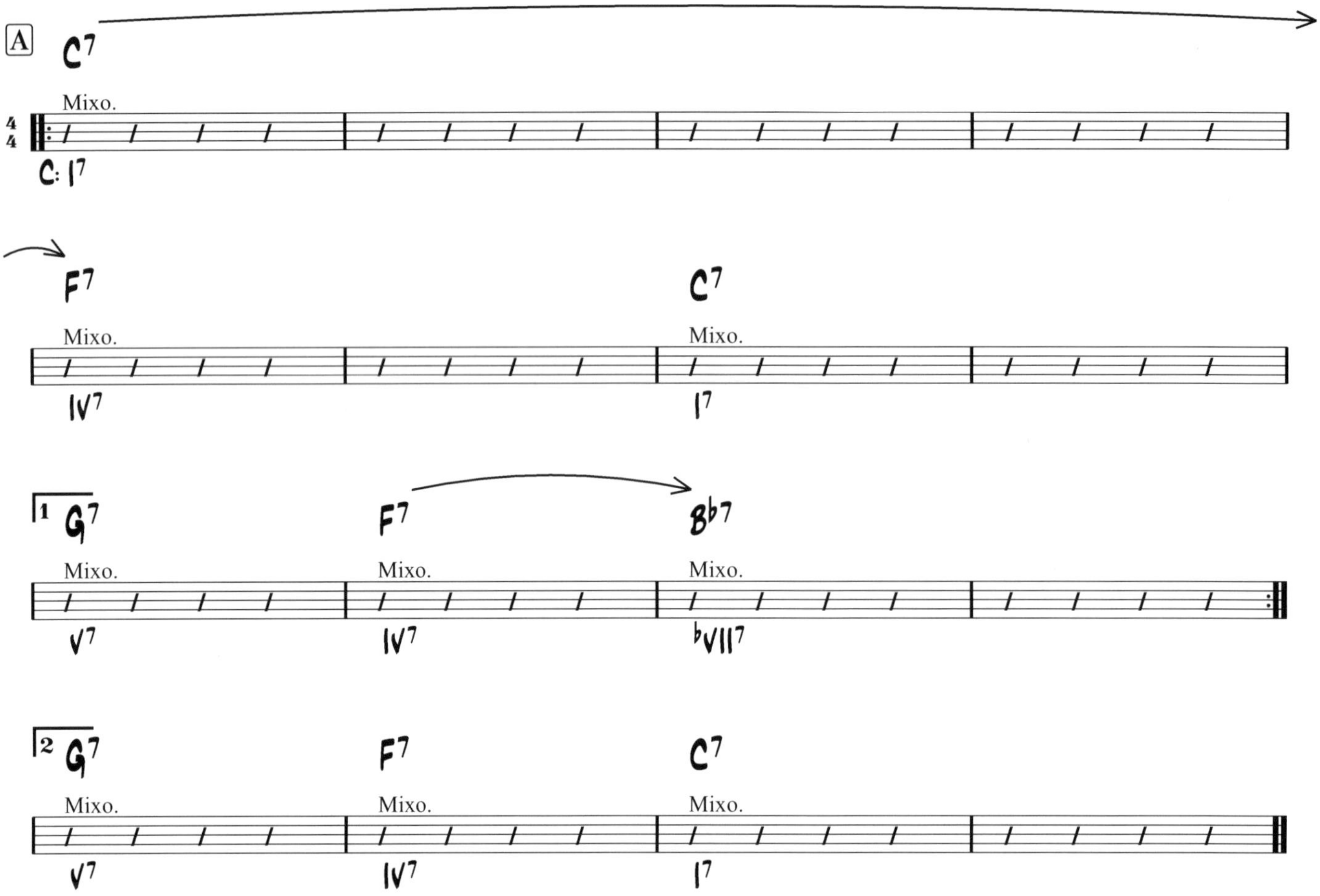
A
C7
Mixo.
4/4
C: I7
F7
Mixo.
IV7
C7
Mixo.
I7
1 G7
Mixo.
V7
F7
Mixo.
IV7
Bb7
Mixo.
bVII7
2 G7
Mixo.
V7
F7
Mixo.
IV7
C7
Mixo.
I7

FULL HOUSE

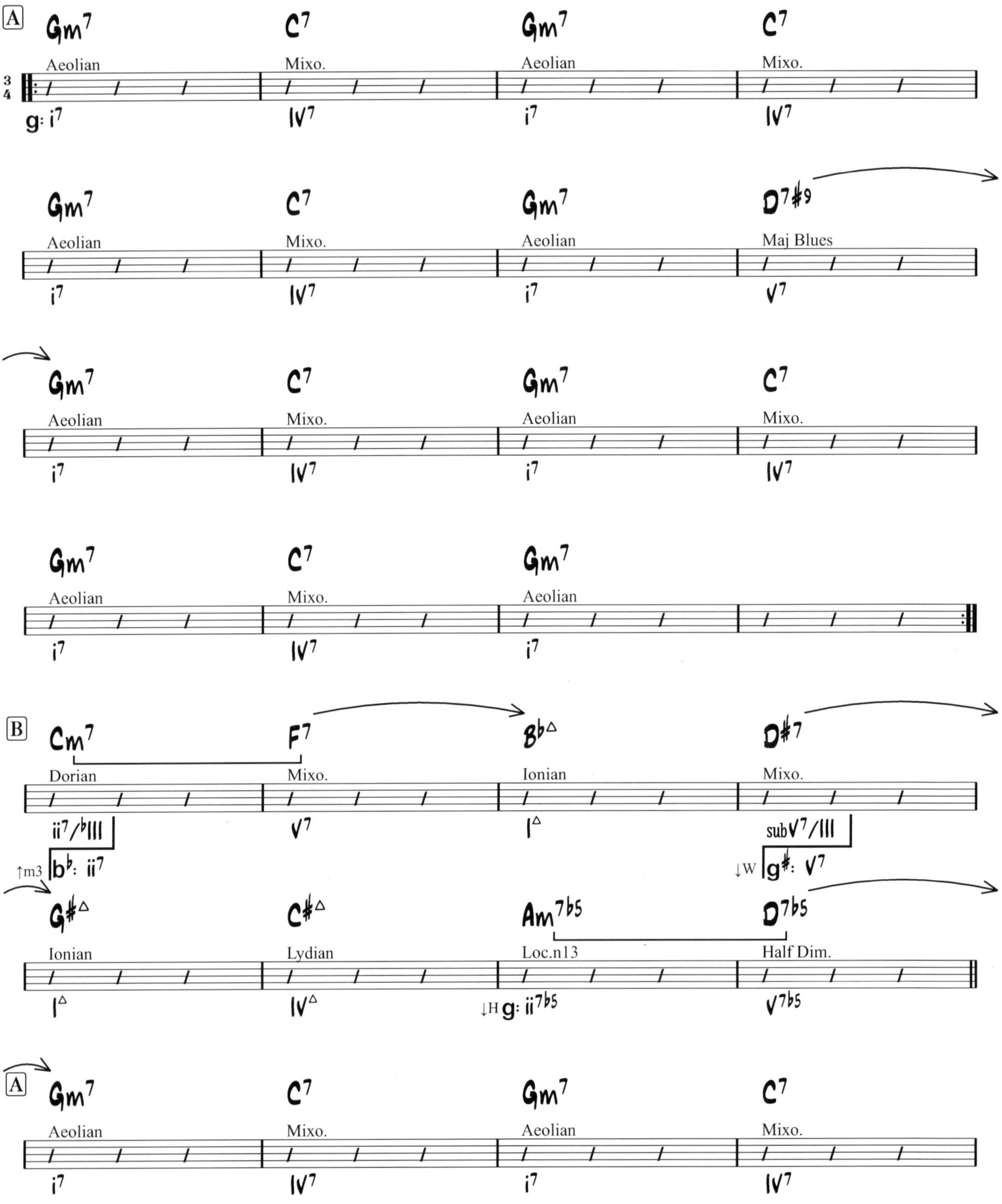
A
Gm7 C7 Gm7 C7
Aeolian Mixo. Aeolian Mixo.
3/4
g: i7 IV7 i7 IV7
Gm7 C7 Gm7 D7#9
Aeolian Mixo. Aeolian Maj Blues
i7 IV7 i7 V7
Gm7 C7 Gm7 C7
Aeolian Mixo. Aeolian Mixo.
i7 IV7 i7 IV7
Gm7 C7 Gm7
Aeolian Mixo. Aeolian
i7 IV7 i7
B
Cm7 F7 Bb△ D#7
Dorian Mixo. Ionian Mixo.
ii7/bIII V7 I△ subV7/III
↑m3 bb: ii7
↓W g#: V7
G#△ C#△ Am7b5 D7b5
Ionian Lydian Loc.n13 Half Dim.
I△ IV△ ↓H g: ii7b5 V7b5
A
Gm7 C7 Gm7 C7
Aeolian Mixo. Aeolian Mixo.
i7 IV7 i7 IV7

FULL HOUSE - Page 2

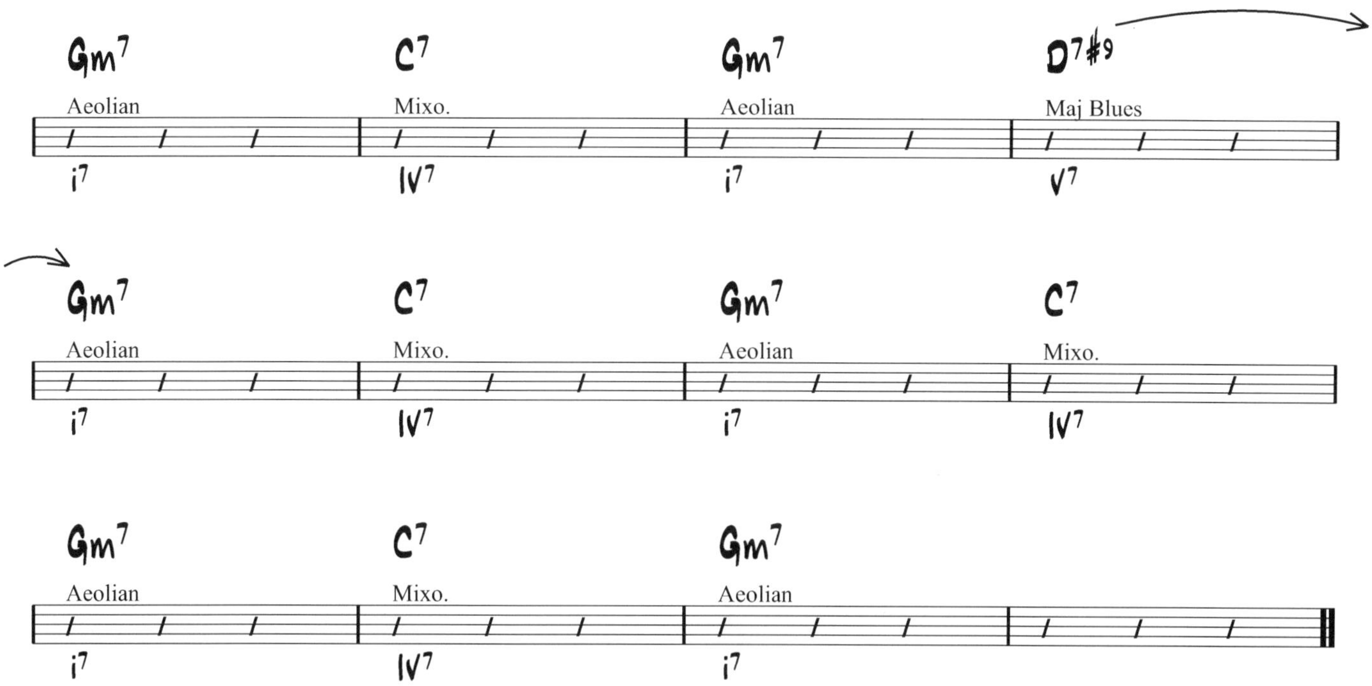

GEE BABY, AIN'T I GOOD TO YOU

A
D7b9 Bb7 A7b9 D7b9 G7 C7 F6 A7b9
Mixo.b9b13 Mixo. Mixo.b9b13 Mixo.b9b13 Mixo. Mixo. Ionian Mixo.b9b13
4/4
F: V7/II V7/bVII V7/VI V7/II V7/V V7 I V7/VI
D7b9 Bb7 A7b9 D7b9 G7 C7 F6 F7
Mixo.b9b13 Mixo. Mixo.b9b13 Mixo.b9b13 Mixo. Mixo. Ionian Mixo.
V7/II V7/bVII V7/VI V7/II V7/V V7 I V7/IV
B
Bb6 B°7 F6/C F7 Bb6 B°7 Em7b5 A7b9
Lydian AltDomo7 Ionian Mixo. Lydian AltDomo7 Loc.n13 Mixo.b9b13
IV VII°7/V I64 V7/IV IV VII°7/V ii7b5/VI V7/VI
D7b9 Bb7 A7b9 D7b9
Mixo.b9b13 Mixo. Mixo.b9b13 Mixo.b9b13
V7/II V7/bVII V7/VI V7/II
G7 C7 F6 Bb7 A7b9
Mixo. Mixo. Ionian Mix Mixb9b13
V7/V V7 I V7/bVII V7/VI

GIANT STEPS

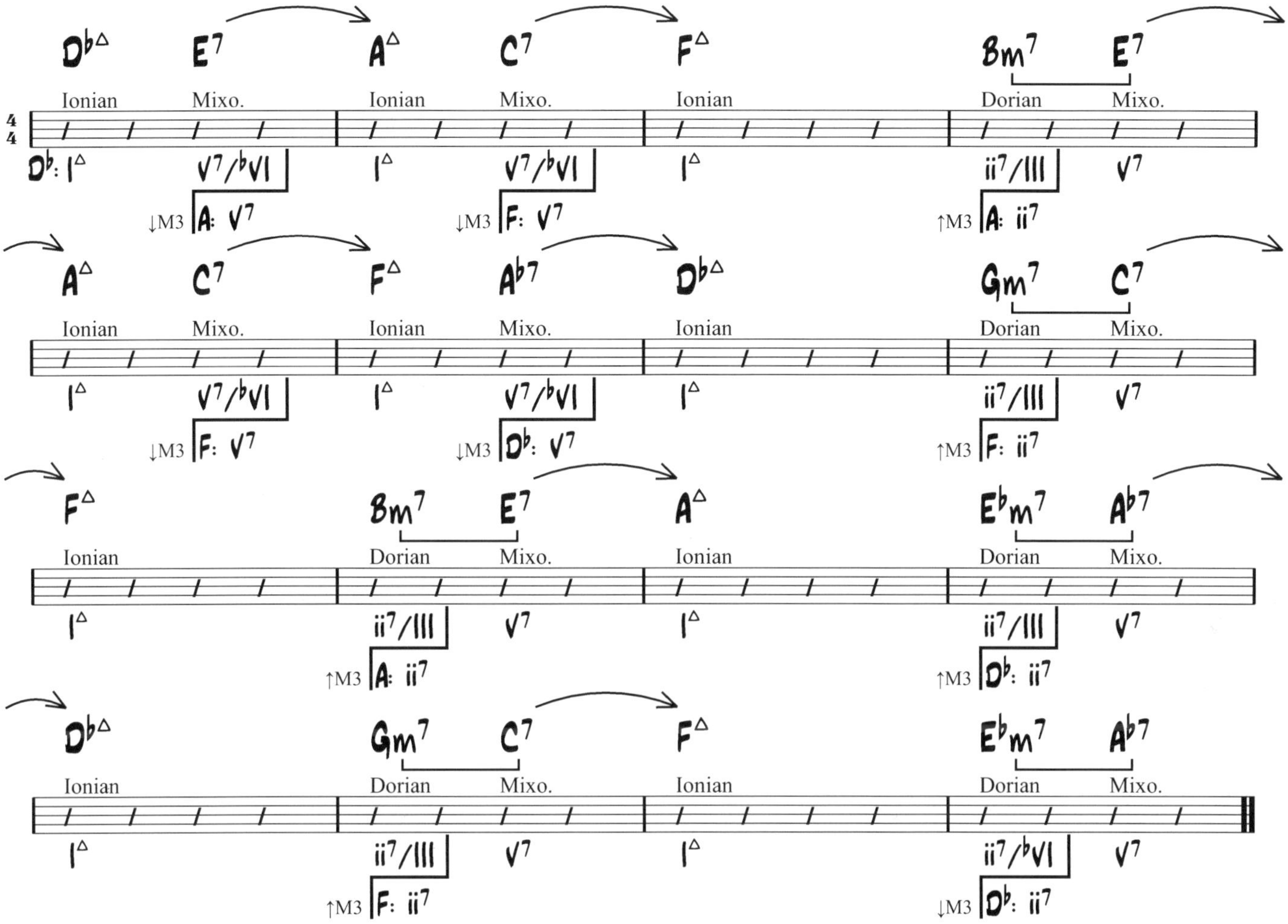
D♭△ E7 A△ C7 F△ Bm7 E7
Ionian Mixo. Ionian Mixo. Ionian Dorian Mixo.
4
4
D♭: I△ V7/♭VI I△ V7/♭VI I△ ii7/III V7
↓M3 A: V7 ↓M3 F: V7 ↑M3 A: ii7
A△ C7 F△ A♭7 D♭△ Gm7 C7
Ionian Mixo. Ionian Mixo. Ionian Dorian Mixo.
I△ V7/♭VI I△ V7/♭VI I△ ii7/III V7
↓M3 F: V7 ↓M3 D♭: V7 ↑M3 F: ii7
F△ Bm7 E7 A△ E♭m7 A♭7
Ionian Dorian Mixo. Ionian Dorian Mixo.
I△ ii7/III V7 I△ ii7/III V7
↑M3 A: ii7 ↑M3 D♭: ii7
D♭△ Gm7 C7 F△ E♭m7 A♭7
Ionian Dorian Mixo. Ionian Dorian Mixo.
I△ ii7/III V7 I△ ii7/♭VI V7
↑M3 F: ii7 ↓M3 D♭: ii7

THE GIRL FROM IPANEMA

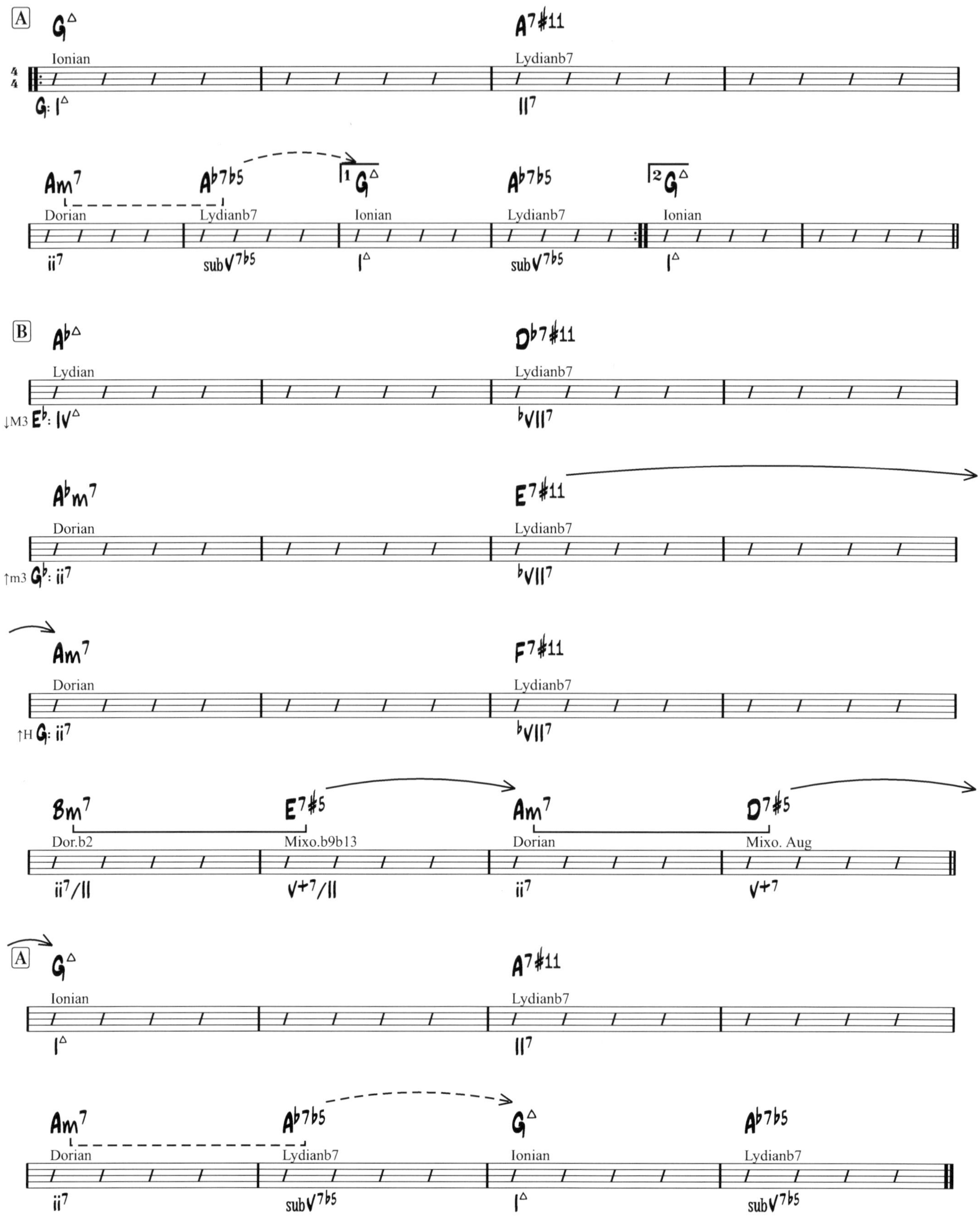

GOD BLESS' THE CHILD

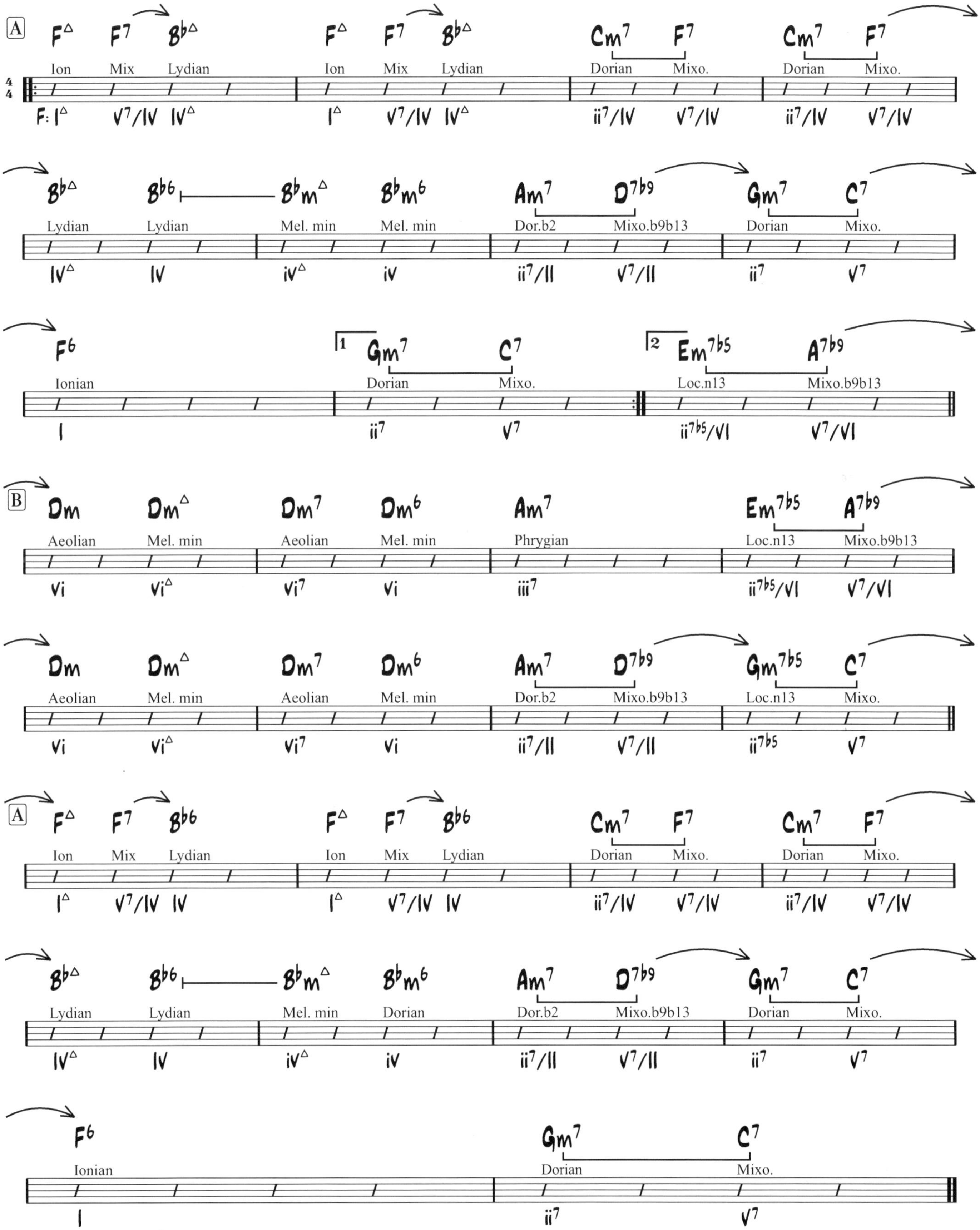

GRAND CENTRAL

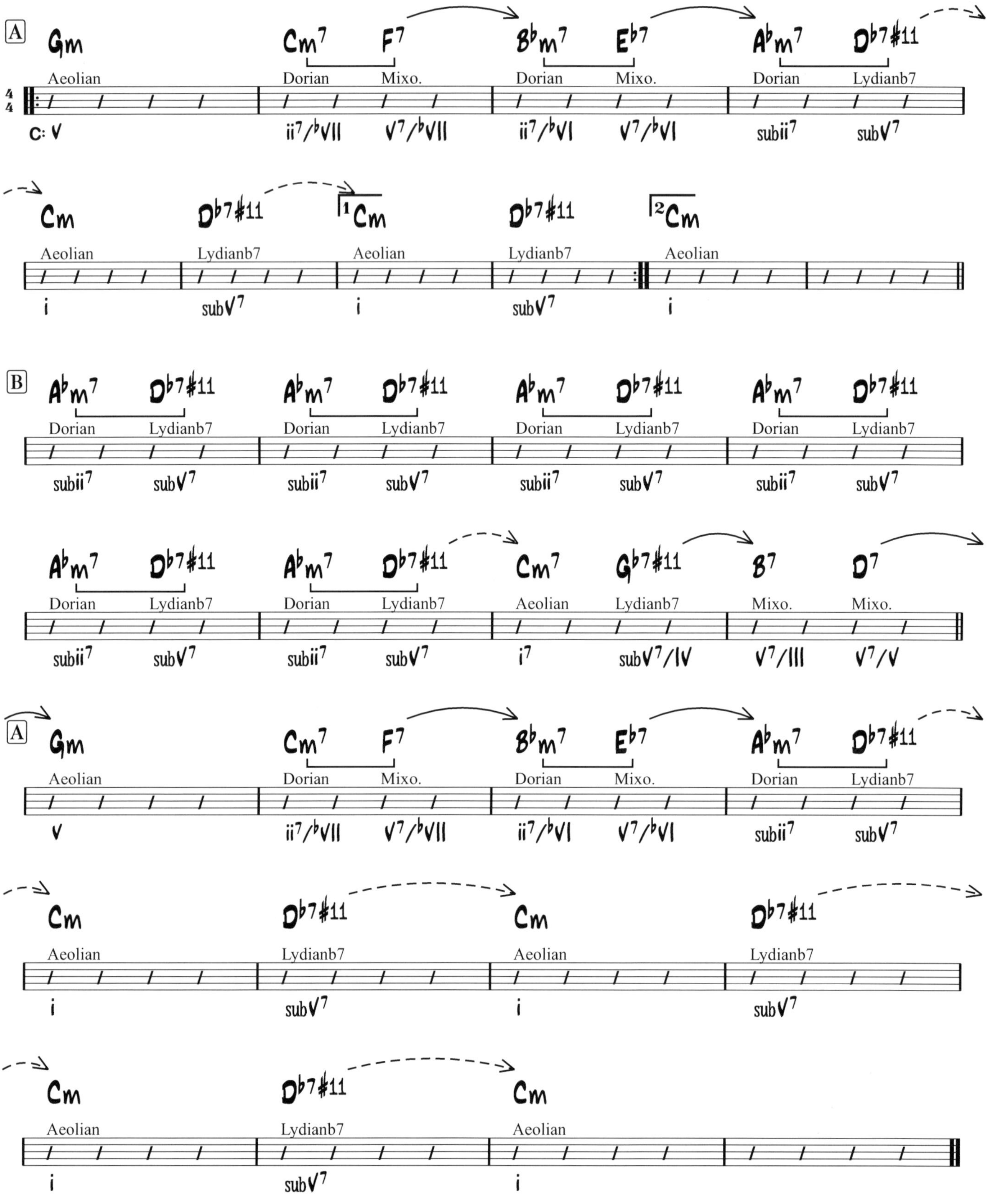
A
Gm Cm7 F7 Bbm7 Eb7 Abm7 Db7#11
Aeolian Dorian Mixo. Dorian Mixo. Dorian Lydianb7
4/4
C: V ii7/bVII V7/bVII ii7/bVI V7/bVI subii7 subV7
Cm Db7#11 1 Cm Db7#11 2 Cm
Aeolian Lydianb7 Aeolian Lydianb7 Aeolian
i subV7 i subV7 i
B
Abm7 Db7#11 Abm7 Db7#11 Abm7 Db7#11 Abm7 Db7#11
Dorian Lydianb7 Dorian Lydianb7 Dorian Lydianb7 Dorian Lydianb7
subii7 subV7 subii7 subV7 subii7 subV7 subii7 subV7
Abm7 Db7#11 Abm7 Db7#11 Cm7 Gb7#11 B7 D7
Dorian Lydianb7 Dorian Lydianb7 Aeolian Lydianb7 Mixo. Mixo.
subii7 subV7 subii7 subV7 i7 subV7/IV V7/III V7/V
A
Gm Cm7 F7 Bbm7 Eb7 Abm7 Db7#11
Aeolian Dorian Mixo. Dorian Mixo. Dorian Lydianb7
V ii7/bVII V7/bVII ii7/bVI V7/bVI subii7 subV7
Cm Db7#11 Cm Db7#11
Aeolian Lydianb7 Aeolian Lydianb7
i subV7 i subV7
Cm Db7#11 Cm
Aeolian Lydianb7 Aeolian
i subV7 i

GROOVIN' HIGH

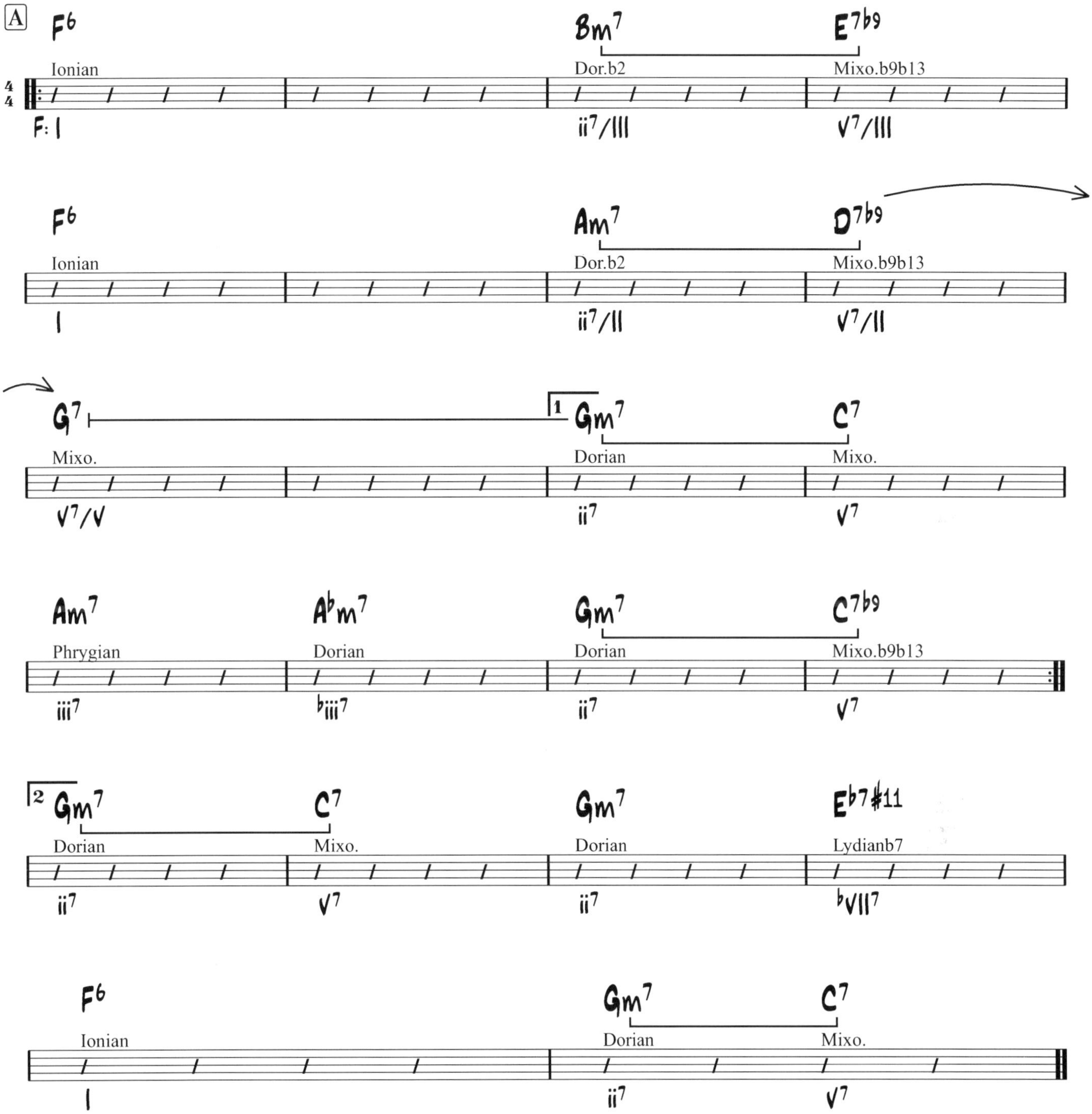
A
F6
Bm7
E7b9
Ionian
Dor.b2
Mixo.b9b13
4
4
F: I
ii7/III
V7/III
F6
Am7
D7b9
Ionian
Dor.b2
Mixo.b9b13
I
ii7/II
V7/II
G7
1
Gm7
C7
Mixo.
Dorian
Mixo.
V7/V
ii7
V7
Am7
Abm7
Gm7
C7b9
Phrygian
Dorian
Dorian
Mixo.b9b13
iii7
biii7
ii7
V7
2
Gm7
C7
Gm7
Eb7#11
Dorian
Mixo.
Dorian
Lydianb7
ii7
V7
ii7
bVII7
F6
Gm7
C7
Ionian
Dorian
Mixo.
I
ii7
V7

GUILTY

A
C△ A7#5 Dm7 B7#5 C△ C7#5 F△ Bb7#11
Ionian Mixo.b9b13 Dorian Mixo.b9b13 Ionian Mixo. Aug Lydian Lydianb7
4/4
C: I△ V+7/II ii7 V+7/III I△ V+7/IV IV△ bVII7
C△ Eb°7 Dm7 G7 1 Dm7 G7#5 C△ Dm7 G7
Ionian Dim. Dorian Mixo. Dorian Mixo. Aug Ionian Dor Mix
I△ bIII°7 ii7 V7 ii7 V+7 I△ ii7 V7
2 Dm7 G7 C6 F#m7b5 B7b9
Dorian Mixo. Ionian Loc13 Mixb9b13
ii7 V7 I ii7b5/III V7/III
B
Em Em△ Em7 F#m7b5 B7#5 Em7 F#m7b5 B7b9
Mel. min Mel min Dor Loc.n13 Mixo.b9b13 Aeolian Loc.n13 Mixo.b9b13
iii7 i△ i7 ii7b5 V+7 i7 ii7b5 V7
↑M3 e: i
G△ Am7 D7 Am7 D7 Dm7 G7
Ionian Dorian Mixo. Dorian Mixo. Dorian Mixo.
bIII△ ii7/bIII V7/bIII ii7/bIII V7/bIII ii7/bVI V7
↓M3 C: ii7
B
C△ A7#5 Dm7 B7#5 C△ C7#5 F△ Bb7#11
Ionian Mixo.b9b13 Dorian Mixo.b9b13 Ionian Mixo. Aug Lydian Lydianb7
I△ V+7/II ii7 V+7/III I△ V+7/IV IV△ bVII7
C△ Eb°7 Dm7 G7 Dm7 G7 C6
Ionian Dim. Dorian Mixo. Dorian Mixo. Ionian
I△ bIII°7 ii7 V7 ii7 V7 I

GYPSY IN MY SOUL

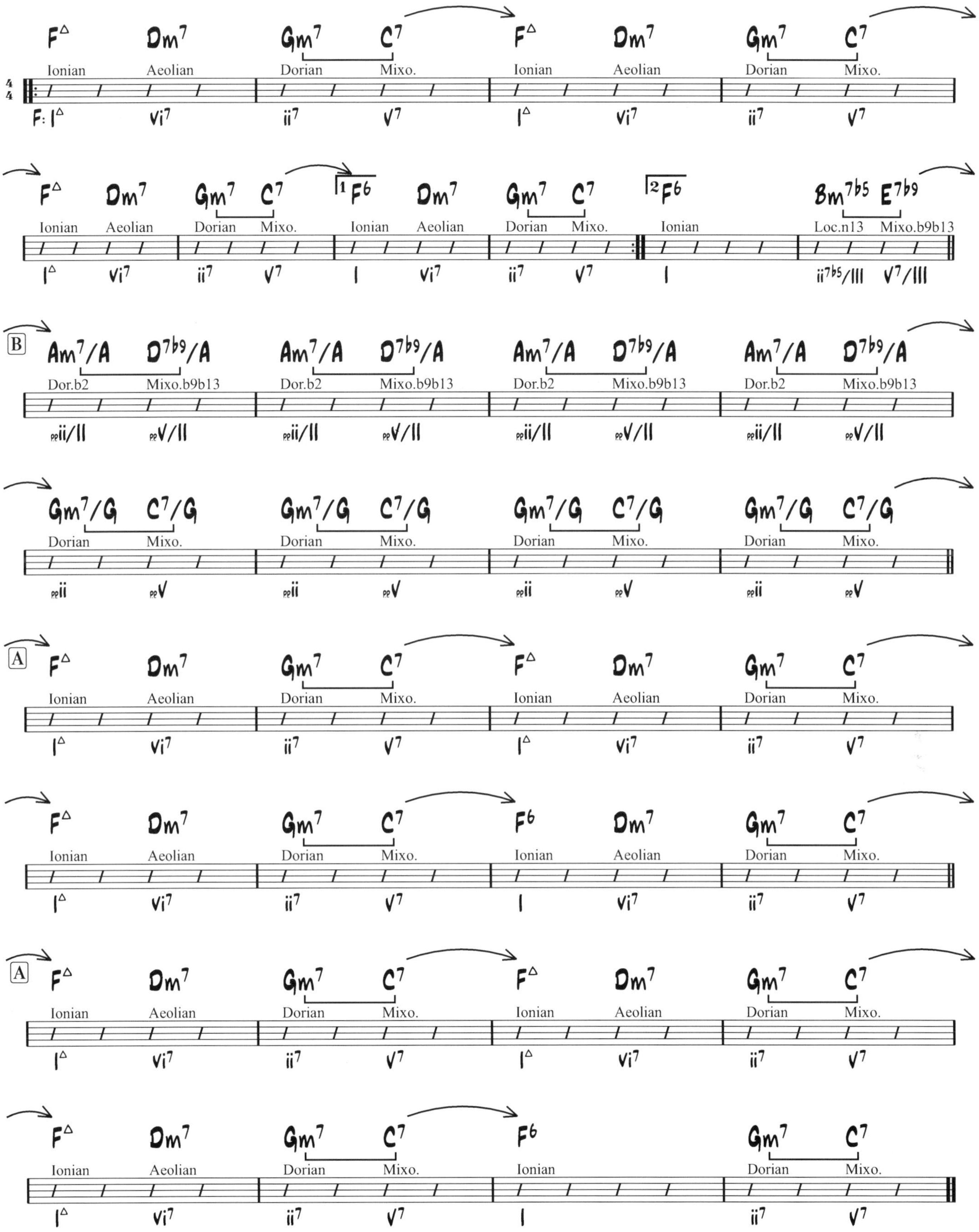

HALF NELSON

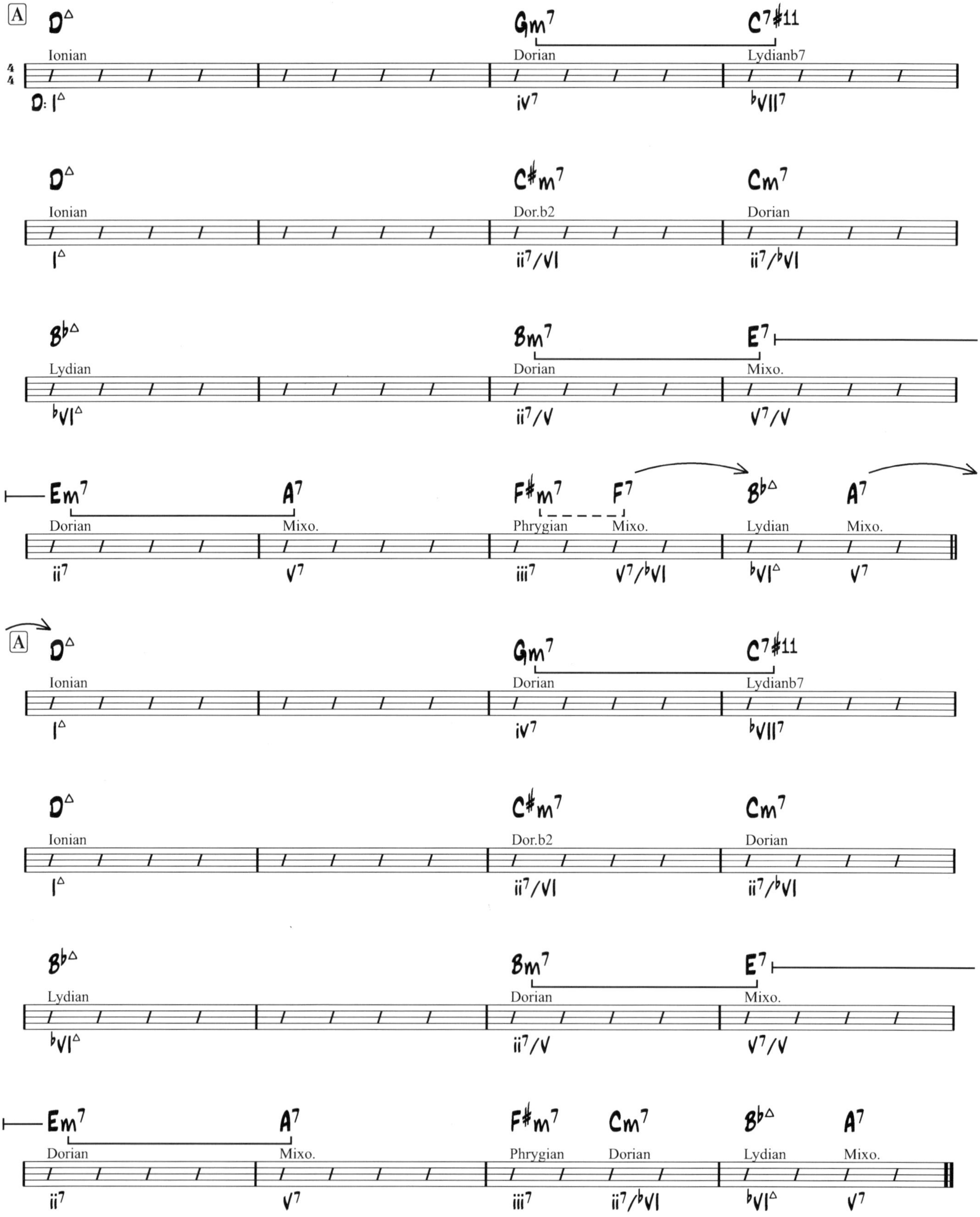
A
D△ Gm7 C7#11
Ionian Dorian Lydianb7
4/4
D: I△ iv7 bVII7
D△ C#m7 Cm7
Ionian Dor.b2 Dorian
I△ ii7/VI ii7/bVI
Bb△ Bm7 E7
Lydian Dorian Mixo.
bVI△ ii7/V V7/V
Em7 A7 F#m7 F7 Bb△ A7
Dorian Mixo. Phrygian Mixo. Lydian Mixo.
ii7 V7 iii7 V7/bVI bVI△ V7
A
D△ Gm7 C7#11
Ionian Dorian Lydianb7
I△ iv7 bVII7
D△ C#m7 Cm7
Ionian Dor.b2 Dorian
I△ ii7/VI ii7/bVI
Bb△ Bm7 E7
Lydian Dorian Mixo.
bVI△ ii7/V V7/V
Em7 A7 F#m7 Cm7 Bb△ A7
Dorian Mixo. Phrygian Dorian Lydian Mixo.
ii7 V7 iii7 ii7/bVI bVI△ V7

HAVE YOU MET MISS JONES?

A
G△ G#°7 Am7 D7
Ionian AltDomo7 Dorian Mixo.
4/4
G: I△ VII°7/II ii7 V7
Bm7 Em7 1 Am7 D7
Phrygian Aeolian Dorian Mixo.
iii7 vi7 ii7 V7
2 Dm7 G7
Dorian Mixo.
ii7/IV V7/IV
↓P5 C: V7
B
C△ B♭m7 E♭7 A♭△ F#m7 B7
Ionian Dorian Mixo. Ionian Dorian Mixo.
I△ ii7/♭VI V7 I△ ii7/♭VI V7
↓M3 A♭: ii7 ↓M3 E: ii7
C#m7 B♭m7 E♭7 A♭△ Am7 D7
Aeolian Dorian Mixo. Ionian Dorian Mixo.
vi7 ii7/III V7 I△ subii7/IV subV7/IV
↑M3 A♭: ii7 ↓H G: V7
A
G△ G#°7 Am7 D7 C7#11
Ionian AltDomo7 Dorian Mixo. Lydianb7
I△ VII°7/II ii7 V7 subV7/III
Bm7 E7b9 Am7 D7 G△ Am7 D7
Dor.b2 Mixo.b9b13 Dorian Mixo. Ionian Dorian Mixo.
ii7/II V7/II ii7 V7 I△ ii7 V7

HEAVEN

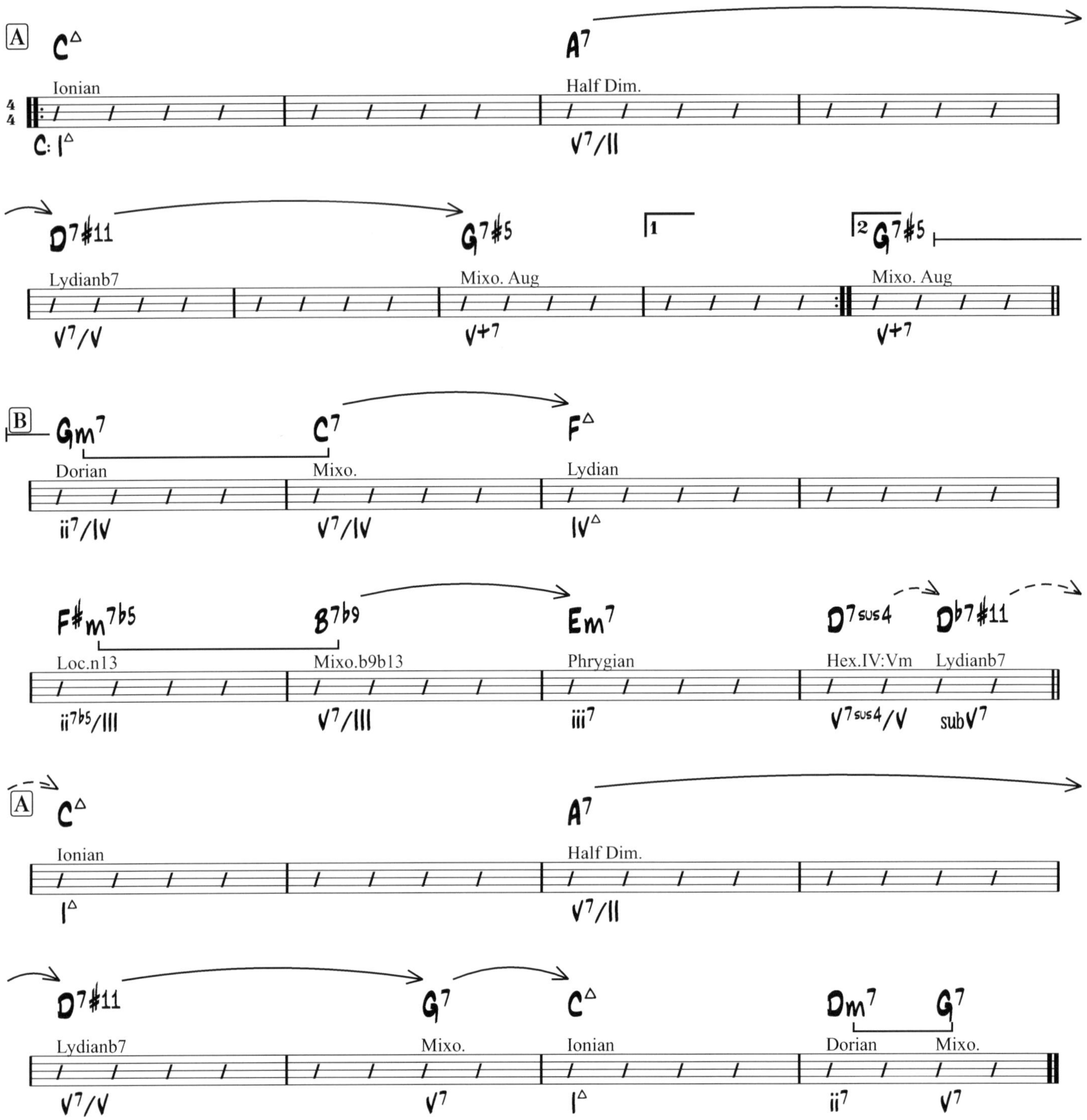
A
C△ A7
Ionian Half Dim.
4/4
C: I△ V7/II
D7#11 G7#5 1 2 G7#5
Lydianb7 Mixo. Aug Mixo. Aug
V7/V V+7 V+7
B
Gm7 C7 F△
Dorian Mixo. Lydian
ii7/IV V7/IV IV△
F#m7b5 B7b9 Em7 D7sus4 Db7#11
Loc.n13 Mixo.b9b13 Phrygian Hex.IV:Vm Lydianb7
ii7b5/III V7/III iii7 V7sus4/V subV7
A
C△ A7
Ionian Half Dim.
I△ V7/II
D7#11 G7 C△ Dm7 G7
Lydianb7 Mixo. Ionian Dorian Mixo.
V7/V V7 I△ ii7 V7

HEEBIE JEEBIES

HELLO, YOUNG LOVERS

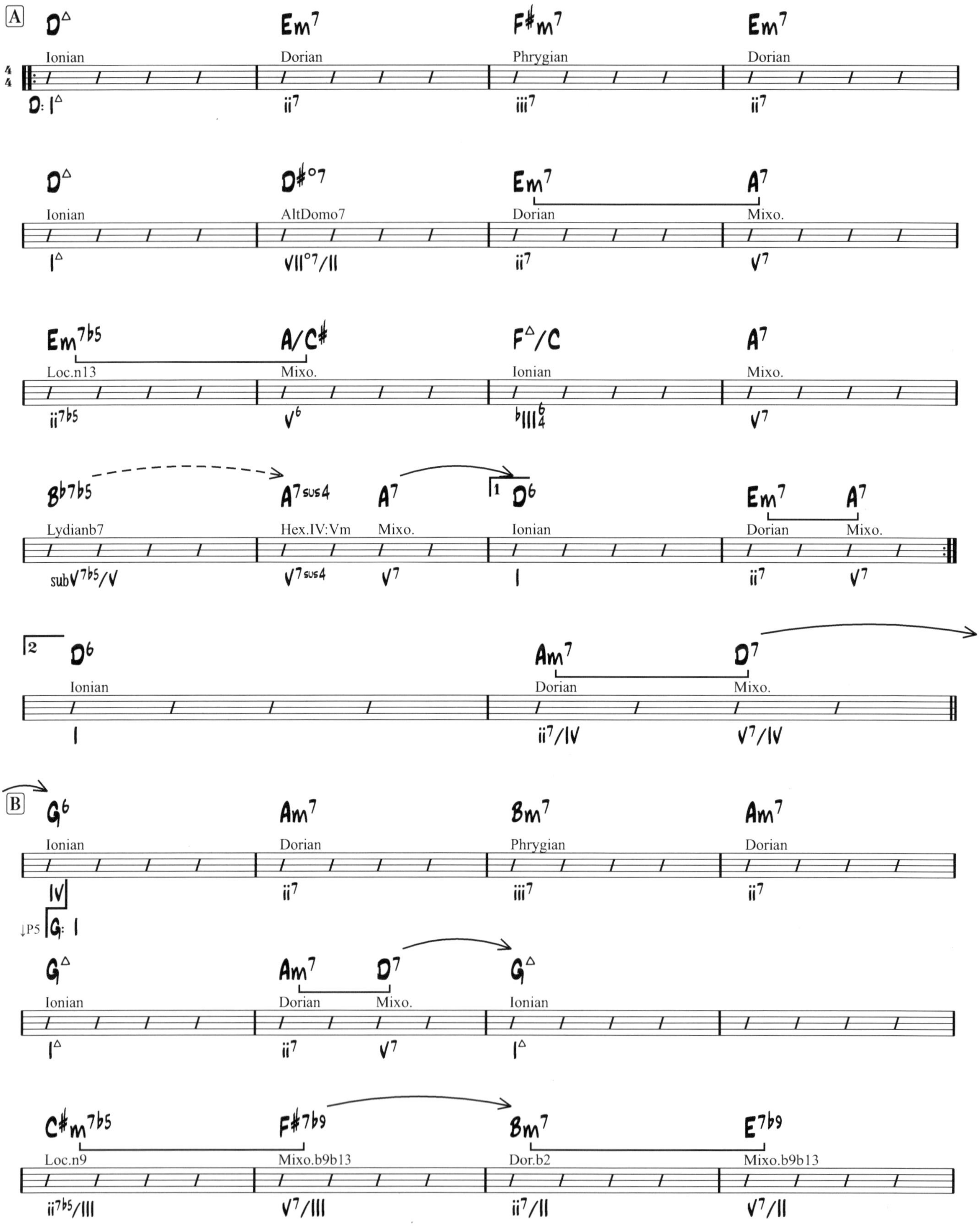

HELLO, YOUNG LOVERS - Page 2

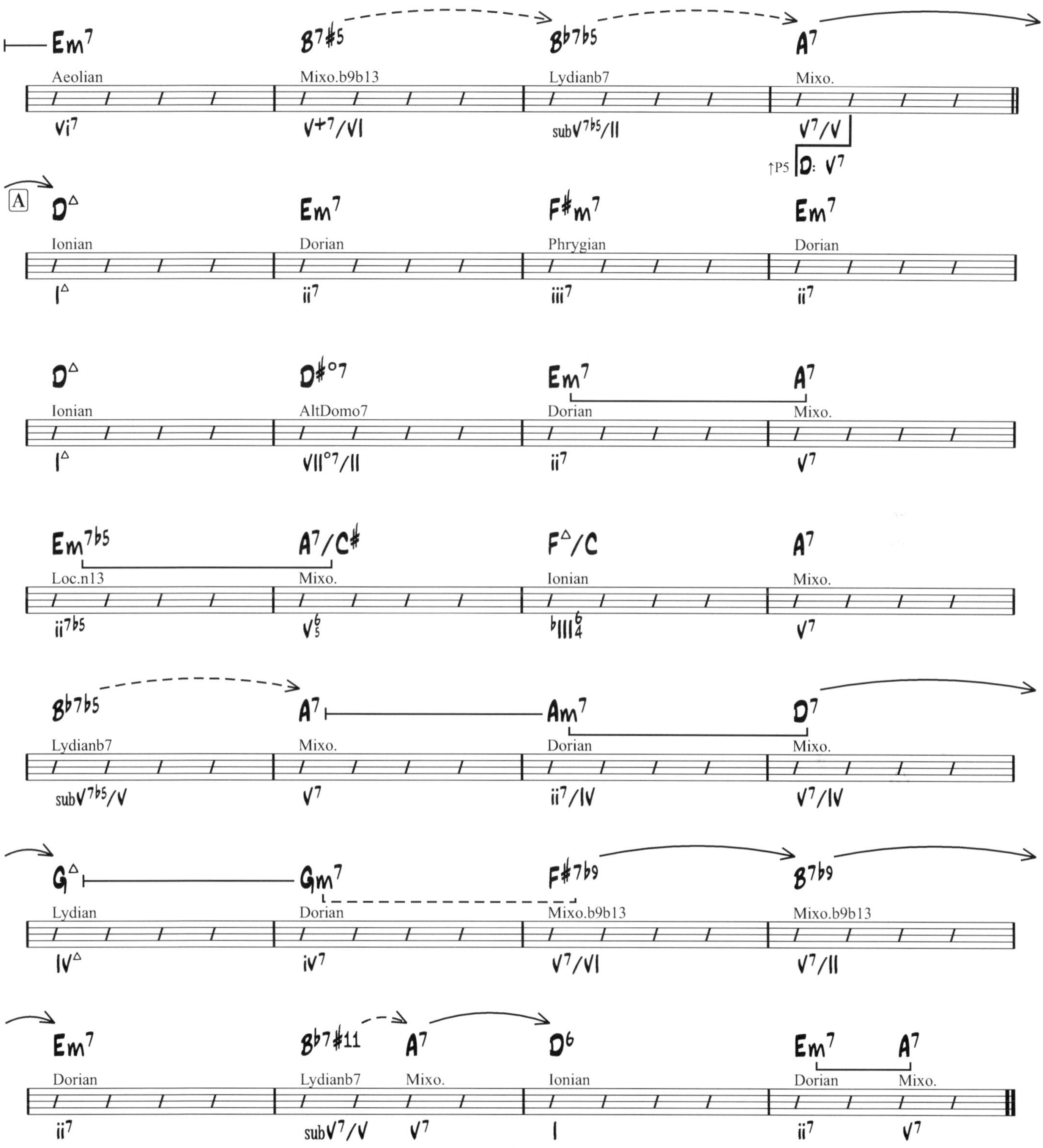

HERE'S THAT RAINY DAY

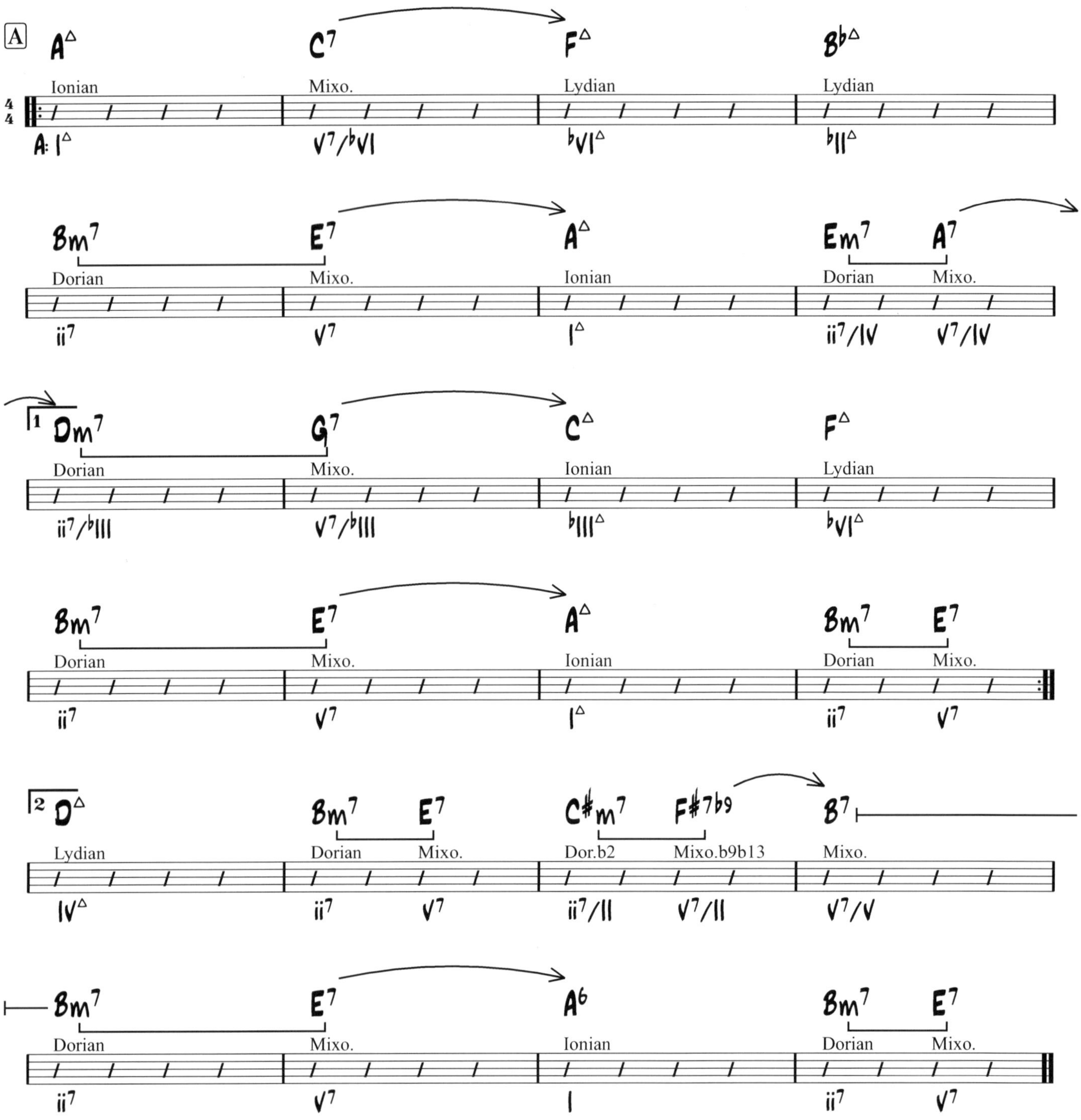

HOT TODDY

A
D6 Am7 D6 Am7 G△ G6 G△ G6
Mixo. Dorian Mixo. Dorian Ionian Ionian Ionian Ionian
4/4
G: V ii7 V ii7 I△ I I△ I
D6 Am7 D6 Am7 G△ G6 G△ G6
Mixo. Dorian Mixo. Dorian Ionian Ionian Ionian Ionian
V ii7 V ii7 I△ I I△ I
G7 Dm7 G7 Dm7 1 C△ C6 C△ C6
Mixo. Dorian Mixo. Dorian Lydian Lydian Lydian Lydian
V7/IV ii7/IV V7/IV ii7/IV IV△ IV IV△ IV
A7 Em7 A7 Em7 D7
Mixo. Dorian Mixo. Dorian Mixo.
V7/V ii7/V V7/V ii7/V V7
2 C△ C6 Cm7 D6 Am7 D6 Am7
Lydian Lydian Dorian Mixo. Dorian Mixo. Dorian
IV△ IV iv7 V ii7 V ii7
D6 Am7 G6
Mixo. Dorian Ionian
V ii7 I

HOW HIGH THE MOON

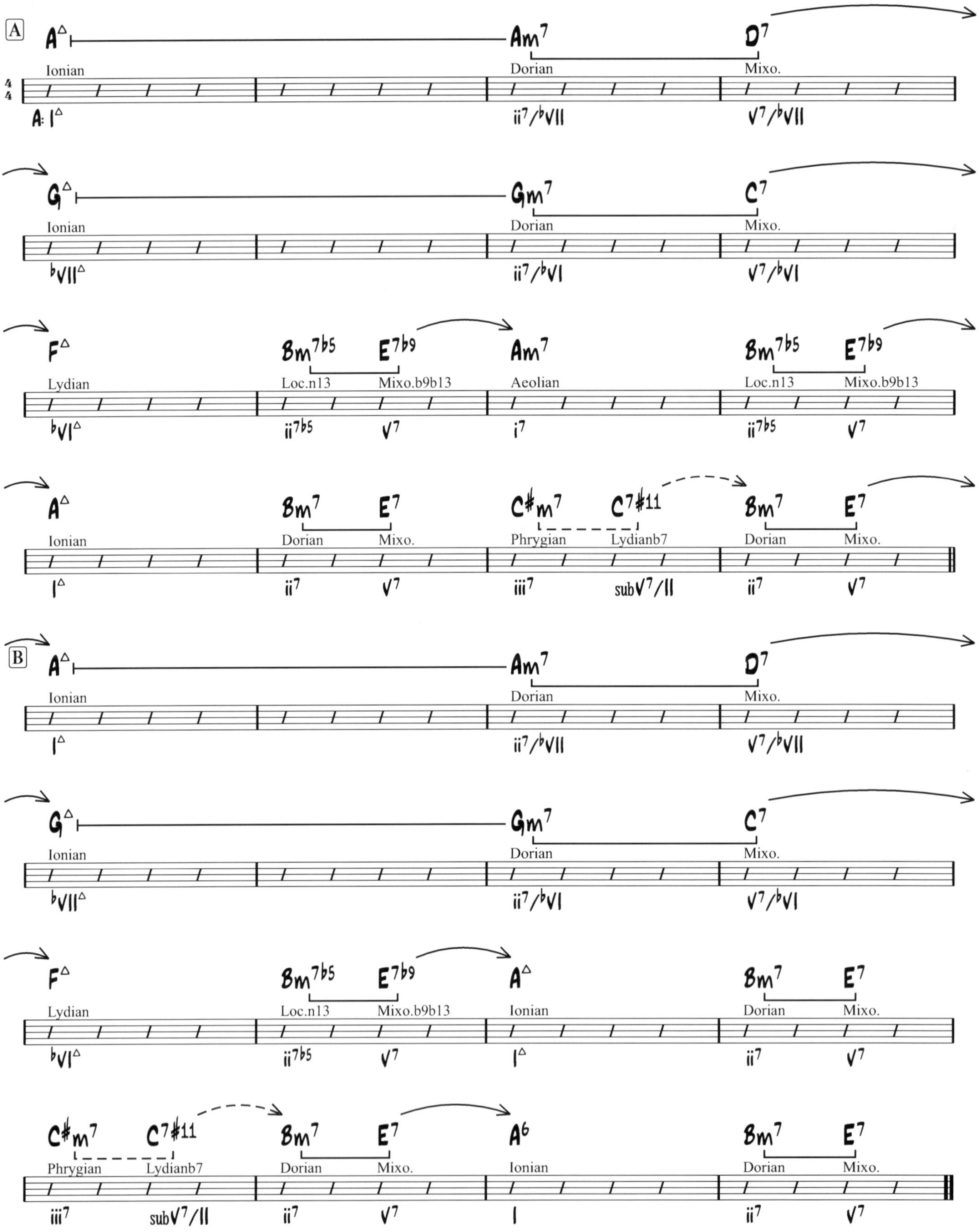

HOW INSENSITIVE

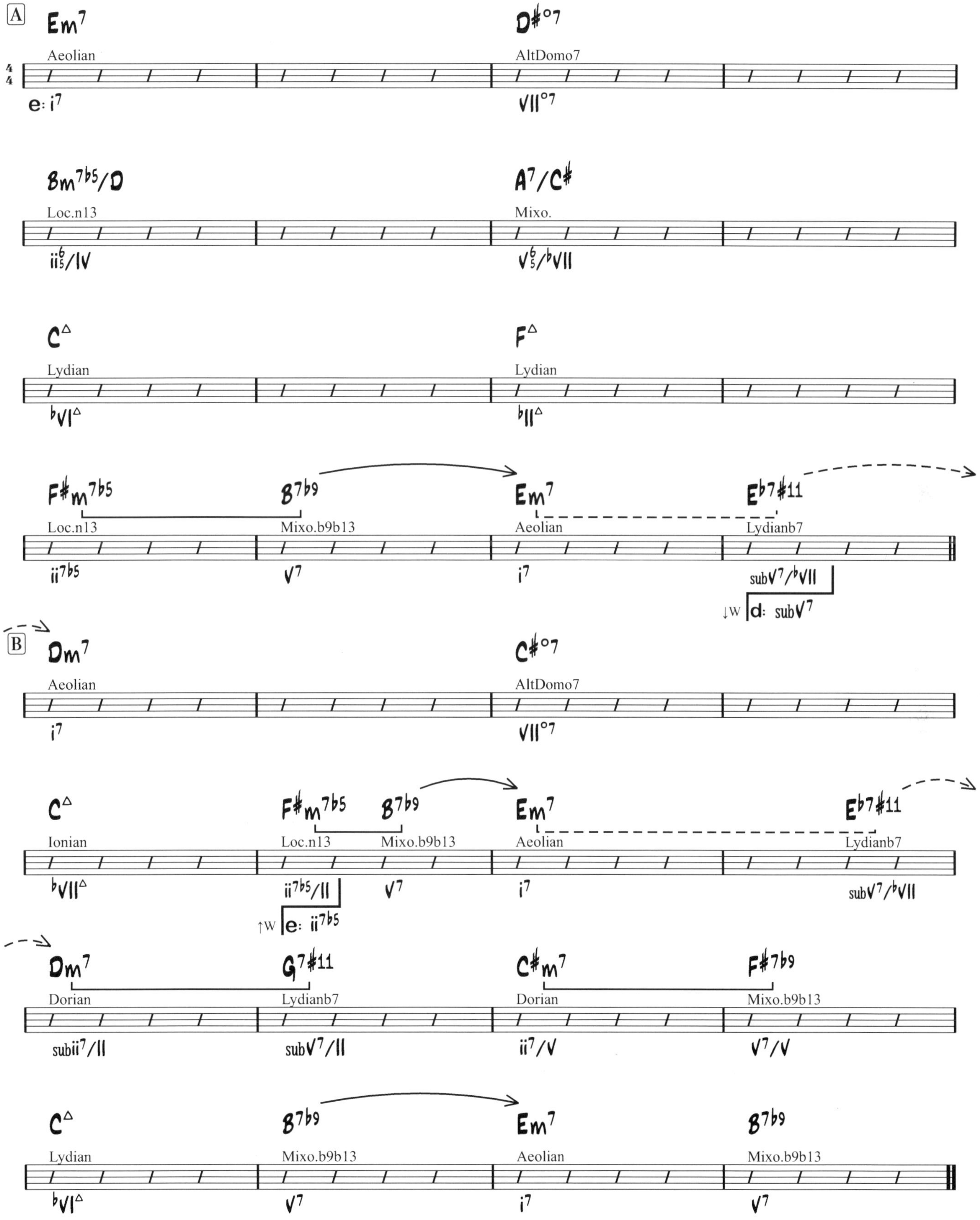
A
Em7 | | D#°7 |
Aeolian | AltDomo7
e: i7 | VII°7
Bm7b5/D | | A7/C# |
Loc.n13 | Mixo.
ii6/5/IV | V6/5/bVII
CΔ | | FΔ |
Lydian | Lydian
bVIΔ | bIIΔ
F#m7b5 | B7b9 | Em7 | Eb7#11
Loc.n13 | Mixo.b9b13 | Aeolian | Lydianb7
ii7b5 | V7 | i7 | subV7/bVII
↓W d: subV7
B
Dm7 | | C#°7 |
Aeolian | AltDomo7
i7 | VII°7
CΔ | F#m7b5 B7b9 | Em7 | Eb7#11
Ionian | Loc.n13 Mixo.b9b13 | Aeolian | Lydianb7
bVIIΔ | ii7b5/II V7 | i7 | subV7/bVII
↑W e: ii7b5
Dm7 | G7#11 | C#m7 | F#7b9
Dorian | Lydianb7 | Dorian | Mixo.b9b13
subii7/II | subV7/II | ii7/V | V7/V
CΔ | B7b9 | Em7 | B7b9
Lydian | Mixo.b9b13 | Aeolian | Mixo.b9b13
bVIΔ | V7 | i7 | V7

I CAN'T GET STARTED WITH YOU

I CAN'T GIVE YOU ANYTHING BUT LOVE

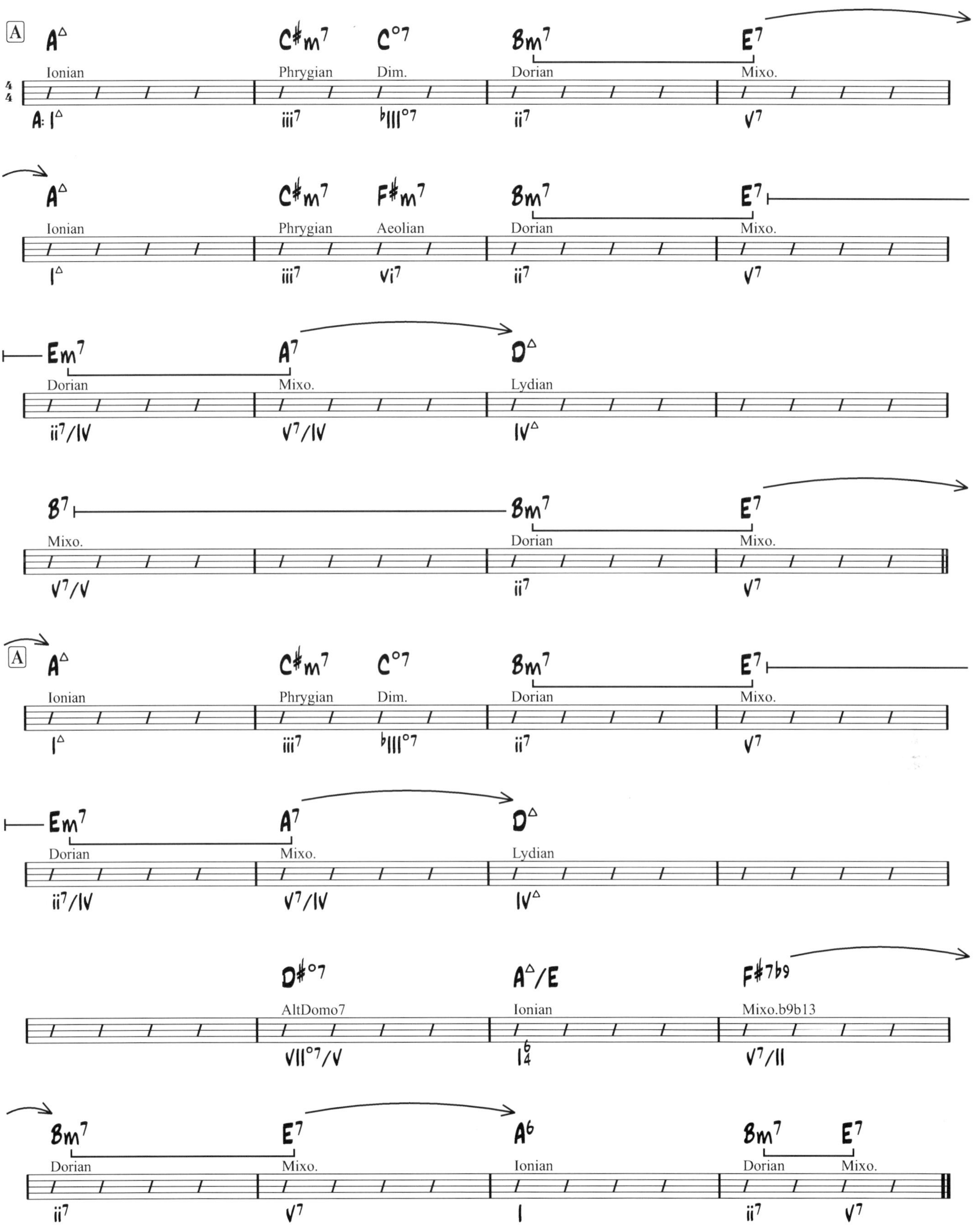
A
A△ C#m7 C°7 Bm7 E7
Ionian Phrygian Dim. Dorian Mixo.
4/4
A: I△ iii7 bIII°7 ii7 V7
A△ C#m7 F#m7 Bm7 E7
Ionian Phrygian Aeolian Dorian Mixo.
I△ iii7 vi7 ii7 V7
Em7 A7 D△
Dorian Mixo. Lydian
ii7/IV V7/IV IV△
B7 Bm7 E7
Mixo. Dorian Mixo.
V7/V ii7 V7
A
A△ C#m7 C°7 Bm7 E7
Ionian Phrygian Dim. Dorian Mixo.
I△ iii7 bIII°7 ii7 V7
Em7 A7 D△
Dorian Mixo. Lydian
ii7/IV V7/IV IV△
D#°7 A△/E F#7b9
AltDomo7 Ionian Mixo.b9b13
VII°7/V I6/4 V7/II
Bm7 E7 A6 Bm7 E7
Dorian Mixo. Ionian Dorian Mixo.
ii7 V7 I ii7 V7

I COULD WRITE A BOOK

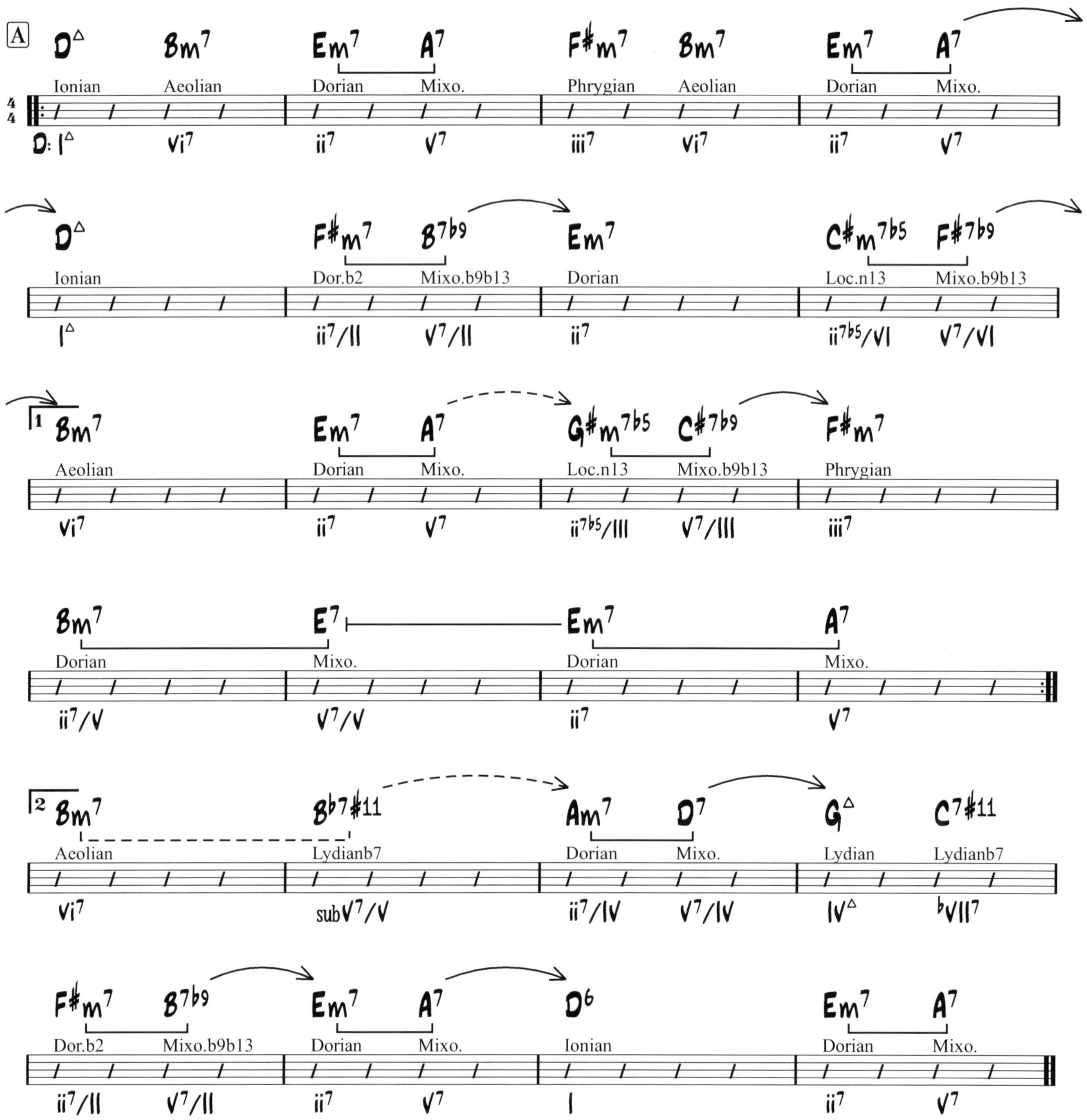

I GOT IT BAD AND THAT AIN'T GOOD

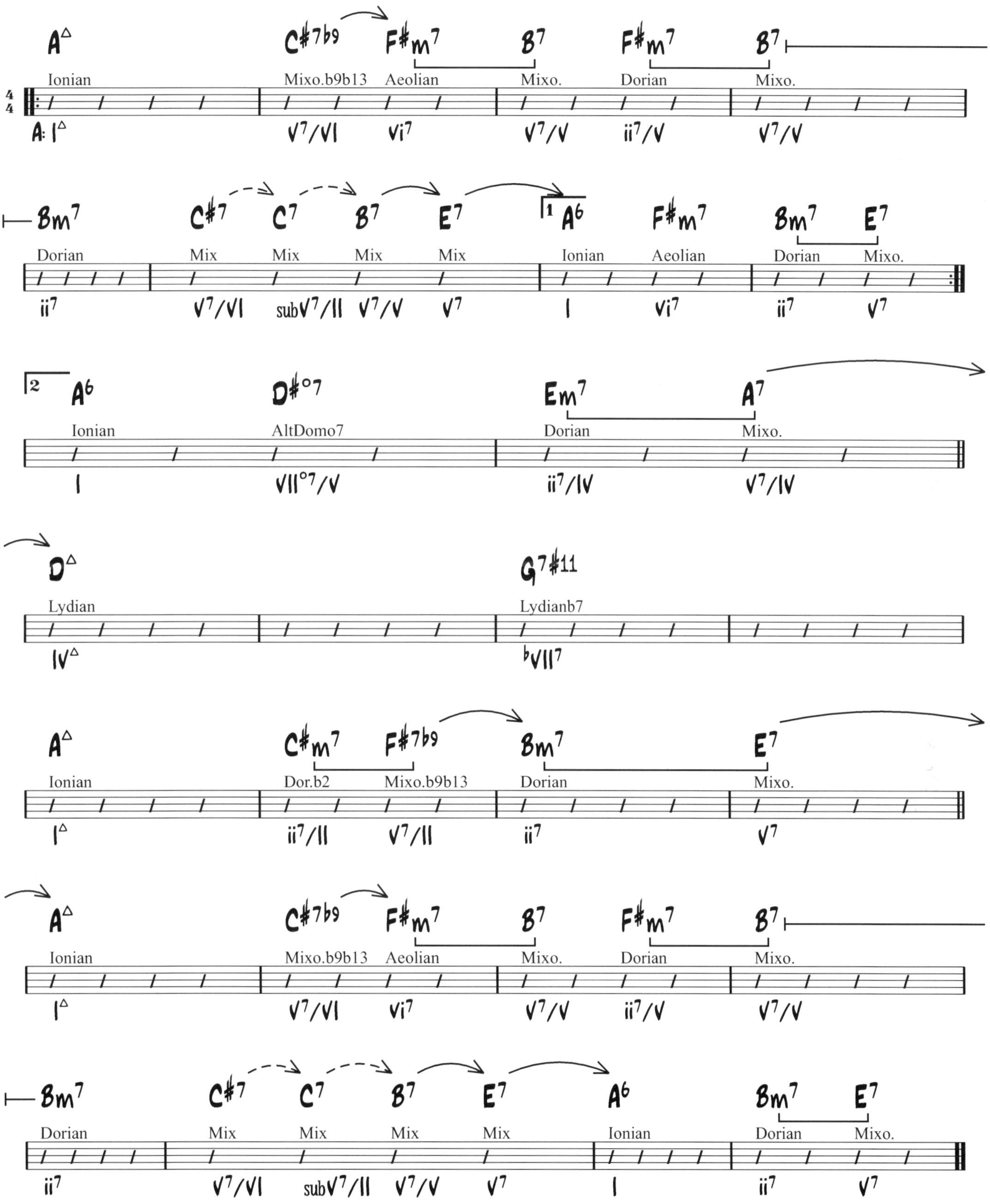

I LET A SONG GO OUT OF MY HEART

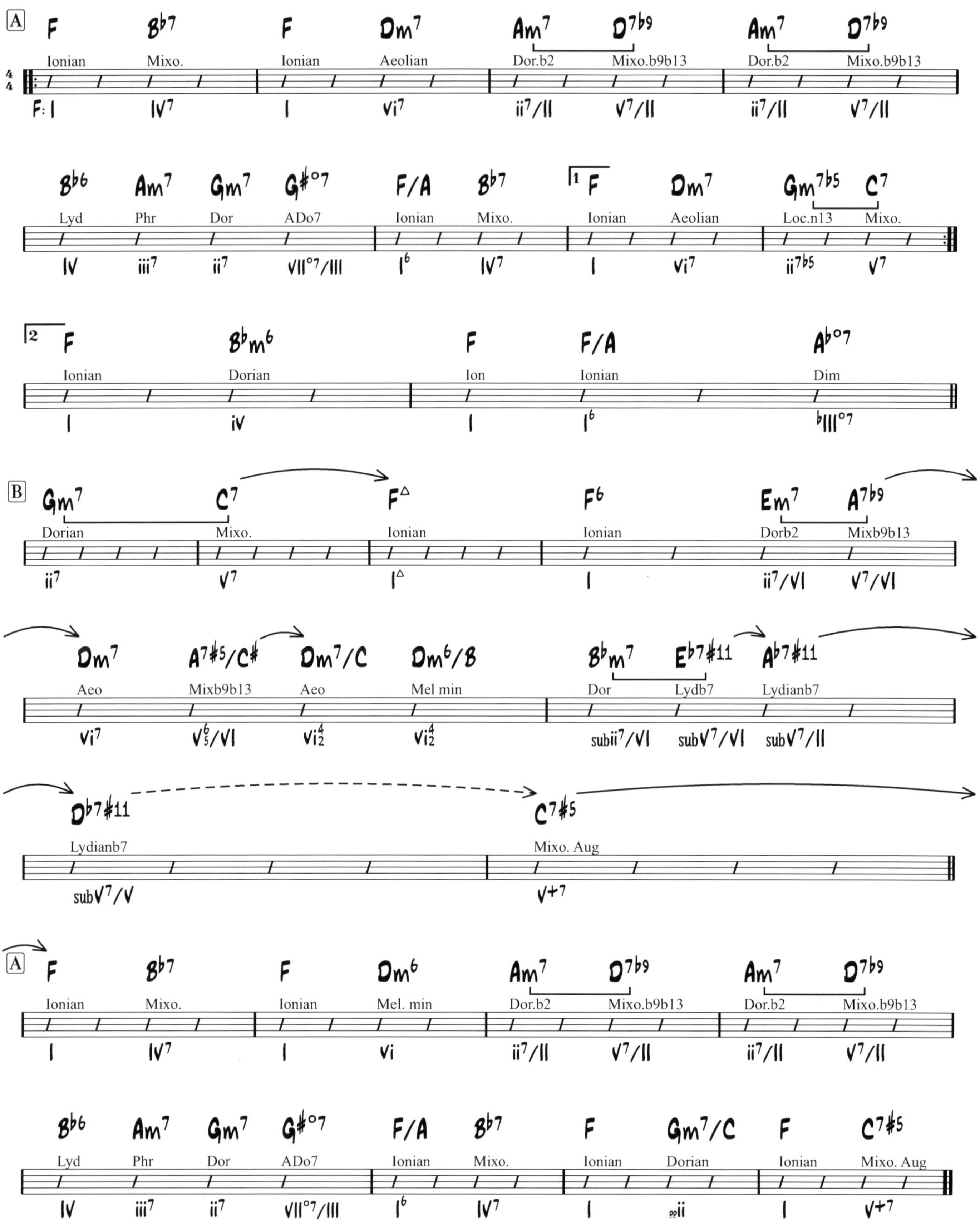

I LOVE PARIS

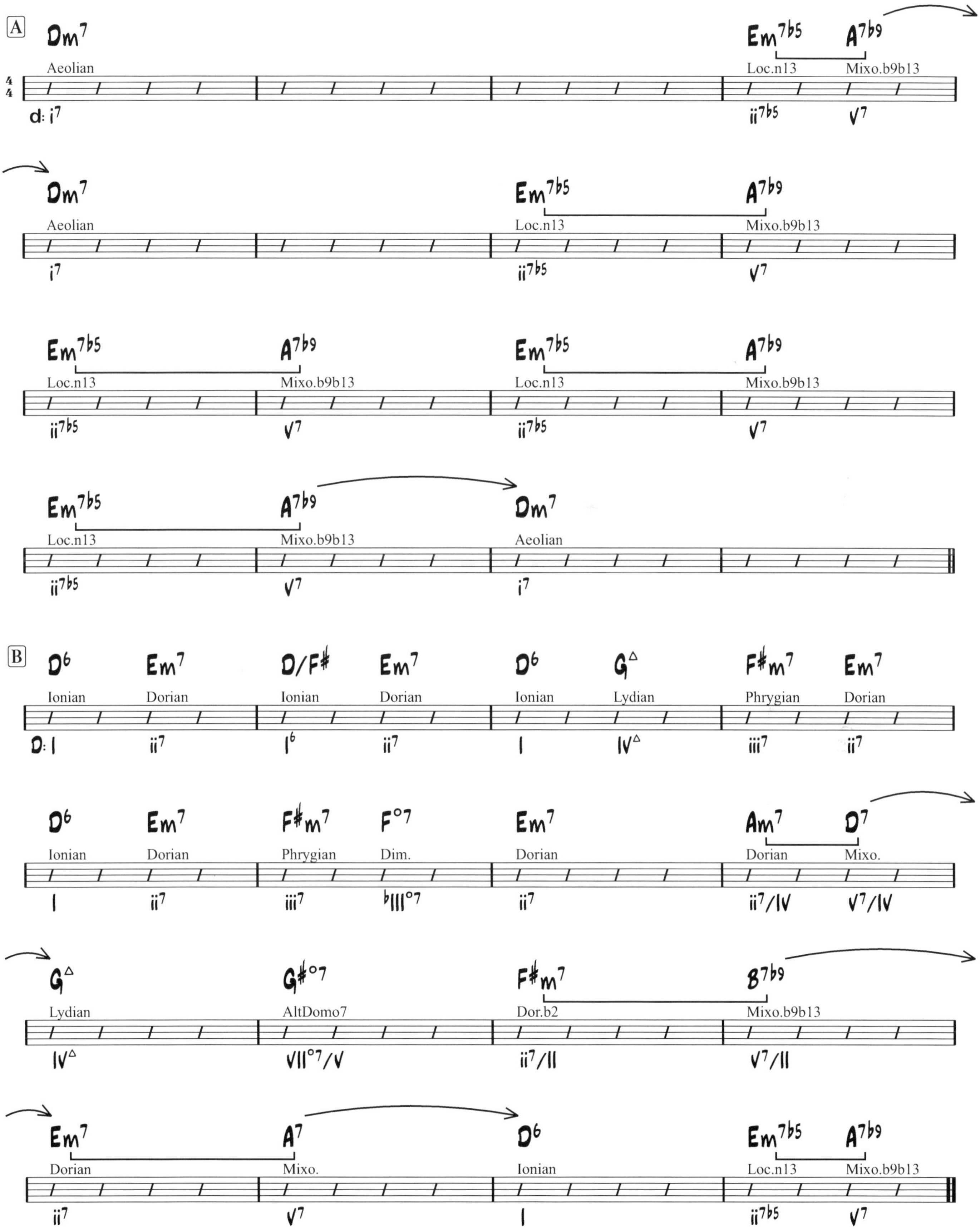
A
Dm7 Em7b5 A7b9
Aeolian Loc.n13 Mixo.b9b13
4
4
d: i7 ii7b5 V7
Dm7 Em7b5 A7b9
Aeolian Loc.n13 Mixo.b9b13
i7 ii7b5 V7
Em7b5 A7b9 Em7b5 A7b9
Loc.n13 Mixo.b9b13 Loc.n13 Mixo.b9b13
ii7b5 V7 ii7b5 V7
Em7b5 A7b9 Dm7
Loc.n13 Mixo.b9b13 Aeolian
ii7b5 V7 i7
B
D6 Em7 D/F# Em7 D6 G△ F#m7 Em7
Ionian Dorian Ionian Dorian Ionian Lydian Phrygian Dorian
D: I ii7 I6 ii7 I IV△ iii7 ii7
D6 Em7 F#m7 F°7 Em7 Am7 D7
Ionian Dorian Phrygian Dim. Dorian Dorian Mixo.
I ii7 iii7 bIII°7 ii7 ii7/IV V7/IV
G△ G#°7 F#m7 B7b9
Lydian AltDomo7 Dor.b2 Mixo.b9b13
IV△ VII°7/V ii7/II V7/II
Em7 A7 D6 Em7b5 A7b9
Dorian Mixo. Ionian Loc.n13 Mixo.b9b13
ii7 V7 I ii7b5 V7

I LOVE YOU

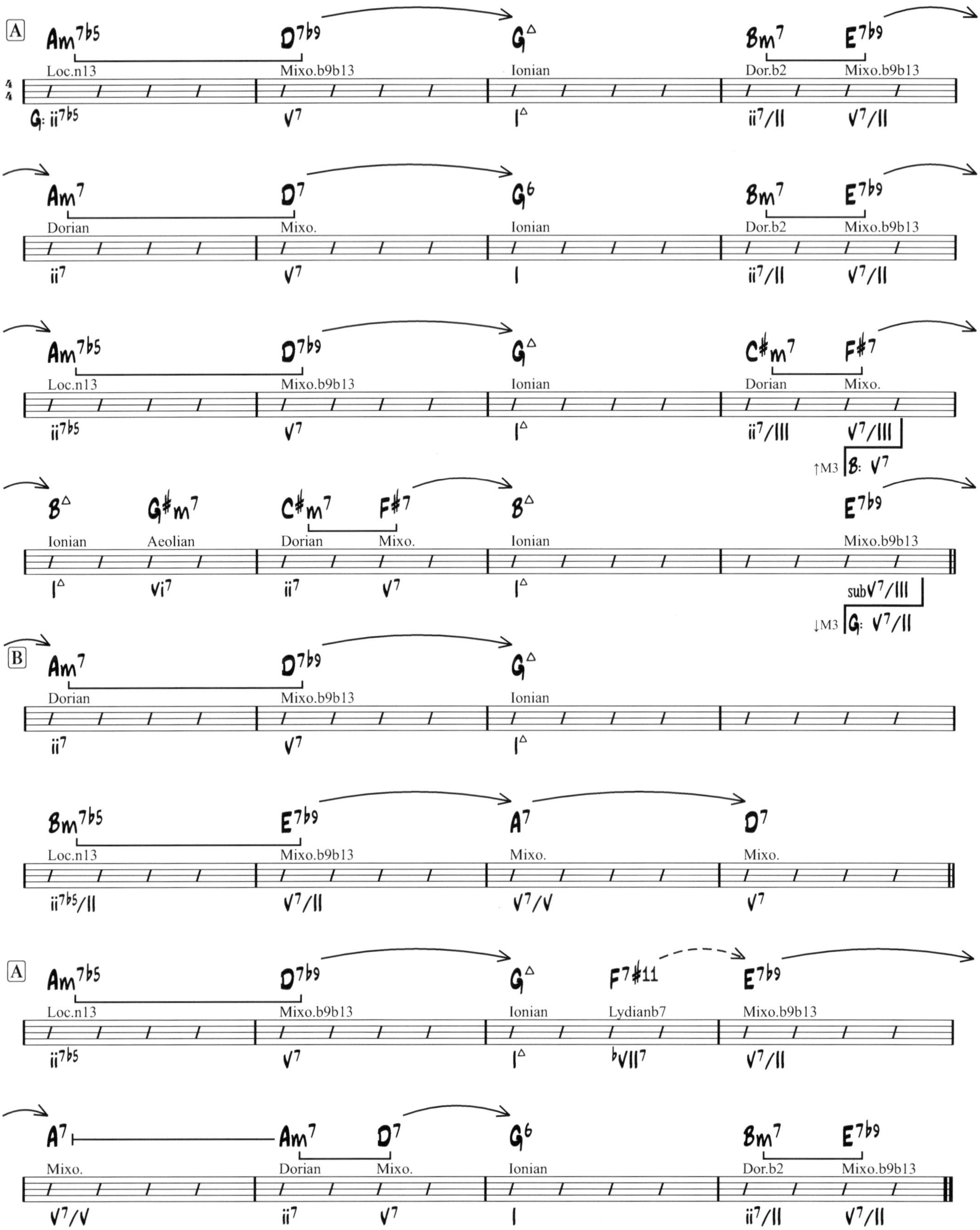
A
Am7b5 D7b9 G△ Bm7 E7b9
Loc.n13 Mixo.b9b13 Ionian Dor.b2 Mixo.b9b13
4/4
G: ii7b5 V7 I△ ii7/II V7/II
Am7 D7 G6 Bm7 E7b9
Dorian Mixo. Ionian Dor.b2 Mixo.b9b13
ii7 V7 I ii7/II V7/II
Am7b5 D7b9 G△ C#m7 F#7
Loc.n13 Mixo.b9b13 Ionian Dorian Mixo.
ii7b5 V7 I△ ii7/III V7/III
↑M3 B: V7
B△ G#m7 C#m7 F#7 B△ E7b9
Ionian Aeolian Dorian Mixo. Ionian Mixo.b9b13
I△ vi7 ii7 V7 I△ subV7/III
↓M3 G: V7/II
B
Am7 D7b9 G△
Dorian Mixo.b9b13 Ionian
ii7 V7 I△
Bm7b5 E7b9 A7 D7
Loc.n13 Mixo.b9b13 Mixo. Mixo.
ii7b5/II V7/II V7/V V7
A
Am7b5 D7b9 G△ F7#11 E7b9
Loc.n13 Mixo.b9b13 Ionian Lydianb7 Mixo.b9b13
ii7b5 V7 I△ bVII7 V7/II
A7 Am7 D7 G6 Bm7 E7b9
Mixo. Dorian Mixo. Ionian Dor.b2 Mixo.b9b13
V7/V ii7 V7 I ii7/II V7/II

I MEAN YOU

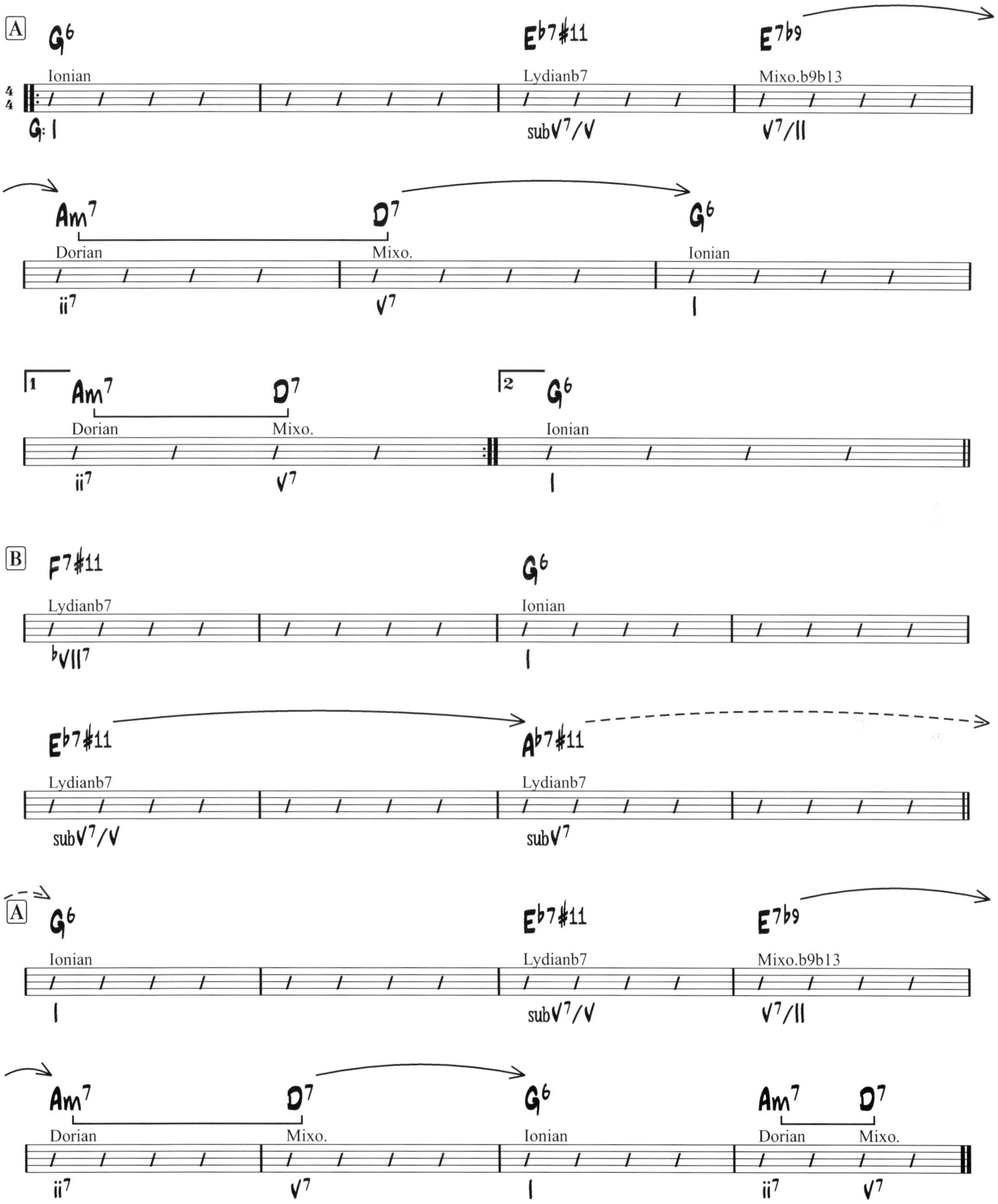
A
G6
Ionian
Eb7#11
Lydianb7
E7b9
Mixo.b9b13
G: I
subV7/V
V7/II
Am7
Dorian
D7
Mixo.
G6
Ionian
ii7
V7
I
1
Am7
Dorian
D7
Mixo.
2
G6
Ionian
ii7
V7
I
B
F7#11
Lydianb7
G6
Ionian
bVII7
I
Eb7#11
Lydianb7
Ab7#11
Lydianb7
subV7/V
subV7
A
G6
Ionian
Eb7#11
Lydianb7
E7b9
Mixo.b9b13
I
subV7/V
V7/II
Am7
Dorian
D7
Mixo.
G6
Ionian
Am7
Dorian
D7
Mixo.
ii7
V7
I
ii7
V7

I REMEMBER CLIFFORD

I REMEMBER CLIFFORD - Page 2

I SHOULD CARE

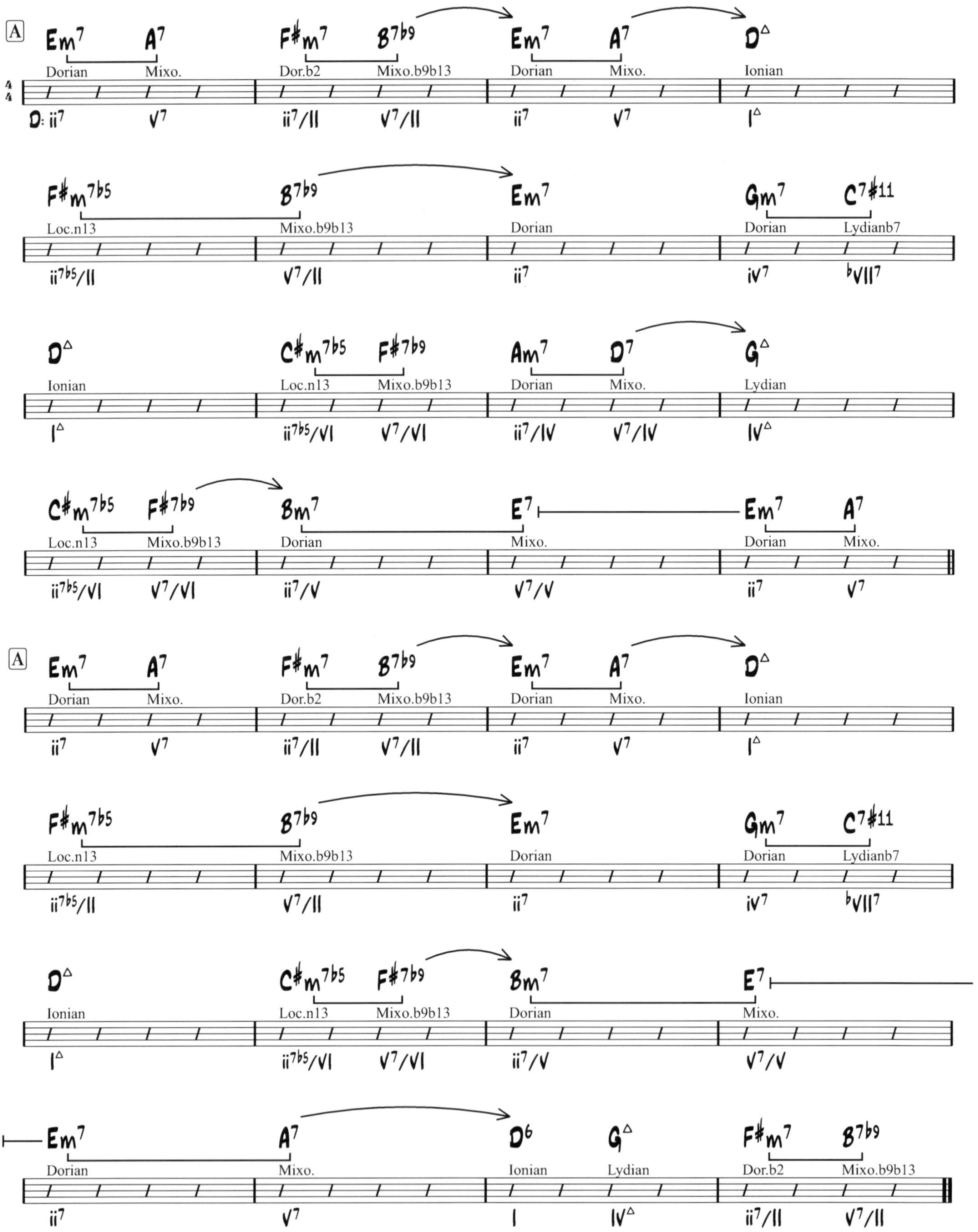
A
Em7 A7 | F#m7 B7b9 | Em7 A7 | D△
Dorian Mixo. | Dor.b2 Mixo.b9b13 | Dorian Mixo. | Ionian
4/4
D: ii7 V7 | ii7/II V7/II | ii7 V7 | I△
F#m7b5 | B7b9 | Em7 | Gm7 C7#11
Loc.n13 | Mixo.b9b13 | Dorian | Dorian Lydianb7
ii7b5/II | V7/II | ii7 | iv7 bVII7
D△ | C#m7b5 F#7b9 | Am7 D7 | G△
Ionian | Loc.n13 Mixo.b9b13 | Dorian Mixo. | Lydian
I△ | ii7b5/VI V7/VI | ii7/IV V7/IV | IV△
C#m7b5 F#7b9 | Bm7 | E7 | Em7 A7
Loc.n13 Mixo.b9b13 | Dorian | Mixo. | Dorian Mixo.
ii7b5/VI V7/VI | ii7/V | V7/V | ii7 V7
A
Em7 A7 | F#m7 B7b9 | Em7 A7 | D△
Dorian Mixo. | Dor.b2 Mixo.b9b13 | Dorian Mixo. | Ionian
ii7 V7 | ii7/II V7/II | ii7 V7 | I△
F#m7b5 | B7b9 | Em7 | Gm7 C7#11
Loc.n13 | Mixo.b9b13 | Dorian | Dorian Lydianb7
ii7b5/II | V7/II | ii7 | iv7 bVII7
D△ | C#m7b5 F#7b9 | Bm7 | E7
Ionian | Loc.n13 Mixo.b9b13 | Dorian | Mixo.
I△ | ii7b5/VI V7/VI | ii7/V | V7/V
Em7 | A7 | D6 G△ | F#m7 B7b9
Dorian | Mixo. | Ionian Lydian | Dor.b2 Mixo.b9b13
ii7 | V7 | I IV△ | ii7/II V7/II

I WISH I KNEW HOW IT WOULD FEEL TO BE FREE

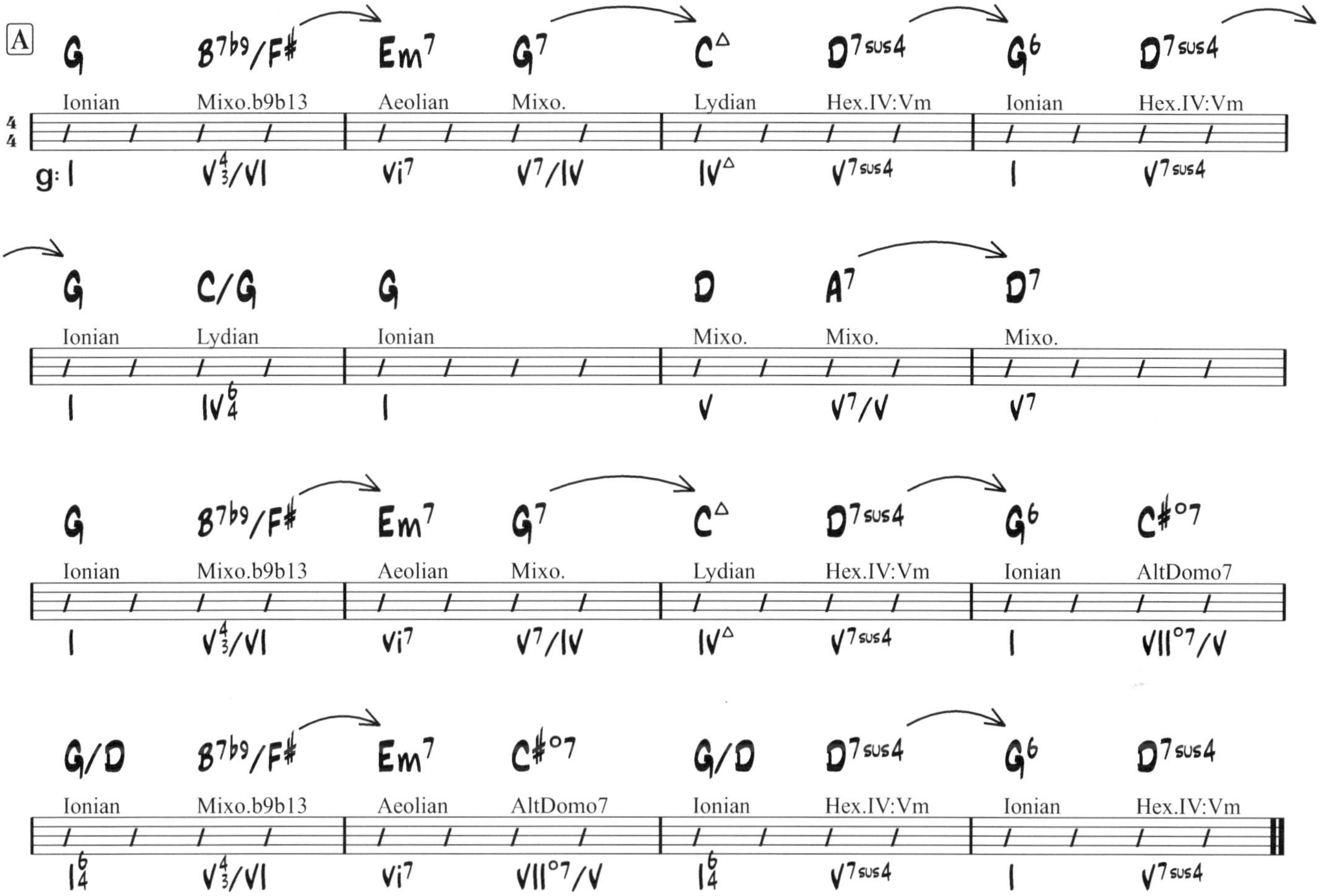
A
G B7b9/F# Em7 G7 C△ D7sus4 G6 D7sus4
Ionian Mixo.b9b13 Aeolian Mixo. Lydian Hex.IV:Vm Ionian Hex.IV:Vm
4 4
g: I V43/VI vi7 V7/IV IV△ V7sus4 I V7sus4
G C/G G D A7 D7
Ionian Lydian Ionian Mixo. Mixo. Mixo.
I IV64 I V V7/V V7
G B7b9/F# Em7 G7 C△ D7sus4 G6 C#°7
Ionian Mixo.b9b13 Aeolian Mixo. Lydian Hex.IV:Vm Ionian AltDomo7
I V43/VI vi7 V7/IV IV△ V7sus4 I VII°7/V
G/D B7b9/F# Em7 C#°7 G/D D7sus4 G6 D7sus4
Ionian Mixo.b9b13 Aeolian AltDomo7 Ionian Hex.IV:Vm Ionian Hex.IV:Vm
I64 V43/VI vi7 VII°7/V I64 V7sus4 I V7sus4

IF YOU NEVER COME TO ME

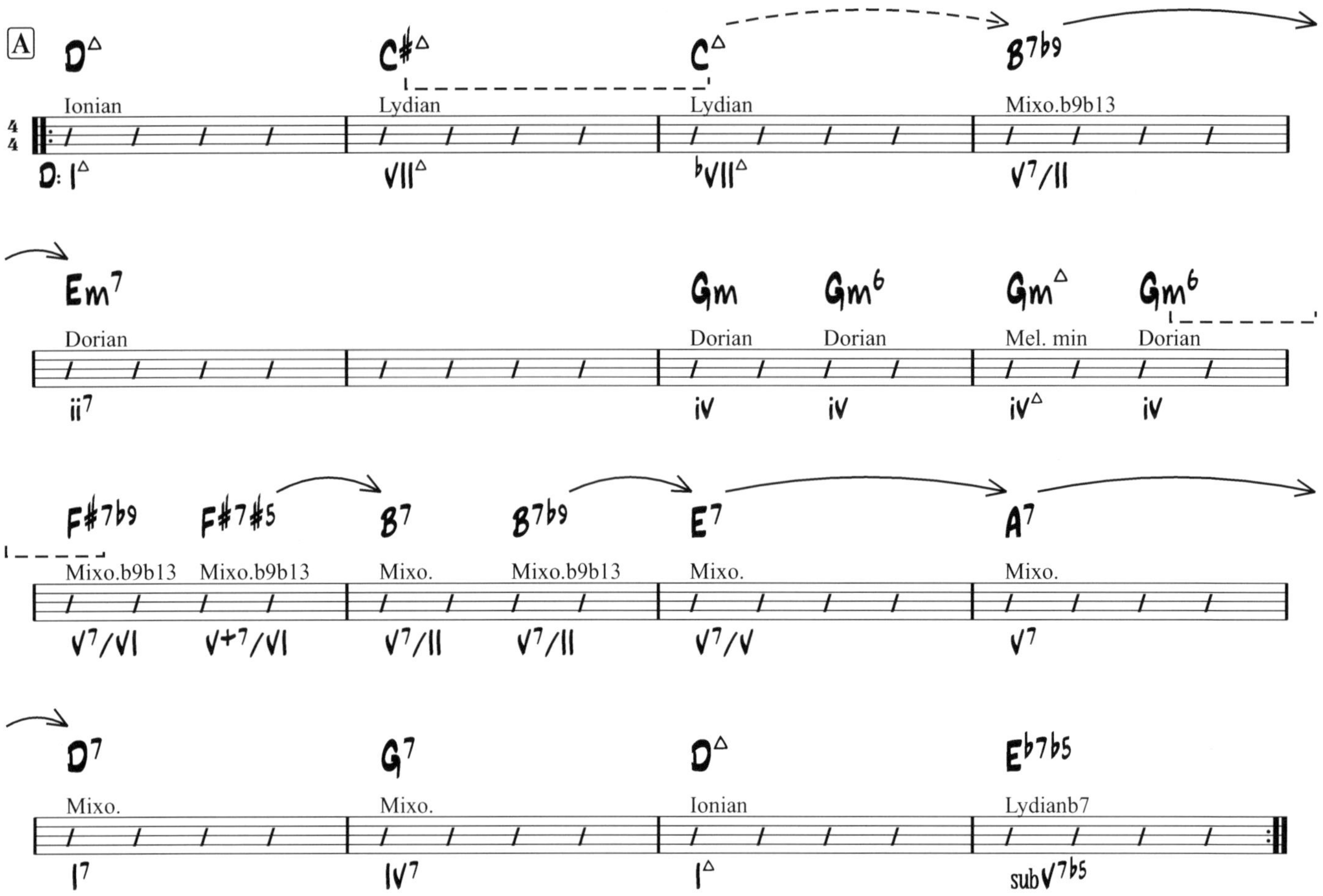

I'LL NEVER SMILE AGAIN

A
Gm7 Db7#11 C7sus4 C7b9 F△ Am7 Ab°7
Dorian Lydianb7 Hex.IV:Vm Mixo.b9b13 Ionian Phrygian Dim.
4/4
F: ii7 subV7/V V7sus4 V7 I△ iii7 bIII°7
Gm7 Db7#11 C7b9 F6 Bb7#11 Am7 Ab7b5
Dorian Lydianb7 Mixo.b9b13 Ionian Lydianb7 Phrygian Lydianb7
ii7 subV7/V V7 I subV7/III iii7 subV7b5/II
Gm7 C7b9 F6 Gm7 C7#5 F△ E7
Dorian Mixo.b9b13 Ionian Dorian Mixo. Aug Ionian Mix
ii7 V7 I ii7 V+7 I△ V7/III
↑M3 A: V7
A△ E7/B A/C# Ab°7 Gm7 C7 Am7 Ab°7
Ionian Mixo. Ionian Dim. Dorian Mixo. Phr Dim
I△ V4/3 I6 VII°7 ii7 V7 iii7 bIII°7
↓M3 F: bIII°7
A
Gm7 Db7#11 C7sus4 C7b9 F△ Am7 Ab°7
Dorian Lydianb7 Hex.IV:Vm Mixo.b9b13 Ionian Phrygian Dim.
ii7 subV7/V V7sus4 V7 I△ iii7 bIII°7
Gm7 Db7#11 C7b9 F△ F6 Cm6 B7b5
Dorian Lydianb7 Mixo.b9b13 Ionian Ionian Dorian Alt.
ii7 subV7/V V7 I△ I ii/IV subV7b5/IV
Bb△ Eb7#11 F△ D7b9
Lydian Lydianb7 Ionian Mixo.b9b13
IV△ bVII7 I△ V7/II
Gm7 C7b9 F6 Am7 Ab°7
Dorian Mixo.b9b13 Ionian Phrygian Dim.
ii7 V7 I iii7 bIII°7

I'LL REMEMBER APRIL

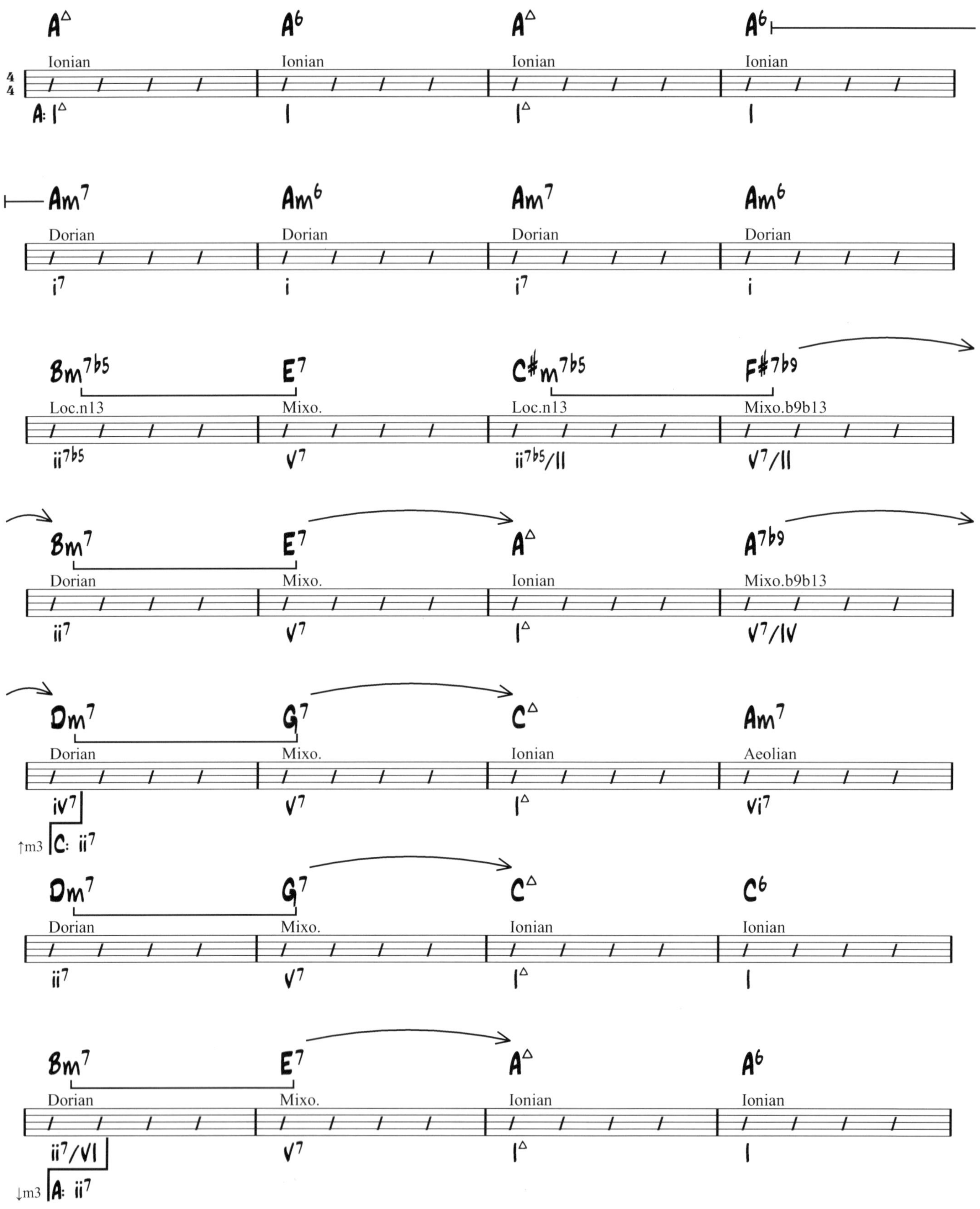
A△ A6 A△ A6
Ionian Ionian Ionian Ionian
A: I△ I I△ I
Am7 Am6 Am7 Am6
Dorian Dorian Dorian Dorian
i7 i i7 i
Bm7b5 E7 C#m7b5 F#7b9
Loc.n13 Mixo. Loc.n13 Mixo.b9b13
ii7b5 V7 ii7b5/II V7/II
Bm7 E7 A△ A7b9
Dorian Mixo. Ionian Mixo.b9b13
ii7 V7 I△ V7/IV
Dm7 G7 C△ Am7
Dorian Mixo. Ionian Aeolian
iv7 V7 I△ vi7
↑m3 C: ii7
Dm7 G7 C△ C6
Dorian Mixo. Ionian Ionian
ii7 V7 I△ I
Bm7 E7 A△ A6
Dorian Mixo. Ionian Ionian
ii7/VI V7 I△ I
↓m3 A: ii7

I'LL REMEMBER APRIL - Page 2

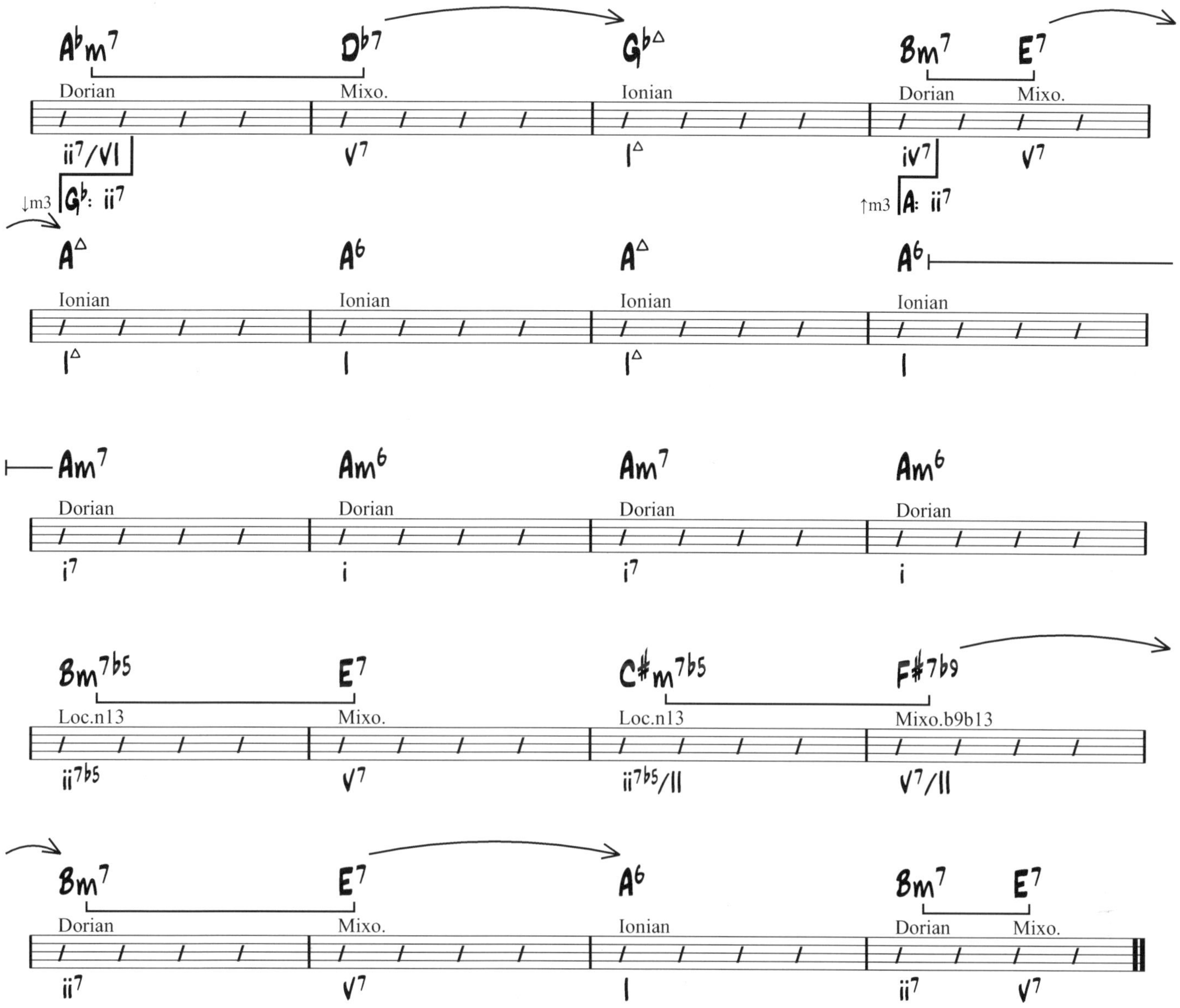

I'M ALL SMILES

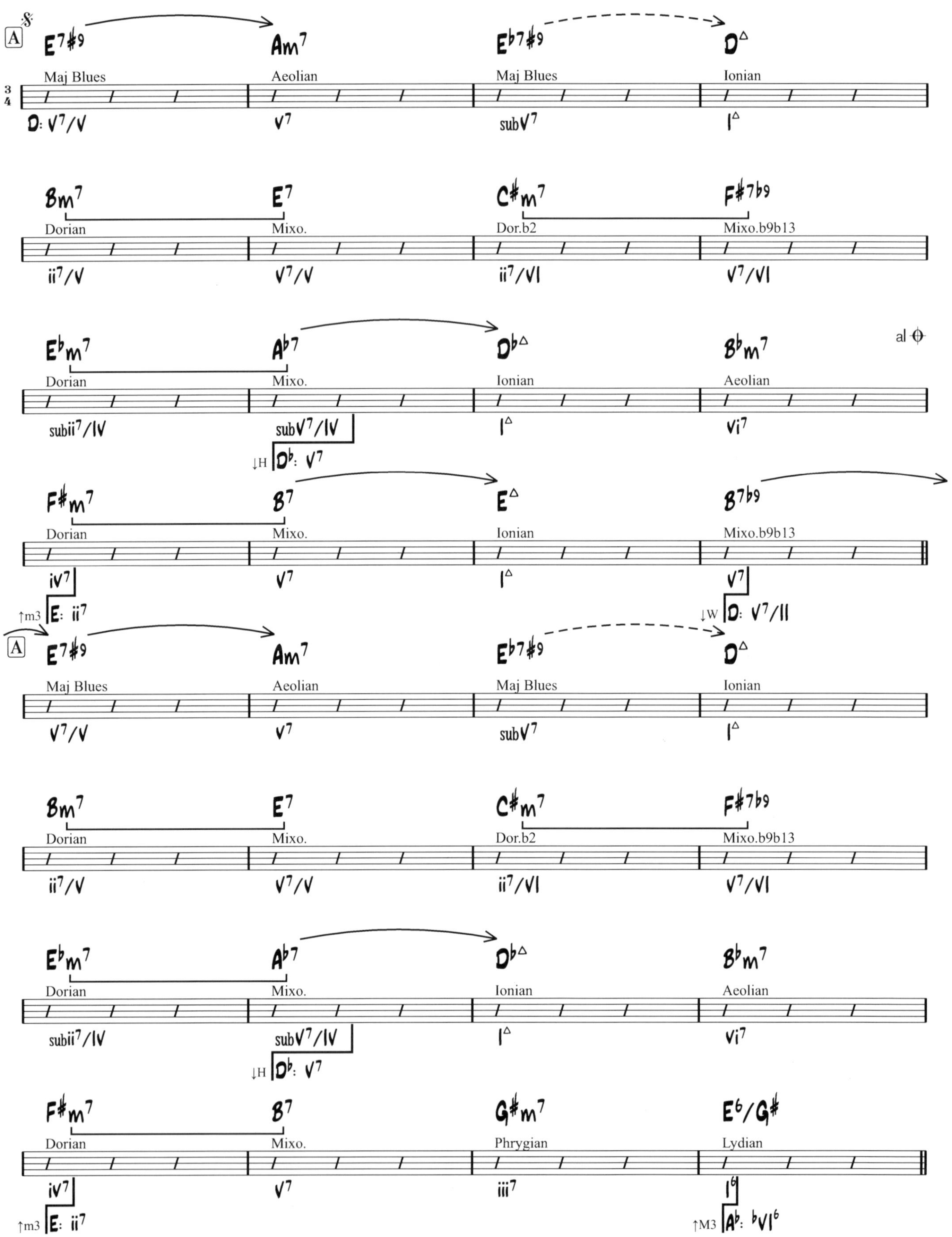

I'M ALL SMILES - Page 2

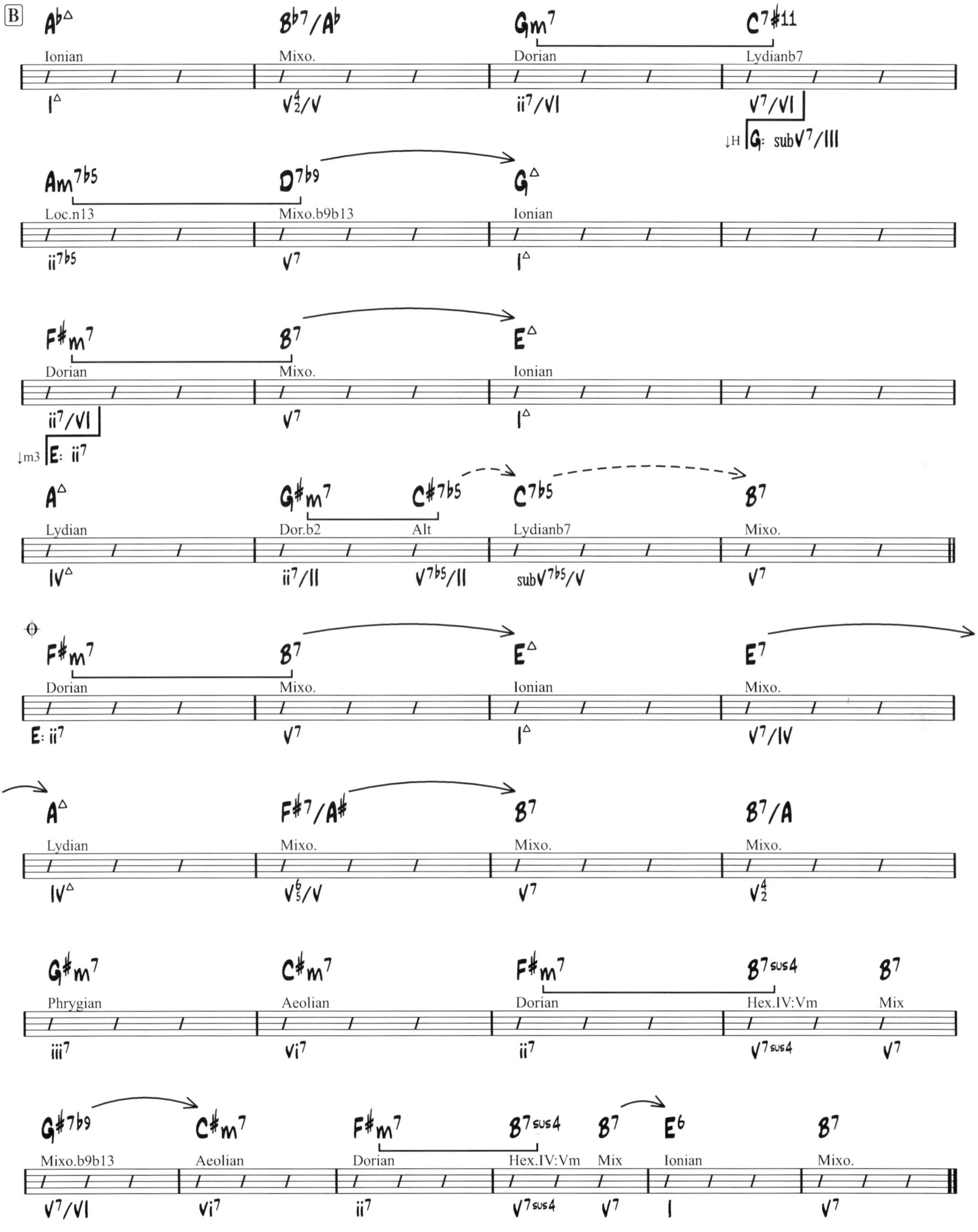
B
A♭△ B♭7/A♭ Gm7 C7♯11
Ionian Mixo. Dorian Lydianb7
I△ V4/2/V ii7/VI V7/VI
↓H G: subV7/III
Am7♭5 D7♭9 G△
Loc.n13 Mixo.b9b13 Ionian
ii7♭5 V7 I△
F♯m7 B7 E△
Dorian Mixo. Ionian
ii7/VI V7 I△
↓m3 E: ii7
A△ G♯m7 C♯7♭5 C7♭5 B7
Lydian Dor.b2 Alt Lydianb7 Mixo.
IV△ ii7/II V7♭5/II subV7♭5/V V7
F♯m7 B7 E△ E7
Dorian Mixo. Ionian Mixo.
E: ii7 V7 I△ V7/IV
A△ F♯7/A♯ B7 B7/A
Lydian Mixo. Mixo. Mixo.
IV△ V6/5/V V7 V4/2
G♯m7 C♯m7 F♯m7 B7sus4 B7
Phrygian Aeolian Dorian Hex.IV:Vm Mix
iii7 vi7 ii7 V7sus4 V7
G♯7♭9 C♯m7 F♯m7 B7sus4 B7 E6 B7
Mixo.b9b13 Aeolian Dorian Hex.IV:Vm Mix Ionian Mixo.
V7/VI vi7 ii7 V7sus4 V7 I V7

I'M BEGINNING TO SEE THE LIGHT

A
A6 Dm6 A6 F#7b9 B7 E7 Cm7 F7#11
Ionian Dorian Ionian Mixo.b9b13 Mixo. Mixo. Dorian Lydianb7
4/4
A: I iv I V7/II V7/V V7 subii7/V subV7/V
A6 G#7b9 G7#11 F#7b9 B7 E7
Ionian Mixo.b9b13 Lydianb7 Mixo.b9b13 Mixo. Mixo.
I V7/III subV7/VI V7/II V7/V V7
1 A Bm7 E7
Ionian Dor Mix
I ii7 V7
2 A
Ionian
I
B
C#7 C7
Mixo. Mixo.
V7/VI subV7/II
B7 Cm7 F7#11 Bm7 E7
Mixo. Dorian Lydianb7 Dorian Mixo.
V7/V subii7/V subV7/V ii7 V7
A
A6 Dm6 A6 F#7b9 B7 E7 Cm7 F7#11
Ionian Dorian Ionian Mixo.b9b13 Mixo. Mixo. Dorian Lydianb7
I iv I V7/II V7/V V7 subii7/V subV7/V
A6 G#7b9 G7#11 F#7b9 B7 E7 A Bm7 E7
Ionian Mixo.b9b13 Lydianb7 Mixo.b9b13 Mixo. Mixo. Ionian Dor Mix
I V7/III subV7/VI V7/II V7/V V7 I ii7 V7

IN A MELLOW TONE

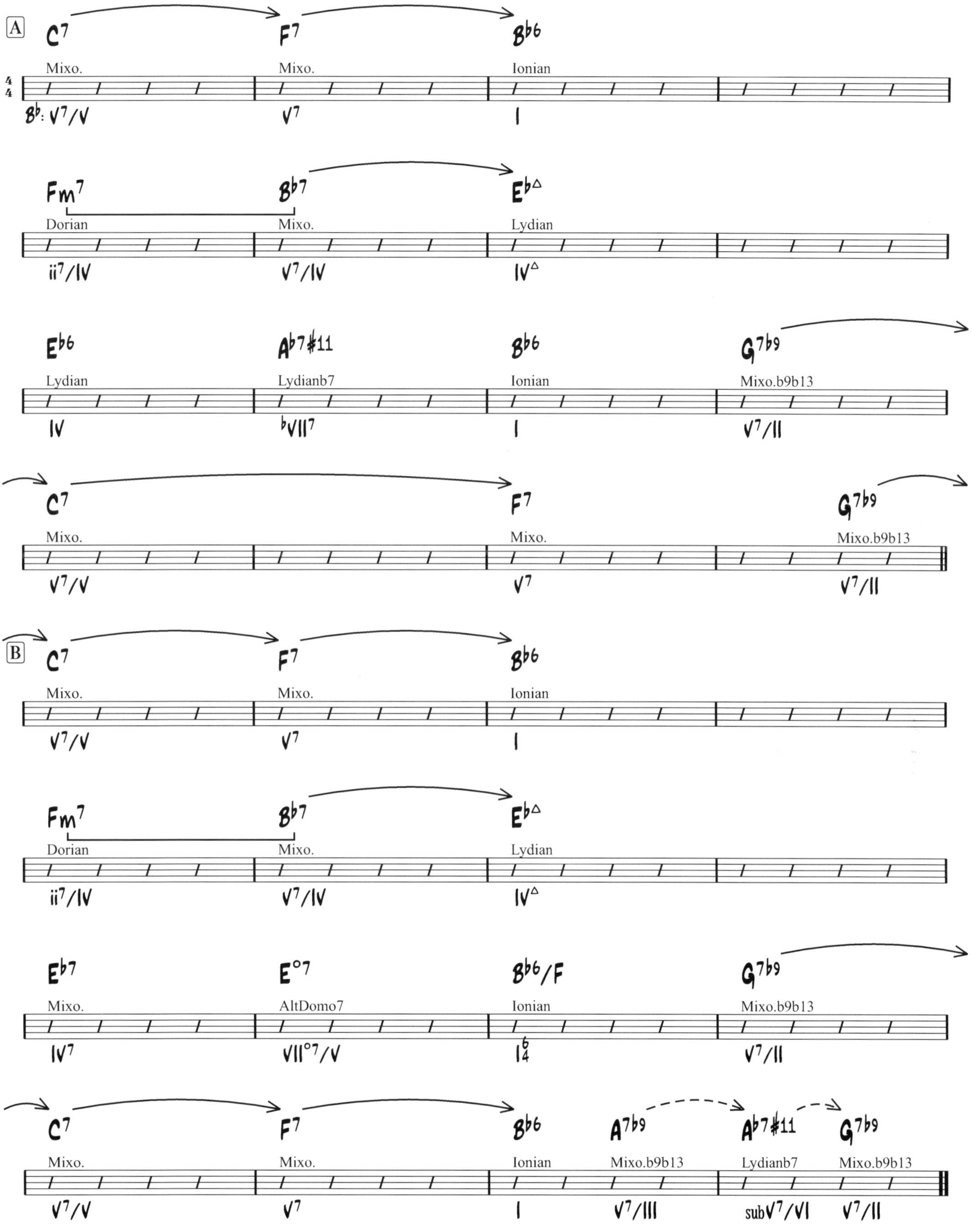
A
C7 F7 Bb6
Mixo. Mixo. Ionian
4/4
Bb: V7/V V7 I
Fm7 Bb7 Eb△
Dorian Mixo. Lydian
ii7/IV V7/IV IV△
Eb6 Ab7#11 Bb6 G7b9
Lydian Lydianb7 Ionian Mixo.b9b13
IV bVII7 I V7/II
C7 F7 G7b9
Mixo. Mixo. Mixo.b9b13
V7/V V7 V7/II
B
C7 F7 Bb6
Mixo. Mixo. Ionian
V7/V V7 I
Fm7 Bb7 Eb△
Dorian Mixo. Lydian
ii7/IV V7/IV IV△
Eb7 E°7 Bb6/F G7b9
Mixo. AltDomo7 Ionian Mixo.b9b13
IV7 VII°7/V I 6/4 V7/II
C7 F7 Bb6 A7b9 Ab7#11 G7b9
Mixo. Mixo. Ionian Mixo.b9b13 Lydianb7 Mixo.b9b13
V7/V V7 I V7/III subV7/VI V7/II

IN A SENTIMENTAL MOOD

IN THE WEE SMALL HOURS OF THE MORNING

A
D△ D7 D6 D+ D△ D+ Em7 A7
Ionian Mixo. Ionian Ionian #5 Ionian Ionian #5 Dorian Mixo.
4/4
D: I△ I7 I I+ I△ I+ ii7 V7
Em7 A7 F#m7b5 B7b9 G#m7b5 C#7b9 F#m7 A7
Dorian Mixo. Loc.n13 Mixo.b9b13 Loc.n13 Mixo.b9b13 Phrygian Mixo.
ii7 V7 ii7b5/II V7/II ii7b5/III V7/III iii7 V7
D△ D7 D6 D+ D△ F#m7b5 B7b9
Ionian Mixo. Ionian Ionian #5 Ionian Loc.n13 Mixo.b9b13
I△ I7 I I+ I△ ii7b5/II V7/II
Em7 F°7 F#m7 B7b9 1 Em7 A7 D6 Em7 A7
Dorian AltDomo7 Dor.b2 Mixo.b9b13 Dorian Mixo. Ionian Dor Mix
ii7 VII°7/III ii7/II V7/II ii7 V7 I ii7 V7
2 Em7 Bb7b5 A7 D6 Em7 A7
Dorian Lydianb7 Mixo. Ionian Dorian Mixo.
ii7 subV7b5/V V7 I ii7 V7

IN YOUR QUIET PLACE

A
F#m C#/E# Em7 A7 D A/C#
Phrygian Mixo.b9b13 Dorian Mixo. Ionian Mixo.
4/4
D: iii V6/III ii7 V7 I V6
Bm7 A G#m7b5 C#7 D E7 A Bm7 A°7/C A/C#
Aeolian Mixo. Loc.n13 Mixo.b9b13 Ionian Mixo. Mix Aeo ADo7 Mix
vi7 V ii7b5/III V7/III I V7/V V vi7 VII6/5/bVI V6
D A/C# Bm7 A G#m7b5 C#7
Ionian Mixo. Aeolian Mixo. Loc.n13 Mixo.b9b13
I V6 vi7 V ii7b5/III V7/III
D A/C# A B7 E7 A G#m7b5 C#7
Ionian Mix Mix Mix Mix Mixo. Loc.n13 Mixo.b9b13
I V6 V V7/II V7/V V ii7b5/III V7/III

THE INCH WORM

A
G△ F△ G△ F△
Ionian Lydian Ionian Lydian
3/4
G: I△ bVII△ I△ bVII△
G△ G7 C△ Cm6 G△ A7 Am7 D7
Ionian Mix Lydian Dor Ionian Mix Dorian Mix
I△ V7/IV IV△ iv I△ V7/V ii7 V7
A
G△ F△ G△ F△
Ionian Lydian Ionian Lydian
I△ bVII△ I△ bVII△
G△ C△ Cm6 G△ D7b9 G△ D7
Ionian Lydian Dor Ionian Mixb9b13 Ionian Mix
I△ IV△ iv I△ V7 I△ V7

INTERPLAY

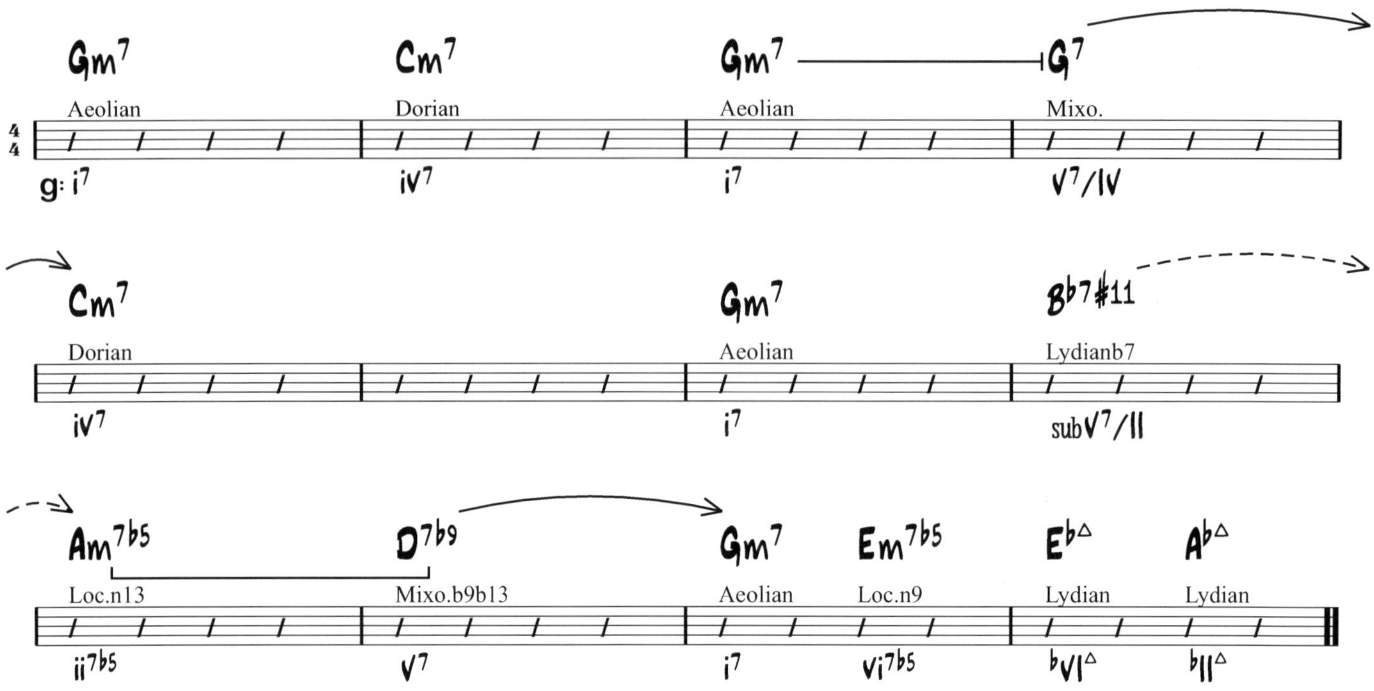
Gm7 Cm7 Gm7 G7
Aeolian Dorian Aeolian Mixo.
4/4
g: i7 iv7 i7 V7/IV
Cm7 Gm7 Bb7#11
Dorian Aeolian Lydianb7
iv7 i7 subV7/II
Am7b5 D7b9 Gm7 Em7b5 Eb△ Ab△
Loc.n13 Mixo.b9b13 Aeolian Loc.n9 Lydian Lydian
ii7b5 V7 i7 vi7b5 bVI△ bII△

Books & Apps for musicians by musicians

mDecks.com

COMPLETE
THE JAZZ STANDARDS PROGRESSIONS BOOK
THE ULTIMATE JAZZ HARMONY WORKBOOK
Jazz Standards 1000+
50 ESSENTIAL JAZZ STANDARDS PROGRESSIONS IN 12 KEYS
THE BIRD BEBOP PROGRESSIONS BOOK
The Universal Encyclopedia of Scales
TESSITURA PRO
MAPPING TONAL HARMONY
The Composer's Guide to Tonality
MAPPING TONAL HARMONY PRO iOS Version
TARGET NOTES
UPPER STRUCTURES
See Music Pro
Sight Reading & Dictation for All Instruments & Voice
Politonus
Politonus II EAR TRAINING
Intervals, Triads & Seventh Chords
Politonus III EAR TRAINING
ADVANCED
TRIADS
Major - Minor - Augmented
QUARTALS
VOLUME 1 MAJOR & MINOR TRIADS
VOLUME 2 PERFECT & ALTERED QUARTALS
TONE-LINES
CHORD TONES
Root - 3rd - 5th - 7th
TENSIONS
9th - 11th - 13th
UST Jazz Piano Chord Voicings Vol. 1
UST Jazz Piano Chord Voicings Vol. 2 to 9 Extended

INVITATION

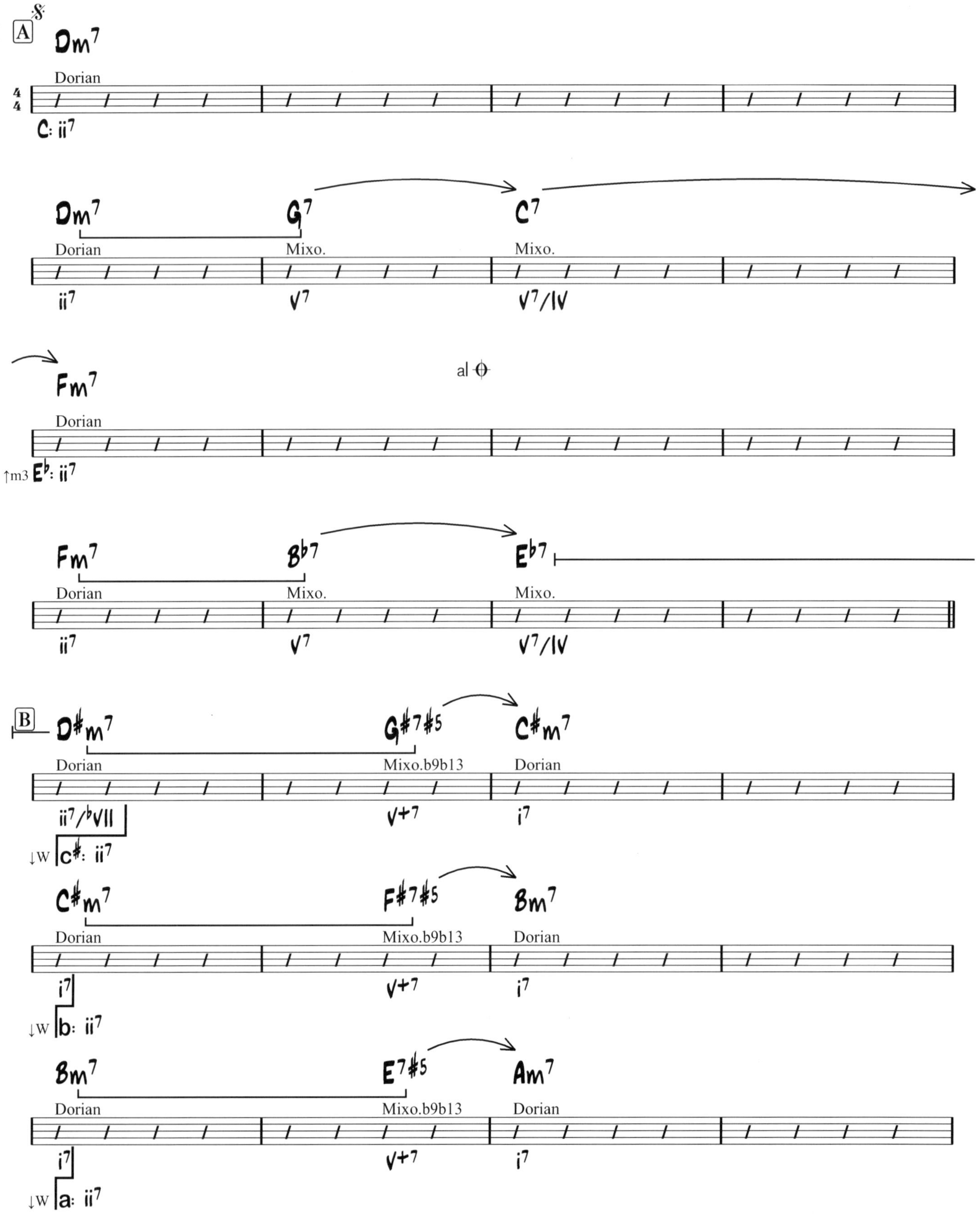
A
Dm7
Dorian
C: ii7
Dm7 G7 C7
Dorian Mixo. Mixo.
ii7 V7 V7/IV
Fm7
al Φ
Dorian
↑m3 Eb: ii7
Fm7 Bb7 Eb7
Dorian Mixo. Mixo.
ii7 V7 V7/IV
B
D#m7 G#7#5 C#m7
Dorian Mixo.b9b13 Dorian
ii7/bVII V+7 i7
↓W c#: ii7
C#m7 F#7#5 Bm7
Dorian Mixo.b9b13 Dorian
i7 V+7 i7
↓W b: ii7
Bm7 E7#5 Am7
Dorian Mixo.b9b13 Dorian
i7 V+7 i7
↓W a: ii7

INVITATION - Page 2

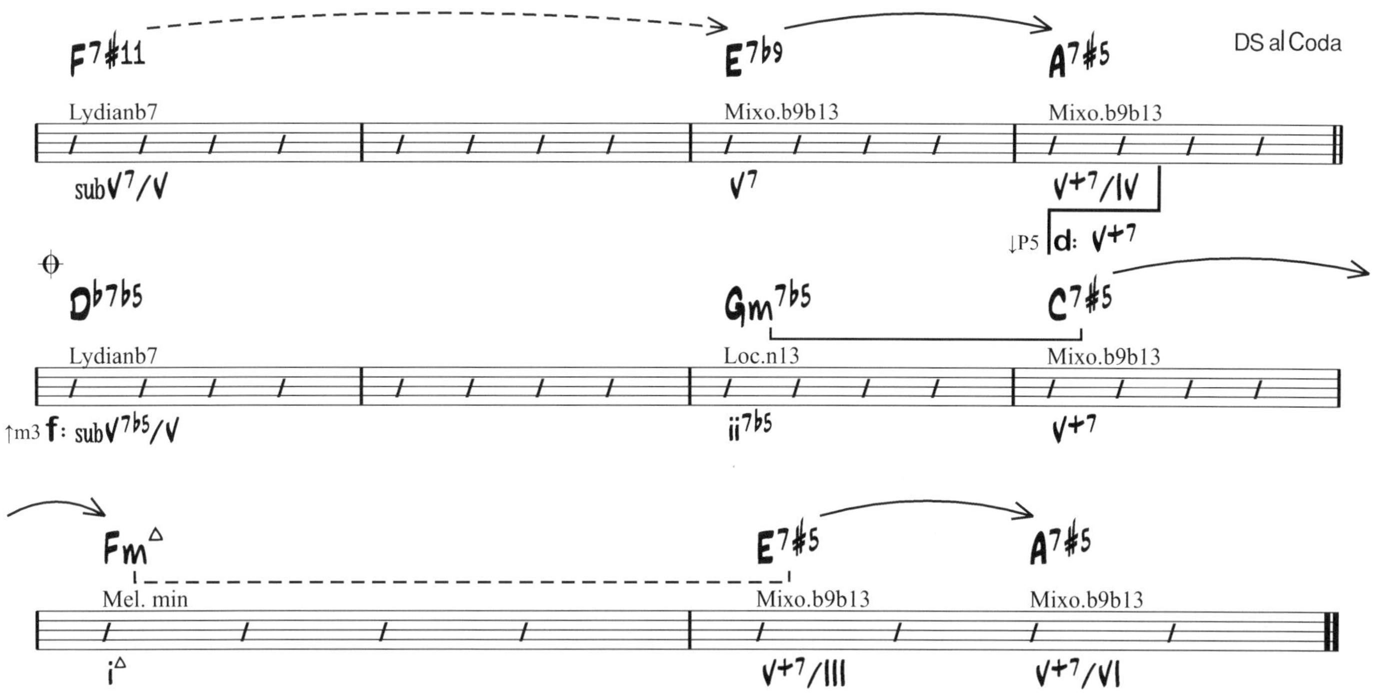
F7#11
E7b9
A7#5
DS al Coda
Lydianb7
Mixo.b9b13
Mixo.b9b13
subV7/V
V7
V+7/IV
↓P5 d: V+7
Db7b5
Gm7b5
C7#5
Lydianb7
Loc.n13
Mixo.b9b13
↑m3 f: subV7b5/V
ii7b5
V+7
Fm△
E7#5
A7#5
Mel. min
Mixo.b9b13
Mixo.b9b13
i△
V+7/III
V+7/VI

ISN'T IT ROMANTIC

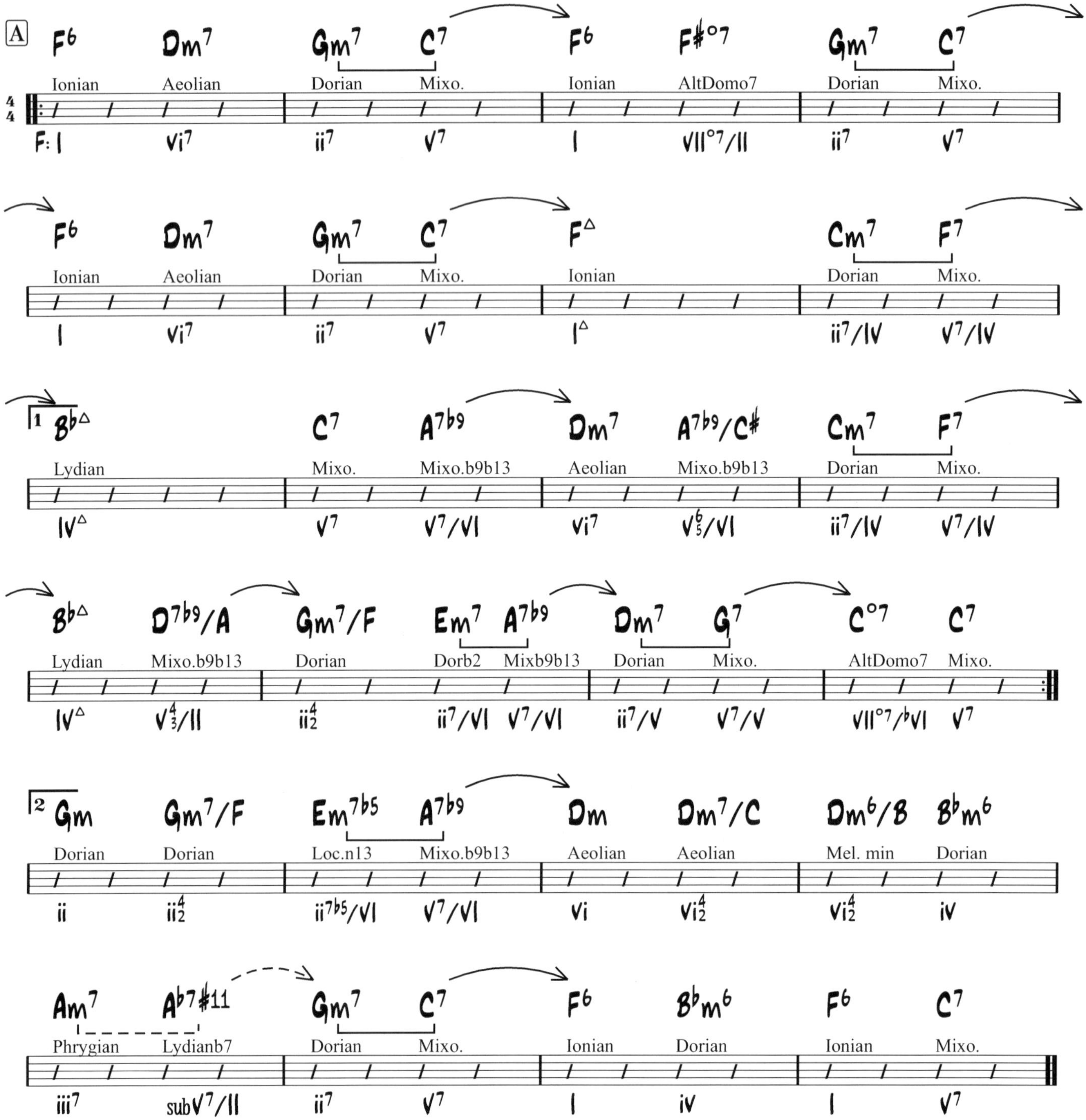

ISOTOPE

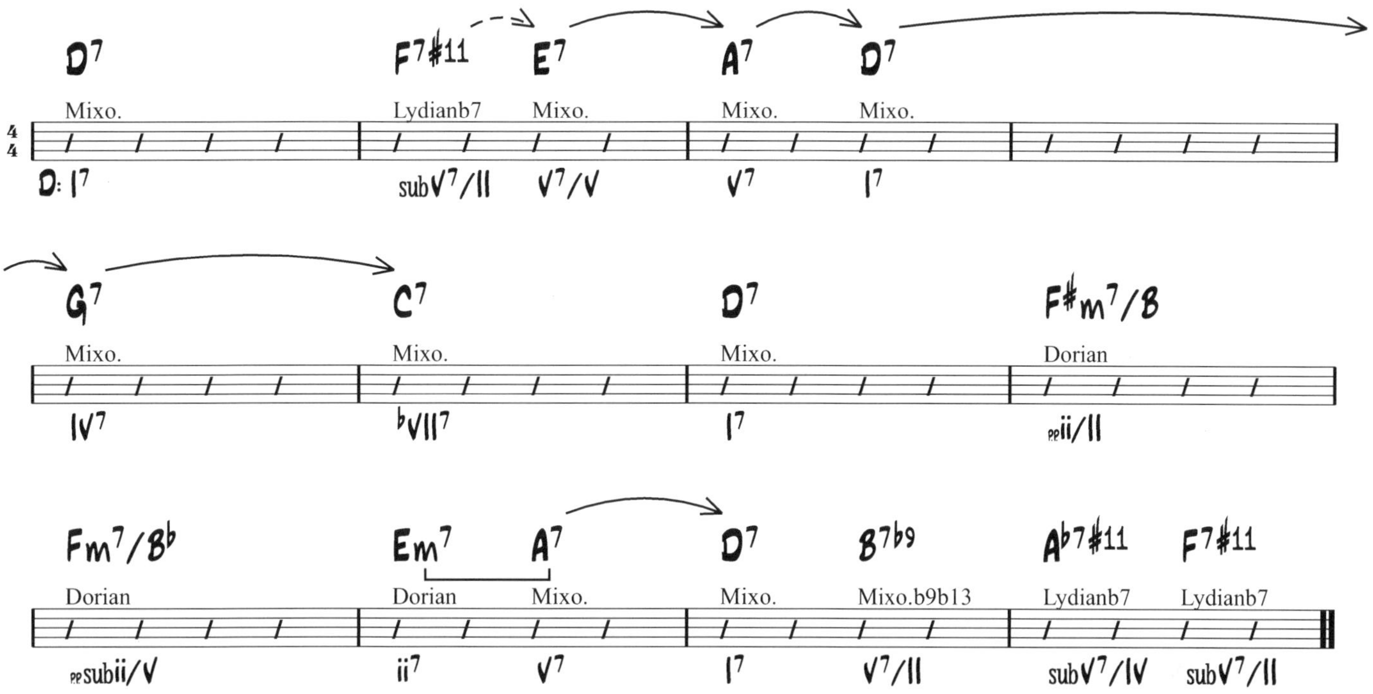
D7 | F7#11 E7 | A7 D7 |
Mixo. | Lydianb7 Mixo. | Mixo. Mixo. |
D: I7 | subV7/II V7/V | V7 I7 |
G7 | C7 | D7 | F#m7/B
Mixo. | Mixo. | Mixo. | Dorian
IV7 | bVII7 | I7 | ppii/II
Fm7/Bb | Em7 A7 | D7 B7b9 | Ab7#11 F7#11
Dorian | Dorian Mixo. | Mixo. Mixo.b9b13 | Lydianb7 Lydianb7
ppsubii/V | ii7 V7 | I7 V7/II | subV7/IV subV7/II

ISRAEL

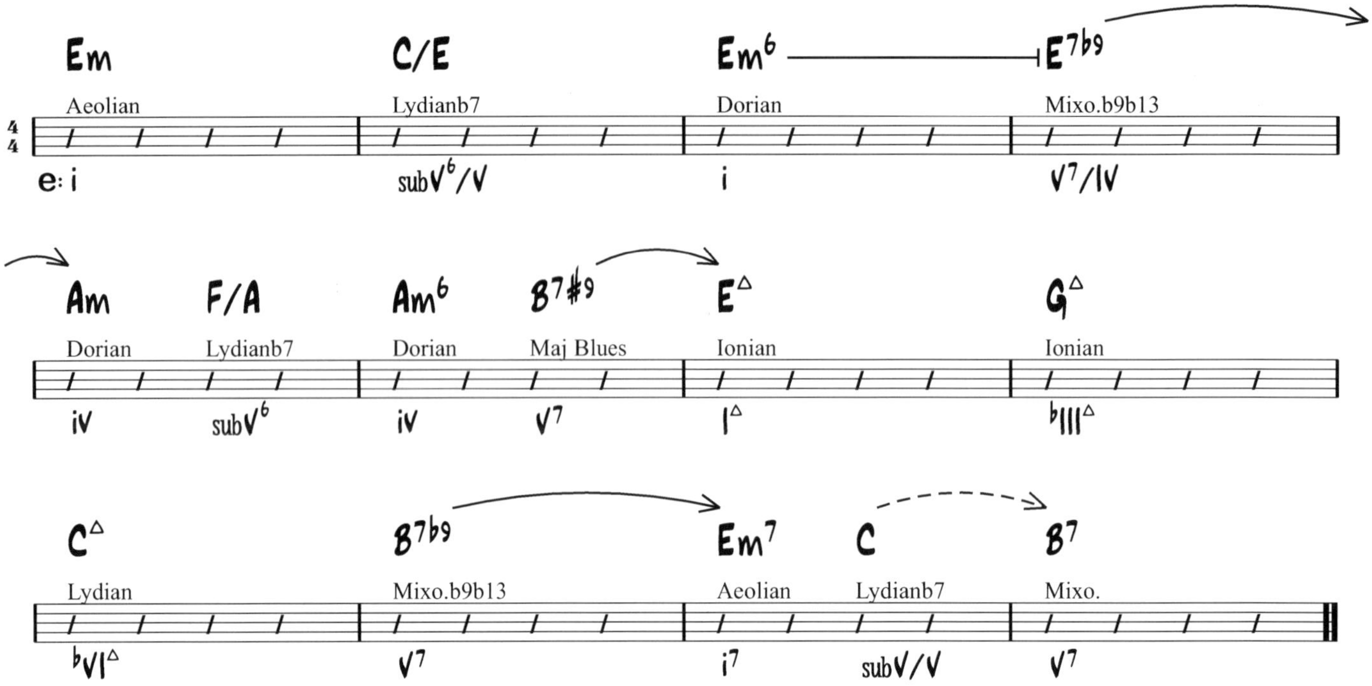
Em
Aeolian
e: i
C/E
Lydianb7
subV6/V
Em6
Dorian
i
E7b9
Mixo.b9b13
V7/IV
Am
Dorian
iv
F/A
Lydianb7
subV6
Am6
Dorian
iv
B7#9
Maj Blues
V7
E△
Ionian
I△
G△
Ionian
bIII△
C△
Lydian
bVI△
B7b9
Mixo.b9b13
V7
Em7
Aeolian
i7
C
Lydianb7
subV/V
B7
Mixo.
V7

IT DON'T MEAN A THING

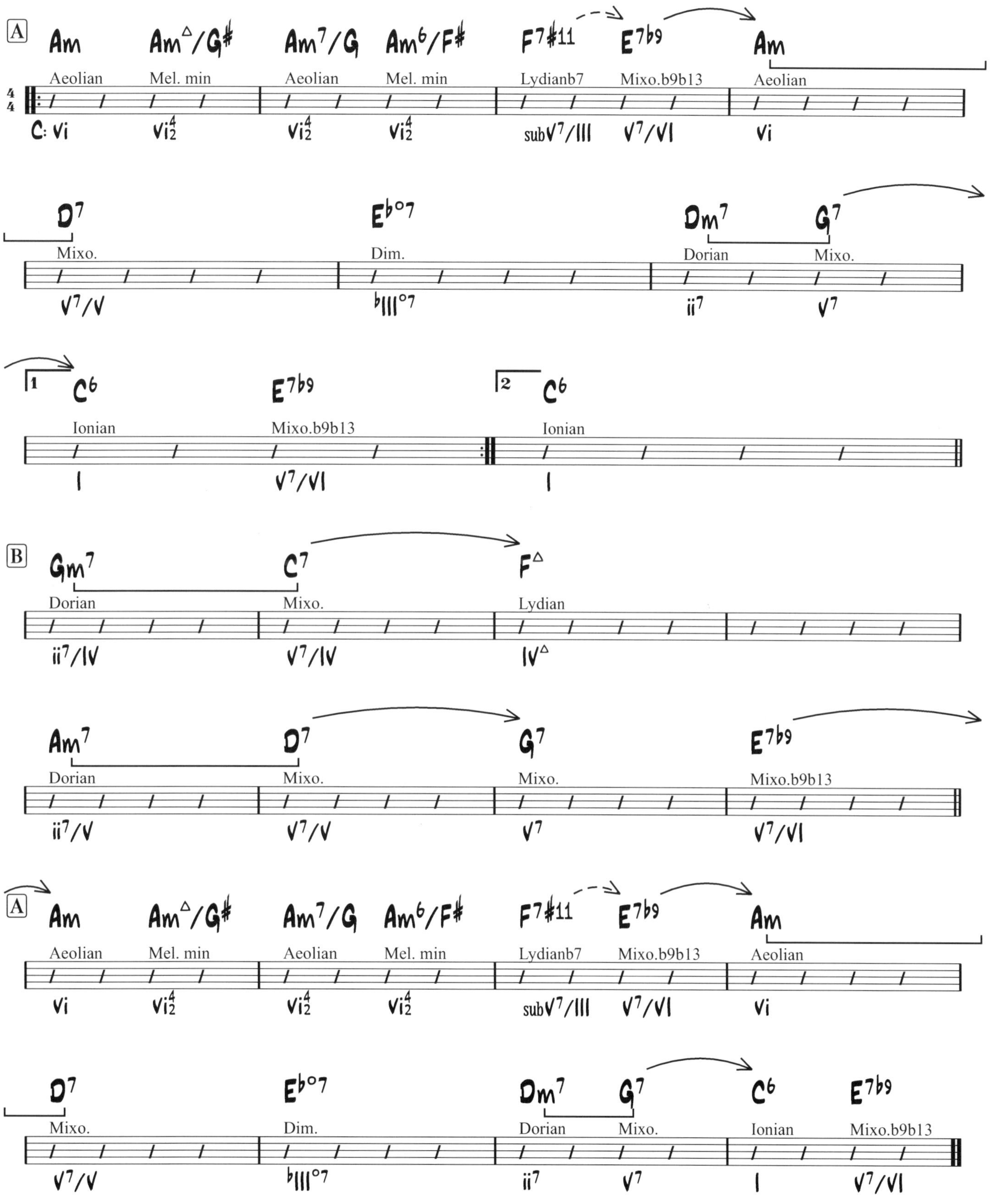
A
Am Am△/G# Am7/G Am6/F# F7#11 E7b9 Am
Aeolian Mel. min Aeolian Mel. min Lydianb7 Mixo.b9b13 Aeolian
C: vi vi4/2 vi4/2 vi4/2 subV7/III V7/VI vi
D7 Eb°7 Dm7 G7
Mixo. Dim. Dorian Mixo.
V7/V bIII°7 ii7 V7
1 C6 E7b9 2 C6
Ionian Mixo.b9b13 Ionian
I V7/VI I
B
Gm7 C7 F△
Dorian Mixo. Lydian
ii7/IV V7/IV IV△
Am7 D7 G7 E7b9
Dorian Mixo. Mixo. Mixo.b9b13
ii7/V V7/V V7 V7/VI
A
Am Am△/G# Am7/G Am6/F# F7#11 E7b9 Am
Aeolian Mel. min Aeolian Mel. min Lydianb7 Mixo.b9b13 Aeolian
vi vi4/2 vi4/2 vi4/2 subV7/III V7/VI vi
D7 Eb°7 Dm7 G7 C6 E7b9
Mixo. Dim. Dorian Mixo. Ionian Mixo.b9b13
V7/V bIII°7 ii7 V7 I V7/VI

IT'S EASY TO REMEMBER

JELLY ROLL

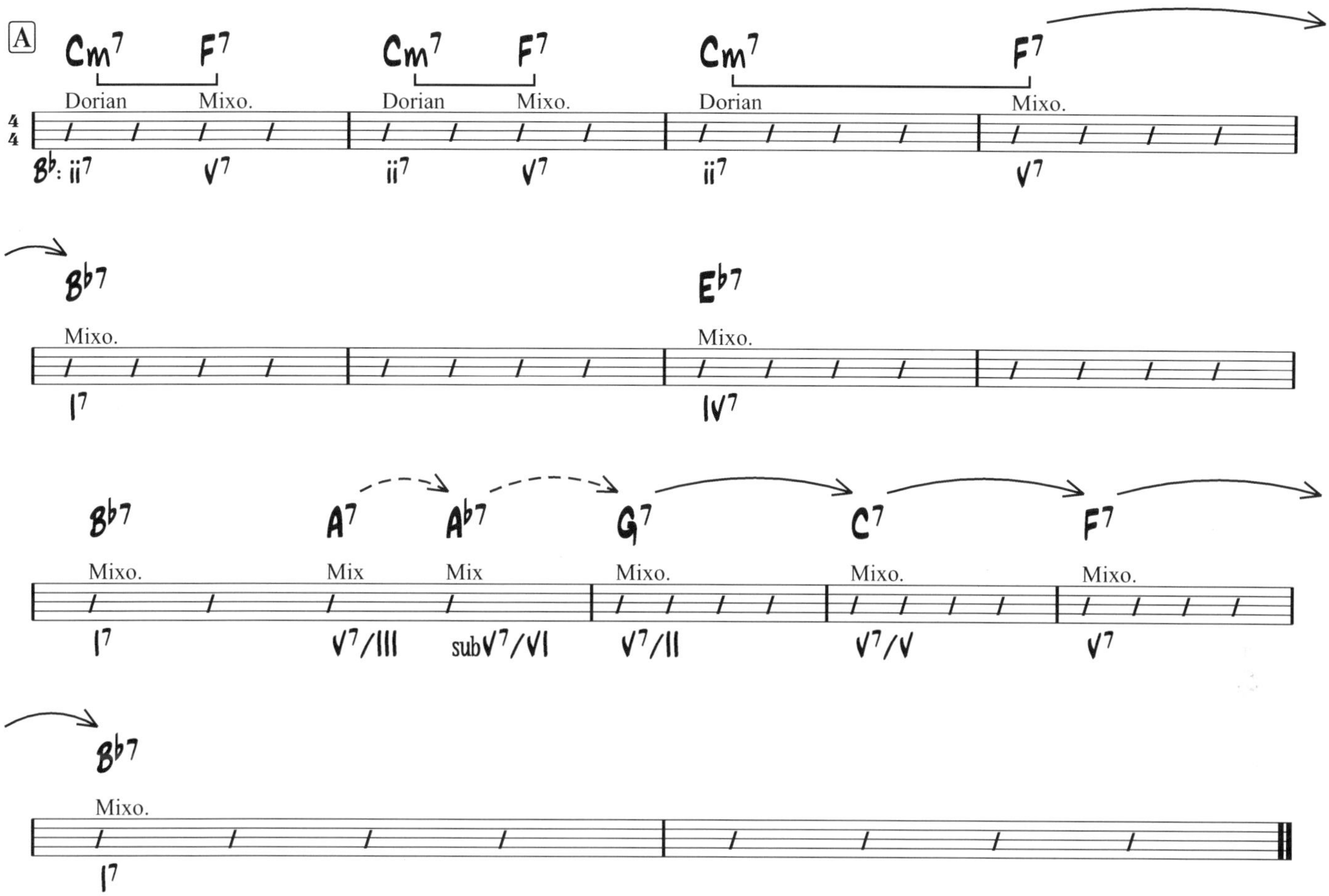
A
Cm7 F7 Cm7 F7 Cm7 F7
Dorian Mixo. Dorian Mixo. Dorian Mixo.
4/4
Bb: ii7 V7 ii7 V7 ii7 V7
Bb7 Eb7
Mixo. Mixo.
I7 IV7
Bb7 A7 Ab7 G7 C7 F7
Mixo. Mix Mix Mixo. Mixo. Mixo.
I7 V7/III subV7/VI V7/II V7/V V7
Bb7
Mixo.
I7

JORDU

A
E7b9 A7b9 Dm Gm7 C7 F△
Mixo.b9b13 Mixo.b9b13 Aeolian Dorian Mixo. Ionian
4/4
d: V7/V V7 i ii7/bIII V7/bIII bIII△
E7b9 A7b9 Dm 1 Bb7#11 A7b9
Mixo.b9b13 Mixo.b9b13 Aeolian Lydianb7 Mixo.b9b13
V7/V V7 i subV7/V V7
2 Bb7#11 A7b9
Lydianb7 Mixo.b9b13
subV7/V V7
B
A7 D7 G7 C7 F7 Bb7 Eb7
Mixo. Mixo. Mixo. Mixo. Mixo. Mixo. Mixo.
V7 V7/IV V7/bVII V7/bIII V7/bVI subV7/V subV7
G7 C7 F7 Bb7 Eb7#11 Ab7 A7b9
Mixo. Mixo. Mixo. Mixo. Lydianb7 Mixo. Mixo.b9b13
V7/bVII V7/bIII V7/bVI subV7/V subV7 subV7/IV V7
A
E7b9 A7b9 Dm Gm7 C7 F△
Mixo.b9b13 Mixo.b9b13 Aeolian Dorian Mixo. Ionian
V7/V V7 i ii7/bIII V7/bIII bIII△
E7b9 A7b9 Dm Bb7#11 A7b9
Mixo.b9b13 Mixo.b9b13 Aeolian Lydianb7 Mixo.b9b13
V7/V V7 i subV7/V V7

JOURNEY TO RECIFE

JOY SPRING

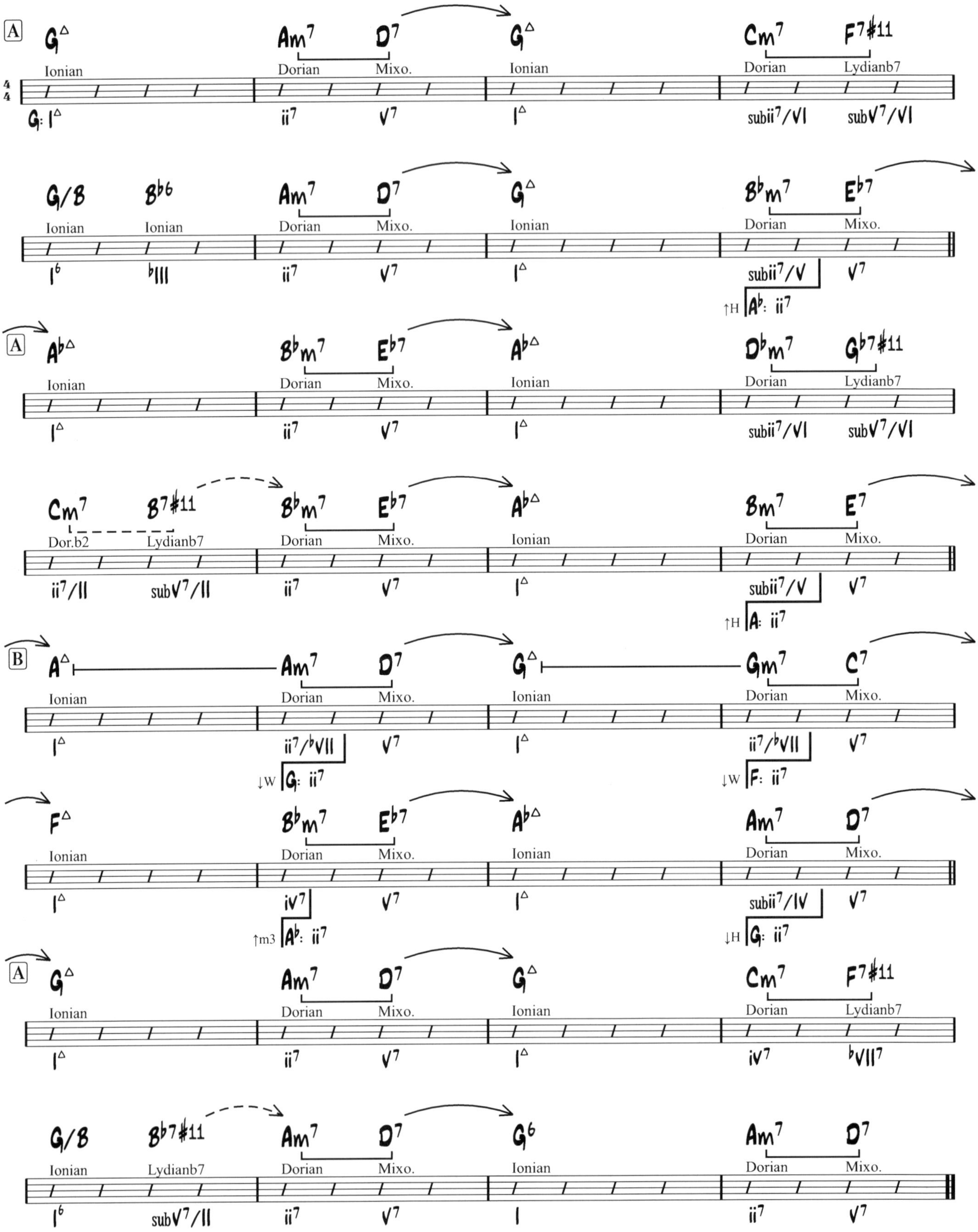
A
G△ Am7 D7 G△ Cm7 F7#11
Ionian Dorian Mixo. Ionian Dorian Lydianb7
4
4
G: I△ ii7 V7 I△ subii7/VI subV7/VI
G/B Bb6 Am7 D7 G△ Bbm7 Eb7
Ionian Ionian Dorian Mixo. Ionian Dorian Mixo.
I6 bIII ii7 V7 I△ subii7/V V7
↑H Ab: ii7
A
Ab△ Bbm7 Eb7 Ab△ Dbm7 Gb7#11
Ionian Dorian Mixo. Ionian Dorian Lydianb7
I△ ii7 V7 I△ subii7/VI subV7/VI
Cm7 B7#11 Bbm7 Eb7 Ab△ Bm7 E7
Dor.b2 Lydianb7 Dorian Mixo. Ionian Dorian Mixo.
ii7/II subV7/II ii7 V7 I△ subii7/V V7
↑H A: ii7
B
A△ Am7 D7 G△ Gm7 C7
Ionian Dorian Mixo. Ionian Dorian Mixo.
I△ ii7/bVII V7 I△ ii7/bVII V7
↓W G: ii7
↓W F: ii7
F△ Bbm7 Eb7 Ab△ Am7 D7
Ionian Dorian Mixo. Ionian Dorian Mixo.
I△ iv7 V7 I△ subii7/IV V7
↑m3 Ab: ii7
↓H G: ii7
A
G△ Am7 D7 G△ Cm7 F7#11
Ionian Dorian Mixo. Ionian Dorian Lydianb7
I△ ii7 V7 I△ iv7 bVII7
G/B Bb7#11 Am7 D7 G6 Am7 D7
Ionian Lydianb7 Dorian Mixo. Ionian Dorian Mixo.
I6 subV7/II ii7 V7 I ii7 V7

Books & Apps for musicians by musicians

mDecks.com

COMPLETE
THE JAZZ STANDARDS PROGRESSIONS BOOK
Jazz Standards 1000+
THE ULTIMATE JAZZ HARMONY WORKBOOK
1
2
3

FOR ALL INSTRUMENTS
50 ESSENTIAL JAZZ STANDARDS PROGRESSIONS IN 12 KEYS
THE BIRD BEBOP PROGRESSIONS BOOK
The Universal Encyclopedia of Scales
TESSITURA PRO
MAPPING TONAL HARMON
The Composer's Guide to Tonality
MAPPING TONAL HARMONY PRO
iOS Version
7
TARGET NOTES
UPPER STRUCTURES
See Music Pro
Sight Reading & Dictation for All Instruments & Voice
Politonus
Politonus II
EAR TRAINING
Intervals, Triads & Seventh Chords
Politonus III
UPPER STRUCTURES
ADVANCED
TRIADS
Major - Minor - Augmented
QUARTALS
UPPER STRUCTURES
FOR PIANO VOICINGS & IMPROVISATION
VOLUME 1
MAJOR & MINOR TRIADS
VOLUME 2
PERFECT & ALTERED QUARTALS
TARGET NOTES
TONE-LINES
TENSIONS
9th - 11th - 13th
CHORD TONES
Root - 3rd - 5th - 7th
UST Jazz Piano Chord Voicings Vol. 1
UST Jazz Piano Chord Voicings Vol. 2 to 9 Extended

JUMP MONK

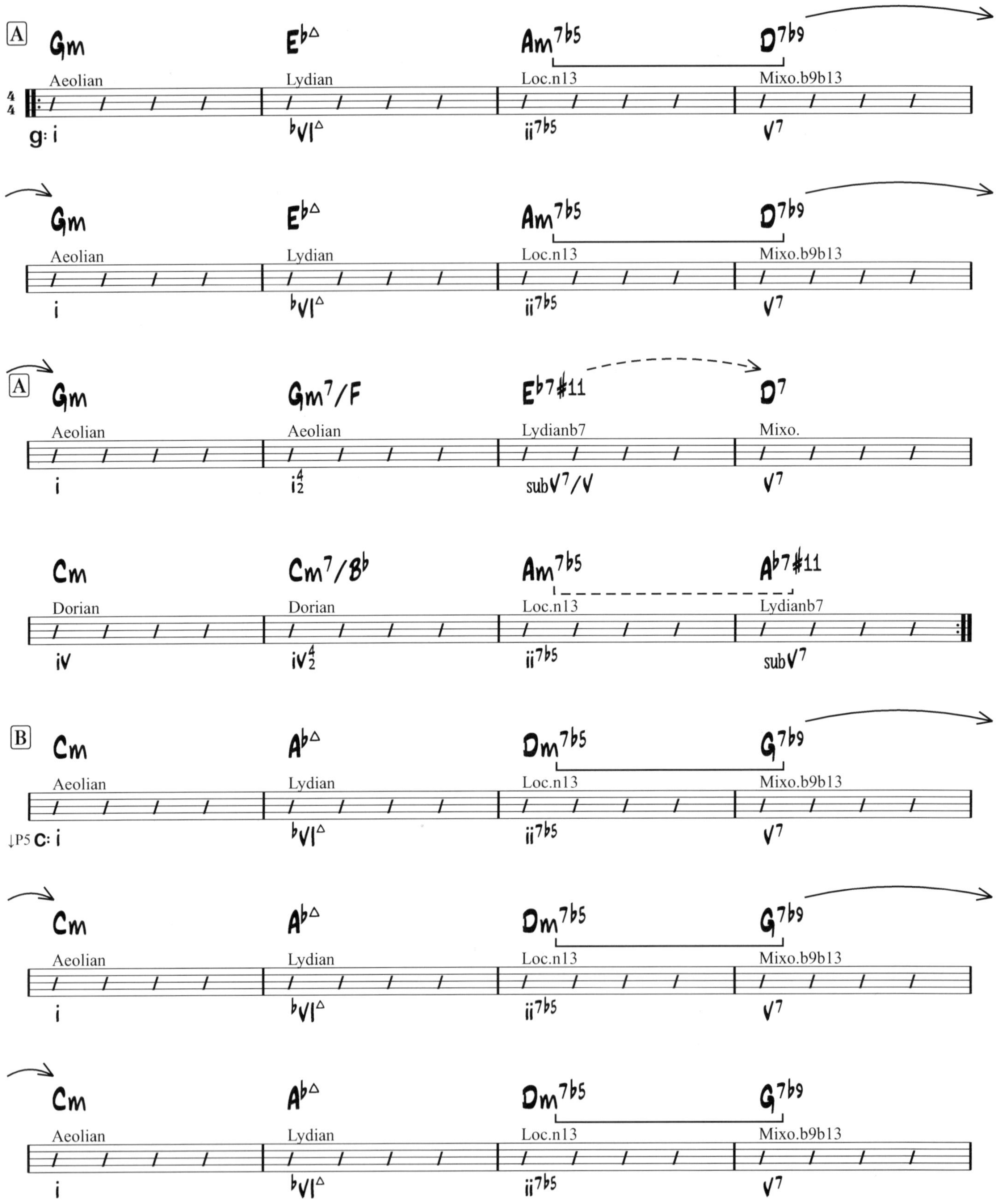
A
Gm Eb△ Am7b5 D7b9
Aeolian Lydian Loc.n13 Mixo.b9b13
4/4
g: i bVI△ ii7b5 V7
Gm Eb△ Am7b5 D7b9
Aeolian Lydian Loc.n13 Mixo.b9b13
i bVI△ ii7b5 V7
A
Gm Gm7/F Eb7#11 D7
Aeolian Aeolian Lydianb7 Mixo.
i i4/2 subV7/V V7
Cm Cm7/Bb Am7b5 Ab7#11
Dorian Dorian Loc.n13 Lydianb7
iv iv4/2 ii7b5 subV7
B
Cm Ab△ Dm7b5 G7b9
Aeolian Lydian Loc.n13 Mixo.b9b13
↓P5 C: i bVI△ ii7b5 V7
Cm Ab△ Dm7b5 G7b9
Aeolian Lydian Loc.n13 Mixo.b9b13
i bVI△ ii7b5 V7
Cm Ab△ Dm7b5 G7b9
Aeolian Lydian Loc.n13 Mixo.b9b13
i bVI△ ii7b5 V7

JUMP MONK - Page 2

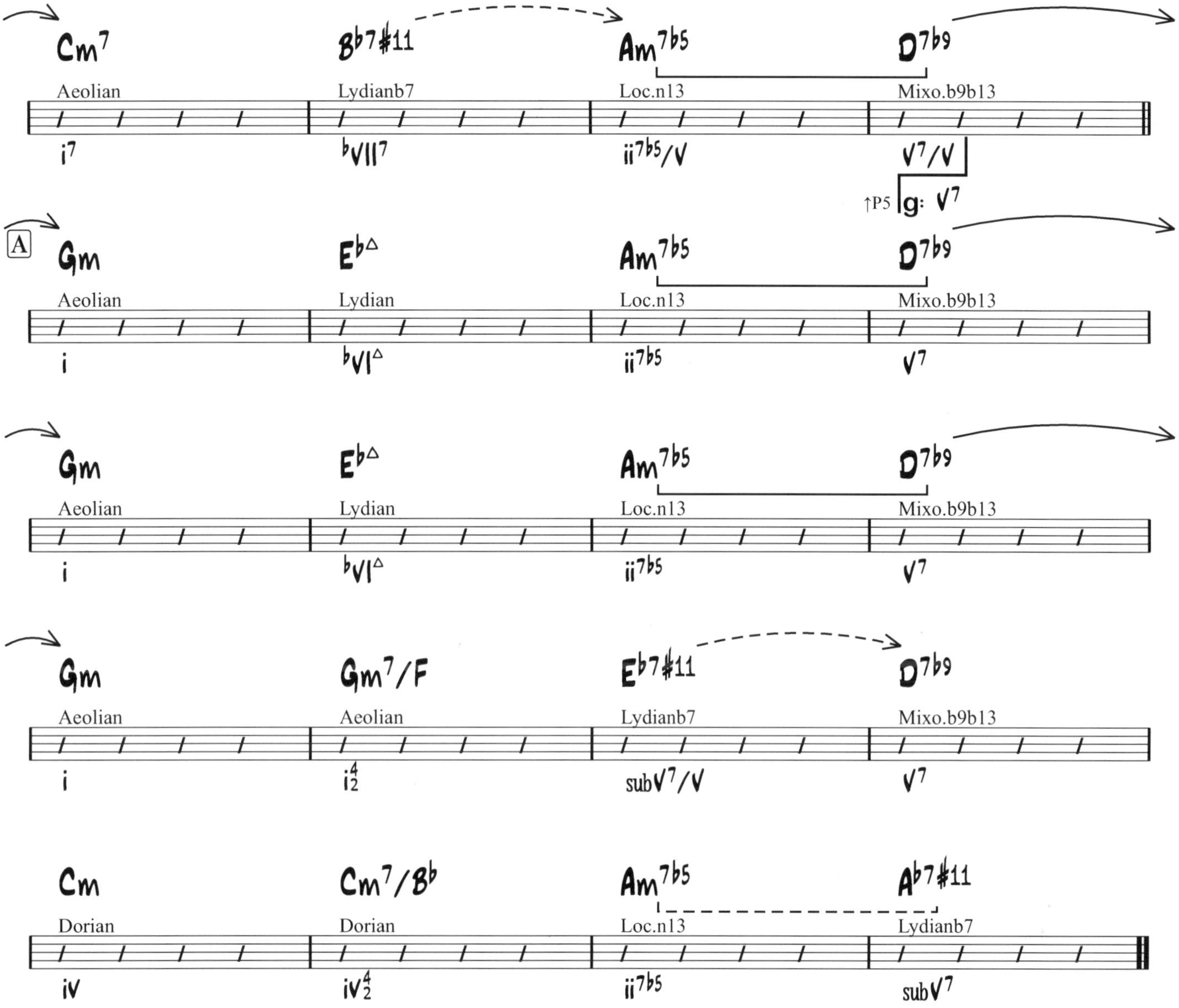

JUNE IN JANUARY

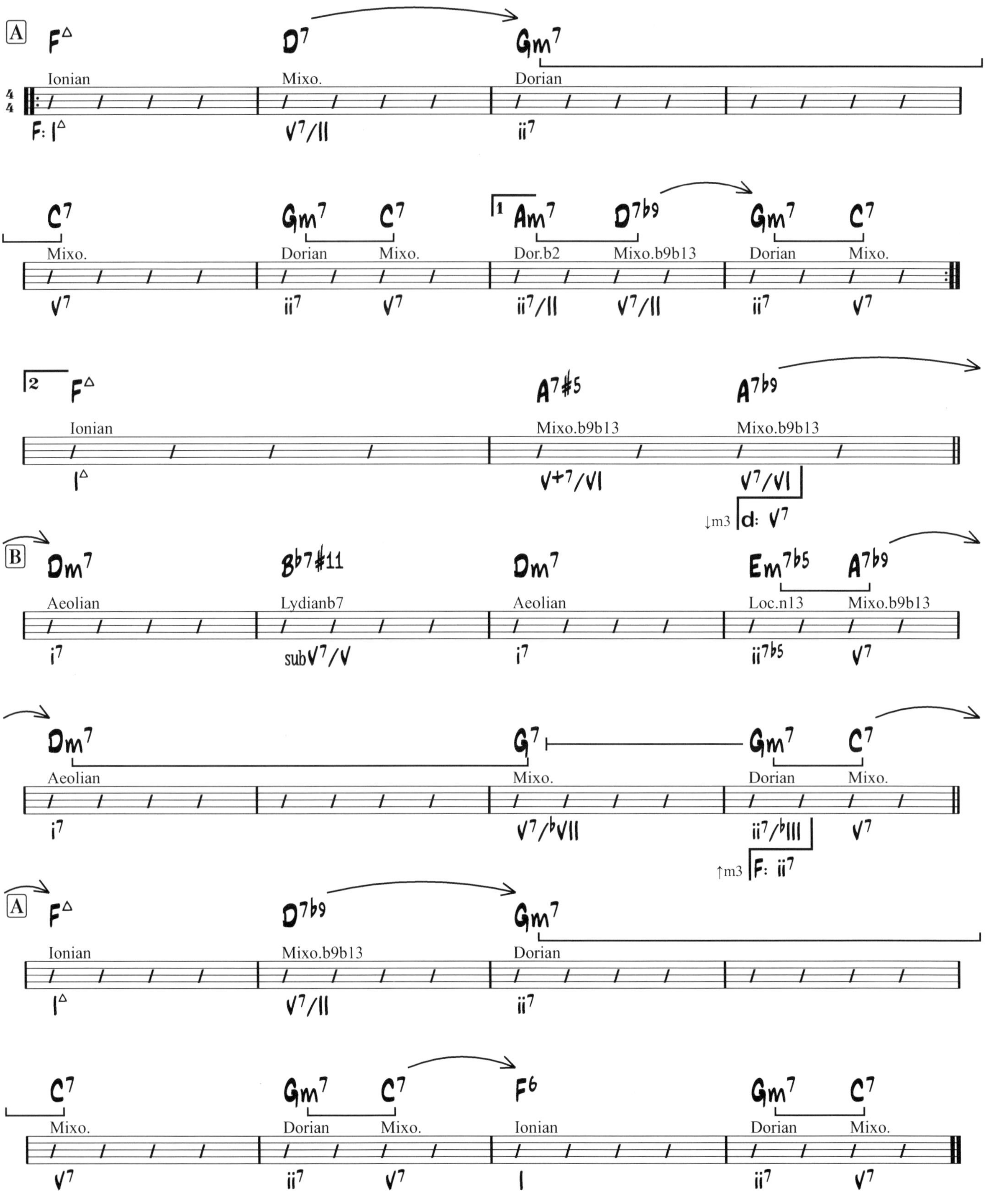
A
F△ D7 Gm7
Ionian Mixo. Dorian
4/4
F: I△ V7/II ii7
C7 Gm7 C7 1 Am7 D7b9 Gm7 C7
Mixo. Dorian Mixo. Dor.b2 Mixo.b9b13 Dorian Mixo.
V7 ii7 V7 ii7/II V7/II ii7 V7
2 F△ A7#5 A7b9
Ionian Mixo.b9b13 Mixo.b9b13
I△ V+7/VI V7/VI
↓m3 d: V7
B
Dm7 Bb7#11 Dm7 Em7b5 A7b9
Aeolian Lydianb7 Aeolian Loc.n13 Mixo.b9b13
i7 subV7/V i7 ii7b5 V7
Dm7 G7 Gm7 C7
Aeolian Mixo. Dorian Mixo.
i7 V7/bVII ii7/bIII V7
↑m3 F: ii7
A
F△ D7b9 Gm7
Ionian Mixo.b9b13 Dorian
I△ V7/II ii7
C7 Gm7 C7 F6 Gm7 C7
Mixo. Dorian Mixo. Ionian Dorian Mixo.
V7 ii7 V7 I ii7 V7

Created using Mapping Tonal Harmony Pro by mDecks Music • mDecks.com

JUST ONE MORE CHANCE

KELO

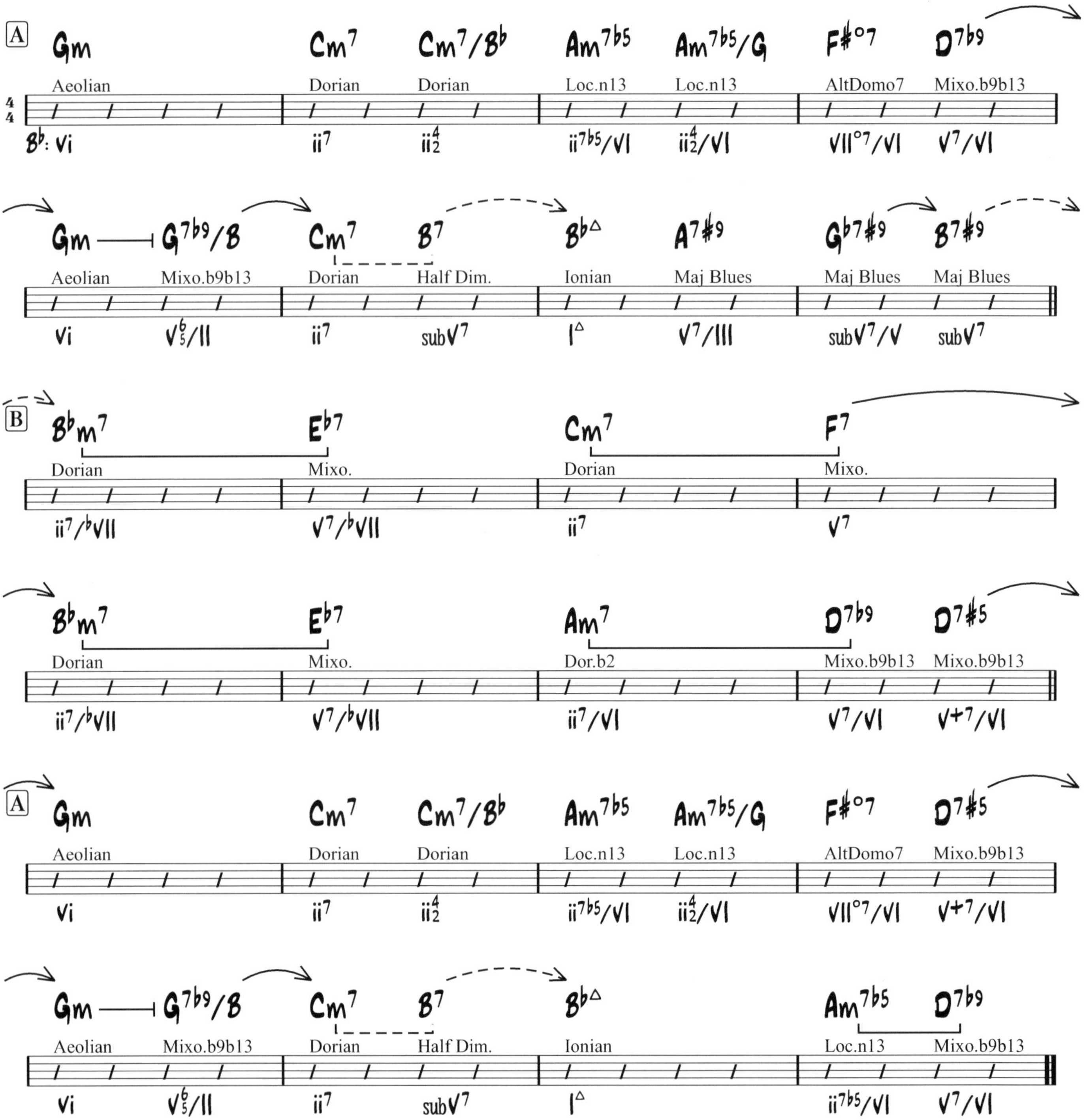
A
Gm Cm7 Cm7/Bb Am7b5 Am7b5/G F#°7 D7b9
Aeolian Dorian Dorian Loc.n13 Loc.n13 AltDomo7 Mixo.b9b13
4/4
Bb: vi ii7 ii4/2 ii7b5/VI ii4/2/VI VII°7/VI V7/VI
Gm G7b9/B Cm7 B7 Bb△ A7#9 Gb7#9 B7#9
Aeolian Mixo.b9b13 Dorian Half Dim. Ionian Maj Blues Maj Blues Maj Blues
vi V6/5/II ii7 subV7 I△ V7/III subV7/V subV7
B
Bbm7 Eb7 Cm7 F7
Dorian Mixo. Dorian Mixo.
ii7/bVII V7/bVII ii7 V7
Bbm7 Eb7 Am7 D7b9 D7#5
Dorian Mixo. Dor.b2 Mixo.b9b13 Mixo.b9b13
ii7/bVII V7/bVII ii7/VI V7/VI V+7/VI
A
Gm Cm7 Cm7/Bb Am7b5 Am7b5/G F#°7 D7#5
Aeolian Dorian Dorian Loc.n13 Loc.n13 AltDomo7 Mixo.b9b13
vi ii7 ii4/2 ii7b5/VI ii4/2/VI VII°7/VI V+7/VI
Gm G7b9/B Cm7 B7 Bb△ Am7b5 D7b9
Aeolian Mixo.b9b13 Dorian Half Dim. Ionian Loc.n13 Mixo.b9b13
vi V6/5/II ii7 subV7 I△ ii7b5/VI V7/VI

LADY BIRD

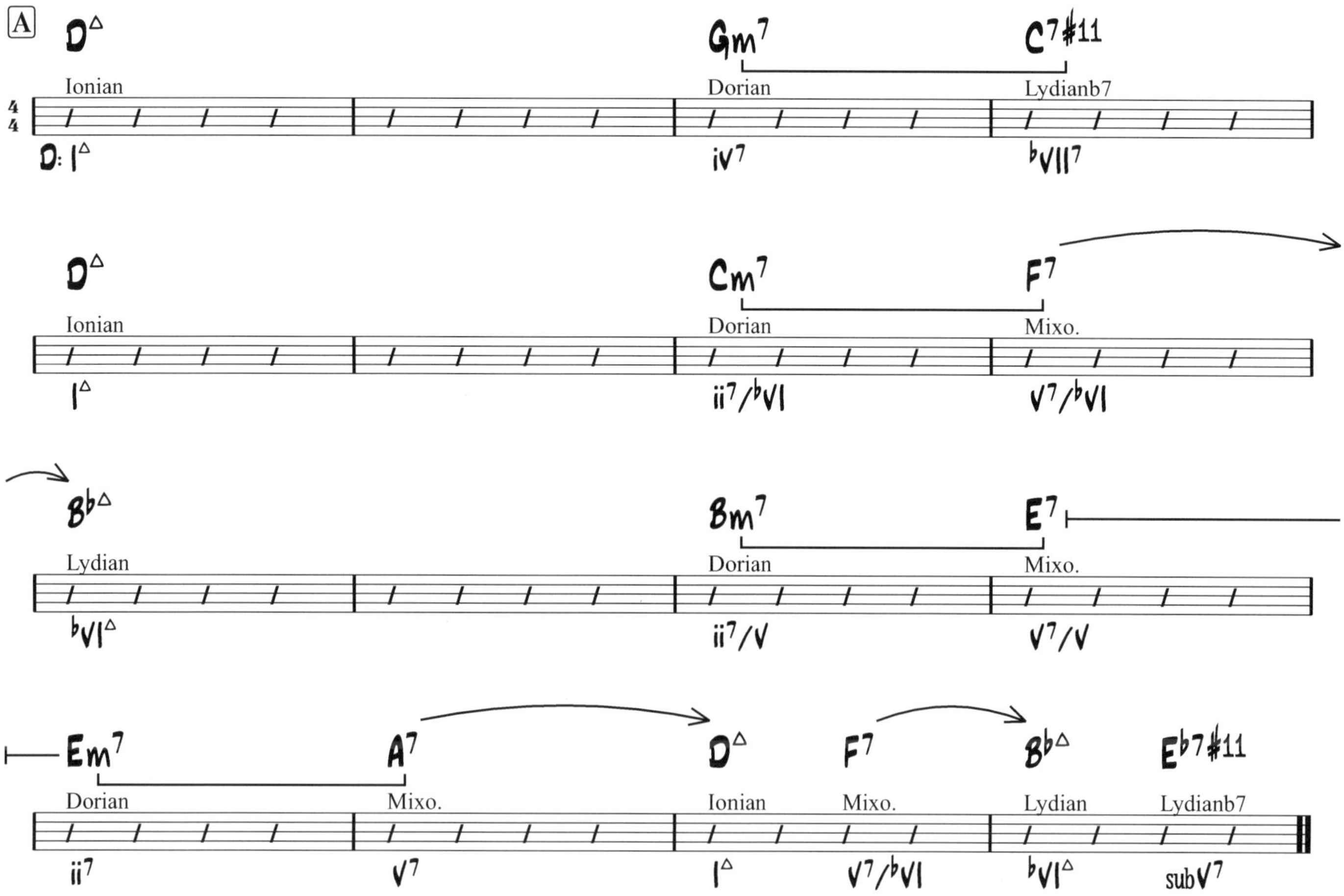
A
4/4
D△ Gm7 C7#11
Ionian Dorian Lydianb7
D: I△ iv7 bVII7
D△ Cm7 F7
Ionian Dorian Mixo.
I△ ii7/bVI V7/bVI
Bb△ Bm7 E7
Lydian Dorian Mixo.
bVI△ ii7/V V7/V
Em7 A7 D△ F7 Bb△ Eb7#11
Dorian Mixo. Ionian Mixo. Lydian Lydianb7
ii7 V7 I△ V7/bVI bVI△ subV7

LADY SINGS THE BLUES

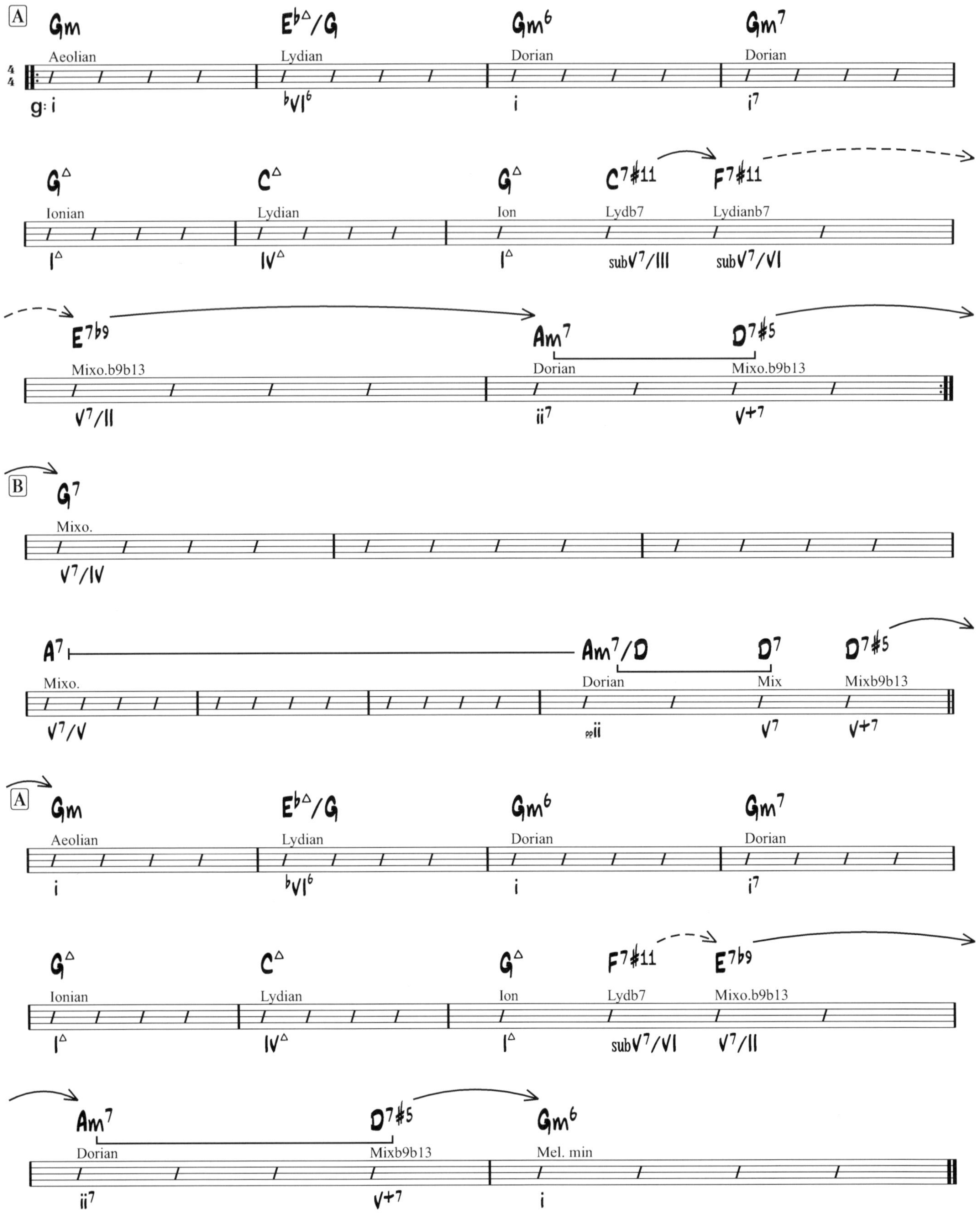

LAMENT

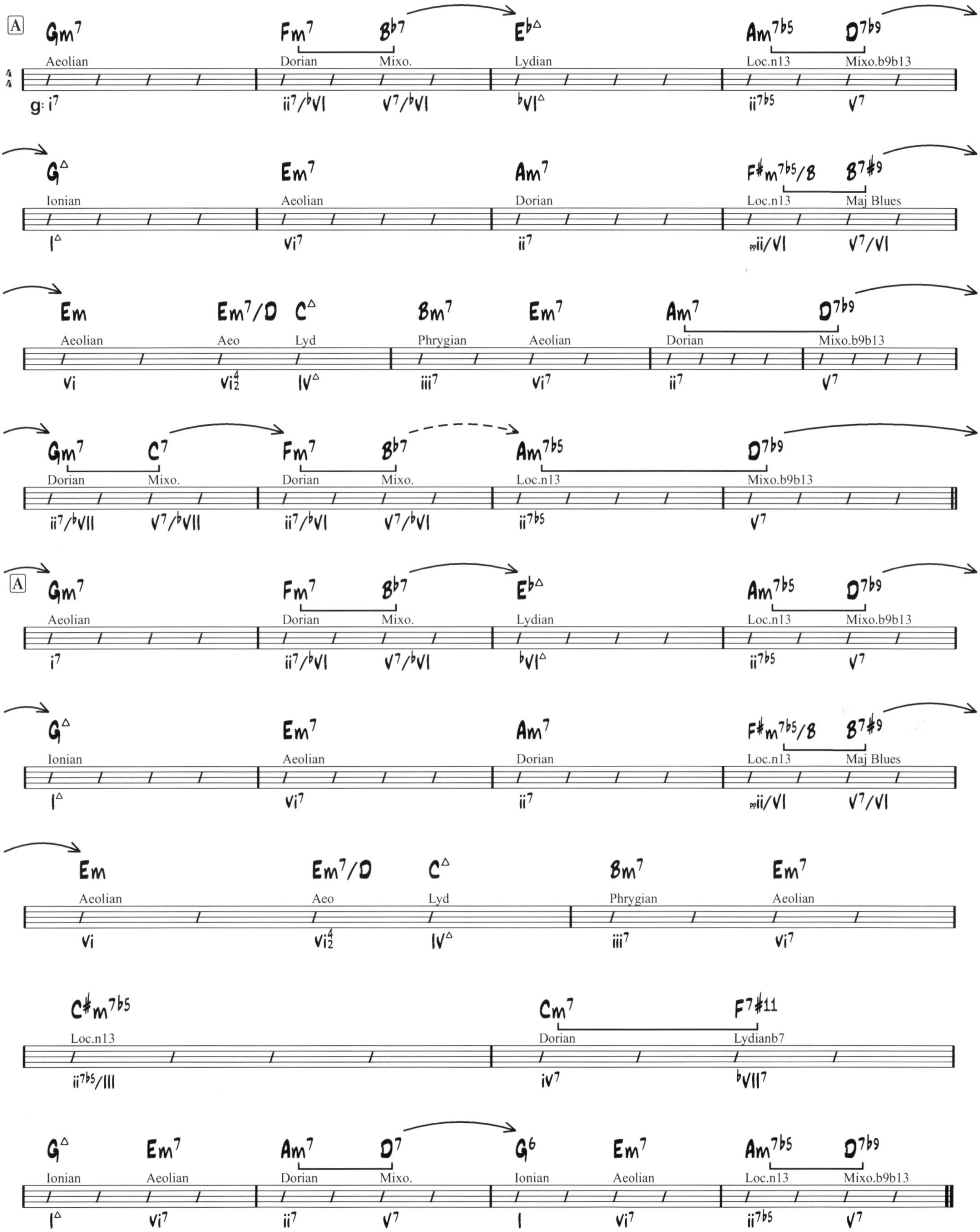
A
Gm7 Fm7 Bb7 Eb△ Am7b5 D7b9
Aeolian Dorian Mixo. Lydian Loc.n13 Mixo.b9b13
g: i7 ii7/bVI V7/bVI bVI△ ii7b5 V7
G△ Em7 Am7 F#m7b5/B B7#9
Ionian Aeolian Dorian Loc.n13 Maj Blues
I△ vi7 ii7 ii/VI V7/VI
Em Em7/D C△ Bm7 Em7 Am7 D7b9
Aeolian Aeo Lyd Phrygian Aeolian Dorian Mixo.b9b13
vi vi4/2 IV△ iii7 vi7 ii7 V7
Gm7 C7 Fm7 Bb7 Am7b5 D7b9
Dorian Mixo. Dorian Mixo. Loc.n13 Mixo.b9b13
ii7/bVII V7/bVII ii7/bVI V7/bVI ii7b5 V7
A
Gm7 Fm7 Bb7 Eb△ Am7b5 D7b9
Aeolian Dorian Mixo. Lydian Loc.n13 Mixo.b9b13
i7 ii7/bVI V7/bVI bVI△ ii7b5 V7
G△ Em7 Am7 F#m7b5/B B7#9
Ionian Aeolian Dorian Loc.n13 Maj Blues
I△ vi7 ii7 ii/VI V7/VI
Em Em7/D C△ Bm7 Em7
Aeolian Aeo Lyd Phrygian Aeolian
vi vi4/2 IV△ iii7 vi7
C#m7b5 Cm7 F7#11
Loc.n13 Dorian Lydianb7
ii7b5/III iv7 bVII7
G△ Em7 Am7 D7 G6 Em7 Am7b5 D7b9
Ionian Aeolian Dorian Mixo. Ionian Aeolian Loc.n13 Mixo.b9b13
I△ vi7 ii7 V7 I vi7 ii7b5 V7

LAS VEGAS TANGO

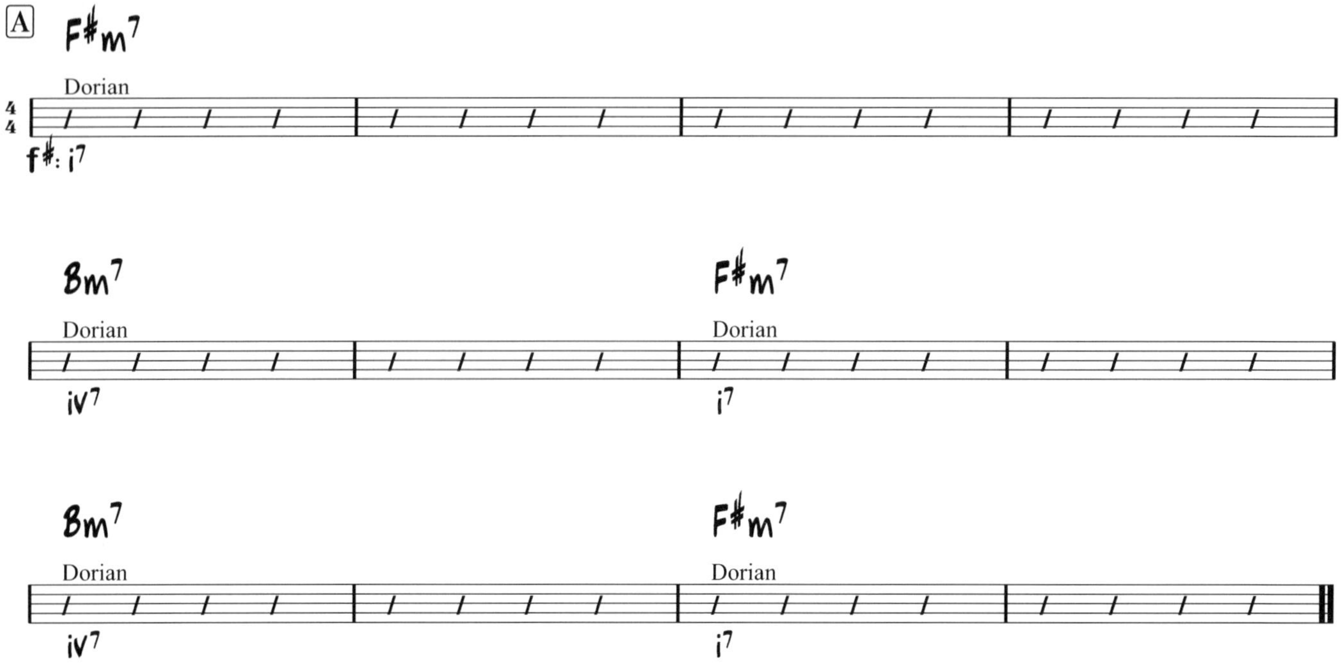
A
F#m7
Dorian
4/4
f#: i7
Bm7
Dorian
iv7
F#m7
Dorian
i7
Bm7
Dorian
iv7
F#m7
Dorian
i7

LAZY BIRD

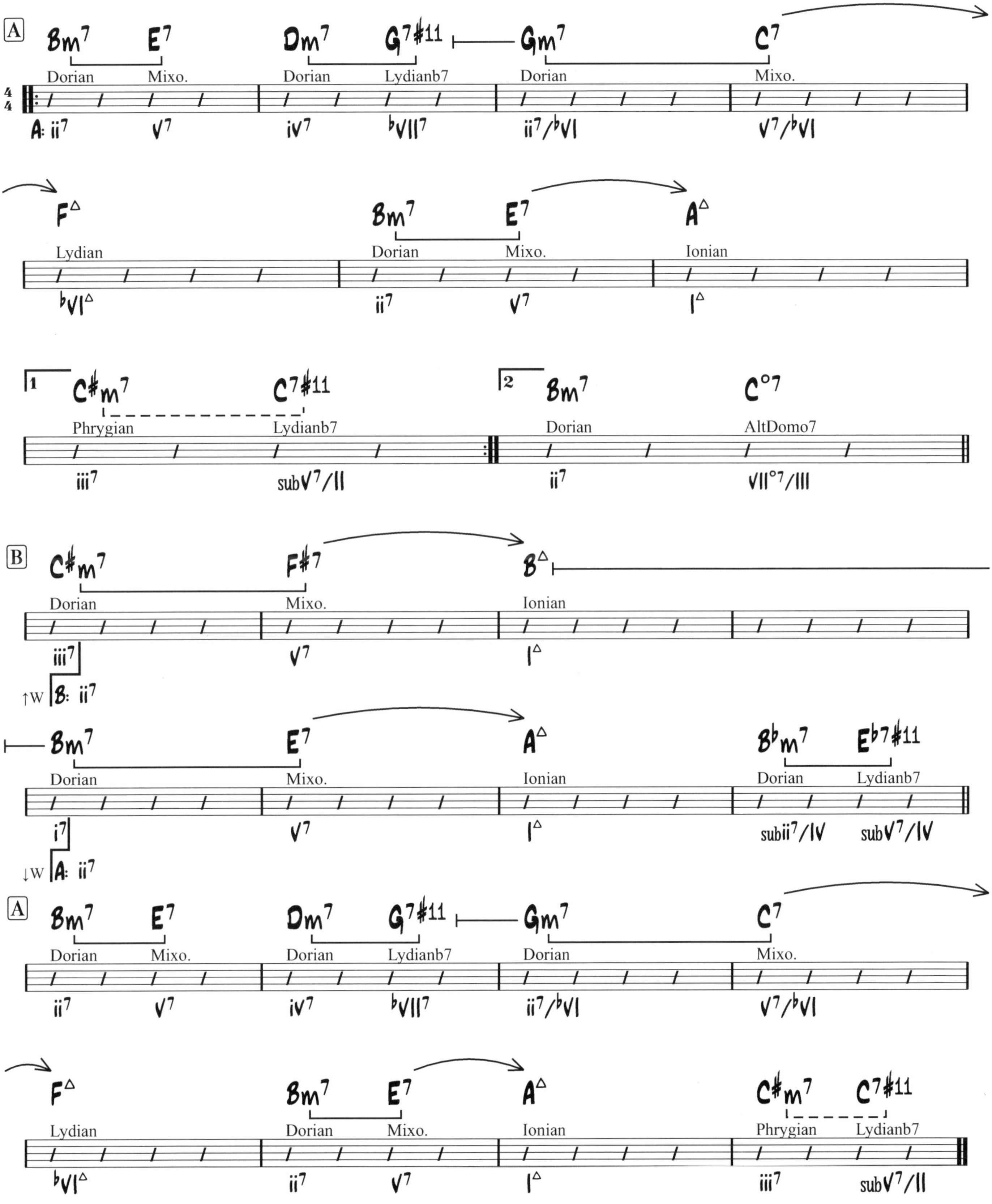
A
Bm7 E7 Dm7 G7#11 Gm7 C7
Dorian Mixo. Dorian Lydianb7 Dorian Mixo.
4/4
A: ii7 V7 iv7 bVII7 ii7/bVI V7/bVI
F△ Bm7 E7 A△
Lydian Dorian Mixo. Ionian
bVI△ ii7 V7 I△
1 C#m7 C7#11
Phrygian Lydianb7
iii7 subV7/II
2 Bm7 C°7
Dorian AltDomo7
ii7 VII°7/III
B
C#m7 F#7 B△
Dorian Mixo. Ionian
iii7 V7 I△
↑W B: ii7
Bm7 E7 A△ Bbm7 Eb7#11
Dorian Mixo. Ionian Dorian Lydianb7
i7 V7 I△ subii7/IV subV7/IV
↓W A: ii7
A
Bm7 E7 Dm7 G7#11 Gm7 C7
Dorian Mixo. Dorian Lydianb7 Dorian Mixo.
ii7 V7 iv7 bVII7 ii7/bVI V7/bVI
F△ Bm7 E7 A△ C#m7 C7#11
Lydian Dorian Mixo. Ionian Phrygian Lydianb7
bVI△ ii7 V7 I△ iii7 subV7/II

LAZY RIVER

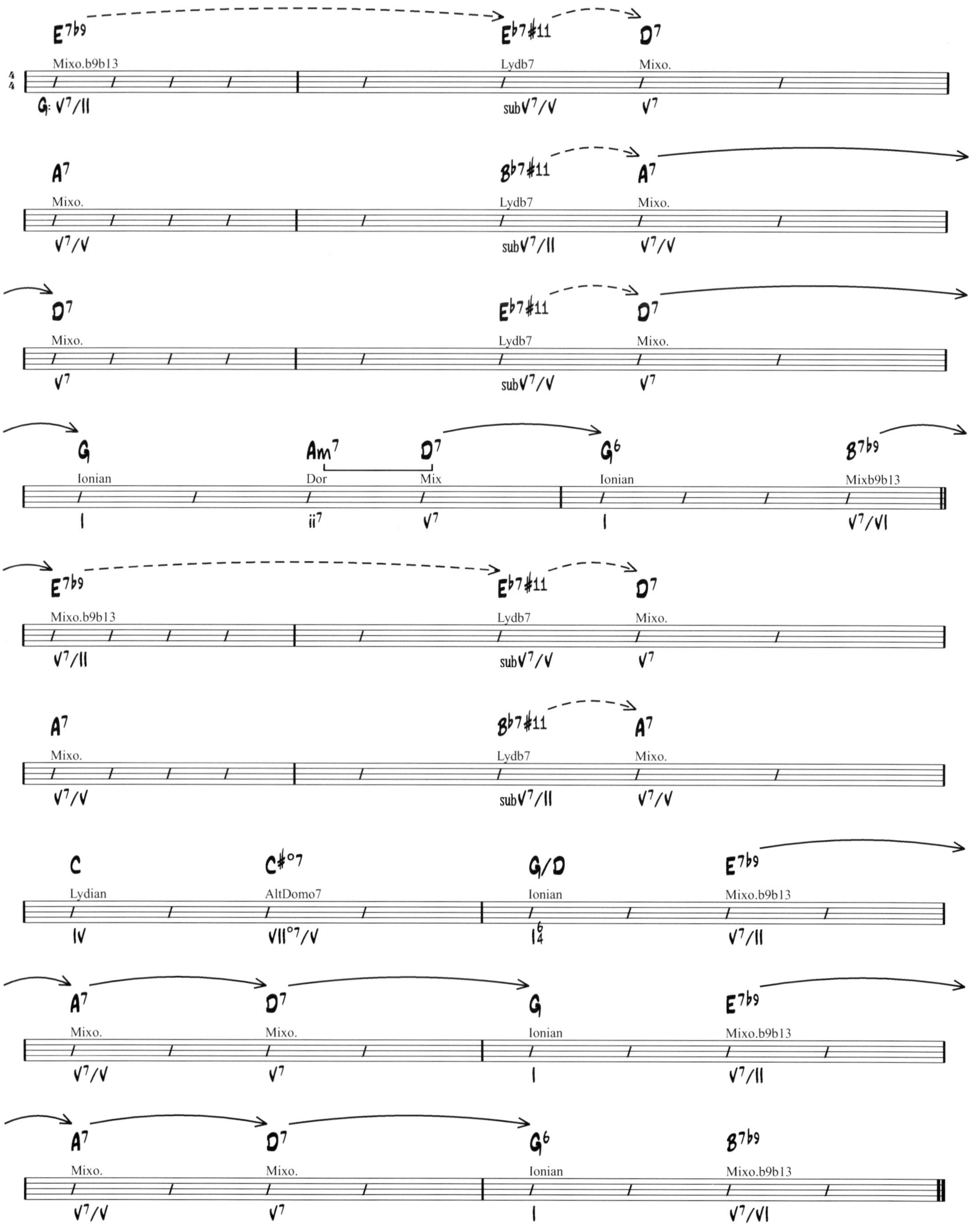
E7b9 Mixo.b9b13 G: V7/II
Eb7#11 Lydb7 subV7/V
D7 Mixo. V7
A7 Mixo. V7/V
Bb7#11 Lydb7 subV7/II
A7 Mixo. V7/V
D7 Mixo. V7
Eb7#11 Lydb7 subV7/V
D7 Mixo. V7
G Ionian I
Am7 Dor ii7
D7 Mix V7
G6 Ionian I
B7b9 Mixb9b13 V7/VI
E7b9 Mixo.b9b13 V7/II
Eb7#11 Lydb7 subV7/V
D7 Mixo. V7
A7 Mixo. V7/V
Bb7#11 Lydb7 subV7/II
A7 Mixo. V7/V
C Lydian IV
C#o7 AltDomo7 VIIo7/V
G/D Ionian I6/4
E7b9 Mixo.b9b13 V7/II
A7 Mixo. V7/V
D7 Mixo. V7
G Ionian I
E7b9 Mixo.b9b13 V7/II
A7 Mixo. V7/V
D7 Mixo. V7
G6 Ionian I
B7b9 Mixo.b9b13 V7/VI

LIKE SOMEONE IN LOVE

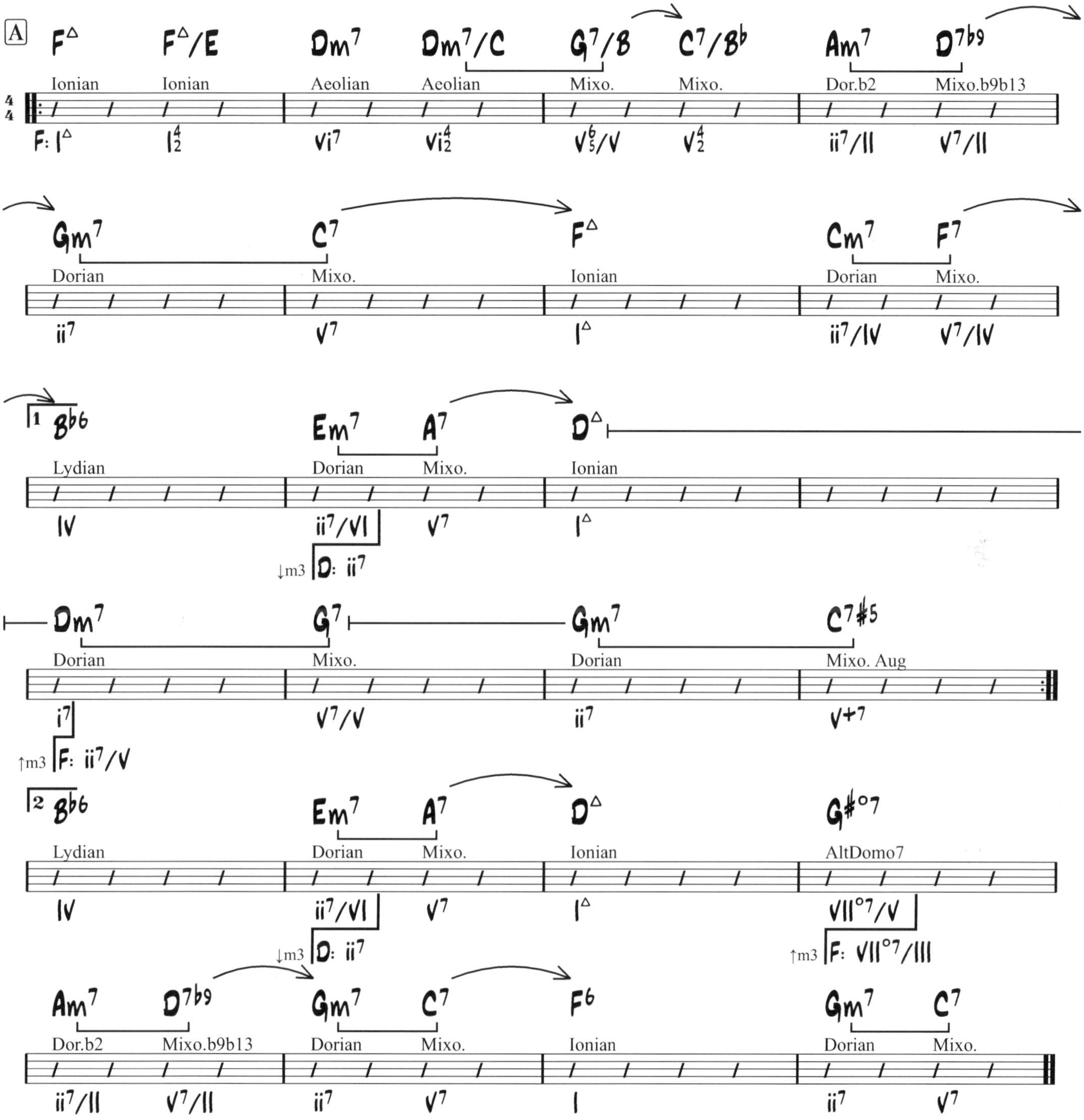

LIMEHOUSE BLUES

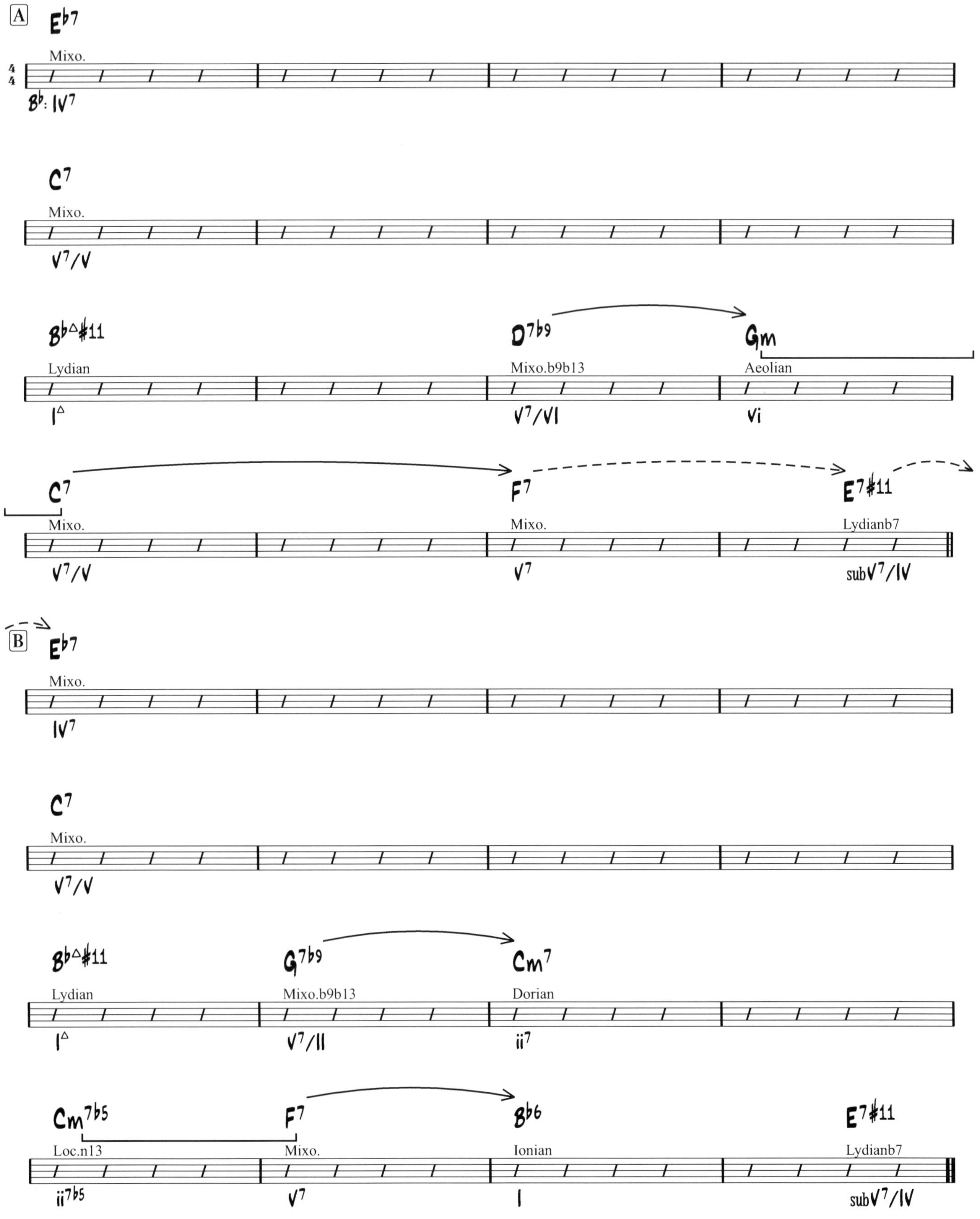
A
Eb7
Mixo.
4/4
Bb: IV7
C7
Mixo.
V7/V
Bb△#11
Lydian
I△
D7b9
Mixo.b9b13
V7/VI
Gm
Aeolian
vi
C7
Mixo.
V7/V
F7
Mixo.
V7
E7#11
Lydianb7
subV7/IV
B
Eb7
Mixo.
IV7
C7
Mixo.
V7/V
Bb△#11
Lydian
I△
G7b9
Mixo.b9b13
V7/II
Cm7
Dorian
ii7
Cm7b5
Loc.n13
ii7b5
F7
Mixo.
V7
Bb6
Ionian
I
E7#11
Lydianb7
subV7/IV

LITTLE BOAT

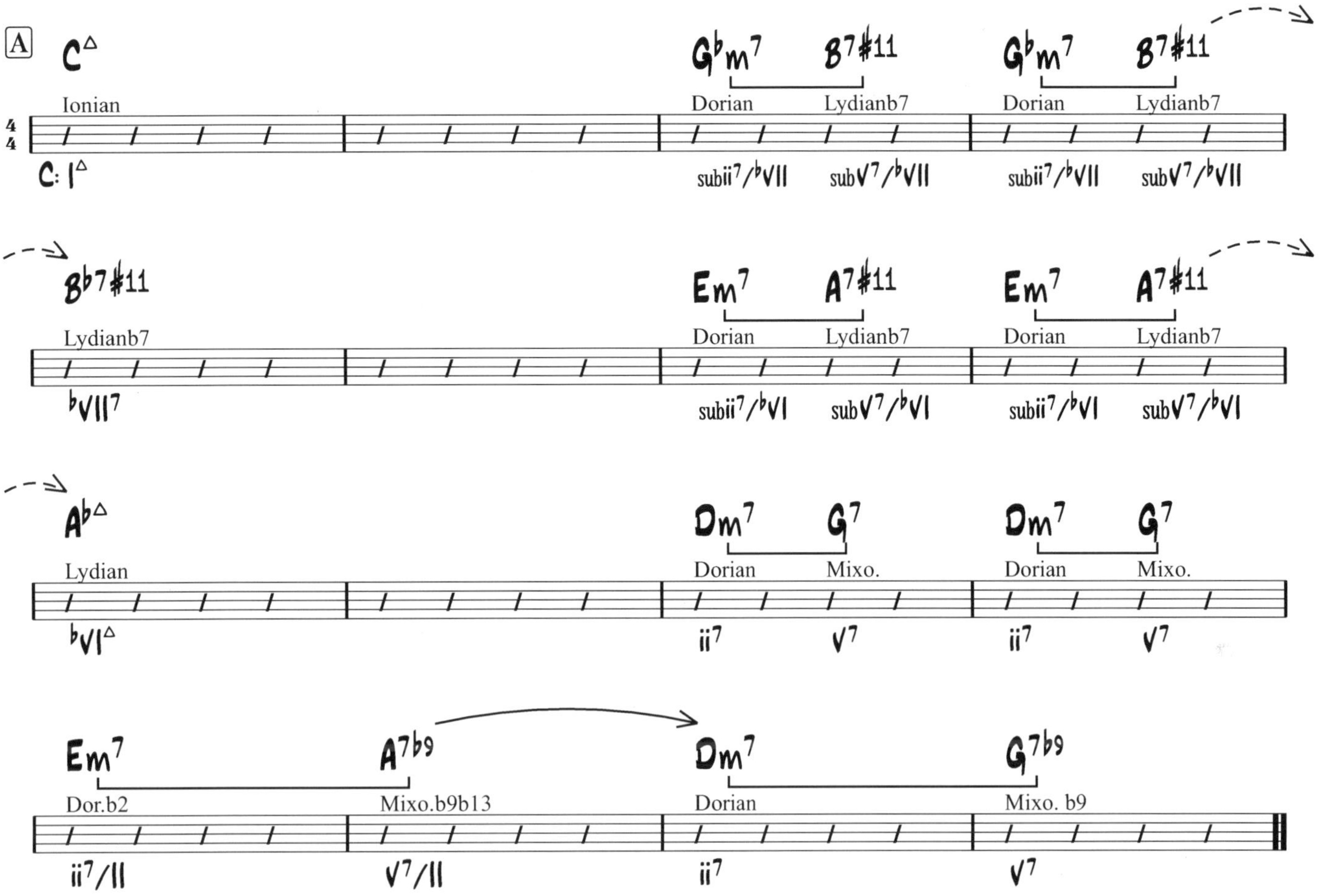
A
C△
Ionian
C: I△
G♭m7 B7♯11
Dorian Lydianb7
subii7/♭VII subV7/♭VII
G♭m7 B7♯11
Dorian Lydianb7
subii7/♭VII subV7/♭VII
B♭7♯11
Lydianb7
♭VII7
Em7 A7♯11
Dorian Lydianb7
subii7/♭VI subV7/♭VI
Em7 A7♯11
Dorian Lydianb7
subii7/♭VI subV7/♭VI
A♭△
Lydian
♭VI△
Dm7 G7
Dorian Mixo.
ii7 V7
Dm7 G7
Dorian Mixo.
ii7 V7
Em7 A7b9
Dor.b2 Mixo.b9b13
ii7/II V7/II
Dm7 G7b9
Dorian Mixo. b9
ii7 V7

LITTLE WALTZ

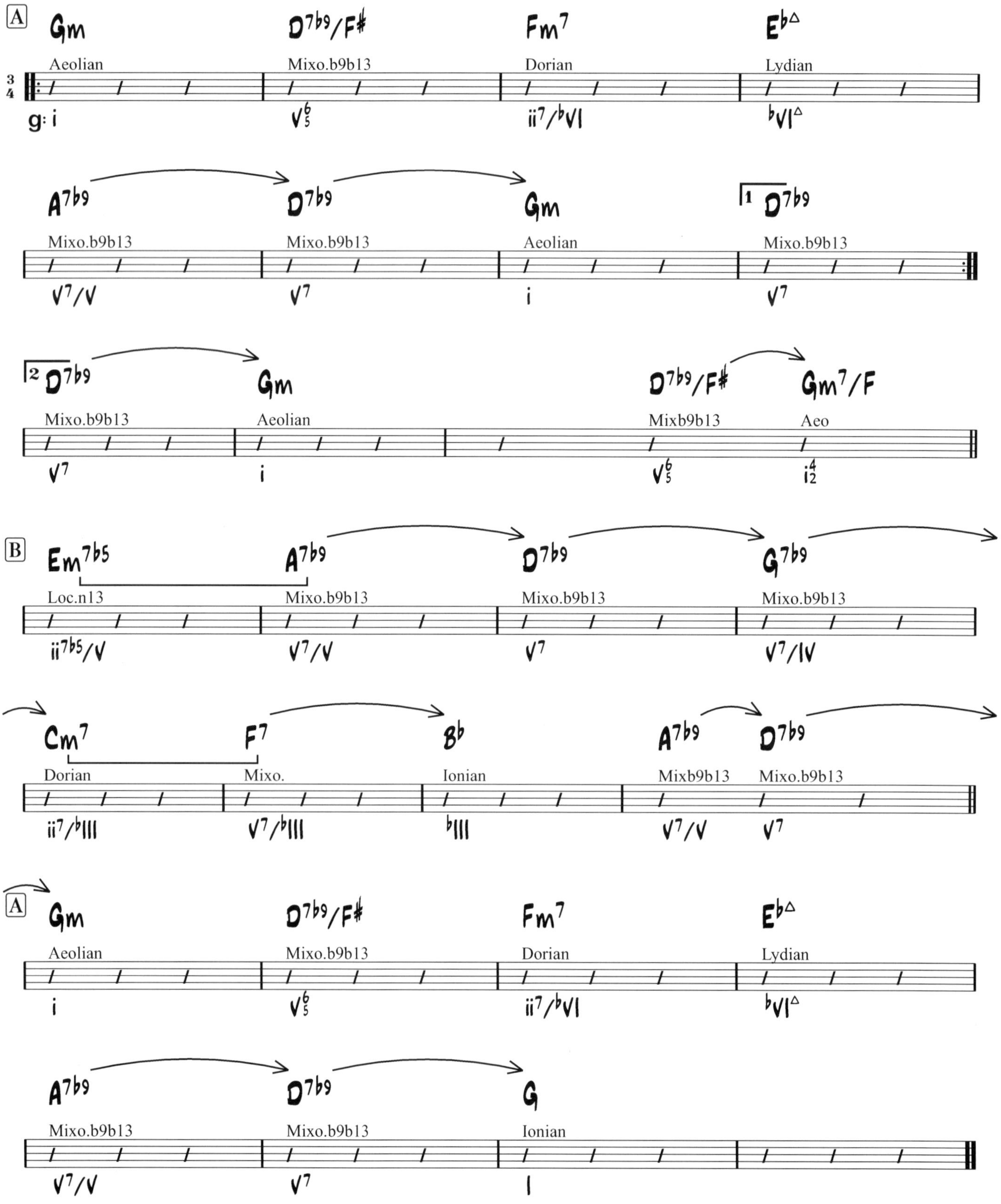

LONG AGO (AND FAR AWAY)

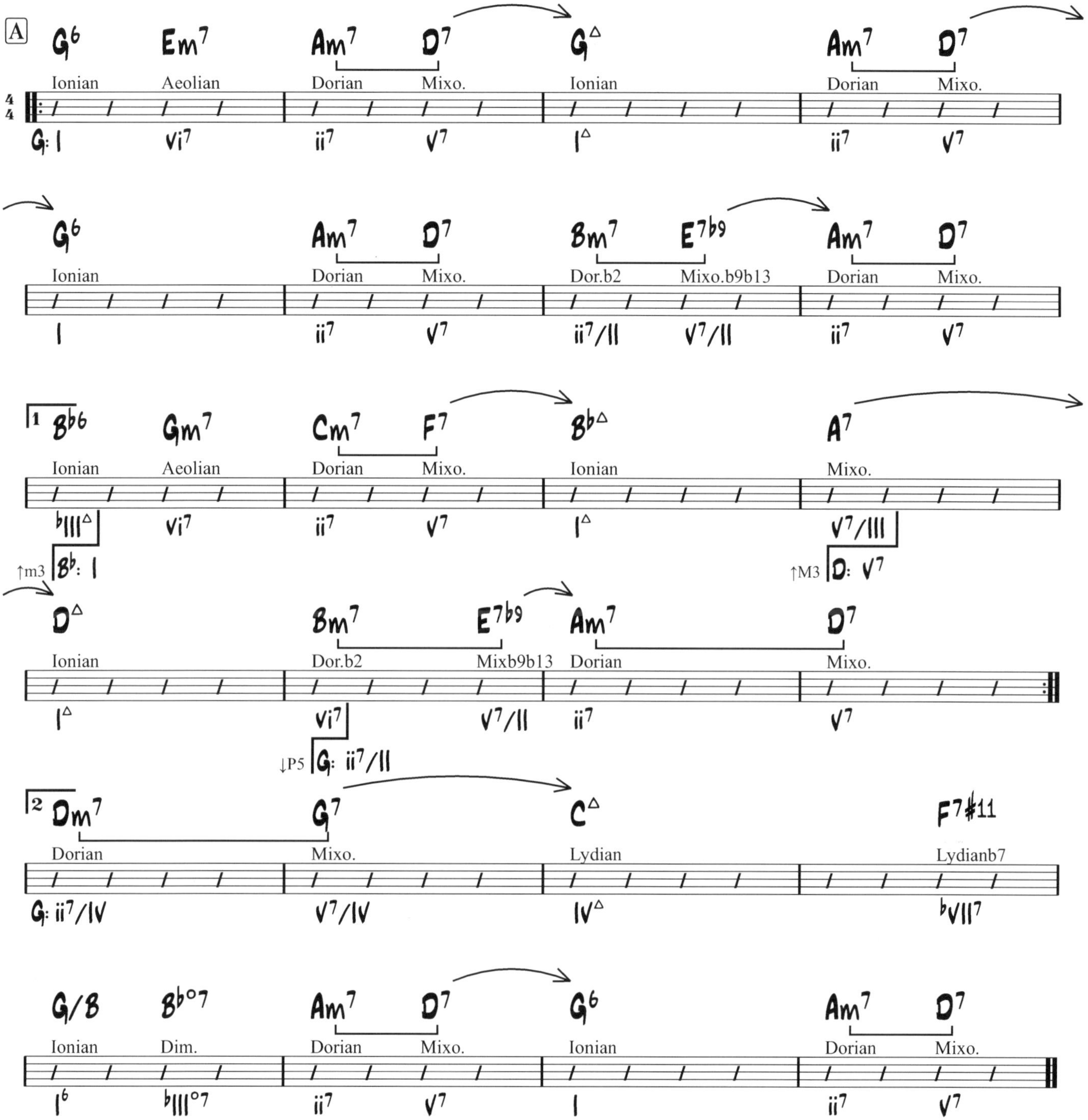
A
G6 Em7 Am7 D7 G△ Am7 D7
Ionian Aeolian Dorian Mixo. Ionian Dorian Mixo.
G: I vi7 ii7 V7 I△ ii7 V7
G6 Am7 D7 Bm7 E7b9 Am7 D7
Ionian Dorian Mixo. Dor.b2 Mixo.b9b13 Dorian Mixo.
I ii7 V7 ii7/II V7/II ii7 V7
1 Bb6 Gm7 Cm7 F7 Bb△ A7
Ionian Aeolian Dorian Mixo. Ionian Mixo.
bIII△ vi7 ii7 V7 I△ V7/III
↑m3 Bb: I
↑M3 D: V7
D△ Bm7 E7b9 Am7 D7
Ionian Dor.b2 Mixb9b13 Dorian Mixo.
I△ vi7 V7/II ii7 V7
↓P5 G: ii7/II
2 Dm7 G7 C△ F7#11
Dorian Mixo. Lydian Lydianb7
G: ii7/IV V7/IV IV△ bVII7
G/B Bbo7 Am7 D7 G6 Am7 D7
Ionian Dim. Dorian Mixo. Ionian Dorian Mixo.
I6 bIIIo7 ii7 V7 I ii7 V7

LONNIE'S LAMENT

LOOK TO THE SKY

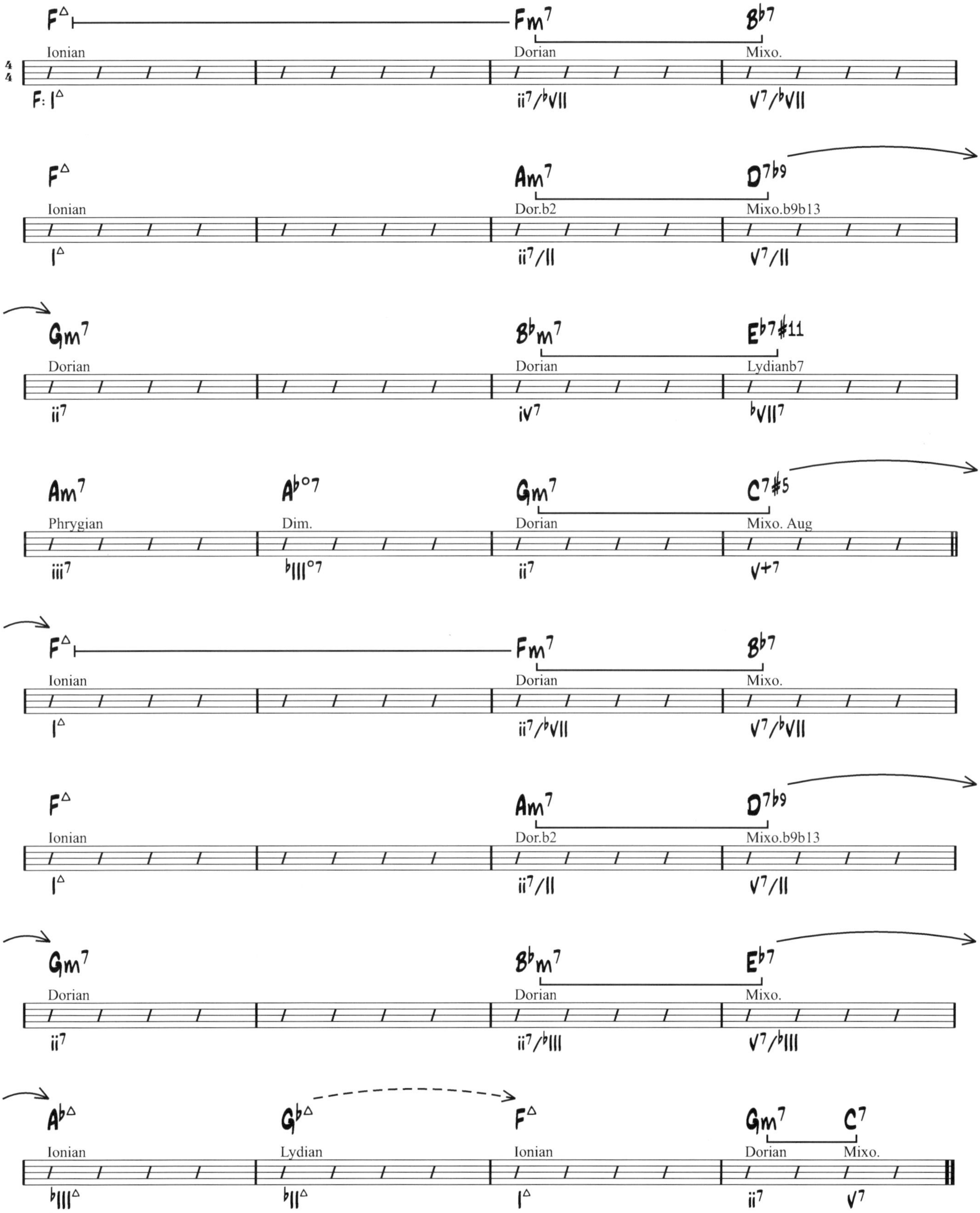

F△ | Fm7 Bb7 — Ionian | Dorian | Mixo. — F: I△ | ii7/bVII | V7/bVII
F△ | Am7 D7b9 — Ionian | Dor.b2 | Mixo.b9b13 — I△ | ii7/II | V7/II
Gm7 | Bbm7 Eb7#11 — Dorian | Dorian | Lydianb7 — ii7 | iv7 | bVII7
Am7 | Ab°7 | Gm7 C7#5 — Phrygian | Dim. | Dorian | Mixo. Aug — iii7 | bIII°7 | ii7 | V+7
F△ | Fm7 Bb7 — Ionian | Dorian | Mixo. — I△ | ii7/bVII | V7/bVII
F△ | Am7 D7b9 — Ionian | Dor.b2 | Mixo.b9b13 — I△ | ii7/II | V7/II
Gm7 | Bbm7 Eb7 — Dorian | Dorian | Mixo. — ii7 | ii7/bIII | V7/bIII
Ab△ | Gb△ | F△ | Gm7 C7 — Ionian | Lydian | Ionian | Dorian | Mixo. — bIII△ | bII△ | I△ | ii7 | V7

LOVE IS THE SWEETEST THING

LUCKY SOUTHERN

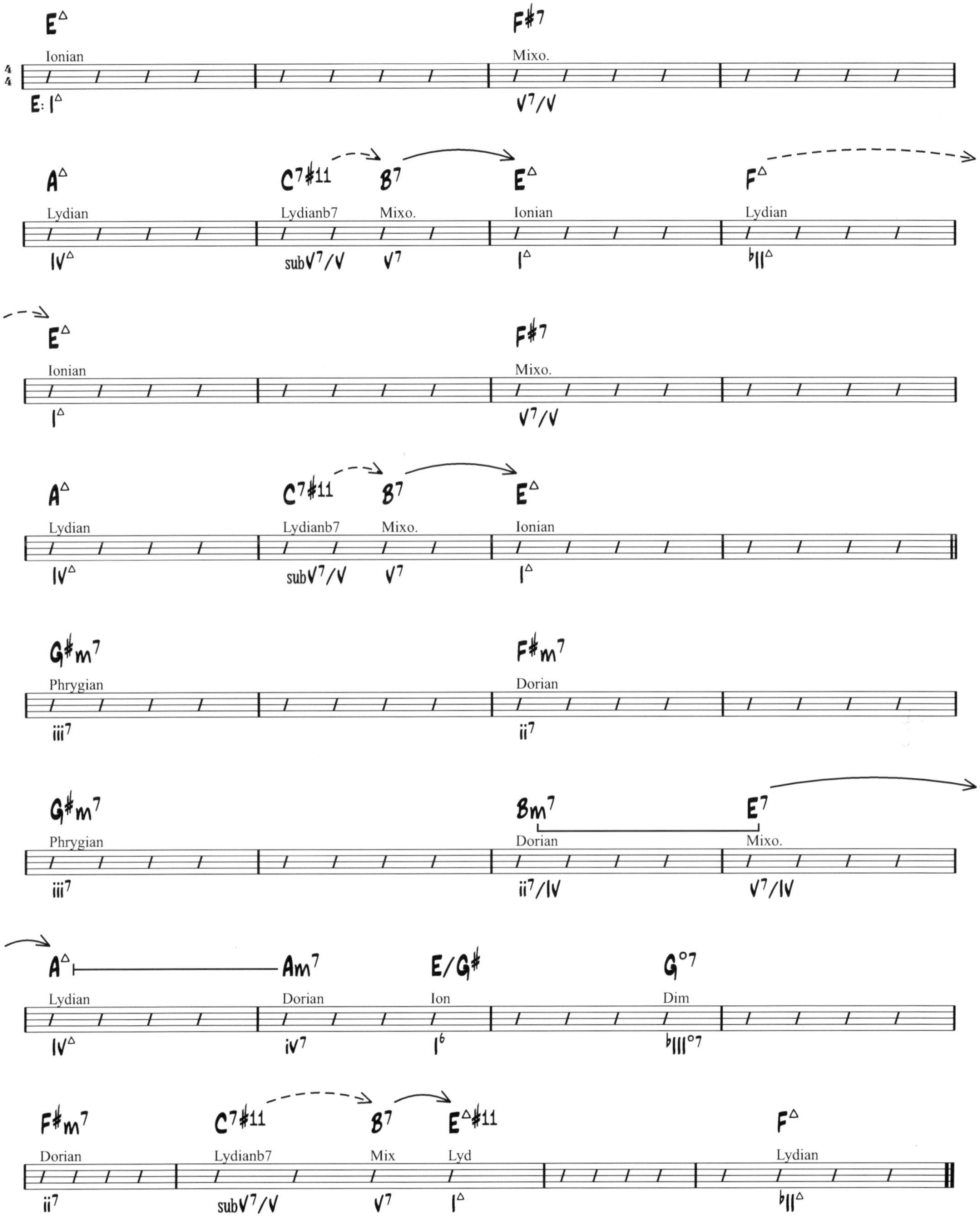

LULLABY OF BIRDLAND

LUSH LIFE

A
Eb6 Db7#11 Eb△ Db7#11 Eb△ Db7#11 Eb△ Fm7 Gb△ Abm7
Ionian Lydianb7 Ionian Lydianb7 Ionian Lydianb7 Ion Dor Ion Dor
Eb: I bVII7 I△ bVII7 I△ bVII7 I△ ii7 bIII△ iv7
Bbm7 E7#11 Eb6 E7#11
Dorian Lydianb7 Ionian Lydianb7
ii7/IV subV7 I subV7
1 Eb△ E7b5 2 Eb△ Am7b5 D7b9
Ionian Lydianb7 Ionian Loc13 Mixb9b13
I△ subV7b5 I△ ii7b5/III V7/III
↑M3 g: V7
B
Gm Gm6 Gm7 Gm6 Gm Am7 Ab7b5
Aeolian Dorian Dorian Dorian Aeolian Dorian Lydianb7
i i i7 i i ii7 subV7b5
Gm Gm6 Gm7 Gm6 Gm F#°7 Fm7 Bb7#11
Aeolian Dorian Dorian Dorian Aeolian AltDomo7 Dorian Lydianb7
i i i7 i i VII°7 subii7/II subV7/II
Db7b5 C7b9 Fm7 Bb7b5 Fm7 Bb7
Lydianb7 Mixo.b9b13 Dorian Alt. Dorian Mixo.
subV7b5/IV V7/bVII ii7 V7b5 ii7 V7
↓M3 Eb: V7/II
C
Eb6 E7#11 Eb6 E7#11
Ionian Lydianb7 Ionian Lydianb7
I subV7 I subV7
Eb6 D7b9 Db7 Gb△ F7#5 E7#11
Ionian Mixb9b13 Mix Ion Alt Lydianb7
I V7/III V7/bIII bIII△ V+7/V subV7
Eb6 E7#11 Eb6 E7#11
Ionian Lydianb7 Ionian Lydianb7
I subV7 I subV7

LUSH LIFE - Page 2

MAHJONG

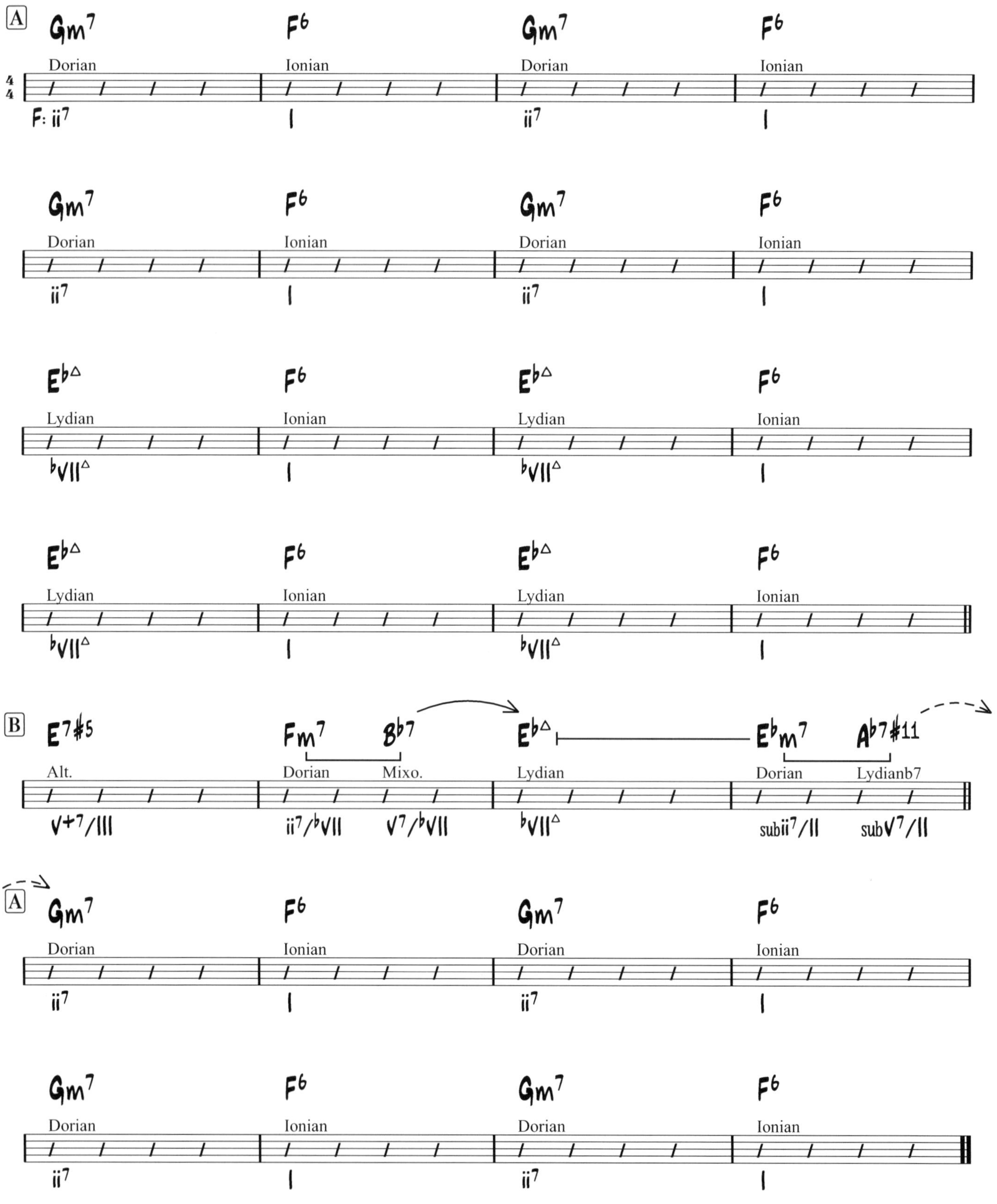
A
Gm7 F6 Gm7 F6
Dorian Ionian Dorian Ionian
4/4
F: ii7 I ii7 I
Gm7 F6 Gm7 F6
Dorian Ionian Dorian Ionian
ii7 I ii7 I
Eb△ F6 Eb△ F6
Lydian Ionian Lydian Ionian
bVII△ I bVII△ I
Eb△ F6 Eb△ F6
Lydian Ionian Lydian Ionian
bVII△ I bVII△ I
B
E7#5 Fm7 Bb7 Eb△ Ebm7 Ab7#11
Alt. Dorian Mixo. Lydian Dorian Lydianb7
V+7/III ii7/bVII V7/bVII bVII△ subii7/II subV7/II
A
Gm7 F6 Gm7 F6
Dorian Ionian Dorian Ionian
ii7 I ii7 I
Gm7 F6 Gm7 F6
Dorian Ionian Dorian Ionian
ii7 I ii7 I

MEDITATION

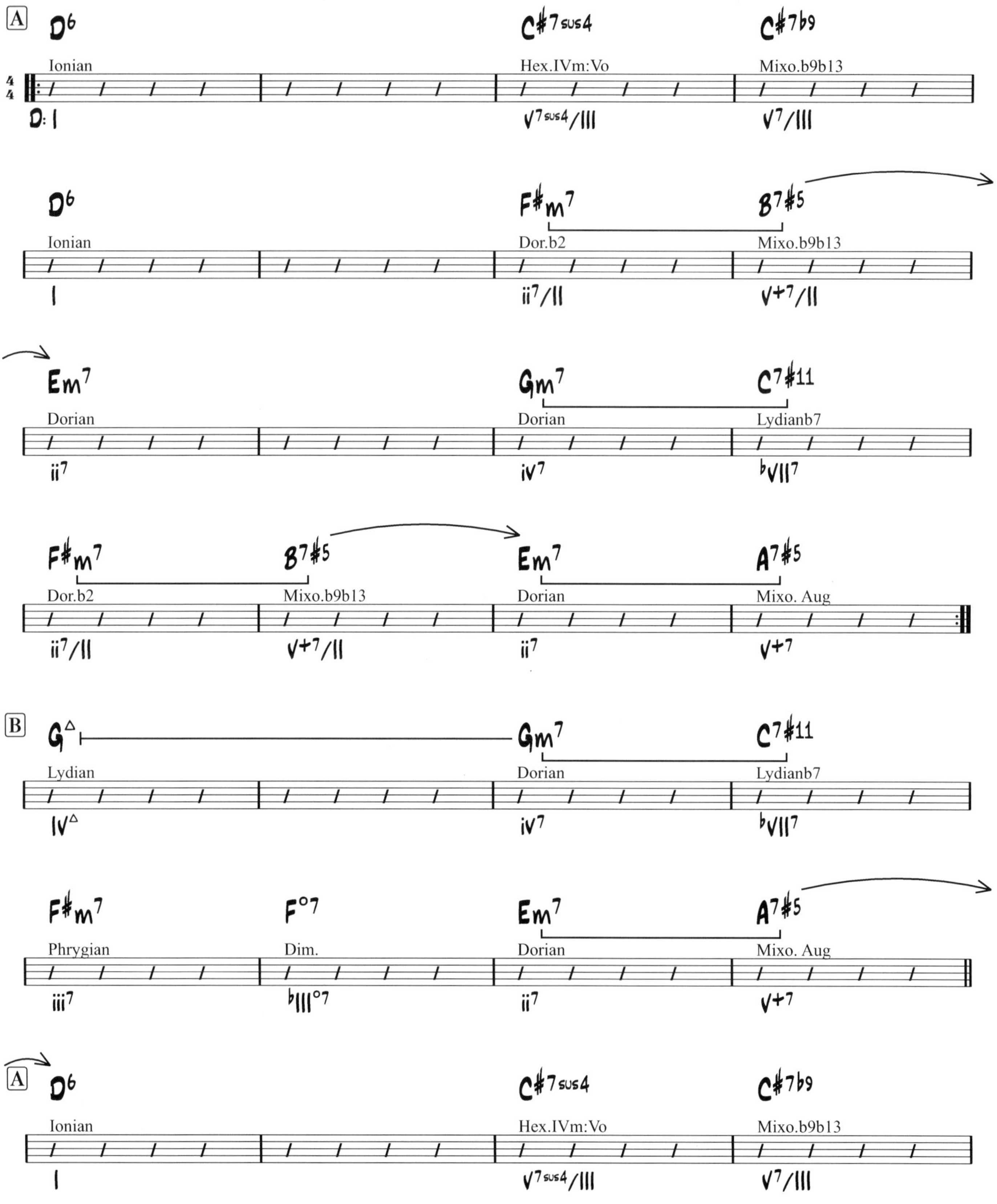
A
D6 C#7sus4 C#7b9
Ionian Hex.IVm:Vo Mixo.b9b13
4/4
D: I V7sus4/III V7/III
D6 F#m7 B7#5
Ionian Dor.b2 Mixo.b9b13
I ii7/II V+7/II
Em7 Gm7 C7#11
Dorian Dorian Lydianb7
ii7 iv7 bVII7
F#m7 B7#5 Em7 A7#5
Dor.b2 Mixo.b9b13 Dorian Mixo. Aug
ii7/II V+7/II ii7 V+7
B
G△ Gm7 C7#11
Lydian Dorian Lydianb7
IV△ iv7 bVII7
F#m7 F°7 Em7 A7#5
Phrygian Dim. Dorian Mixo. Aug
iii7 bIII°7 ii7 V+7
A
D6 C#7sus4 C#7b9
Ionian Hex.IVm:Vo Mixo.b9b13
I V7sus4/III V7/III

MEDITATION - Page 2

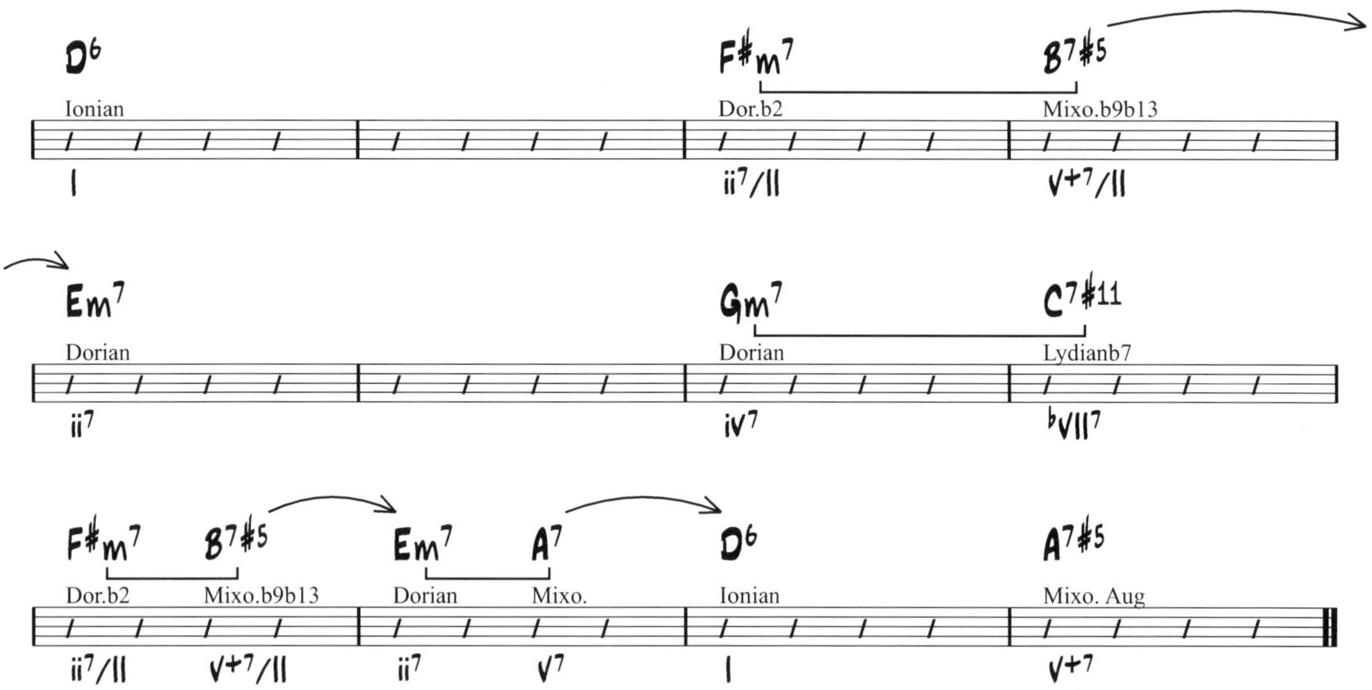

MEMORIES OF TOMORROW

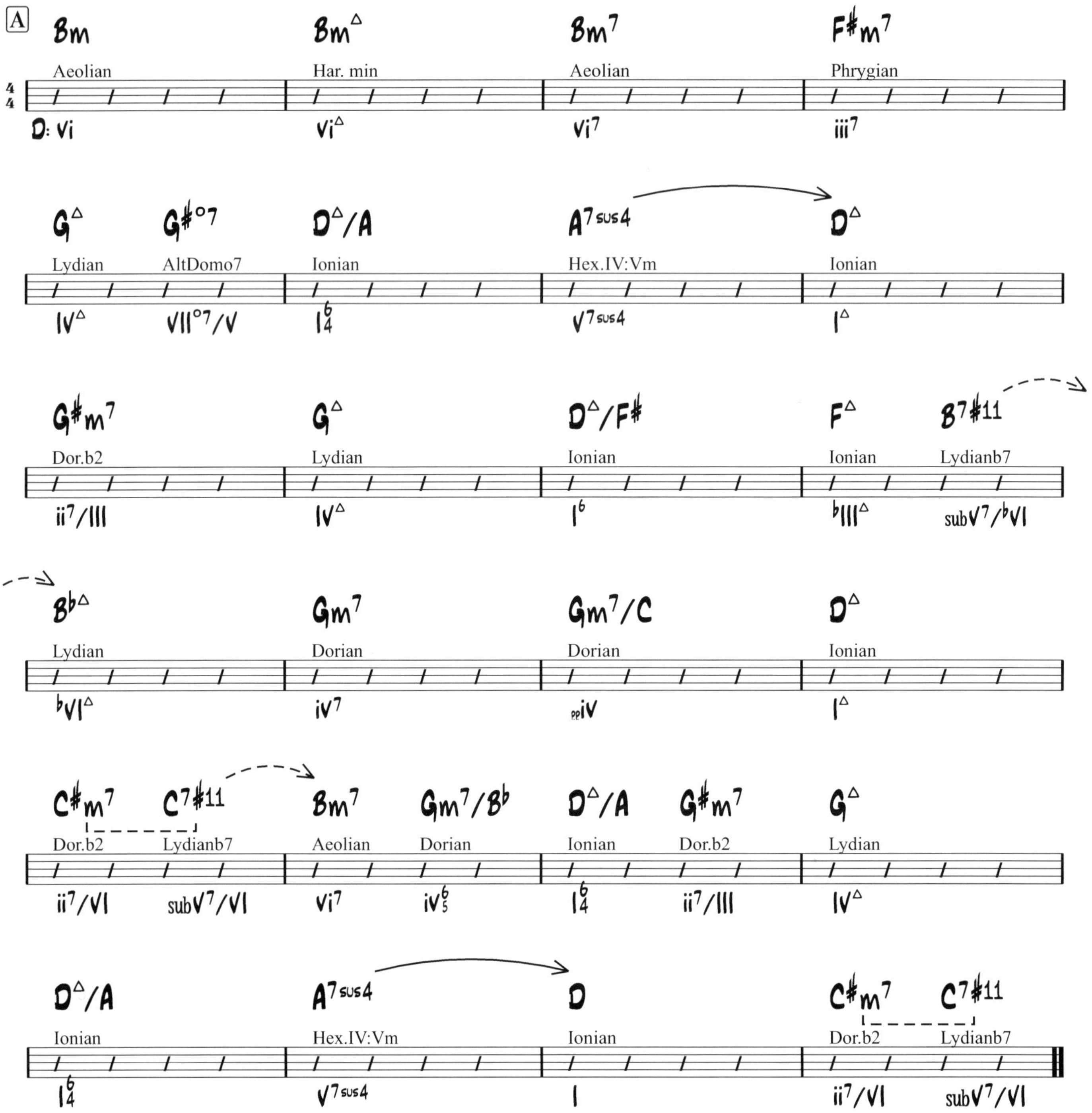

MIDNIGHT MOOD

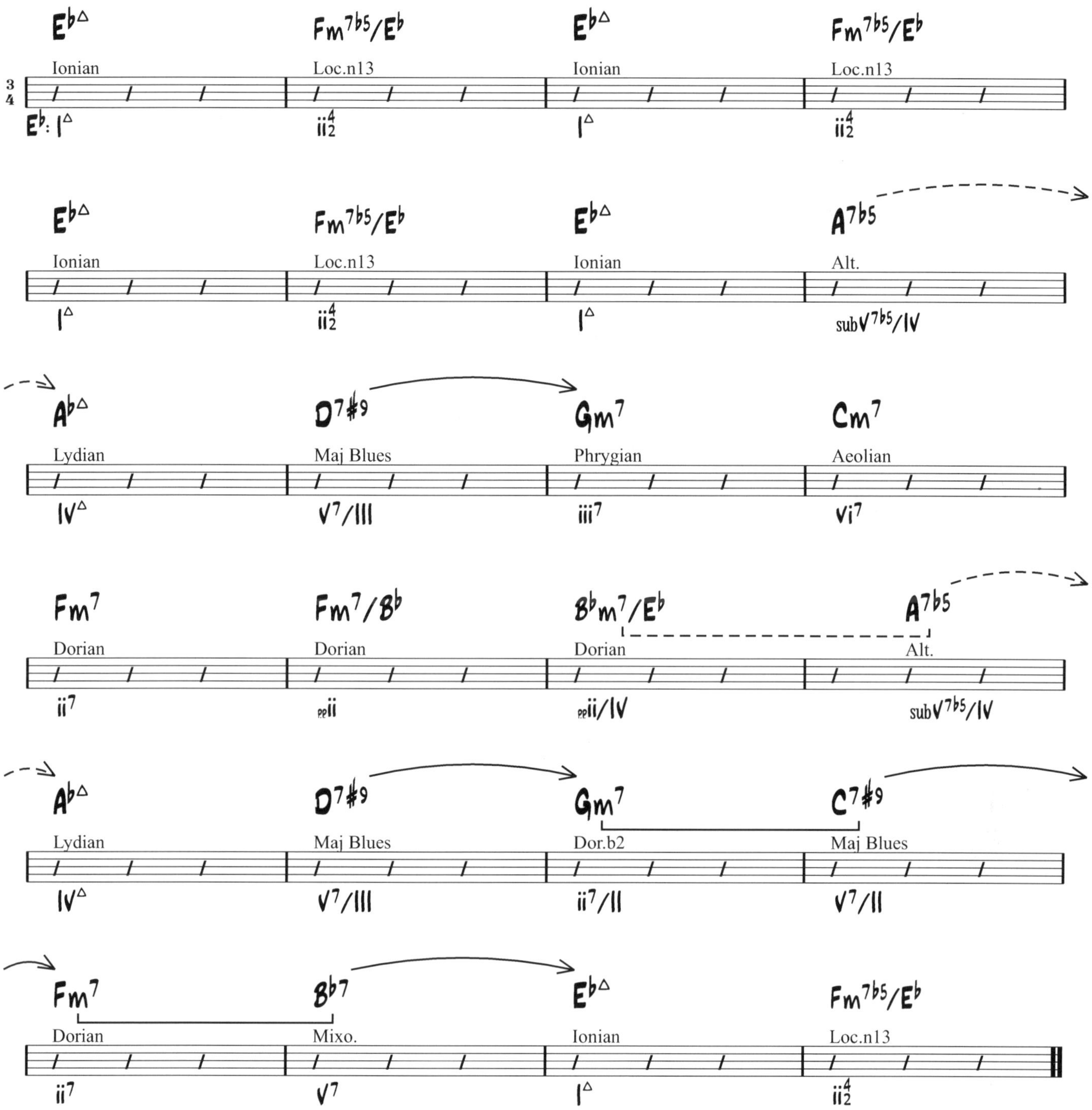

MILANO

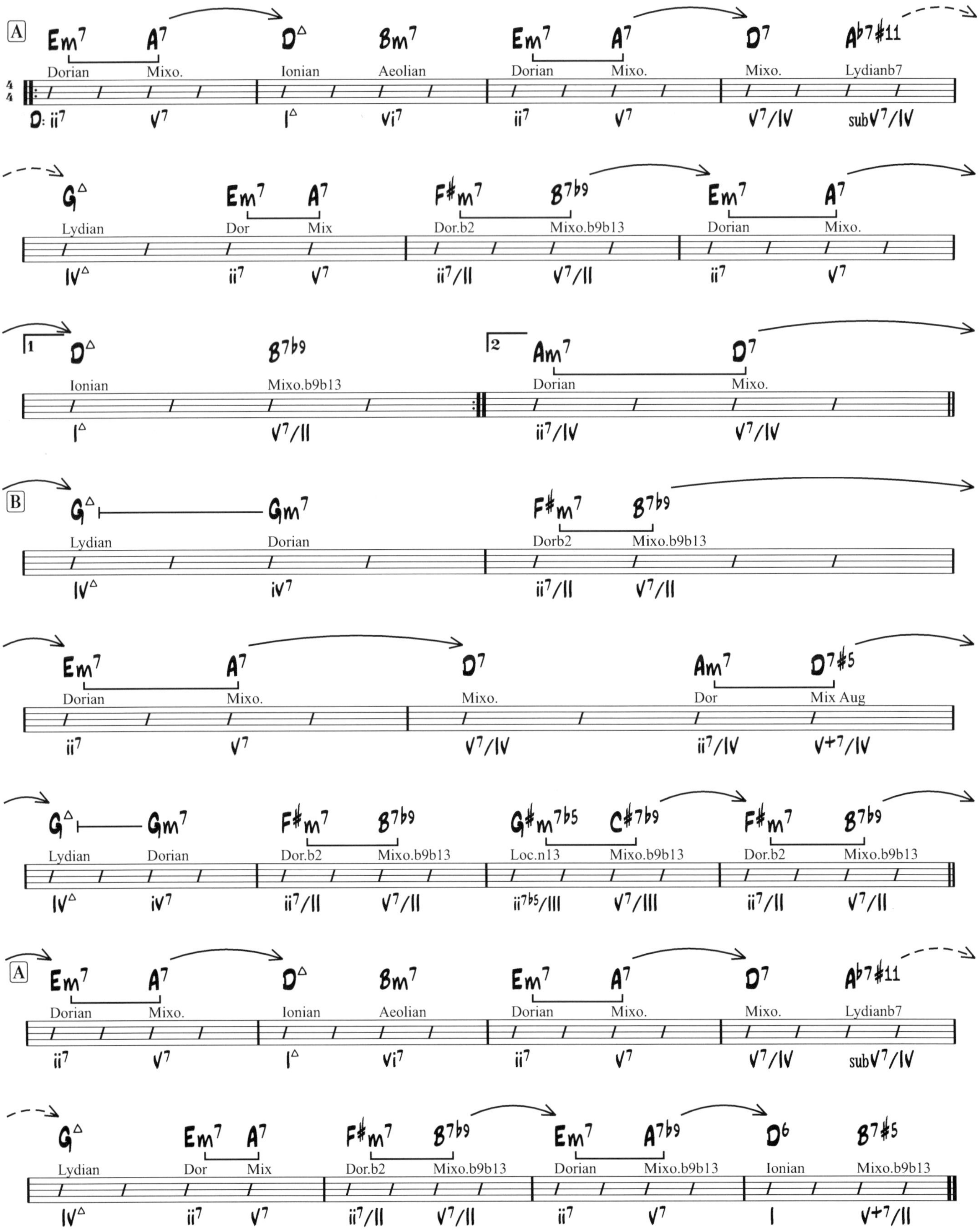
A
Em7 A7 D△ Bm7 Em7 A7 D7 Ab7#11
Dorian Mixo. Ionian Aeolian Dorian Mixo. Mixo. Lydianb7
D: ii7 V7 I△ vi7 ii7 V7 V7/IV subV7/IV
G△ Em7 A7 F#m7 B7b9 Em7 A7
Lydian Dor Mix Dor.b2 Mixo.b9b13 Dorian Mixo.
IV△ ii7 V7 ii7/II V7/II ii7 V7
1 D△ B7b9 2 Am7 D7
Ionian Mixo.b9b13 Dorian Mixo.
I△ V7/II ii7/IV V7/IV
B
G△ Gm7 F#m7 B7b9
Lydian Dorian Dorb2 Mixo.b9b13
IV△ iv7 ii7/II V7/II
Em7 A7 D7 Am7 D7#5
Dorian Mixo. Mixo. Dor Mix Aug
ii7 V7 V7/IV ii7/IV V+7/IV
G△ Gm7 F#m7 B7b9 G#m7b5 C#7b9 F#m7 B7b9
Lydian Dorian Dor.b2 Mixo.b9b13 Loc.n13 Mixo.b9b13 Dor.b2 Mixo.b9b13
IV△ iv7 ii7/II V7/II ii7b5/III V7/III ii7/II V7/II
A
Em7 A7 D△ Bm7 Em7 A7 D7 Ab7#11
Dorian Mixo. Ionian Aeolian Dorian Mixo. Mixo. Lydianb7
ii7 V7 I△ vi7 ii7 V7 V7/IV subV7/IV
G△ Em7 A7 F#m7 B7b9 Em7 A7b9 D6 B7#5
Lydian Dor Mix Dor.b2 Mixo.b9b13 Dorian Mixo.b9b13 Ionian Mixo.b9b13
IV△ ii7 V7 ii7/II V7/II ii7 V7 I V+7/II

MINORITY

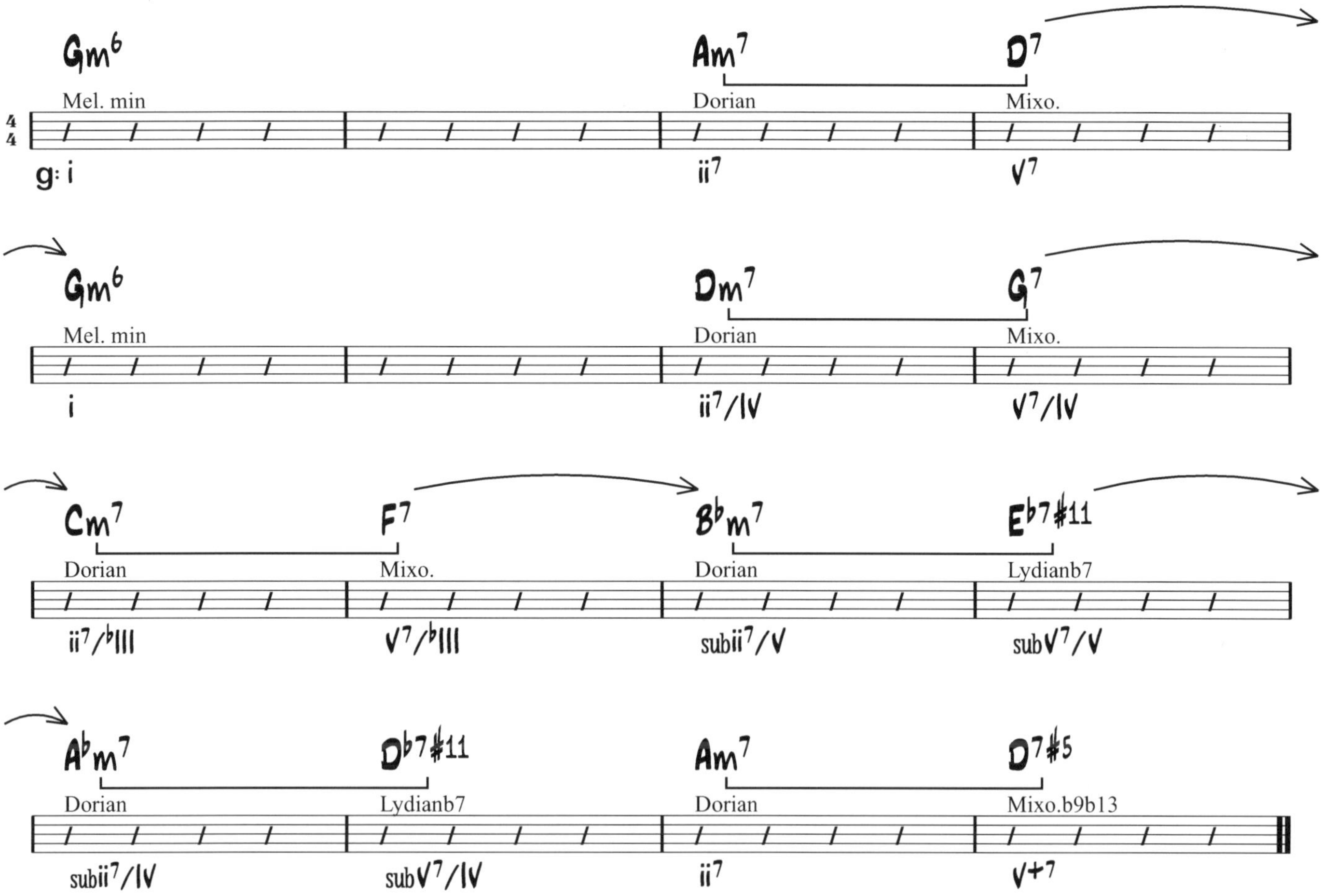
Gm6
Mel. min
g: i
Am7
Dorian
ii7
D7
Mixo.
V7
Gm6
Mel. min
i
Dm7
Dorian
ii7/IV
G7
Mixo.
V7/IV
Cm7
Dorian
ii7/bIII
F7
Mixo.
V7/bIII
Bbm7
Dorian
subii7/V
Eb7#11
Lydianb7
subV7/V
Abm7
Dorian
subii7/IV
Db7#11
Lydianb7
subV7/IV
Am7
Dorian
ii7
D7#5
Mixo.b9b13
V+7

MISTY

A
F△ Cm7 F7 Bb△ Bbm7 Eb7#11
Ionian Dorian Mixo. Lydian Dorian Lydianb7
4/4
F: I△ ii7/IV V7/IV IV△ iv7 bVII7
F△ Dm7 Gm7 C7 1 Am7 D7b9 Gm7 C7
Ionian Aeolian Dorian Mixo. Dor.b2 Mixo.b9b13 Dorian Mixo.
I△ vi7 ii7 V7 ii7/II V7/II ii7 V7
2 F6 Eb7#11 F△
Ionian Lydianb7 Ionian
I bVII7 I△
B
Cm7 F7 Bb△
Dorian Mixo. Lydian
ii7/IV V7/IV IV△
Bm7 E7b9 G7 Am7 D7b9 Gm7 C7
Dor.b2 Mixo.b9b13 Mixo. Dor.b2 Mixo.b9b13 Dorian Mixo.
ii7/III V7/III V7/V ii7/II V7/II ii7 V7
A
F△ Cm7 F7 Bb△ Bbm7 Eb7#11
Ionian Dorian Mixo. Lydian Dorian Lydianb7
I△ ii7/IV V7/IV IV△ iv7 bVII7
F△ Dm7 Gm7 C7 F6 Dm7 Gm7 C7
Ionian Aeolian Dorian Mixo. Ionian Aeolian Dorian Mixo.
I△ vi7 ii7 V7 I vi7 ii7 V7

MISTY (ERROL GARNER'S ORIGINAL VERSION)

MIYAKO

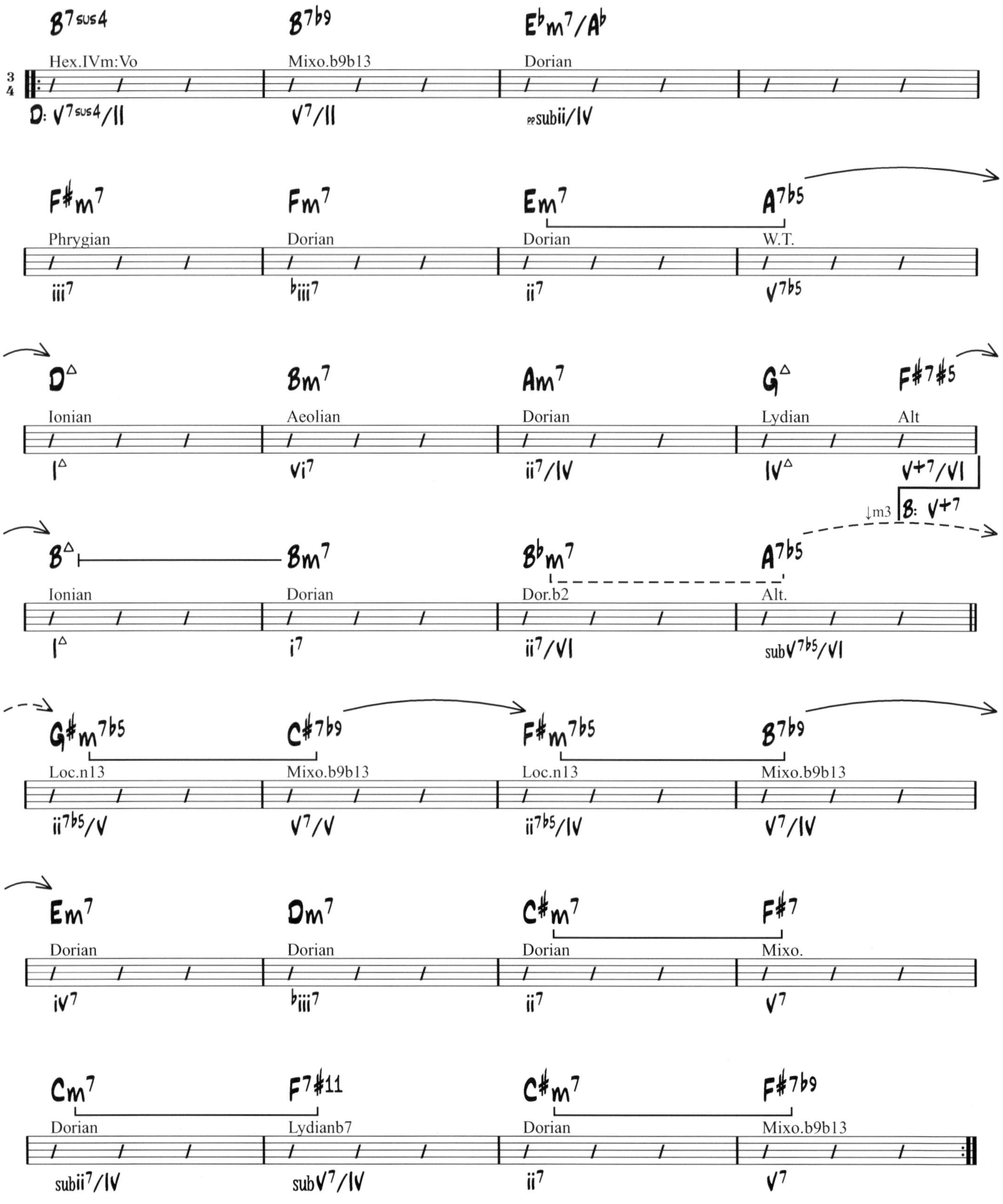
B7sus4 B7b9 Ebm7/Ab
Hex.IVm:Vo Mixo.b9b13 Dorian
3/4
D: V7sus4/II V7/II ppsubii/IV
F#m7 Fm7 Em7 A7b5
Phrygian Dorian Dorian W.T.
iii7 biii7 ii7 V7b5
D△ Bm7 Am7 G△ F#7#5
Ionian Aeolian Dorian Lydian Alt
I△ vi7 ii7/IV IV△ V+7/VI
↓m3 B: V+7
B△ Bm7 Bbm7 A7b5
Ionian Dorian Dor.b2 Alt.
I△ i7 ii7/VI subV7b5/VI
G#m7b5 C#7b9 F#m7b5 B7b9
Loc.n13 Mixo.b9b13 Loc.n13 Mixo.b9b13
ii7b5/V V7/V ii7b5/IV V7/IV
Em7 Dm7 C#m7 F#7
Dorian Dorian Dorian Mixo.
iv7 biii7 ii7 V7
Cm7 F7#11 C#m7 F#7b9
Dorian Lydianb7 Dorian Mixo.b9b13
subii7/IV subV7/IV ii7 V7

MOMENT'S NOTICE

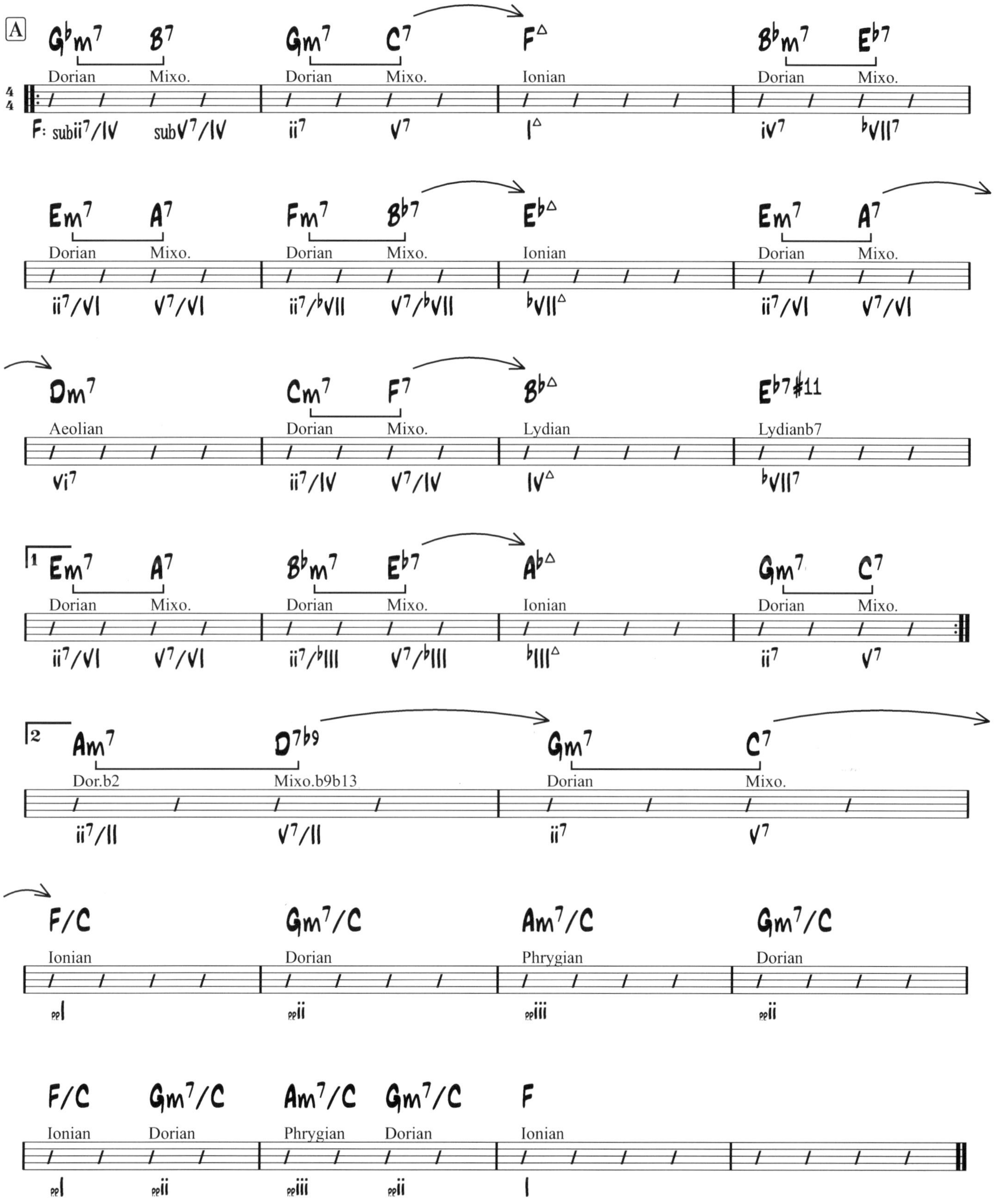
A
Gbm7 B7 Gm7 C7 F△ Bbm7 Eb7
Dorian Mixo. Dorian Mixo. Ionian Dorian Mixo.
F: subii7/IV subV7/IV ii7 V7 I△ iv7 bVII7
Em7 A7 Fm7 Bb7 Eb△ Em7 A7
Dorian Mixo. Dorian Mixo. Ionian Dorian Mixo.
ii7/VI V7/VI ii7/bVII V7/bVII bVII△ ii7/VI V7/VI
Dm7 Cm7 F7 Bb△ Eb7#11
Aeolian Dorian Mixo. Lydian Lydianb7
vi7 ii7/IV V7/IV IV△ bVII7
1
Em7 A7 Bbm7 Eb7 Ab△ Gm7 C7
Dorian Mixo. Dorian Mixo. Ionian Dorian Mixo.
ii7/VI V7/VI ii7/bIII V7/bIII bIII△ ii7 V7
2
Am7 D7b9 Gm7 C7
Dor.b2 Mixo.b9b13 Dorian Mixo.
ii7/II V7/II ii7 V7
F/C Gm7/C Am7/C Gm7/C
Ionian Dorian Phrygian Dorian
pp I pp ii pp iii pp ii
F/C Gm7/C Am7/C Gm7/C F
Ionian Dorian Phrygian Dorian Ionian
pp I pp ii pp iii pp ii I

MOOD INDIGO

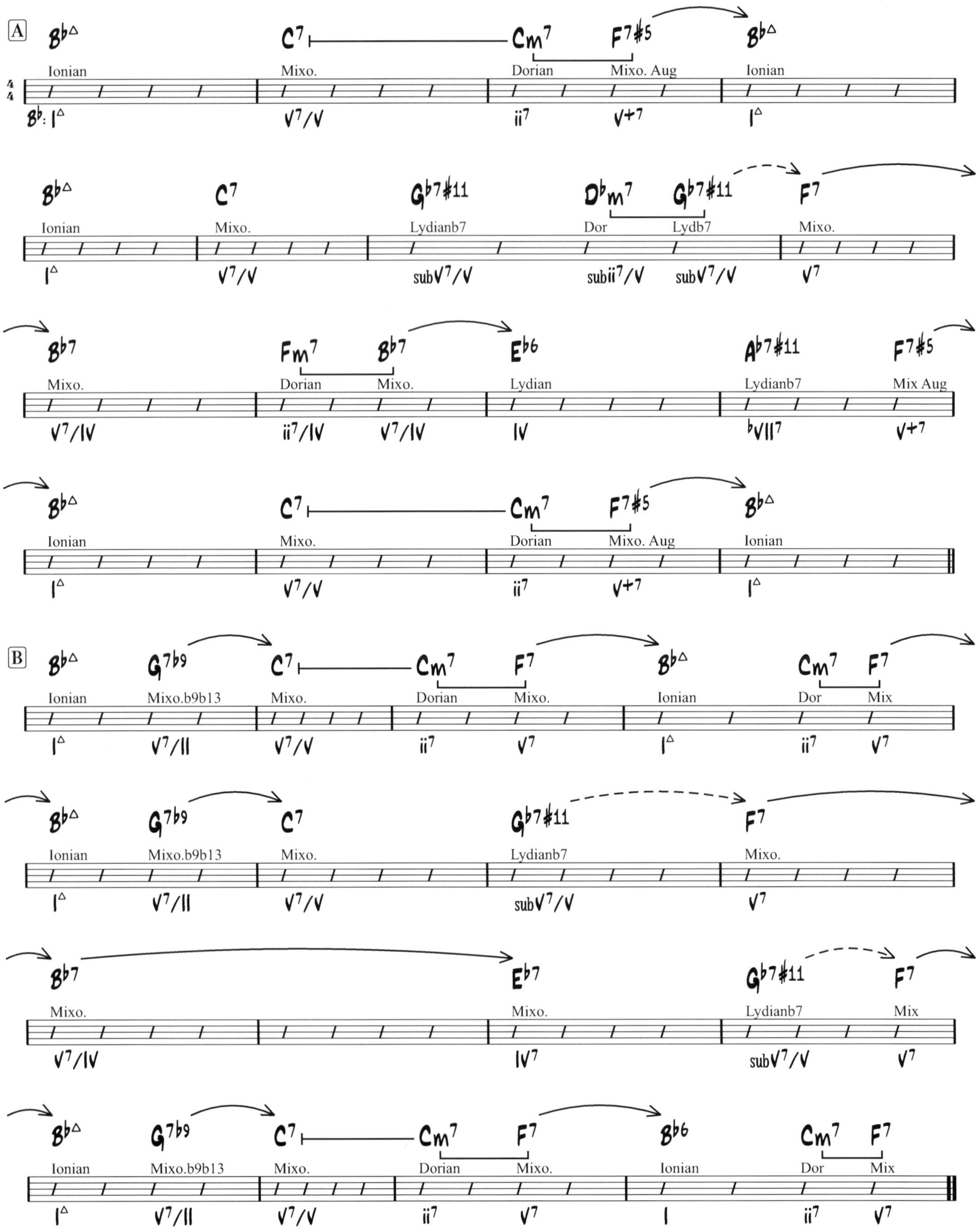
A
Bb△ C7 Cm7 F7#5 Bb△
Ionian Mixo. Dorian Mixo. Aug Ionian
Bb: I△ V7/V ii7 V+7 I△
Bb△ C7 Gb7#11 Dbm7 Gb7#11 F7
Ionian Mixo. Lydianb7 Dor Lydb7 Mixo.
I△ V7/V subV7/V subii7/V subV7/V V7
Bb7 Fm7 Bb7 Eb6 Ab7#11 F7#5
Mixo. Dorian Mixo. Lydian Lydianb7 Mix Aug
V7/IV ii7/IV V7/IV IV bVII7 V+7
Bb△ C7 Cm7 F7#5 Bb△
Ionian Mixo. Dorian Mixo. Aug Ionian
I△ V7/V ii7 V+7 I△
B
Bb△ G7b9 C7 Cm7 F7 Bb△ Cm7 F7
Ionian Mixo.b9b13 Mixo. Dorian Mixo. Ionian Dor Mix
I△ V7/II V7/V ii7 V7 I△ ii7 V7
Bb△ G7b9 C7 Gb7#11 F7
Ionian Mixo.b9b13 Mixo. Lydianb7 Mixo.
I△ V7/II V7/V subV7/V V7
Bb7 Eb7 Gb7#11 F7
Mixo. Mixo. Lydianb7 Mix
V7/IV IV7 subV7/V V7
Bb△ G7b9 C7 Cm7 F7 Bb6 Cm7 F7
Ionian Mixo.b9b13 Mixo. Dorian Mixo. Ionian Dor Mix
I△ V7/II V7/V ii7 V7 I ii7 V7

THE MOST BEAUTIFUL GIRL IN THE WORLD

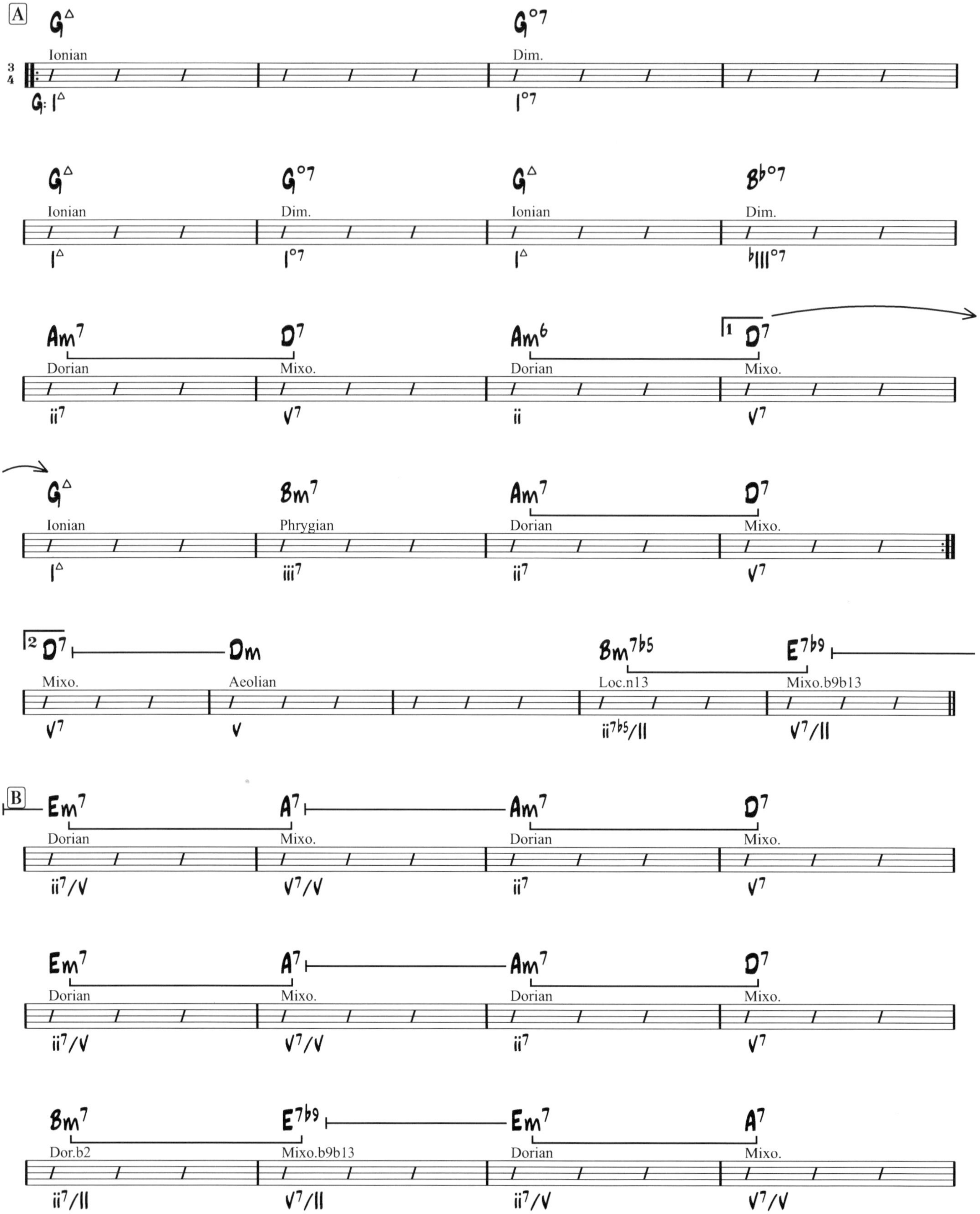

THE MOST BEAUTIFUL GIRL IN THE WORLD - Page 2

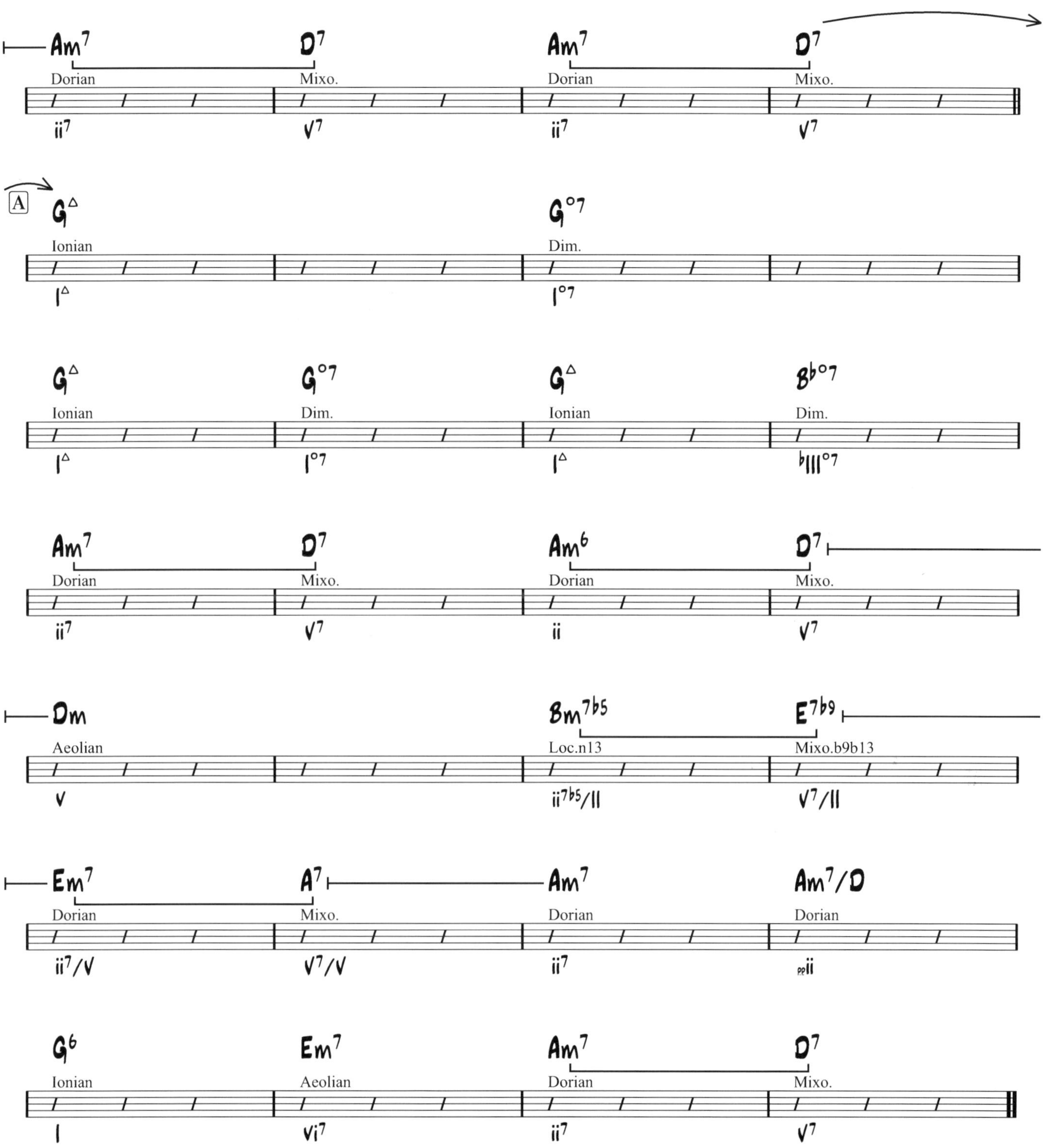
Am7 D7 Am7 D7
Dorian Mixo. Dorian Mixo.
ii7 V7 ii7 V7
A
G△ G°7
Ionian Dim.
I△ I°7
G△ G°7 G△ Bb°7
Ionian Dim. Ionian Dim.
I△ I°7 I△ bIII°7
Am7 D7 Am6 D7
Dorian Mixo. Dorian Mixo.
ii7 V7 ii V7
Dm Bm7b5 E7b9
Aeolian Loc.n13 Mixo.b9b13
V ii7b5/II V7/II
Em7 A7 Am7 Am7/D
Dorian Mixo. Dorian Dorian
ii7/V V7/V ii7 ppii
G6 Em7 Am7 D7
Ionian Aeolian Dorian Mixo.
I vi7 ii7 V7

MR. P.C.

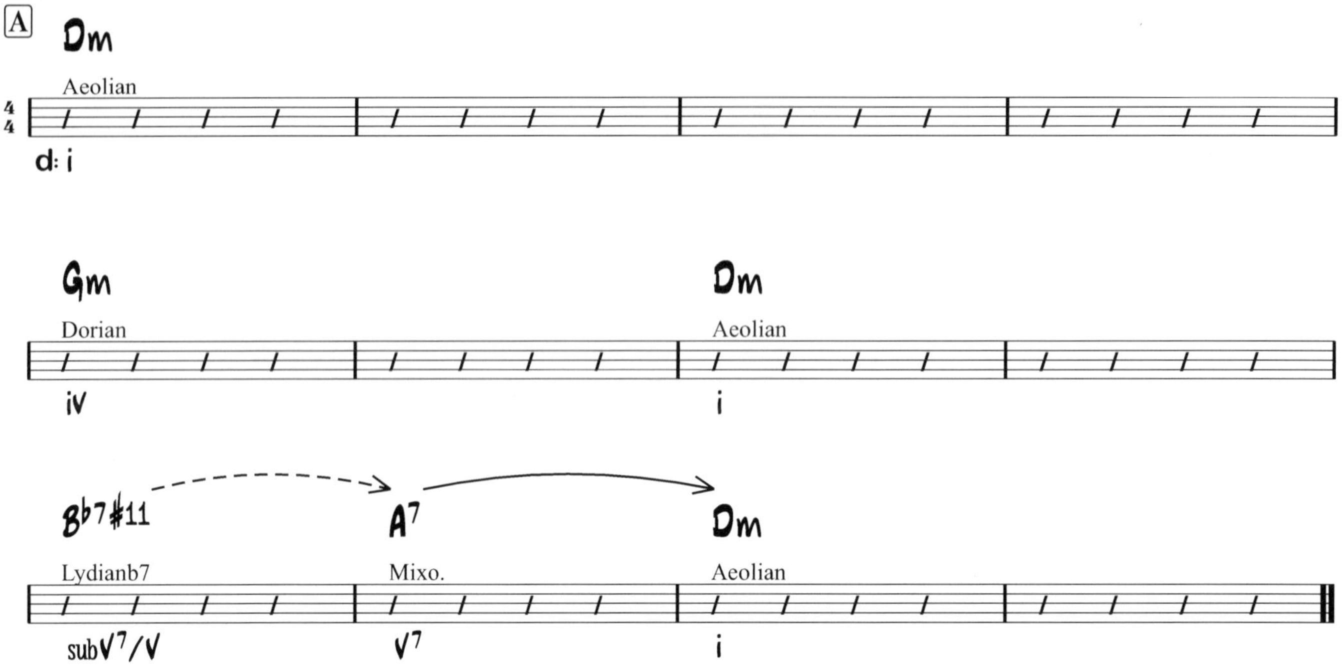
A
Dm
Aeolian
4
4
d: i
Gm
Dorian
iV
Dm
Aeolian
i
Bb7#11
Lydianb7
subV7/V
A7
Mixo.
V7
Dm
Aeolian
i

MY BUDDY

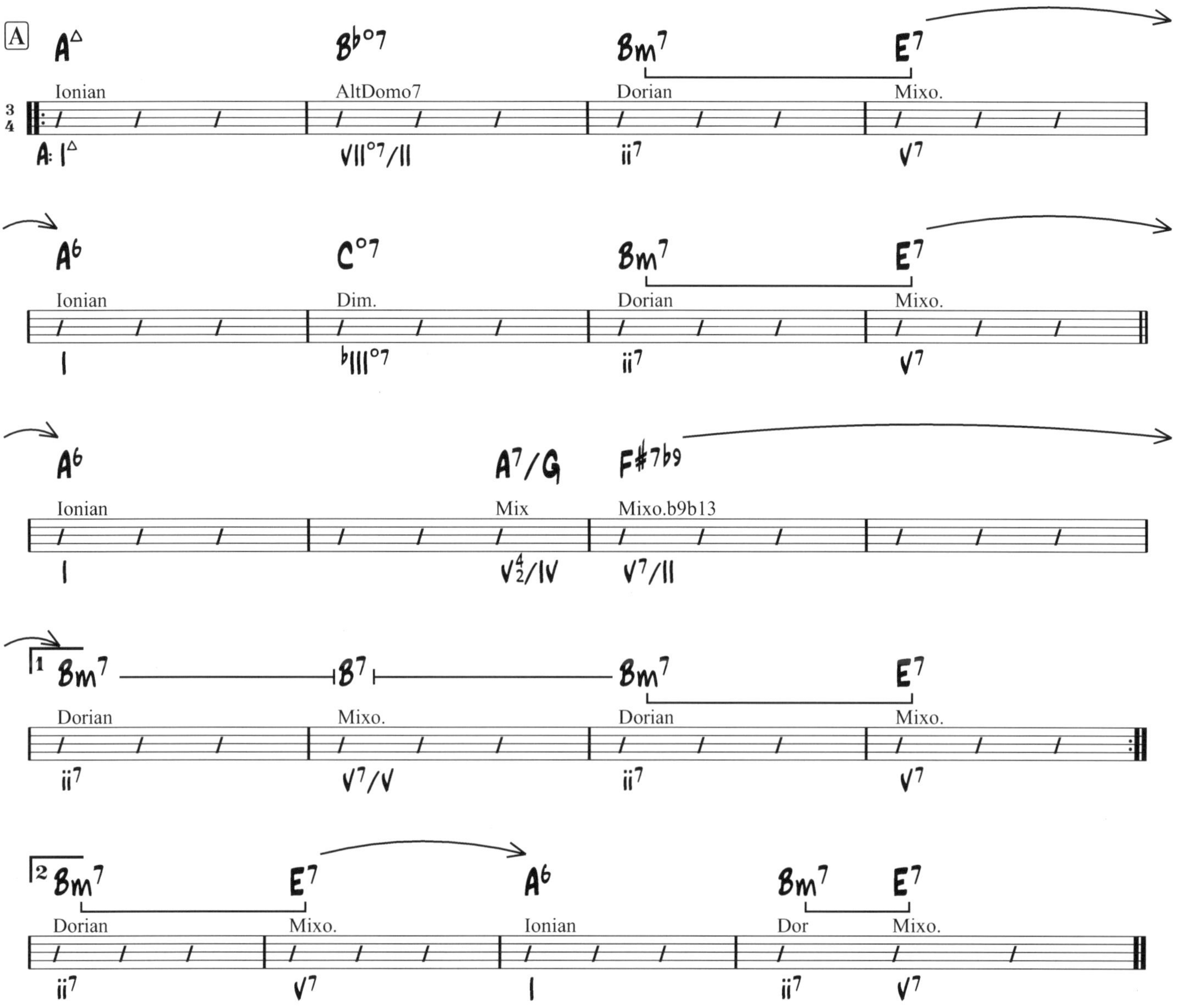
A
A△ Ionian A: I△
B♭°7 AltDomo7 VII°7/II
Bm7 Dorian ii7
E7 Mixo. V7
A6 Ionian I
C°7 Dim. ♭III°7
Bm7 Dorian ii7
E7 Mixo. V7
A6 Ionian I
A7/G Mix V4/2/IV
F#7b9 Mixo.b9b13 V7/II
1 Bm7 Dorian ii7
B7 Mixo. V7/V
Bm7 Dorian ii7
E7 Mixo. V7
2 Bm7 Dorian ii7
E7 Mixo. V7
A6 Ionian I
Bm7 Dor ii7
E7 Mixo. V7

MY FAVORITE THINGS

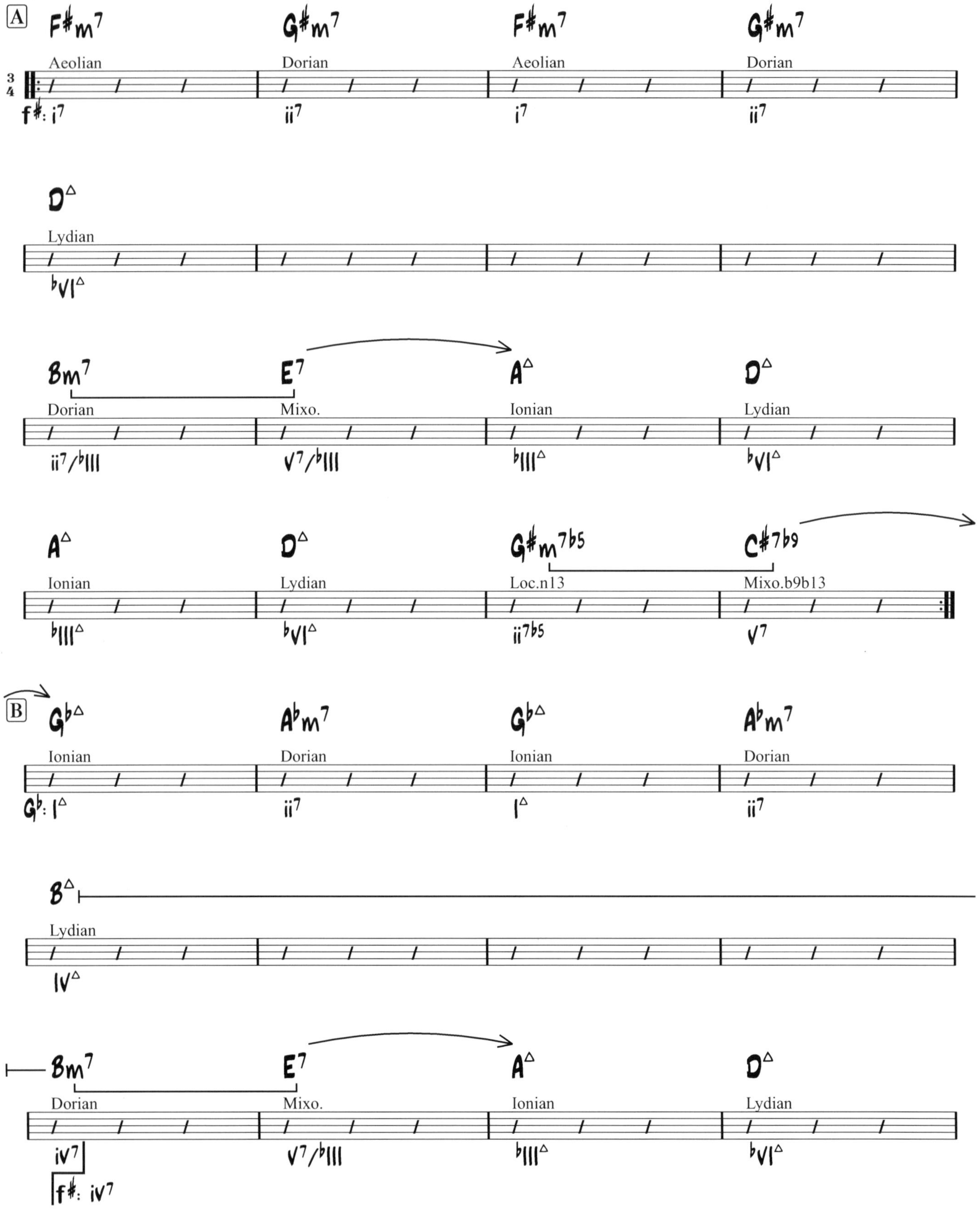
A
F#m7 G#m7 F#m7 G#m7
Aeolian Dorian Aeolian Dorian
3
4
f#: i7 ii7 i7 ii7
D△
Lydian
bVI△
Bm7 E7 A△ D△
Dorian Mixo. Ionian Lydian
ii7/bIII V7/bIII bIII△ bVI△
A△ D△ G#m7b5 C#7b9
Ionian Lydian Loc.n13 Mixo.b9b13
bIII△ bVI△ ii7b5 V7
B
Gb△ Abm7 Gb△ Abm7
Ionian Dorian Ionian Dorian
Gb: I△ ii7 I△ ii7
B△
Lydian
IV△
Bm7 E7 A△ D△
Dorian Mixo. Ionian Lydian
iv7 V7/bIII bIII△ bVI△
f#: iv7

MY FAVORITE THINGS - Page 2

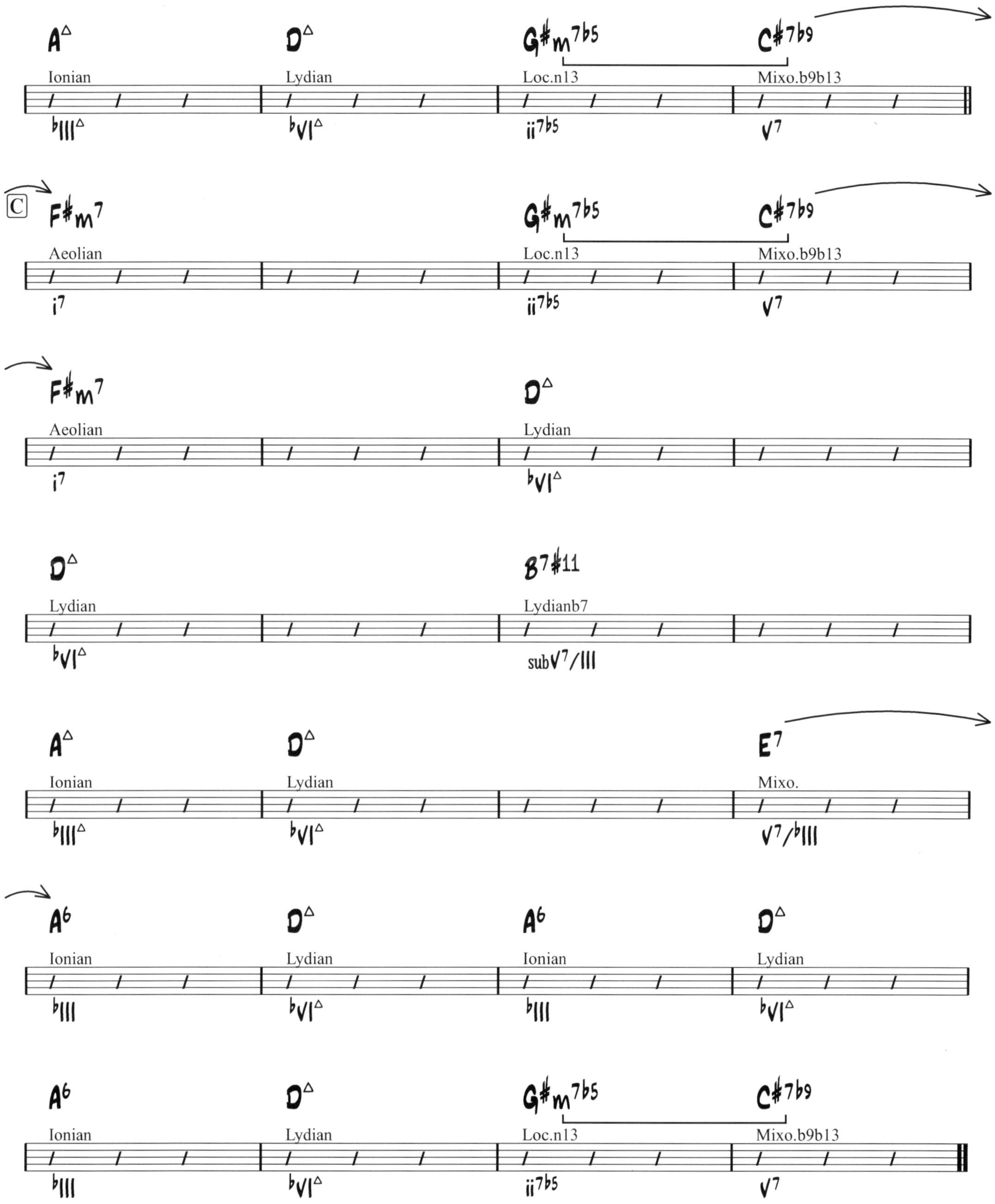
A△ D△ G#m7b5 C#7b9
Ionian Lydian Loc.n13 Mixo.b9b13
bIII△ bVI△ ii7b5 V7
C
F#m7 G#m7b5 C#7b9
Aeolian Loc.n13 Mixo.b9b13
i7 ii7b5 V7
F#m7 D△
Aeolian Lydian
i7 bVI△
D△ B7#11
Lydian Lydianb7
bVI△ subV7/III
A△ D△ E7
Ionian Lydian Mixo.
bIII△ bVI△ V7/bIII
A6 D△ A6 D△
Ionian Lydian Ionian Lydian
bIII bVI△ bIII bVI△
A6 D△ G#m7b5 C#7b9
Ionian Lydian Loc.n13 Mixo.b9b13
bIII bVI△ ii7b5 V7

MY FOOLISH HEART

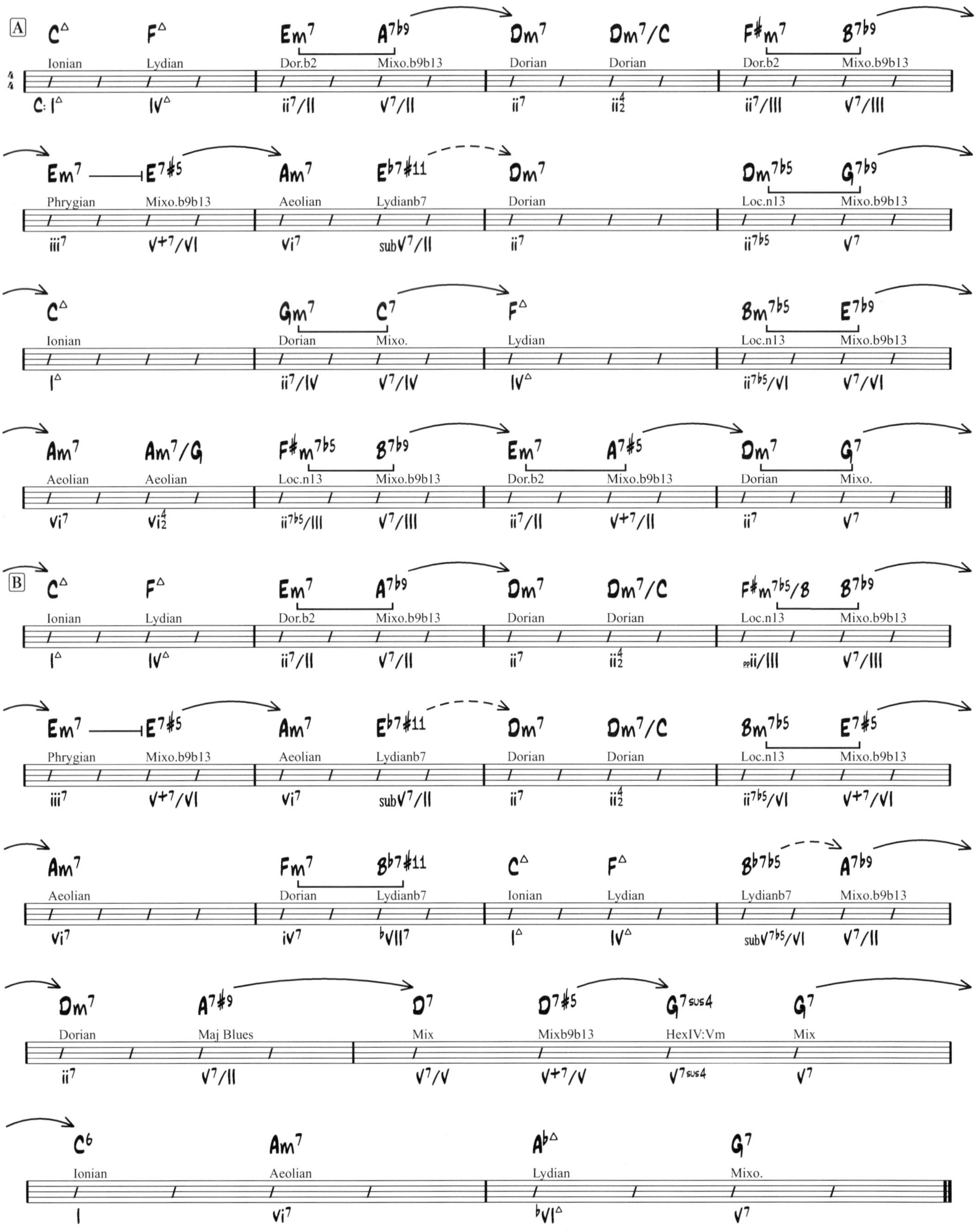

MY FUNNY VALENTINE

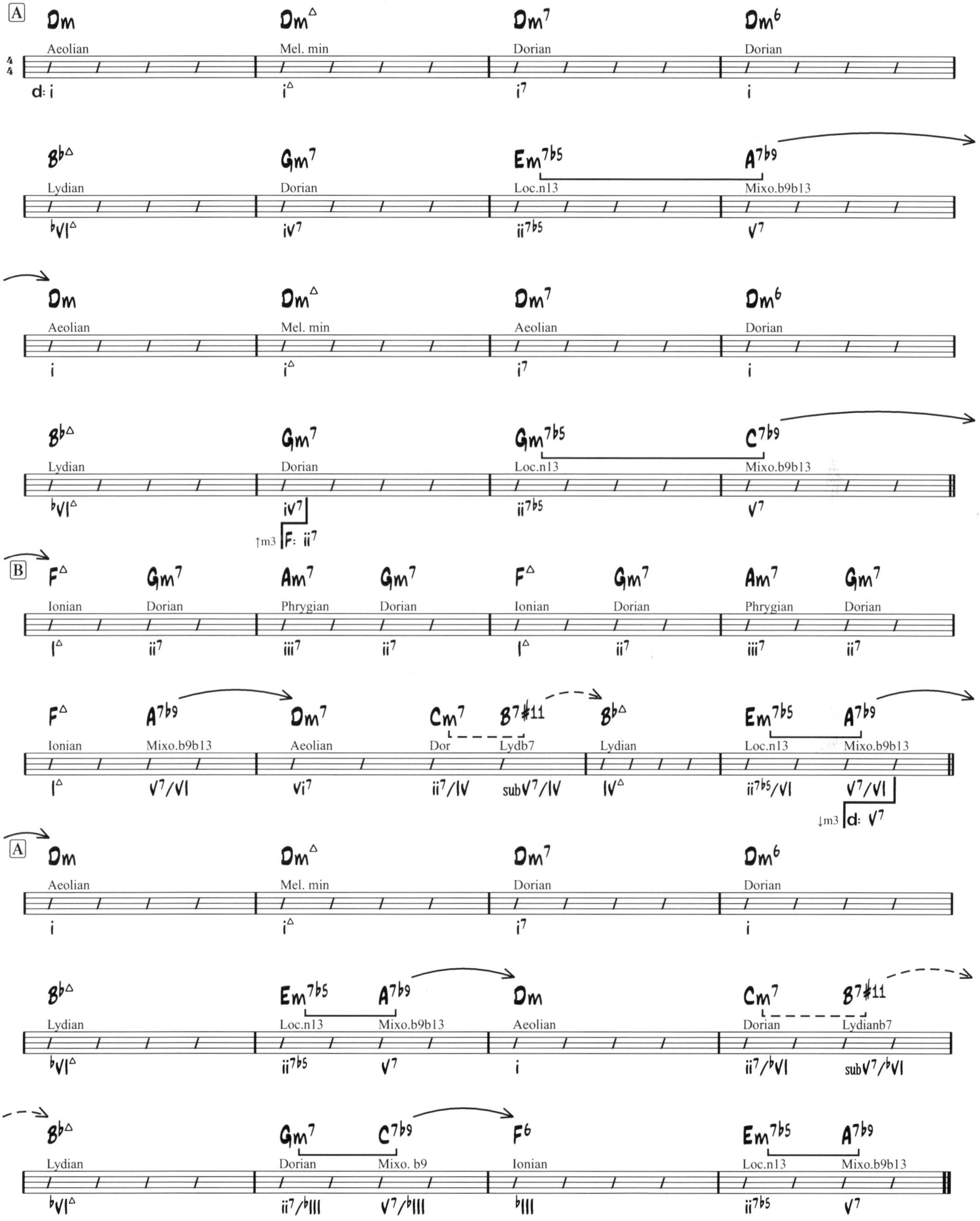

MY ONE AND ONLY LOVE

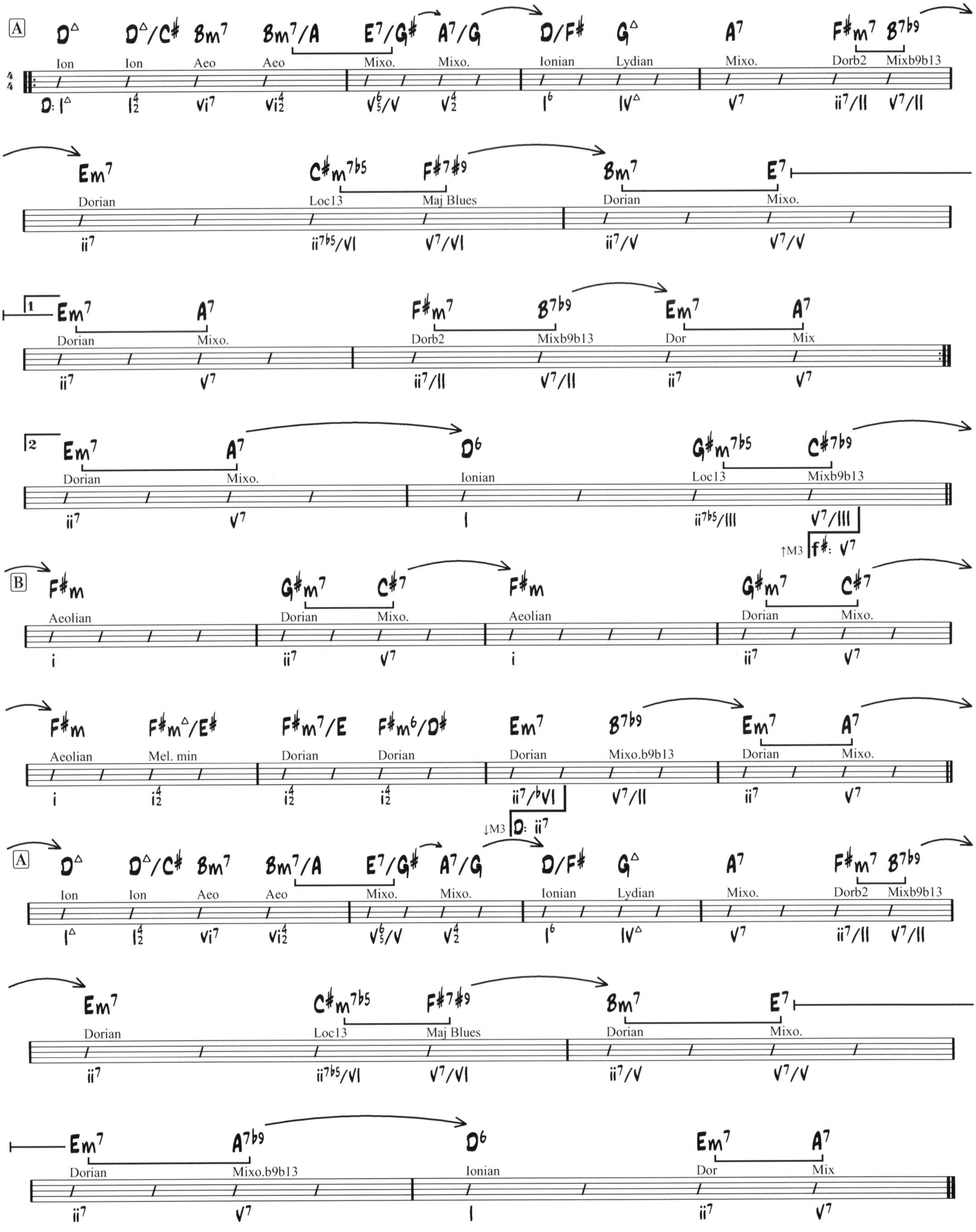

MY ROMANCE

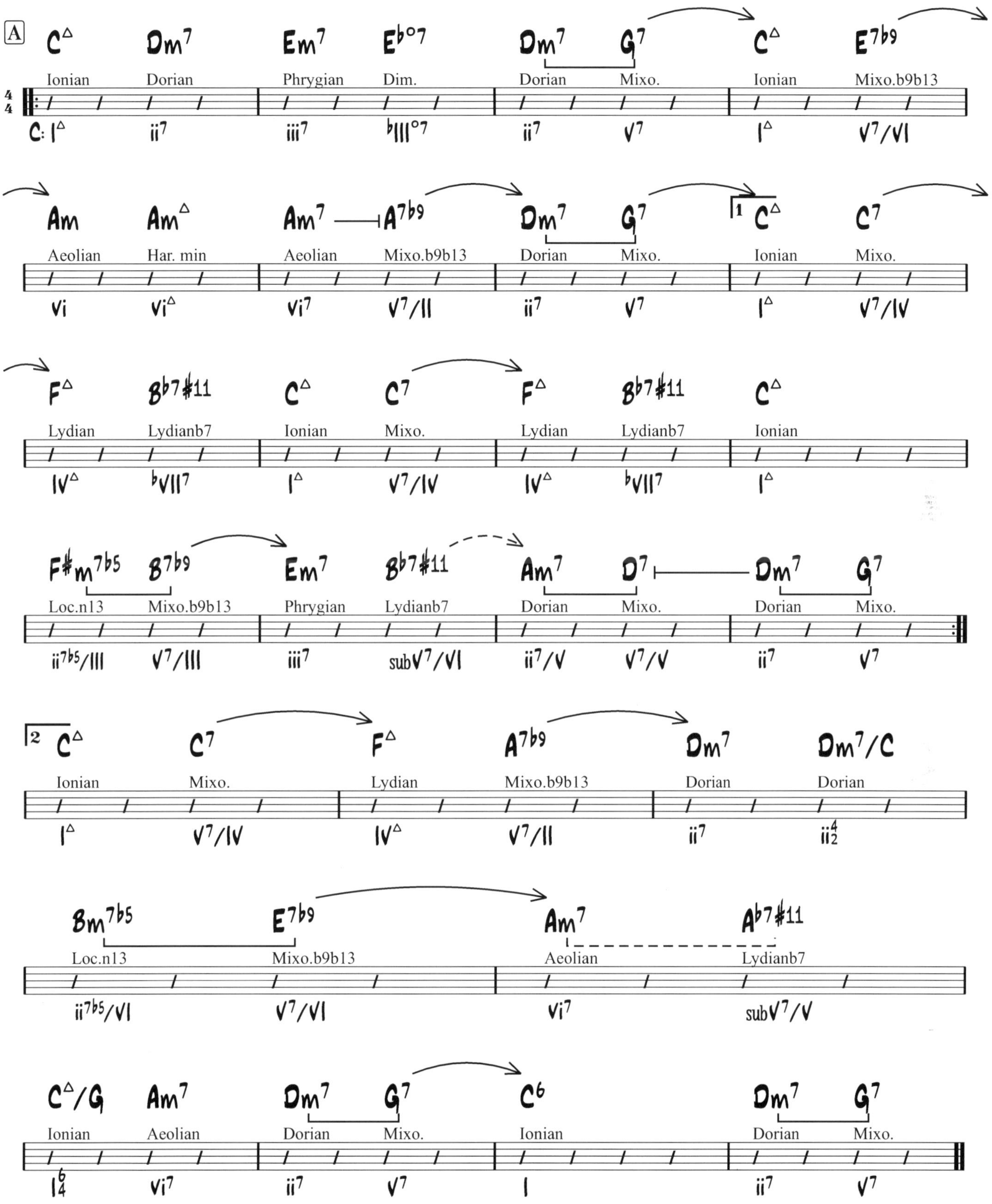
A
C△ Dm7 Em7 E♭o7 Dm7 G7 C△ E7b9
Ionian Dorian Phrygian Dim. Dorian Mixo. Ionian Mixo.b9b13
C: I△ ii7 iii7 ♭III°7 ii7 V7 I△ V7/VI
Am Am△ Am7 A7b9 Dm7 G7 1 C△ C7
Aeolian Har. min Aeolian Mixo.b9b13 Dorian Mixo. Ionian Mixo.
vi vi△ vi7 V7/II ii7 V7 I△ V7/IV
F△ B♭7#11 C△ C7 F△ B♭7#11 C△
Lydian Lydianb7 Ionian Mixo. Lydian Lydianb7 Ionian
IV△ ♭VII7 I△ V7/IV IV△ ♭VII7 I△
F#m7b5 B7b9 Em7 B♭7#11 Am7 D7 Dm7 G7
Loc.n13 Mixo.b9b13 Phrygian Lydianb7 Dorian Mixo. Dorian Mixo.
ii7b5/III V7/III iii7 subV7/VI ii7/V V7/V ii7 V7
2 C△ C7 F△ A7b9 Dm7 Dm7/C
Ionian Mixo. Lydian Mixo.b9b13 Dorian Dorian
I△ V7/IV IV△ V7/II ii7 ii4 2
Bm7b5 E7b9 Am7 A♭7#11
Loc.n13 Mixo.b9b13 Aeolian Lydianb7
ii7b5/VI V7/VI vi7 subV7/V
C△/G Am7 Dm7 G7 C6 Dm7 G7
Ionian Aeolian Dorian Mixo. Ionian Dorian Mixo.
I6 4 vi7 ii7 V7 I ii7 V7

MY SHINING HOUR

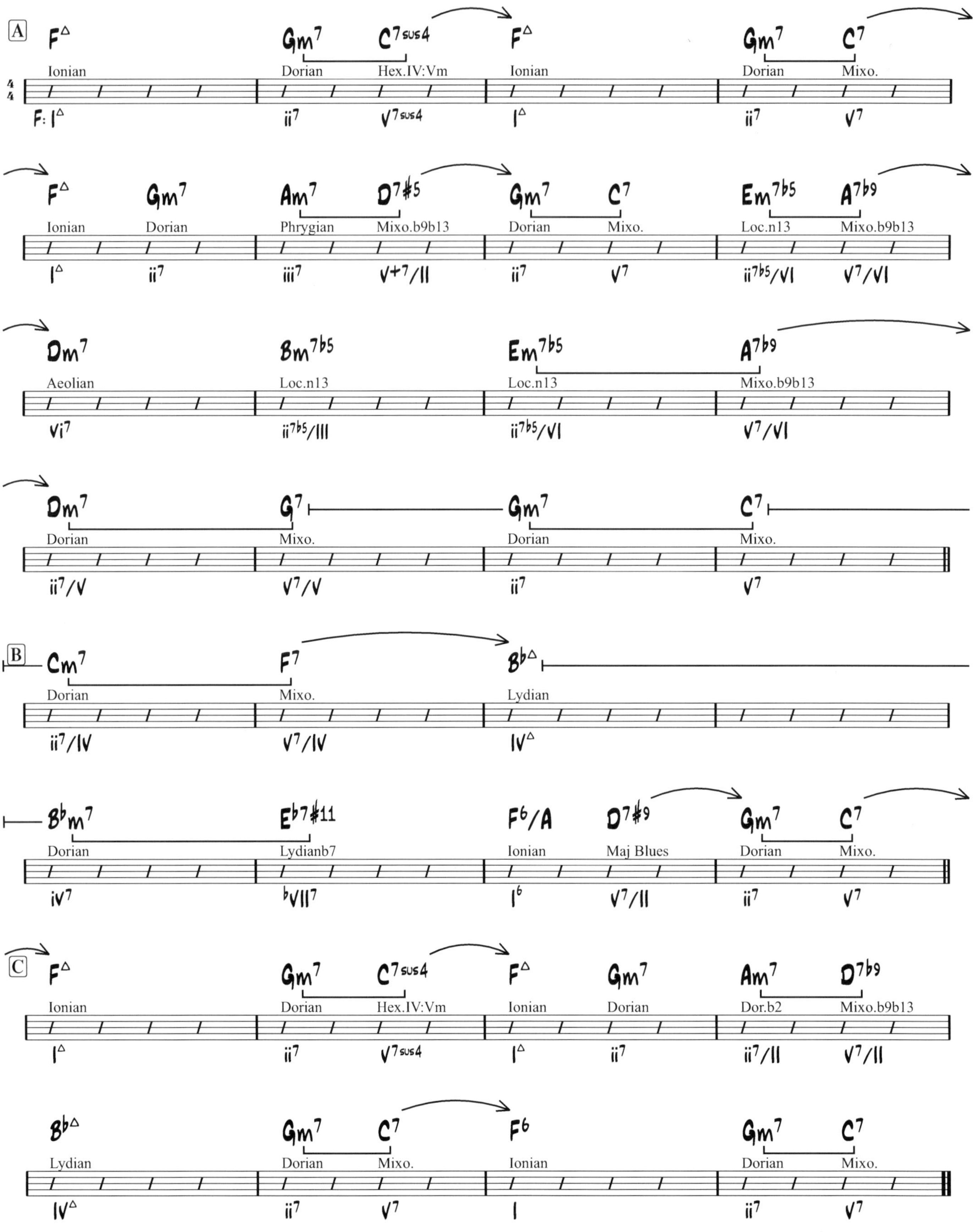

MY SHIP

A
G6 E7b9 A7 D7 G6 G#°7 A7 D7
Ionian Mixo.b9b13 Mixo. Mixo. Ionian AltDomo7 Mixo. Mixo.
G: I V7/II V7/V V7 I VII°7/II V7/V V7
G6 E7b9 Am7 B7b9 Em7 A7 Am7 D7
Ionian Mixo.b9b13 Dorian Mixo.b9b13 Dorian Mixo. Dorian Mixo.
I V7/II ii7 V7/VI ii7/V V7/V ii7 V7
Em7 A7 D7sus4 G6
Dorian Mixo. Hex.IV:Vm Ionian
ii7/V V7/V V7sus4 I
B
Am7 D7 Am7 D7 Am7 Cm6 GΔ F#7b9
Dorian Mixo. Dorian Mixo. Dorian Dorian Ionian Mixb9b13
ii7 V7 ii7 V7 ii7 iv IΔ V7/III
Bm7 Em7 Bm7 Em7 Bm7 E7b9 A7 D7
Phrygian Aeolian Phrygian Aeolian Dor.b2 Mixo.b9b13 Mixo. Mixo.
iii7 vi7 iii7 vi7 ii7/II V7/II V7/V V7
A
G6 E7b9 A7 D7 G6 G#°7 A7 D7
Ionian Mixo.b9b13 Mixo. Mixo. Ionian AltDomo7 Mixo. Mixo.
I V7/II V7/V V7 I VII°7/II V7/V V7
G6 E7b9 Am7 B7b9 Em7 D7 GΔ D7
Ionian Mixo.b9b13 Dorian Mixo.b9b13 Aeolian Mixo. Ionian Mix
I V7/II ii7 V7/VI vi7 V7 IΔ V7
G Em CΔ Cm7 F7#11 Bm7 E7b9 Am7 D7
Ionian Aeolian Lydian Dor Lydb7 Dor.b2 Mixo.b9b13 Dorian Mixo.
I vi IVΔ iv7 bVII7 ii7/II V7/II ii7 V7
G6 Eb7#11 G6 Am7 D7
Ionian Lydianb7 Ionian Dor Mix
I subV7/V I ii7 V7

MY WAY

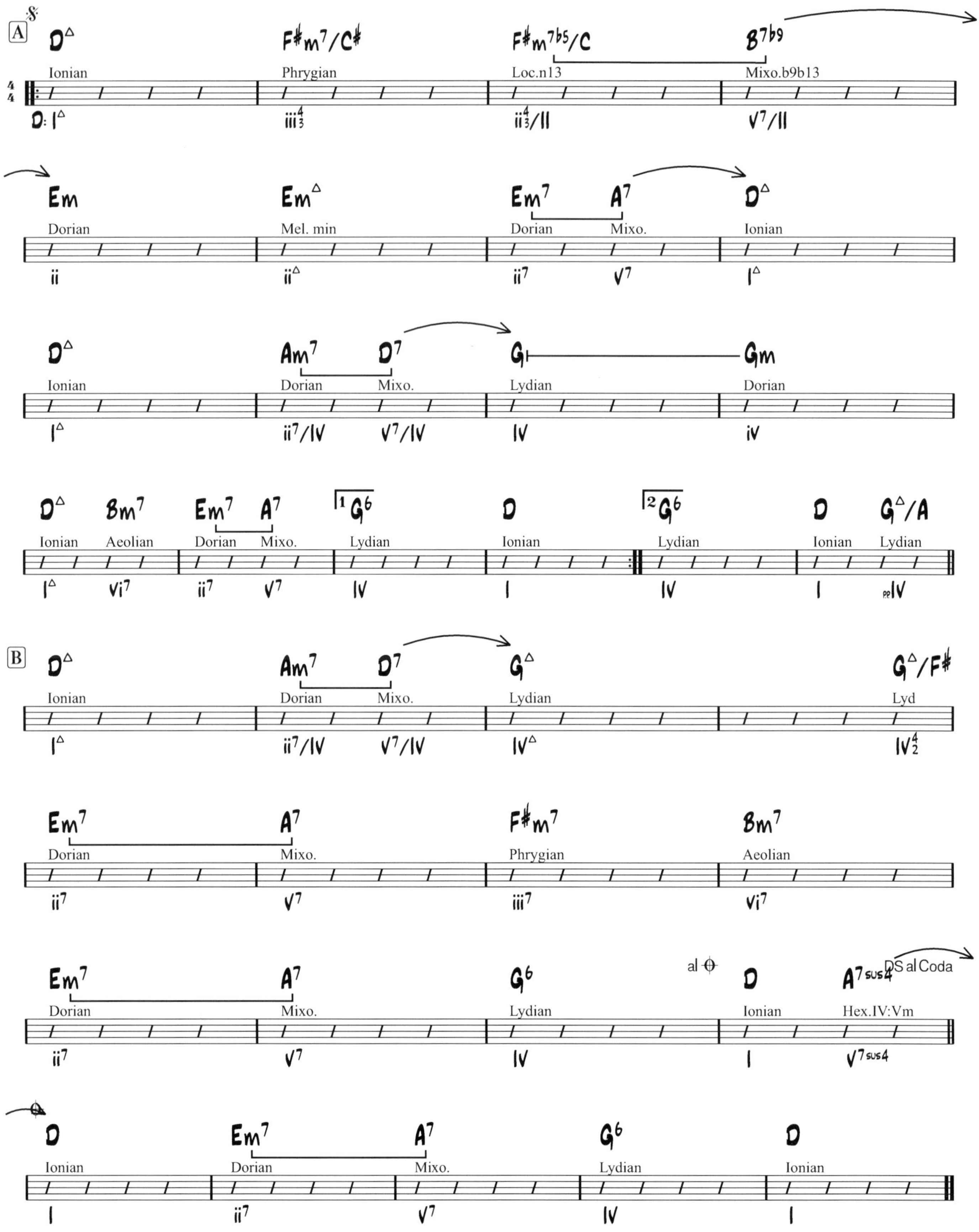
A
D△ F#m7/C# F#m7b5/C B7b9
Ionian Phrygian Loc.n13 Mixo.b9b13
D: I△ iii4/3 ii4/3/II V7/II
Em Em△ Em7 A7 D△
Dorian Mel. min Dorian Mixo. Ionian
ii ii△ ii7 V7 I△
D△ Am7 D7 G Gm
Ionian Dorian Mixo. Lydian Dorian
I△ ii7/IV V7/IV IV iv
D△ Bm7 Em7 A7 1 G6 D 2 G6 D G△/A
Ionian Aeolian Dorian Mixo. Lydian Ionian Lydian Ionian Lydian
I△ vi7 ii7 V7 IV I IV I IV
B
D△ Am7 D7 G△ G△/F#
Ionian Dorian Mixo. Lydian Lyd
I△ ii7/IV V7/IV IV△ IV4/2
Em7 A7 F#m7 Bm7
Dorian Mixo. Phrygian Aeolian
ii7 V7 iii7 vi7
Em7 A7 G6 al ⊕ D A7sus4 DS al Coda
Dorian Mixo. Lydian Ionian Hex.IV:Vm
ii7 V7 IV I V7sus4
D Em7 A7 G6 D
Ionian Dorian Mixo. Lydian Ionian
I ii7 V7 IV I

NARDIS

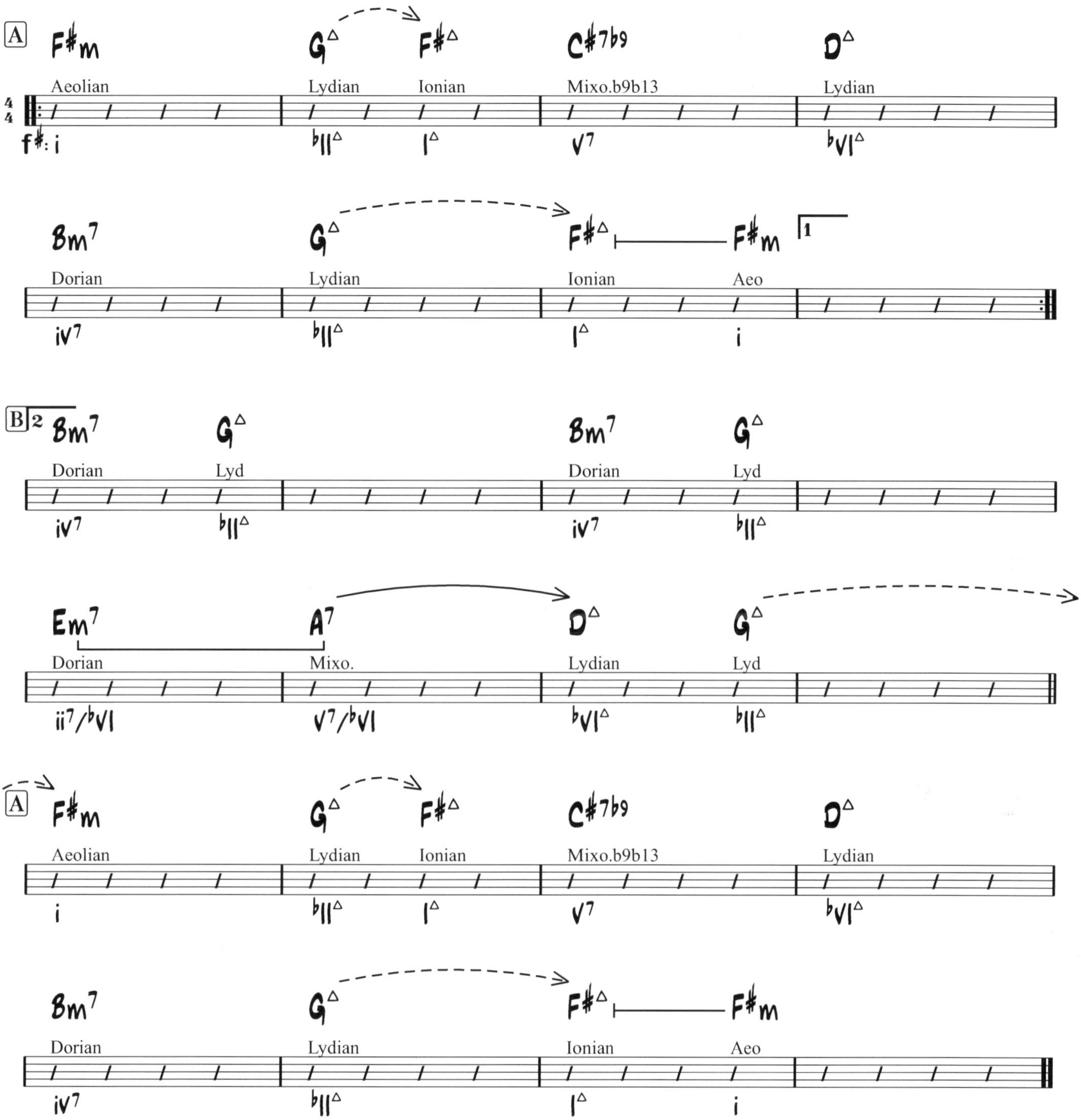
A
F#m G△ F#△ C#7b9 D△
Aeolian Lydian Ionian Mixo.b9b13 Lydian
4/4
f#: i bII△ I△ V7 bVI△
Bm7 G△ F#△ F#m 1
Dorian Lydian Ionian Aeo
iv7 bII△ I△ i
B 2
Bm7 G△ Bm7 G△
Dorian Lyd Dorian Lyd
iv7 bII△ iv7 bII△
Em7 A7 D△ G△
Dorian Mixo. Lydian Lyd
ii7/bVI V7/bVI bVI△ bII△
A
F#m G△ F#△ C#7b9 D△
Aeolian Lydian Ionian Mixo.b9b13 Lydian
i bII△ I△ V7 bVI△
Bm7 G△ F#△ F#m
Dorian Lydian Ionian Aeo
iv7 bII△ I△ i

NEVER WILL I MARRY

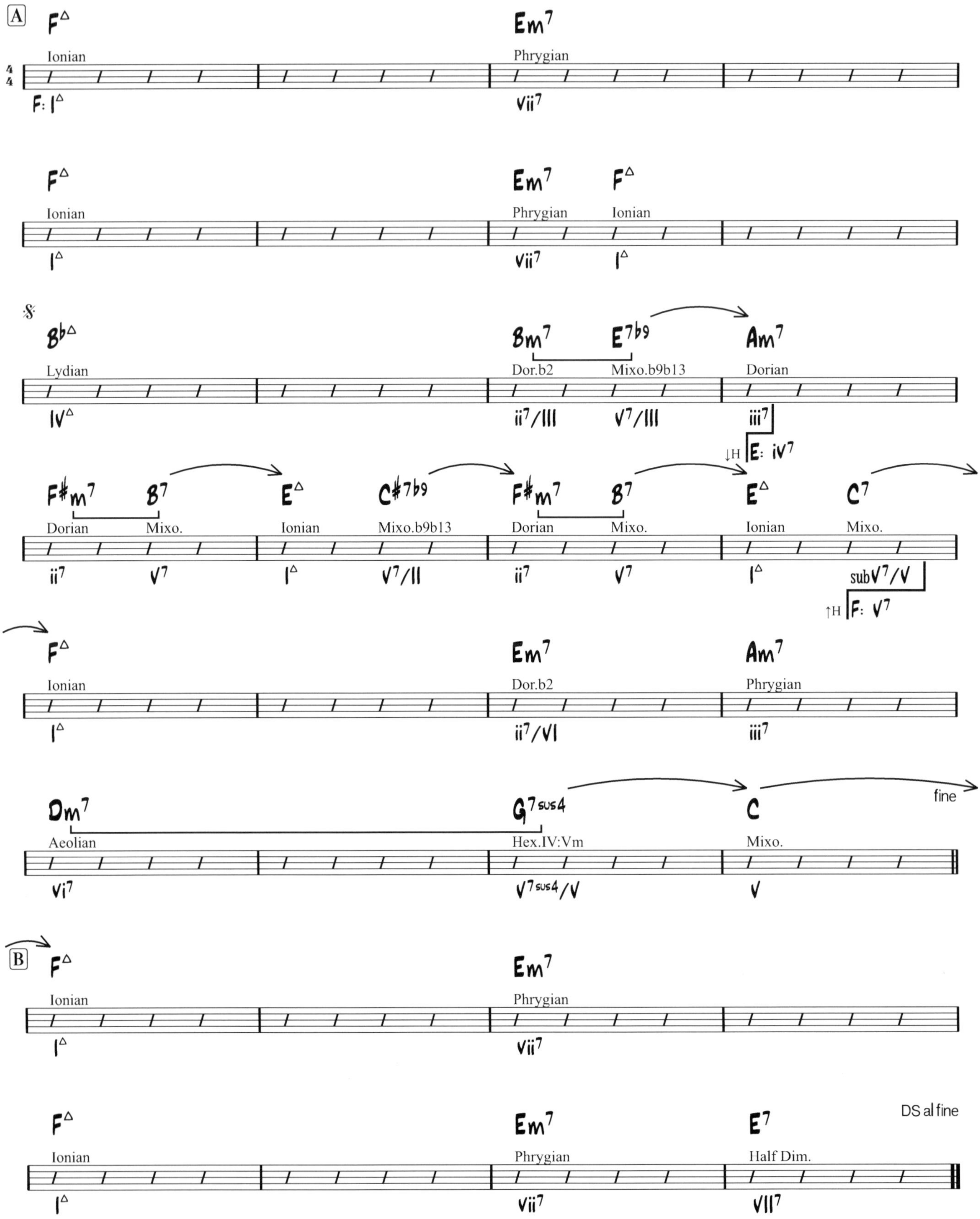
A
F△ Em7
Ionian Phrygian
F: I△ vii7
F△ Em7 F△
Ionian Phrygian Ionian
I△ vii7 I△
Bb△ Bm7 E7b9 Am7
Lydian Dor.b2 Mixo.b9b13 Dorian
IV△ ii7/III V7/III iii7
↓H E: iv7
F#m7 B7 E△ C#7b9 F#m7 B7 E△ C7
Dorian Mixo. Ionian Mixo.b9b13 Dorian Mixo. Ionian Mixo.
ii7 V7 I△ V7/II ii7 V7 I△ subV7/V
↑H F: V7
F△ Em7 Am7
Ionian Dor.b2 Phrygian
I△ ii7/VI iii7
Dm7 G7sus4 C
fine
Aeolian Hex.IV:Vm Mixo.
vi7 V7sus4/V V
B
F△ Em7
Ionian Phrygian
I△ vii7
F△ Em7 E7
DS al fine
Ionian Phrygian Half Dim.
I△ vii7 VII7

Books & Apps for musicians by musicians

mDecks.com

Jazz Standards 1000+
COMPLETE
THE JAZZ STANDARDS PROGRESSIONS BOOK
THE ULTIMATE JAZZ HARMONY WORKBOOK
1
2
3

50 ESSENTIAL JAZZ STANDARDS PROGRESSIONS IN 12 KEYS
THE BIRD BEBOP PROGRESSIONS BOOK
The Universal Encyclopedia of Scales
TESSITURA PRO
MAPPING TONAL HARMON
The Composer's Guide to Tonality
MAPPING TONAL HARMONY PRO
iOS Version
7
TARGET NOTES
See Music Pro
Politonus
Politonus II
EAR TRAINING
Politonus III
UPPER STRUCTURES
ADVANCED
TRIADS
Major · Minor · Augmented
QUARTALS
TARGET NOTES
TONE-LINES
CHORD TONES
TENSIONS
UST Jazz Piano Chord Voicings Vol. 1

NICA'S DREAM

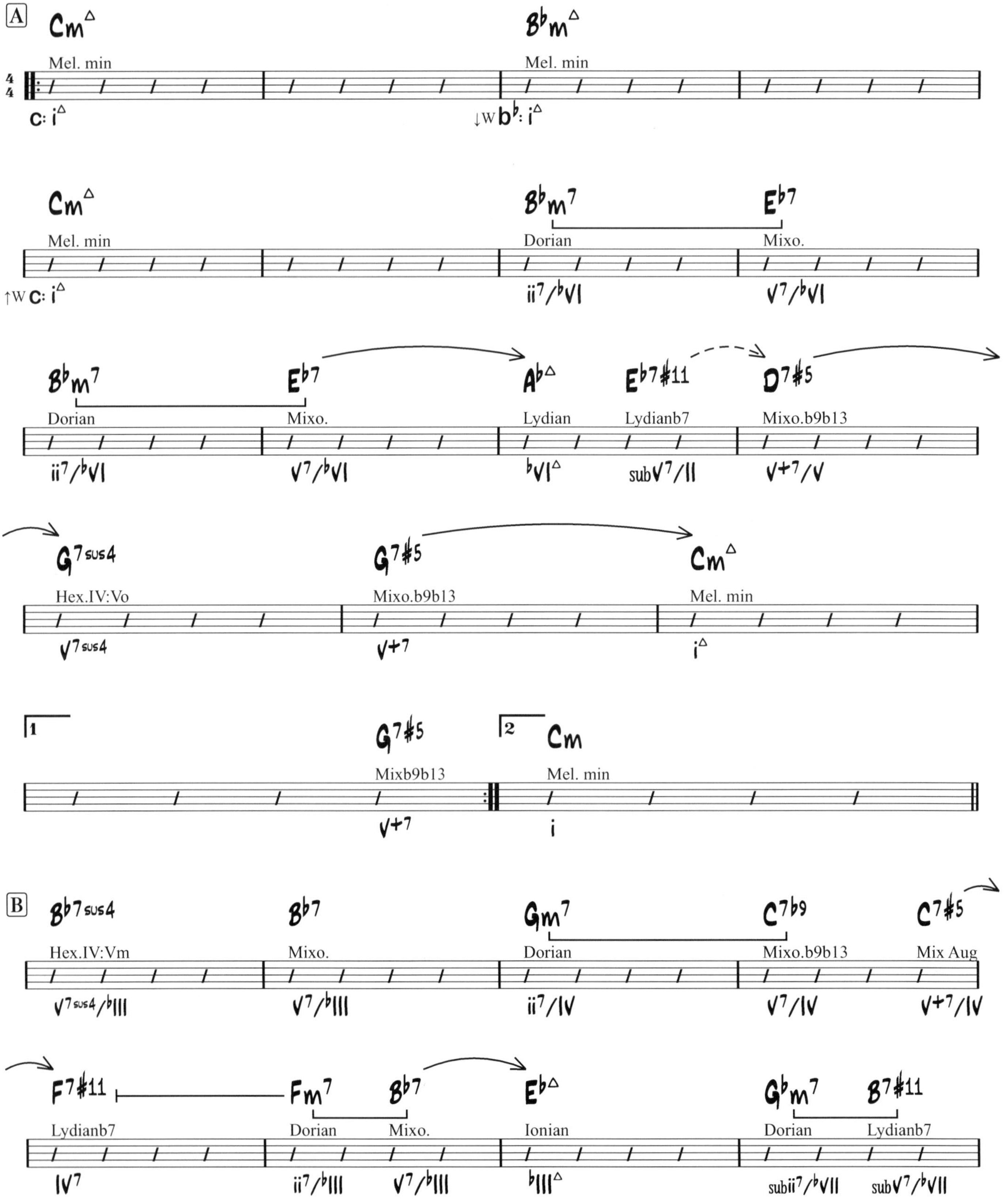
A
Cm△ Bbm△
Mel. min Mel. min
C: i△ ↓W bb: i△
Cm△ Bbm7 Eb7
Mel. min Dorian Mixo.
↑W C: i△ ii7/bVI V7/bVI
Bbm7 Eb7 Ab△ Eb7#11 D7#5
Dorian Mixo. Lydian Lydianb7 Mixo.b9b13
ii7/bVI V7/bVI bVI△ subV7/II V+7/V
G7sus4 G7#5 Cm△
Hex.IV:Vo Mixo.b9b13 Mel. min
V7sus4 V+7 i△
1 G7#5 2 Cm
Mixb9b13 Mel. min
V+7 i
B
Bb7sus4 Bb7 Gm7 C7b9 C7#5
Hex.IV:Vm Mixo. Dorian Mixo.b9b13 Mix Aug
V7sus4/bIII V7/bIII ii7/IV V7/IV V+7/IV
F7#11 Fm7 Bb7 Eb△ Gbm7 B7#11
Lydianb7 Dorian Mixo. Ionian Dorian Lydianb7
IV7 ii7/bIII V7/bIII bIII△ subii7/bVII subV7/bVII

NICA'S DREAM - Page 2

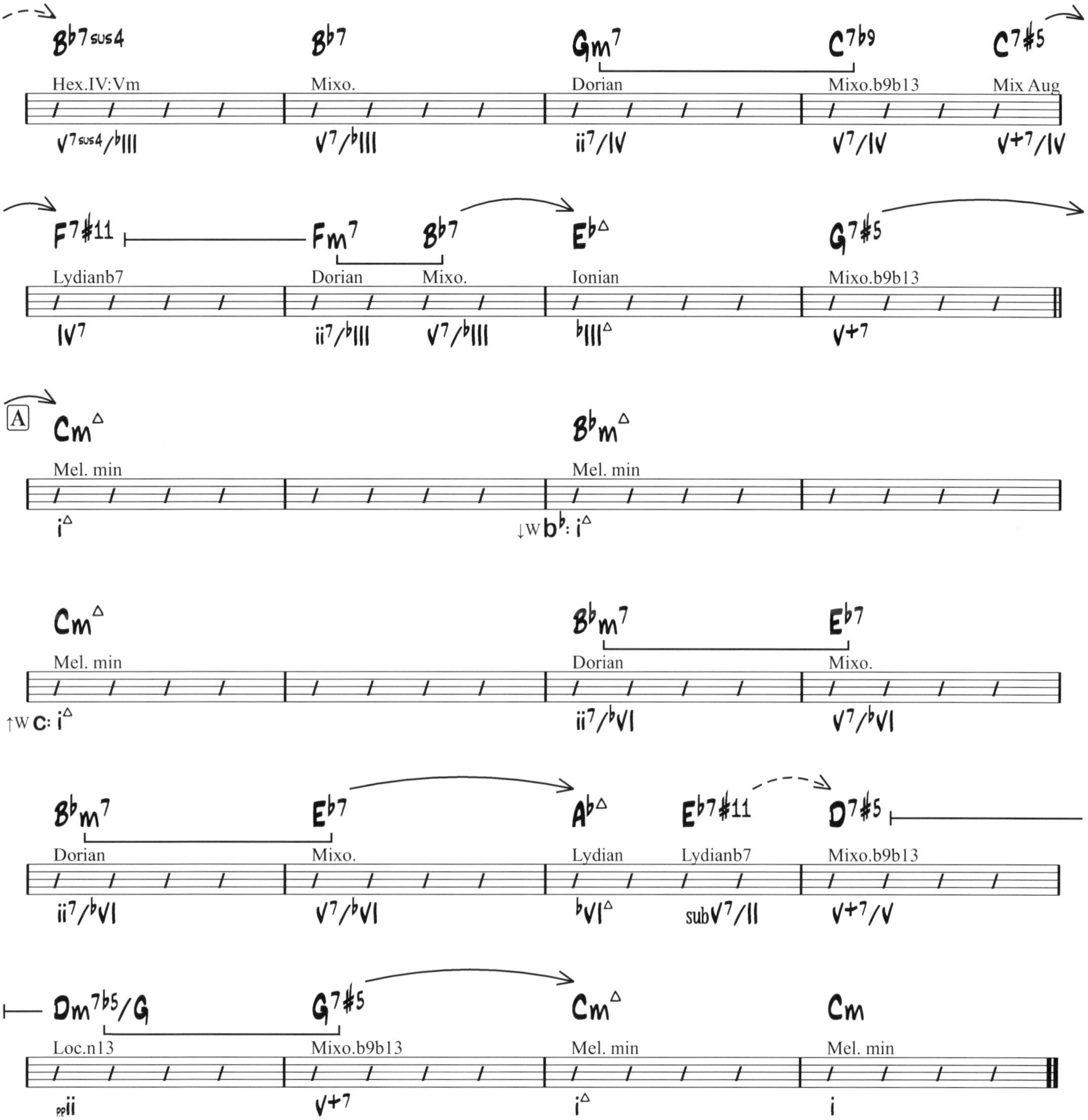

NIGHT DREAMER

A
A△ Gm7 F△ E7#5 A△ Gm7 F△ E7#5
Ionian Dor Lydian Mix Aug Ionian Dor Lydian Mix Aug
3/4
A: I△ subii7/II bVI△ V+7 I△ subii7/II bVI△ V+7
A△ Gm7 F△ E7#5 Fm7 Bb7#11
Ionian Dor Lydian Mix Aug Dorian Lydianb7
I△ subii7/II bVI△ V+7 subii7 subV7
C#m7/F# Dm7/G
Dorian Dorian
ppii/II ppiV
A△ Gm7 F△ E7#5 A△ Gm7 F△ E7#5
Ionian Dor Lydian Mix Aug Ionian Dor Lydian Mix Aug
I△ subii7/II bVI△ V+7 I△ subii7/II bVI△ V+7

THE NIGHT HAS A THOUSAND EYES

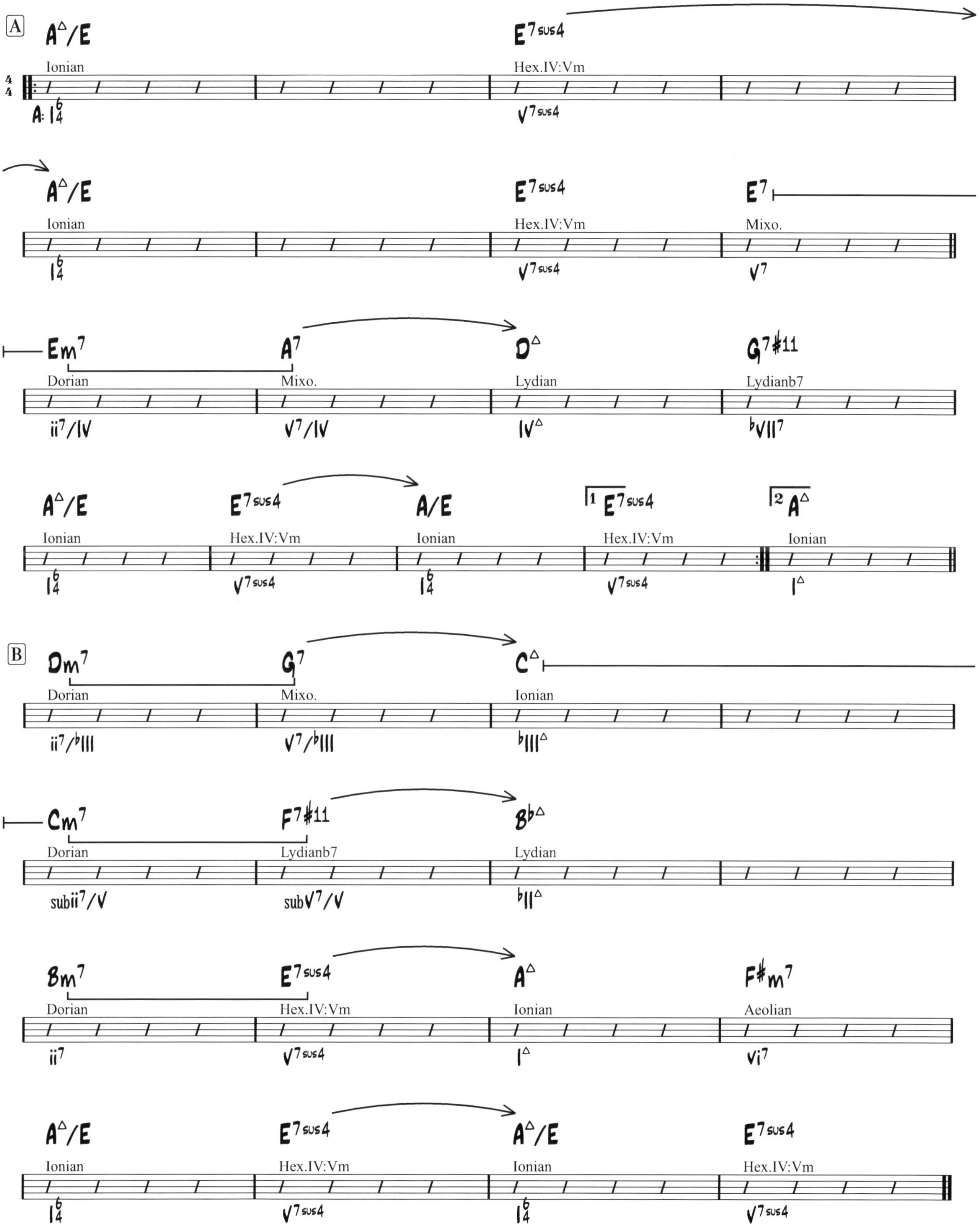

A NIGHT IN TUNISIA (MELODY)

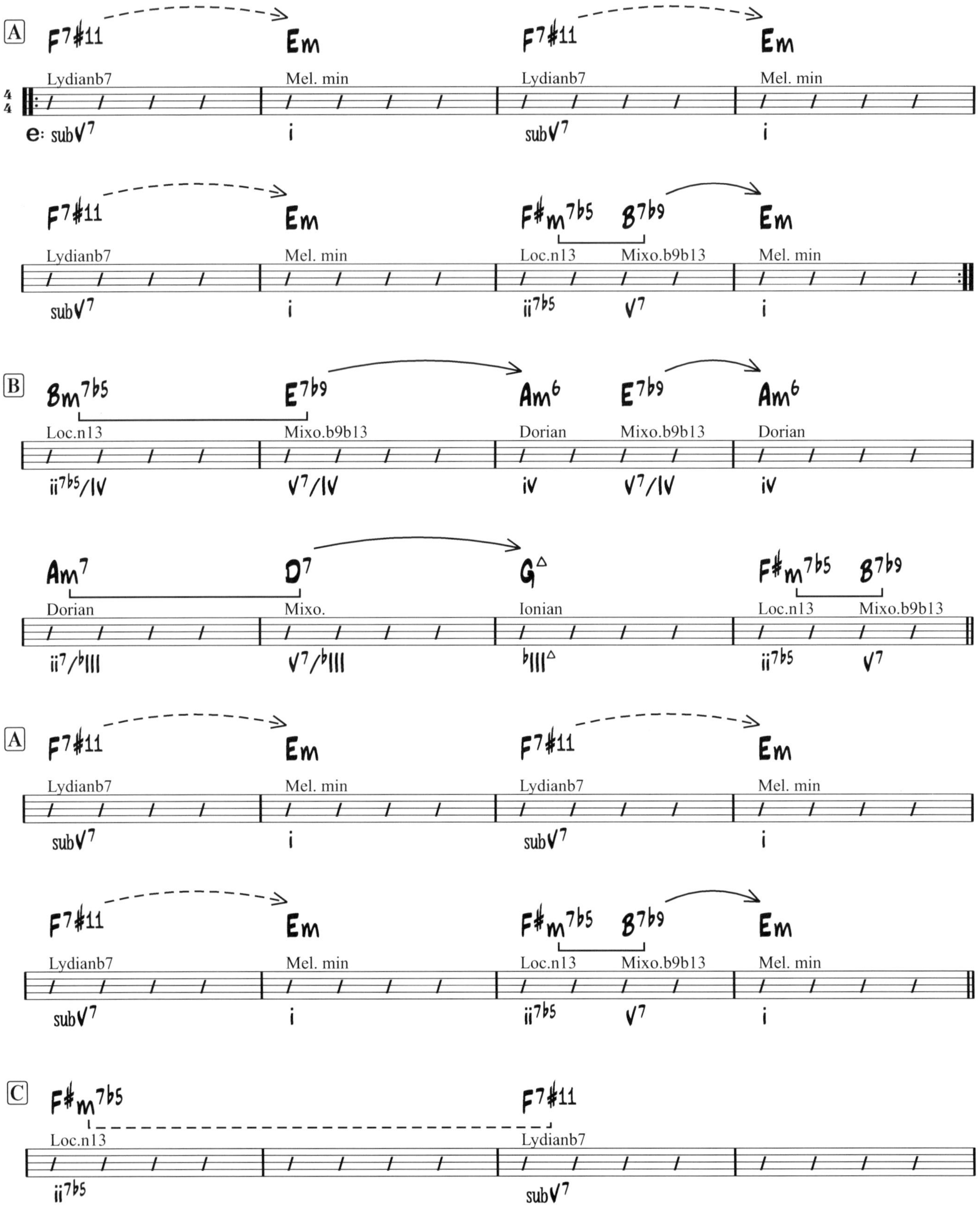

A NIGHT IN TUNISIA (MELODY) - Page 2

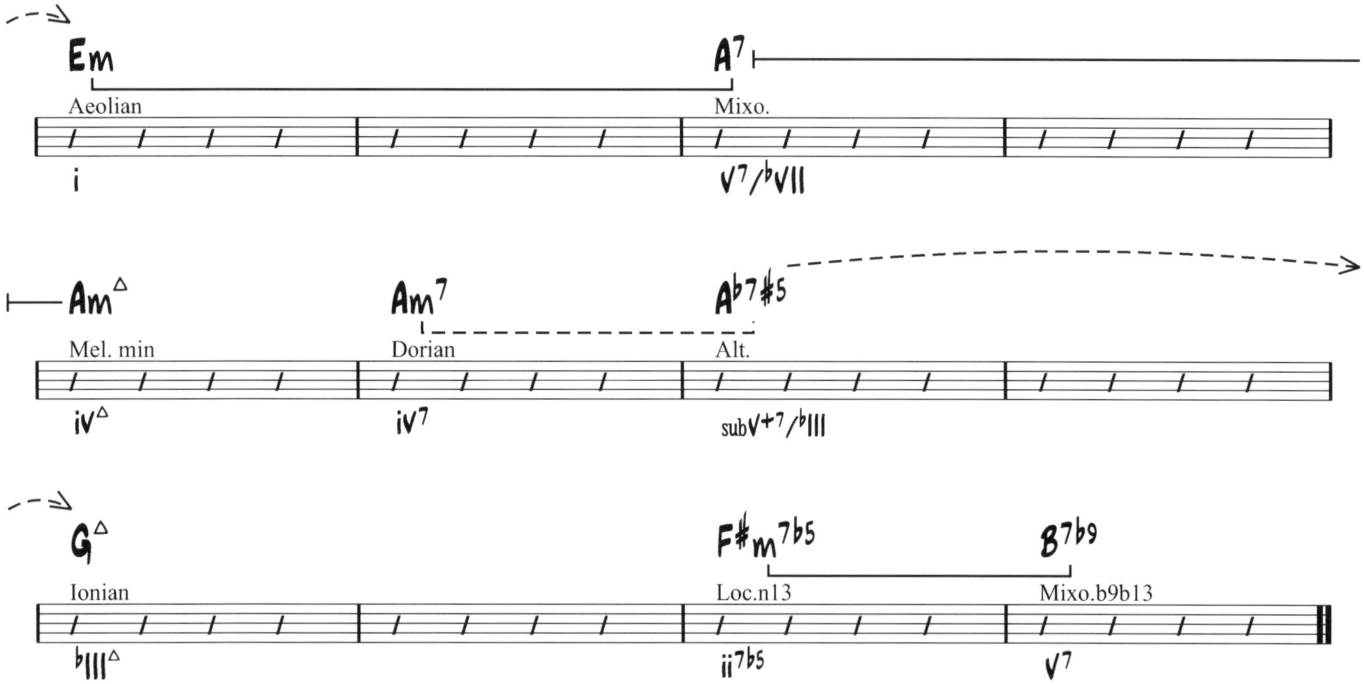
Em
A7
Aeolian
Mixo.
i
V7/bVII
Am△
Am7
Ab7#5
Mel. min
Dorian
Alt.
iv△
iv7
subV+7/bIII
G△
F#m7b5
B7b9
Ionian
Loc.n13
Mixo.b9b13
bIII△
ii7b5
V7

A NIGHT IN TUNISIA (SOLOS)

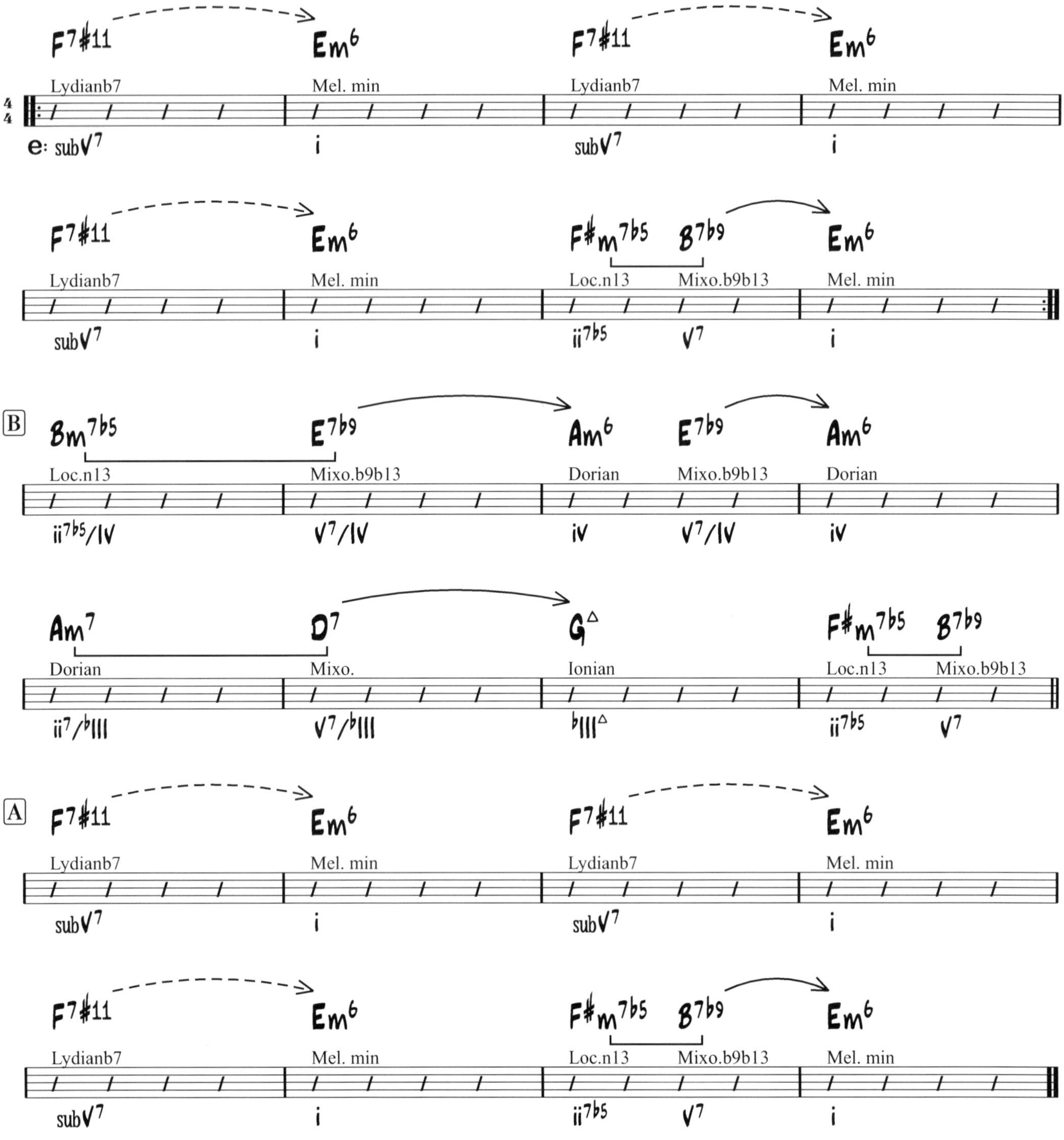

NOBODY KNOWS YOU WHEN YOU ARE DOWN AND OUT

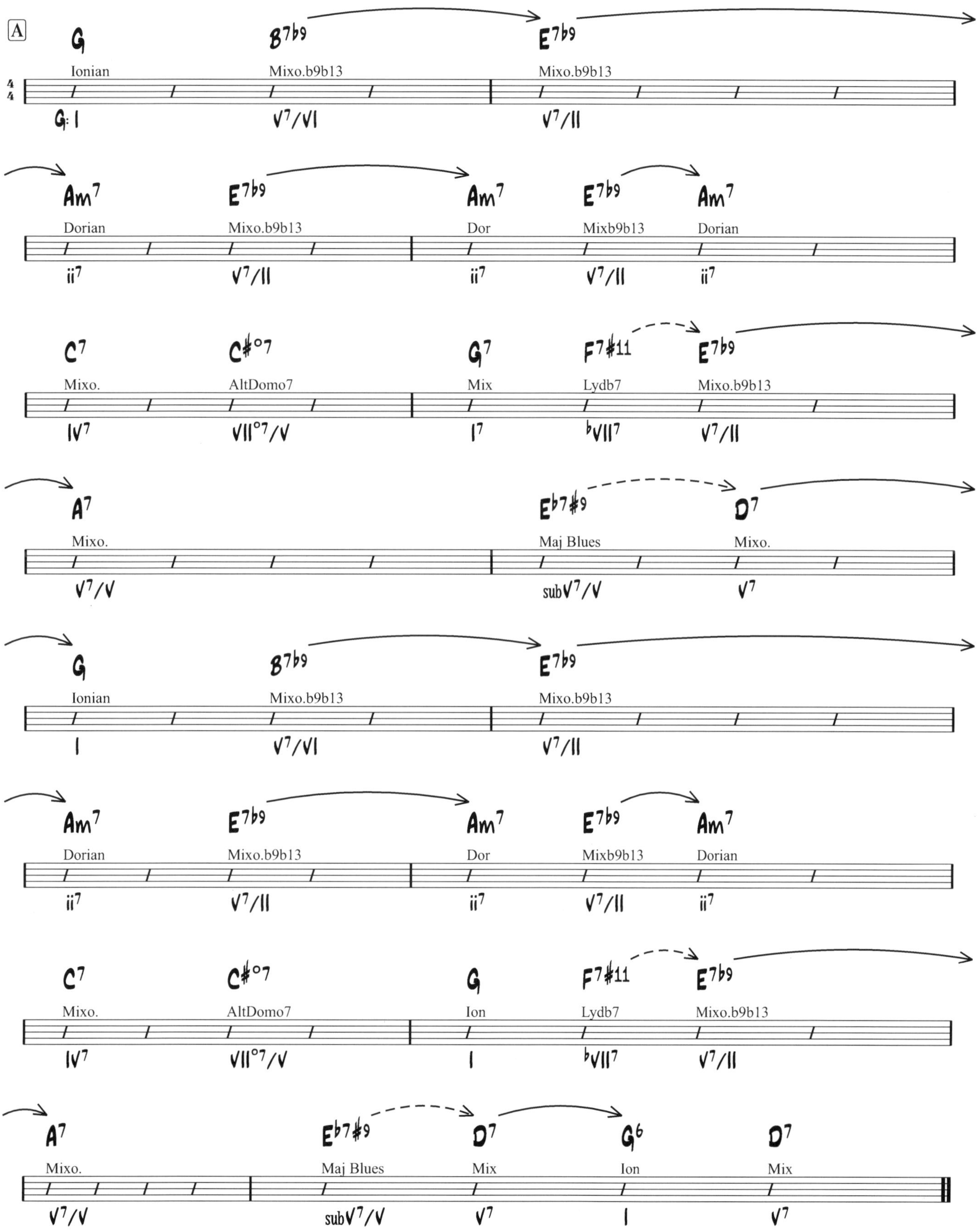
A
G B7b9 E7b9
Ionian Mixo.b9b13 Mixo.b9b13
G: I V7/VI V7/II
Am7 E7b9 Am7 E7b9 Am7
Dorian Mixo.b9b13 Dor Mixb9b13 Dorian
ii7 V7/II ii7 V7/II ii7
C7 C#o7 G7 F7#11 E7b9
Mixo. AltDomo7 Mix Lydb7 Mixo.b9b13
IV7 VIIo7/V I7 bVII7 V7/II
A7 Eb7#9 D7
Mixo. Maj Blues Mixo.
V7/V subV7/V V7
G B7b9 E7b9
Ionian Mixo.b9b13 Mixo.b9b13
I V7/VI V7/II
Am7 E7b9 Am7 E7b9 Am7
Dorian Mixo.b9b13 Dor Mixb9b13 Dorian
ii7 V7/II ii7 V7/II ii7
C7 C#o7 G F7#11 E7b9
Mixo. AltDomo7 Ion Lydb7 Mixo.b9b13
IV7 VIIo7/V I bVII7 V7/II
A7 Eb7#9 D7 G6 D7
Mixo. Maj Blues Mix Ion Mix
V7/V subV7/V V7 I V7

NOSTALGIA IN TIMES SQUARE

G7 F7#11 G7 F7#11 G7 F7#11 G7 F7#11
Mixo. Lydianb7 Mixo. Lydianb7 Mixo. Lydianb7 Mixo. Lydianb7
G: I7 bVII7 I7 bVII7 I7 bVII7 I7 bVII7
Bbm7 Eb7#11 Bbm7 Eb7#11 G7 F7#11 G7 F7#11
Dorian Lydianb7 Dorian Lydianb7 Mixo. Lydianb7 Mixo. Lydianb7
subii7/V subV7/V subii7/V subV7/V I7 bVII7 I7 bVII7
Em7 A7 Dm7 G7 Cm7 F7#11 G
Dorian Mixo. Dorian Mixo. Dorian Lydianb7 Ionian
ii7/V V7/V ii7/IV V7/IV iv7 bVII7 I

NUAGES

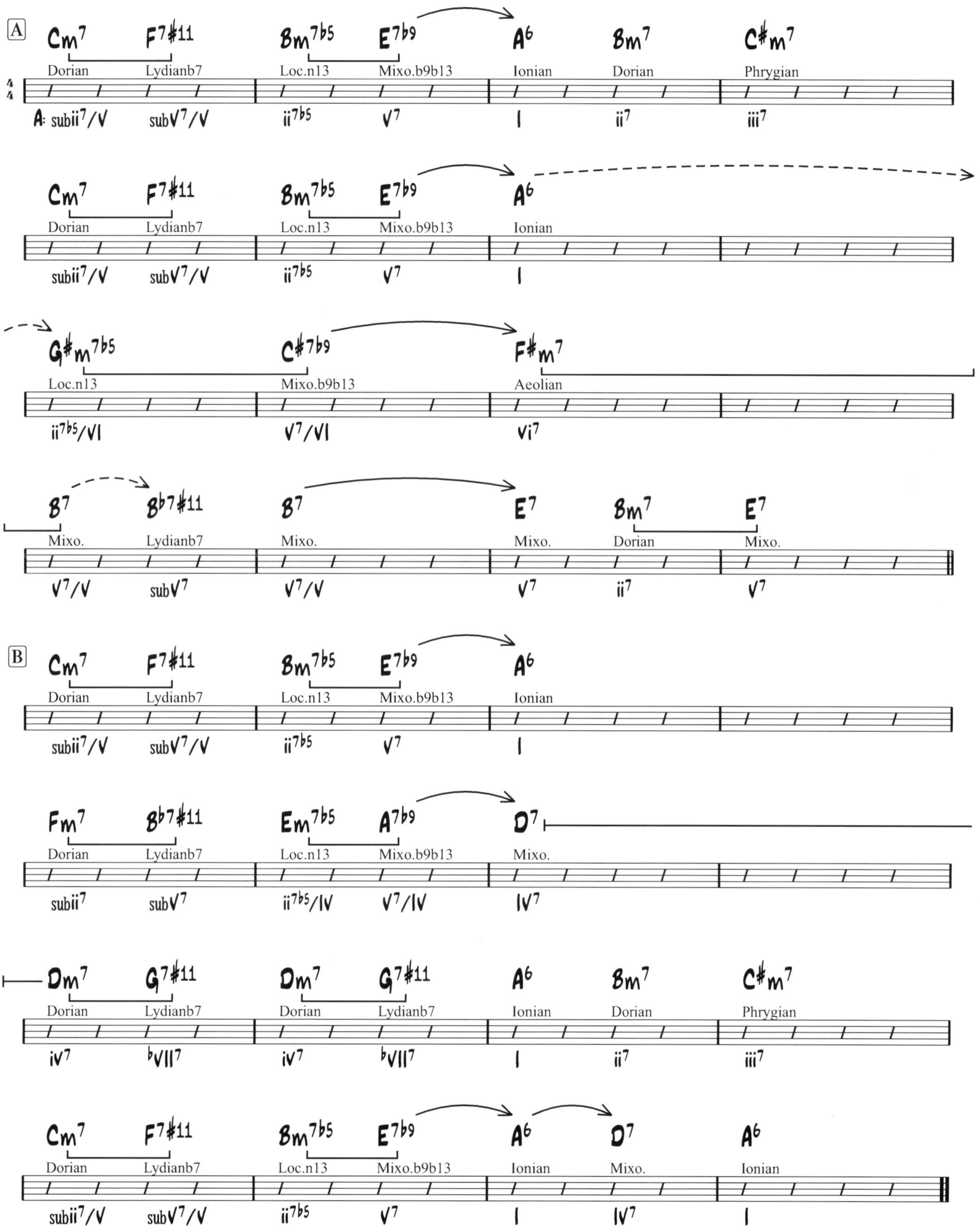
A
Cm7 F7#11 Bm7b5 E7b9 A6 Bm7 C#m7
Dorian Lydianb7 Loc.n13 Mixo.b9b13 Ionian Dorian Phrygian
4/4
A: subii7/V subV7/V ii7b5 V7 I ii7 iii7
Cm7 F7#11 Bm7b5 E7b9 A6
Dorian Lydianb7 Loc.n13 Mixo.b9b13 Ionian
subii7/V subV7/V ii7b5 V7 I
G#m7b5 C#7b9 F#m7
Loc.n13 Mixo.b9b13 Aeolian
ii7b5/VI V7/VI vi7
B7 Bb7#11 B7 E7 Bm7 E7
Mixo. Lydianb7 Mixo. Mixo. Dorian Mixo.
V7/V subV7 V7/V V7 ii7 V7
B
Cm7 F7#11 Bm7b5 E7b9 A6
Dorian Lydianb7 Loc.n13 Mixo.b9b13 Ionian
subii7/V subV7/V ii7b5 V7 I
Fm7 Bb7#11 Em7b5 A7b9 D7
Dorian Lydianb7 Loc.n13 Mixo.b9b13 Mixo.
subii7 subV7 ii7b5/IV V7/IV IV7
Dm7 G7#11 Dm7 G7#11 A6 Bm7 C#m7
Dorian Lydianb7 Dorian Lydianb7 Ionian Dorian Phrygian
iv7 bVII7 iv7 bVII7 I ii7 iii7
Cm7 F7#11 Bm7b5 E7b9 A6 D7 A6
Dorian Lydianb7 Loc.n13 Mixo.b9b13 Ionian Mixo. Ionian
subii7/V subV7/V ii7b5 V7 I IV7 I

(OLD MAN FROM) THE OLD COUNTRY

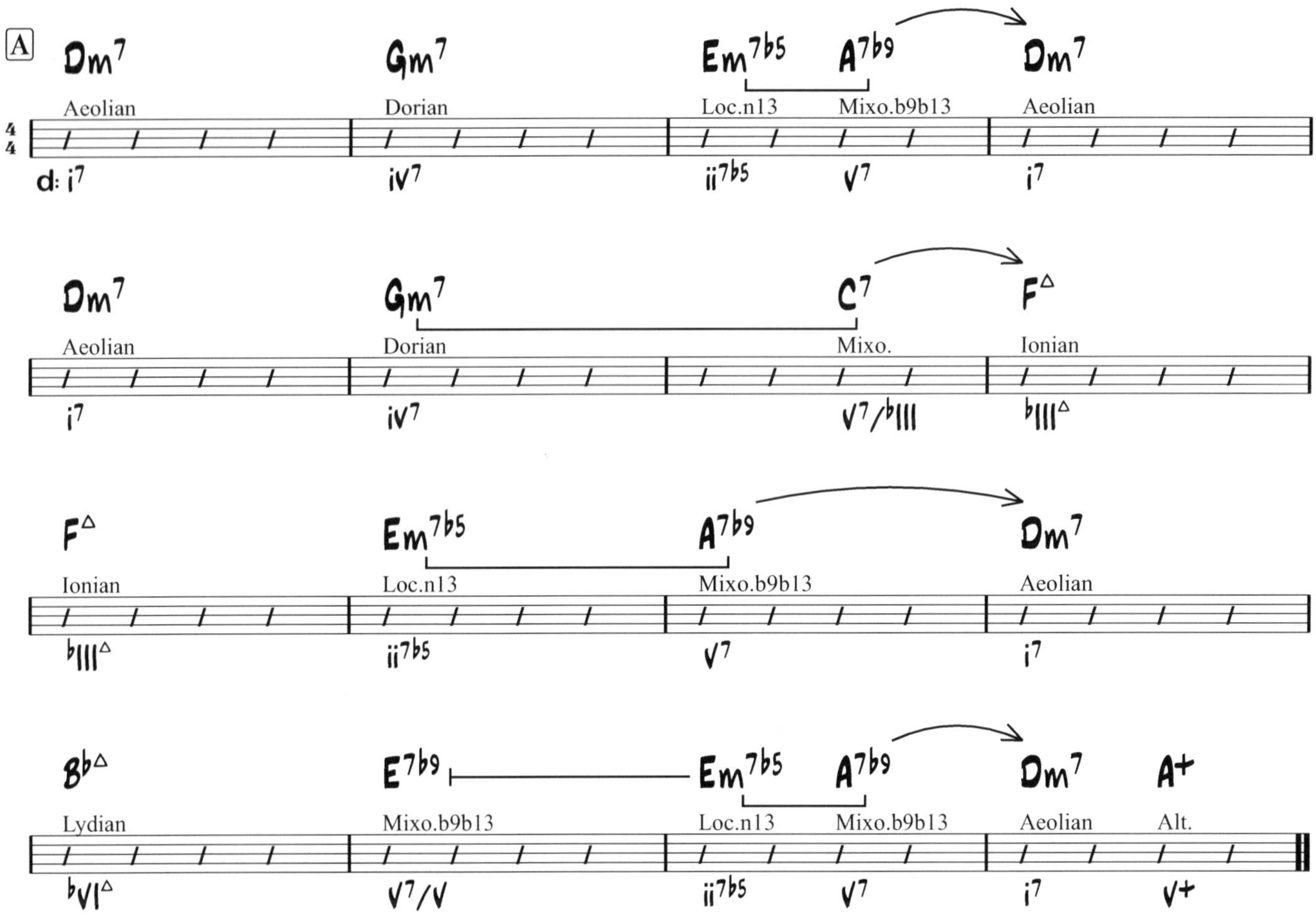
A
Dm7 Gm7 Em7b5 A7b9 Dm7
Aeolian Dorian Loc.n13 Mixo.b9b13 Aeolian
4/4
d: i7 iv7 ii7b5 V7 i7
Dm7 Gm7 C7 F△
Aeolian Dorian Mixo. Ionian
i7 iv7 V7/bIII bIII△
F△ Em7b5 A7b9 Dm7
Ionian Loc.n13 Mixo.b9b13 Aeolian
bIII△ ii7b5 V7 i7
Bb△ E7b9 Em7b5 A7b9 Dm7 A+
Lydian Mixo.b9b13 Loc.n13 Mixo.b9b13 Aeolian Alt.
bVI△ V7/V ii7b5 V7 i7 V+

OLEO

A
C△ Am7 Dm7 G7 C△ A7b9 Dm7 G7
Ionian Aeolian Dorian Mixo. Ionian Mixo.b9b13 Dorian Mixo.
4/4
C: I△ vi7 ii7 V7 I△ V7/II ii7 V7
Gm7 Gb7#11 F6 Fm6 Em7 A7 Dm7 G7
1
Dorian Lydianb7 Lydian Dorian Dor.b2 Mixo. Dorian Mixo.
ii7/IV subV7/IV IV iv ii7/II V7/II ii7 V7
2
Em7 A7b9 Dm7 G7 C△
Dor.b2 Mixo.b9b13 Dor Mix Ionian
ii7/II V7/II ii7 V7 I△
B
E7 A7
Mixo. Mixo.
V7/VI V7/II
D7 G7
Mixo. Mixo.
V7/V V7
A
C△ Am7 Dm7 G7 C△ A7b9 Dm7 G7
Ionian Aeolian Dorian Mixo. Ionian Mixo.b9b13 Dorian Mixo.
I△ vi7 ii7 V7 I△ V7/II ii7 V7
Gm7 C7 F6 Fm6 Em7 A7b9 Dm7 G7 C△
Dorian Mixo. Lydian Dorian Dor.b2 Mixo.b9b13 Dor Mix Ionian
ii7/IV V7/IV IV iv ii7/II V7/II ii7 V7 I△

ONCE I LOVED

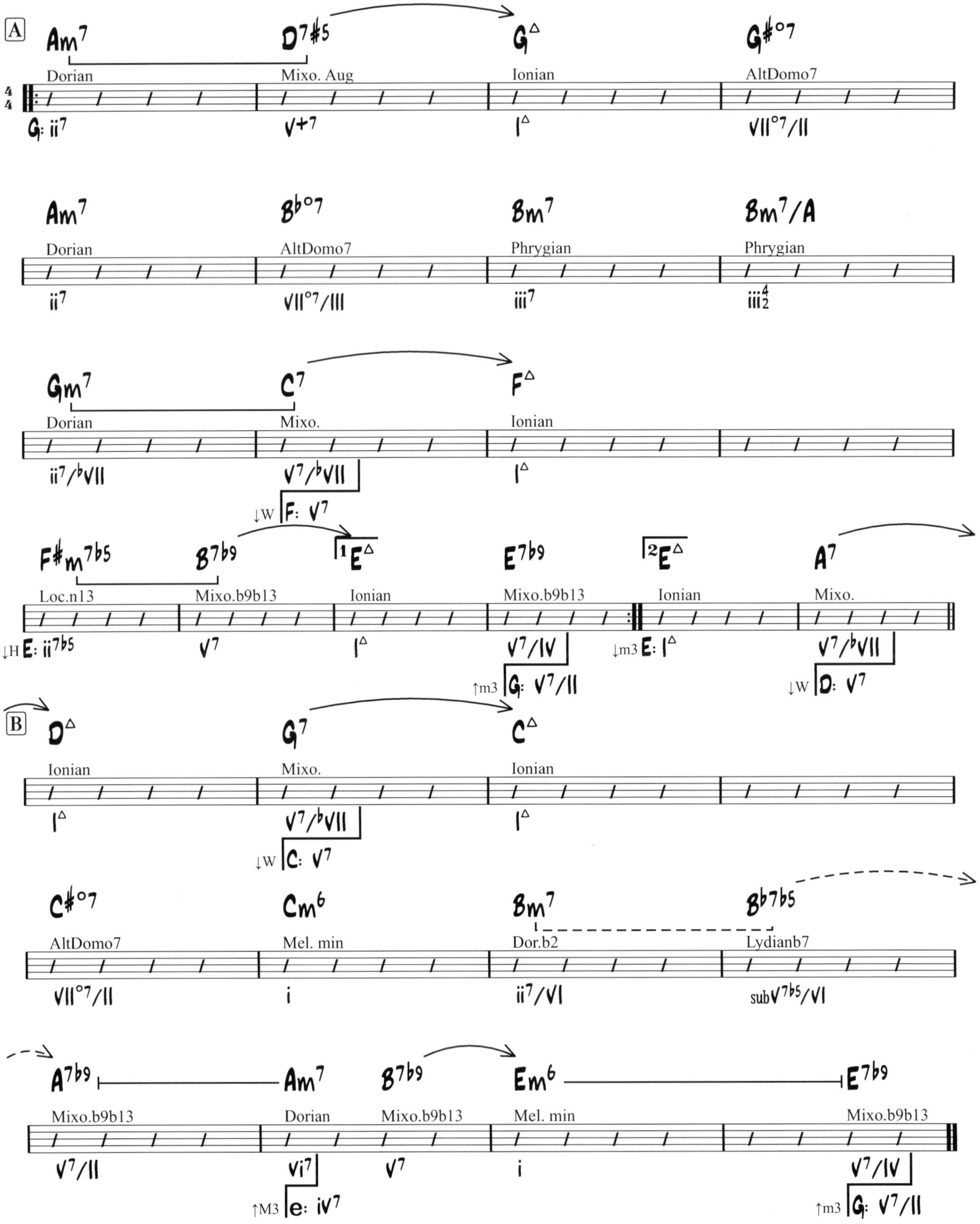
A
Am7 D7#5 G△ G#°7
Dorian Mixo. Aug Ionian AltDomo7
G: ii7 V+7 I△ VII°7/II
Am7 Bb°7 Bm7 Bm7/A
Dorian AltDomo7 Phrygian Phrygian
ii7 VII°7/III iii7 iii4/2
Gm7 C7 F△
Dorian Mixo. Ionian
ii7/bVII V7/bVII I△
↓W F: V7
F#m7b5 B7b9 1 E△ E7b9 2 E△ A7
Loc.n13 Mixo.b9b13 Ionian Mixo.b9b13 Ionian Mixo.
↓H E: ii7b5 V7 I△ V7/IV ↓m3 E: I△ V7/bVII
↑m3 G: V7/II ↓W D: V7
B
D△ G7 C△
Ionian Mixo. Ionian
I△ V7/bVII I△
↓W C: V7
C#°7 Cm6 Bm7 Bb7b5
AltDomo7 Mel. min Dor.b2 Lydianb7
VII°7/II i ii7/VI subV7b5/VI
A7b9 Am7 B7b9 Em6 E7b9
Mixo.b9b13 Dorian Mixo.b9b13 Mel. min Mixo.b9b13
V7/II vi7 V7 i V7/IV
↑M3 e: iv7 ↑m3 G: V7/II

ONCE IN LOVE WITH AMY

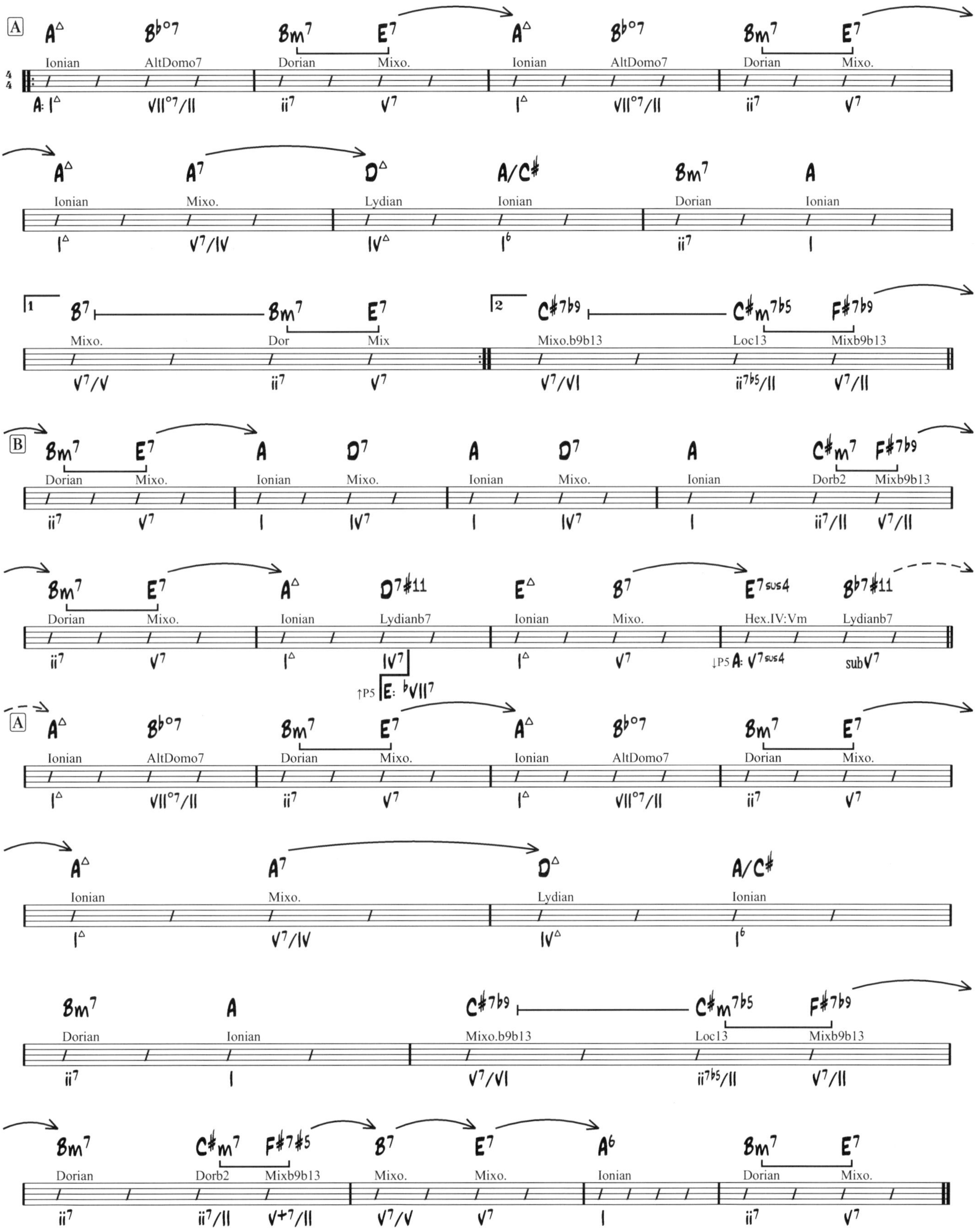

ONE NOTE SAMBA

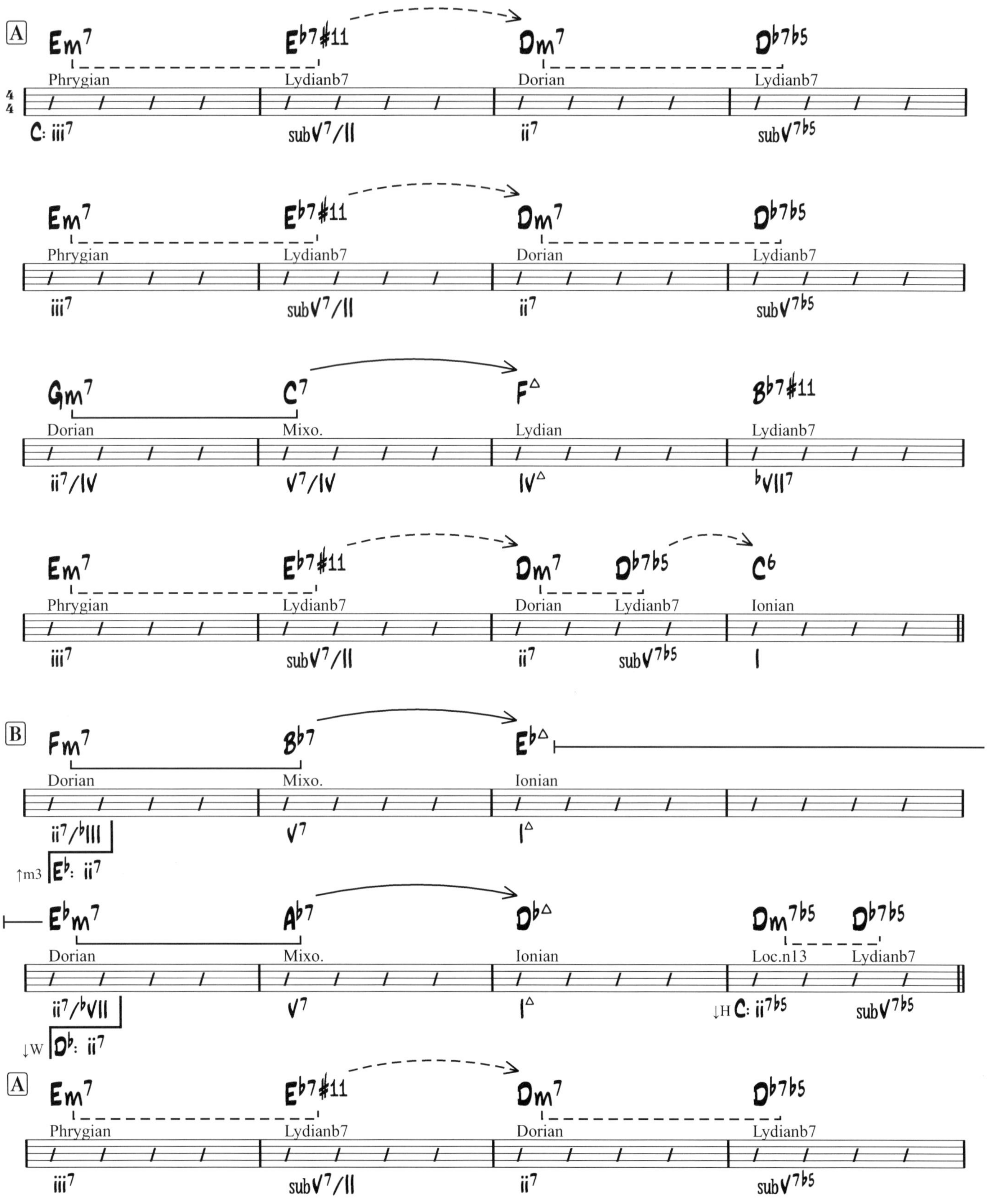
A
Em7 Eb7#11 Dm7 Db7b5
Phrygian Lydianb7 Dorian Lydianb7
4/4
C: iii7 subV7/II ii7 subV7b5
Em7 Eb7#11 Dm7 Db7b5
Phrygian Lydianb7 Dorian Lydianb7
iii7 subV7/II ii7 subV7b5
Gm7 C7 F△ Bb7#11
Dorian Mixo. Lydian Lydianb7
ii7/IV V7/IV IV△ bVII7
Em7 Eb7#11 Dm7 Db7b5 C6
Phrygian Lydianb7 Dorian Lydianb7 Ionian
iii7 subV7/II ii7 subV7b5 I
B
Fm7 Bb7 Eb△
Dorian Mixo. Ionian
ii7/bIII V7 I△
↑m3 Eb: ii7
Ebm7 Ab7 Db△ Dm7b5 Db7b5
Dorian Mixo. Ionian Loc.n13 Lydianb7
ii7/bVII V7 I△ ↓H C: ii7b5 subV7b5
↓W Db: ii7
A
Em7 Eb7#11 Dm7 Db7b5
Phrygian Lydianb7 Dorian Lydianb7
iii7 subV7/II ii7 subV7b5

ONE NOTE SAMBA - Page 2

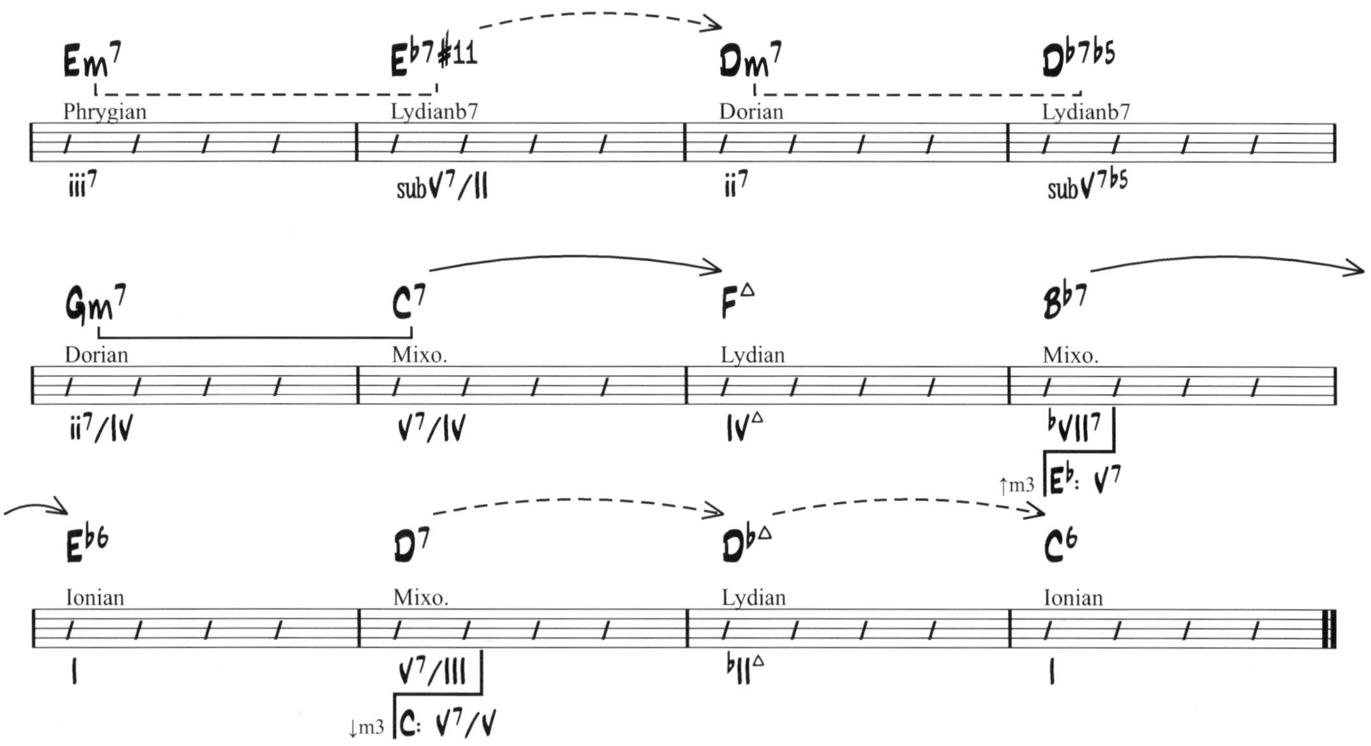
Em7 Eb7#11 Dm7 Db7b5
Phrygian Lydianb7 Dorian Lydianb7
iii7 subV7/II ii7 subV7b5
Gm7 C7 F△ Bb7
Dorian Mixo. Lydian Mixo.
ii7/IV V7/IV IV△ bVII7
↑m3 Eb: V7
Eb6 D7 Db△ C6
Ionian Mixo. Lydian Ionian
I V7/III bII△ I
↓m3 C: V7/V

ONLY TRUST YOUR HEART

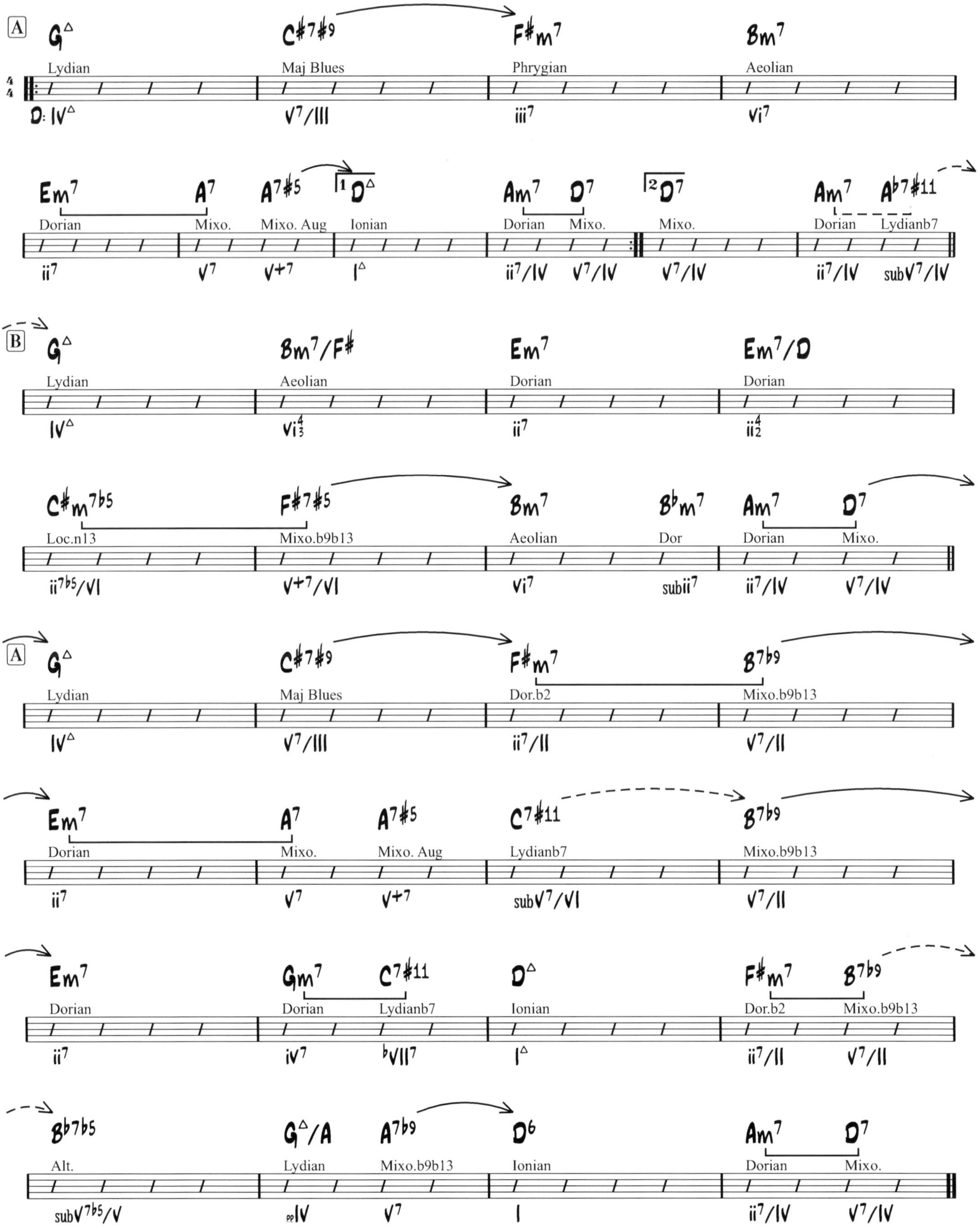
A
G△ | C♯7♯9 | F♯m7 | Bm7
Lydian | Maj Blues | Phrygian | Aeolian
D: IV△ | V7/III | iii7 | vi7
Em7 A7 | A7♯5 | 1 D△ | Am7 D7 | 2 D7 | Am7 A♭7♯11
Dorian | Mixo. | Mixo. Aug | Ionian | Dorian | Mixo. | Mixo. | Dorian | Lydianb7
ii7 | V7 | V+7 | I△ | ii7/IV | V7/IV | V7/IV | ii7/IV | subV7/IV
B
G△ | Bm7/F♯ | Em7 | Em7/D
Lydian | Aeolian | Dorian | Dorian
IV△ | vi4/3 | ii7 | ii4/2
C♯m7b5 | F♯7♯5 | Bm7 B♭m7 | Am7 D7
Loc.n13 | Mixo.b9b13 | Aeolian | Dor | Dorian | Mixo.
ii7b5/VI | V+7/VI | vi7 | subii7 | ii7/IV | V7/IV
A
G△ | C♯7♯9 | F♯m7 | B7b9
Lydian | Maj Blues | Dor.b2 | Mixo.b9b13
IV△ | V7/III | ii7/II | V7/II
Em7 | A7 A7♯5 | C7♯11 | B7b9
Dorian | Mixo. | Mixo. Aug | Lydianb7 | Mixo.b9b13
ii7 | V7 | V+7 | subV7/VI | V7/II
Em7 | Gm7 C7♯11 | D△ | F♯m7 B7b9
Dorian | Dorian | Lydianb7 | Ionian | Dor.b2 | Mixo.b9b13
ii7 | iv7 | ♭VII7 | I△ | ii7/II | V7/II
B♭7b5 | G△/A A7b9 | D6 | Am7 D7
Alt. | Lydian | Mixo.b9b13 | Ionian | Dorian | Mixo.
subV7b5/V | pp IV | V7 | I | ii7/IV | V7/IV

ORNITHOLOGY

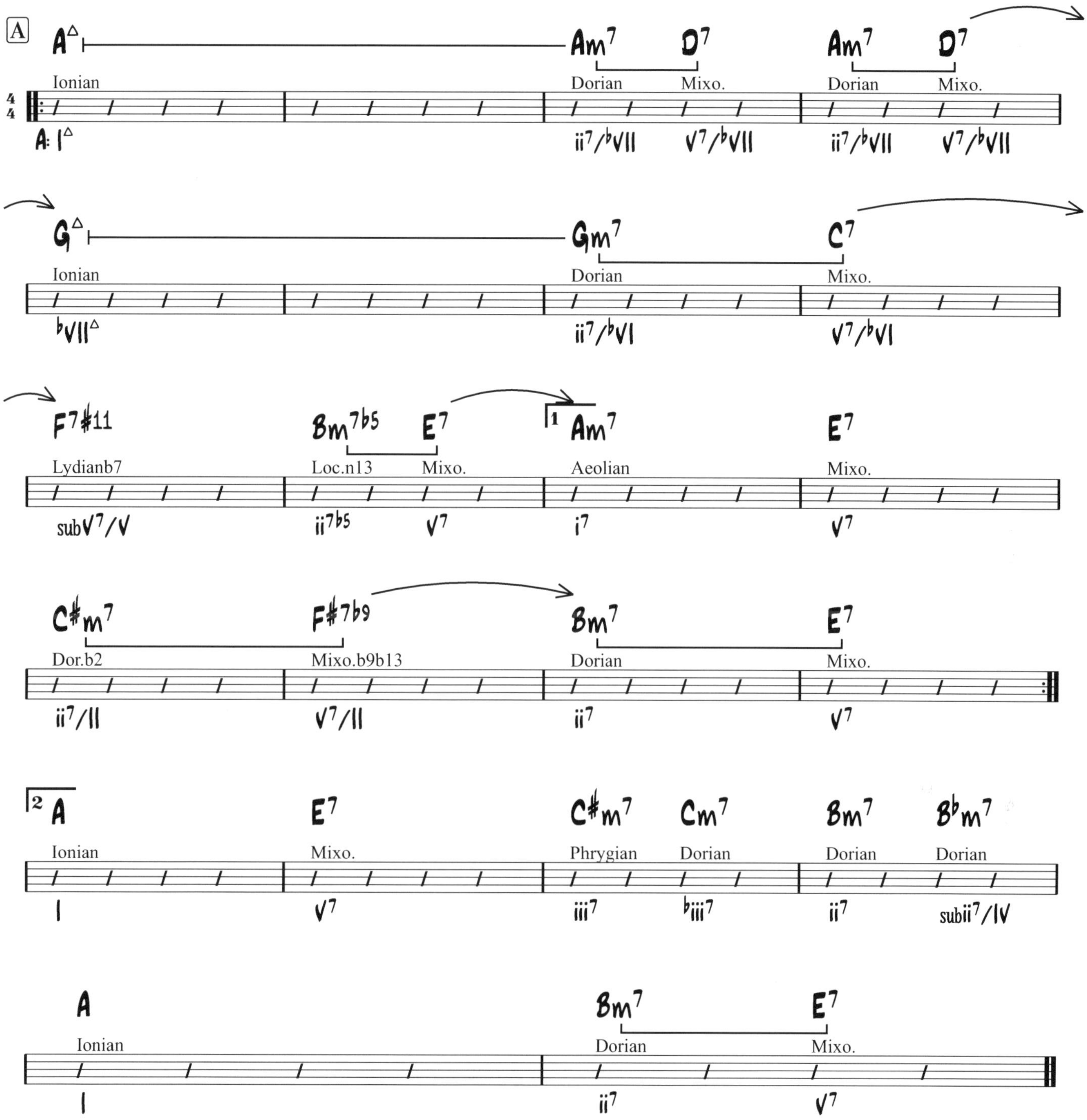
A
A△ Am7 D7 Am7 D7
Ionian Dorian Mixo. Dorian Mixo.
A: I△ ii7/bVII V7/bVII ii7/bVII V7/bVII
G△ Gm7 C7
Ionian Dorian Mixo.
bVII△ ii7/bVI V7/bVI
F7#11 Bm7b5 E7 1 Am7 E7
Lydianb7 Loc.n13 Mixo. Aeolian Mixo.
subV7/V ii7b5 V7 i7 V7
C#m7 F#7b9 Bm7 E7
Dor.b2 Mixo.b9b13 Dorian Mixo.
ii7/II V7/II ii7 V7
2 A E7 C#m7 Cm7 Bm7 Bbm7
Ionian Mixo. Phrygian Dorian Dorian Dorian
I V7 iii7 biii7 ii7 subii7/IV
A Bm7 E7
Ionian Dorian Mixo.
I ii7 V7

OUT OF NOWHERE

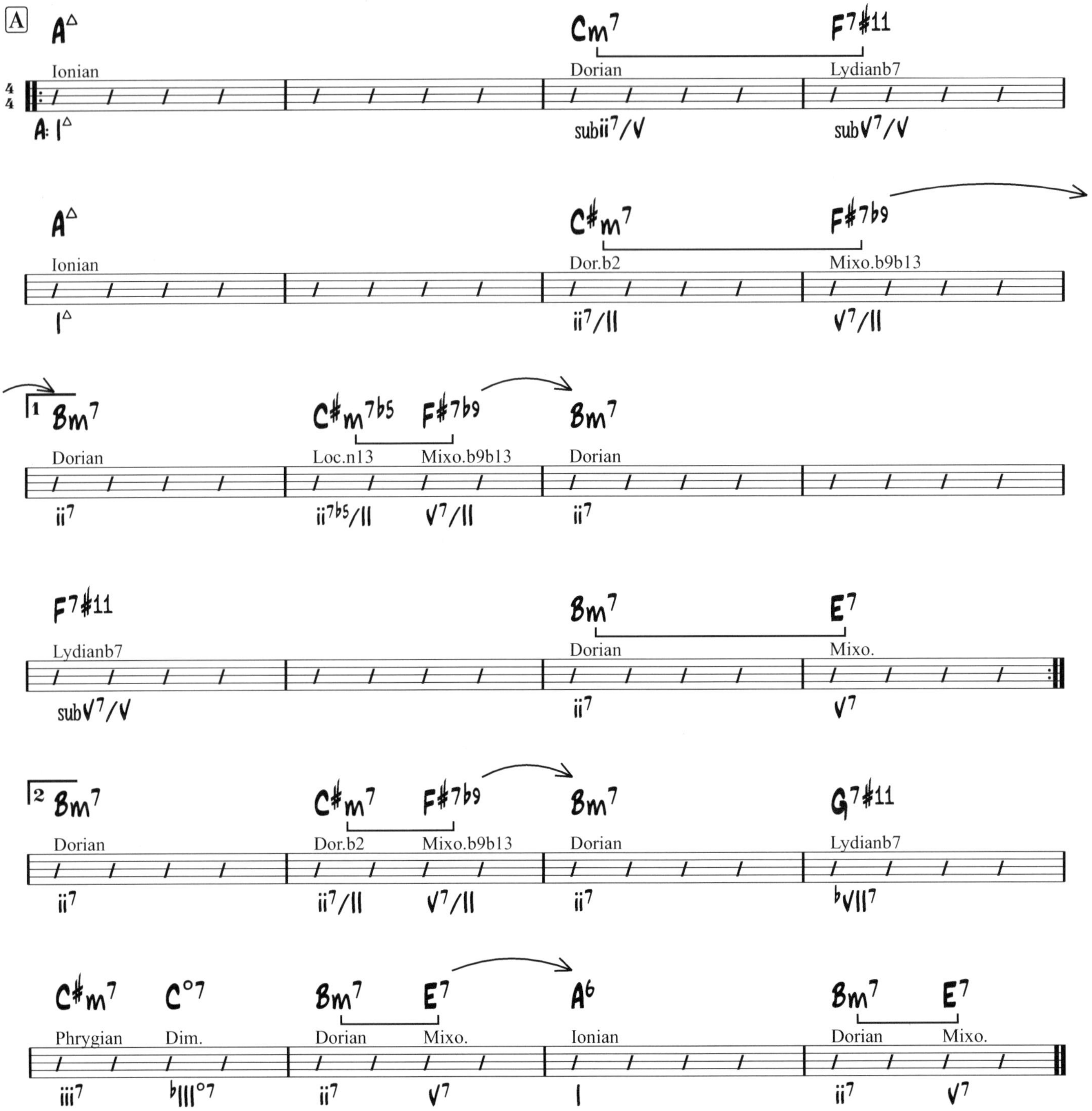

P.S. I LOVE YOU

A
F△ | Am7 D7b9 | Gm7 C7 | Am7b5 D7b9
Ionian | Dor.b2 Mixo.b9b13 | Dorian Mixo. | Loc.n13 Mixo.b9b13
F: I△ | ii7/II V7/II | ii7 V7 | ii7b5/II V7/II
G7 Dm7 G7 | C7 Gb7 | 1 F6 G7/F | Gm7 C7 Gb7
Mixo. Dor Mix | Mixo. Half Dim | Ionian Mixo. | Dorian Mix Half Dim
V7/V ii7/V V7/V | V7 subV7 | I V4/2/V | ii7 V7 subV7
2 F6 Eb7#11 | F△ F6
Ionian Lydianb7 | Ion Ionian
I bVII7 | I△ I
B
F7 Cm7 | F7 Cm7 B7#11
Mixo. Dorian | Mixo. Dor Lydb7
V7/IV ii7/IV | V7/IV ii7/IV subV7/IV
Bb△ Cm7 B7#11 | Bb△ A7b9 Ab7#11
Lydian Dor Lydb7 | Lydian Mixb9b13 Lydb7
IV△ ii7/IV subV7/IV | IV△ V7/VI subV7/II
G7 Dm7 | G7 Dm7 Db7#11
Mixo. Dorian | Mixo. Dor Lydb7
V7/V ii7/V | V7/V ii7/V subV7/V
C7 D7#5 | G7 Gm7 Gb7
Mixo. Mixo.b9b13 | Mixo. Dor Half Dim
V7 V+7/II | V7/V ii7 subV7
A
F△ | Am7 D7b9 | Gm7 C7 | Am7b5 D7b9
Ionian | Dor.b2 Mixo.b9b13 | Dorian Mixo. | Loc.n13 Mixo.b9b13
I△ | ii7/II V7/II | ii7 V7 | ii7b5/II V7/II
G7 Dm7 G7 | C7 Gb7 | F6 Eb7#11 | F△ F6 Gm7 C7
Mixo. Dor Mix | Mixo. Half Dim | Ionian Lydianb7 | Ion Ion Dor Mix
V7/V ii7/V V7/V | V7 subV7 | I bVII7 | I△ I ii7 V7

PAPER DOLL

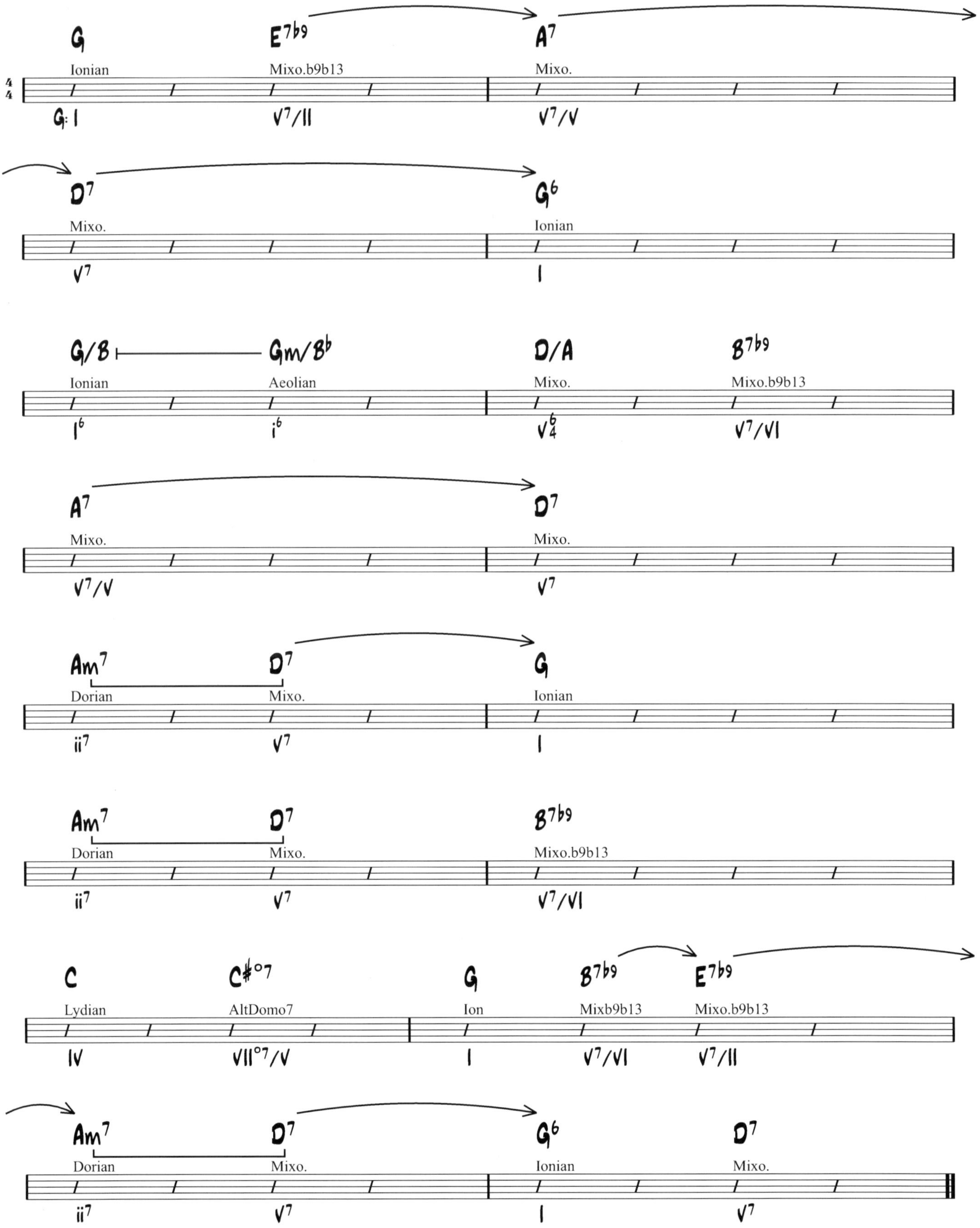
G E7b9 A7
Ionian Mixo.b9b13 Mixo.
G: I V7/II V7/V
D7 G6
Mixo. Ionian
V7 I
G/B Gm/Bb D/A B7b9
Ionian Aeolian Mixo. Mixo.b9b13
I6 i6 V6/4 V7/VI
A7 D7
Mixo. Mixo.
V7/V V7
Am7 D7 G
Dorian Mixo. Ionian
ii7 V7 I
Am7 D7 B7b9
Dorian Mixo. Mixo.b9b13
ii7 V7 V7/VI
C C#°7 G B7b9 E7b9
Lydian AltDomo7 Ion Mixb9b13 Mixo.b9b13
IV VII°7/V I V7/VI V7/II
Am7 D7 G6 D7
Dorian Mixo. Ionian Mixo.
ii7 V7 I V7

PASSION FLOWER

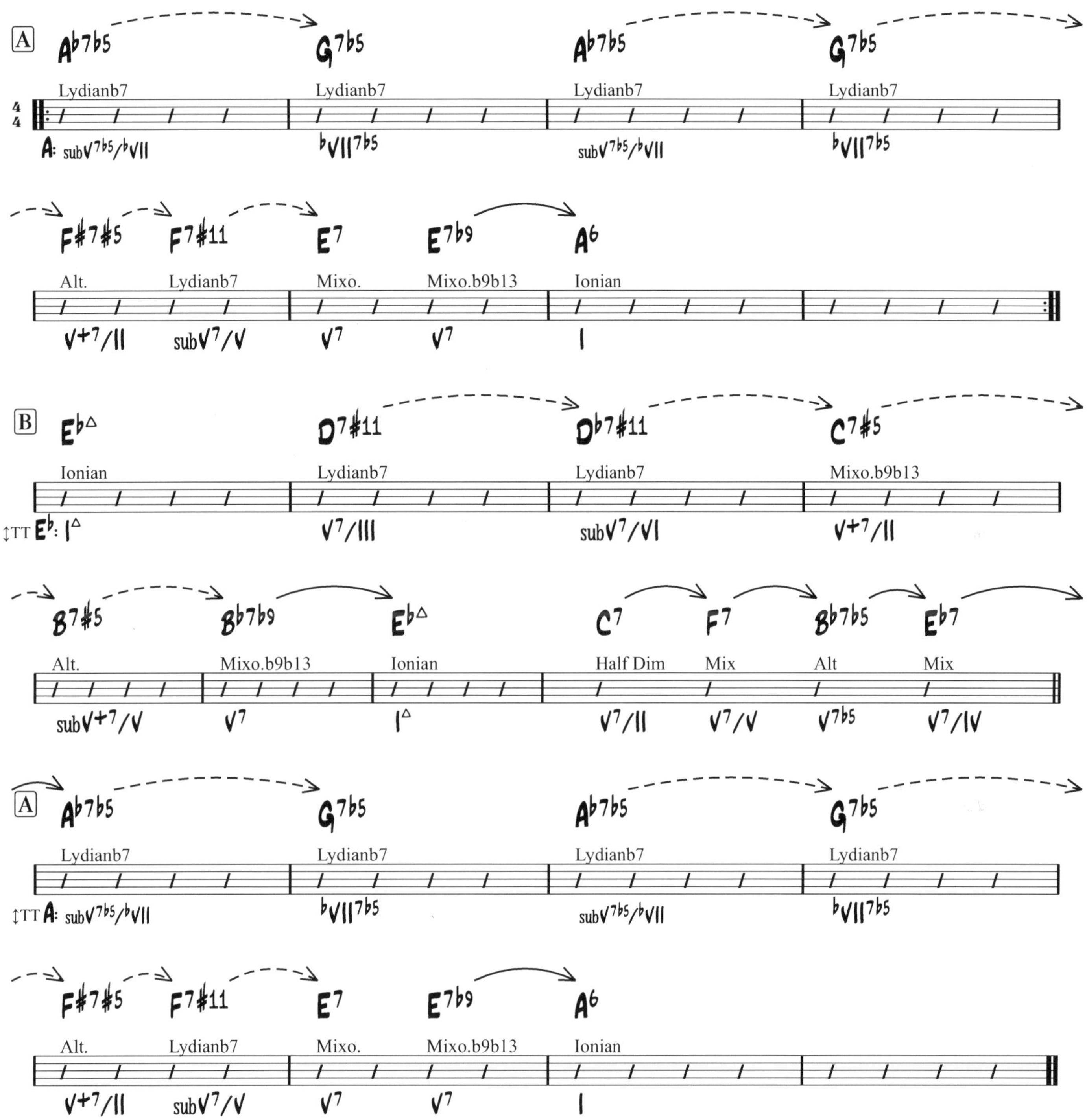
A
Ab7b5 G7b5 Ab7b5 G7b5
Lydianb7 Lydianb7 Lydianb7 Lydianb7
A: subV7b5/bVII bVII7b5 subV7b5/bVII bVII7b5
F#7#5 F7#11 E7 E7b9 A6
Alt. Lydianb7 Mixo. Mixo.b9b13 Ionian
V+7/II subV7/V V7 V7 I
B
Eb△ D7#11 Db7#11 C7#5
Ionian Lydianb7 Lydianb7 Mixo.b9b13
↕TT Eb: I△ V7/III subV7/VI V+7/II
B7#5 Bb7b9 Eb△ C7 F7 Bb7b5 Eb7
Alt. Mixo.b9b13 Ionian Half Dim Mix Alt Mix
subV+7/V V7 I△ V7/II V7/V V7b5 V7/IV
A
Ab7b5 G7b5 Ab7b5 G7b5
Lydianb7 Lydianb7 Lydianb7 Lydianb7
↕TT A: subV7b5/bVII bVII7b5 subV7b5/bVII bVII7b5
F#7#5 F7#11 E7 E7b9 A6
Alt. Lydianb7 Mixo. Mixo.b9b13 Ionian
V+7/II subV7/V V7 V7 I

PEACE

Bm7b5 Bb7#11 Am7 D7b9
Loc.n13 Lydianb7 Dorian Mixo.b9b13
4/4
C: ii7b5/VI subV7/VI ii7/V V7/V
Db△ Dm7b5 G7#9 C△
Lydian Loc13 Maj Blues Ionian
bII△ ii7b5 V7 I△
C#m7 F#7 B△ G#m7
Dorian Mixo. Ionian Aeolian
subii7/IV V7 I△ vi7
↓H B: ii7
Fm7b5 Bb7 Bb7#5 Eb△
Loc.n13 Mix Mix Aug Ionian
ii7b5/III V7 V+7 I△
↑M3 Eb: ii7b5
D7#11 Db7#11 C△
Lydianb7 Lydianb7 Ionian
V7/III subV7 I△
↓m3 C: V7/V

PEGGY'S BLUE SKYLIGHT

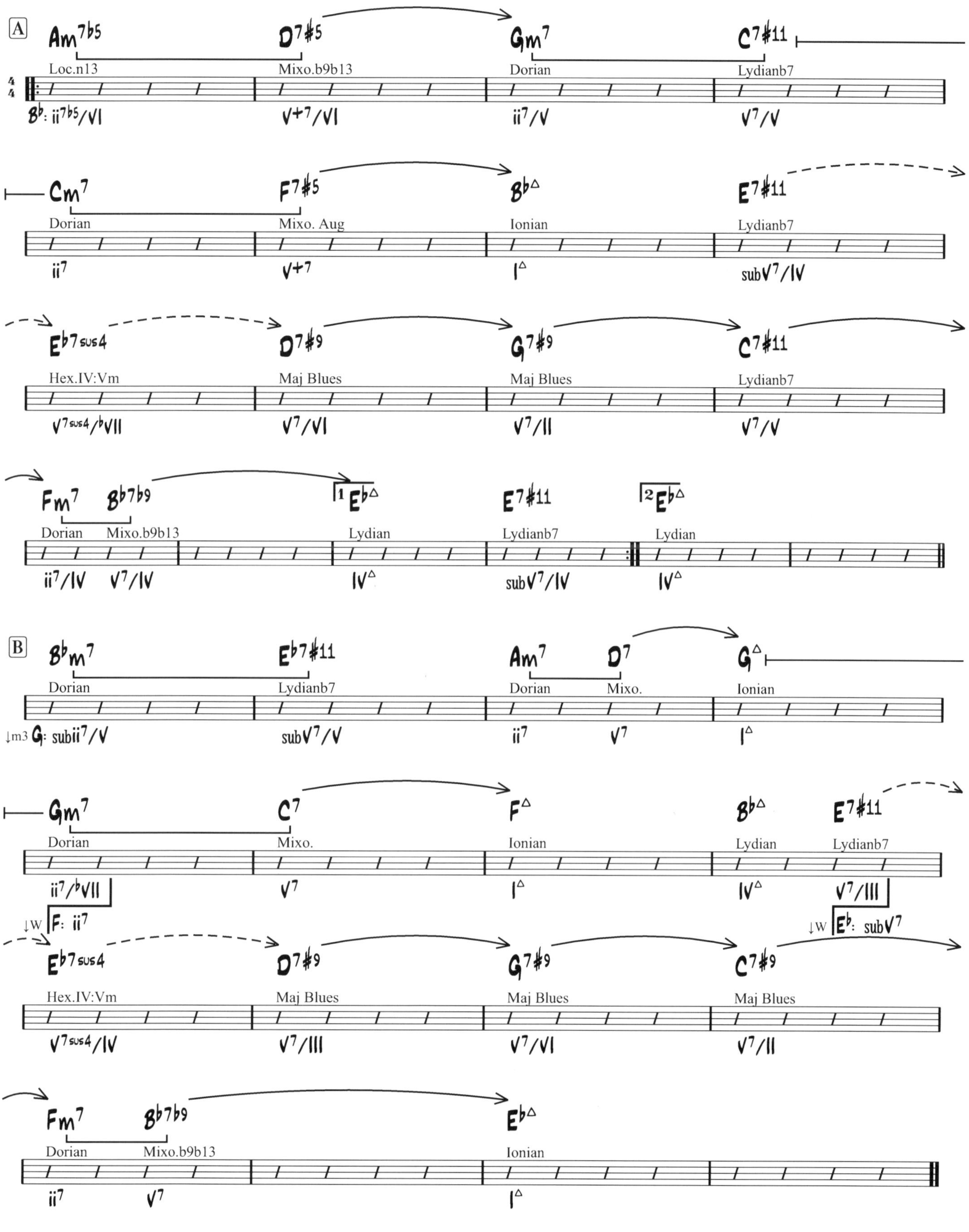

PENT UP HOUSE

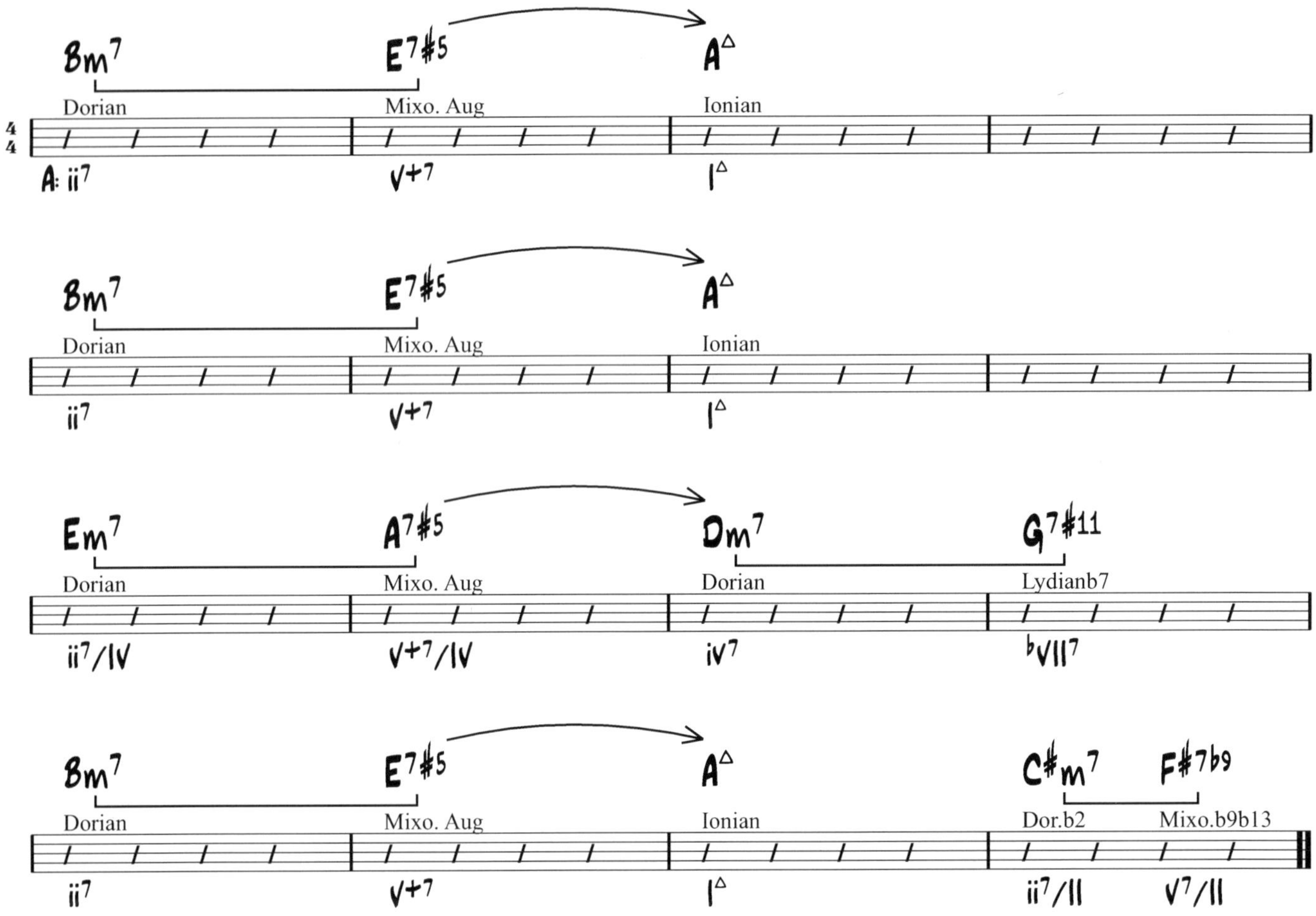

PENTHOUSE SERENADE

PERI'S SCOPE

A
Em7 A7 | F#m7 Bm7 | Em7 A7 | D△ Bm7
Dorian Mixo. | Phrygian Aeolian | Dorian Mixo. | Ionian Aeolian
D: ii7 V7 | iii7 vi7 | ii7 V7 | I△ vi7
Em7 A7 | D△ | F#7b9 |
Dorian Mixo. | Ionian | Mixo.b9b13 |
ii7 V7 | I△ | V7/VI |
B
G△ A7 | F#m7 Bm7 | Em7 A7 | D7sus4 D7
Lydian Mixo. | Phrygian Aeolian | Dorian Mixo. | Hex.IV:Vm Mix
IV△ V7 | iii7 vi7 | ii7 V7 | V7sus4/IV V7/IV
G△ | C#7#5 | C7#5 | B7#5
Lydian | Alt. | Alt. | Alt.
IV△ | V+7/III | subV+7/VI | V+7/II
A
Em7 A7 | F#m7 Bm7 | Em7 F°7 | F#m7b5 B7#5
Dorian Mixo. | Phrygian Aeolian | Dorian AltDomo7 | Loc.n13 Mixo.b9b13
ii7 V7 | iii7 vi7 | ii7 VII°7/III | ii7b5/II V+7/II
Em7 F#m7 | G△ G△/A | D△ G△/A | F#m7 B7#5
Dorian Phrygian | Lydian Lydian | Ionian Lydian | Dor.b2 Mixo.b9b13
ii7 iii7 | IV△ ppIV | I△ ppIV | ii7/II V+7/II

PFRANCING (NO BLUES)

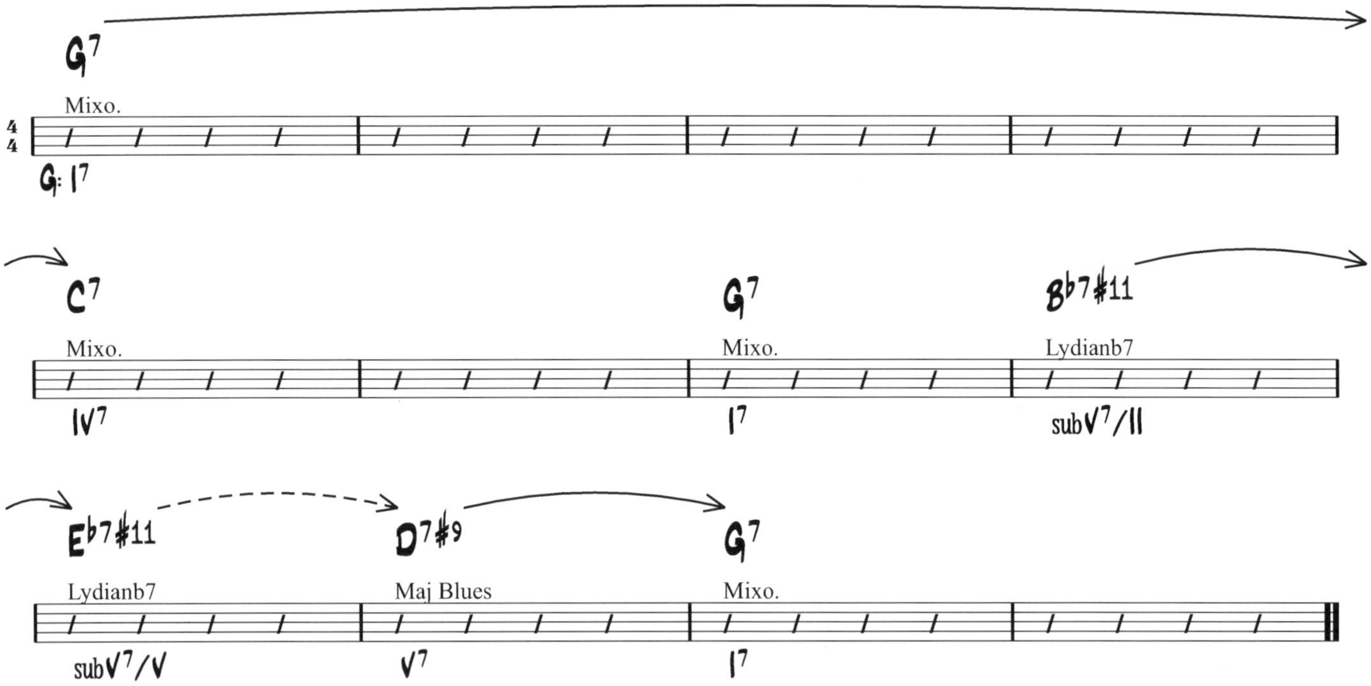
G7
Mixo.
G: I7
C7
Mixo.
IV7
G7
Mixo.
I7
Bb7#11
Lydianb7
subV7/II
Eb7#11
Lydianb7
subV7/V
D7#9
Maj Blues
V7
G7
Mixo.
I7

PITHECANTHROPUS ERECTUS

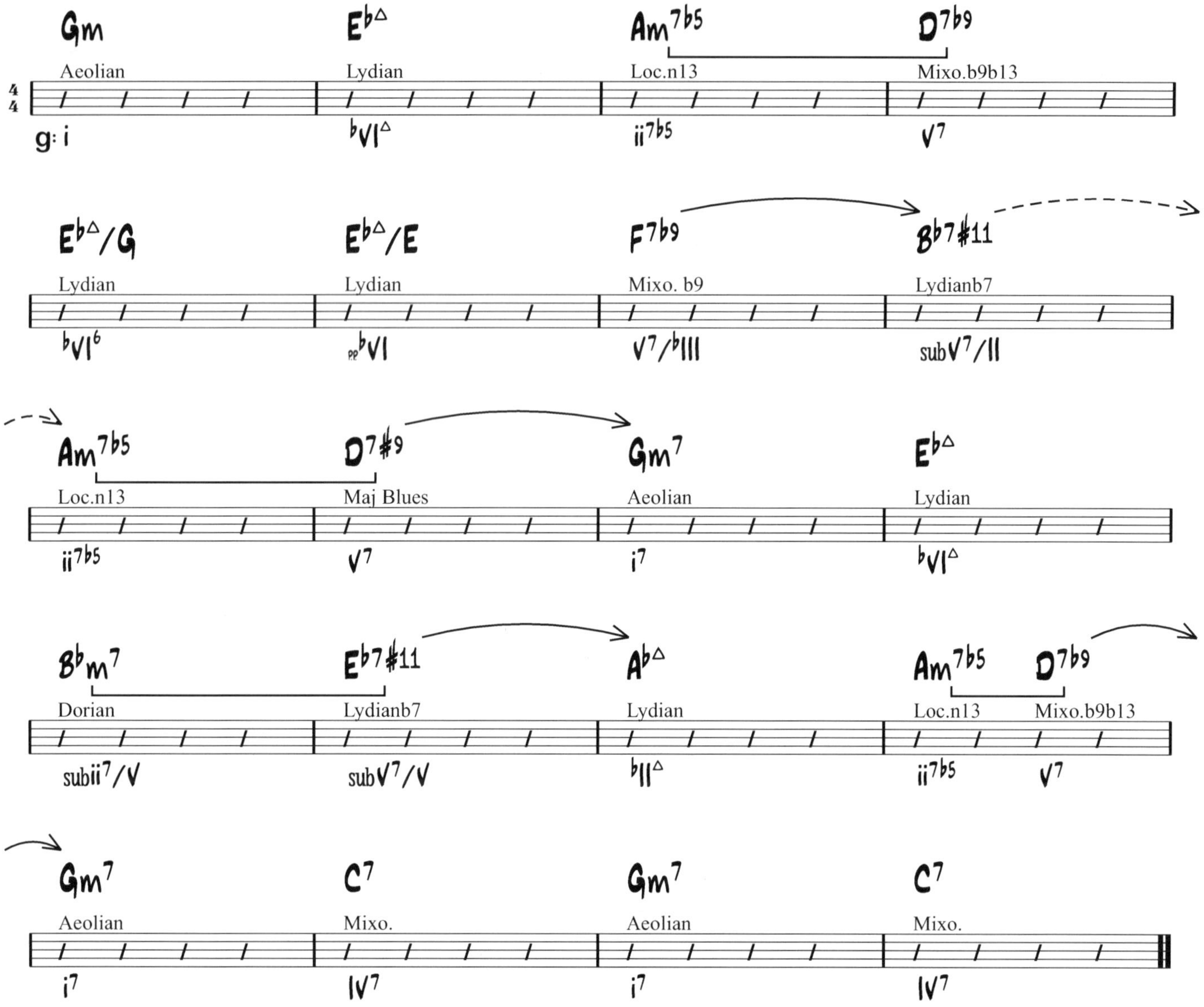
Gm Eb△ Am7b5 D7b9
Aeolian Lydian Loc.n13 Mixo.b9b13
4/4
g: i bVI△ ii7b5 V7
Eb△/G Eb△/E F7b9 Bb7#11
Lydian Lydian Mixo. b9 Lydianb7
bVI6 ppbVI V7/bIII subV7/II
Am7b5 D7#9 Gm7 Eb△
Loc.n13 Maj Blues Aeolian Lydian
ii7b5 V7 i7 bVI△
Bbm7 Eb7#11 Ab△ Am7b5 D7b9
Dorian Lydianb7 Lydian Loc.n13 Mixo.b9b13
subii7/V subV7/V bII△ ii7b5 V7
Gm7 C7 Gm7 C7
Aeolian Mixo. Aeolian Mixo.
i7 IV7 i7 IV7

PRELUDE TO A KISS

A
E7 A7#5 D7 G△ C#7b9 F#7b9 B7b9 Em7
Mixo. Mixo. Aug Mixo. Lydian Mixo.b9b13 Mixo.b9b13 Mixo.b9b13 Dorian
D: V7/V V+7 V7/IV IV△ V7/III V7/VI V7/II ii7
A7#5 Bm7 E7 1 Em7 A7b9 D6 B7#5
Mixo. Aug Dorian Mixo. Dorian Mixo.b9b13 Ionian Mixo.b9b13
V+7 ii7/V V7/V ii7 V7 I V+7/II
2 Em7 A7b9 D6 Db7
Dorian Mixo.b9b13 Ionian Mixo.
ii7 V7 I V7/III
↑M3 Gb: V7
B
Gb6 Ebm7 Abm7b5 Db7 Bbm7 A°7 Abm7 Db7
Ionian Aeolian Loc.n13 Mixo. Phrygian Dim. Dorian Mixo.
I vi7 ii7b5 V7 iii7 bIII°7 ii7 V7
Gb6 Ebm7 Abm7b5 Db7 Gbm7 B7b9 Em7 Fm7 F#m7 F7#11
Ionian Aeolian Loc.n13 Mixo. Dorian Mixo.b9b13 Dor Dor Phr Lydb7
I vi7 ii7b5 V7 subii7/III subV7/III ii7 vii7/III iii7 subV7/II
↓M3 D: V7/II
A
E7 A7#5 D7 G△ C#7b9 F#7b9 B7b9 Em7
Mixo. Mixo. Aug Mixo. Lydian Mixo.b9b13 Mixo.b9b13 Mixo.b9b13 Dorian
V7/V V+7 V7/IV IV△ V7/III V7/VI V7/II ii7
Em7 A7#5 Bm7 E7 Em7 A7b9 D6 B7#5
Dorian Mixo. Aug Dorian Mixo. Dorian Mixo.b9b13 Ionian Mixo.b9b13
ii7 V+7 ii7/V V7/V ii7 V7 I V+7/II

PUSSY CAT DUES

QUIET NIGHTS OF QUIET STARS (CORCOVADO)

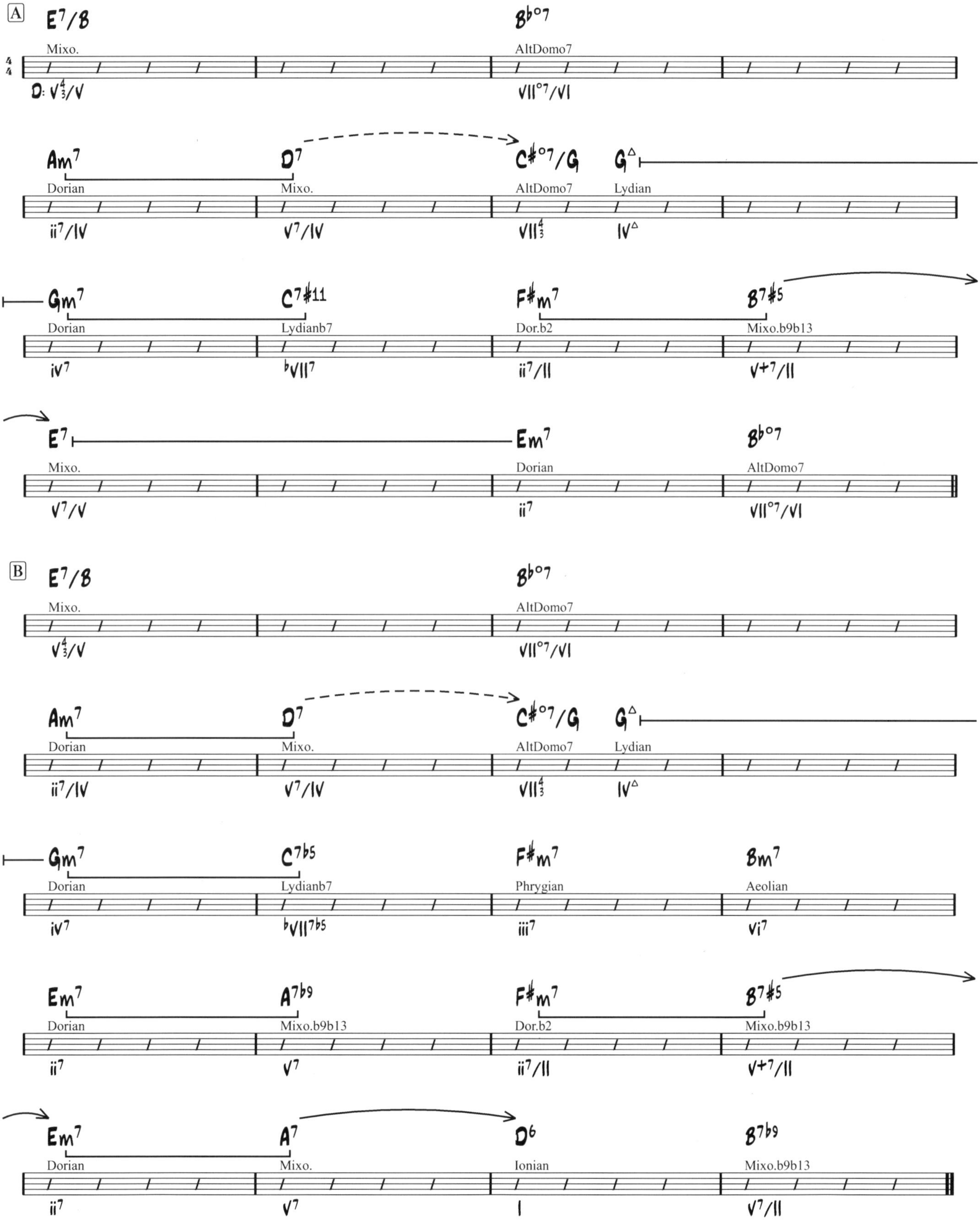
A
E7/B Mixo. D: V4/3/V
Bb°7 AltDomo7 VII°7/VI
Am7 Dorian ii7/IV
D7 Mixo. V7/IV
C#°7/G AltDomo7 VII4/3
GΔ Lydian IVΔ
Gm7 Dorian iv7
C7#11 Lydianb7 bVII7
F#m7 Dor.b2 ii7/II
B7#5 Mixo.b9b13 V+7/II
E7 Mixo. V7/V
Em7 Dorian ii7
Bb°7 AltDomo7 VII°7/VI
B
E7/B Mixo. V4/3/V
Bb°7 AltDomo7 VII°7/VI
Am7 Dorian ii7/IV
D7 Mixo. V7/IV
C#°7/G AltDomo7 VII4/3
GΔ Lydian IVΔ
Gm7 Dorian iv7
C7b5 Lydianb7 bVII7b5
F#m7 Phrygian iii7
Bm7 Aeolian vi7
Em7 Dorian ii7
A7b9 Mixo.b9b13 V7
F#m7 Dor.b2 ii7/II
B7#5 Mixo.b9b13 V+7/II
Em7 Dorian ii7
A7 Mixo. V7
D6 Ionian I
B7b9 Mixo.b9b13 V7/II

QUIET NOW

A
Bm7 G△ F#7b9 F#m7/B Bm7
Aeolian Lydian Mixo.b9b13 Phr Aeo
D: vi7 IV△ V7/VI iii vi7
Em7 A7 D△ C7#11 B7#5
Dor Mix Ionian Lydianb7 Mixo.b9b13
ii7 V7 I△ bVII7 V+7/II
Em7b5/Bb A7 F#7b9 Bm7 E7#11
Loc.n13 Mix Mixb9b13 Dorian Lydianb7
ii43 V7 V7/VI ii7/V V7/V
F△ Bb△ Eb7#11
Ionian Lydian Lydianb7
bIII△ bVI△ subV7
A
C#m7 A△ G#7b9 G#m7 C#m7
Phrygian Ionian Mixo.b9b13 Dorb2 Phr
↑P5 A: iii7 I△ V7/III ii7/VI iii7
F#m7 B7 E△ D7#11 C#7#5
Dor Mix Ionian Lydianb7 Mixo.b9b13
ii7/V V7/V I△ bVII7 V+7/II
↑P5 E: V7
F#m7b5/C B7 G#7b9 C#m7 F#7#11
Loc.n13 Mix Mixb9b13 Dorian Lydianb7
ii43 V7 V7/VI ii7/V V7/V
G#m7 C#m7 F#m7 B7 Bm7 E7#11
Phr Aeo Dor Mix Dorian Lydianb7
iii7 vi7 ii7 V7 ii7/IV V7/IV
B
A△ D7#11 C#m7 C7#11
Lydian Lydianb7 Aeolian Lydianb7
IV△ subV7/VI vi7 subV7/V
↕TT Bb: II7

QUIET NOW - Page 2

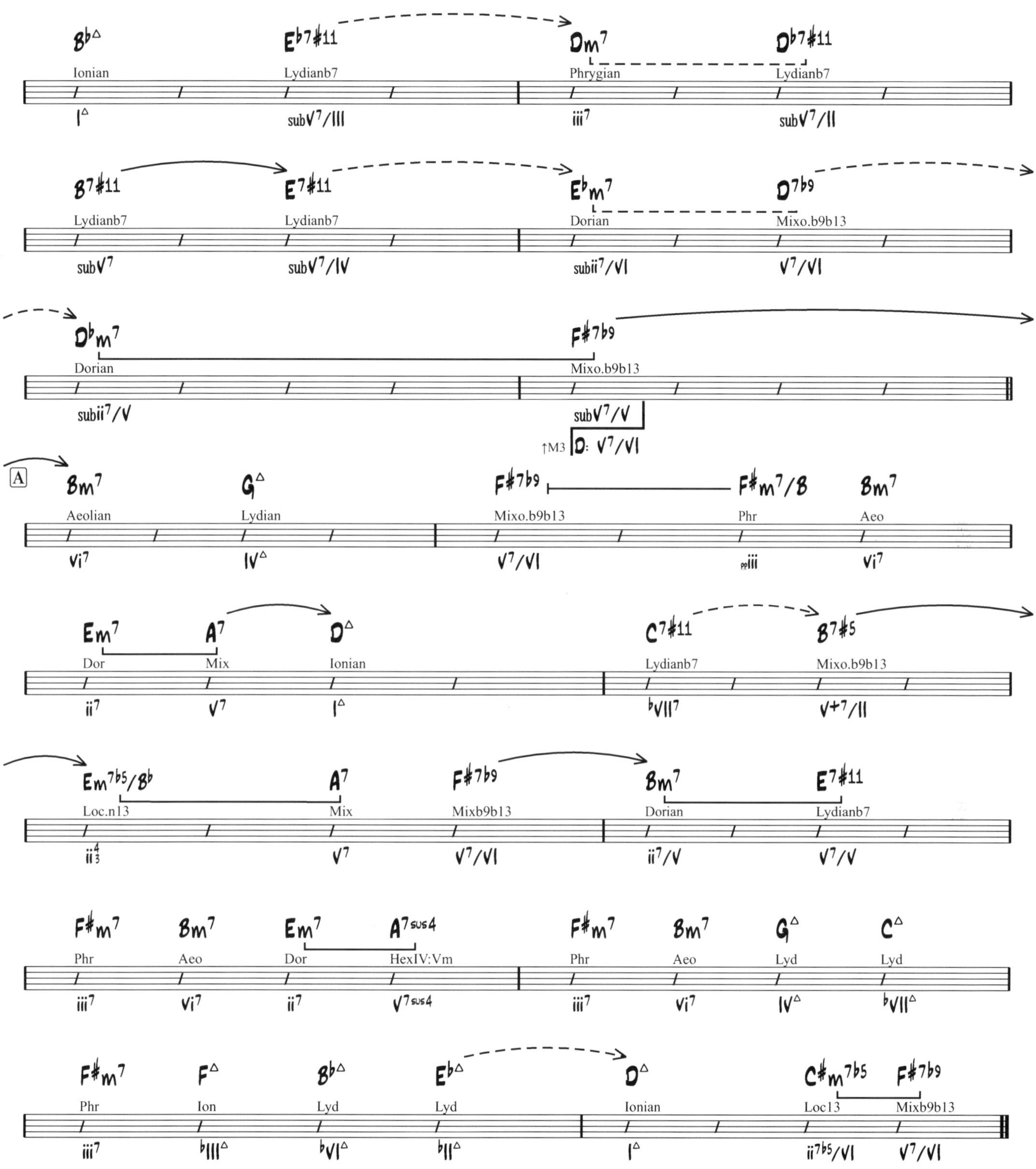

RECORDA-ME

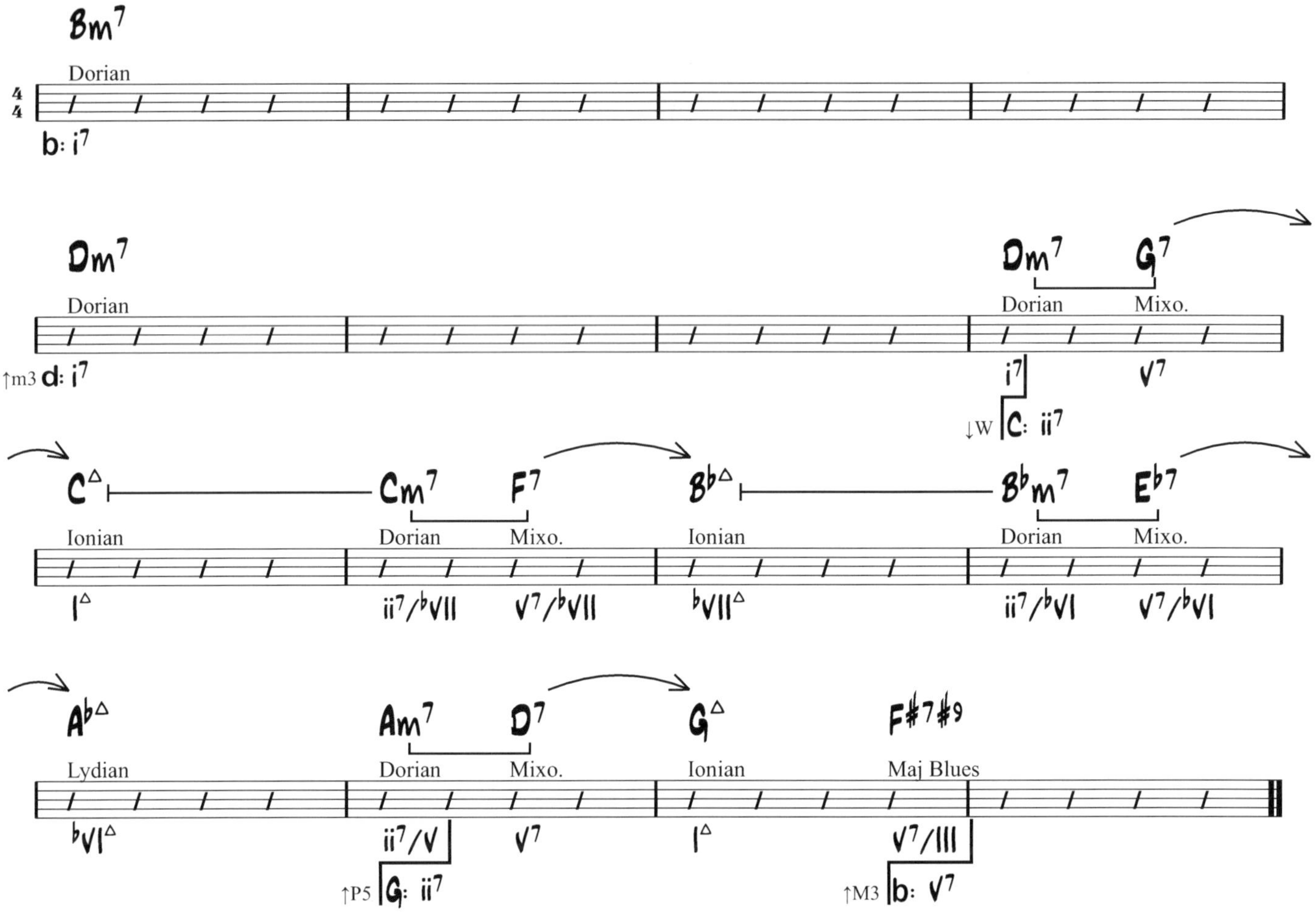
Bm7
Dorian
b: i7
Dm7
Dorian
↑m3 d: i7
Dm7 G7
Dorian Mixo.
i7 V7
↓W C: ii7
C△ Cm7 F7 B♭△ B♭m7 E♭7
Ionian Dorian Mixo. Ionian Dorian Mixo.
I△ ii7/♭VII V7/♭VII ♭VII△ ii7/♭VI V7/♭VI
A♭△ Am7 D7 G△ F♯7♯9
Lydian Dorian Mixo. Ionian Maj Blues
♭VI△ ii7/V V7 I△ V7/III
↑P5 G: ii7
↑M3 b: V7

REFLECTIONS

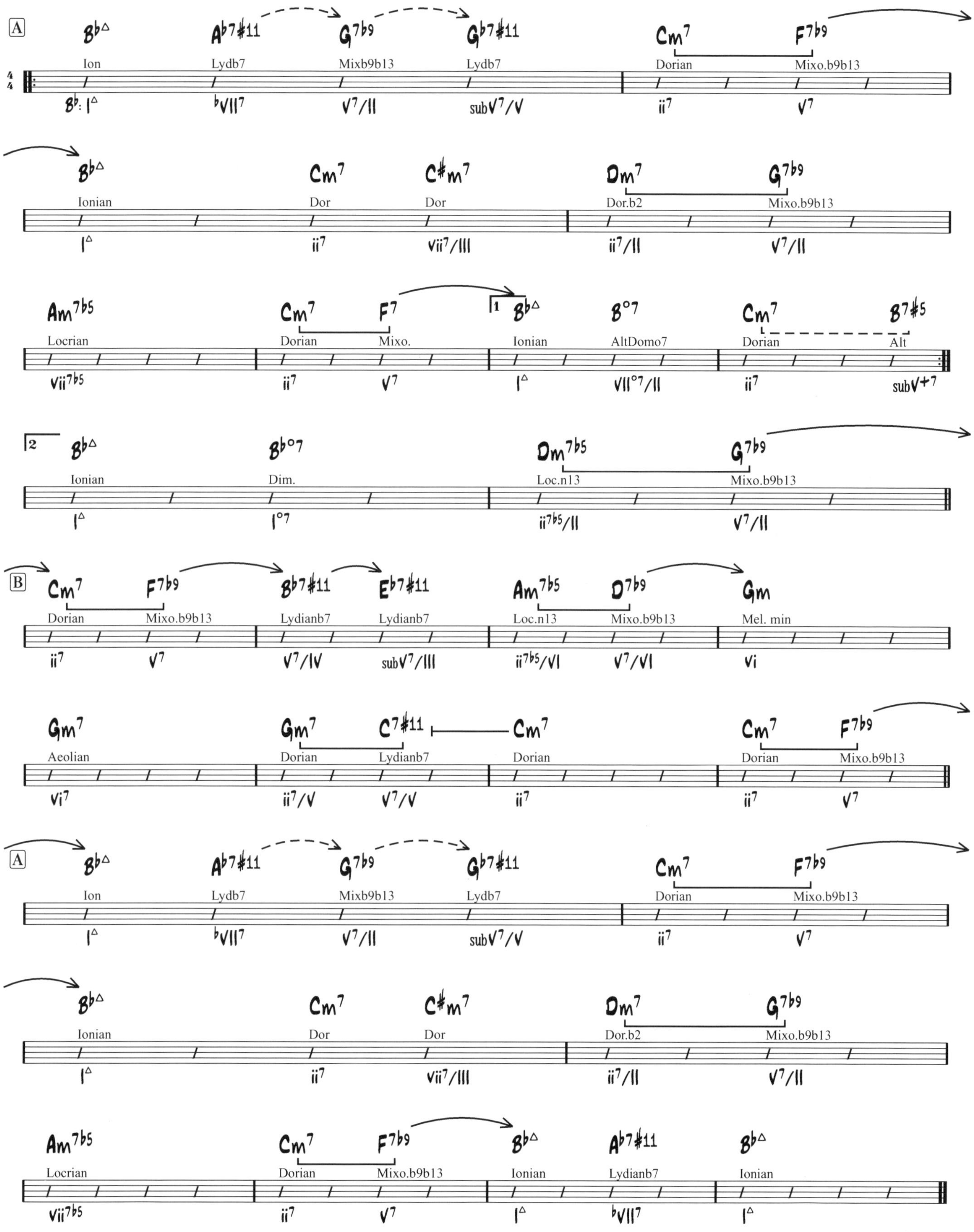

RING DEM BELLS

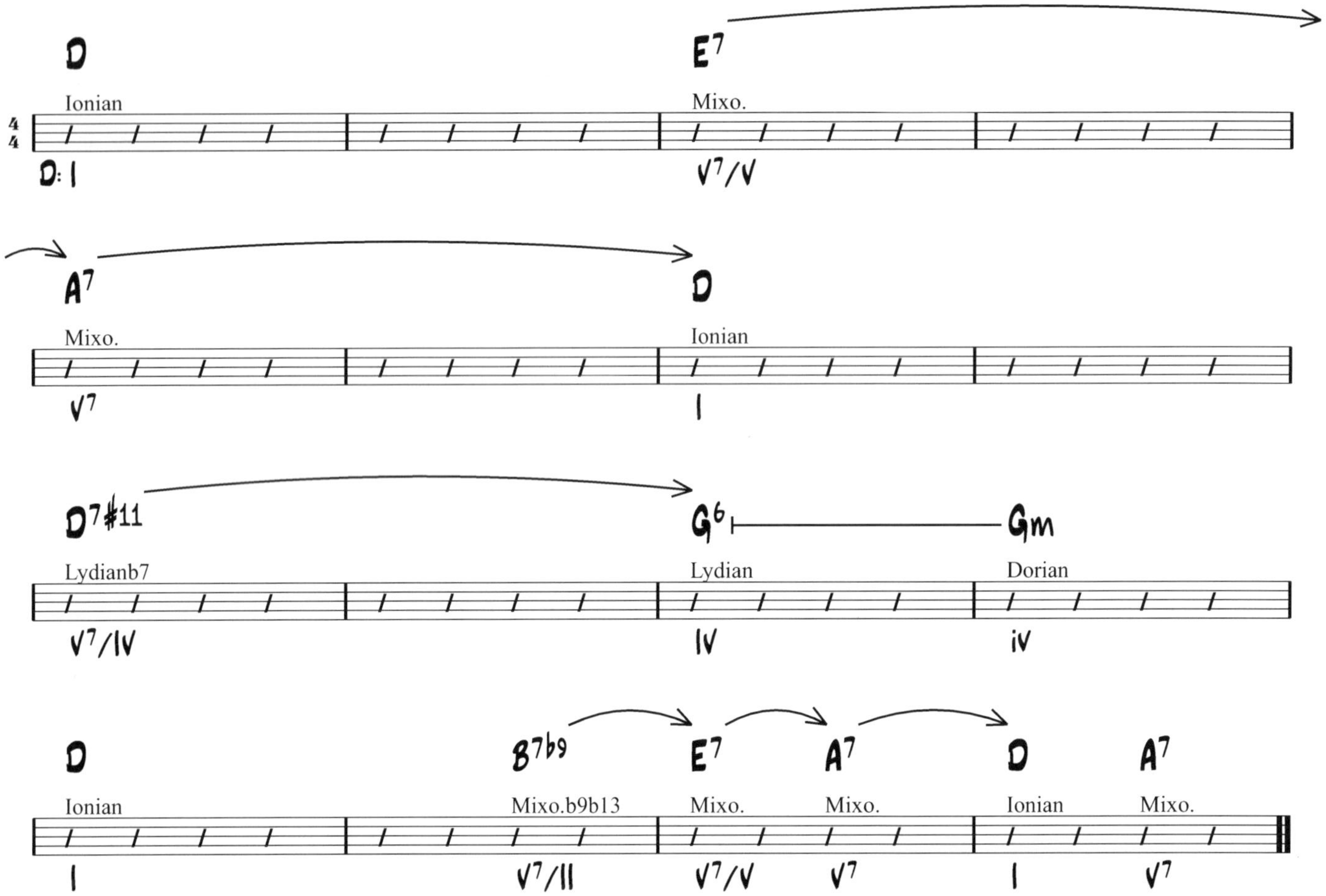

ROAD SONG

A
Am7 E7#9 Bm7 E7b9 Am7 Gm7
Aeolian Maj Blues Dorian Mixo.b9b13 Aeolian Dorian
a: i7 V7 ii7 V7 i7 ii7/bVI
F△ Dm F#m7b5 Dm E7#9 Am7
Lydian Dorian Loc.n9 Dorian Maj Blues Aeolian
bVI△ iV vi7b5 iV V7 i7
B
Dm7 G7 G7/F C△/E C△/D Dbm7 Gb7#11
Dorian Mixo. Mixo. Ionian Ionian Dorian Lydianb7
iv7 V7 V4/2 I6 I subii7/IV subV7/IV
↑m3 C: ii7
Cm7 F7 Bb△ E7b9
Dorian Mixo. Ionian Mixo.b9b13
i7 V7 I△ subV7/IV
↓W Bb: ii7 ↓H a: V7
A
Am7 E7#9 Bm7 E7b9
Aeolian Maj Blues Dorian Mixo.b9b13
i7 V7 ii7 V7
Am7 Gm7 F△ Dm7
Aeolian Dorian Lydian Dorian
i7 ii7/bVI bVI△ iv7
F#m7b5 Dm7 E7#9 Am7
Loc.n9 Dorian Maj Blues Aeolian
vi7b5 iv7 V7 i7

'ROUND MIDNIGHT

THE SAGA OF HARRISON CRABFEATHERS

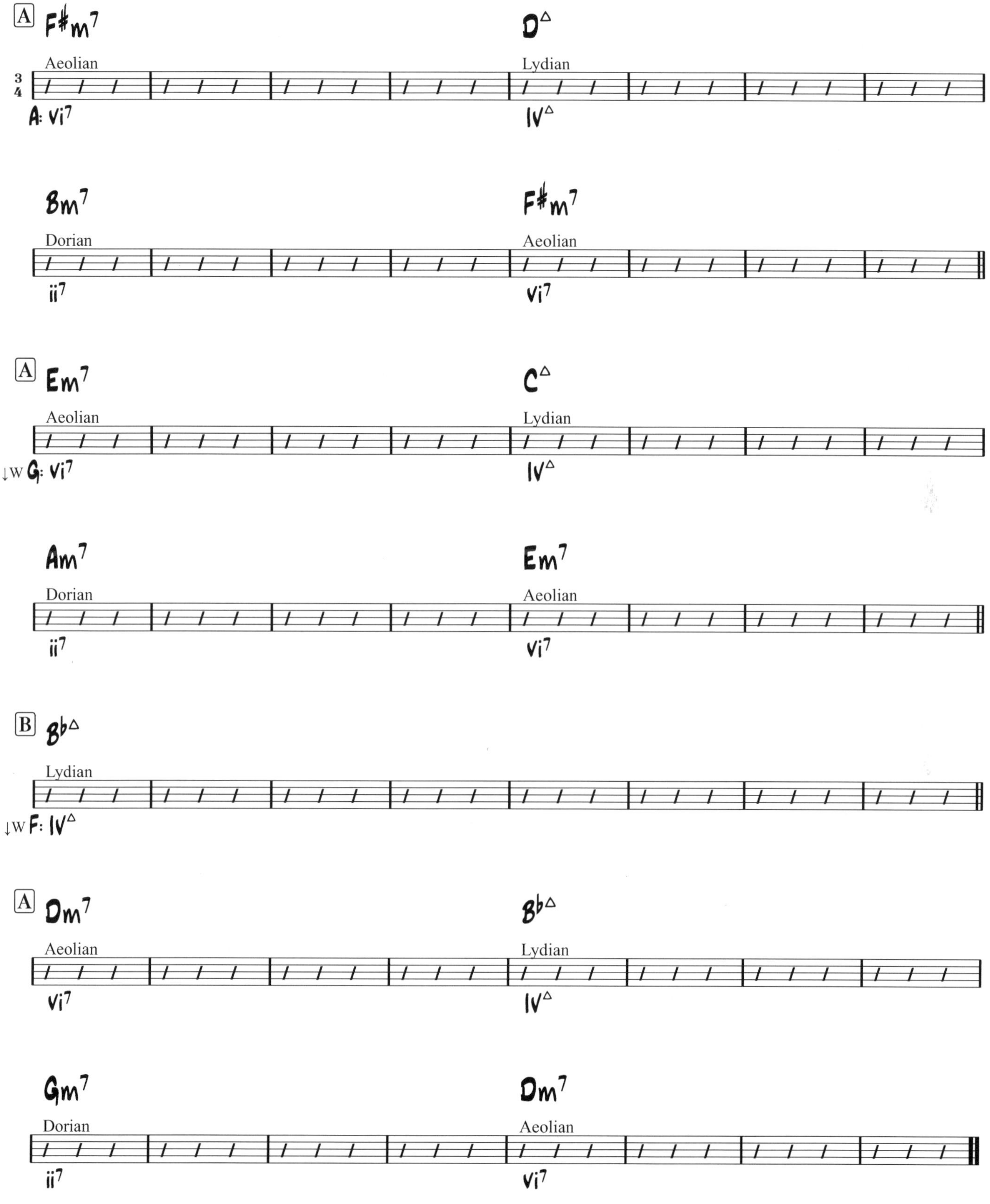
A
F#m7
D△
Aeolian
Lydian
3/4
A: vi7
IV△
Bm7
F#m7
Dorian
Aeolian
ii7
vi7
A
Em7
C△
Aeolian
Lydian
↓W G: vi7
IV△
Am7
Em7
Dorian
Aeolian
ii7
vi7
B
Bb△
Lydian
↓W F: IV△
A
Dm7
Bb△
Aeolian
Lydian
vi7
IV△
Gm7
Dm7
Dorian
Aeolian
ii7
vi7

SATIN DOLL

Em7 A7 Em7 A7 F#m7 B7 F#m7 B7
Dorian Mixo. Dorian Mixo. Dorian Mixo. Dorian Mixo.
4/4
D: ii7 V7 ii7 V7 ii7/II V7/II ii7/II V7/II
Bm7 E7 Bbm7 Eb7#11 1 D△ Em7 F#m7 B7b9
Dorian Mixo. Dorian Lydianb7 Ionian Dorian Dor.b2 Mixo.b9b13
ii7/V V7/V subii7 subV7 I△ ii7 ii7/II V7/II
2 D△
Ionian
I△
Am7 D7 Am7 D7 G△
Dorian Mixo. Dorian Mixo. Ionian
ii7/IV V7/IV ii7/IV V7/IV IV△
Bm7 E7 Bm7 E7 A7 Em7 A7
Dorian Mixo. Dorian Mixo. Mixo. Dorian Mixo.
ii7/V V7/V ii7/V V7/V V7 ii7 V7
Em7 A7 Em7 A7 F#m7 B7 F#m7 B7
Dorian Mixo. Dorian Mixo. Dorian Mixo. Dorian Mixo.
ii7 V7 ii7 V7 ii7/II V7/II ii7/II V7/II
Bm7 E7 Bbm7 Eb7#11 D△ Em7 F#m7 B7b9
Dorian Mixo. Dorian Lydianb7 Ionian Dorian Dor.b2 Mixo.b9b13
ii7/V V7/V subii7 subV7 I△ ii7 ii7/II V7/II

SCOTCH AND SODA

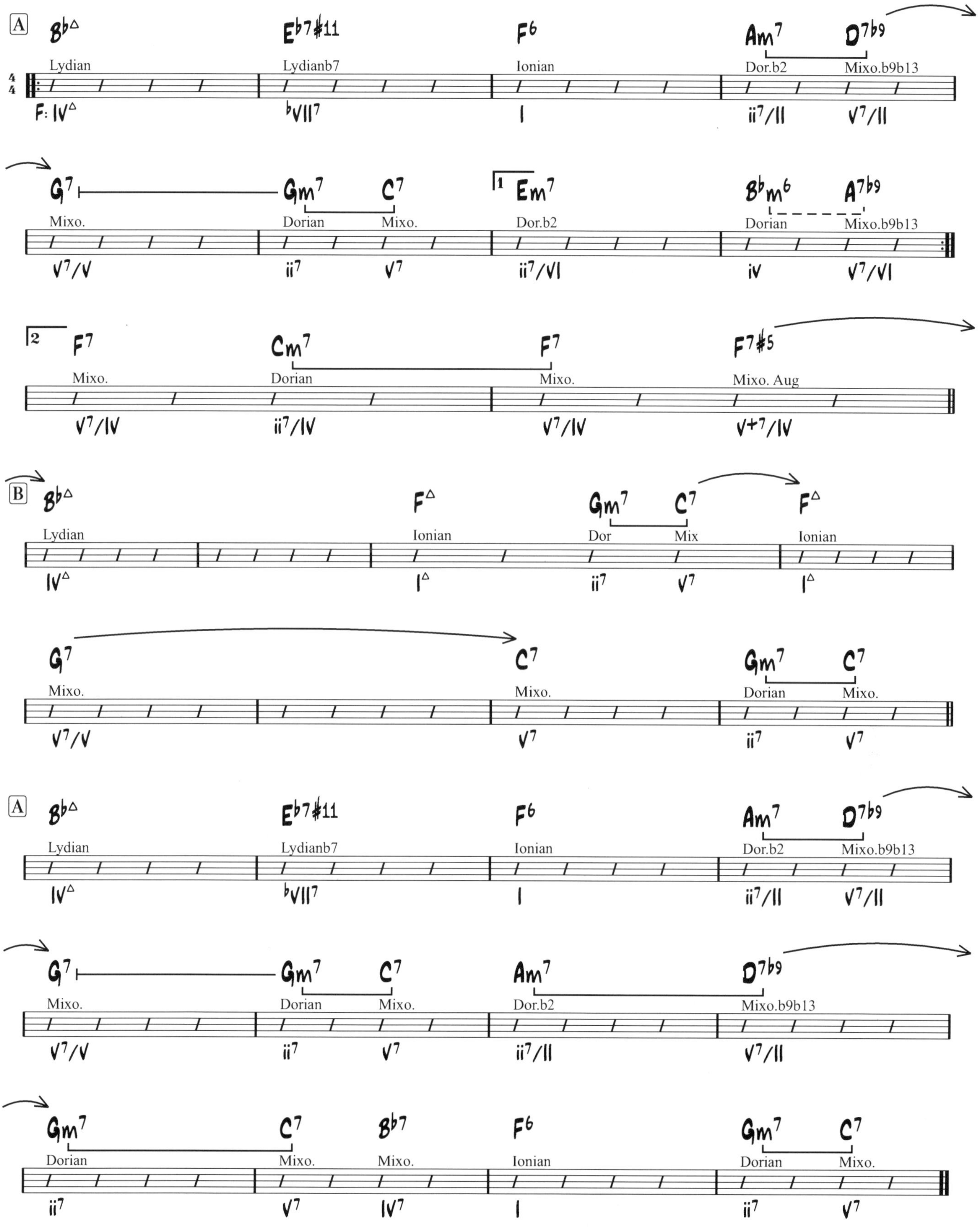
A
Bb△ Eb7#11 F6 Am7 D7b9
Lydian Lydianb7 Ionian Dor.b2 Mixo.b9b13
4/4
F: IV△ bVII7 I ii7/II V7/II
G7 Gm7 C7 1 Em7 Bbm6 A7b9
Mixo. Dorian Mixo. Dor.b2 Dorian Mixo.b9b13
V7/V ii7 V7 ii7/VI iv V7/VI
2 F7 Cm7 F7 F7#5
Mixo. Dorian Mixo. Mixo. Aug
V7/IV ii7/IV V7/IV V+7/IV
B
Bb△ F△ Gm7 C7 F△
Lydian Ionian Dor Mix Ionian
IV△ I△ ii7 V7 I△
G7 C7 Gm7 C7
Mixo. Mixo. Dorian Mixo.
V7/V V7 ii7 V7
A
Bb△ Eb7#11 F6 Am7 D7b9
Lydian Lydianb7 Ionian Dor.b2 Mixo.b9b13
IV△ bVII7 I ii7/II V7/II
G7 Gm7 C7 Am7 D7b9
Mixo. Dorian Mixo. Dor.b2 Mixo.b9b13
V7/V ii7 V7 ii7/II V7/II
Gm7 C7 Bb7 F6 Gm7 C7
Dorian Mixo. Mixo. Ionian Dorian Mixo.
ii7 V7 IV7 I ii7 V7

SCRAPPLE FROM THE APPLE

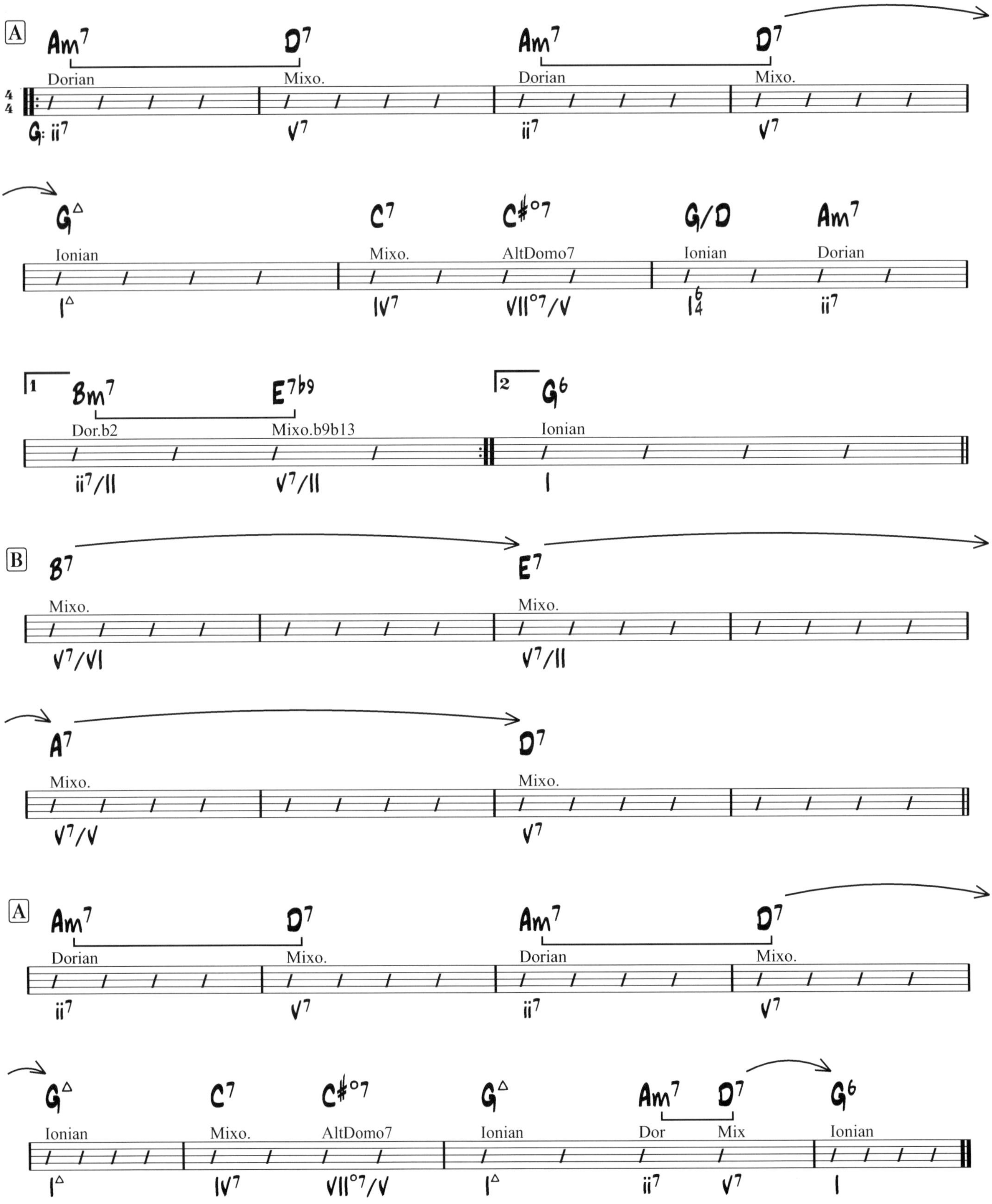

Books & Apps for musicians by musicians

mDecks.com

COMPLETE
THE JAZZ STANDARDS PROGRESSIONS BOOK
THE ULTIMATE JAZZ HARMONY WORKBOOK
1
2
3
Jazz Standards 1000+

50 ESSENTIAL JAZZ STANDARDS PROGRESSIONS IN 12 KEYS
THE BIRD BEBOP PROGRESSIONS BOOK
The Universal Encyclopedia of Scales
TESSITURA PRO
MAPPING TONAL HARMONY
The Composer's Guide to Tonality
MAPPING TONAL HARMONY PRO
iOS Version
7
TARGET NOTES
UPPER STRUCTURES
See Music Pro
Sight Reading & Dictation for All Instruments & Voice
Politonus
Politonus II
EAR TRAINING
Politonus III
Intervals, Triads & Seventh Chords
UPPER STRUCTURES
ADVANCED
TRIADS
Major · Minor · Augmented
QUARTALS
UPPER STRUCTURES FOR PIANO VOICINGS & IMPROVISATION
VOLUME 1 MAJOR & MINOR TRIADS
VOLUME 2 PERFECT & ALTERED QUARTALS
TARGET NOTES
TONE-LINES
CHORD TONES
Root · 3rd · 5th · 7th
TENSIONS
9th · 11th · 13th
UST Jazz Piano Chord Voicings Vol. 2 to 9 Extended
UST Jazz Piano Chord Voicings Vol. 1

SEA JOURNEY

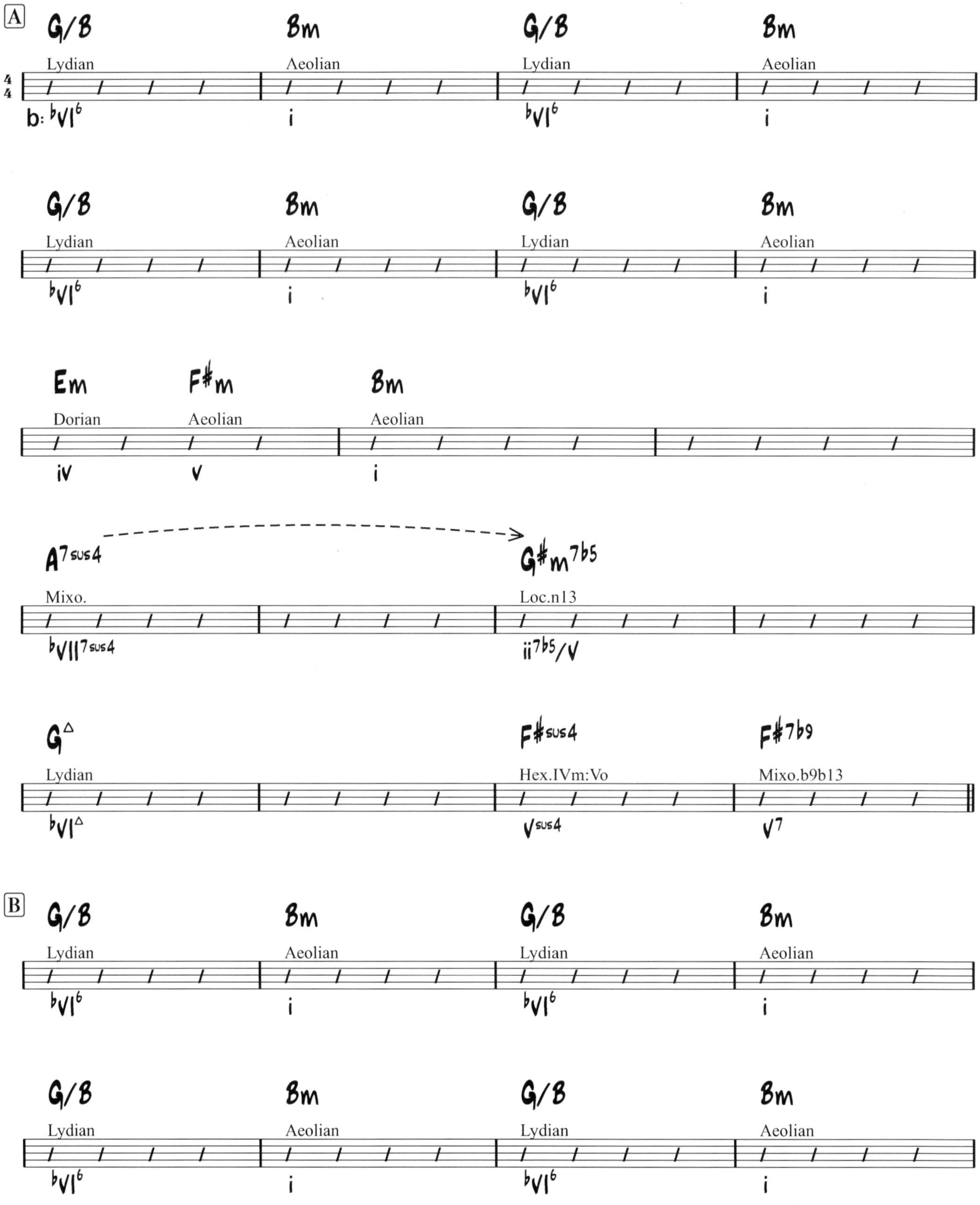
A
G/B Bm G/B Bm
Lydian Aeolian Lydian Aeolian
4/4
b: bVI6 i bVI6 i
G/B Bm G/B Bm
Lydian Aeolian Lydian Aeolian
bVI6 i bVI6 i
Em F#m Bm
Dorian Aeolian Aeolian
iv v i
A7sus4 G#m7b5
Mixo. Loc.n13
bVII7sus4 ii7b5/V
G△ F#sus4 F#7b9
Lydian Hex.IVm:Vo Mixo.b9b13
bVI△ Vsus4 V7
B
G/B Bm G/B Bm
Lydian Aeolian Lydian Aeolian
bVI6 i bVI6 i
G/B Bm G/B Bm
Lydian Aeolian Lydian Aeolian
bVI6 i bVI6 i

SEA JOURNEY - Page 2

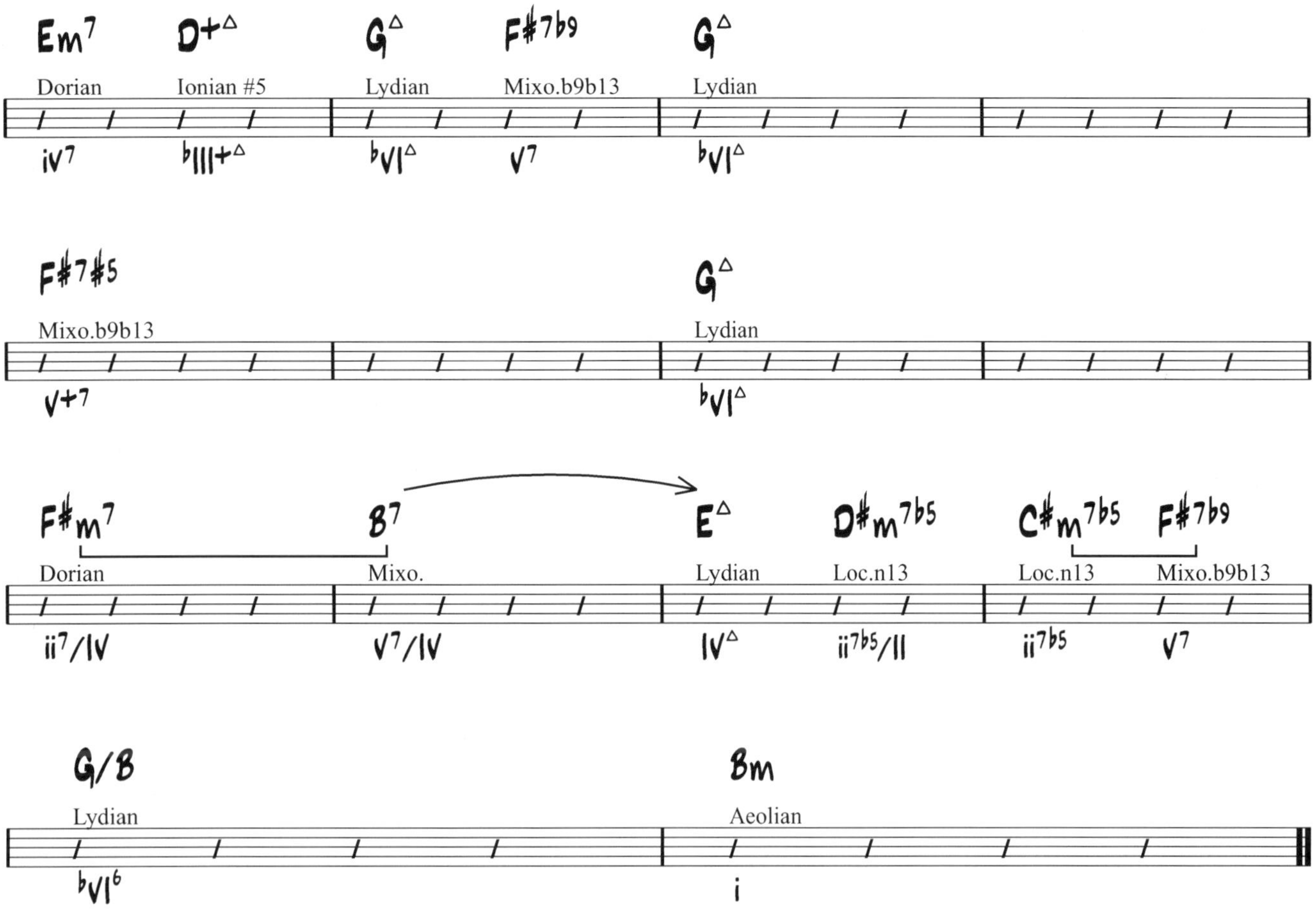

SEVEN COME ELEVEN

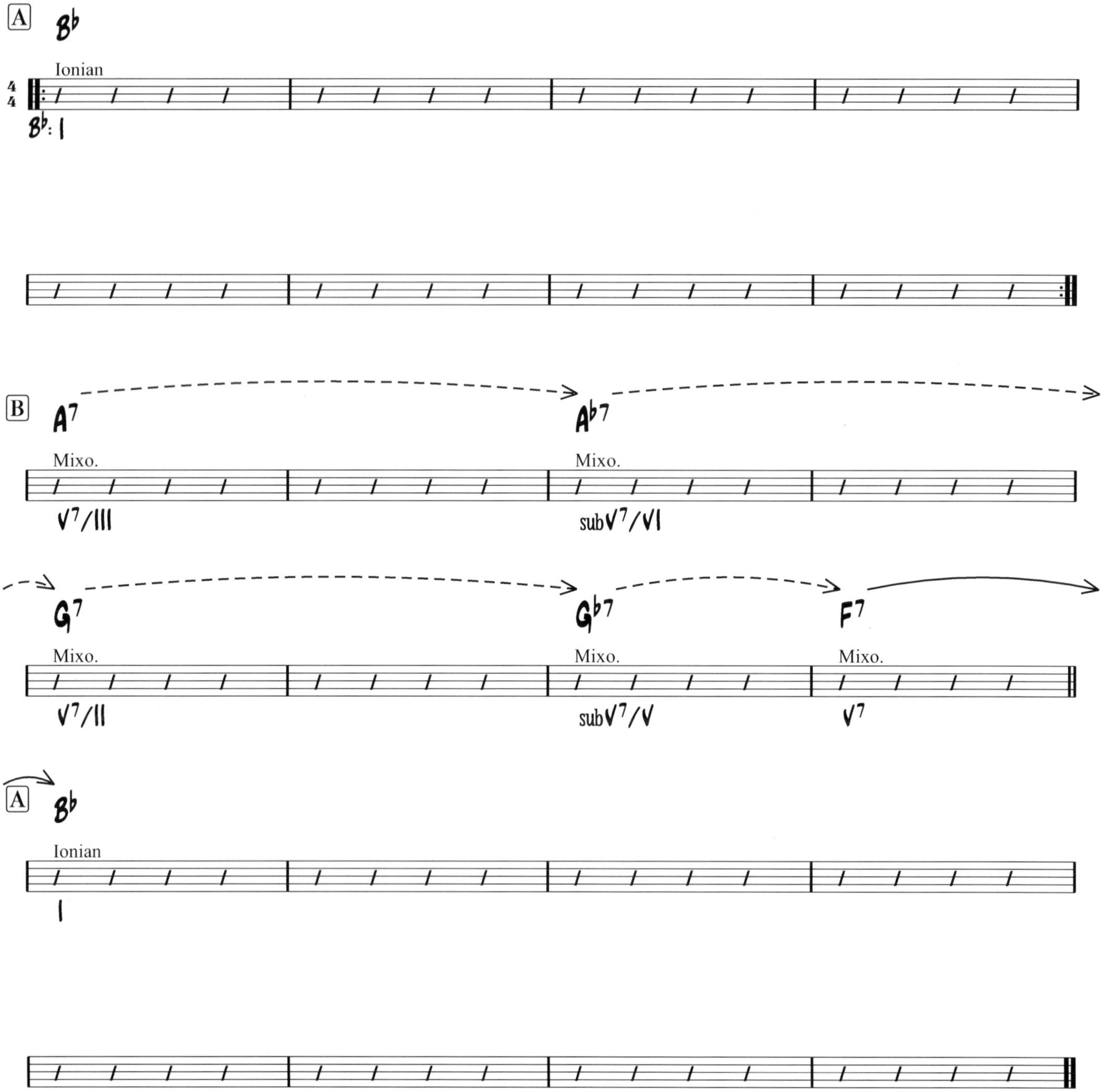
A
B♭
Ionian
4/4
B♭: I
B
A7
Mixo.
V7/III
A♭7
Mixo.
subV7/VI
G7
Mixo.
V7/II
G♭7
Mixo.
subV7/V
F7
Mixo.
V7
A
B♭
Ionian
I

SEVEN STEPS TO HEAVEN (SOLOS)

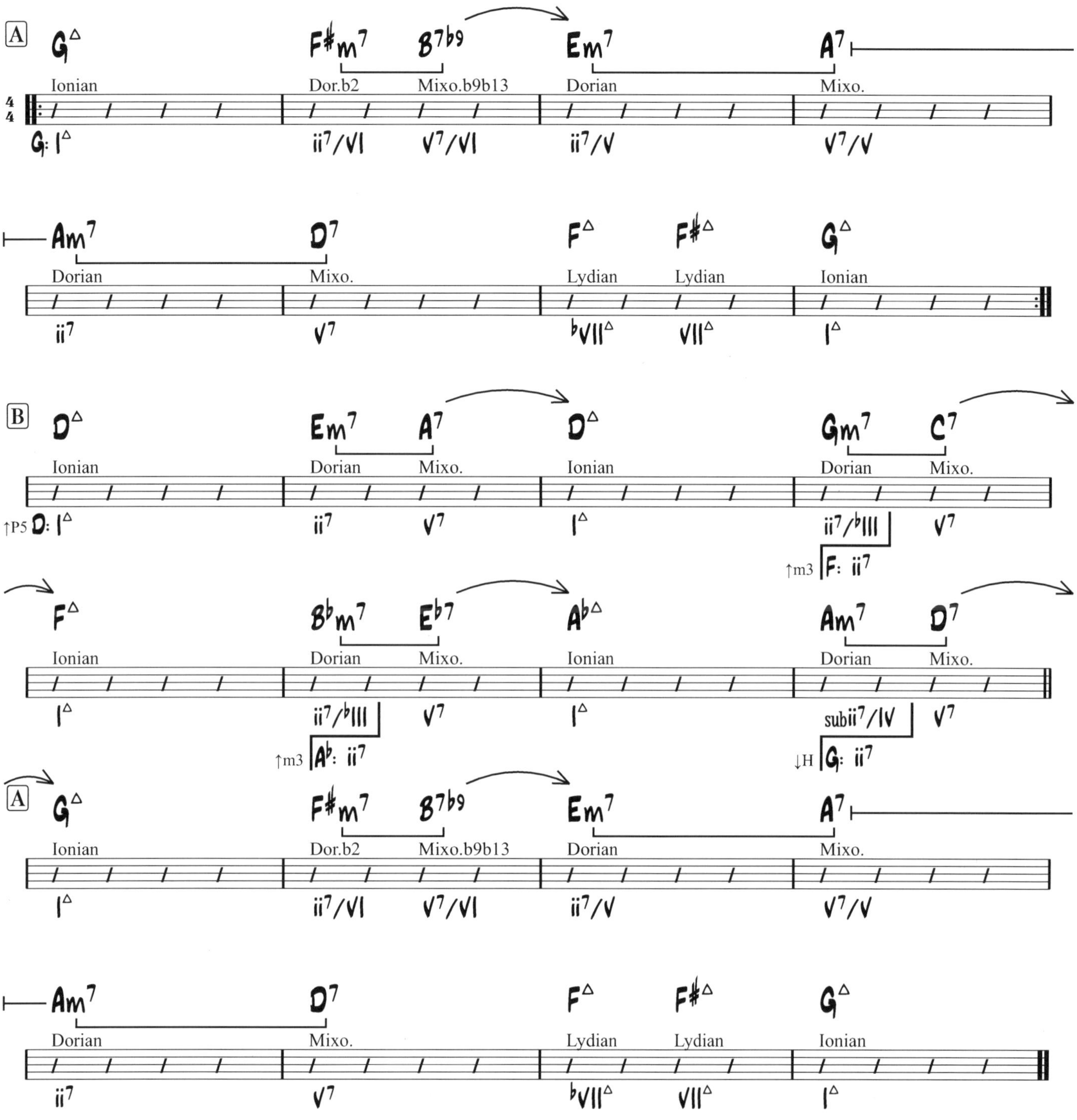
A
G△ | F#m7 B7b9 | Em7 | A7
Ionian | Dor.b2 Mixo.b9b13 | Dorian | Mixo.
G: I△ | ii7/VI V7/VI | ii7/V | V7/V
Am7 | D7 | F△ F#△ | G△
Dorian | Mixo. | Lydian Lydian | Ionian
ii7 | V7 | bVII△ VII△ | I△
B
D△ | Em7 A7 | D△ | Gm7 C7
Ionian | Dorian Mixo. | Ionian | Dorian Mixo.
↑P5 D: I△ | ii7 V7 | I△ | ii7/bIII V7
↑m3 F: ii7
F△ | Bbm7 Eb7 | Ab△ | Am7 D7
Ionian | Dorian Mixo. | Ionian | Dorian Mixo.
I△ | ii7/bIII V7 | I△ | subii7/IV V7
↑m3 Ab: ii7
↓H G: ii7
A
G△ | F#m7 B7b9 | Em7 | A7
Ionian | Dor.b2 Mixo.b9b13 | Dorian | Mixo.
I△ | ii7/VI V7/VI | ii7/V | V7/V
Am7 | D7 | F△ F#△ | G△
Dorian | Mixo. | Lydian Lydian | Ionian
ii7 | V7 | bVII△ VII△ | I△

SKATING IN CENTRAL PARK (MELODY IN AND SOLOS)

A
D△/A A7b9/A D△/A
Ionian Mixo.b9b13 Ionian
3/4
D: I6/4 ppV ppI
G△/A A7#5/A D△/A Ab7#11
Lydian Mixo. Aug Ionian Lydianb7
ppIV ppV ppI subV7/IV
G△ C#7b9 F#m7 B7b9
Lydian Mixo.b9b13 Dor.b2 Mixo.b9b13
IV△ V7/III ii7/II V7/II
Em7 A7 1 G/B Cm7 A7/C# 2 D△ Ab7b5
Dorian Mixo. Lydian Dor Mixo. Ionian Lydianb7
ii7 V7 IV6 subii7/II V6/5 I△ subV7b5/IV
B
Gm Gm△ Gm7 Em7b5
Mel. min Mel. min Dorian Loc.n13
iv iv△ iv7 ii7b5
F△ C7 Dm7 Cm7
Ionian Mixo. Dorian Dorian
bIII△ bVII7 i7 subii7/II
Dm7 Dm7/C Bm7b5 E7b9
Dorian Dorian Loc.n13 Mixo.b9b13
i7 i4/2 ii7b5/V V7/V

SKATING IN CENTRAL PARK (MELODY IN AND SOLOS) - Page 2

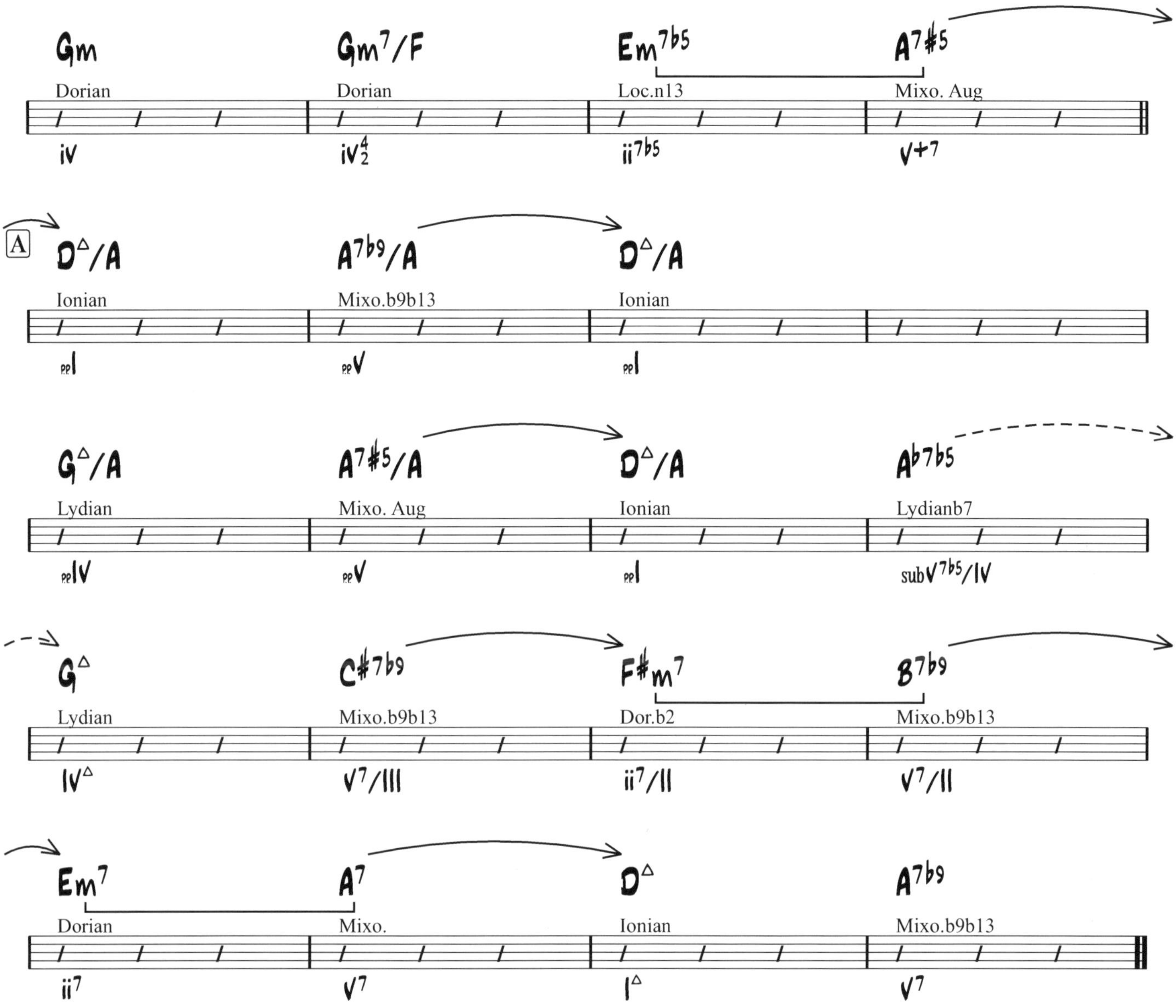
Gm | Gm7/F | Em7b5 | A7#5
Dorian | Dorian | Loc.n13 | Mixo. Aug
iV | iV42 | ii7b5 | V+7
A
D△/A | A7b9/A | D△/A
Ionian | Mixo.b9b13 | Ionian
ppI | ppV | ppI
G△/A | A7#5/A | D△/A | Ab7b5
Lydian | Mixo. Aug | Ionian | Lydianb7
ppIV | ppV | ppI | subV7b5/IV
G△ | C#7b9 | F#m7 | B7b9
Lydian | Mixo.b9b13 | Dor.b2 | Mixo.b9b13
IV△ | V7/III | ii7/II | V7/II
Em7 | A7 | D△ | A7b9
Dorian | Mixo. | Ionian | Mixo.b9b13
ii7 | V7 | I△ | V7

SKATING IN CENTRAL PARK (MELODY OUT)

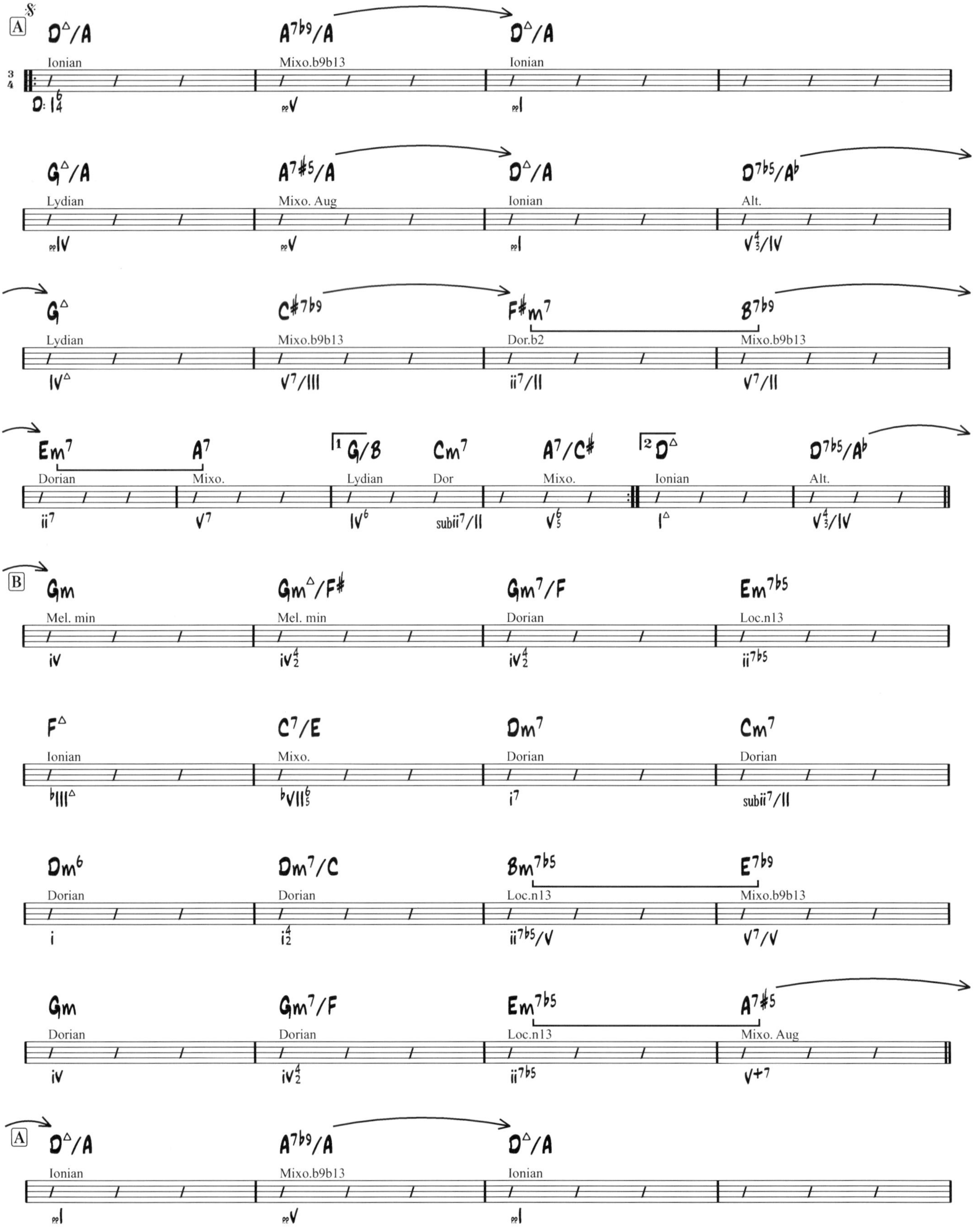

SKATING IN CENTRAL PARK (MELODY OUT) - Page 2

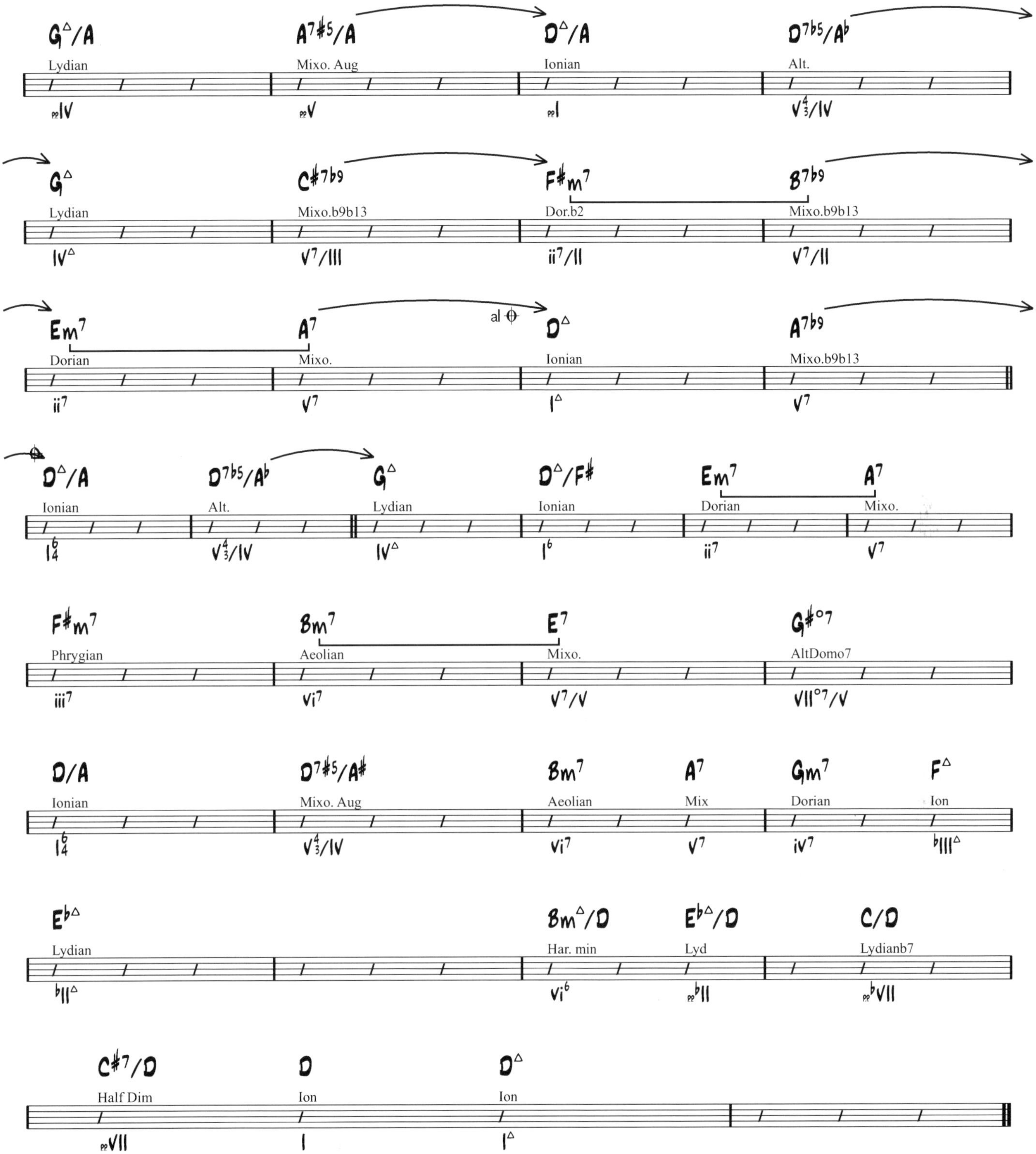

SO NICE (SUMMER SAMBA)

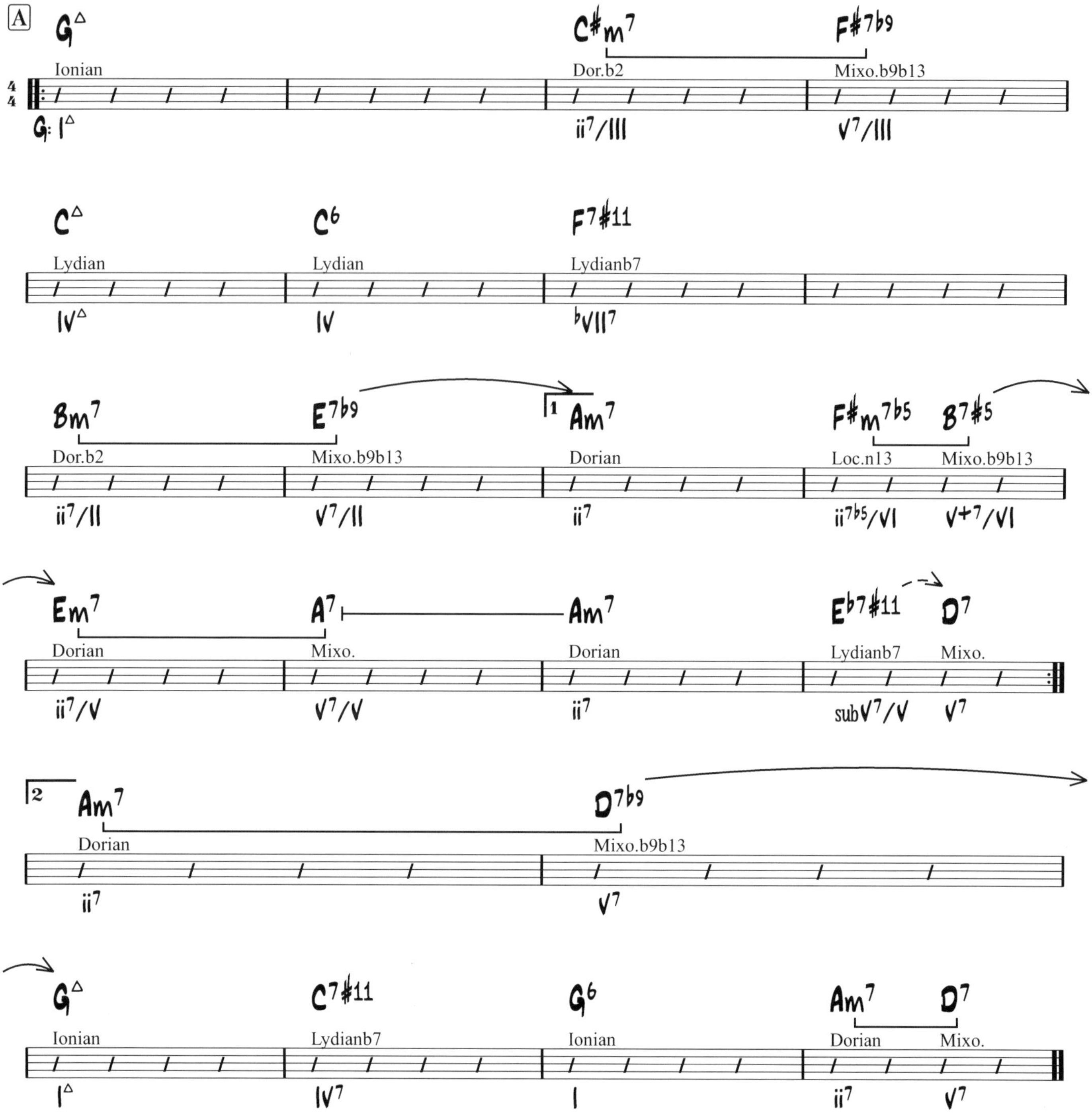
A
G△ C#m7 F#7b9
Ionian Dor.b2 Mixo.b9b13
4/4
G: I△ ii7/III V7/III
C△ C6 F7#11
Lydian Lydian Lydianb7
IV△ IV bVII7
Bm7 E7b9 1 Am7 F#m7b5 B7#5
Dor.b2 Mixo.b9b13 Dorian Loc.n13 Mixo.b9b13
ii7/II V7/II ii7 ii7b5/VI V+7/VI
Em7 A7 Am7 Eb7#11 D7
Dorian Mixo. Dorian Lydianb7 Mixo.
ii7/V V7/V ii7 subV7/V V7
2 Am7 D7b9
Dorian Mixo.b9b13
ii7 V7
G△ C7#11 G6 Am7 D7
Ionian Lydianb7 Ionian Dorian Mixo.
I△ IV7 I ii7 V7

SOLAR

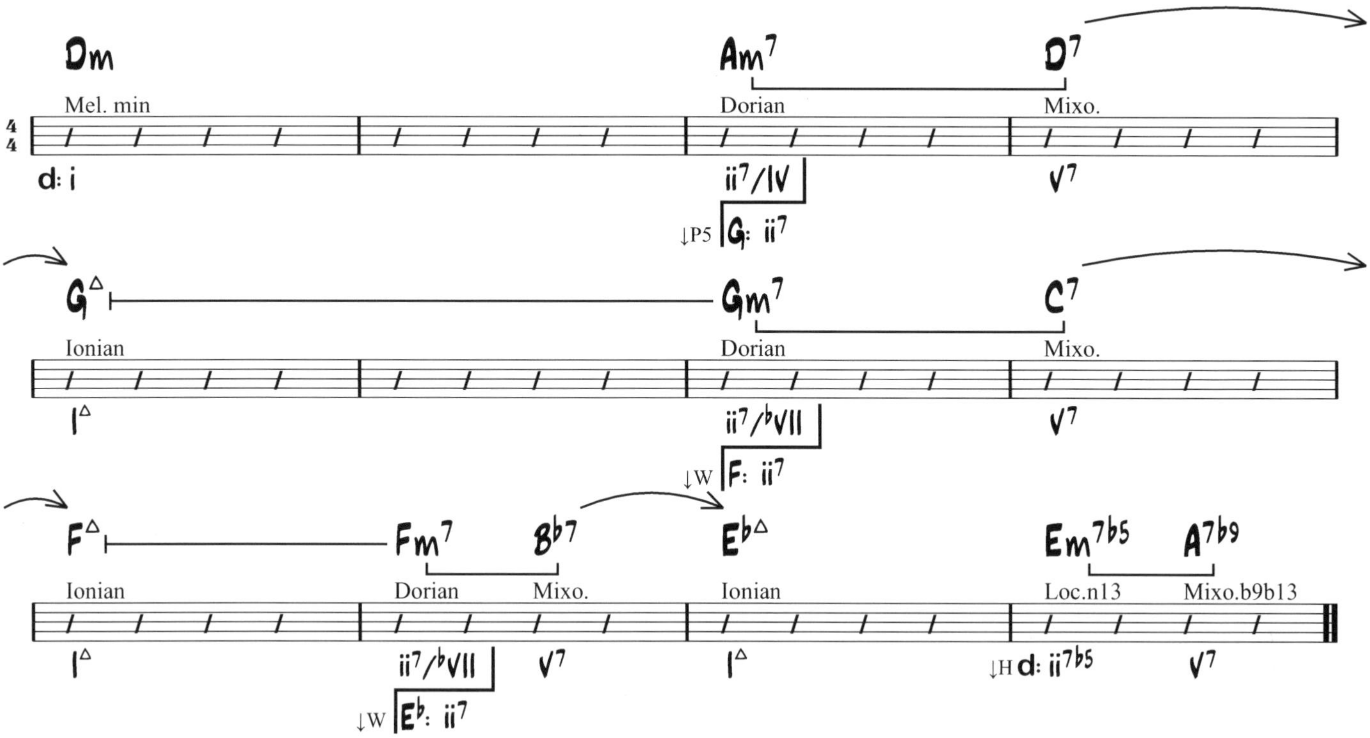
Dm
Mel. min
d: i
Am7
Dorian
ii7/IV
↓P5 G: ii7
D7
Mixo.
V7
G△
Ionian
I△
Gm7
Dorian
ii7/♭VII
↓W F: ii7
C7
Mixo.
V7
F△
Ionian
I△
Fm7
Dorian
ii7/♭VII
↓W E♭: ii7
B♭7
Mixo.
V7
E♭△
Ionian
I△
Em7♭5
Loc.n13
↓H d: ii7♭5
A7♭9
Mixo.b9b13
V7

SOLITUDE

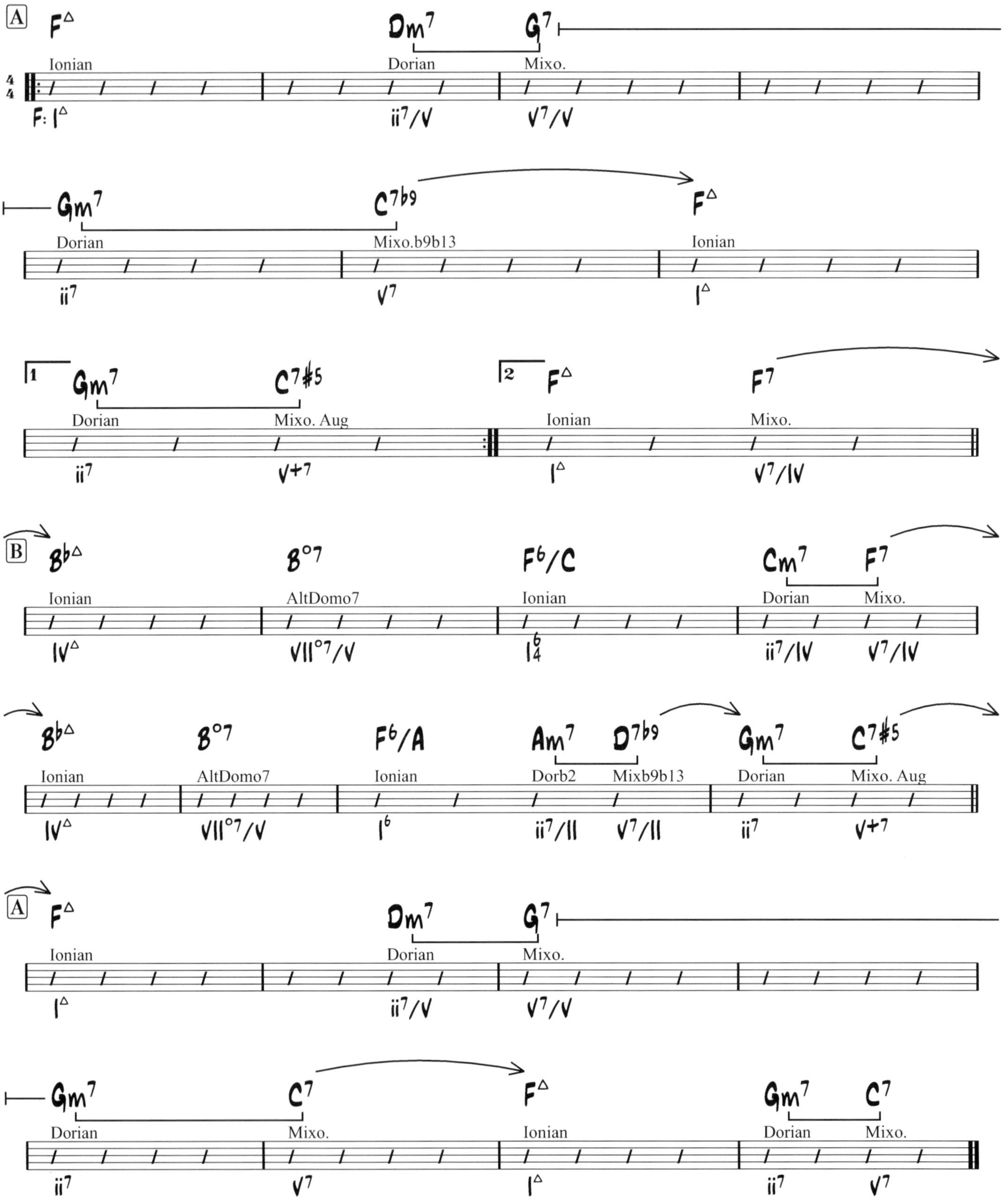
A
F△ Dm7 G7
Ionian Dorian Mixo.
4/4
F: I△ ii7/V V7/V
Gm7 C7b9 F△
Dorian Mixo.b9b13 Ionian
ii7 V7 I△
1 Gm7 C7#5 2 F△ F7
Dorian Mixo. Aug Ionian Mixo.
ii7 V+7 I△ V7/IV
B
Bb△ B°7 F6/C Cm7 F7
Ionian AltDomo7 Ionian Dorian Mixo.
IV△ VII°7/V I6/4 ii7/IV V7/IV
Bb△ B°7 F6/A Am7 D7b9 Gm7 C7#5
Ionian AltDomo7 Ionian Dorb2 Mixb9b13 Dorian Mixo. Aug
IV△ VII°7/V I6 ii7/II V7/II ii7 V+7
A
F△ Dm7 G7
Ionian Dorian Mixo.
I△ ii7/V V7/V
Gm7 C7 F△ Gm7 C7
Dorian Mixo. Ionian Dorian Mixo.
ii7 V7 I△ ii7 V7

SOME DAY MY PRINCE WILL COME

A
3/4
C△ E7#5 F△ A7#5
Ionian Mixo.b9b13 Lydian Mixo.b9b13
C: I△ V+7/VI IV△ V+7/II
Dm7 A7#5 D7 G7
Dorian Mixo.b9b13 Mixo. Mixo.
ii7 V+7/II V7/V V7
1 Em7 Eb°7 Dm7 G7
Phrygian Dim. Dorian Mixo.
iii7 bIII°7 ii7 V7
Em7 Eb°7 Dm7 G7
Phrygian Dim. Dorian Mixo.
iii7 bIII°7 ii7 V7
2 Gm7 C7 F F#°7
Dorian Mixo. Lydian AltDomo7
ii7/IV V7/IV IV VII°7/V
C/G G7sus4 G7 C Dm7 G7
Ionian Hex.IV:Vm Mix Ionian Dorian Mix
I6/4 V7sus4 V7 I ii7 V7

SOME OTHER SPRING

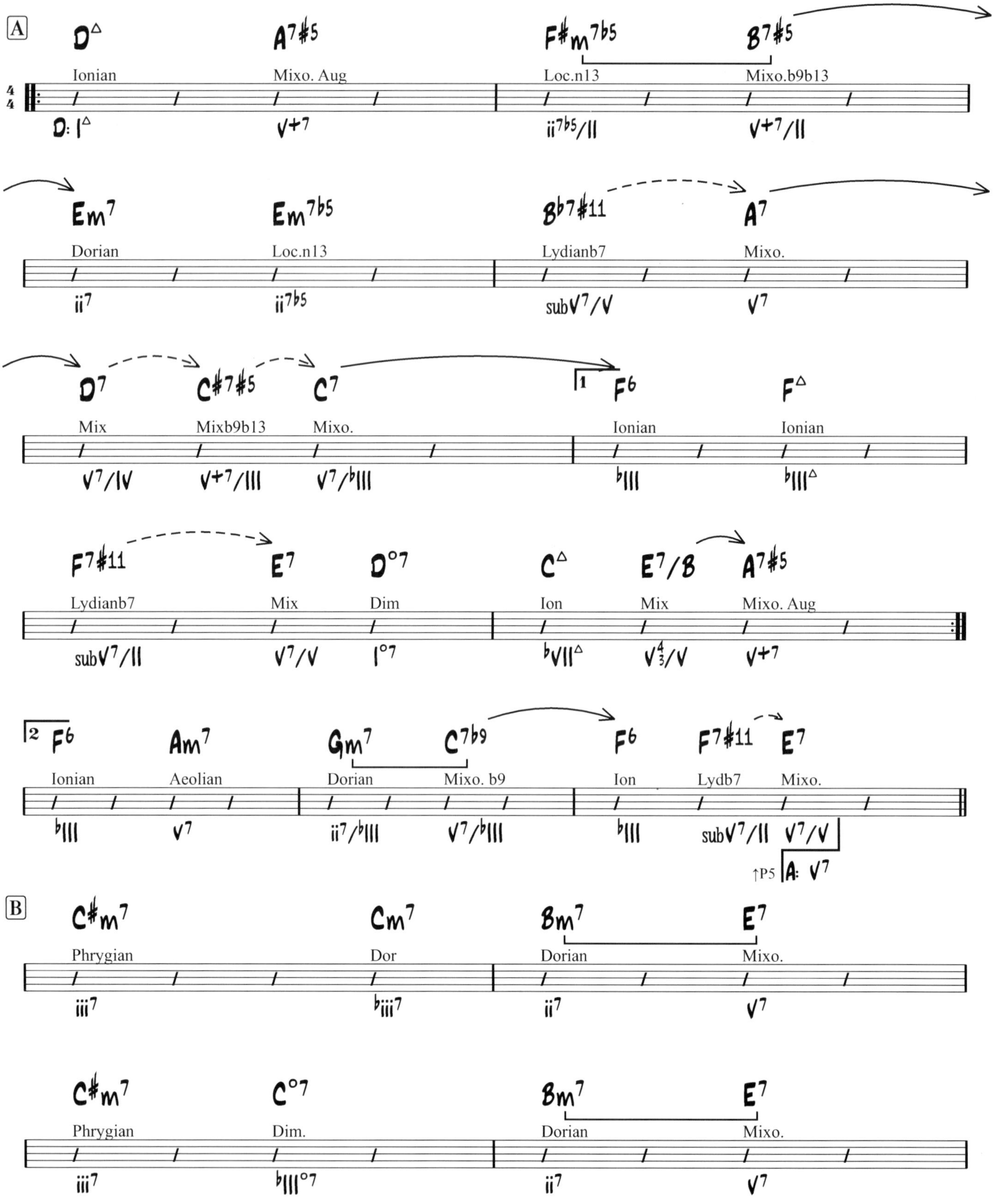

SOME OTHER SPRING - Page 2

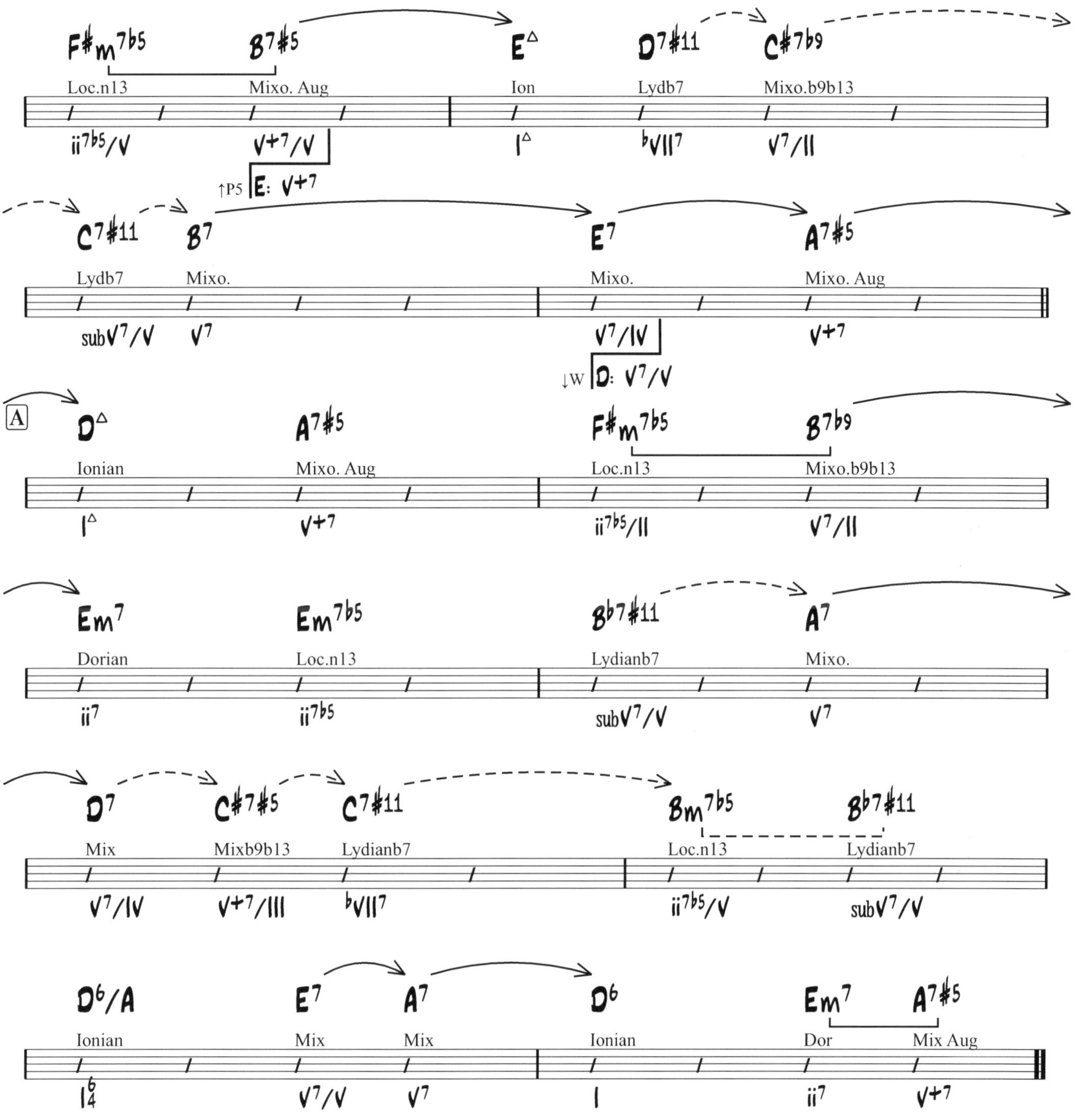

SOMEBODY LOVES ME

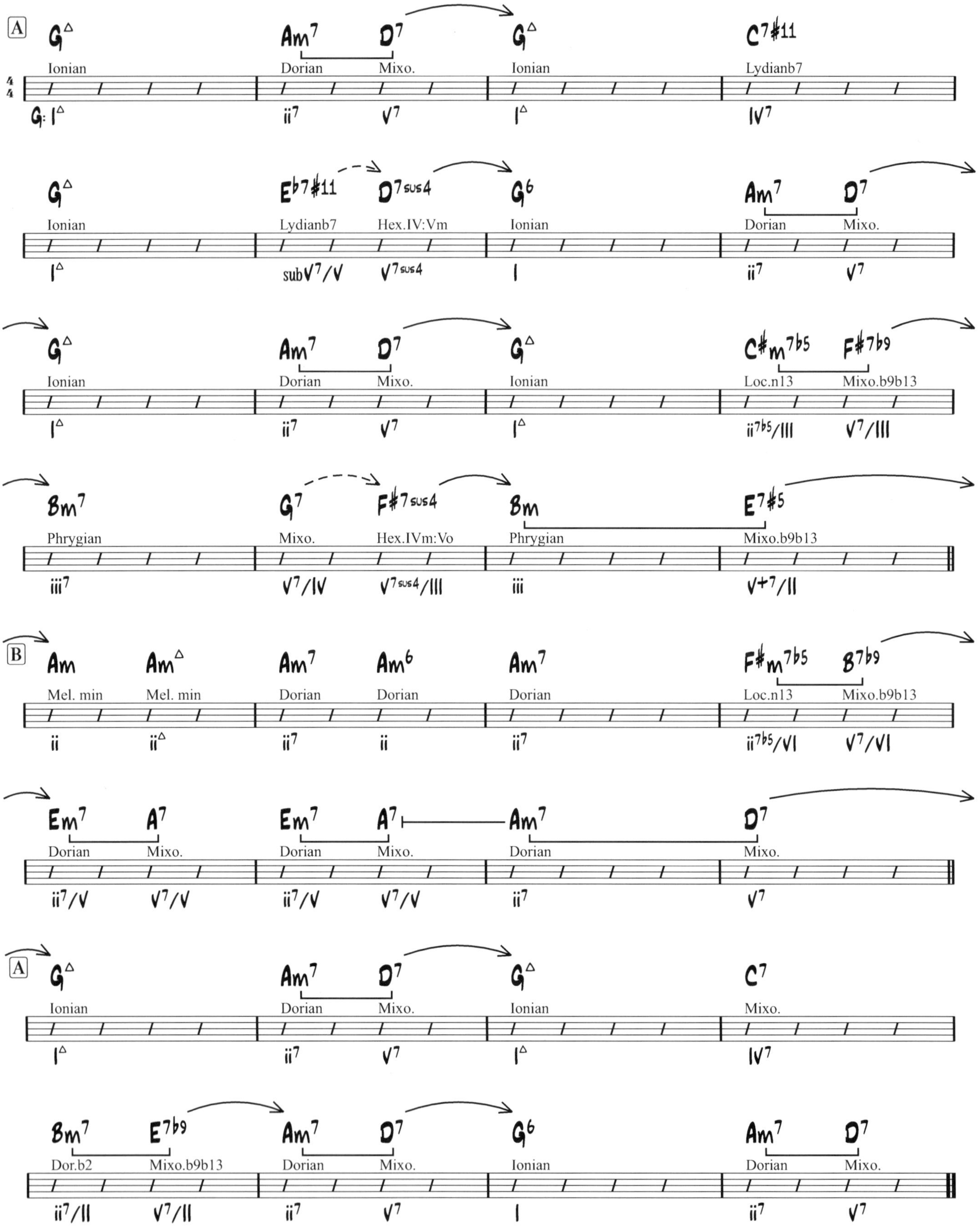
A
G△ | Am7 D7 | G△ | C7#11
Ionian | Dorian Mixo. | Ionian | Lydianb7
4/4
G: I△ | ii7 V7 | I△ | IV7
G△ | Eb7#11 D7sus4 | G6 | Am7 D7
Ionian | Lydianb7 Hex.IV:Vm | Ionian | Dorian Mixo.
I△ | subV7/V V7sus4 | I | ii7 V7
G△ | Am7 D7 | G△ | C#m7b5 F#7b9
Ionian | Dorian Mixo. | Ionian | Loc.n13 Mixo.b9b13
I△ | ii7 V7 | I△ | ii7b5/III V7/III
Bm7 | G7 F#7sus4 | Bm | E7#5
Phrygian | Mixo. Hex.IVm:Vo | Phrygian | Mixo.b9b13
iii7 | V7/IV V7sus4/III | iii | V+7/II
B
Am Am△ | Am7 Am6 | Am7 | F#m7b5 B7b9
Mel. min Mel. min | Dorian Dorian | Dorian | Loc.n13 Mixo.b9b13
ii ii△ | ii7 ii | ii7 | ii7b5/VI V7/VI
Em7 A7 | Em7 A7 | Am7 | D7
Dorian Mixo. | Dorian Mixo. | Dorian | Mixo.
ii7/V V7/V | ii7/V V7/V | ii7 | V7
A
G△ | Am7 D7 | G△ | C7
Ionian | Dorian Mixo. | Ionian | Mixo.
I△ | ii7 V7 | I△ | IV7
Bm7 E7b9 | Am7 D7 | G6 | Am7 D7
Dor.b2 Mixo.b9b13 | Dorian Mixo. | Ionian | Dorian Mixo.
ii7/II V7/II | ii7 V7 | I | ii7 V7

SOMETIME AGO

SONG FOR MY FATHER

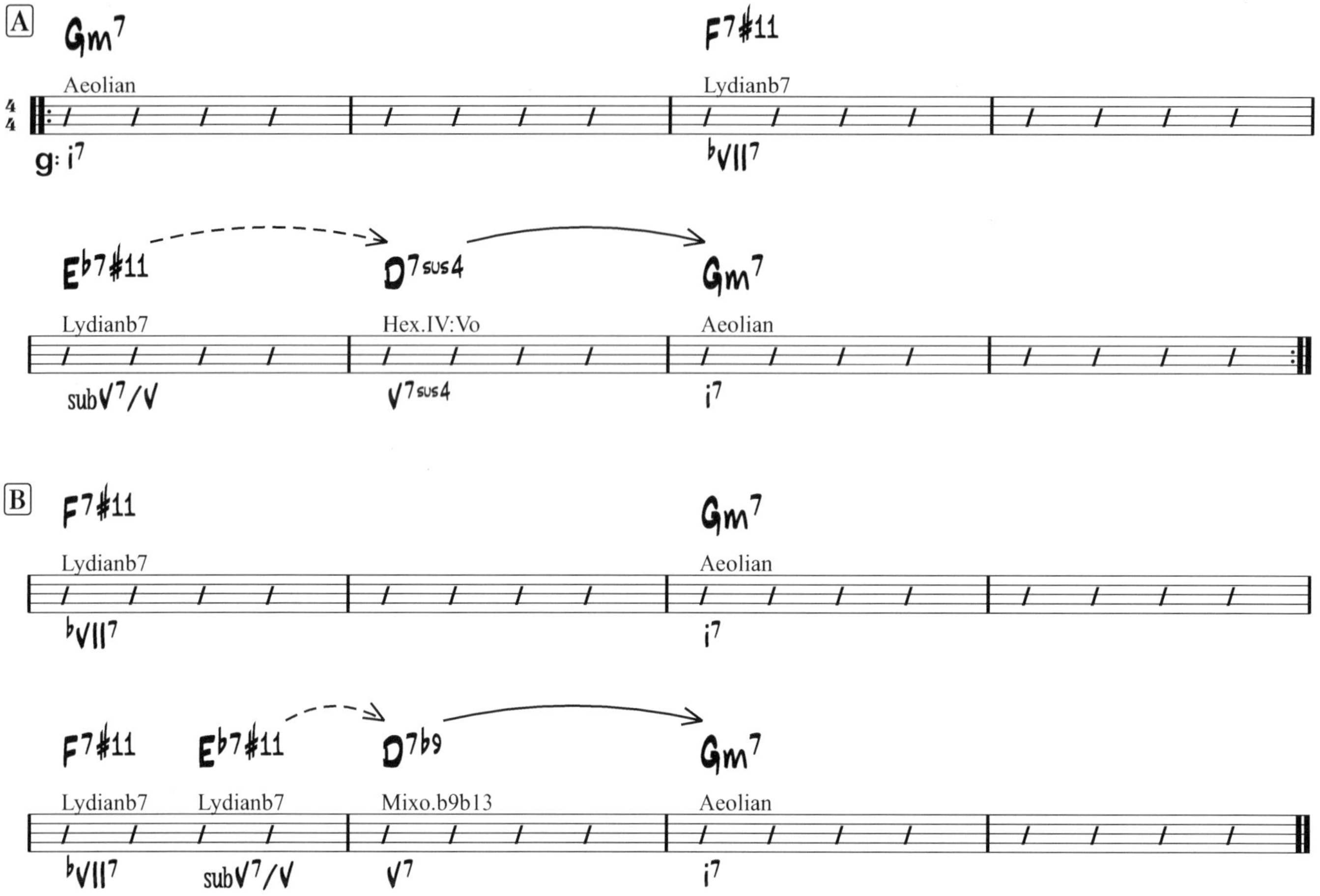
A
Gm7
F7#11
Aeolian
Lydianb7
4/4
g: i7
bVII7
Eb7#11
D7sus4
Gm7
Lydianb7
Hex.IV:Vo
Aeolian
subV7/V
V7sus4
i7
B
F7#11
Gm7
Lydianb7
Aeolian
bVII7
i7
F7#11
Eb7#11
D7b9
Gm7
Lydianb7
Lydianb7
Mixo.b9b13
Aeolian
bVII7
subV7/V
V7
i7

Books & Apps for musicians by musicians

mDecks.com

Jazz Standards 1000+
COMPLETE
THE JAZZ STANDARDS PROGRESSIONS BOOK
THE ULTIMATE JAZZ HARMONY WORKBOOK
1
2
3

50 ESSENTIAL JAZZ STANDARDS PROGRESSIONS IN 12 KEYS
THE BIRD BEBOP PROGRESSIONS BOOK
The Universal Encyclopedia of Scales
TESSITURA PRO
MAPPING TONAL HARMONY
The Composer's Guide to Tonality
MAPPING TONAL HARMONY PRO
iOS Version
7
TARGET NOTES
See Music Pro
Sight Reading & Dictation for All Instruments & Voice
Politonus
Politonus II
EAR TRAINING
Intervals, Triads & Seventh Chords
Politonus III
UPPER STRUCTURES
ADVANCED
TRIADS
Major · Minor · Augmented
QUARTALS
UPPER STRUCTURES
VOLUME 1
MAJOR & MINOR TRIADS
VOLUME 2
PERFECT & ALTERED QUARTALS
TARGET NOTES
TONE-LINES
CHORD TONES
Root · 3rd · 5th · 7th
TENSIONS
9th · 11th · 13th
UST Jazz Piano Chord Voicings Vol. 1
UST Jazz Piano Chord Voicings Vol. 2 to 9 Extended

THE SONG IS YOU

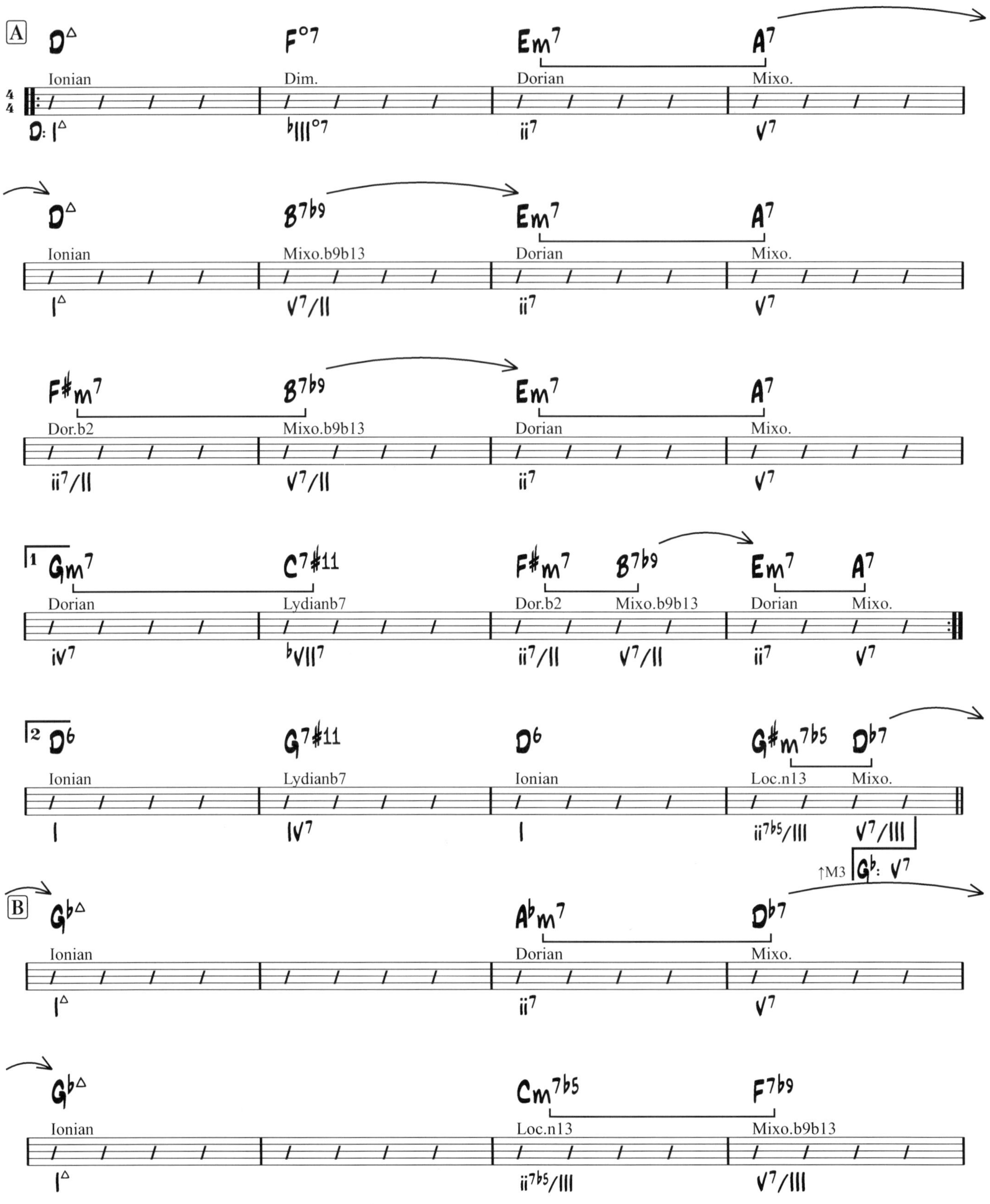
A
D△ F°7 Em7 A7
Ionian Dim. Dorian Mixo.
4/4
D: I△ bIII°7 ii7 V7
D△ B7b9 Em7 A7
Ionian Mixo.b9b13 Dorian Mixo.
I△ V7/II ii7 V7
F#m7 B7b9 Em7 A7
Dor.b2 Mixo.b9b13 Dorian Mixo.
ii7/II V7/II ii7 V7
1 Gm7 C7#11 F#m7 B7b9 Em7 A7
Dorian Lydianb7 Dor.b2 Mixo.b9b13 Dorian Mixo.
iv7 bVII7 ii7/II V7/II ii7 V7
2 D6 G7#11 D6 G#m7b5 Db7
Ionian Lydianb7 Ionian Loc.n13 Mixo.
I IV7 I ii7b5/III V7/III
↑M3 Gb: V7
B
Gb△ Abm7 Db7
Ionian Dorian Mixo.
I△ ii7 V7
Gb△ Cm7b5 F7b9
Ionian Loc.n13 Mixo.b9b13
I△ ii7b5/III V7/III

THE SONG IS YOU - Page 2

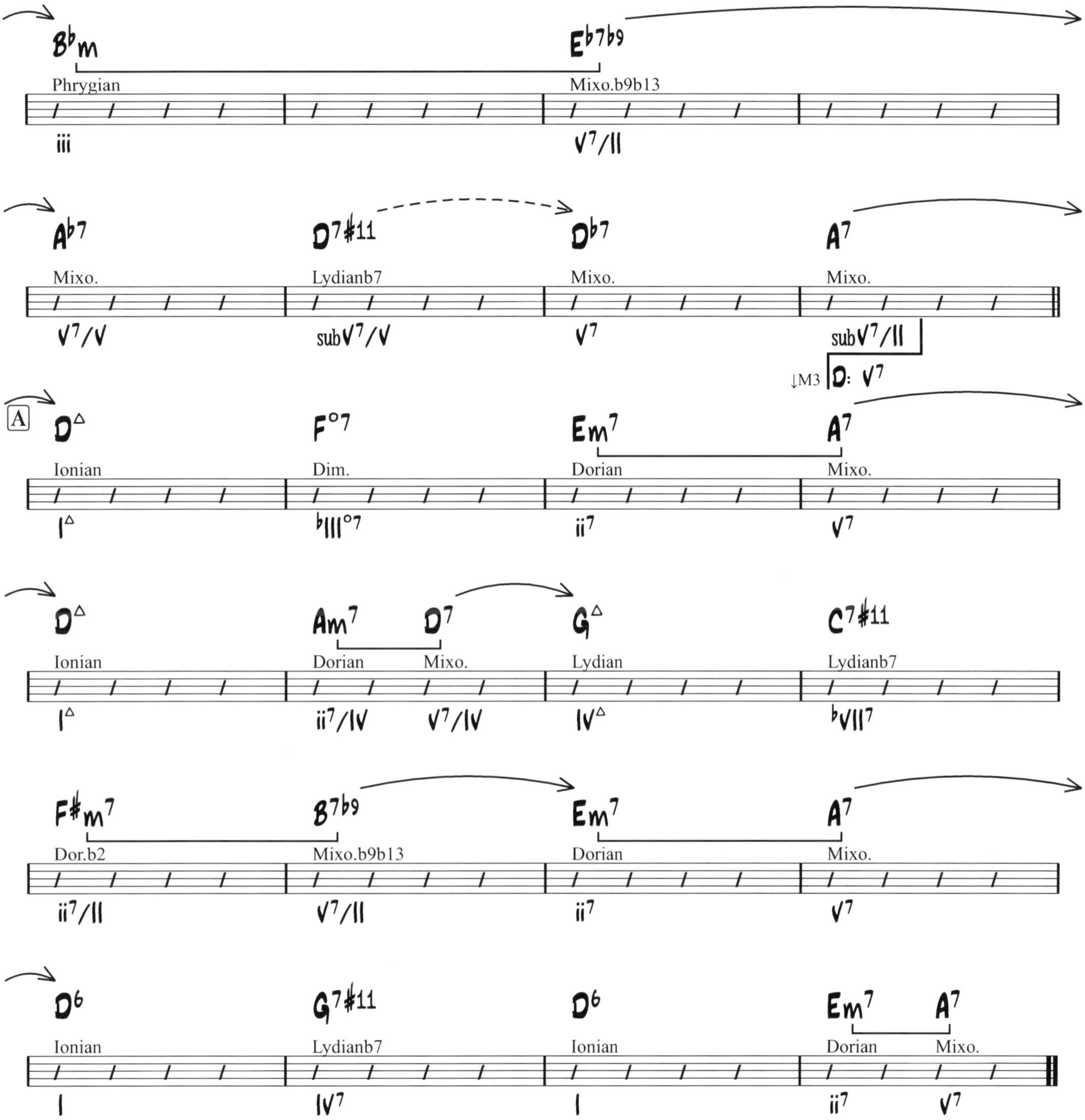
Bbm Eb7b9
Phrygian Mixo.b9b13
iii V7/II
Ab7 D7#11 Db7 A7
Mixo. Lydianb7 Mixo. Mixo.
V7/V subV7/V V7 subV7/II
↓M3 D: V7
A
D△ F°7 Em7 A7
Ionian Dim. Dorian Mixo.
I△ bIII°7 ii7 V7
D△ Am7 D7 G△ C7#11
Ionian Dorian Mixo. Lydian Lydianb7
I△ ii7/IV V7/IV IV△ bVII7
F#m7 B7b9 Em7 A7
Dor.b2 Mixo.b9b13 Dorian Mixo.
ii7/II V7/II ii7 V7
D6 G7#11 D6 Em7 A7
Ionian Lydianb7 Ionian Dorian Mixo.
I IV7 I ii7 V7

SOPHISTICATED LADY

SPEAK NO EVIL

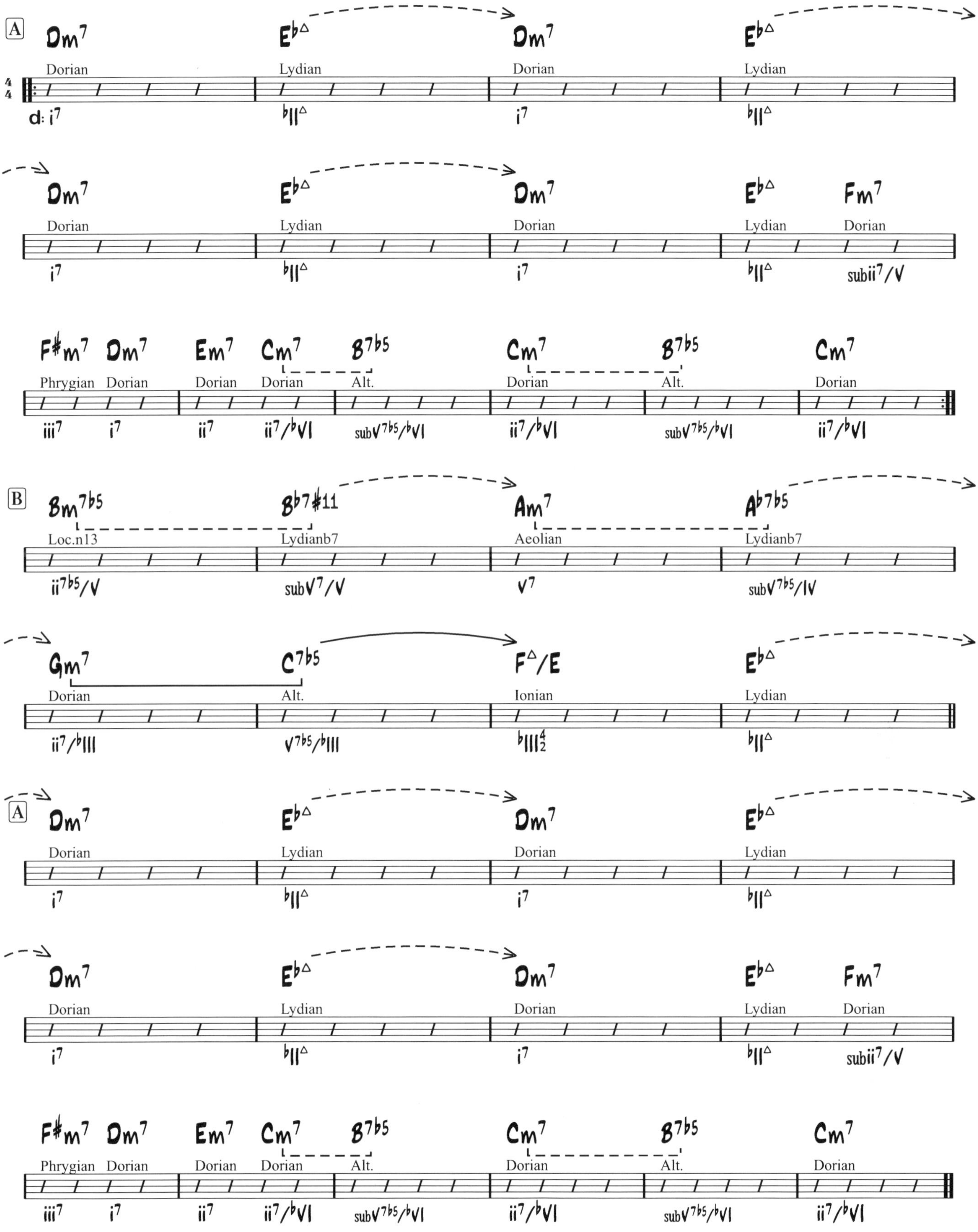

STANDING ON THE CORNER

STANDING ON THE CORNER - Page 2

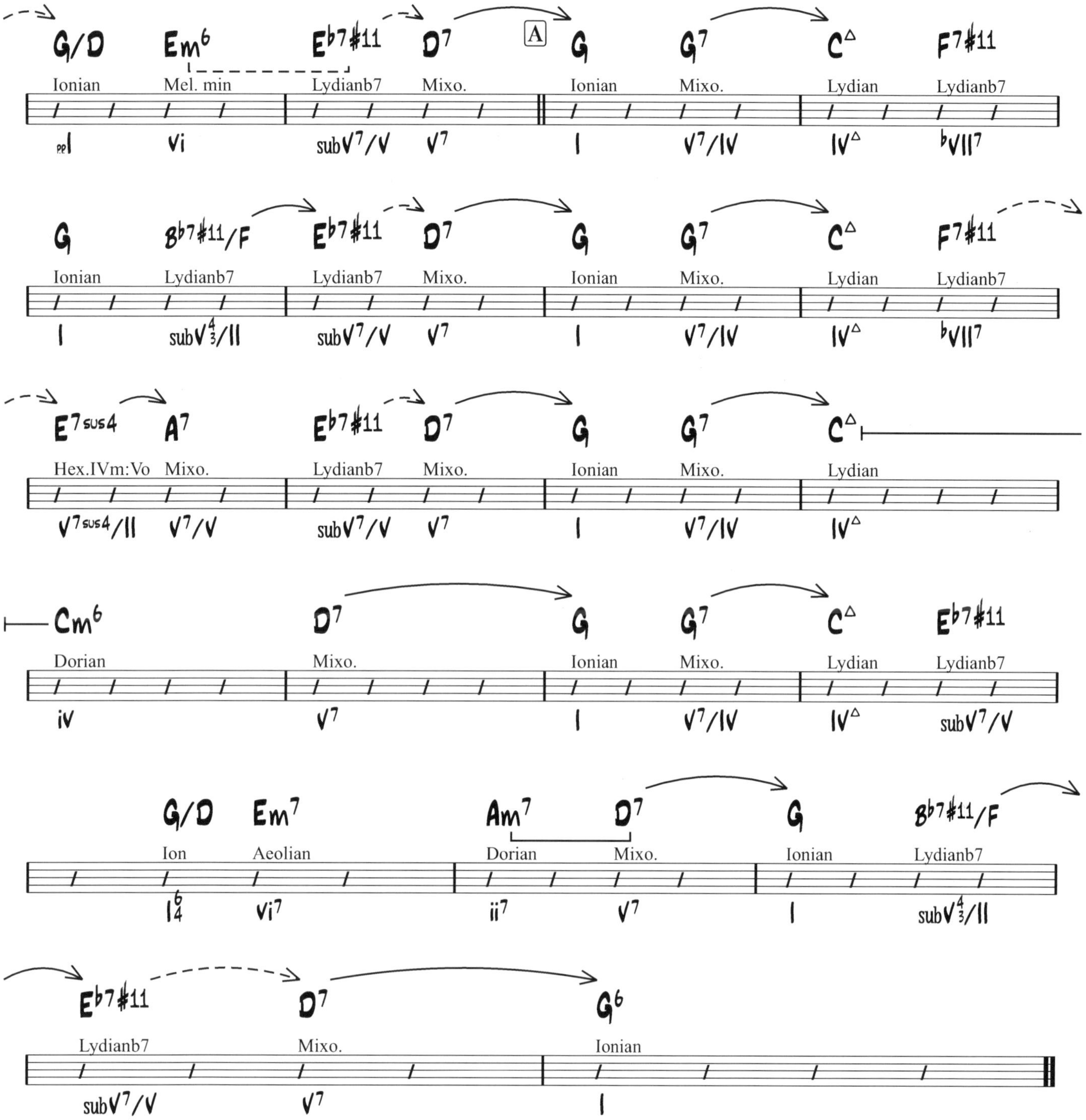
G/D Em6 Eb7#11 D7 A G G7 C△ F7#11
Ionian Mel. min Lydianb7 Mixo. Ionian Mixo. Lydian Lydianb7
I vi subV7/V V7 I V7/IV IV△ bVII7
G Bb7#11/F Eb7#11 D7 G G7 C△ F7#11
Ionian Lydianb7 Lydianb7 Mixo. Ionian Mixo. Lydian Lydianb7
I subV4/3/II subV7/V V7 I V7/IV IV△ bVII7
E7sus4 A7 Eb7#11 D7 G G7 C△
Hex.IVm:Vo Mixo. Lydianb7 Mixo. Ionian Mixo. Lydian
V7sus4/II V7/V subV7/V V7 I V7/IV IV△
Cm6 D7 G G7 C△ Eb7#11
Dorian Mixo. Ionian Mixo. Lydian Lydianb7
iv V7 I V7/IV IV△ subV7/V
G/D Em7 Am7 D7 G Bb7#11/F
Ion Aeolian Dorian Mixo. Ionian Lydianb7
I6/4 vi7 ii7 V7 I subV4/3/II
Eb7#11 D7 G6
Lydianb7 Mixo. Ionian
subV7/V V7 I

THE STAR-CROSSED LOVERS

STELLA BY STARLIGHT

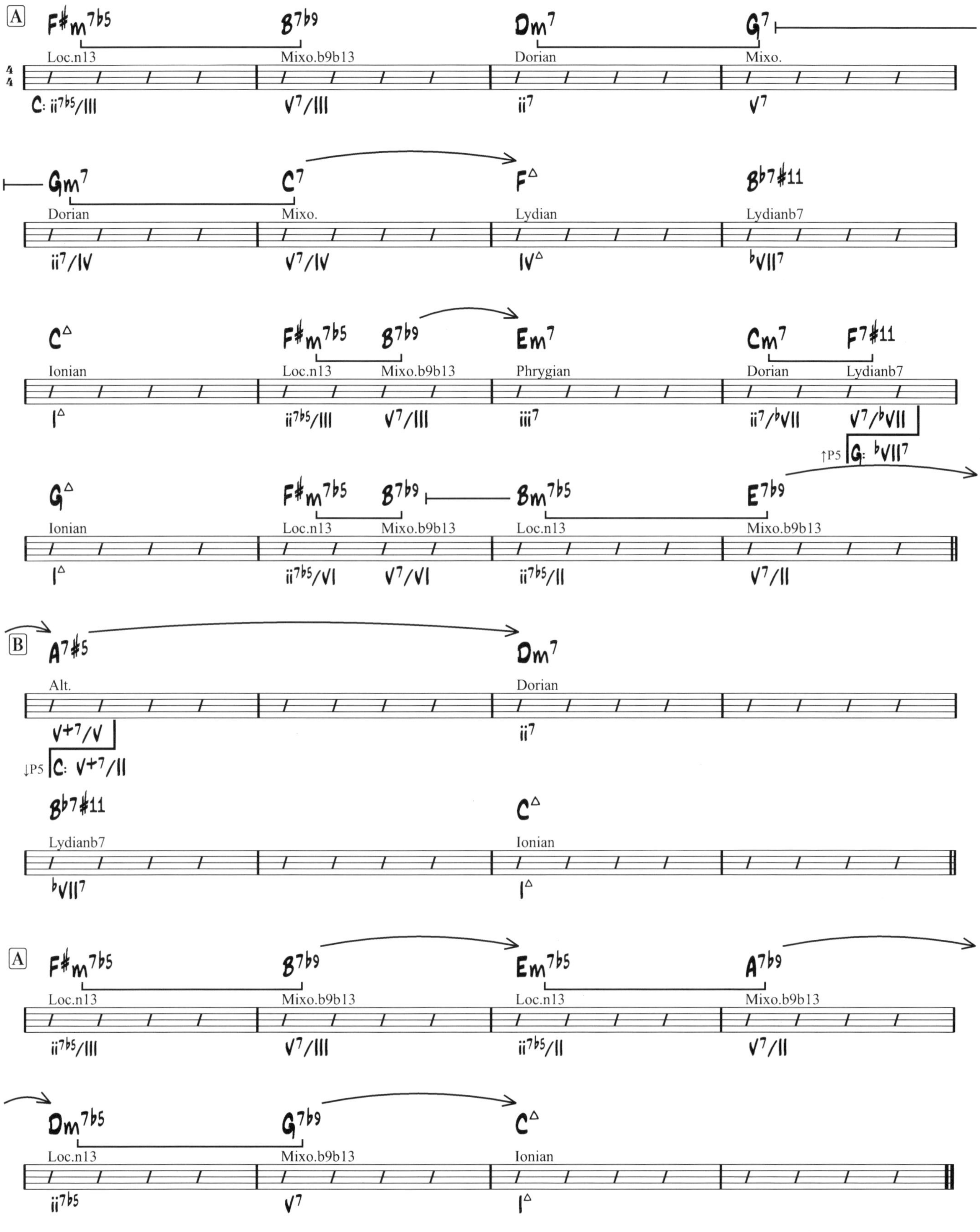
A
F#m7b5 B7b9 Dm7 G7
Loc.n13 Mixo.b9b13 Dorian Mixo.
C: ii7b5/III V7/III ii7 V7
Gm7 C7 F△ Bb7#11
Dorian Mixo. Lydian Lydianb7
ii7/IV V7/IV IV△ bVII7
C△ F#m7b5 B7b9 Em7 Cm7 F7#11
Ionian Loc.n13 Mixo.b9b13 Phrygian Dorian Lydianb7
I△ ii7b5/III V7/III iii7 ii7/bVII V7/bVII
↑P5 G: bVII7
G△ F#m7b5 B7b9 Bm7b5 E7b9
Ionian Loc.n13 Mixo.b9b13 Loc.n13 Mixo.b9b13
I△ ii7b5/VI V7/VI ii7b5/II V7/II
B
A7#5 Dm7
Alt. Dorian
V+7/V ii7
↓P5 C: V+7/II
Bb7#11 C△
Lydianb7 Ionian
bVII7 I△
A
F#m7b5 B7b9 Em7b5 A7b9
Loc.n13 Mixo.b9b13 Loc.n13 Mixo.b9b13
ii7b5/III V7/III ii7b5/II V7/II
Dm7b5 G7b9 C△
Loc.n13 Mixo.b9b13 Ionian
ii7b5 V7 I△

STOLEN MOMENTS

STOMPIN' AT THE SAVOY

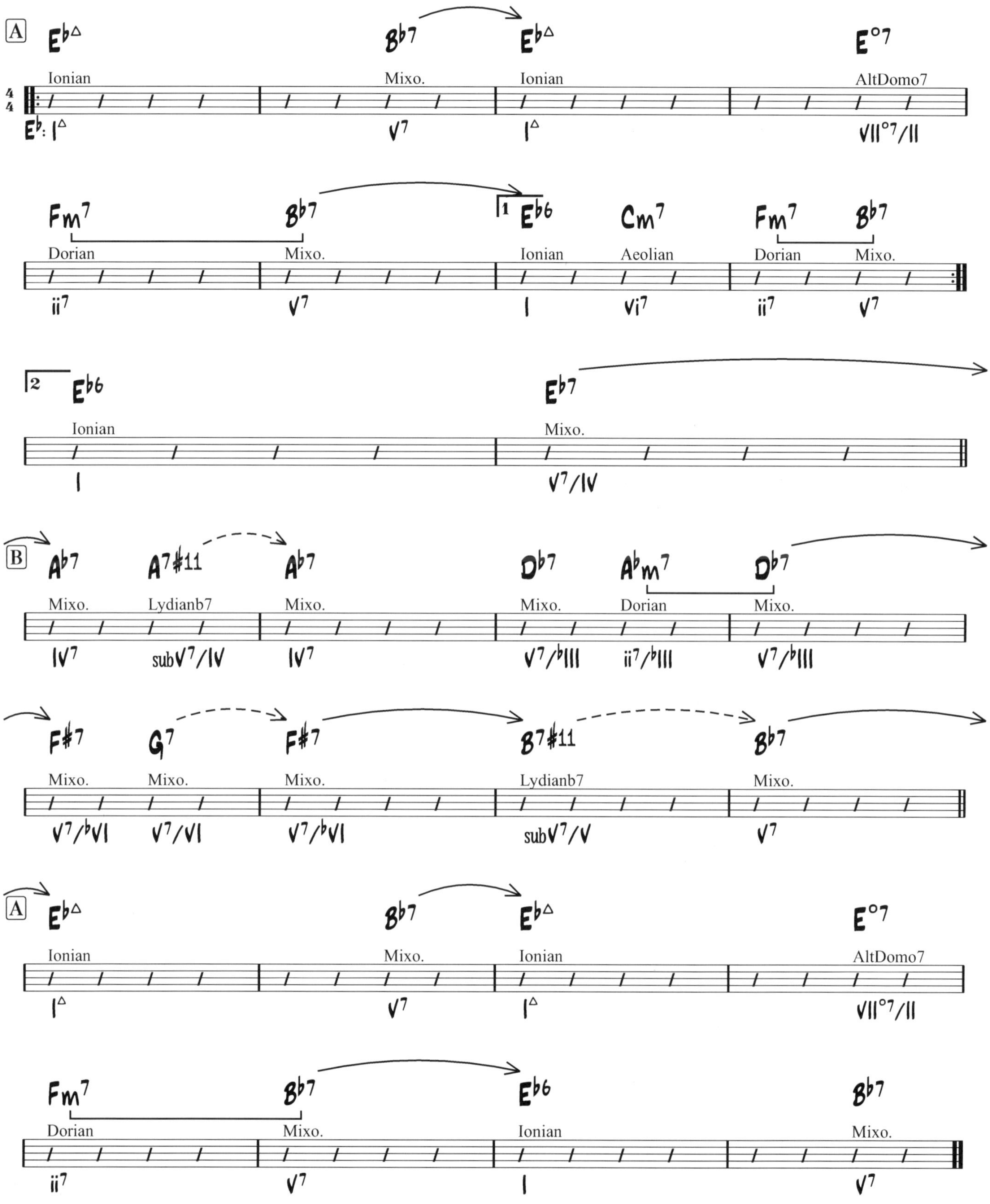

STRAIGHT NO CHASER

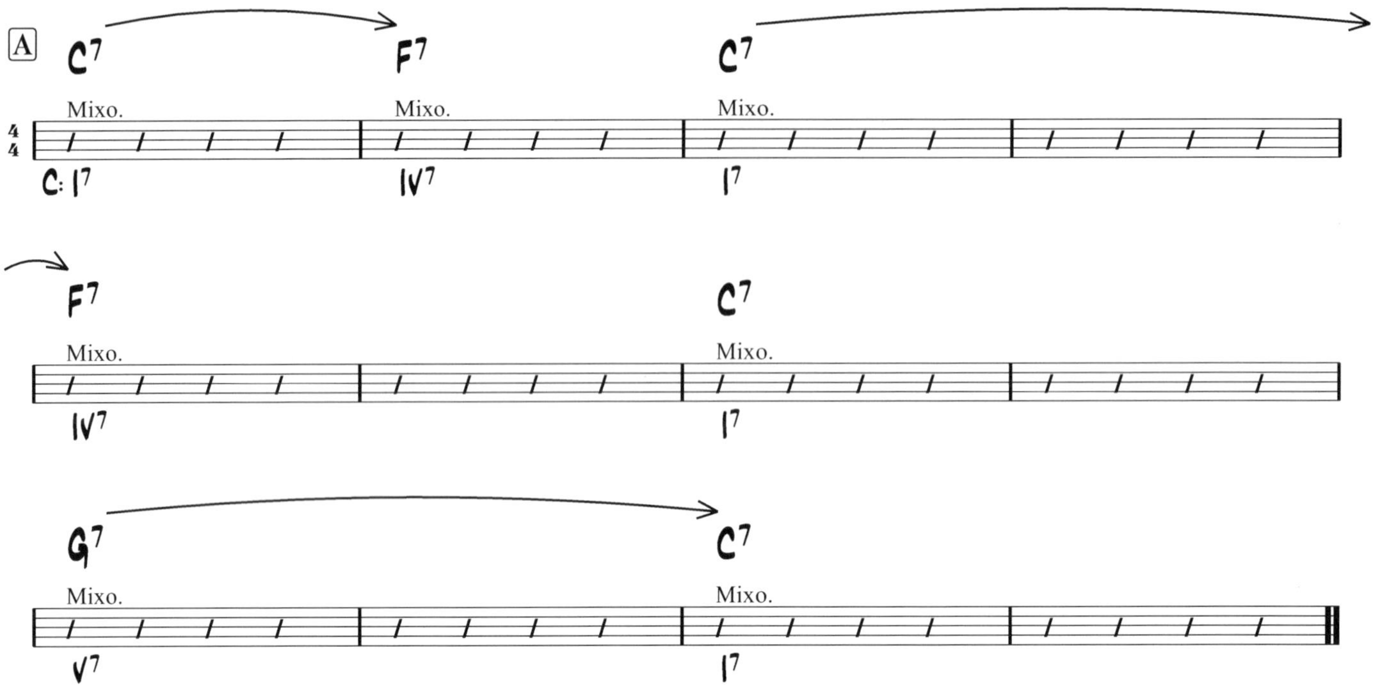
A
C7
F7
C7
Mixo.
Mixo.
Mixo.
C: I7
IV7
I7
F7
C7
Mixo.
Mixo.
IV7
I7
G7
C7
Mixo.
Mixo.
V7
I7

SUGAR

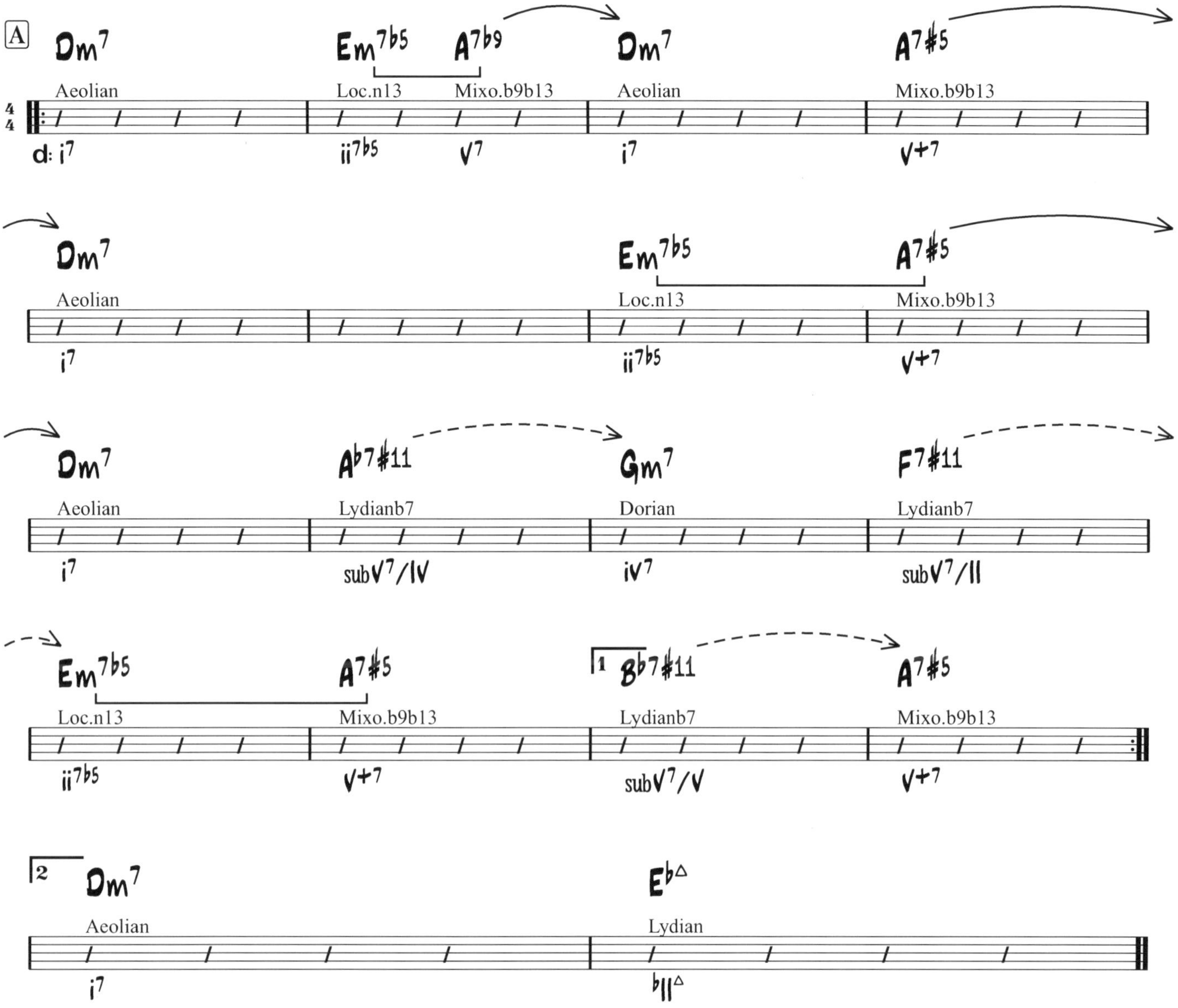
A
Dm7 | Em7b5 A7b9 | Dm7 | A7#5
Aeolian | Loc.n13 Mixo.b9b13 | Aeolian | Mixo.b9b13
4/4
d: i7 | ii7b5 V7 | i7 | V+7
Dm7 | | Em7b5 | A7#5
Aeolian | | Loc.n13 | Mixo.b9b13
i7 | | ii7b5 | V+7
Dm7 | Ab7#11 | Gm7 | F7#11
Aeolian | Lydianb7 | Dorian | Lydianb7
i7 | subV7/IV | iv7 | subV7/II
Em7b5 | A7#5 | 1 Bb7#11 | A7#5
Loc.n13 | Mixo.b9b13 | Lydianb7 | Mixo.b9b13
ii7b5 | V+7 | subV7/V | V+7
2 Dm7 | Eb△
Aeolian | Lydian
i7 | bII△

A SUNDAY KIND OF LOVE

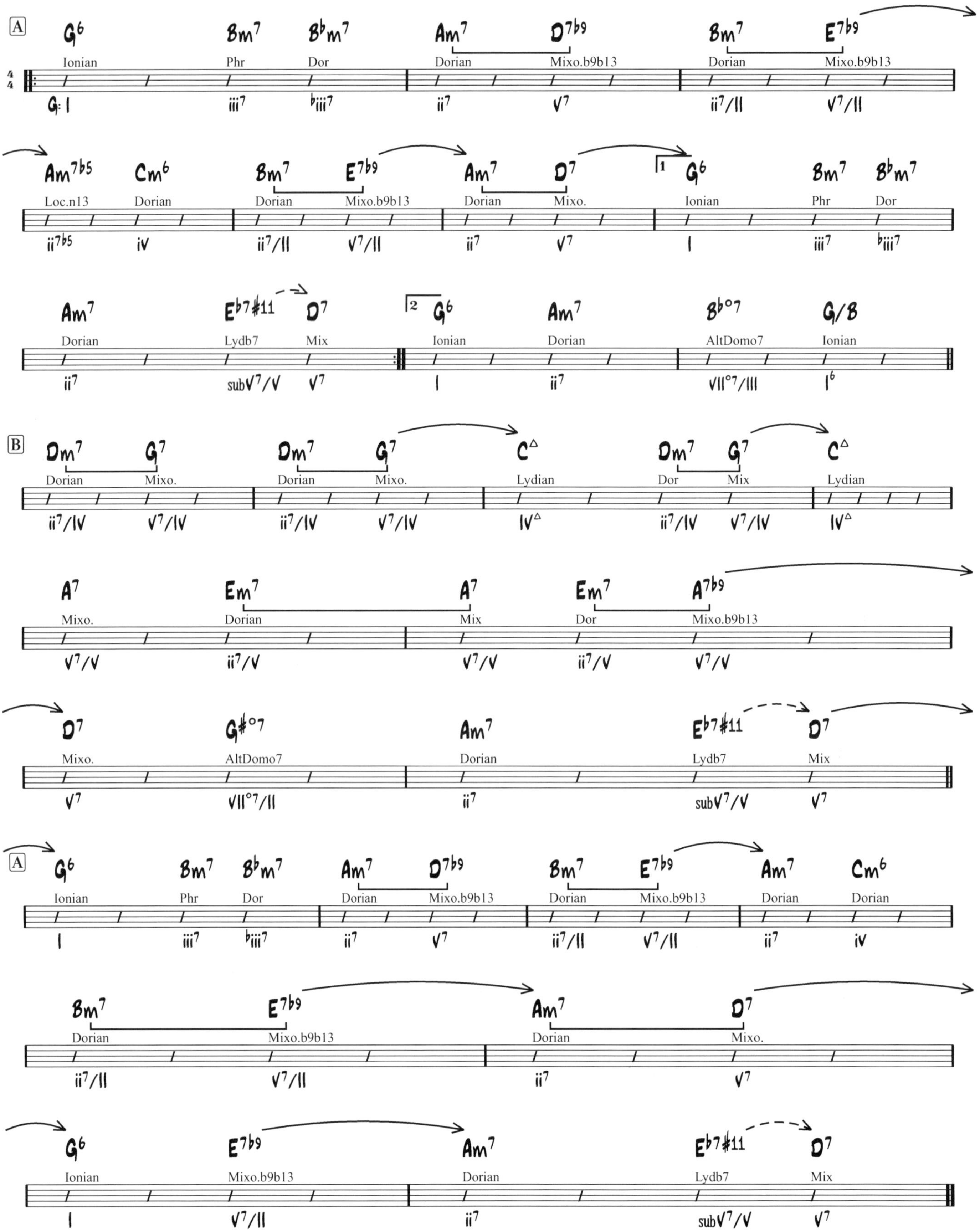

THE SURREY WITH THE FRINGE ON TOP

SWEET GEORGIA BRIGHT

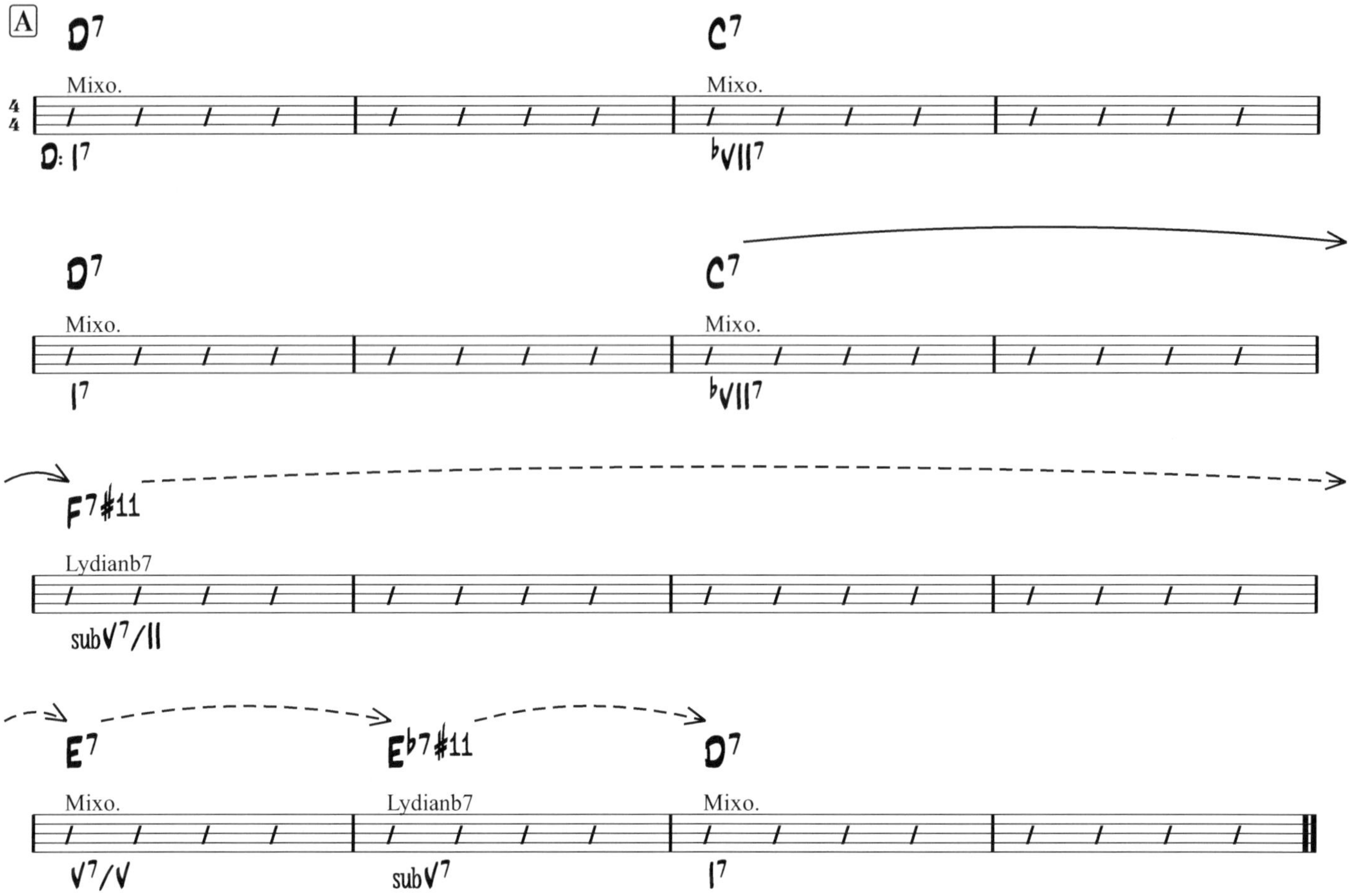
A
D7
Mixo.
D: I7
C7
Mixo.
bVII7
D7
Mixo.
I7
C7
Mixo.
bVII7
F7#11
Lydianb7
subV7/II
E7
Mixo.
V7/V
Eb7#11
Lydianb7
subV7
D7
Mixo.
I7

TAKE THE A TRAIN

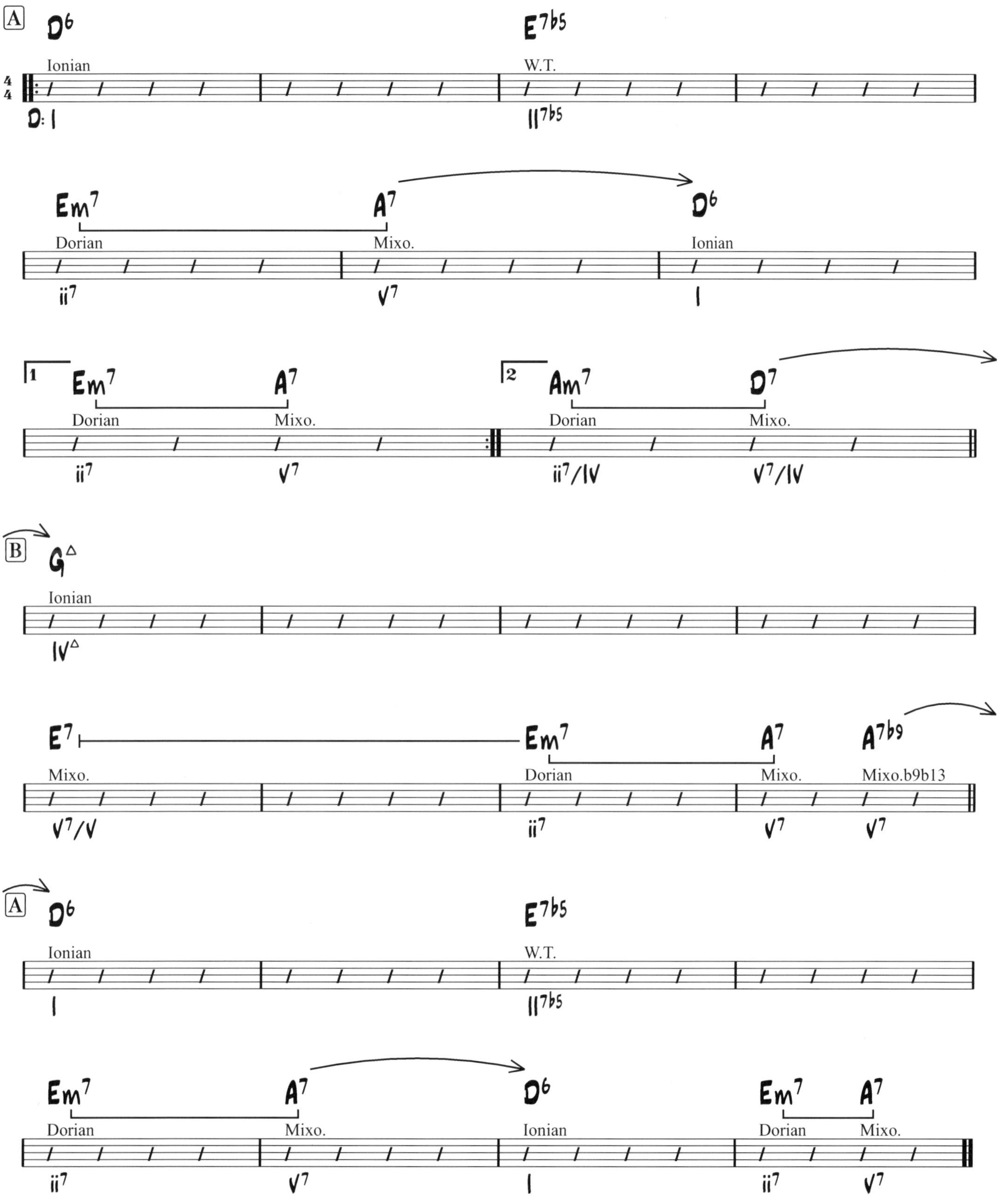
A
D6 E7b5
Ionian W.T.
4/4
D: I II7b5
Em7 A7 D6
Dorian Mixo. Ionian
ii7 V7 I
1 Em7 A7
Dorian Mixo.
ii7 V7
2 Am7 D7
Dorian Mixo.
ii7/IV V7/IV
B
G△
Ionian
IV△
E7 Em7 A7 A7b9
Mixo. Dorian Mixo. Mixo.b9b13
V7/V ii7 V7 V7
A
D6 E7b5
Ionian W.T.
I II7b5
Em7 A7 D6 Em7 A7
Dorian Mixo. Ionian Dorian Mixo.
ii7 V7 I ii7 V7

THANKS FOR THE MEMORY

THERE IS NO GREATER LOVE

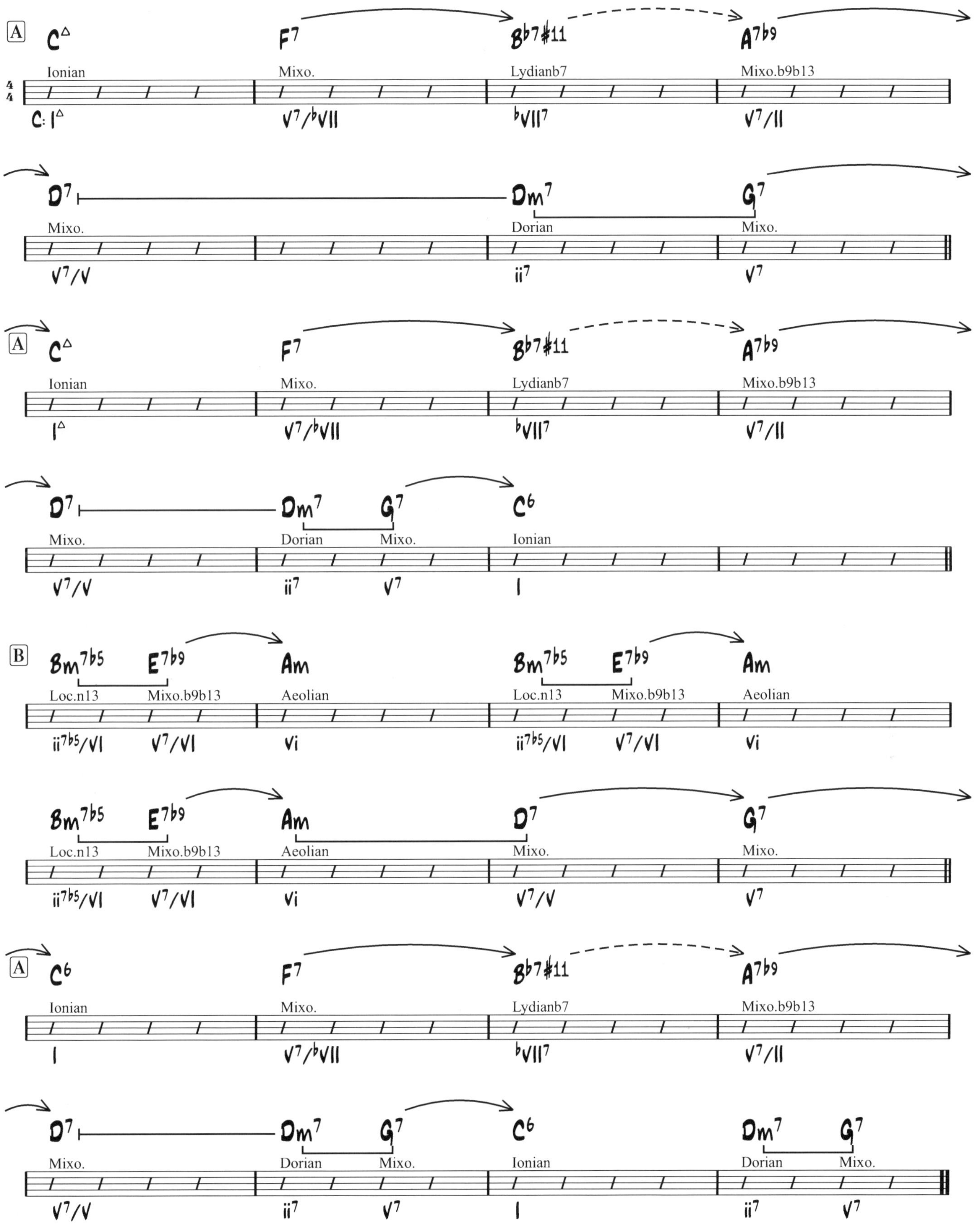
A
C△ F7 Bb7#11 A7b9
Ionian Mixo. Lydianb7 Mixo.b9b13
4/4
C: I△ V7/bVII bVII7 V7/II
D7 Dm7 G7
Mixo. Dorian Mixo.
V7/V ii7 V7
A
C△ F7 Bb7#11 A7b9
Ionian Mixo. Lydianb7 Mixo.b9b13
I△ V7/bVII bVII7 V7/II
D7 Dm7 G7 C6
Mixo. Dorian Mixo. Ionian
V7/V ii7 V7 I
B
Bm7b5 E7b9 Am Bm7b5 E7b9 Am
Loc.n13 Mixo.b9b13 Aeolian Loc.n13 Mixo.b9b13 Aeolian
ii7b5/VI V7/VI vi ii7b5/VI V7/VI vi
Bm7b5 E7b9 Am D7 G7
Loc.n13 Mixo.b9b13 Aeolian Mixo. Mixo.
ii7b5/VI V7/VI vi V7/V V7
A
C6 F7 Bb7#11 A7b9
Ionian Mixo. Lydianb7 Mixo.b9b13
I V7/bVII bVII7 V7/II
D7 Dm7 G7 C6 Dm7 G7
Mixo. Dorian Mixo. Ionian Dorian Mixo.
V7/V ii7 V7 I ii7 V7

THERE WILL NEVER BE ANOTHER YOU

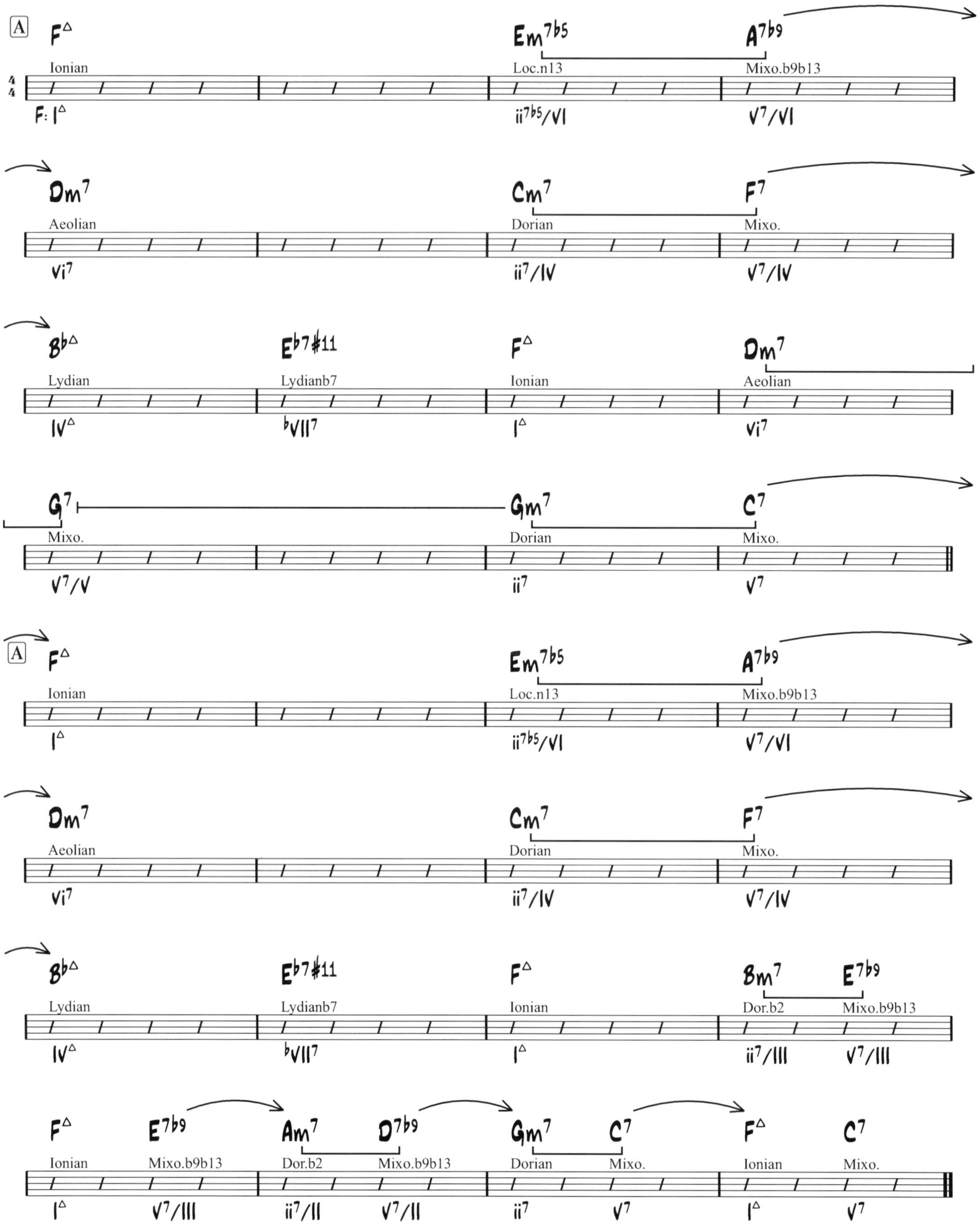
A
F△ Em7b5 A7b9
Ionian Loc.n13 Mixo.b9b13
F: I△ ii7b5/VI V7/VI
Dm7 Cm7 F7
Aeolian Dorian Mixo.
vi7 ii7/IV V7/IV
Bb△ Eb7#11 F△ Dm7
Lydian Lydianb7 Ionian Aeolian
IV△ bVII7 I△ vi7
G7 Gm7 C7
Mixo. Dorian Mixo.
V7/V ii7 V7
A
F△ Em7b5 A7b9
Ionian Loc.n13 Mixo.b9b13
I△ ii7b5/VI V7/VI
Dm7 Cm7 F7
Aeolian Dorian Mixo.
vi7 ii7/IV V7/IV
Bb△ Eb7#11 F△ Bm7 E7b9
Lydian Lydianb7 Ionian Dor.b2 Mixo.b9b13
IV△ bVII7 I△ ii7/III V7/III
F△ E7b9 Am7 D7b9 Gm7 C7 F△ C7
Ionian Mixo.b9b13 Dor.b2 Mixo.b9b13 Dorian Mixo. Ionian Mixo.
I△ V7/III ii7/II V7/II ii7 V7 I△ V7

THERE'LL BE SOME CHANGES MADE

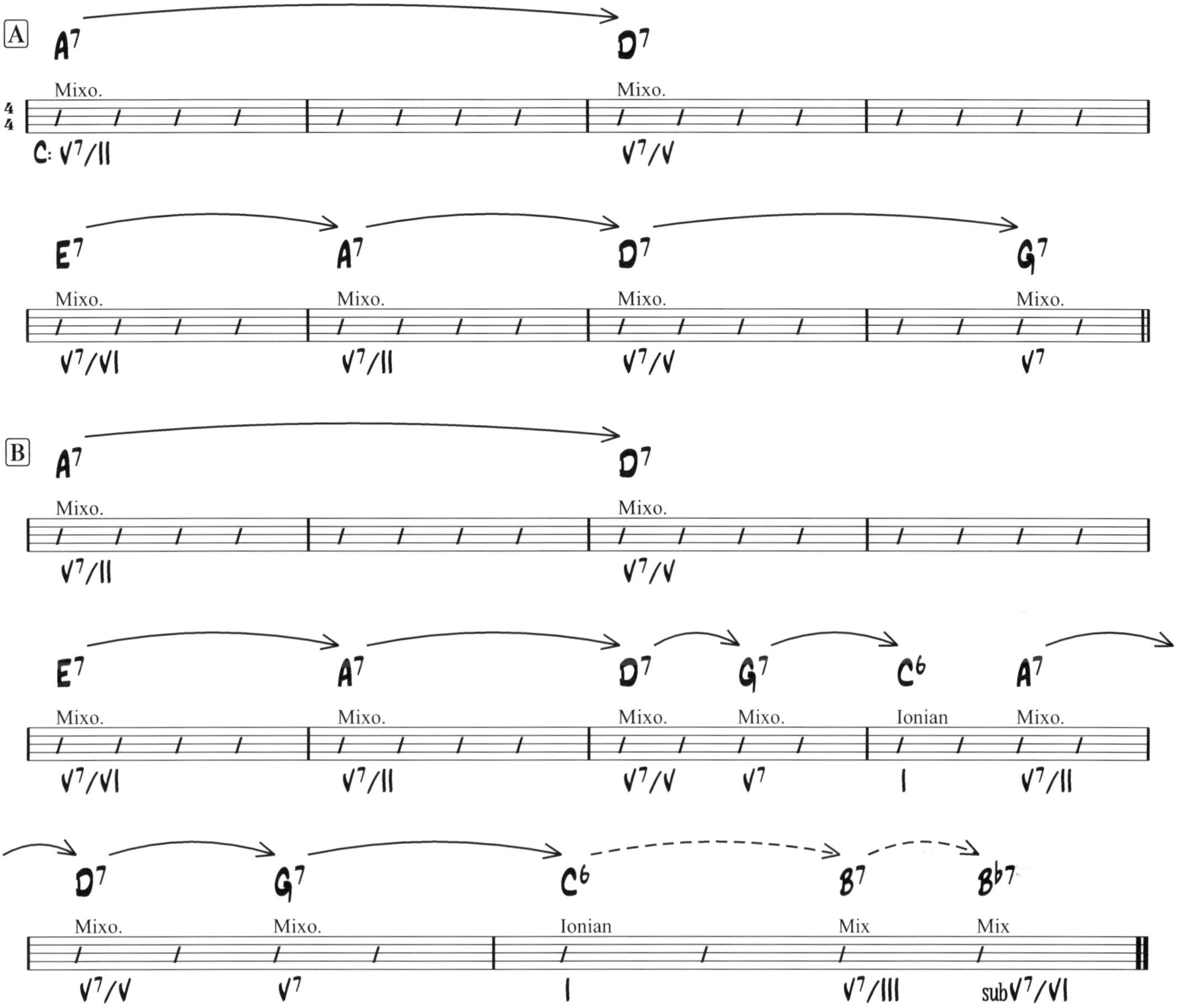
A
A7 Mixo. C: V7/II
D7 Mixo. V7/V
E7 Mixo. V7/VI
A7 Mixo. V7/II
D7 Mixo. V7/V
G7 Mixo. V7
B
A7 Mixo. V7/II
D7 Mixo. V7/V
E7 Mixo. V7/VI
A7 Mixo. V7/II
D7 Mixo. V7/V
G7 Mixo. V7
C6 Ionian I
A7 Mixo. V7/II
D7 Mixo. V7/V
G7 Mixo. V7
C6 Ionian I
B7 Mix V7/III
Bb7 Mix subV7/VI

THEY DIDN'T BELIEVE ME

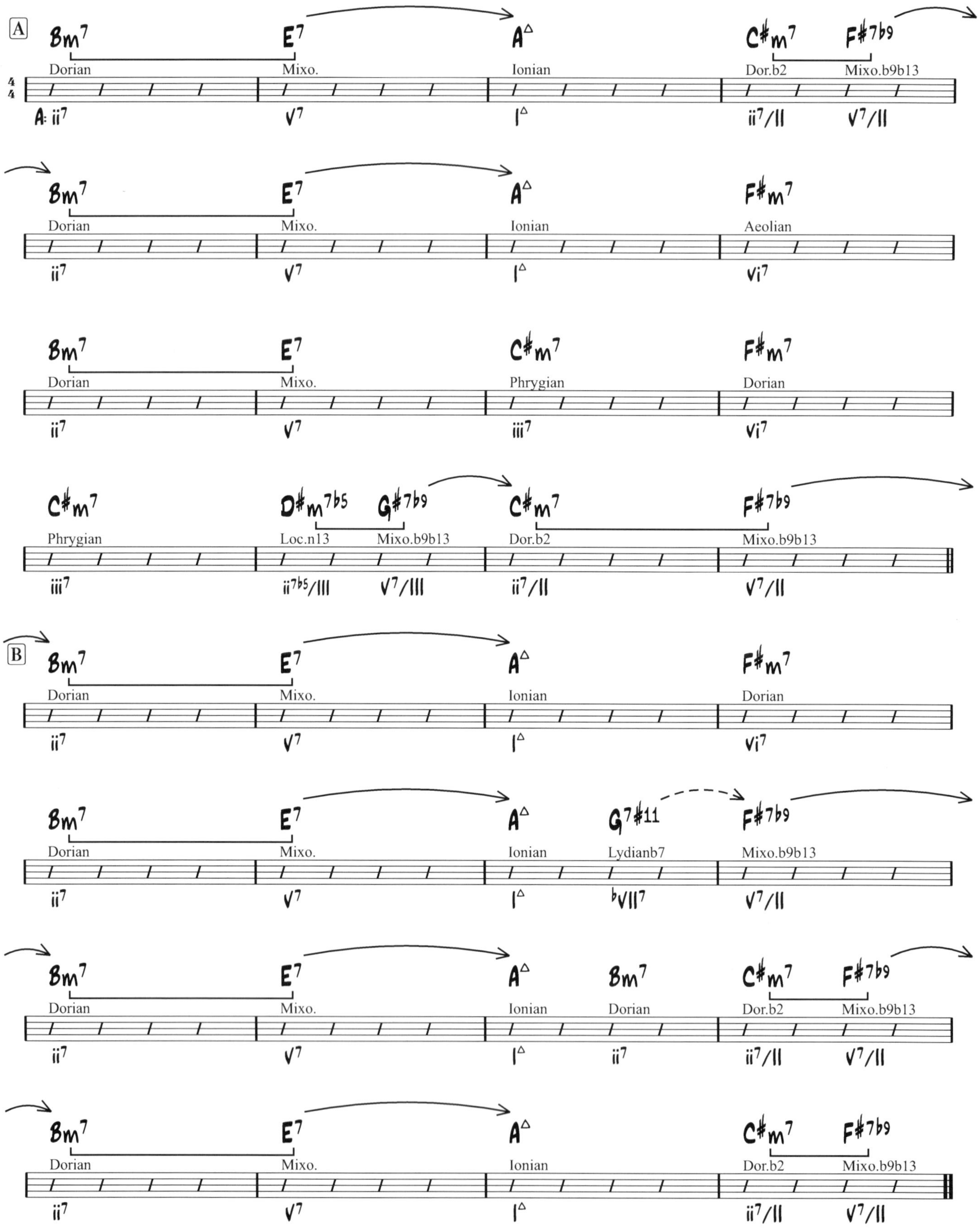

THOU SWELL

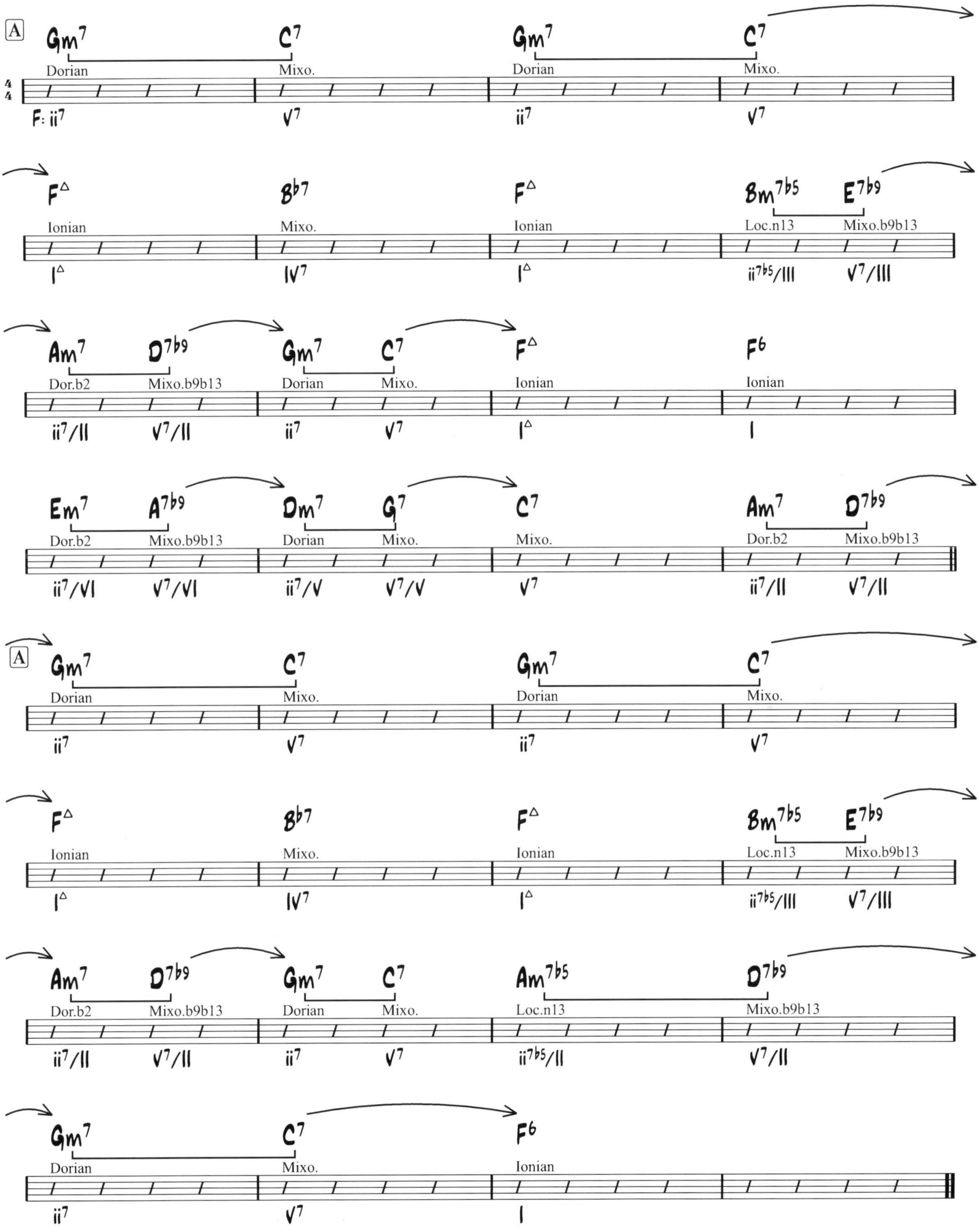
A
Gm7 Dorian | C7 Mixo. | Gm7 Dorian | C7 Mixo.
F: ii7 | V7 | ii7 | V7
F△ Ionian | Bb7 Mixo. | F△ Ionian | Bm7b5 Loc.n13 E7b9 Mixo.b9b13
I△ | IV7 | I△ | ii7b5/III V7/III
Am7 Dor.b2 D7b9 Mixo.b9b13 | Gm7 Dorian C7 Mixo. | F△ Ionian | F6 Ionian
ii7/II V7/II | ii7 V7 | I△ | I
Em7 Dor.b2 A7b9 Mixo.b9b13 | Dm7 Dorian G7 Mixo. | C7 Mixo. | Am7 Dor.b2 D7b9 Mixo.b9b13
ii7/VI V7/VI | ii7/V V7/V | V7 | ii7/II V7/II
A
Gm7 Dorian | C7 Mixo. | Gm7 Dorian | C7 Mixo.
ii7 | V7 | ii7 | V7
F△ Ionian | Bb7 Mixo. | F△ Ionian | Bm7b5 Loc.n13 E7b9 Mixo.b9b13
I△ | IV7 | I△ | ii7b5/III V7/III
Am7 Dor.b2 D7b9 Mixo.b9b13 | Gm7 Dorian C7 Mixo. | Am7b5 Loc.n13 | D7b9 Mixo.b9b13
ii7/II V7/II | ii7 V7 | ii7b5/II | V7/II
Gm7 Dorian | C7 Mixo. | F6 Ionian |
ii7 | V7 | I |

TIME REMEMBERED

C#m7 Phrygian D: vii7
D△ Ionian I△
G△ Lydian IV△
F#m7 Dorian iii7
Bm7 Aeolian vi7
Em7 Dorian ii7
Am7 Aeolian v7
F△ Ionian bIII△
Bb△ Lydian bVI△
Bm7 Aeolian vi7
Em7 Dorian ii7
Am7 Aeolian v7
Dm7 Dorian i7
Gm7 Dorian iv7
F#m7 Dorian iii7
C#m7 Phrygian vii7
Fm7 Dorian subii7/V
Bm7 Aeolian vi7
Dm7 Dorian i7
G#m7 Dorian ii7/III
C#m7 Dorian ii7/VI
Am7 Dorian ii7/IV
F△ Ionian bIII△
Em7 Dorian ii7
Dm7 Dorian i7

TOPSY

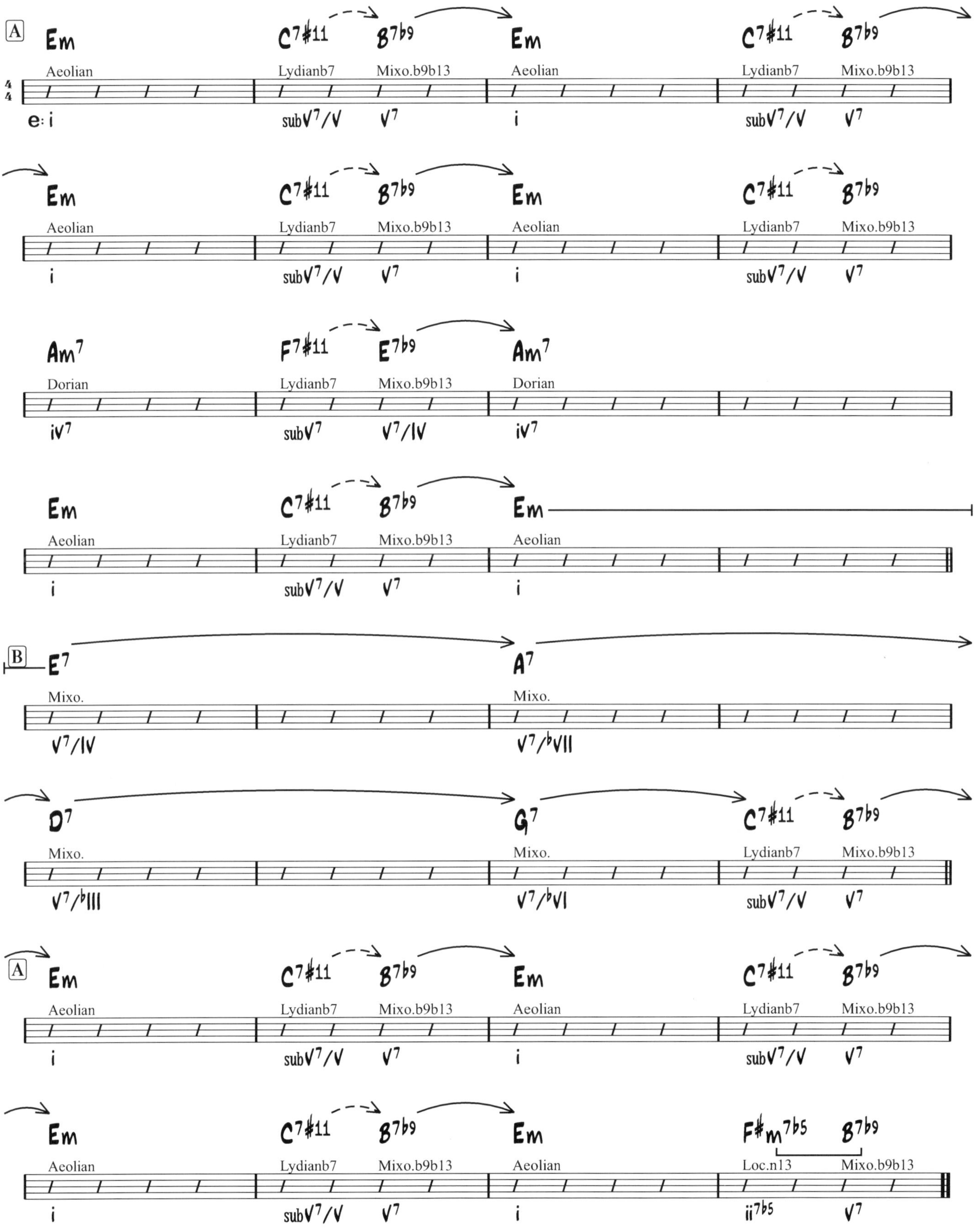
A
Em C7#11 B7b9 Em C7#11 B7b9
Aeolian Lydianb7 Mixo.b9b13 Aeolian Lydianb7 Mixo.b9b13
4/4
e: i subV7/V V7 i subV7/V V7
Em C7#11 B7b9 Em C7#11 B7b9
Aeolian Lydianb7 Mixo.b9b13 Aeolian Lydianb7 Mixo.b9b13
i subV7/V V7 i subV7/V V7
Am7 F7#11 E7b9 Am7
Dorian Lydianb7 Mixo.b9b13 Dorian
iv7 subV7 V7/IV iv7
Em C7#11 B7b9 Em
Aeolian Lydianb7 Mixo.b9b13 Aeolian
i subV7/V V7 i
B
E7 A7
Mixo. Mixo.
V7/IV V7/bVII
D7 G7 C7#11 B7b9
Mixo. Mixo. Lydianb7 Mixo.b9b13
V7/bIII V7/bVI subV7/V V7
A
Em C7#11 B7b9 Em C7#11 B7b9
Aeolian Lydianb7 Mixo.b9b13 Aeolian Lydianb7 Mixo.b9b13
i subV7/V V7 i subV7/V V7
Em C7#11 B7b9 Em F#m7b5 B7b9
Aeolian Lydianb7 Mixo.b9b13 Aeolian Loc.n13 Mixo.b9b13
i subV7/V V7 i ii7b5 V7

TOUR DE FORCE

TRISTE

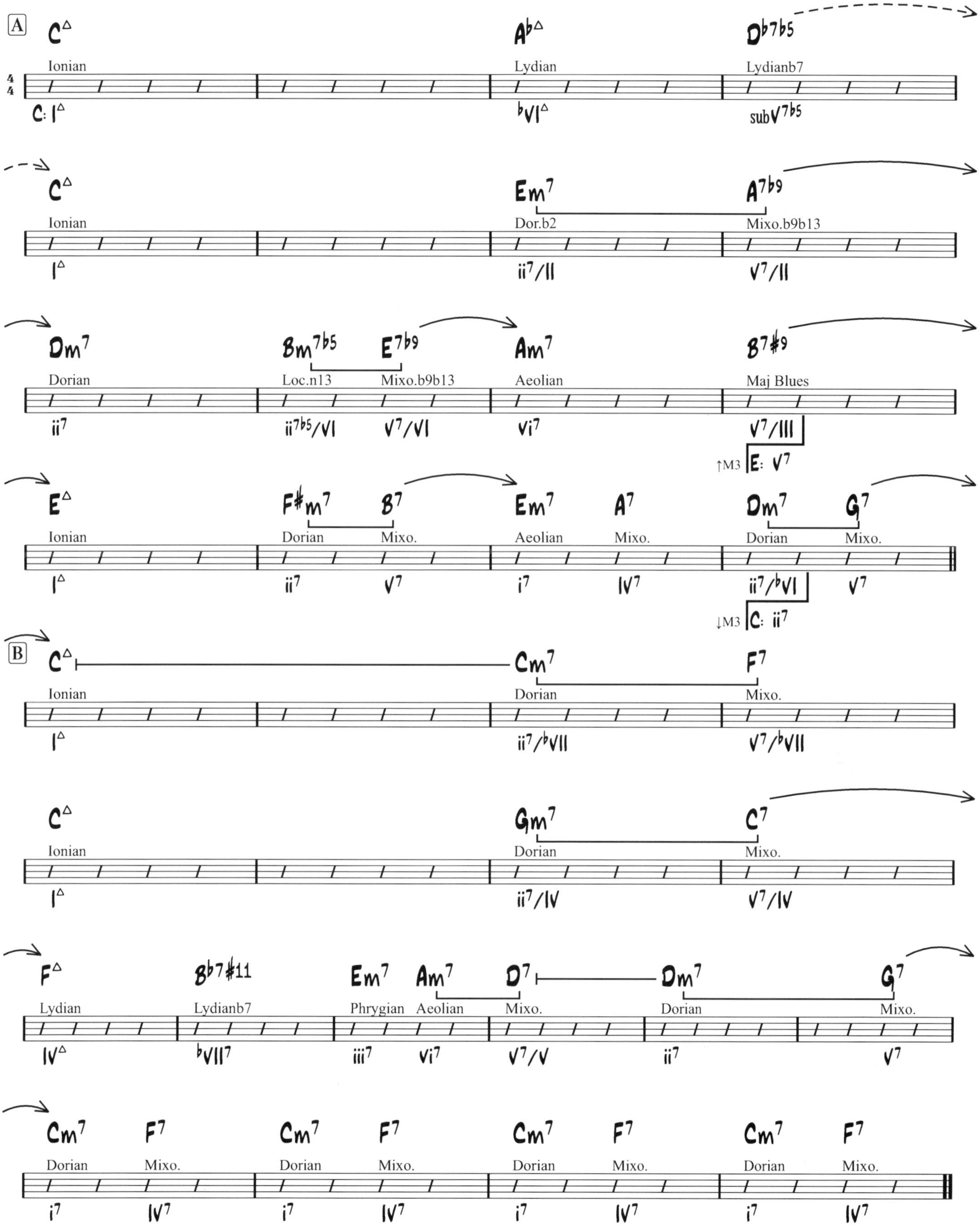
A
C△ Ionian C: I△
A♭△ Lydian ♭VI△
D♭7♭5 Lydianb7 subV7♭5
C△ Ionian I△
Em7 Dor.b2 ii7/II
A7♭9 Mixo.b9b13 V7/II
Dm7 Dorian ii7
Bm7♭5 Loc.n13 ii7♭5/VI
E7♭9 Mixo.b9b13 V7/VI
Am7 Aeolian vi7
B7♯9 Maj Blues V7/III
↑M3 E: V7
E△ Ionian I△
F♯m7 Dorian ii7
B7 Mixo. V7
Em7 Aeolian i7
A7 Mixo. IV7
Dm7 Dorian ii7/♭VI
G7 Mixo. V7
↓M3 C: ii7
B
C△ Ionian I△
Cm7 Dorian ii7/♭VII
F7 Mixo. V7/♭VII
C△ Ionian I△
Gm7 Dorian ii7/IV
C7 Mixo. V7/IV
F△ Lydian IV△
B♭7♯11 Lydianb7 ♭VII7
Em7 Phrygian iii7
Am7 Aeolian vi7
D7 Mixo. V7/V
Dm7 Dorian ii7
G7 Mixo. V7
Cm7 Dorian i7
F7 Mixo. IV7
Cm7 Dorian i7
F7 Mixo. IV7
Cm7 Dorian i7
F7 Mixo. IV7
Cm7 Dorian i7
F7 Mixo. IV7

TUNE UP

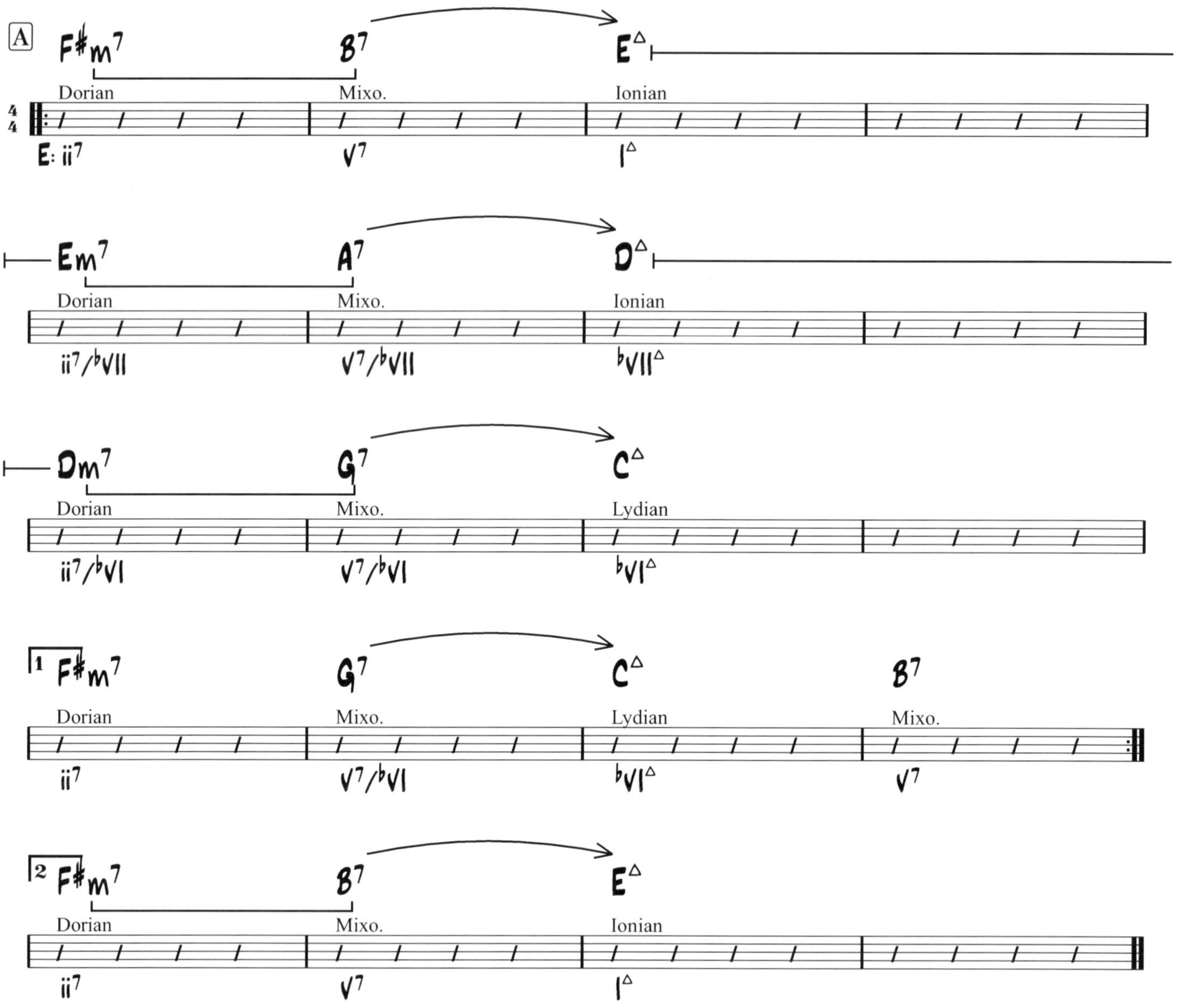
A
F#m7
B7
E△
Dorian
Mixo.
Ionian
E: ii7
V7
I△
Em7
A7
D△
Dorian
Mixo.
Ionian
ii7/♭VII
V7/♭VII
♭VII△
Dm7
G7
C△
Dorian
Mixo.
Lydian
ii7/♭VI
V7/♭VI
♭VI△
1
F#m7
G7
C△
B7
Dorian
Mixo.
Lydian
Mixo.
ii7
V7/♭VI
♭VI△
V7
2
F#m7
B7
E△
Dorian
Mixo.
Ionian
ii7
V7
I△

TURN OUT THE STARS

TURN OUT THE STARS - Page 2

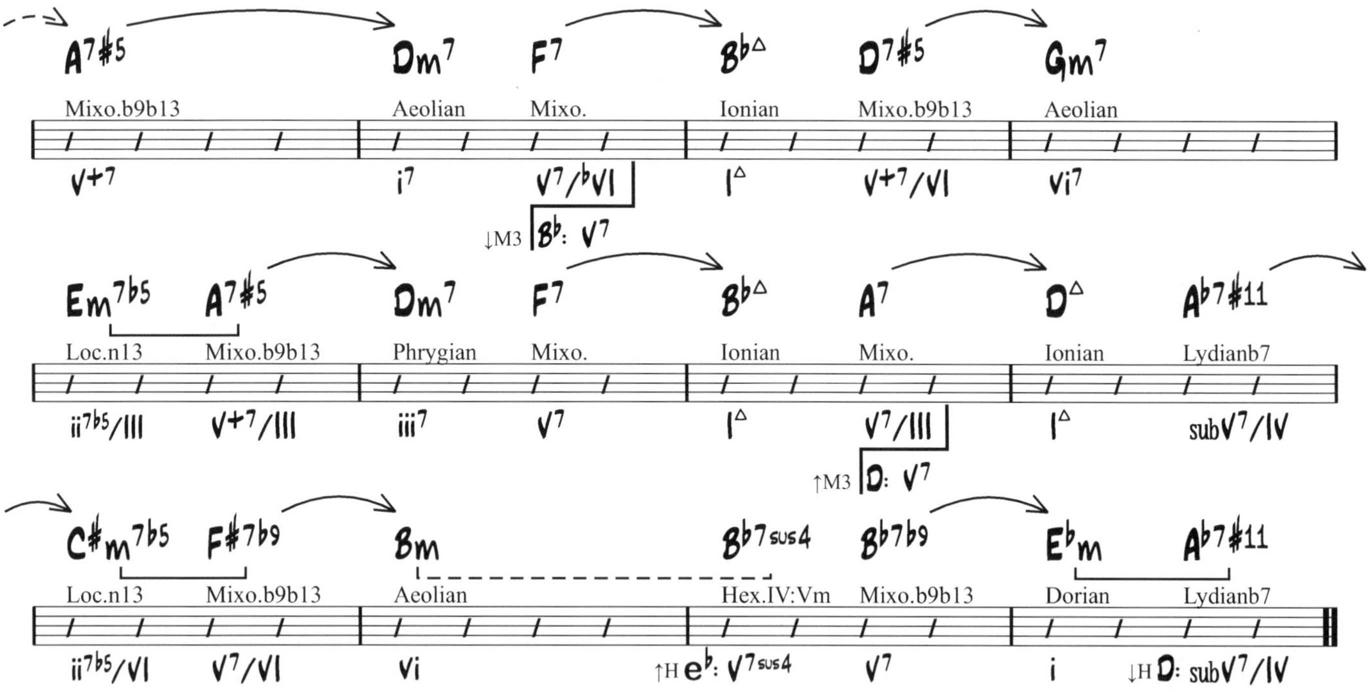

TWISTED BLUES

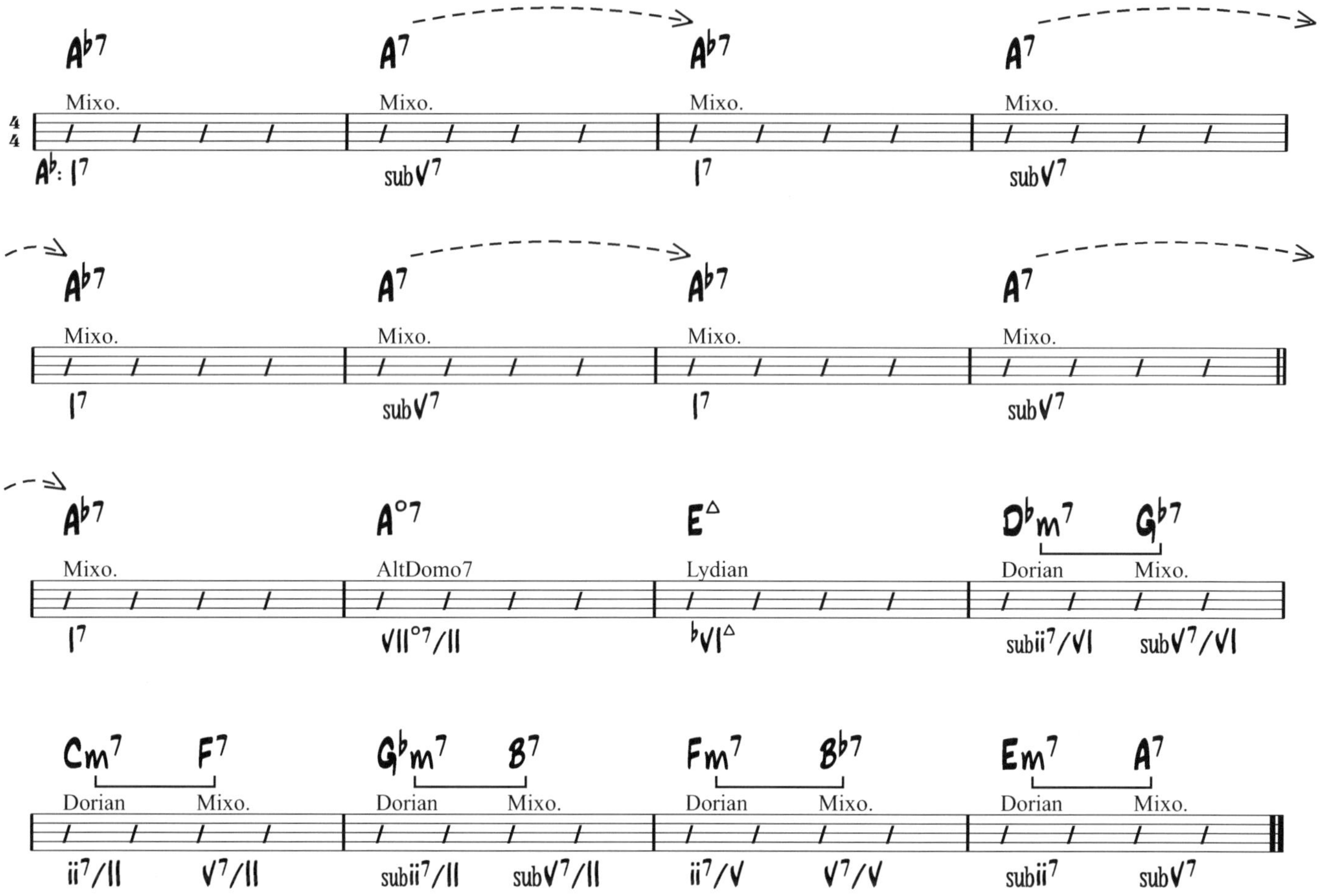

Books & Apps for musicians by musicians

mDecks.com

COMPLETE
THE JAZZ STANDARDS PROGRESSIONS BOOK
Jazz Standards 1000+
THE ULTIMATE JAZZ HARMONY WORKBOOK
50 ESSENTIAL JAZZ STANDARDS PROGRESSIONS IN 12 KEYS
THE BIRD BEBOP PROGRESSIONS BOOK
Universal Encyclopedia of Scales
TESSITURA PRO
MAPPING TONAL HARMONY
The Composer's Guide to Tonality
MAPPING TONAL HARMONY PRO
iOS Version
TARGET NOTES
UPPER STRUCTURES
See Music Pro
Sight Reading & Dictation for All Instruments & Voice
Politonus
Politonus II
EAR TRAINING
Intervals, Triads & Seventh Chords
Politonus III
EAR TRAINING
UPPER STRUCTURES
ADVANCED
TRIADS
Major · Minor · Augmented
QUARTALS
UPPER STRUCTURES
FOR PIANO VOICINGS & IMPROVISATION
VOLUME 1
MAJOR & MINOR TRIADS
VOLUME 2
PERFECT & ALTERED QUARTALS
TARGET NOTES
TONE-LINES
CHORD TONES
Root · 3rd · 5th · 7th
TENSIONS
9th · 11th · 13th
UST Jazz Piano Chord Voicings Vol. 1
UST Jazz Piano Chord Voicings Vol. 2 to 9 Extended

UP JUMPED SPRING

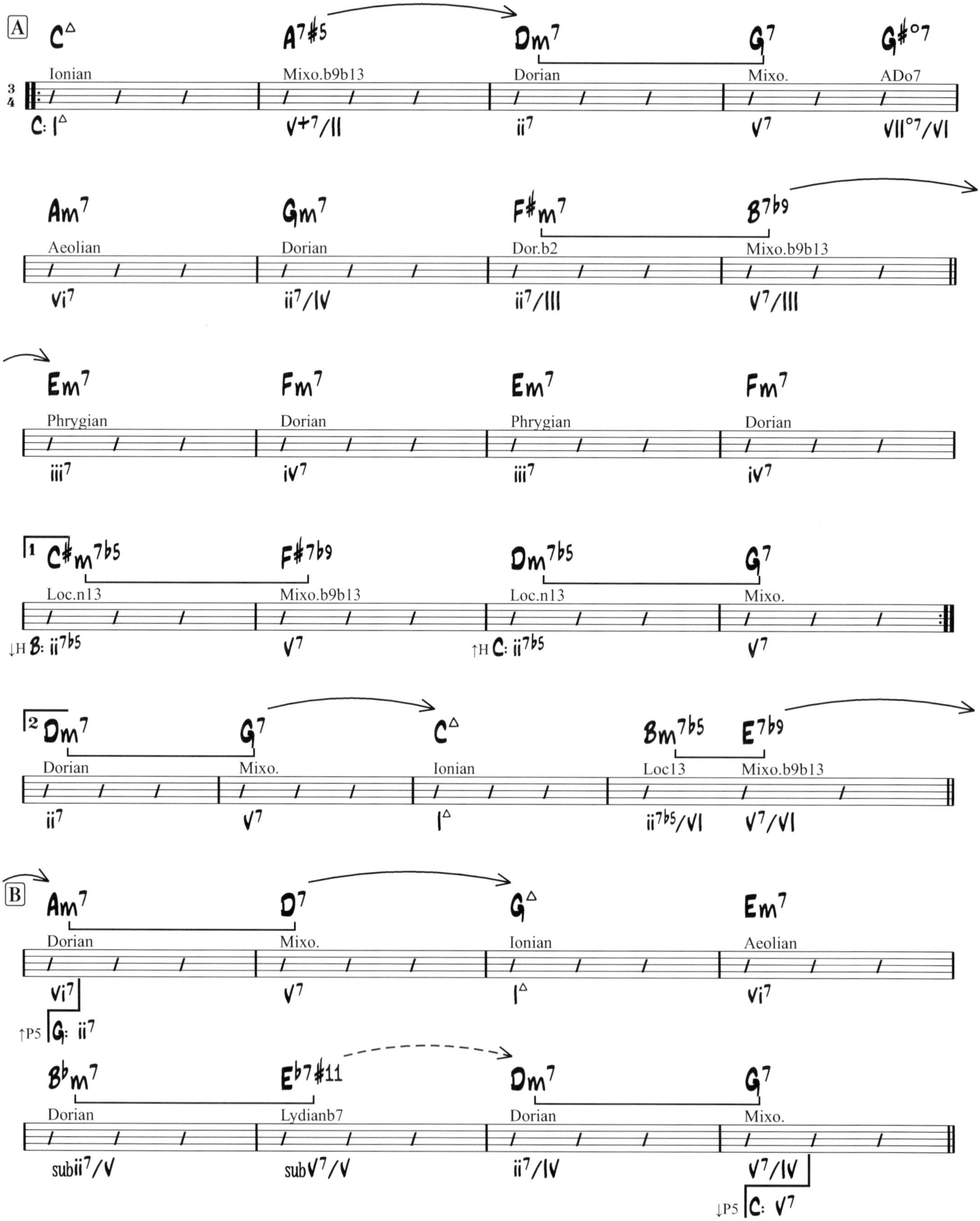

UP JUMPED SPRING - Page 2

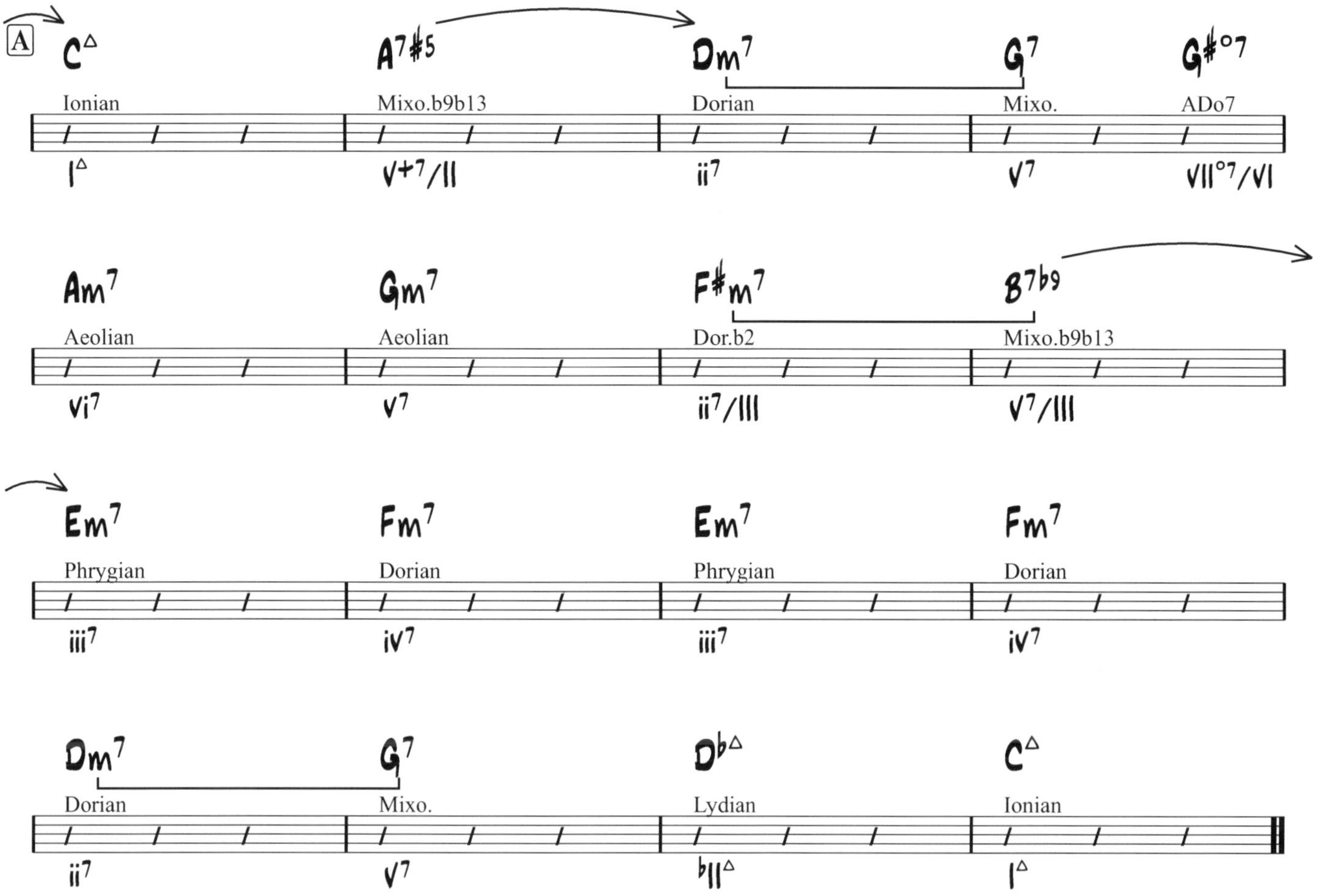

UPPER MANHATTAN MEDICAL GROUP

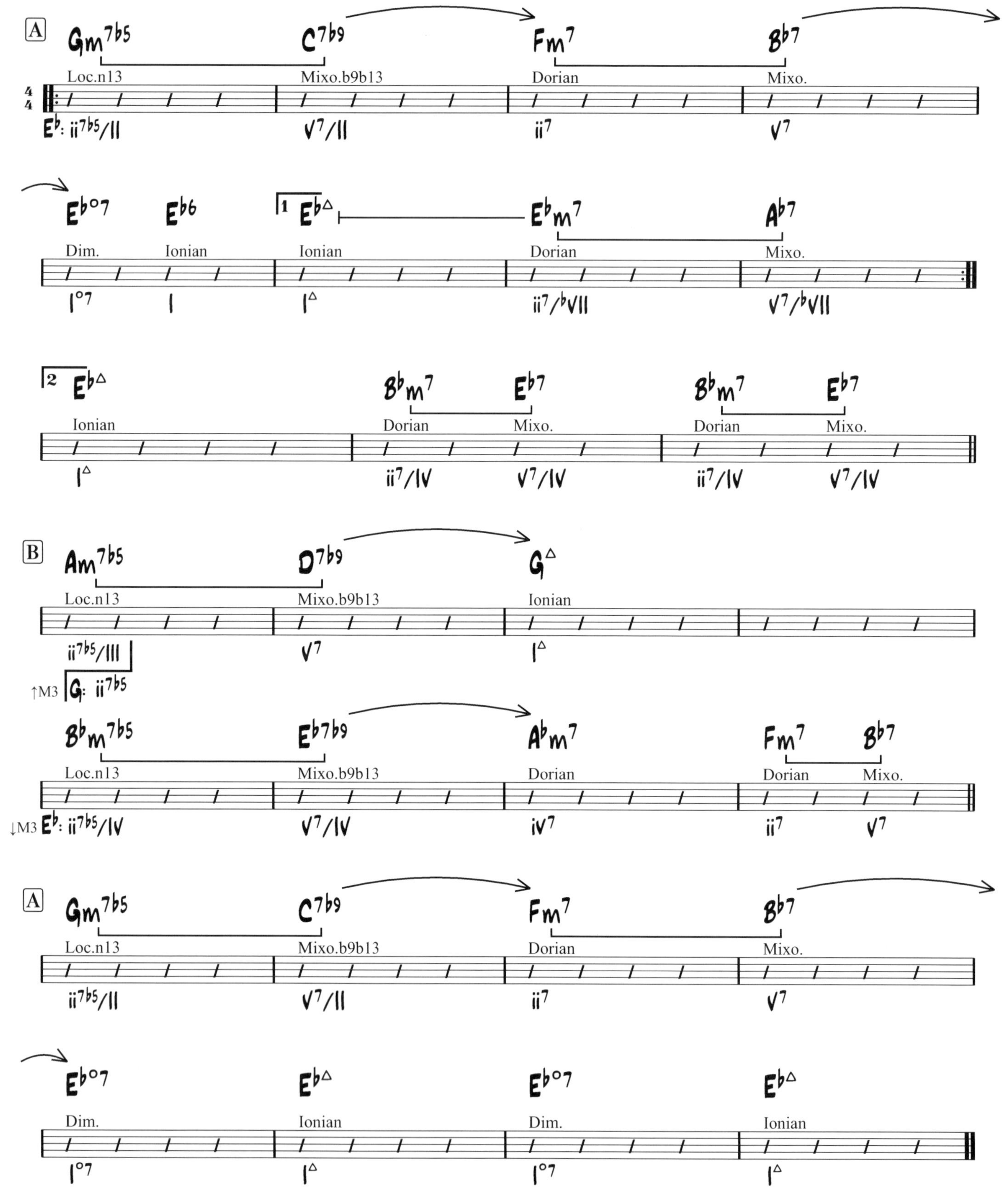

VALSE HOT

A
Cm7 F7 Bb△ Cm7 F7 Bb△ Cm7 F7 Bb△
Dor Mix Ion Dor Mix Ion Dor Mix Ion
3
4
Bb: ii7 V7 I△ ii7 V7 I△ ii7 V7 I△
Fm7 Bb7 Eb△ Fm7 Bb7 Eb△ Fm7 Bb7 Eb△
Dor Mix Lyd Dor Mix Lyd Dor Mix Lyd
ii7/IV V7/IV IV△ ii7/IV V7/IV IV△ ii7/IV V7/IV IV△
B
Bb△ Dm7 G7b9
Ionian Dor.b2 Mixo.b9b13
I△ ii7/II V7/II
Cm7 F7 Bb△ G7b9
Dorian Mixo. Ionian Mixo.b9b13
ii7 V7 I△ V7/II
Cm7 Ebm7 Dm7 G7b9
Dorian Dorian Dor.b2 Mixo.b9b13
ii7 iv7 ii7/II V7/II
Cm7 F7 Bb△ F7
Dorian Mixo. Ionian Mixo.
ii7 V7 I△ V7

VERY EARLY (MELODY IN AND SOLOS)

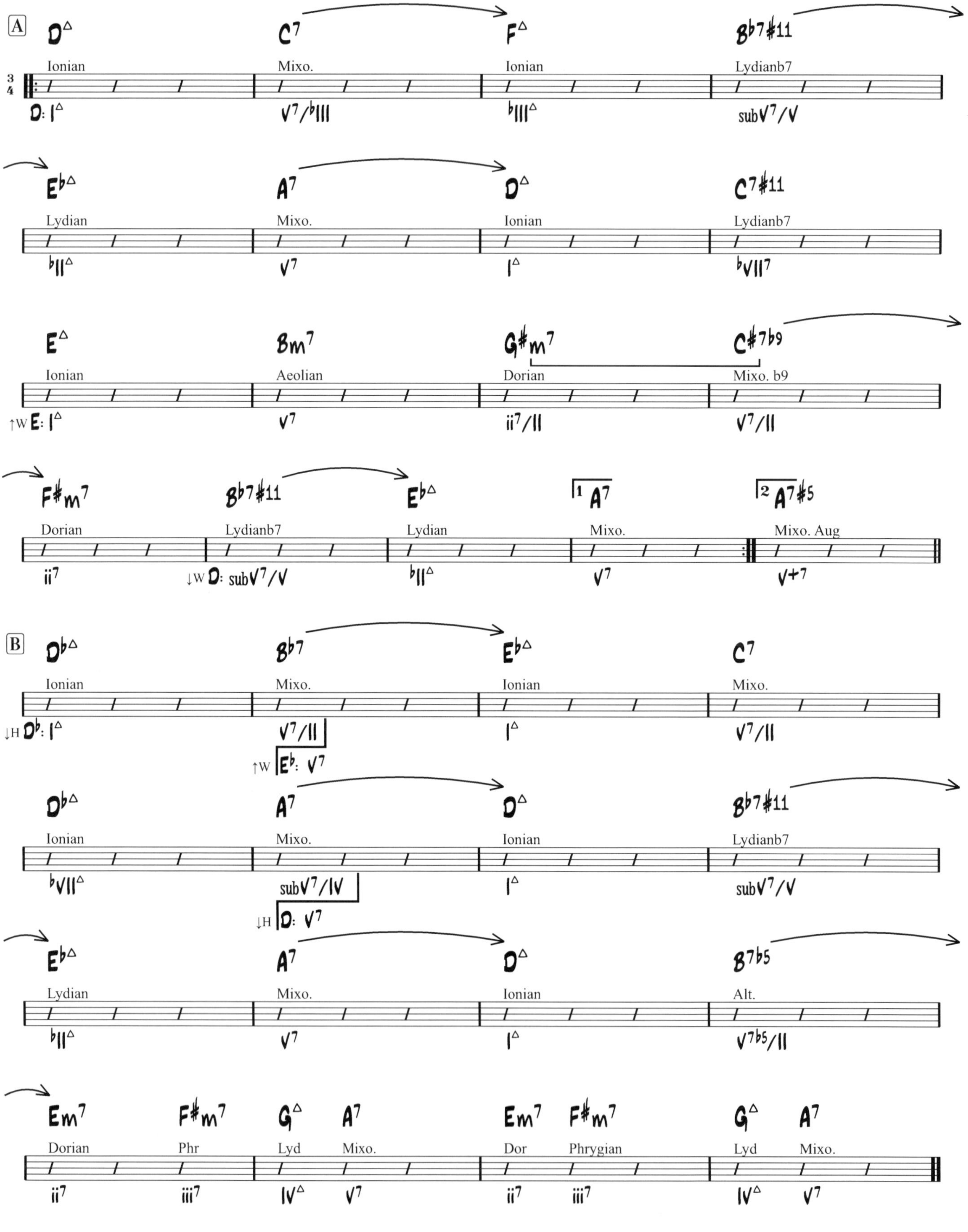

VERY EARLY (MELODY OUT)

A
D△ C7 F△ Bb7#11
Ionian Mixo. Ionian Lydianb7
3/4
D: I△ V7/bIII bIII△ subV7/V
Eb△ A7 D△ C7#11
Lydian Mixo. Ionian Lydianb7
bII△ V7 I△ bVII7
E△ Bm7 G#m7 C#7b9
Ionian Aeolian Dorian Mixo. b9
↑W E: I△ V7 ii7/II V7/II
F#m7 Bb7#11 Eb△ 1 A7 2 A7#5
Dorian Lydianb7 Lydian Mixo. Mixo. Aug
ii7 ↓W D: subV7/V bII△ V7 V+7
B
Db△ Bb7 Eb△ C7
Ionian Mixo. Ionian Mixo.
↓H Db: I△ ↑W Eb: V7 I△ V7/II
Db△ A7 D△ Bb7#11
Ionian Mixo. Ionian Lydianb7
bVII△ ↓H D: V7 I△ subV7/V
Eb△ A7 D△ B7b5
Lydian Mixo. Ionian Alt.
bII△ V7 I△ V7b5/II
Em7 F#m7 G△ A7 Em7 F#m7 G△ A7
Dorian Phr Lyd Mixo. Dorian Phr Lyd Mixo.
ii7 iii7 IV△ V7 ii7 iii7 IV△ V7
C
Em7/D Ebm7 C△ A△ Db△
Dorian Dor Lyd Lyd Ionian
ii4/2 ↓H Db: ii7 VII△ bVI△ I△

WAIT TILL YOU SEE HER

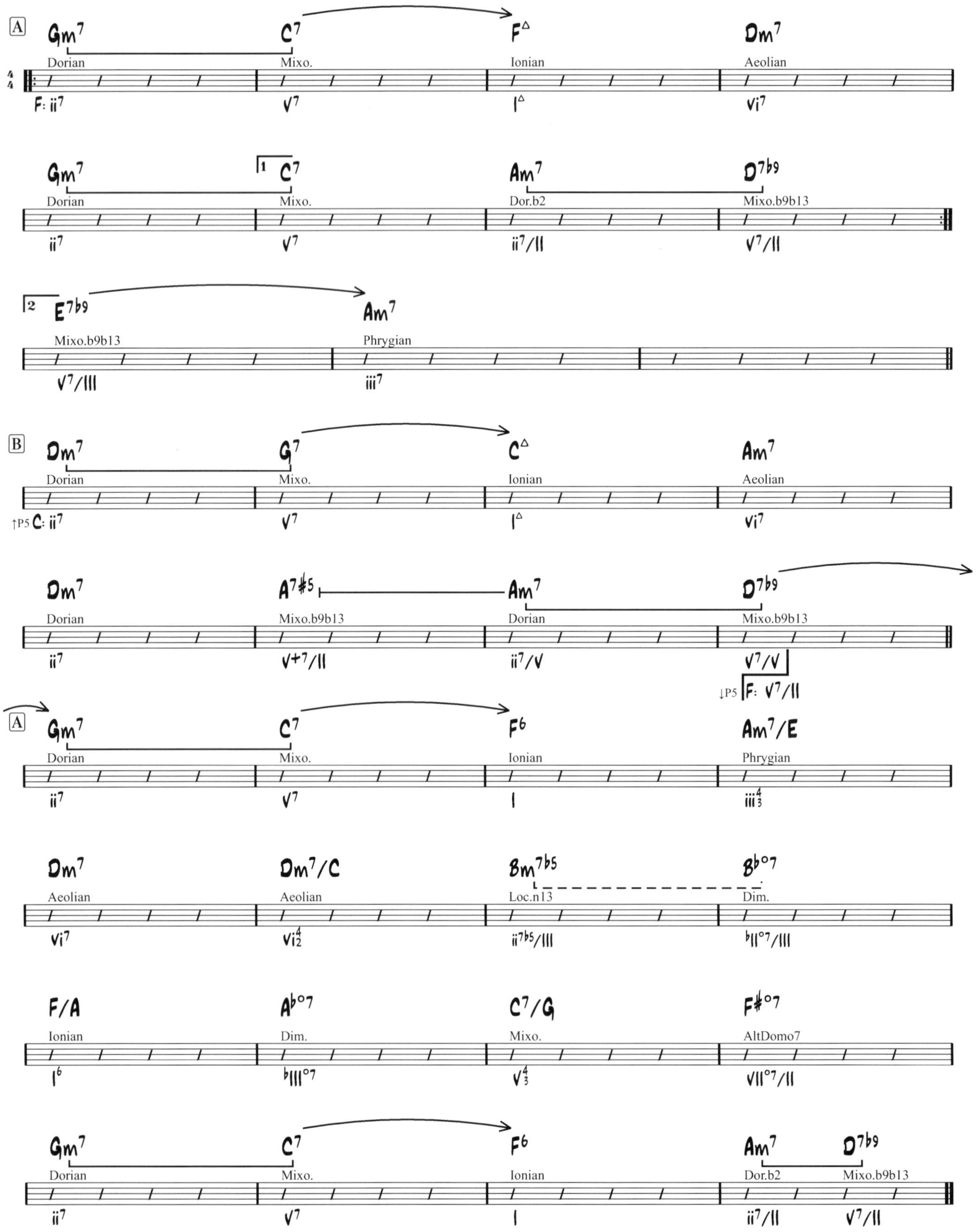

WALTZ FOR DEBBY (MELODY IN AND SOLOS)

WALTZ FOR DEBBY (MELODY IN AND SOLOS) - Page 2

WALTZ FOR DEBBY (MELODY OUT)

WALTZ FOR DEBBY (MELODY OUT) - Page 2

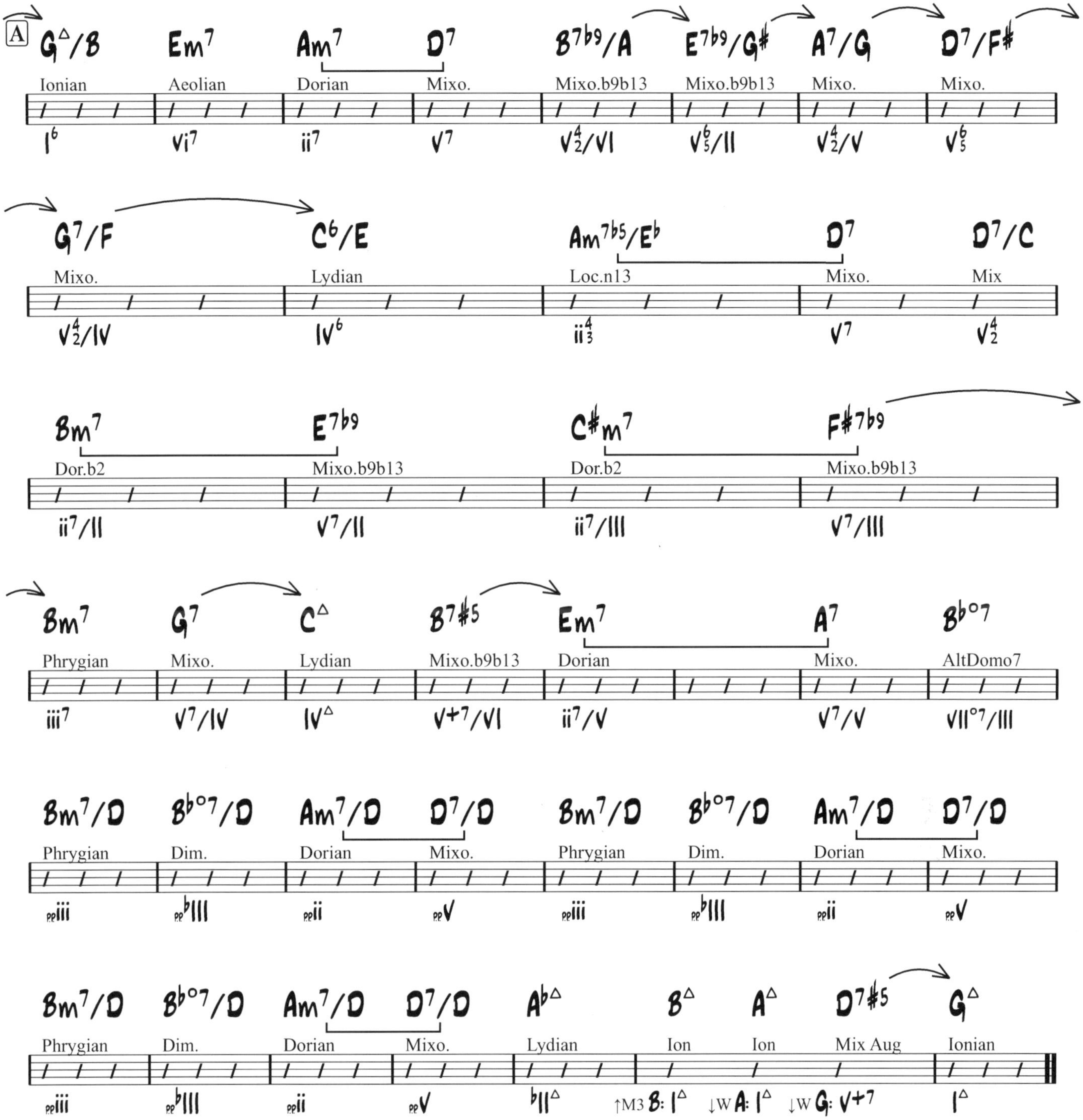
A
G△/B Em7 Am7 D7 B7b9/A E7b9/G# A7/G D7/F#
Ionian Aeolian Dorian Mixo. Mixo.b9b13 Mixo.b9b13 Mixo. Mixo.
I6 vi7 ii7 V7 V4/2/VI V6/5/II V4/2/V V6/5
G7/F C6/E Am7b5/Eb D7 D7/C
Mixo. Lydian Loc.n13 Mixo. Mix
V4/2/IV IV6 ii4/3 V7 V4/2
Bm7 E7b9 C#m7 F#7b9
Dor.b2 Mixo.b9b13 Dor.b2 Mixo.b9b13
ii7/II V7/II ii7/III V7/III
Bm7 G7 C△ B7#5 Em7 A7 Bb°7
Phrygian Mixo. Lydian Mixo.b9b13 Dorian Mixo. AltDomo7
iii7 V7/IV IV△ V+7/VI ii7/V V7/V VII°7/III
Bm7/D Bb°7/D Am7/D D7/D Bm7/D Bb°7/D Am7/D D7/D
Phrygian Dim. Dorian Mixo. Phrygian Dim. Dorian Mixo.
ppiii ppbIII ppii ppV ppiii ppbIII ppii ppV
Bm7/D Bb°7/D Am7/D D7/D Ab△ B△ A△ D7#5 G△
Phrygian Dim. Dorian Mixo. Lydian Ion Ion Mix Aug Ionian
ppiii ppbIII ppii ppV bII△ ↑M3 B: I△ ↓W A: I△ ↓W G: V+7 I△

WAVE

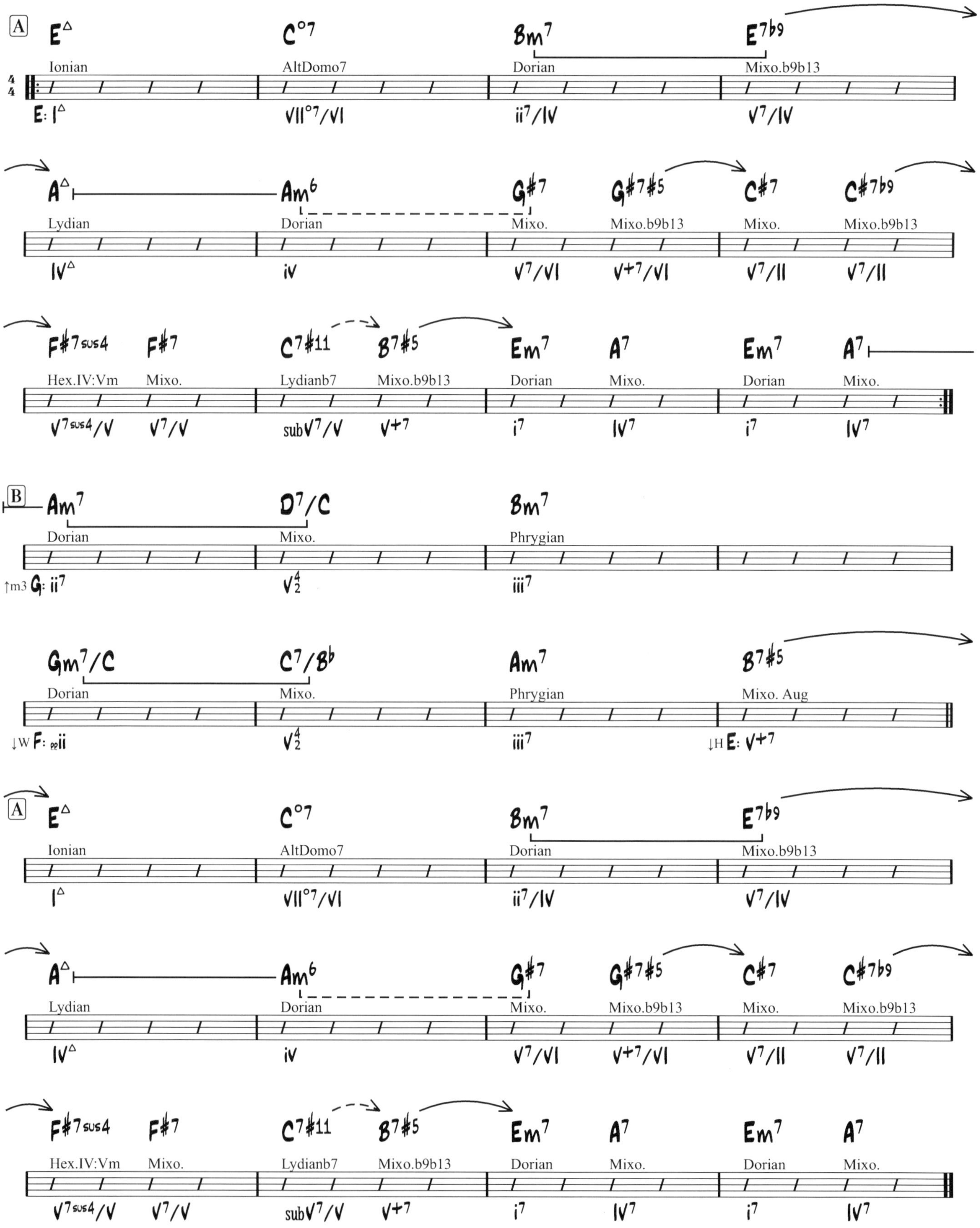
A
E△ C°7 Bm7 E7b9
Ionian AltDomo7 Dorian Mixo.b9b13
4/4
E: I△ VII°7/VI ii7/IV V7/IV
A△ Am6 G#7 G#7#5 C#7 C#7b9
Lydian Dorian Mixo. Mixo.b9b13 Mixo. Mixo.b9b13
IV△ iv V7/VI V+7/VI V7/II V7/II
F#7sus4 F#7 C7#11 B7#5 Em7 A7 Em7 A7
Hex.IV:Vm Mixo. Lydianb7 Mixo.b9b13 Dorian Mixo. Dorian Mixo.
V7sus4/V V7/V subV7/V V+7 i7 IV7 i7 IV7
B
Am7 D7/C Bm7
Dorian Mixo. Phrygian
↑m3 G: ii7 V4/2 iii7
Gm7/C C7/Bb Am7 B7#5
Dorian Mixo. Phrygian Mixo. Aug
↓W F: ppii V4/2 iii7 ↓H E: V+7
A
E△ C°7 Bm7 E7b9
Ionian AltDomo7 Dorian Mixo.b9b13
I△ VII°7/VI ii7/IV V7/IV
A△ Am6 G#7 G#7#5 C#7 C#7b9
Lydian Dorian Mixo. Mixo.b9b13 Mixo. Mixo.b9b13
IV△ iv V7/VI V+7/VI V7/II V7/II
F#7sus4 F#7 C7#11 B7#5 Em7 A7 Em7 A7
Hex.IV:Vm Mixo. Lydianb7 Mixo.b9b13 Dorian Mixo. Dorian Mixo.
V7sus4/V V7/V subV7/V V+7 i7 IV7 i7 IV7

WE'LL BE TOGETHER AGAIN

A
D6 Bb7#11 Em7 A7 Bm7 E7#11
Ionian Lydb7 Dorian Mixo. Dorian Lydianb7
4/4
d: I subV7/V ii7 V7 ii7/V V7/V
Cm7 F7 Bb△ 1 Em7b5 Bb7#11 A7
Dorian Mixo. Lydian Loc.n13 Lydianb7 Mixo.
ii7/bVI V7/bVI bVI△ ii7b5 subV7/V V7
2 Em7b5 A7 D6
Loc.n13 Mixo. Ionian
ii7b5 V7 I
B
Bb7#11 A7b9 Dm6 Bb7#11 A7b9 Dm6
Lydianb7 Mixo.b9b13 Mel. min Lydianb7 Mixo.b9b13 Mel. min
subV7/V V7 i subV7/V V7 i
Em7b5/Bb A7b9 Dm7 G7 Bm7b5 Bb7#11 A7
Loc.n13 Mixo.b9b13 Dorian Mixo. Loc.n13 Lydianb7 Mixo.
ii4/3 V7 ii7/bVII V7/bVII ii7b5/V subV7/V V7
A
D6 Bb7#11 Em7 A7 Bm7 E7#11
Ionian Lydb7 Dorian Mixo. Dorian Lydianb7
I subV7/V ii7 V7 ii7/V V7/V
Cm7 F7 Bb△ Em7b5 A7 D6 Em7 A7
Dorian Mixo. Lydian Loc.n13 Mixo. Ionian Dor Mix
ii7/bVI V7/bVI bVI△ ii7b5 V7 I ii7 V7

WELL YOU NEEDN'T

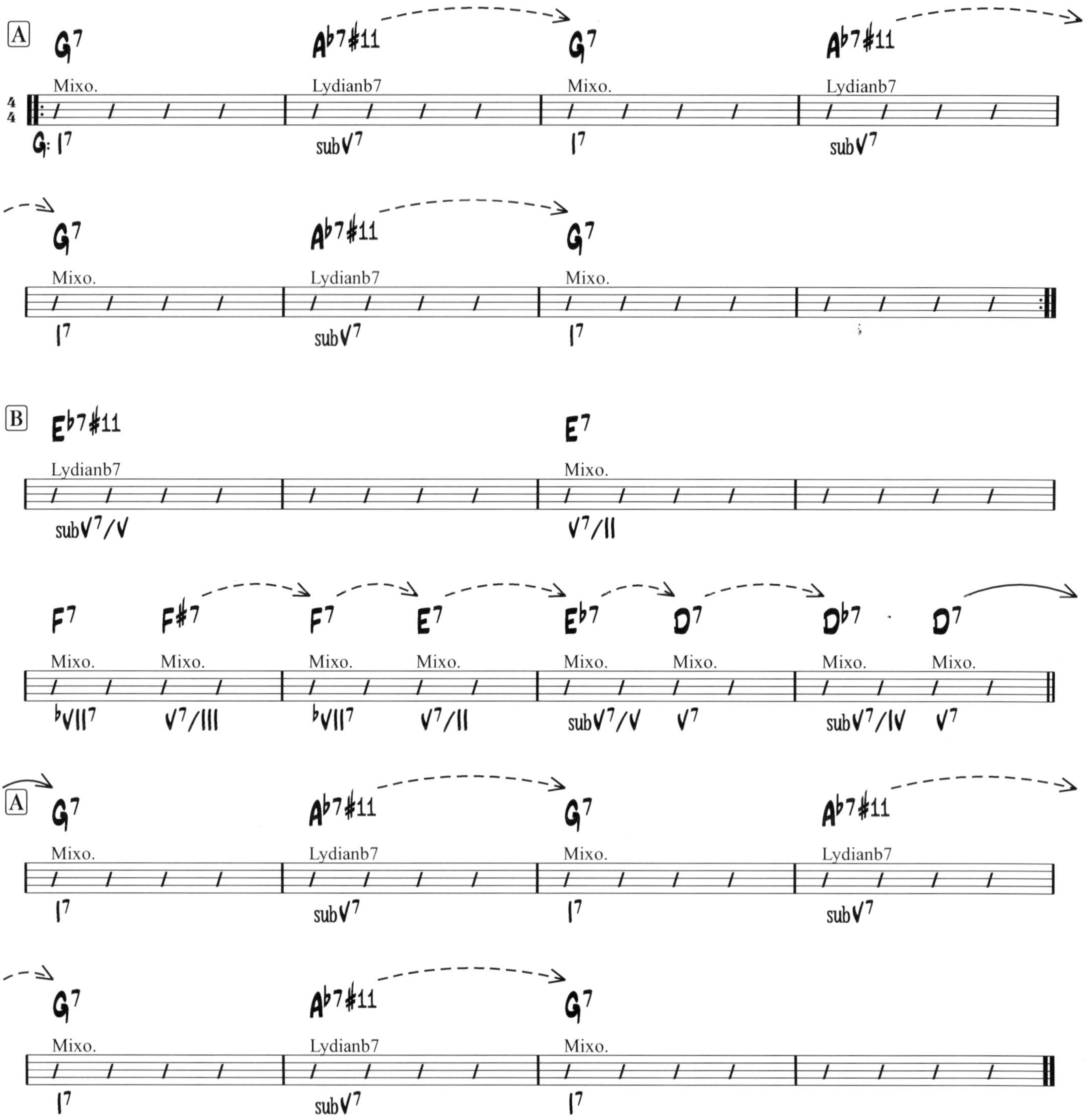

WEST COAST BLUES

A
C7 Mixo. C: I7
Bb7#11 Lydianb7 bVII7
C7 Mixo. I7
Dbm7 Dorian subii7/IV
Gb7#11 Lydianb7 subV7/IV
F7 Mixo. IV7
Fm7 Dorian iv7
Bb7#11 Lydianb7 bVII7
Em7 Dorian ii7/II
A7b9 Mixo.b9b13 V7/II
Ebm7 Dorian subii7/V
Ab7#11 Lydianb7 subV7/V
Dm7 Dorian ii7
G7 Mixo. V7
C6 Ionian I
Eb7#11 Lydianb7 subV7/II
Ab6 Lydian bVI
G7 Mixo. V7

WHAT AM I HERE FOR?

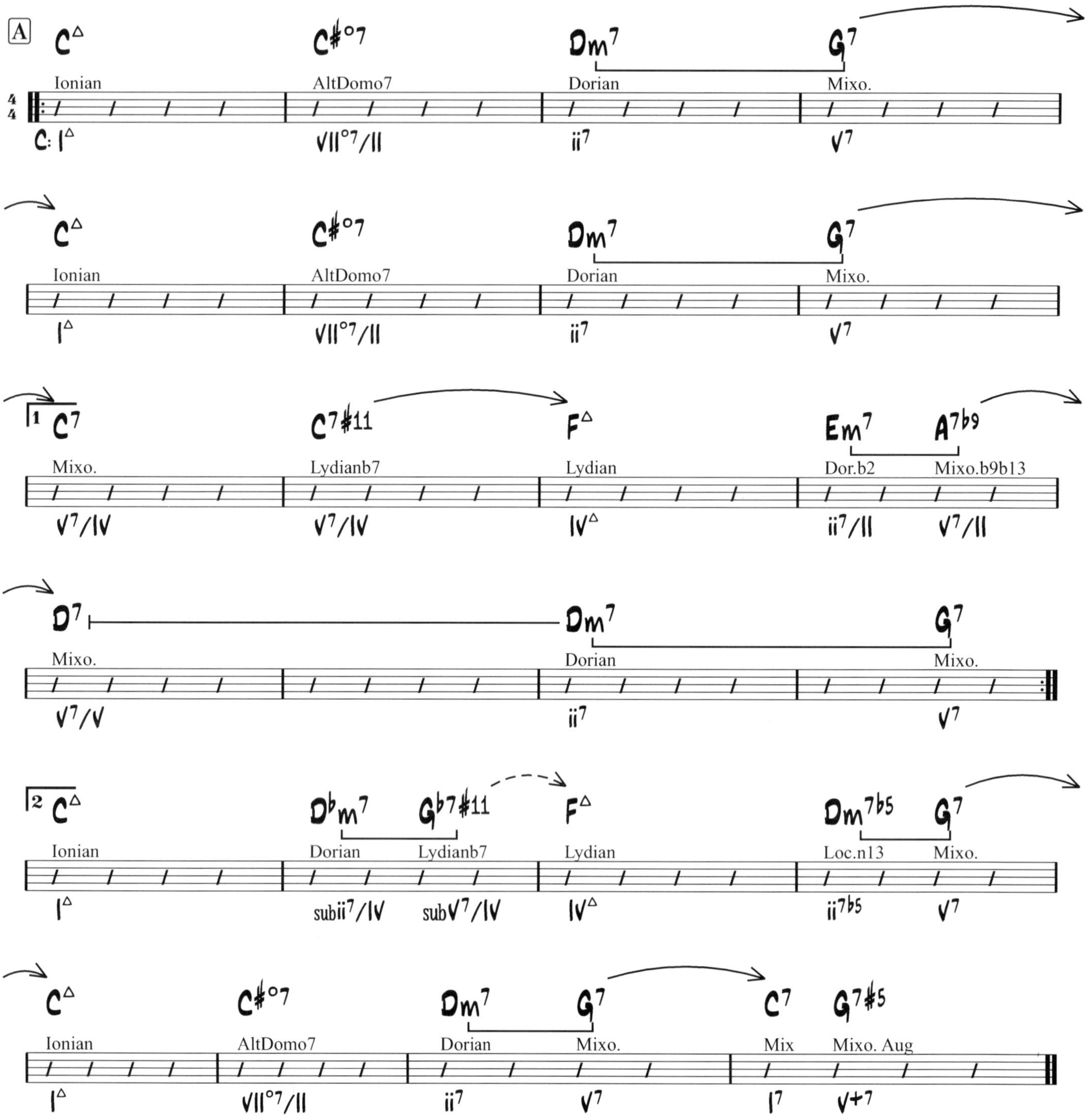
A
C△ C#°7 Dm7 G7
Ionian AltDomo7 Dorian Mixo.
4/4
C: I△ VII°7/II ii7 V7
C△ C#°7 Dm7 G7
Ionian AltDomo7 Dorian Mixo.
I△ VII°7/II ii7 V7
1 C7 C7#11 F△ Em7 A7b9
Mixo. Lydianb7 Lydian Dor.b2 Mixo.b9b13
V7/IV V7/IV IV△ ii7/II V7/II
D7 Dm7 G7
Mixo. Dorian Mixo.
V7/V ii7 V7
2 C△ Dbm7 Gb7#11 F△ Dm7b5 G7
Ionian Dorian Lydianb7 Lydian Loc.n13 Mixo.
I△ subii7/IV subV7/IV IV△ ii7b5 V7
C△ C#°7 Dm7 G7 C7 G7#5
Ionian AltDomo7 Dorian Mixo. Mix Mixo. Aug
I△ VII°7/II ii7 V7 I7 V+7

WHEN I FALL IN LOVE

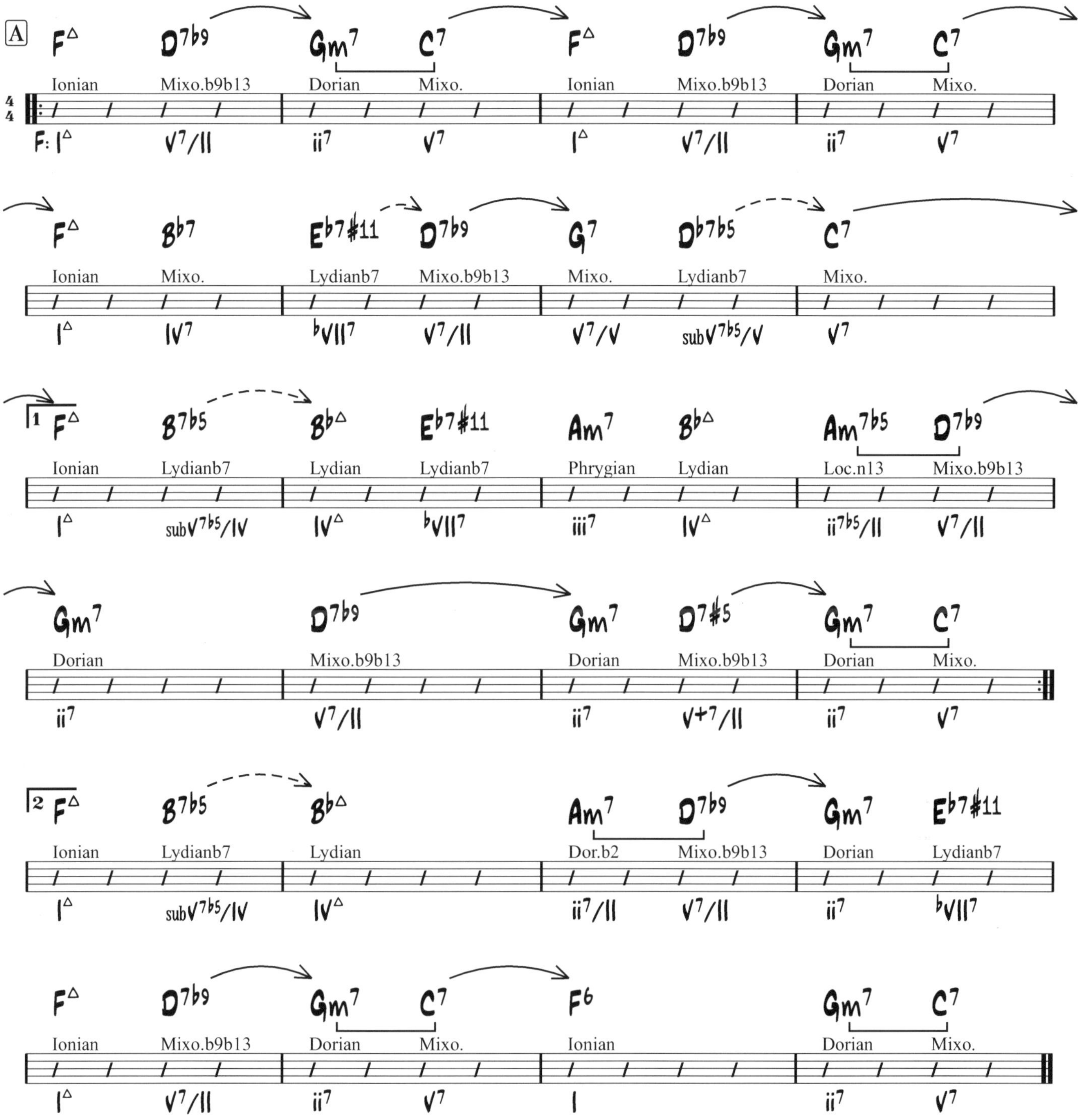
A
F△ D7b9 Gm7 C7 F△ D7b9 Gm7 C7
Ionian Mixo.b9b13 Dorian Mixo. Ionian Mixo.b9b13 Dorian Mixo.
4/4
F: I△ V7/II ii7 V7 I△ V7/II ii7 V7
F△ Bb7 Eb7#11 D7b9 G7 Db7b5 C7
Ionian Mixo. Lydianb7 Mixo.b9b13 Mixo. Lydianb7 Mixo.
I△ IV7 bVII7 V7/II V7/V subV7b5/V V7
1
F△ B7b5 Bb△ Eb7#11 Am7 Bb△ Am7b5 D7b9
Ionian Lydianb7 Lydian Lydianb7 Phrygian Lydian Loc.n13 Mixo.b9b13
I△ subV7b5/IV IV△ bVII7 iii7 IV△ ii7b5/II V7/II
Gm7 D7b9 Gm7 D7#5 Gm7 C7
Dorian Mixo.b9b13 Dorian Mixo.b9b13 Dorian Mixo.
ii7 V7/II ii7 V+7/II ii7 V7
2
F△ B7b5 Bb△ Am7 D7b9 Gm7 Eb7#11
Ionian Lydianb7 Lydian Dor.b2 Mixo.b9b13 Dorian Lydianb7
I△ subV7b5/IV IV△ ii7/II V7/II ii7 bVII7
F△ D7b9 Gm7 C7 F6 Gm7 C7
Ionian Mixo.b9b13 Dorian Mixo. Ionian Dorian Mixo.
I△ V7/II ii7 V7 I ii7 V7

WHEN SUNNY GETS BLUE

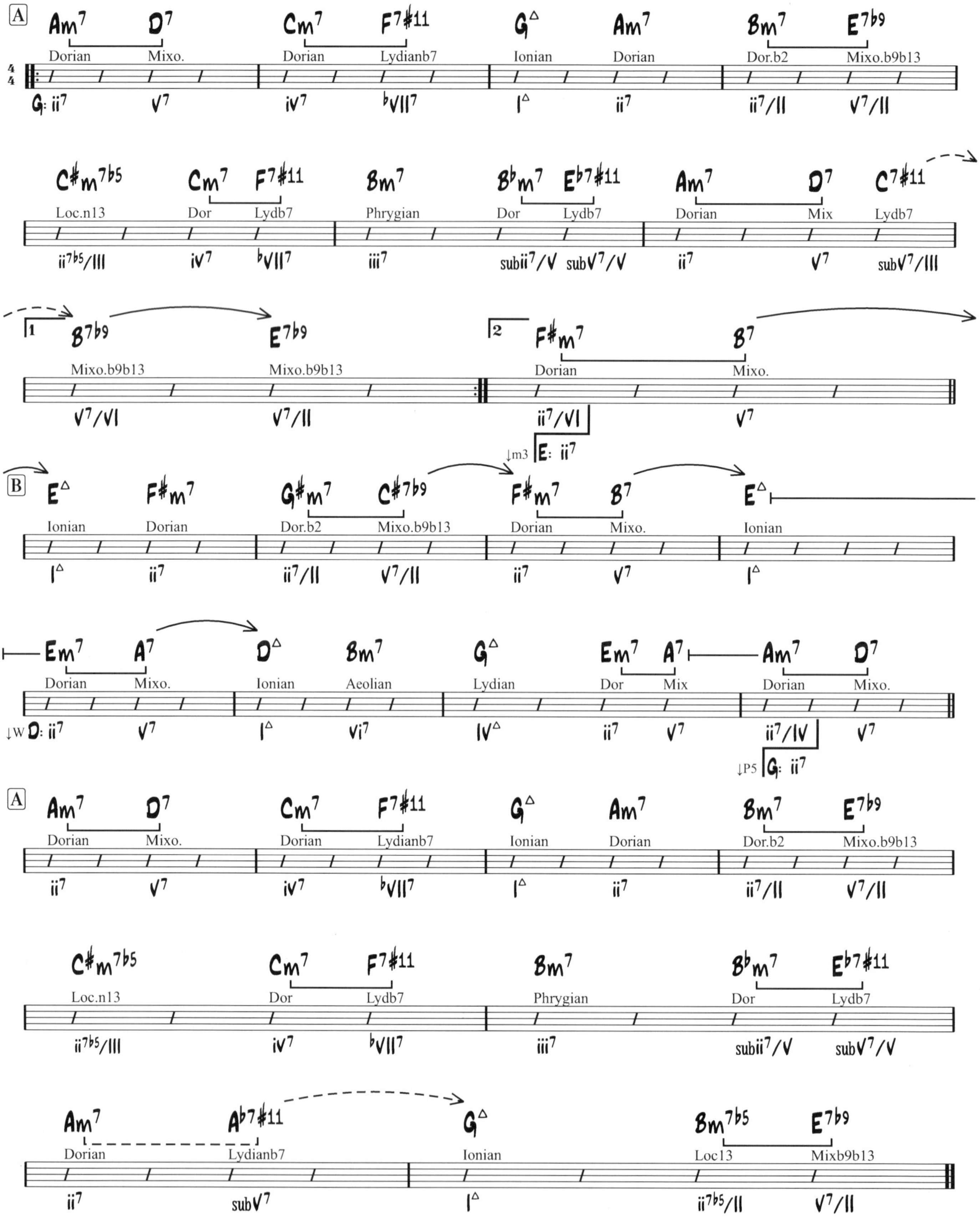

WHEN YOU WISH UPON A STAR

A
D△ B7#5 Em A7 D°7 D△
Ionian Mixo.b9b13 Dorian Mixo. Dim Ionian
4/4
D: I△ V+7/II ii V7 I°7 I△
F#m7 F°7 Em A7 1 Em A7 D△ Em A7
Phrygian Dim. Dorian Mixo. Dorian Mixo. Ionian Dor Mix
iii7 bIII°7 ii V7 ii V7 I△ ii V7
2 Em A7 D△
Dorian Mixo. Ionian
ii V7 I△
B
A7sus4 A7b9 D△ Em A7 D°7 D△
Hex.IV:Vo Mixo.b9b13 Ionian Dorian Mixo. Dim. Ionian
V7sus4 V7 I△ ii V7 I°7 I△
Bm7 E7 Em7b5 A7b9
Dorian Mixo. Loc.n13 Mixo.b9b13
ii7/V V7/V ii7b5 V7
A
D△ B7#5 Em A7 D°7 D△
Ionian Mixo.b9b13 Dorian Mixo. Dim Ionian
I△ V+7/II ii V7 I°7 I△
F#m7 F°7 Em A7 Em A7 D△ Em A7
Phrygian Dim. Dorian Mixo. Dorian Mixo. Ionian Dor Mix
iii7 bIII°7 ii V7 ii V7 I△ ii V7

WHISPERING

A
F
Ionian
F: I
Bm7 E7b9
Dor.b2 Mixo.b9b13
ii7/III V7/III
F
Ionian
I
D7#5 D7b9
Mixo.b9b13 Mixo.b9b13
V+7/II V7/II
G7
Mixo.
V7/V
C7
Mixo.
V7
1
F Am7 Ab°7
Ionian Phrygian Dim.
I iii7 bIII°7
Gm C7 Gm C7
Dorian Mixo. Dorian Mixo.
ii V7 ii V7
2
Gm C7 Eb7#11
Dorian Mixo. Lydianb7
ii V7 bVII7
F Gm C7
Ionian Dorian Mixo.
I ii V7

WITCH HUNT

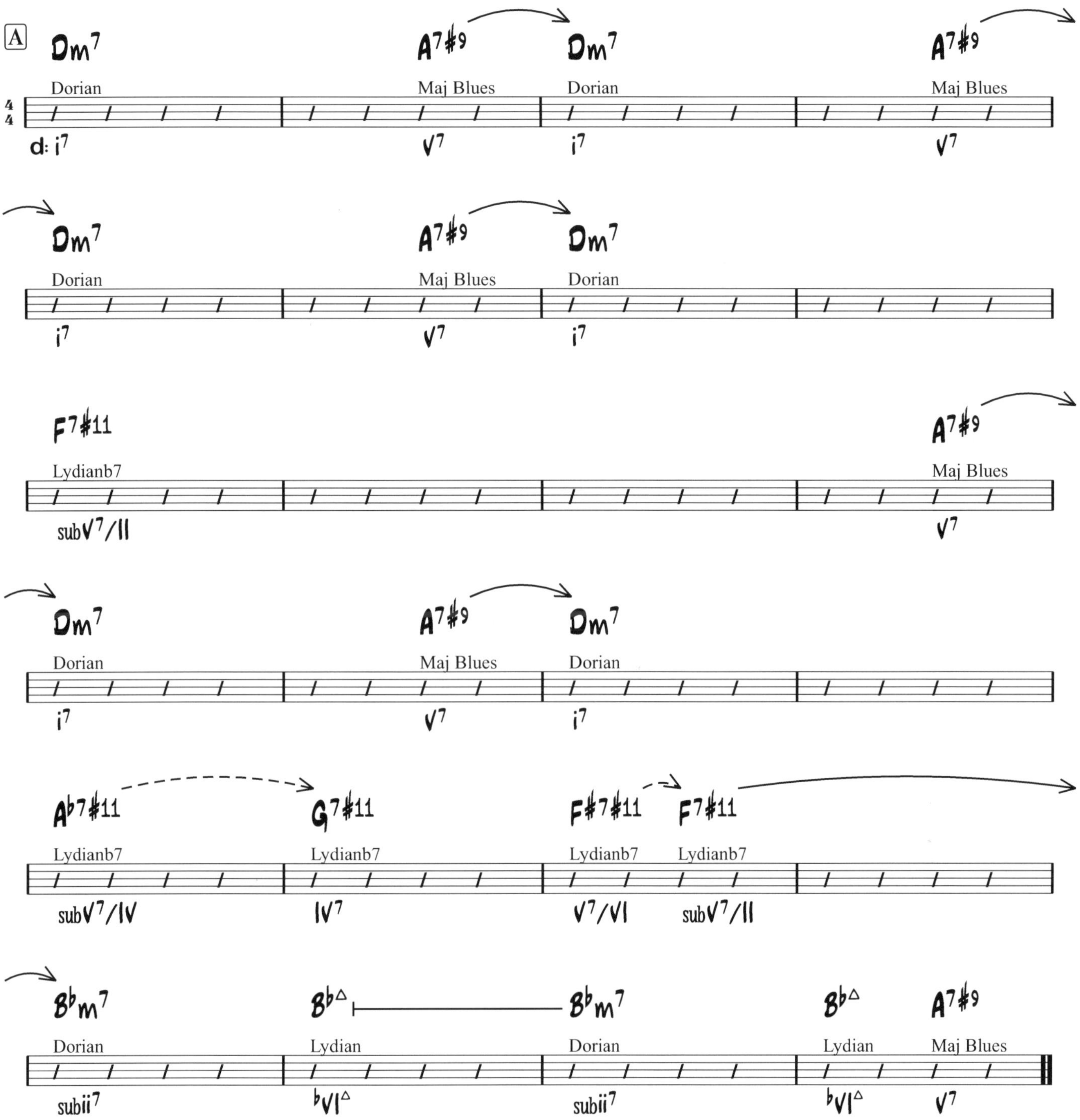
A
4/4
Dm7 Dorian d: i7 | A7#9 Maj Blues V7 | Dm7 Dorian i7 | A7#9 Maj Blues V7
Dm7 Dorian i7 | A7#9 Maj Blues V7 | Dm7 Dorian i7 |
F7#11 Lydianb7 subV7/II | | | A7#9 Maj Blues V7
Dm7 Dorian i7 | A7#9 Maj Blues V7 | Dm7 Dorian i7 |
Ab7#11 Lydianb7 subV7/IV | G7#11 Lydianb7 IV7 | F#7#11 Lydianb7 V7/VI F7#11 Lydianb7 subV7/II |
Bbm7 Dorian subii7 | Bb△ Lydian bVI△ | Bbm7 Dorian subii7 | Bb△ Lydian bVI△ A7#9 Maj Blues V7

WIVES AND LOVERS

WIVES AND LOVERS - Page 2

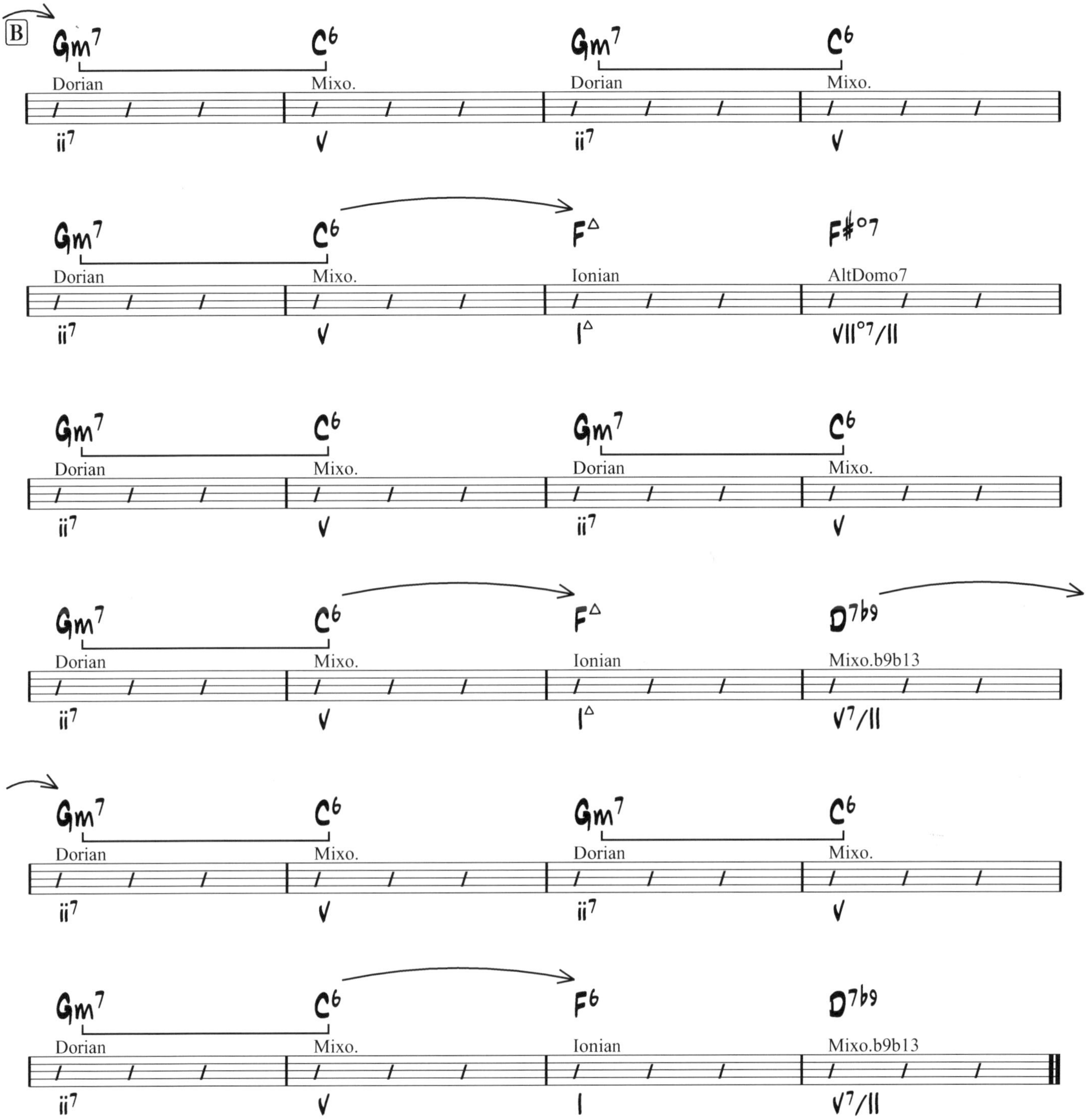

WOODYN' YOU

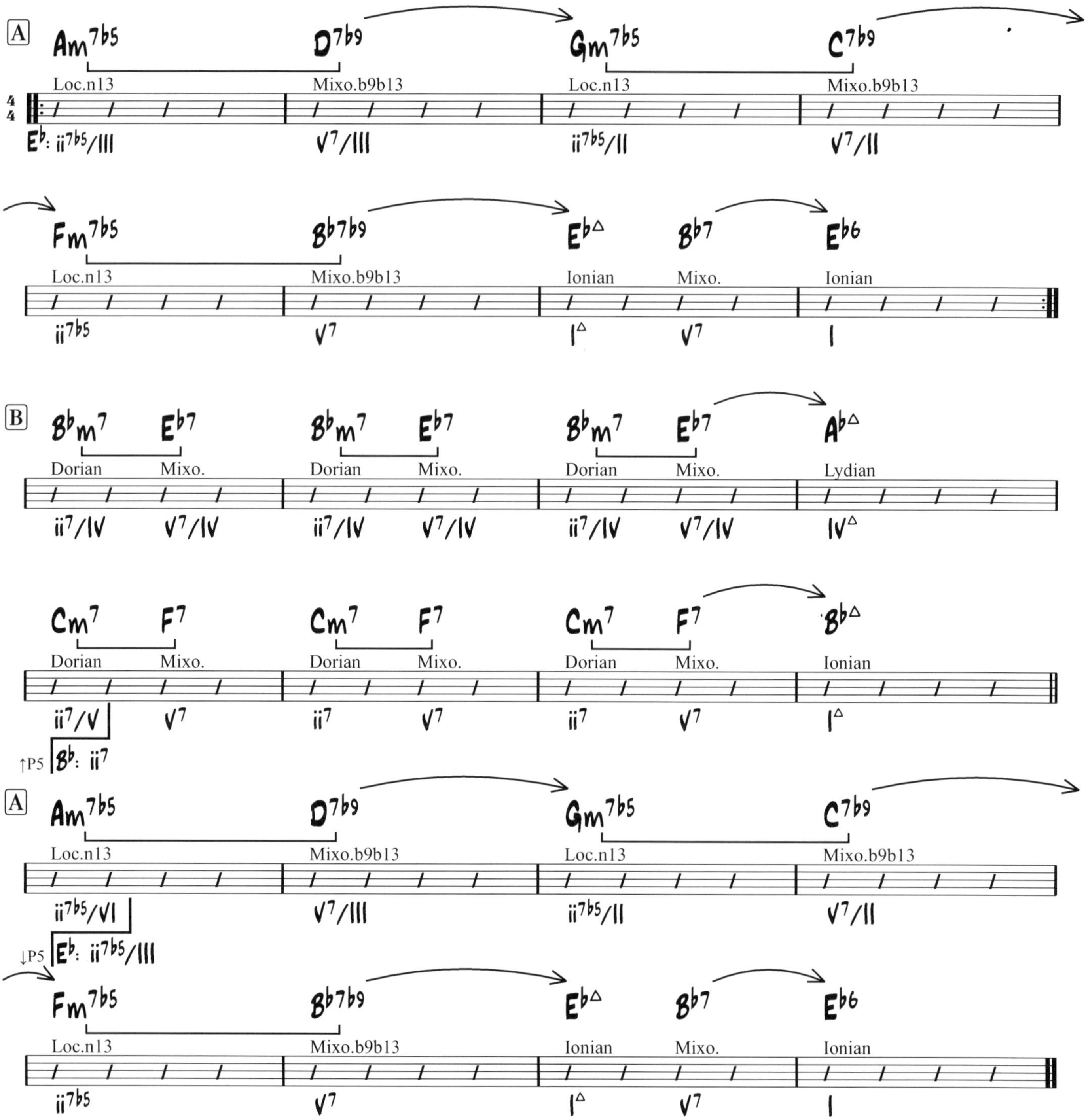
A
Am7b5 D7b9 Gm7b5 C7b9
Loc.n13 Mixo.b9b13 Loc.n13 Mixo.b9b13
Eb: ii7b5/III V7/III ii7b5/II V7/II
Fm7b5 Bb7b9 Eb△ Bb7 Eb6
Loc.n13 Mixo.b9b13 Ionian Mixo. Ionian
ii7b5 V7 I△ V7 I
B
Bbm7 Eb7 Bbm7 Eb7 Bbm7 Eb7 Ab△
Dorian Mixo. Dorian Mixo. Dorian Mixo. Lydian
ii7/IV V7/IV ii7/IV V7/IV ii7/IV V7/IV IV△
Cm7 F7 Cm7 F7 Cm7 F7 Bb△
Dorian Mixo. Dorian Mixo. Dorian Mixo. Ionian
ii7/V V7 ii7 V7 ii7 V7 I△
↑P5 Bb: ii7
A
Am7b5 D7b9 Gm7b5 C7b9
Loc.n13 Mixo.b9b13 Loc.n13 Mixo.b9b13
ii7b5/VI V7/III ii7b5/II V7/II
↓P5 Eb: ii7b5/III
Fm7b5 Bb7b9 Eb△ Bb7 Eb6
Loc.n13 Mixo.b9b13 Ionian Mixo. Ionian
ii7b5 V7 I△ V7 I

THE WORLD IS WAITING FOR THE SUNRISE

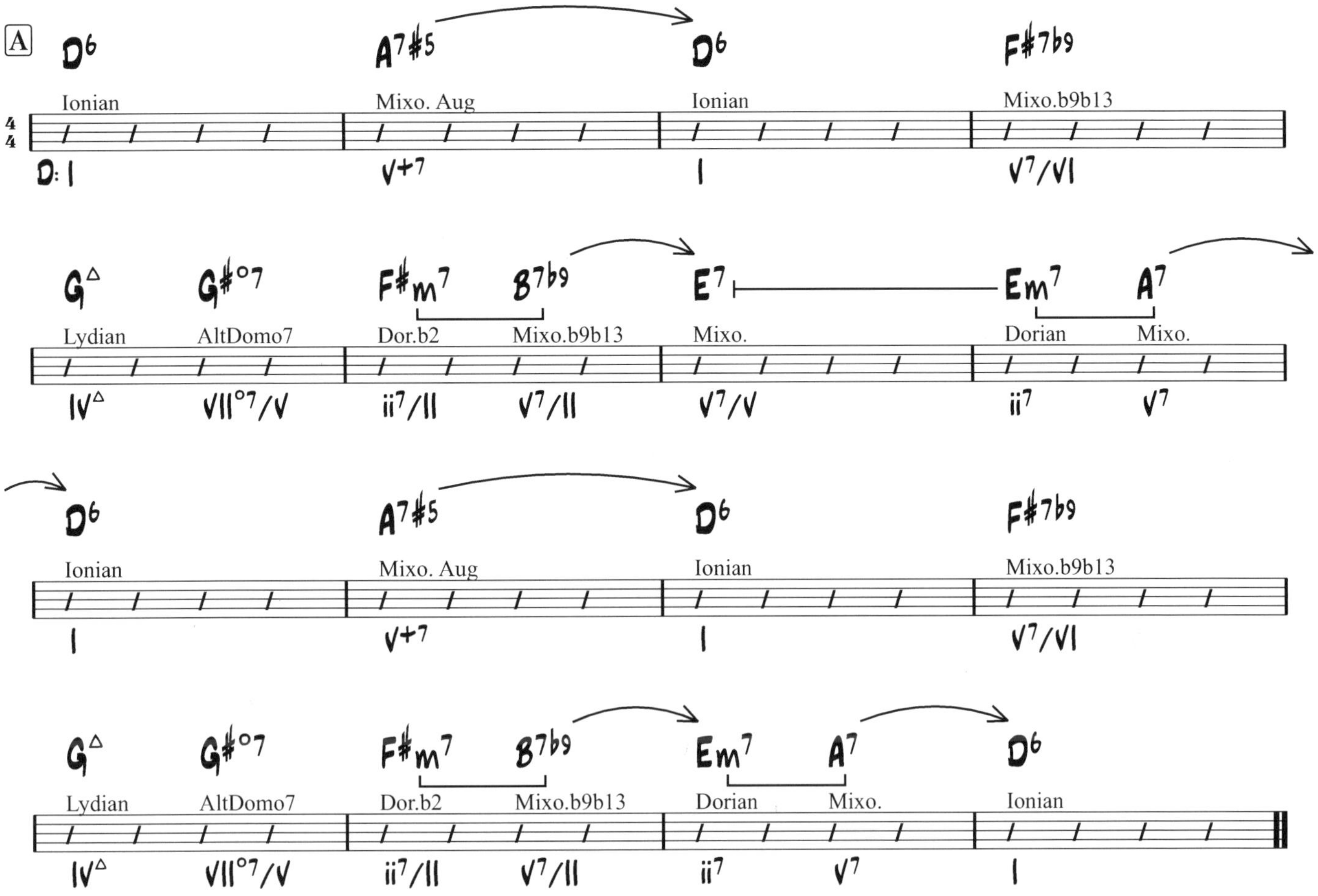
A
D6 | A7#5 | D6 | F#7b9
Ionian | Mixo. Aug | Ionian | Mixo.b9b13
4/4
D: I | V+7 | I | V7/VI
G△ G#°7 | F#m7 B7b9 | E7 | Em7 A7
Lydian AltDomo7 | Dor.b2 Mixo.b9b13 | Mixo. | Dorian Mixo.
IV△ VII°7/V | ii7/II V7/II | V7/V | ii7 V7
D6 | A7#5 | D6 | F#7b9
Ionian | Mixo. Aug | Ionian | Mixo.b9b13
I | V+7 | I | V7/VI
G△ G#°7 | F#m7 B7b9 | Em7 A7 | D6
Lydian AltDomo7 | Dor.b2 Mixo.b9b13 | Dorian Mixo. | Ionian
IV△ VII°7/V | ii7/II V7/II | ii7 V7 | I

YES AND NO

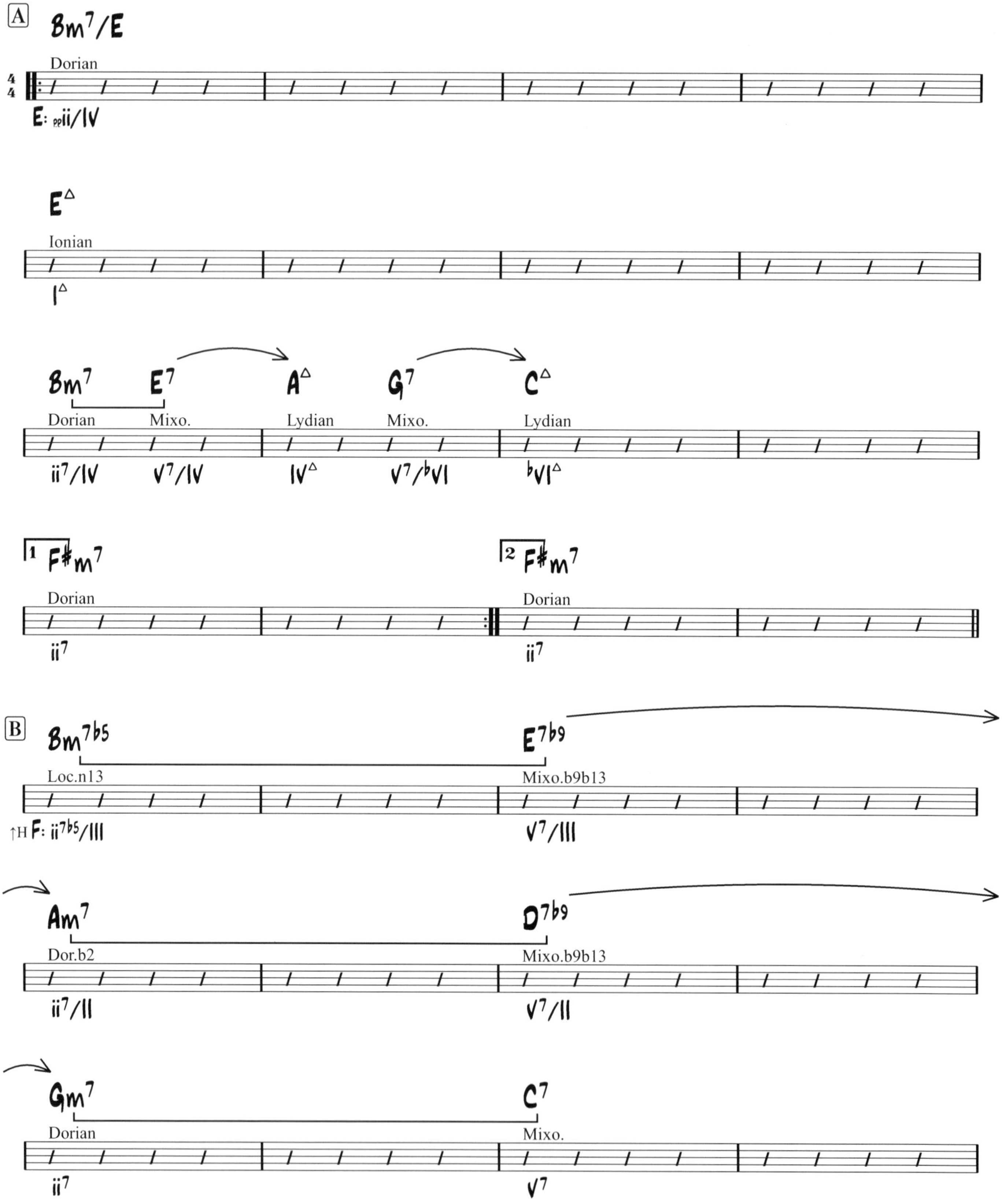
A
Bm7/E
Dorian
4/4
E: ppii/IV
E△
Ionian
I△
Bm7 E7 A△ G7 C△
Dorian Mixo. Lydian Mixo. Lydian
ii7/IV V7/IV IV△ V7/bVI bVI△
1 F#m7
Dorian
ii7
2 F#m7
Dorian
ii7
B
Bm7b5 E7b9
Loc.n13 Mixo.b9b13
↑H F: ii7b5/III V7/III
Am7 D7b9
Dor.b2 Mixo.b9b13
ii7/II V7/II
Gm7 C7
Dorian Mixo.
ii7 V7

YES AND NO - Page 2

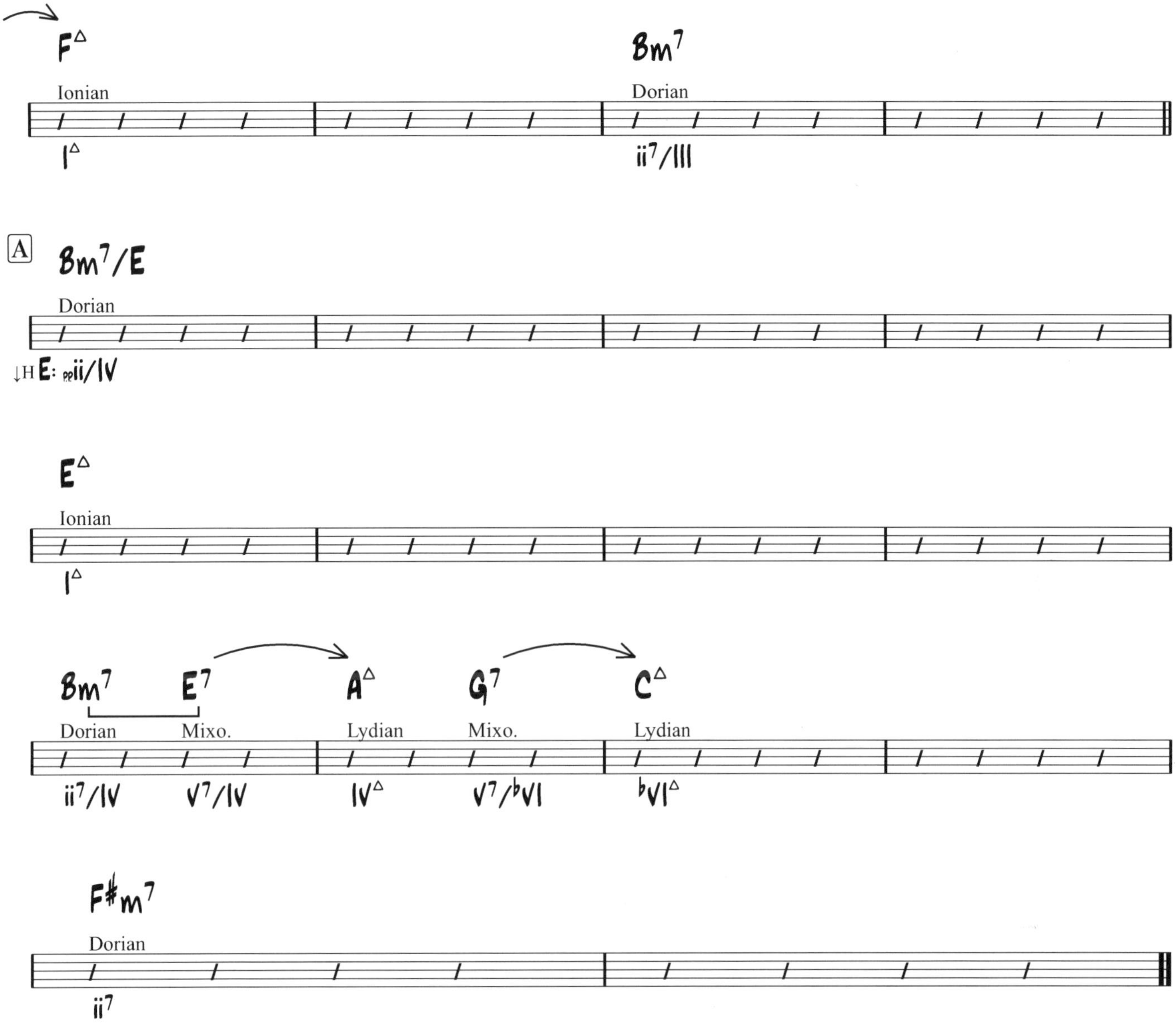
F△
Ionian
I△
Bm7
Dorian
ii7/III
A
Bm7/E
Dorian
↓H E: ♭♭ii/IV
E△
Ionian
I△
Bm7
Dorian
ii7/IV
E7
Mixo.
V7/IV
A△
Lydian
IV△
G7
Mixo.
V7/♭VI
C△
Lydian
♭VI△
F♯m7
Dorian
ii7

YESTERDAYS

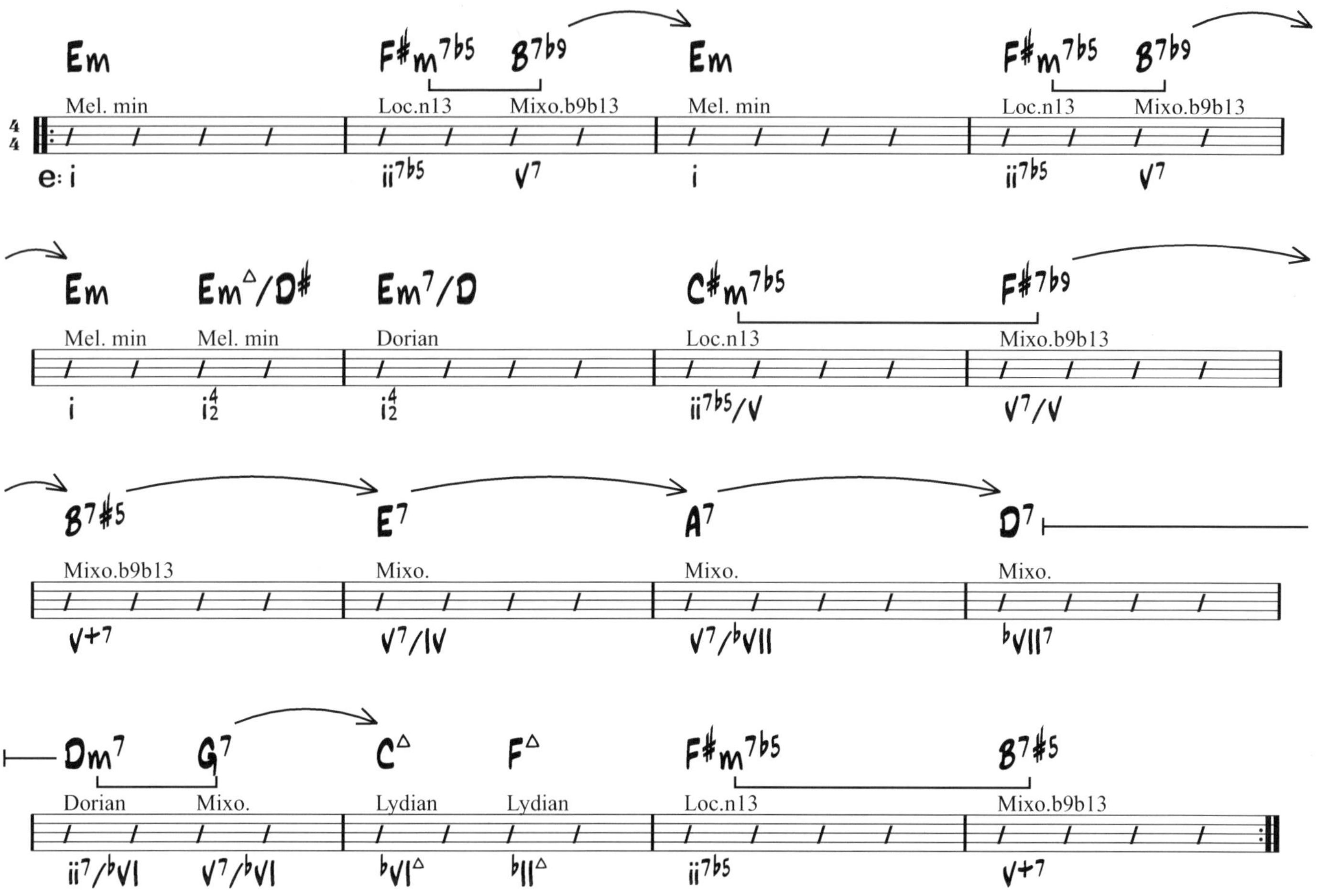
Em
F#m7b5 B7b9
Em
F#m7b5 B7b9
Mel. min
Loc.n13 Mixo.b9b13
Mel. min
Loc.n13 Mixo.b9b13
e: i
ii7b5 V7
i
ii7b5 V7
Em Em△/D# Em7/D C#m7b5 F#7b9
Mel. min Mel. min Dorian Loc.n13 Mixo.b9b13
ii7b5/V V7/V
B7#5 E7 A7 D7
Mixo.b9b13 Mixo. Mixo. Mixo.
V+7 V7/IV V7/bVII bVII7
Dm7 G7 C△ F△ F#m7b5 B7#5
Dorian Mixo. Lydian Lydian Loc.n13 Mixo.b9b13
ii7/bVI V7/bVI bVI△ bII△ ii7b5 V+7

YOU ARE TOO BEAUTIFUL

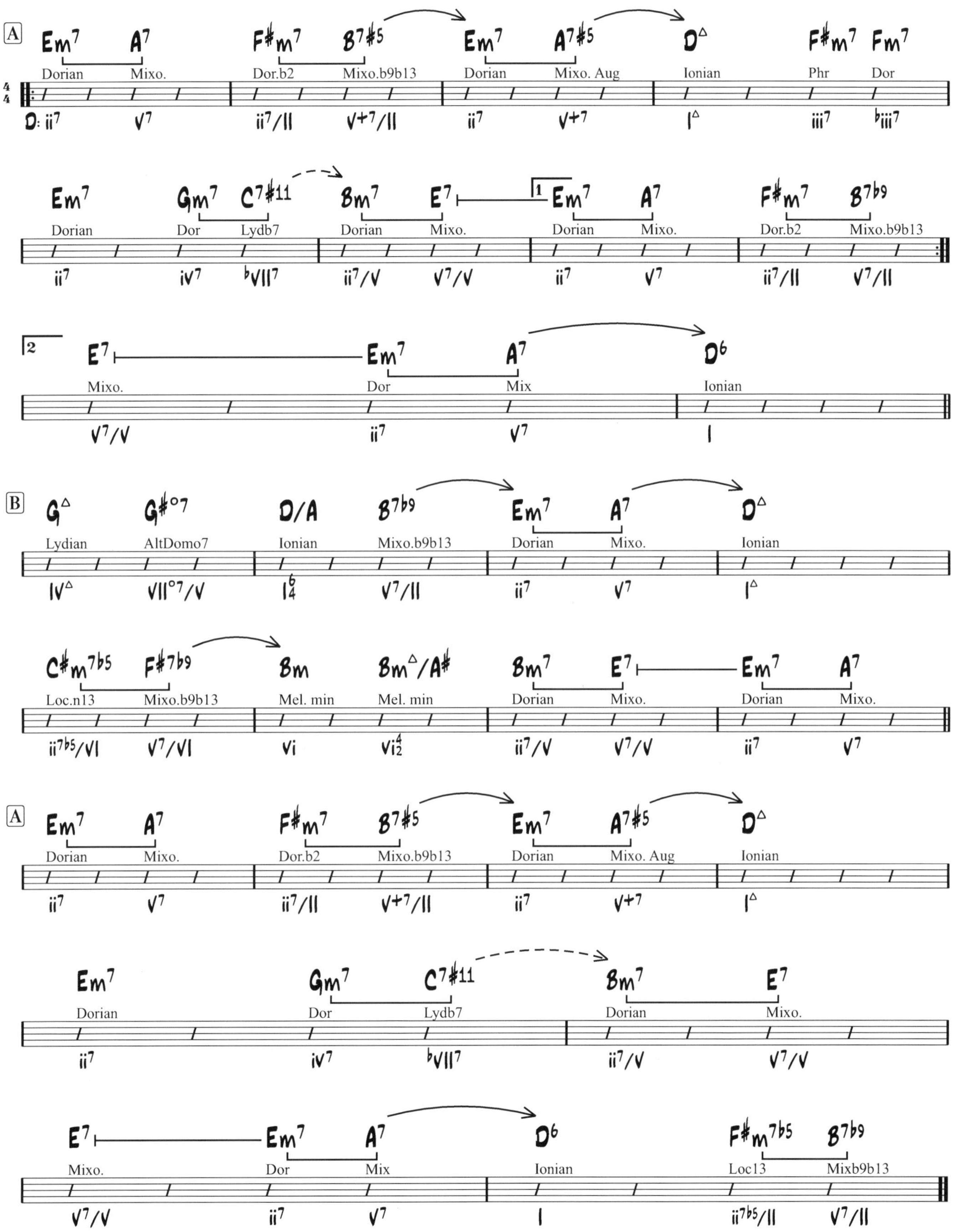
A
Em7 A7 F#m7 B7#5 Em7 A7#5 D△ F#m7 Fm7
Dorian Mixo. Dor.b2 Mixo.b9b13 Dorian Mixo. Aug Ionian Phr Dor
4/4
D: ii7 V7 ii7/II V+7/II ii7 V+7 I△ iii7 biii7
Em7 Gm7 C7#11 Bm7 E7 1 Em7 A7 F#m7 B7b9
Dorian Dor Lydb7 Dorian Mixo. Dorian Mixo. Dor.b2 Mixo.b9b13
ii7 iv7 bVII7 ii7/V V7/V ii7 V7 ii7/II V7/II
2 E7 Em7 A7 D6
Mixo. Dor Mix Ionian
V7/V ii7 V7 I
B
G△ G#°7 D/A B7b9 Em7 A7 D△
Lydian AltDomo7 Ionian Mixo.b9b13 Dorian Mixo. Ionian
IV△ VII°7/V I6/4 V7/II ii7 V7 I△
C#m7b5 F#7b9 Bm Bm△/A# Bm7 E7 Em7 A7
Loc.n13 Mixo.b9b13 Mel. min Mel. min Dorian Mixo. Dorian Mixo.
ii7b5/VI V7/VI vi vi4/2 ii7/V V7/V ii7 V7
A
Em7 A7 F#m7 B7#5 Em7 A7#5 D△
Dorian Mixo. Dor.b2 Mixo.b9b13 Dorian Mixo. Aug Ionian
ii7 V7 ii7/II V+7/II ii7 V+7 I△
Em7 Gm7 C7#11 Bm7 E7
Dorian Dor Lydb7 Dorian Mixo.
ii7 iv7 bVII7 ii7/V V7/V
E7 Em7 A7 D6 F#m7b5 B7b9
Mixo. Dor Mix Ionian Loc13 Mixb9b13
V7/V ii7 V7 I ii7b5/II V7/II

YOU BROUGHT A NEW KIND OF LOVE TO ME

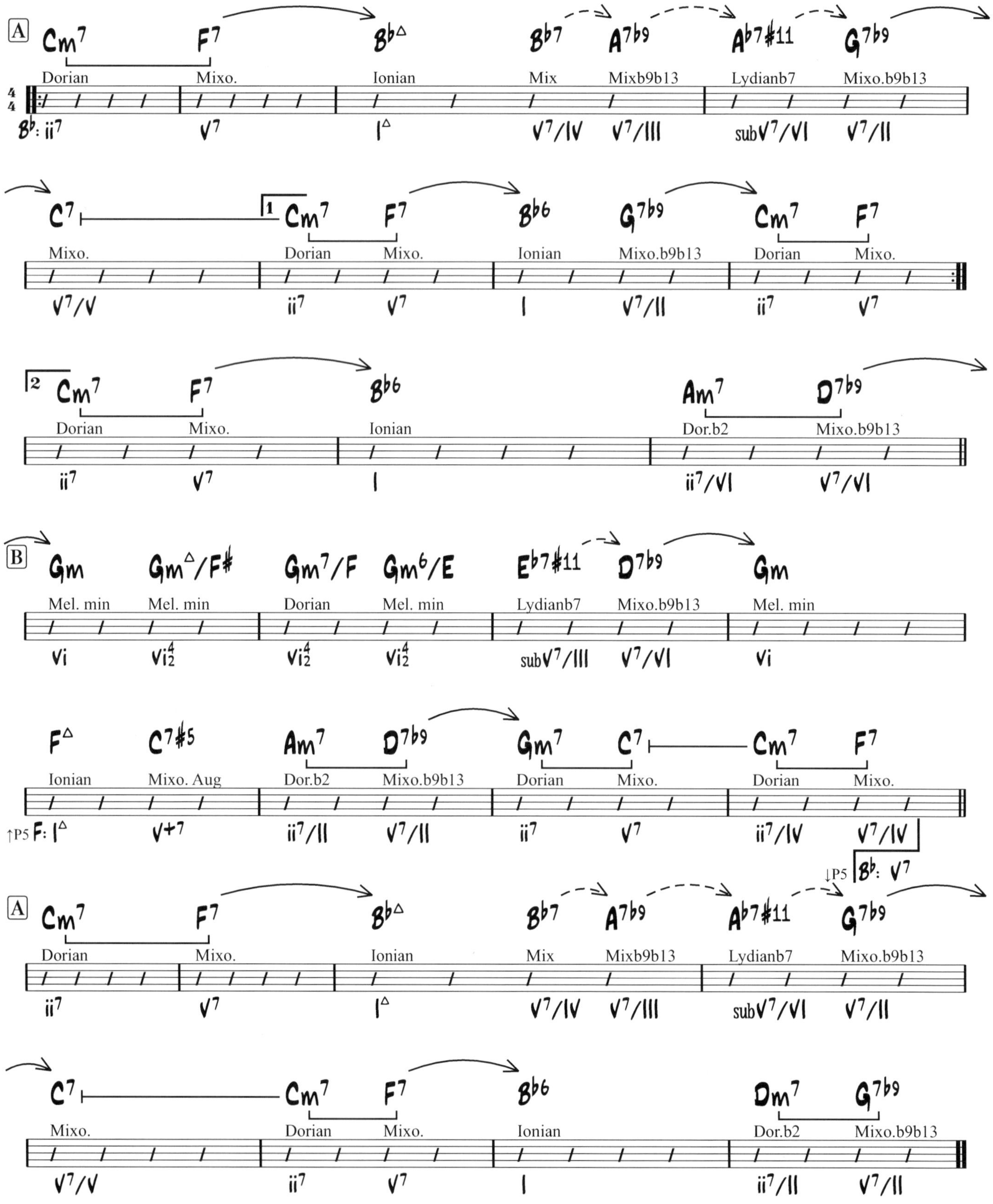
A
Cm7 F7 Bb△ Bb7 A7b9 Ab7#11 G7b9
Dorian Mixo. Ionian Mix Mixb9b13 Lydianb7 Mixo.b9b13
Bb: ii7 V7 I△ V7/IV V7/III subV7/VI V7/II
C7 1 Cm7 F7 Bb6 G7b9 Cm7 F7
Mixo. Dorian Mixo. Ionian Mixo.b9b13 Dorian Mixo.
V7/V ii7 V7 I V7/II ii7 V7
2 Cm7 F7 Bb6 Am7 D7b9
Dorian Mixo. Ionian Dor.b2 Mixo.b9b13
ii7 V7 I ii7/VI V7/VI
B
Gm Gm△/F# Gm7/F Gm6/E Eb7#11 D7b9 Gm
Mel. min Mel. min Dorian Mel. min Lydianb7 Mixo.b9b13 Mel. min
Vi Vi4 2 Vi4 2 Vi4 2 subV7/III V7/VI Vi
F△ C7#5 Am7 D7b9 Gm7 C7 Cm7 F7
Ionian Mixo. Aug Dor.b2 Mixo.b9b13 Dorian Mixo. Dorian Mixo.
↑P5 F: I△ V+7 ii7/II V7/II ii7 V7 ii7/IV V7/IV
↓P5 Bb: V7
A
Cm7 F7 Bb△ Bb7 A7b9 Ab7#11 G7b9
Dorian Mixo. Ionian Mix Mixb9b13 Lydianb7 Mixo.b9b13
ii7 V7 I△ V7/IV V7/III subV7/VI V7/II
C7 Cm7 F7 Bb6 Dm7 G7b9
Mixo. Dorian Mixo. Ionian Dor.b2 Mixo.b9b13
V7/V ii7 V7 I ii7/II V7/II

YOU DON'T KNOW WHAT LOVE IS

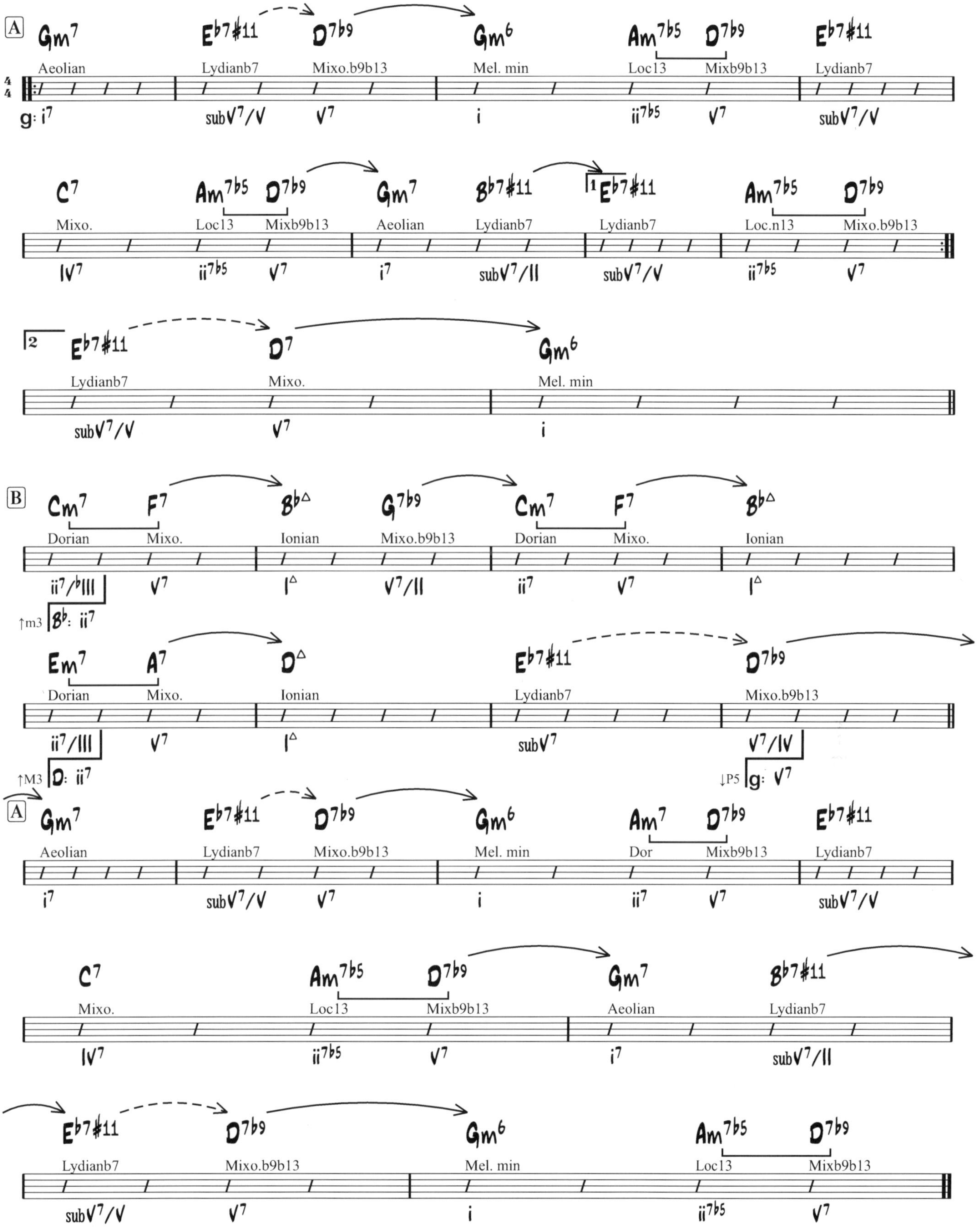

YOU TOOK ADVANTAGE OF ME

YOUNG AT HEART

A
C△ Eb°7 Dm7
Ionian Dim Dorian
C: I△ bIII°7 ii7
G7 Dm7 G7 G7#5 C△
Mixo. Dorian Mixo. Mix Aug Ionian
V7 ii7 V7 V+7 I△
Em7b5 A7b9 Em7b5 A7b9 Am7 D7
Loc.n13 Mixo.b9b13 Loc.n13 Mixo.b9b13 Dorian Mixo.
ii7b5/II V7/II ii7b5/II V7/II ii7/V V7/V
1 Am7 D7 G7 Dm7 G7 C6 Dm7 G7
Dorian Mixo. Mixo. Dorian Mixo. Ionian Dorian Mixo.
ii7/V V7/V V7 ii7 V7 I ii7 V7
2 F△ Dm7b5 C△ Am7 Dm7 G7
Lydian Loc.n13 Ionian Aeolian Dorian Mixo.
IV△ ii7b5 I△ vi7 ii7 V7
C C/E F6 F#°7 Dm7/G G7 C6 G7
Ion Ion Lyd ADo7 Dor Mix Ion Mix
I I6 IV VII°7/V ii V7 I V7

YOU'RE NOBODY UNTIL SOMEBODY LOVES YOU

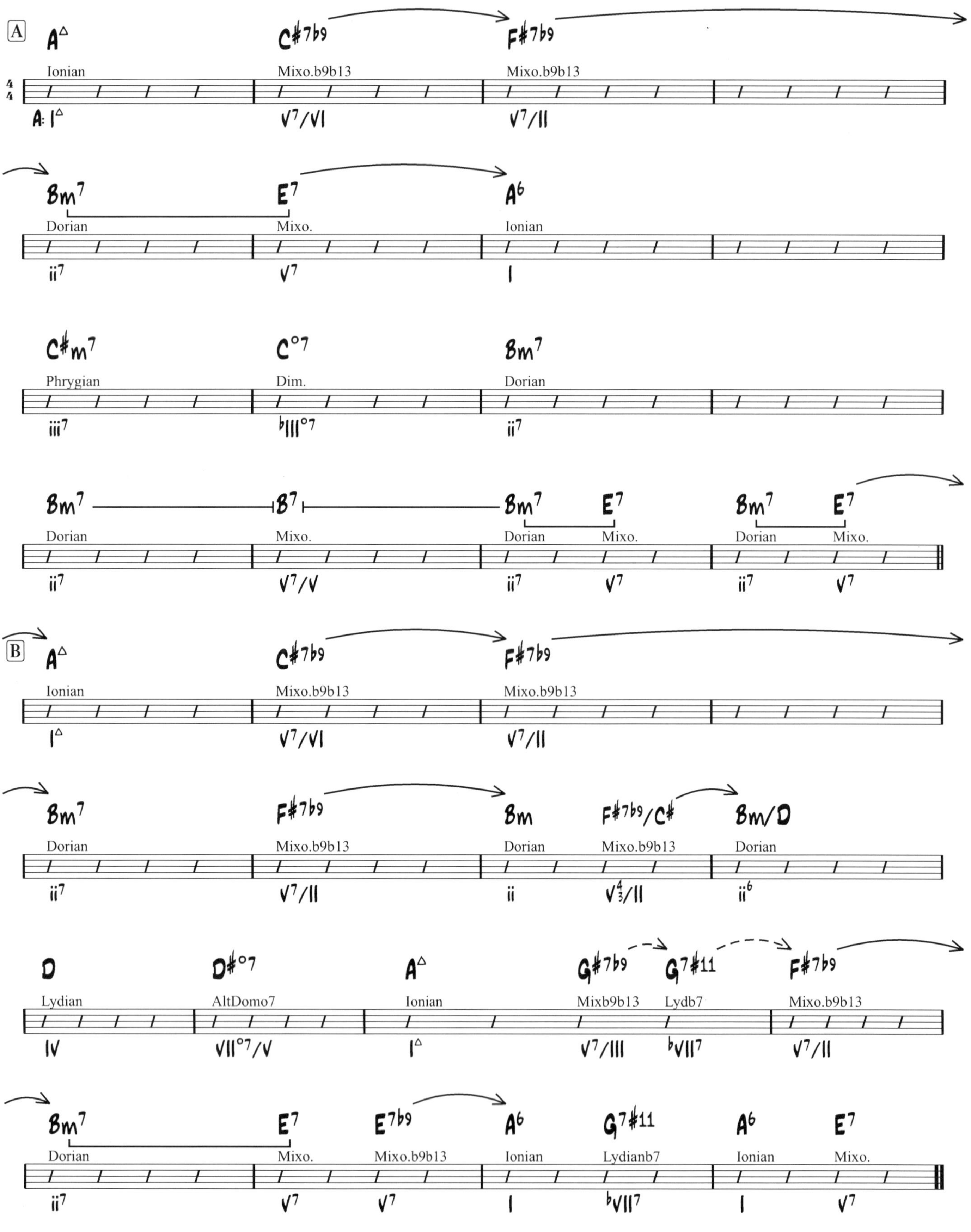

Music Apps by mDecks Music

Find the latest apps at https://mdecks.com/appsindex.phtml

Mapping Tonal Harmony Pro

Mapping Tonal Harmony Pro is the most Innovative and Extensive music tool for musicians out there. Play-along, Re-harmonization, Harmonic Analysis, Upper Structures, Target Notes and much much more. Study Tonal Harmony like never before! Write your own music using a map that reveals the secrets of tonality • (iPhone, iPad & macOS)
https://mdecks.com/mapharmony.phtml

Tessitura Pro (scales & modes)

The Complete World of Scales, Modes & Melodic Patterns. Tessitura Pro is much more than a thesaurus of scales, modes and melodic patterns, it's an interactive tool to study and practice scales like never before • (iPhone, iPad & macOS)
https://mdecks.com/tessitura.phtml

See Music (sight-reading)

See Music is a complete sight reading training method for musicians, music students and teachers. See Music listens to you and gives you instant feedback of your performance. Whichever your instrument (or instruments), See Music will take your playing and sight reading skills to the next level. It also includes Music Dication • (iPhone, iPad & macOS)
https://mdecks.com/seemusic.phtml

Politonus I, II, III (ear-training)

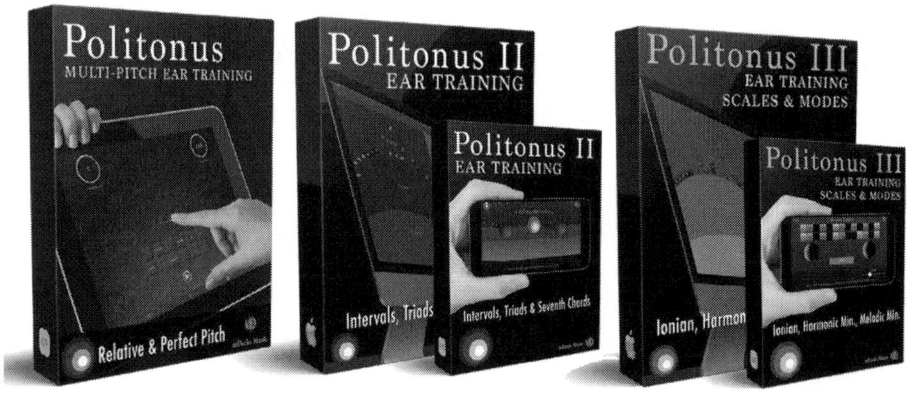

The Complete Politonus Ear Training Apps Bundle. Multi-Pitch • Intervals, Triads & Seventh Chords • Scales & Modes (iPhone & iPad)
https://mdecks.com/politonus.phtml

Books for Musicians by mDecks Music

Find the latest books at https://mdecks.com/booksindex.phtml

The Jazz Standards Progressions Book Collection

21 Volumes in PDF format (1000+ Songs, 1000+ Reharms & 1000+ Worksheets) for C, Bb and Eb instruments. BONUS Included: 1000+ Jazz Standards & 1000+ Jazz Standards Reharmonized in XML format for Mapping Tonal Harmony Pro
This amazing collection is unique in the Jazz World. You will not find all the Jazz Standards Fully Analyzed anywhere else!!!
https://mdecks.com/jazzstandards.phtml

The Bird Bebop Progressions Book Collection

Complete Bundle of Bebop Progressions by Charlie Parker with Full Harmonic Analysis, Chord Changes, Chord-scales and Arrows & Brackets Analysis. Buy the bundle and get 3 ebooks for the price of 2. BONUS INCLUDED: Bird Bebop Progressions in XML format for Mapping Tonal Harmony Pro
https://mdecks.com/bebopstandards.phtml

Upper Structures: Over Complete Jazz Standards Progressions

The complete upper structures collection includes: 1000+ Jazz Standards Reharmonized with mixed Upper Structure Triads & Quartals • 1000+ Jazz Standards (Original Progressions) with Upper Structure Triads • 1000+ Jazz Standards (Original Progressions) with Upper Structure Quartals • Major, Minor and Augmented Triads or Perfect and Altered Quartals over every chord.This amazing collection is unique in the Jazz World!!!
https://mdecks.com/upperstructuresjazz.phtml

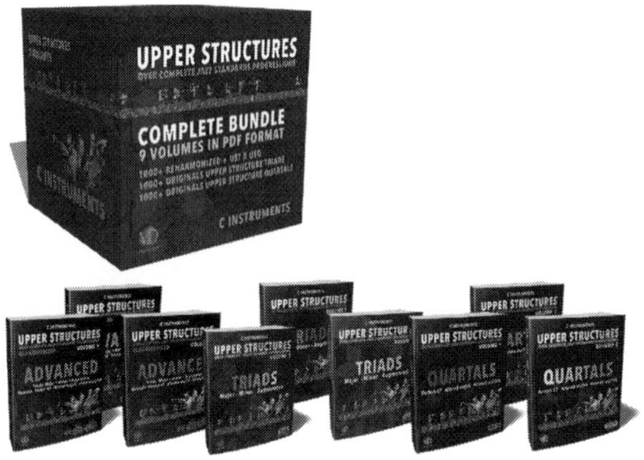

The Composer's Guide To Tonality Package

An interactive, simple to use PDF App with all the maps in every key, in different levels and styles. Get the benefits of having a landscape that reveals the secrets of harmony without having to learn any software. Compatible with Windows, Android, macOS & iOS
It also includes:
Links to 80+ Master Classes in Video format: Tonal Harmony Fundamentals, Reharmonization techniques, Decoding Beethoven, Decoding Jazz, Decoding Pop
3 Traditional Harmony Workbooks w/exercises & solutions (3 PDFS)
3 Jazz Harmony Workbooks w/exercises & solutions (3 PDFS)
Artwork for 72"x 48" Extra Large Map Banner (functional) (HQ JPEG)
Artwork for two 18"x 24" Map Posters (in C and functional) (2 HQ JPEGs)
https://mdecks.com/the-composers-guide-to-tonality.phtml

Upper Structure Triads (Complete Course)

Upper Structure Piano Voicings for Piano Voicings and Improvisation is a unique, unprecedented piano method with comic strips teaching one upper structure a lesson. Learn how to play upper structures, how they work and how to use them in actual songs.
https://mdecks.com/piano.phtml

Jazz Piano Chord Voicings Method

Three Volumes in PDF format:
All possible Upper Structure Triads on IIm7 and V7
All possible combinations of USTs in a IIm7 - V7 progression in All Keys (Extend Version 650 pages)
All possible Upper Structure Quartals on IIm7 and V7
This amazing collection is unique in the Piano Jazz World. You will not find all USTs and USQs anywhere else!!!
https://mdecks.com/ust.phtml

Mapping Tonal Harmony Pro Workbooks (7 volumes)

Seven Tonal Harmony Workbooks accompanying Mapping Tonal Harmony Pro app, one for each map level, to study and practice tonal harmony like never before.
https://mdecks.com/mapharmony.phtml#workbooks

Made in United States
Troutdale, OR
04/13/2025

30558118R00213